KB150800

# ΑΡΡΙΑΝΟΥ
# ΤΩΝ ΕΠΙΚΤΗΤΟΥ ΔΙΑΤΡΙΒΩΝ
# Α·Β

# 에픽테토스 강의 1·2

초판1쇄 펴냄 2023년 03월 24일
초판3쇄 펴냄 2024년 06월 21일

**지은이** 에픽테토스
**옮긴이 및 해설** 김재홍
**펴낸이** 유재건
**펴낸곳** (주)그린비출판사
**주소** 서울시 마포구 와우산로 180, 4층
**대표전화** 02-702-2717 | **팩스** 02-703-0272
**홈페이지** www.greenbee.co.kr
**원고투고 및 문의** editor@greenbee.co.kr

**편집** 이진희, 구세주, 정미리, 민승환 | **디자인** 이은솔, 박예은
**마케팅** 육소연 | **물류유통** 류경희 | **경영관리** 이선희

독자의 학문사변행學問思辨行을 돕는 든든한 가이드 _(주)그린비출판사

# 에픽테토스
## 강의 1·2

**김재홍 옮김**

# EPIKTĒTOS

"자유로운 사람은 자신이 원하는 대로 사는 사람이며,
강요받을 수도 없고, 제약받지도 않고, 강제되지도 않으며,
그 충동이 방해받지 않는 사람이며,
자신의 욕구를 성취하는 사람이며,
자신이 회피하고자 하는 것에 빠지지 않는 사람이네."
(제4권 제1장 1절)

# 에픽테토스와의 만남

2003년 출간한 『엥케이리디온』(까치) '후기'에 에픽테토스와의 만남을
조금은 감상에 빠져 이렇게 적었다.

지나온 삶의 자취를 더듬어 보는 것은 그 당사자에게는 괴로운 일이기
도 하고, 한편으로는 새로운 삶에 대한 희망에 젖어 보는 기쁨의 시간도
될 수 있을 것이다. 왜 그렇게도 나 자신의 것이 아닌 '외적인 것'에 매달
려 살아왔는가? 세상에 대해서 왜 그렇게도 분노하고 노여움을 떨쳐 댔
는가? 언제까지 나는 허영에 가득 찬 눈으로 세상을 바라보아야만 하는
가? 어떻게 하면 이러한 세속적인 번뇌로부터 벗어날 수 있을 것인가?
철학함의 깊이는 어디가 한계인가? 남을 비판하지 않고 자신의 내면세
계를 착실히 들여다보게 해주는 철학은 어떤 것일까?
이런 생각에 사로잡혀 있던 나는 토론토 대학에 도착한 그 다음 날부
터 고전학과와 철학과의 '고중세 철학 합동 프로그램'(Collaborative
Programme in Ancient and Medieval Philosophy)에서 원전 독해 텍스트로
채택되었던 에픽테토스의 『강의』 제1권을 고전철학 전공자들과 더불
어 한 줄 한 줄 읽어 나가는 기회를 갖게 되었다. 마음의 중심을 잃고 있

었던 당시의 나로서는 에픽테토스의 철학을 접하면서 새로운 삶의 의미를 깨닫게 되었고, 상처 입은 영혼을 치료할 수 있는 철학의 힘을 그에게서 발견했다. 금요일 저녁마다 토론토 대학 로바츠 도서관 근처에 있는 고전학과의 작은 도서관에 모여 포도주 한잔에 취하면서 뜻을 같이하는 철학과와 고전학과 교수들, 그리고 박사과정의 학생들과 어울려 독서하는 즐거움을 그 무엇에 비교하랴. 창밖으로는 토론토 특유의 매서운 추위가 몰아치고 간간이 흩날리는 눈발 사이로 창문을 두드리는 온타리오 호수에서 불어오는 칼날 같은 바람에도 거칠 것은 없었다. 한밤중에 눈 쌓인 퀸스 파크를 가로질러 세인트 마이클 대학 존 M. 켈리 도서관을 지나 숙소로 돌아올 때에는 삶에 대한 희열이 이런 것이구나 하고 생각했다. 그러다 온타리오 호수 저편으로 떠오르는 햇살이 26층 창문 너머로 침대 밑에서 속살거리듯이 아침 인사를 건넬 때에는 또 다른 삶의 시작이었다.

지금도 그 당시의 기억과 추억이 생생하게 떠오른다. 그 후 한국에 돌아와서 언젠가는 에픽테토스의 『강의』를 번역하겠다는 마음을 굳게 먹은 것 같았는데, '외로움'에 시달리고, 먹고사는 일상적 삶에 쪼들리다 그럭저럭 시간만 흘러가고 말았다. 그 사이 서울대 철학사상연구소에서 출간한 『에픽테토스 '담화록'』(2006)을 토대로 2013년에 『왕보다더 자유로운 삶 — 에픽테토스의 『엥케이리디온』, 『대화록』 연구』(서광사)를 출판했지만, 머릿속에 남아 있던 숙제 거리를 해소해야겠다는 생각은 늘 앙금처럼 가라앉아 마음 한구석에 자리 잡고 있었다.

마침 '헬레니즘 시기의 철학'을 정리하는 책을 저술해 달라는 출판사의 청탁을 받게 되어, 새로 세네카, 에픽테토스, 마르쿠스 아우렐리우스의 철학을 정리하는 기회를 갖게 되었다. 세네카의 『도덕서한』과 『명상록』으로 잘 알려진 마르쿠스의 『자기 자신에게 이르는 것들』을 우리말로 부분적으로 옮기며 주석을 만드는 작업을 진행하다가, 우선 에픽테토스의 『강의』를 번역하자는 마음을 먹게 되었다. 세네카와 마르쿠스의 책은 참으로 매력적이다. 에픽테토스와 달리 세네카는 논리학을 공부하는 것을 시간을 낭비하고 어리석은 것으로 '거부하고'(『도덕서한』 45.5, 49.5), 또 마르쿠스는 처음 철학에 마음을 두었을 때 추론을 '분석하고', 자연학적 문제들을 연구하는 데 '몰두하지'(kataginesthai) 않았다는 것에 대해 신의 도움과 행운으로 돌리고 있지만 말이다(『자기 자신에게 이르는 것들』 1.17.8). 어쨌든 논리학을 거부한다는 점에서는 세네카와 마르쿠스는 공통점을 가지고 있는 셈이다.

젊은 시절에 '고독한 군중'(the lonely crowd)을 되새기며 외로운 인간으로 떠돌며 살아가던 모습이 고스란히 떠오른다. 이제 나이가 들어 인생을 반추하는 시기에 접어들다 보니, 더욱 그 책들의 진가를 알 수 있게 되었다. 그 책들을 읽으면 읽을수록 젊은 날에 무심코 지나쳤던 구절들이 더욱더 매력적으로 다가와 내 현실적 '삶'의 문제와 앞으로 닥쳐올 '죽음'의 문제에 절실하게 맞닿아 있음을 깨달았다. 그래서 소크라테스가 『파이돈』에서 철학을 '죽음의 연습'(64a 아래)이라고 했던가!

"플라톤이 말한 것처럼, 너는 죽는 것을 연습할 뿐만 아니라, 고문을 당하고, 추방되고, 채찍질을 당하는 연습을, 한마디로 말해 너 자신의 것이 아닌 모든 것을 반납하는 연습을 하지 않겠는가?"(『강의』, 제4권 제1장 172절)

게다가 후기 스토아 철학을 대표하는 이 세 철학자들 사상의 공통점과 그 상호 간의 영향력을 깊이 인식하면서(세네카의 voluntas와 에픽테토스의 prohairesis 관련성, 마르쿠스에 대한 에픽테토스의 도덕 심리학의 직접적 영향), 이들에 대한 공부의 필요성을 절감할 수밖에 없었다. 세네카가 실존 인물인지 확인할 길이 없는 루킬리우스에게 보낸 '도덕에 관한 편지'(『도덕서한』)는 그 형식과 무관하게 성숙해 가는 한 인간의 내면세계를 반성하는 기록이라 말할 수 있겠다. 마르쿠스는 우리가 생각하는 것 이상으로 에픽테토스의 윤리학 프로그램 안에서 철저하게 움직이고 있었다. 물론 그의 책은 '철학적 일기'라는 독특한 형식을 가지고 있고, 문체상으로는 헤라클레이토스, 견유학파, 플라톤적인 색채를 띠고 있긴 하지만 말이다. 세네카와 마르쿠스의 책은 나중으로 미뤄 두고, 먼저 숙제 거리로 남겨 뒀던 에픽테토스의 『강의』를 우리말로 옮기는 작업을 시작했다.

작업을 시작하고 속도가 붙은 지 얼마 되지 않아서 제1권과 제2권을 마무리할 즈음에 ─ '나에게도 언젠가 그런 일이 벌어질 수 있겠다'는 마음가짐은 늘 가지고 있었지만 ─ 나에게 신체의 병인 '뇌경색'이 닥쳐오고 말았다. "인간아, 너희 철학 학교는 치료를 하는 곳이네."(iatreion estin to tou philosophou scholeion; 『강의』, 제3권 제23장 30절) 에픽테토스의 철학 정신에 따라 '철학은 고통을 겪는 영혼의 치료'라는 믿음을 갖고 있었으나, 막상 나로서는 상당히 당황스러운 일이었다. 여러 사람의 걱정 덕분에 무사히 퇴원하고, 다시 『강의』 번역 작업을 마무리하는 일에 매달렸다. 당장은 『강의』의 전체 4권 중에서 제1권, 제2권을 먼저 내놓으려고 한다. 장차 세네카와 마르쿠스에 대한 공부를 병행해 나가면서 나머지 제3권, 제4권을 매듭짓고자 한다.

아마 에픽테토스의 『엥케이리디온』을 앞서 접했던 독자는 이 책을 읽으면서 상당히 어려운 책이고, 읽기가 수월치 않다는 것을 느낄 것이다. 실제가 그렇다. 옮긴이의 입장에서도 어디서 끊어 읽어야 할지, 강의 주제 연결이 어떻게 이루어지는지, 어느 것이 누구의 대화이고, 또 어느 것이 에픽테토스의 독백인지 가늠하기가 곤란한 경우를 여러 대목에서 부딪쳤다. 독자로서 독해하기 어려운 대목이 생기는 것은 옮긴이의 이해 부족이거나, 에픽테토스의 수사력에 달려 있는 것으로 보면 맞을 성싶다. 그러나 책을 거듭해서 읽다 보면 그런 어려움은 차츰 사그라질 것으로 생각한다. 어딘가에서 오역이 찾아지고, 문맥에 대한 그릇된 이해가 생겨난다 싶으면, 그것은 전적으로 옮긴이의 깜냥 부족으로 인해 일어난 것으로 생각하면 되겠다.

이 책을 펴내면서 고마움을 표해야 할, 길다면 길고 짧다면 짧은 인생의 길에서 만난 잊지 못할 벗들이 여럿 있다. 무엇보다 먼저 토론토 대학에서 머물며 공부하던 시절에 기꺼이 '왜 철학을 공부하는가', '인생의 의미는 무엇인가'와 같은 근원적 질문의 대화 상대자가 돼 주고, 처음으로 접한 에픽테토스의 스토아 철학을 친절하게 알려 준, 2015년 이래로 예일 대학 고전학과로 옮겨 간 B. 인우드 교수(B. Inwood, William Lampson Professor of Philosophy and of Classics, 토론토 대학 명예교수)에게 깊은 감사를 전한다. 그는 스토아 철학과 고전학에 입문하게 된 계기를 이렇게 설명한다. 대학 학부 시절, 우연히 읽은 에픽테토스의 단편 선집이 반향을 불러일으켰고, 중고서점에서 에픽테토스의 저작을 구입해서 홀로 공부함으로써 그는 처음으로 스토아 철학을 접하게 되었다. 고전철학이 진정한 매력으로 생각했던 아리스토텔레스로 박사

학위를 준비하던 그는 전문적으로 연구할 것이라고는 전혀 생각해 본 적이 없던 자신의 독서와 사유를 스토아 철학으로 방향을 틀어 박사학위 논문을 완성하게 되었다고 한다("Impulse and Human Nature in Stoic Ethics", Toronto, 1981). 그 후 세네카에 대한 공부를 더 오래 계속했지만 자신이 '가장' 끌렸던 스토아주의자는 에픽테토스라고, 한 인터뷰에서 고백하고 있다(https://dailystoic.com/brad-inwood/). 그가 1985년에 펴낸 『초기 스토아주의에서 윤리학과 인간의 행위』(*Ethics and Human Action in Early Stoicism*, Oxford)는 지금은 빼놓을 수 없는 '스토아 철학의 고전'이 되었다. 스토아 철학의 전문가들도, 초기 스토아 윤리학의 토대를 이루는 인간 도덕 행위의 심리학을 분석하여 논구하고 있는 이 책을 이 분야에서 연구할 목적을 가진 젊은 학자들이 반드시 읽고 소화해야 할 문헌으로 인정하고 있다. 나는 특히 이 책이 에픽테토스를 위한 연구서로 20세기 후반에 성취한 가장 뛰어난 저작으로 손꼽을 만한 가치를 지니고 있다고 평가한다.

기쁜 일이나 어려운 일에 봉착할 때마다, 긴 인생의 대화를 나누며 힘을 보태 주고, 고고한 학자적 양심이 무엇인지를 몸소 보여 주며 모범적 태도를 유지하는 홍훈 교수님(연세대 경제학과), 늘 부족한 자신을 돌아보게 해주는 외우(畏友) 김상봉 교수(전남대 철학과), 시니컬하지만 언제나 밝은 웃음을 잃지 않고 인생의 '형'으로 대우해 주는 안재원 교수(서울대), 아리스토텔레스를 연구하는 자랑스런 후배 유재민 교수(군산대 철학과), 늘 미소가 떠나지 않는 후배 장미성 교수(숭실대 철학과)에게 감사의 인사를 전한다. 짧은 연극에 지나지 않는 인생의 험난한 길에서 이분들을 만나지 못했더라면 인생이 얼마나 삭막했겠는가! 멀리서 변함없이 위로의 말을 전해 주시는 배현옥 님께도 이 기회를 빌려 가슴에서 우러나오는 고마움을 표한다.

젊은 시절부터 마음에 새겨 두던 성경 구절이 하나 있다. 사도 파울로스가 '육체의 가시'를 빼 달라고 주께 세 번 간구하였더니, 주께서 말씀하시길, '내 은혜(charis)가 네게 족하도다. 내 능력이 약한 데서 온전하게 함이라'(「고린도 후서」 12장 7~9절). 상황이 상황인지라, 요사이 세상일에 마음 상한(?) 분들이 많이 있는 듯하다. 이 책이 혹시 '육체의 가시'를 안고 사는 사람들이 마음의 상처를 치료하는 데 조금이나마 도움이 되었으면 하고 바라 본다.

'당신이 잘 지낸다면 그것은 좋은 일이네. 나는 잘 지내고 있네.'(Si vales, bene est, ego valeo!)

# 일러두기

『강의』, 『엥케이리디온』 및 『단편』에 대한 헬라스어 텍스트

모든 판본의 원형은 옥스포드 대학 보드리안 도서관에 소장된 12세기 필사본(Codex Bodleianus)이다. 내가 대본으로 삼은 원전 텍스트는 Budé 시리즈(Paris, 1948~1965)를 위해 수이에(Joseph Souilhé)가 편집한 것이다. 그 밖에도 H. 쉔클 판본을 따르는 올드파더(W. A. Oldfather)가 편집한 Loeb 판본도 대조해서 참고했다. 필요한 경우 옮긴이의 고전 해석 관점에 맞춰서 알맞은 것을 취사선택했다. 이 점은 각주에서 적절히 밝혀 놓았다.

* H. Schenkl, *Epicteti Dissertationes ab Arriano digestae*, 2nd edn., Leipzig, 1916[1894](Teubner 판).

* J. Souilhé, *Épictète: Entretiens; texte établi et trad.*, 4vols., Paris, 1948~1965, rev. edns. 1969~1990(Budé 판).

* W. A. Oldfather, *Epictetus: The Discourses as Reported by Arrian, the Manual, and Fragments, with trans. and notes*, 2 vols., London, 1926(Loeb Classical Library 판).

* G. Boter, *The Encheiridion of Epictetus and its Three Christian Adaptations; Transmission and Critical Editions*, Leiden, 1999.

## 『강의』, 『엥케이리디온』 및 『단편』에 대한 번역 및 주석

불어판인 수이에, 영어판인 올드파더, 가장 최근에 번역된 하드(R. Hard)의 번역본을 주로 참조했다. 심플리키우스를 비롯한 나머지 번역본과 주석에 대해서는 아래를 참조하라. 제1권의 주석에 대해서는 도빈 (R. Dobbin)의 것을 참조했다. 이 책을 번역하는 데 가장 많은 설명과 도움을 받은 것은 A. A. 롱(A. A. Long, 2002)의 책이었음을 밝혀 둔다. 이하의 서지를 본문에서 인용할 경우, 저자[출간연도], 인용 쪽수만으로 표기했다(예: A. A. Long[2002], p.123).

* R. Hard, *Epictetus; Discourses, Fragments, Handbook*, with an introduction and notes by C. Gill, Oxford, 2014.

* R. Dobbin, *Epictetus; Discourses Book* 1, Translated with an introduction and commentary, Oxford: Clarendon, 1998.

* A. A. Long, *Epictetus — A Stoic and Socratic Guide to Life*, Oxford, 2002.

   T. Brennan & Ch. Brittain, *Simplicius On Epictetus' Handbook*, 2 Vols, London, Duckworth, 2002.

   E. Carter, *Epictetus: Moral Discourses*, London, 1758.

   R. Dobbin, *Epictetus: Discourses and Selected Writings*, with introd. and notes, Penguin Classics, London, 2008.

   J.-B. Grourinat, *Premières leçondsur le Manuel d'Épictète*, Paris, 1998.

   P. Hadot, *Arrien: Manuel d'Épictète*, trad. et notes, Paris, 2000.

   P. E. Matheson, *Epictetus: The Discourses and Manual*, with introd. and notes, 2 vols, Oxford, 1916.

   G. Long, *The Discourses of Epictetus, with the Encheridion and Fragments*, London. George Bell and Sons, 1890.

   N. White, *The Handbook of Epictetus*, trans. with introd. and annotations, Indianapolis, Hackett, 1983.

* 원칙적으로 헬라스어 원전에 충실해서 옮기되, 우리말로 매끄럽지 않을 경우에 어느 정도 의역했다. 가능한 한 맥락이 연결될 수 있도록 옮긴이 해석에 맞춰 옮기려 노력했다. 그 밖에 이 책이 도움받은 참고문헌은 이 책의 끝에 수록되어 있다. 특히 옮긴이의 풀어씀이나 설명에서 저자 이름만을 밝힌 저서는 참고문헌에 기초한다.

* 텍스트 자체를 우리말로 옮기는 것도 어렵지만, 옮기는 과정에서 고민을 많이 한 것은 '독백체', '대화체'를 어떻게 존댓말이나 하게체로 구사해서 표현하느냐 하는 것이었다. 에픽테토스가 40대나 50대 무렵에 니코폴리스로 건너가 학교를 개소했다면, 이 책 속 강의실에 등장하는 에픽테토스는 가장 원숙한 나이로 50대 말에서 60대 초반쯤에 해당할 것이다. 이런 상황을 염두에 두고 에픽테토스와 학생, 청강생, 관료, 시민 간에 이루어지는 대화를 우리말로 옮겼다.

# 에픽테토스 생애와 주요 인물 연보

| | |
|---|---|
| **B.C. 399년** | 에픽테토스의 철학적 모델 중 하나인 소크라테스의 죽음. |
| **B.C. 324년** | 에픽테토스의 또 다른 모델인 견유학파 디오게네스의 죽음. |
| **B.C. 300년** | 키티온(Citium)의 제논이 아테네에 스토아학파 설립. |
| **AD. 37년** | 티베리우스의 죽음. 칼리굴라의 황제 즉위. 네로의 탄생. |
| **50년** | 스토아 철학자 세네카가 네로의 교사가 됨. |
| **50~60년경** | 에픽테토스가 지금의 터키 남서쪽에 위치한 프뤼기아 지방의 히에라폴리스에서 노예의 아들로 태어남. |
| **54년** | 네로가 로마 황제에 즉위함. |
| **57년** | 네로가 원로원 의원들과 신하들을 자신의 게임에 참여하도록 명령함. |
| **59년** | 네로가 자신의 어머니 아그리피나를 살해함. |
| **60년** | 무소니우스 루푸스가 소아시아 지방으로 유배됨. 에픽테토스는 알려지지 않은 시점에 로마로 오게 되고, 해방노예 출신으로 네로의 청원 비서로서 권력을 지닌 에파프로디토스의 노예가 됨. |
| **62년** | 무소니우스 루푸스가 로마로 돌아옴. 세네카가 네로의 고문 지위를 잃음. 네로는 자신의 전 부인인 옥타비아를 추방하고 |

(나중에 살해됨), 폼페이 출신의 폽파이아 사비나와 결혼함.

**65년** 무소니우스 루푸스가 다시 귀아로스로 추방을 당함. 피소가 네로에 맞서 모반을 꾀함. 집정관인 플라우투스 라테라누스가 처형됨. 네로를 어린 시절 가르쳤던 세네카는 네로 황제로부터 자살을 명받음.

**66년** 트라세아 파에투스가 자살하도록 명받음.

**68년** 네로는 황제 자리에서 쫓겨나 자살을 함. 갈바가 황제가 됨. 무소니우스 루푸스가 로마로 돌아옴.

**68~69년경** 에픽테토스는 무소니우스 루푸스에게 공부함. 에파프로디토스는 에픽테토스를 노예에서 해방시켜 주고, 로마에서 철학 교사로서 자리를 잡도록 함.

**69년** 네 명의 황제 시대(갈바, 오토, 비텔리우스, 베스파시아누스)가 도래.

**70~79년경** 무소니우스 루푸스가 다시 어디론가 추방을 당함. 베스파시아누스가 로마에서 모든 철학자를 추방했지만, 무소니우스는 추방되었다가 티투스 황제에 의해 소환됨.

**74년** 헬비디우스 프리스쿠스가 베스파시아누스에 의해 추방되어 처형됨.

**79년** 베스파시아누스 죽음. 티투스가 황제가 됨. 베수비우스, 폼페이 및 헤르쿨라네움이 화산 폭발로 황폐화됨. 이후 무소니우스가 로마로 돌아옴.

**81년** 티투스가 죽고, 도미티아누스가 황제로 즉위함.

**86~89년경** 헬라스 니코폴리스에서 에픽테토스를 만나 에픽테토스의 '강의'를 듣고 이 책 『강의』를 저술하게 되는 아리아노스가 태어남.

**93~95년경** 도미티아누스는 철학자들을 이탈리아에서 추방하는 칙령

을 내림. 에픽테토스는 헬라스 에페이로스의 니코폴리스 (오늘날의 프레베자)로 건너가서 그곳에 학교를 세우고 학생들을 가르치게 됨.

**96년**　　　도미티아누스가 암살됨. 네르바가 황제가 됨.

**98년**　　　트라이아누스가 황제가 됨.

**95~100년경**　에픽테토스의 선생이었던 무소니우스 루푸스가 죽음.

**107~109년경**　아리아노스가 니코폴리스에서 에픽테토스의 가르침을 받음.

**117년**　　　트라이아누스가 죽음. 하드리아누스가 황제로 즉위함.

　　　　　　　알려지지 않은 시기에 하드리아누스가 니코폴리스의 에픽테토스 학교를 방문함.

**120년경**　　늙고 병든 에파프로디토스가 독약을 마시고 자살할 수 있도록 하드리아누스로부터 허락을 받음.

**121년 4월 26일**　부유한 정치가의 아들로 장차 마르쿠스 아우렐리우스가 될 마르쿠스 안토니우스 베루스가 로마에서 태어남.

**135년경**　　알려지지 않은 시기에 에픽테토스가 불행한 처지에 있던 아이를 입양함. 에픽테토스의 죽음.

**138년**　　　하드리아누스가 죽음. 마르쿠스 아우렐리우스의 아버지 안토니누스 피우스가 황제가 됨.

**140년 이전**　아리아노스가 에픽테토스의 『강연』과 『엥케이리디온』을 작성함.

**161년**　　　안토니누스의 죽음. 마르쿠스가 황제가 됨.

**532년 이후**　신플라톤주의자 심플리키우스가 『엥케이리디온』에 대한 주석을 씀.

**7세기경**　　기독교화된 『엥케이리디온』 버전이 비잔틴 제국에서 배포되고 주석이 달림.

# 차례

**제1권**

머리말

# 루키우스 겔리우스에게
# 안부 인사를 전하는 아리아노스가[1]

나는 에픽테토스의 이 '강의들'[2]을 여느 사람들이 이런 종류의 책을 쓰    1

---

1  이 편지는 군인이자, 지리학자, 역사가로 활약했던 아리아노스가 달리 알려진 바가 없
   는 루키우스 겔리우스(Loucius Gellius)에게 별도로 보낸 것으로, 고대로부터 『강의』 사
   본에 첨부되어 있었다. 『강의』가 에픽테토스의 학교 강의실에서의 실제적인 대화를 문
   자 그대로 기록으로 제시하고 있긴 하지만, 이것이 곧이곧대로 사실인지, 아니면 아리
   아노스가 자신이 주장하는 것보다 더 많은 창의성을 발휘하여 글을 썼는지는 알 수 없
   는 노릇이다.

2  원어로는 logoi. 겔리우스(A. Gellius)는 에픽테토스의 『강의』를 아리아노스가 정리한
   것으로 말하고 있다(겔리우스, 『아티카의 밤』*Noctes Atticae* 1.2.6 및 18.19). A. 겔리우스
   는 이 『강의』의 제5권을 언급하지만("quintum dialexeōn"; 『아티카의 밤』 19.1.14~21),
   오늘날에는 4권만이 현존하며 일부는 단편으로 전해진다. 포티우스(Photius, Cod. 58)
   가 말하듯이, 원래 이 책은 온전한 형태로 전부 8권이었다. 또한 『강의』로부터 아리아노
   스가 그 내용을 선택하고 압축한 조각글 형식으로 구성한 『엥케이리디온』('손안에 든
   작은 것')이 전해진다. 이 책 역시 아리아노스가 편집한 것으로 알려져 있다. 유스티아
   누스 통치 시대인 6세기경에 활동한 신플라톤주의자였던 심플리키우스(Simplicius)에
   의해 저술된 『엥케이리디온』에 관한 중요한 '주석'이 전해진다(*Simplicii commentarius in
   Epicteti enchiridion*). 아리아노스는 여기서 자신이 이 에픽테토스의 책을 직접 쓰지 않았
   다는 그 의미를 설명하고 있지만, 그것을 대중에게 내놓지 않았다는 의미가 무엇인지
   는 더 이상 설명하고 있지 않다. 그는 스승인 '에픽테토스가 말한 것'을 그의 말로 쓰려
   고 했다고 말하지만, 어떻게 그것이 에픽테토스의 '동의 없이' 처음으로 출판 형식으로

는 것처럼 쓰지 않았으며, 또한 어쨌든 내가 그것들을 쓰지 않았다고 주

2 장할 수 있기 때문에, 내 자신이 직접 그것들을 대중에게 내놓지도 않았습니다. 그러나 나는 그의 생각의 방식과 솔직한 말투[3]에 대해, 훗날의 나 자신을 위해 '비망록'(메모)[4]으로서 조심스럽게 보존해 두기 위해서, 그가 말할 때 내가 들은 모든 것을 가능한 한 그 자신의 말로 적어 놓으

3 려 노력했습니다.[5] 따라서 이것들은 누구나 예상할 수 있듯이, 순간의 충동에 따라 한 사람이 다른 사람에게 하는 말일 수 있는 그런 종류의 것이며, 훗날 그것을 읽어 줄 독자를 만나기 위해 글을 쓰는 것과 같은

4 그런 것은 아닙니다. 사실상 이런 성질의 것인데, 어찌된 영문인지 그것들은 나의 의지와 상관없이 혹은 내가 알지도 못한 채로 어떻게든 대중

작성되었는지에 대해서도 더 이상 언급하고 있지 않다. 어쨌든 이 책의 출판은 에픽테토스가 죽고 나서 이루어진 것으로 보인다.

3 원어로는 parrēsia.

4 원어로는 hupomnēmata. 마르쿠스 아우렐리우스는 친구 루스티쿠스 덕분에 에픽테토스의 '비망록'을 알게 되었다고 말하고 있는데, 바로 이것이 아리아노스의 판을 언급하는 것으로 보인다(『자기 자신에게 이르는 것들』 제1권 7 참조). 그렇다면 아리아노스가 출판한 책의 제목은 『강의』(logoi), 『비망록』(hupomnēmata)이었을 것으로 추정된다.

5 이 책(『강의』)에서 이루어지는 강의들은 대부분 '1인칭의 형태'로 에픽테토스가 독백식으로 말하는 방식이며, 어떤 경우에는 에픽테토스와 학생 또는 방문객과 사이에서 이루어지는 '대화'를 제시하는 것으로 구성되고 있다. 대화의 경우에는 대화의 주제가 성립하는 '구체적 배경'을 설정한 채로 이루어지고 있다. "내가 들은 모든 것을 가능한 한 그 자신의 말로 적어 놓으려" 했다는 아리아노스의 말은 결국 자신의 생각을 전혀 개입시키지 않았다는 것을 말하는 것으로 들린다. 그러나 우리가 이 『강의』에서 읽고 있는 사람이 에픽테토스가 아니라 아리아노스라는 점은 기억해 두자. 즉 에픽테토스의 문체와 그의 생생하고 핍진한 언어로 빚어진 '그의 철학 정신이 아로새겨진 강의'이긴 하지만, 이 작품이 '편집자'인 아리아노스의 구성으로 만들어진 하나의 '문학 작품'이라는 것이다.

의 손안으로 넘어가 버리고 말았던 것입니다.[6] 그러나 나에게는 [사람들의 눈에] 책을 쓰는 능력이 없다고 판단되더라도 큰 문제가 되지 않으며, 에픽테토스에게는 누구든지 그의 강의들을 경멸한다고 해도 조금도 문제가 되지 않을 것입니다. 왜냐하면 그가 이야기하고 있을 때조차도, 그는 명백히 청강자들의 마음을 가장 좋은 쪽으로 움직이게 하는 것 외에 다른 목적은 갖고 있지 않았기 때문입니다. 이제 이러한 강의들이 그와 동일한 효과를 이뤄 내야 한다면, 그것들은 철학자의 말이 생기게 해야만 하는 바로 그 결과를 생기게 했을 것이라고 나는 생각합니다. 그러나 그렇게 하지 못하면, 우연히 그것들을 읽고 있는 자신들을 발견한 사람들은 에픽테토스 자신이 그것들을 말할 때, 그 청강자들은 에픽테토스가 그들에게 느끼기를 원하는 바로 그것을 느끼도록 강요받을 수밖에 없다는 점을 잘 알고 있어야만 합니다. 그러나 이러한 강의들이 그것 자체로 이러한 효과를 이뤄 내지 못한다면, 아마도 그 책임은 나에게 있을 것이고, 또 아마도 필연적으로 그럴 수밖에 없었을 것입니다. 건강하시기를.

5

6

7

8

---

6  일종의 문학적인 수사적 표현으로, 고대에서 저자들이 자신을 변명하기 위해 사용하던 관례적인 방식이다.

제1장

# 우리에게 달려 있는 것들과
# 우리에게 달려 있지 않은 것들에 대하여[1]

1 에픽테토스는 '추론 능력'을 다른 기술이나 능력과는 달리 자기 자신과 다른 능력을 이해하는 능력으로 제시함으로써 논의를 시작한다. 그런 다음 그는 이 능력의 한 가지 두드러진 측면을, 우리의 "인상을 올바르게 사용할 수 있는 능력만을 우리에게 달려 있는 것에 놓아두었던 것이네"(7절)라는 말로 내놓는다. 자기 관리와 다른 것들에 대한 관리는 우리의 신체 상태나 소유물 및 개인적 관계와 대조적으로 전적으로 '우리에게 달려 있는' 또는 '우리의 능력 내에서'(eph' hēmin)로 설명된다. '우리에게 달려 있는 것'에 대한 탐구는 '우리가 무엇인지'에 대한, 즉 '자아'에 대한 탐구이다. 이 탐구는 『강의』에서의 중요한 주제가 되고 있다(제1장은 『엔케이리디온』 제1장에서 압축적으로 요약되고 있다). 신성의 '일부'인 이 능력이 신들의 왕인 제우스가 전적으로 우리의 능력 안에 놓아둔 유일한 능력이라고 말함으로써, 에픽테토스는 이러한 생각을 분명하게 제시하고 있다(10~13절, '제우스와의 가상적인 대화'를 통해 표현됨). 에픽테토스는 계속해서 우리가 일반적으로 이 능력을 잘못 사용한다고 주장한다. 즉 우리는 "우리에게 달려 있지 않은" 것(재산, 평판, 명예, 권력 등)에 관심을 갖는다는 것이다. 여기서 에픽테토스는 이렇게 묻는다. "그러면 우리는 무엇을 해야만 하는 것인가? 우리에게 달려 있는 것들을 최선의 것으로 만드는 것이고, 또 다른 나머지 것들을 그 자연대로(hōs pephuken) 받아들이는 것이네."(17절). 그런 다음 이 권고된 행위의 예를 일련의 상상의 대화를 통해 설명한다. 그중 일부는 로마 황제의 폭정적 태도 또는 행동에 대한 저항으로 유명한 스토아학파에서 영감을 받은 사례를 포함하여 역사적 인물들을 포함한다. 에픽테토스는 끝으로 '우리에게 달려 있는 것'에 대해 최선을 다하면서 살기 위한 '훈련'을 권고하고 있다. "이것이야말로 훈련할 일을 훈련하고, 욕구해도 또 회피해도 방해받거나 회피할 수 없게 하려고 노력했다는 것이다."(31절) 제1장 본문에서 인용된 대부분의 인물은 로마 황제로부터 형벌과 부당한 대우를 받은 정치가들이다. 그들 중 2명(Thrasea Paetus와 Helvidius Priscus)은 스토아주의 신봉자였다. 그러나 에픽테토스는 이 모든

모든 능력[2] 중에서 그 능력 자체를 탐구(관조)의 대상[3]으로 삼을 수 있는 것을 찾을 수 없으며, 따라서 그 자체에 대해 승인하거나 승인하지 않는 판단[4]을 내릴 수 있는 것도 또한 없는 것이네. 문법의 기술의 경우에, 그 탐구의 힘[5]이 어디까지 미치는가? 단지 쓰인 것[6]에 관해 판단을 내리는 한에서만. 또 음악의 능력의 경우에는? 단지 멜로디에 관해 판단을 내리는 한에서만. 그렇다면 이런 능력들 중 어느 것이 자신을 탐구의 대상으로 삼고 있는가?[7] 전혀 그렇지 않네. 친구에게 무언가를 쓰는 경우라면, 문법은 어떤 특정한 글자를 선택해야만 하는지를 말해 줄 테지만, 그 친구에게 써야만 하는지 쓰지 말아야 하는지에 대해서는 문법의 능력은 말해 주지 않을 것이네. 그리고 멜로디에 관해서도 음악 능력은 마찬가지이네. 이 순간에 노래를 부르고 키타라를 연주해야만 할지, 아니면 노래도 부르지 않고 키타라도 연주하지 않아야 할지에 대해서

1

2

3

경우에서 스토아적 메시지를 뽑아내고 있다. 스토아학파는 제국주의 통치 자체에 반대하지 않았지만, 다른 정치인들이 명예롭게 자신의 역할을 수행하는 것이 불가능했을 때 제국 권력의 남용에 저항했다. M. T. Griffin, *Seneca: A Philosopher in Politics*, Oxford, 1976(1992) pp. 363~366; P. A. Brunt, Stoicism and the Principate, *Papers of the British School at Rome* 43, 1975, pp. 7~35.

2  여기서 dunamis는 문법이나 음악과 같은 '기술'(2절)뿐 아니라, 혼의 '능력'(4절, 12절)을 포함하는 말이다. "나 자신의 어떤 몫을, 즉 충동과 반발의 능력, 욕구와 회피의 이 능력을, 한마디로 말해서 인상을 [올바르게] 사용하는 능력을 너에게 줬던 것이네."(12절)

3  원어로 theōrētikēn(objet d'etude).

4  원어로는 dokimastikēn kai apodokimastikēn.

5  capacité spéculative(J. Souilhé). 여기서 문법은 '읽고 쓰는 능력'을 말한다.

6  말과 글로 이루어진 것(문학).

7  자신은 분석하는가?

도, 말해 주지 않을 것이네.

4    그렇다면 어떤 능력이 말을 해줄 것인가? 자신과 다른 모든 것을 탐구의 대상으로 삼는 능력이네. 그것은 어떤 능력인가? 이성적인 능력[8]이다. 왜냐하면 우리가 부여받은 능력들 중에서 그 능력만이 그 자체와—그것이 무엇인지, 무엇을 할 수 있는지, 어떤 가치에 기여할 수 있

5    는지—또 마찬가지로 다른 모든 능력을 이해할 수 있기 때문이네. 황금이 아름답다고 우리에게 말해 주는 다른 것은 무엇인가? 황금 자체는 말해 주지 않으니까. 그렇다면 황금이 아름답다는 것은 인상[9]을 사용하

---

[8] 원어로는 hē dunamis hē logikē. 마르쿠스 아우렐리우스 안토니누스(Marcus Aurelius Antoninus)는 "이성적 혼의 고유한 것들"(ta idia tēs logikēs psuchēs)이란 말을 사용한다(『자기 자신에게 이르는 것들』 제11장 1). 이성적 혼의 특성은 '자신을 보고, 자신을 분석하고, 자신의 바람대로 자신을 만들고…'를 의미한다.

[9] 감각이나 지각에 관련해서 에픽테토스가 자주 쓰는 기술적 언어가 인상(phantasia)이다. 이 책에서는 이 말을 특별한 제약 조건이 없는 한 '인상'으로 옮겼다. 에픽테토스가 맥락에 따라 그 말이 지닌 의미의 폭을 넓게 사용하고 있어서 번역하기 까다로운 말이다. 단순한 '현상'(appearance)이 아니다. 일단은 '의식'에 제기되는 모든 감각 현상을 말한다. 그것은 가장 단순한 '감각'(aisthēsis)으로부터 시작해서, 생각과 기억에 의해 파악되는 '표상'을 지시하기도 하고, 심지어는 정신에 제기된, 또 동의(승인, sugkatathesis)에 의해 채택된 보다 '복잡한 표상'일 수도 있다. 따라서 '판타시아'는 정신적 행위의 전 영역을 포괄하고, 그 정확한 의미는 맥락에 따라 결정될 수밖에 없다. 스토아 철학에서 '인상'은 감각에 의해 받아들여진 모든 인상들의 현상과 외적인 대상에 의해 야기된 모든 감정에 대한 현상을 말한다. 스토아학파에서의 '인상'에 대해서는 DL 제7권 49~51(이후 DL=디오게네스 라에르티오스, 『유명한 철학자들의 생애와 사상 2』, 김재홍 외 옮김, 나남, 2021이며, 권수와 절수로 표기한다.); LS 39~40 참조(이후 LS= A. A. Long & D. N. Sedley, The Hellenistic Philosophers, V. 1, 2, Cambridge, 1987). 크뤼시포스는 인상을 이렇게 규정한다. "인상은 그 자체를 드러내고 그것에 영향을 미치는 것인, 혼 속에서의 겪음(pathos en psuchē)이다. 이를테면 우리의 눈이 흰 사물을 바라본 다음에, 그 시각을 통해 혼에 어떤 인상이 생겨난다. 이것과 더불어 이 인상의 대상이 우리에게 영향을 주어 '희다'라고 말할 수 있게 해준다. 이것은 촉각과 후각의 경우에도

는 능력이네. 다른 어떤 것이 음악의 능력, 문법의 능력, 다른 기술이나 　6

능력을 판정하고, 그것들을 사용하는 것을 평가하며 또 그것들을 사용

하는 적절한 기회를 보여 주는 것으로 또 무엇이 있을까? 이것 이외에

는 없네.[10]

그런데 원래 당연한 것이지만, 신들은 단지 모든 것 중에서 가장 뛰　　7

어난 것, 다른 모든 것들을 지배하는 것, 즉 인상을 올바르게 사용할 수

있는 능력[11]만을 우리에게 달려 있는[12] 것에 놓아두었던 것이네. 그렇지

만 신들은 나머지 모든 능력에 대해서는 우리에게 달려 있는 것에 놓아

두지 않았다네. 이것은 적어도 그들이 원하지 않아서일까? 나로서는 신　　8

마찬가지이다."(ps-Ploutarchos, iv.12, *De Placitis Philosophorum*) 인상은 (1) 정신의 눈에
이미지를 제시하는 능력. (2) 그렇게 제시된 이미지. 따라서 그것은 정신에 작용하도록
제시된 모든 재료들을 포함하며, 즉 '의식의 데이터들'을 말한다.

10　이 대목은 우리가 어떤 종류의 '인상'을 지니며 그것에 따라 반응하는 그런 종류의 인간
이기 때문에, 우리가 우리의 심적 인상(phantasia)들에 의해 통제된다는 가정에 도전할
이론적 토대를 제공하고 있다. 에픽테토스는 인상들이 만들어지고 평가되는 확실한 지
점인 '아르키메데스의 점'(Archimedean point)을 확보하려 한다. 이성적 능력은 인상들
을 생성하고 검사를 거쳐 그것들에 대한 판단을 내리는 책임을 가진다. 즉 그 능력은 인
상뿐 아니라 승인도 통제한다. 이 때문에 인간은 어느 정도의 '자율성'을 갖는 것이다
(R. Dobbin[1998], p. 69). 인상의 시험과 구별은 에픽테토스의 철학의 가장 주요한 핵
심 주제이다. "이런 이유로 철학자의 가장 중요한 임무이자 첫 번째 임무는 여러 가지
인상을 음미하고 인상들을 판별하는 것이며, 적절하게 음미되지 않은 어떤 인상도 받
아들이지 않는 것이다."(제1권 제20장 7절) "내 인상아, 잠시 기다려라. 네가 누군지, 네
가 무엇에 대한 인상인지 내가 좀 보자꾸나. 내가 너를 시험해 보도록 하라."(제2권 제
18장 24절) "언제나 그분이 이 모든 것보다 더 나은 어떤 것을 너희에게 주셨음을, 즉 그
것들을 사용하고, 그것들을 음미하여, 그 각각의 가치에 대해 판단을 내리는 그 능력을
주셨음을 기억하라."(제2권 제23장 6절) "그렇다면 너 자신의 것은 무엇인가? 인상들
의 사용이다. 그러므로 네가 인상들의 사용에서 자연 본성에 따르고 있을 때, 바로 그때
야만로 너는 의기양양할 수 있을 테니까."(『엥케이리디온』 제6장)

들이 할 수 있었다면, 그들은 우리에게 또한 다른 나머지 능력들을 맡겼을 것이라고 생각하네. 하지만 신들에게는 전혀 할 수 없었던 것이네.[13]

9 그렇다면 우리가 여기 이 땅 위에 살고 있고, 우리 자신과 같은 신체에 묶여 있으며, 우리와 같은 그런 동료들에 함께 묶여 있는데, 이 모든 것을 감안해 볼 때 우리가 외적인 것들에 의해 방해받지 않는다는 것이 어떻게 가능할 수 있었겠는가?

10 그러나 이에 대해 제우스[14]께서는 뭐라고 말씀하실까? '에픽테토스

11 에픽테토스가 가장 '중요한 삶의 원칙'으로 강조하는 '인상의 올바른 사용'에 대한 언급에 대해서는 제1권 제3장 4절, 제1권 제6장 13절, 제1권 제7장 33절, 제1권 제12장 34절, 제1권 제20장 15절 등을 참조.

12 '우리에게 달려 있는 것들'(ta eph' hēmin)이, 이 책에서 나타나는 에픽테토스의 '자율로서의 자유'(eleutheria) 개념과도 밀접한 연결성을 가진다는 점을 특히 주목해야 한다. 이 표현은 아리스토텔레스의 『니코마코스 윤리학』(제3권 제1~2장), 『자연학』(제2권 제4~6장)에 그 기원을 두고 있다. 또한 키케로의 표현인 '우리에게 달려 있는 것'(in nostra potestate)으로부터도 영향을 받았다. 이 말은 또한 스토아 철학(특히 크뤼시포스)의 '결정론과 자유'에 관한 논의 맥락에서 중요한 의미를 가진다. 그럼에도 이 말은 스토아 초기에는 찾아볼 수 없는 에픽테토스만의 독특한 의미를 가지고 있다. 『엥케이리디온』의 제1장 논의 주제도 '우리에게 달려 있는 것들'로부터 시작한다.

13 마르쿠스 아우렐리우스, 『자기 자신에게 이르는 것들』 제2권 3 참조. 에픽테토스는 신의 힘을 제한하려는 것이 아니라, 있는 그대로의 것으로서 사물의 구성은 모순을 범할 수는 없다는 것이다. 하지만 그것들은 사람이 외적인 것들에 의해 방해를 받을 정도로 구성되어 있다. 그러면 어떻게 외적인 것에 의해 방해받지 않는 능력을 인간에게 줄 수 있을 것인가? 세네카는 이렇게 말한다. "그러나 슬프고, 두렵고, 견디기 힘든 많은 일들이 일어납니다.' (신이 말하기를) 내가 너희를 그것들에서 구원할 수 없으므로, 내가 모든 것에 맞서도록 너희 정신을 무장시켰다. 용감하게 그것들을 참아라. 이것이 너희가 신을 능가하는 방식이다. 신은 나쁜 일을 겪지 않고, 너희는 이를 극복한다."

14 제우스는 전통적인 헬라스 판테온에서 신들의 아버지이다. 다른 스토아 철학자와 마찬가지로 에픽테토스 역시 '제우스', '신', '신들'로 번갈아 가며 사용하고 있다. 스토아 학파에 따르면, "신과 지성과 운명과 제우스는 하나라고 한다"(DL 제7권 135). 신은 우

야, 그게 가능했더라면 나는 너의 보잘것없는 육체와 작은 소유물을 자 유롭게 하고, 방해로부터 벗어나도록 했을 것이네. 허나 실제가 그렇듯<sup>11</sup> 이, 이건 네 몸이 아니라 솜씨 좋게 잘 빚어진 흙 덩어리에 지나지 않는 다는 사실을 잊지 말아야 하네.[15] 그렇지만 나는 그러지 못했기 때문에,<sup>12</sup> 나는 나 자신의 어떤 몫을, 즉 충동과 반발의 능력,[16] 욕구와 회피[17]의 이 능력을, 한마디로 말해서 인상을 사용하는 능력을 너에게 줬던 것이 네.[18] 네가 이것에 주의를 기울이고, 너의 모든 것을 이 능력에 내맡긴다

주의 모든 사건을 자기 일관성(self-coherence)으로 만들어 내는 보편적 이성(Universal Reason)이다. 인간의 이성은 '우주적 이성'의 발산 또는 한 부분이다. 영어 대문자로 표 기되는 'God'에 대응하는 헬라스어는 없다. '신'(ho theos)은 '신들'(theōn)의 단수형에 지나지 않는다. 에픽테토스는 '하나의 신'을 시사(示唆)하는 표현을 선호하며, 대개 '신' 을 통해 '신성'에 대한 자신만의 독특한 견해를 제시하고 있다. 또 에픽테토스는 인간의 이성적 능력과 자율성을 신이 부여한 기능으로 내세운다(13, 28, 33, 35절 참조).

15 에픽테토스는 이성('지도하는 정신')을 신체보다 더 우월한 것으로 보고 있다. 그는 신 체적인 것에 집착하는 사람들을 종종 비난한다. 그러나 그는 감각 능력의 역할을 부정 하지 않는다(제2권 제23장 32~35절 참조).

16 '행위하거나 행위하지 않는 동기(motivation).' 즉, '충동과 거부의 능력'.

17 hormē(행위하는 충동[동기]), aphormē(회피, 반발, 행위하지 않는 충동), orexis(욕구), ekklisis(혐오, 회피). 이 책에서 맨 처음으로 등장하는 인간 행위에 관련되는 이 네 가지 심리적 개념들은 스토아뿐만 아니라 에픽테토스의 철학을 지탱하는 가장 중요한 토대 가 된다. 이것들이 인간의 '의지'(prohairesis)의 지배 안에 있는 대상들로만 향해야 한 다는 에픽테토스의 첫 번째 원리이다. 이러한 추구와 회피, 욕구와 혐오의 능력, 심지어 인상을 사용하는 능력까지도 동물과 인간에게 공통적으로 속한다. 하지만 외적 인상을 사용하는 동물은 파토스(pathos)에 의해서만 움직이며, 자신이 무엇을 행하는지를 이 해하지 못하지만, 사람에게는 이러한 파토스가 자신의 지배 아래에 있다는 점에서 그 차이가 드러난다.

18 에픽테토스는 신이 부여한 이성의 신적인 능력을 프로하이레시스, 즉 '의지의 능력'이 라고 부른다. 이것은 '본성적으로 방해받지 않고, 제약받지 않는 것'이다(제1권 제17장 21절)

면, 결코 방해받지 않을 것이고, 결코 훼방받지 않을 것이고, 결코 깊은 한숨을 내쉬지 않을 것이고, 결코 누군가를 비난하지 않을 것이고, 결코

13 누구에게도 아첨하지 않을 것이네. 그러면 무언가? 이 모든 것들이 너에게는 단지 사소한 것으로밖에 보이지 않는가?'

'결코 그렇지 않습니다!'

그렇다면 그것들로 만족하는가?

'나는 신들께 감사드립니다.'[19]

14 실제가 그렇듯이, 한 가지 것에 대해서만 돌보도록, 또 그것에 우리 자신을 전념하도록 우리의 힘 안에 그것을 가지고 있는 것이지만, 오히려 우리는 많은 것들에 대해 돌보도록 선택하고, 또 우리의 신체에, 재산에, 우리의 형제에, 친구에, 자식에, 노예와 같은 많은 것들에 얽매이

15 기를 좋아하는 것이네. 그래서 이런 식으로 많은 것들에 얽매여 있기에,

16 우리는 그것들에 의해서 짓눌리게 되고 끌려가게 되는 것이네. 그렇기에 날씨가 항해하는 것을 방해한다면 우리는 거기서 근심스런 상태로 주변을 끊임없이 살펴보면서 주저앉아 있을 것이네. '어떤 바람이 부는 거지?' 북풍. 그것이 우리에게 또 그에게는 무슨 문제가 되는 거지? '서풍은 언제 불어올까?' 내 좋은 벗이여, 그것이 그러도록 선택할 때, 아니면 오히려 아이올로스가 선택할 때이지.[20] 신은 너를 바람의 관장자

17 로 삼지 않고 아이올로스를 관장자로 삼았기 때문이네. 그러면 우리는 무엇을 해야만 하는 것인가? 우리에게 달려 있는 것들을 최선의 것으로

---

19 제1권 제12장 32절 참조.

20 호메로스, 『오뒷세이아』 제10권 21행 참조. "크로노스의 아들이 그를 바람지기로 삼았기 때문이죠."

만드는 것이고, 또 다른 나머지 것들을 그 자연대로 받아들이는 것이네. '자연대로라는 것은 무슨 말인가?' 신의 뜻대로 하라는 것이다.

'그럼, 내가 참수당한다고, 나 혼자?'                                                           18

뭐라고? 넌 자신의 위안이 될 수 있도록 모든 사람이 참수되기를 원하는가? 네로가 목을 베라고 명령했을 때, 라테라노스[21]가 로마에서 했                    19
던 것처럼 너의 목을 기꺼이 내밀지 않겠는가? 그는 자신의 목을 내밀고 내려침을 받고, 그것이 너무 약한 것으로 드러나자 잠시 움츠렸다가
다시 자신의 목을 내밀었던 것이다.[22] 게다가 그 이전에, 네로의 해방노                                  20
예인 에파프로디토스[23]가 어떤 사람[그]에게 찾아가서,[24] 그[황제]에
대한 음모에 대해 따져 물었을 때, 그는 '대답할 생각이 있다면, 나는 네
주인에게 그것을 말할 것이다'라고 대답했다는 것이다.[25]

---

**21** 라테라노스는 '플라우투스 라테라누스'(라틴어, Plautus Lateranus)로 65년에 콘술(집
정관)로 지명되었고, 가이우스 칼푸르니우스 피소(Gaius Calpurnius Piso)가 네로 황제
(재위 54~68)에게 모반을 꾀하던 중 그에 가담한 혐의로 기소되었고, 자녀들을 보는 것
도 허락되지 않은 채 서둘러 처형을 당했다. 그를 처형한 호민관이 그 음모의 이해 당사
자였지만 라테라누스는 아무 말도 하지 않았다고 한다(타키투스, 『연대기』 xv, 15.51.3,
15.67). 65년에 일어났던 피소의 음모는 네로의 통치에서 중요한 전환점이었다. 그 음
모는 네로의 독재적 지도력에 대한 로마 국가 지배계급 사이에서 불만이 커지는 것을
반영했으며, 결과적으로 그의 궁극적인 자살과 뒤이은 4황제의 기간의 혼란으로 가는
길에서 중요한 사건이었다.
**22** 라테라노스가 취한 스토아적 태도와 용기는 자신의 '인상을 통제하는' 예를 보여 주고
있다. 그도 죽음에 대한 '예기적 고통'(propatheia)의 인상을 갖지 않을 수 없었을 것이
다. 그러나 죽음에 처해지는 상황과 같은 위험에 대한 우리의 본능적 반응은 '우리에게
달려 있는 것'이 아니다. 그것들에 승인을 보류하든가 내맡기는 것은 '우리에게 달려 있
는 것'이다. 그래서 라테라노스는 결심을 하고 단두대에 즉각 목을 내놓았고, 애초에 두
려움이 몰려오는 것을 허용하지 않았던 것이다. '처음 죽음에 직면하는 것이 다시 죽음
에 직면하는 것만큼 더 큰 용기가 요구되는 것이 아니다.'

21     그러면 이러한 [어려운] 상황에서 우리를 돕기 위해 무엇을 가까이 준비해 두어야만 하는가?[26] 왜, 내 것이 무엇이고 내 것이 아닌 것이 무

---

23 W. A. 올드파더의 로웹판 수정 텍스트를 받아들이면, 에픽테토스가 에파프로디토스를 '해방노예'로 부르는 유일한 대목이다. 그러나 자신의 주인을 가리키는 표현으로는 적합해 보이지 않는다. 에픽테토스의 주인이자 네로의 청원을 수리하던 비서였던 에파프로디토스는 네로와 도미티아누스 통치 시대에 정치적 영향력을 갖고 있었다. 에픽테토스의 10대 시절 초반까지 그의 주인이었으나, 얼마 뒤 그를 해방시켜 주었다. 기록에 따르면, 그는 네로가 자살할 수 있도록 도왔다고 하며, 이 사건으로 인해 도미티아누스 황제에게 죽임을 당했다고 한다(Suetonius, *Domitianus*, 14).

24 전해지는 텍스트(옥스포드 대학 보드리안 도서관에 소장된 *Bodleian codex*)가 파손된 부분이다. 수이에(J. Souilhe)는 19절의 라테라노스가 화자가 되어 말하는 것을 보아, 두 번째 나오는 tis(누군가)와 tō tou kuriō tou Nerōnos를 불필요한 것으로 삭제하고 읽는다. "게다가, 그 이전에 에파프로디토스가 그에게 가서…."

25 20절에 나오는 일화의 내용은 불분명하고, 또 이 사건에 관해 달리 알려진 바도 없다. 그리핀은 이 일화를 네로의 살해 계획과 연관이 있는 것으로 '추정해서' 해석하고 있다. 그 계획은, 예전에 카이사르를 죽일 때처럼 라테라노스가 황제에게 청원서를 제출하고자 접근해서 그의 무릎을 잡고 있는 동안에, 그가 다른 사람들의 단검을 피하는 것을 막는 것이었다. 그래서 라테라노스는 미리 청원서를 제출하겠다는 의사를 밝혔다는 것이다. 본문에 나온 바대로, 청원서를 담당하던 네로의 비서 에파프로디토스가 황제와 대립하려는 이유가 무엇인지를 물었을 때, '너의 주인'에게 직접 답하겠다고 말했다는 것이다(M. T. Griffin, *NERO; The End of a Dynasty*, Routledge, 1984[2001], pp. 166~167). 19절에 이어 라테라노스가 여전히 그 주제라면, 아마도 여기서 그의 행동은 공모자들이 그에게 접근한 다음 암살하기 위한 애초의 구실 역할을 했던 네로에 대한 탄원과 관련될 수도 있을 것이다.

26 "가까이 준비해 두어야"(procheiron)란 표현이 이 책 전체에 걸쳐 여러 번 사용되고 있다. '무엇을 가까이 준비해 두어야' 한다는 말인 것인가? 한마디로 말해서, '인생에서 필요한 원리들'을 말한다. 『엥케이리디온』('손안에 든 작은 것')이란 제목 역시 이러한 말에서 유래한 것으로 보인다. "(군인들의 단검이 항시 그 사용자의 손안에 있어야만 하는 것처럼) 그것도 항상 잘 살기를 원하는 사람들에게 손안에 혹은 가까이에(procheiron) 있어야만 하는 것이기 때문에, 『엥케이리디온』이란 제목이 붙은 것이다."(심플리키우스, 『엥케이리디온에 대한 주석』I.1.25~29)

엇인지, 또 내 능력 안에 있는 것과 내 능력 안에 있지 않은 것을 아는 것
이외에 다른 어떤 것이 있겠는가? 나는 죽어야만 한다. 그래서 나는 또          22
한 신음하면서 죽어야만 하는 것인가? 나는 감옥에 갇혀야만 한다. 그
래서 나는 그것에 대해 또한 슬퍼해야만 하는 것인가? 나는 추방당해야
만 한다. 그렇다고 내가 웃으면서, 유쾌하고 평온하게 떠나는 것을 누가
막을 수 있겠는가?[27] '그 비밀을 나에게 말하게.' 나는 말하지 않겠다. 그          23
것은 나에게 달려 있기(ep' emoi) 때문이네. '그렇다면 나는 너를 결박할
걸세.'[28] 인간아,[29] 너는 무슨 말을 하고 있는가? 나를 결박한다고? 나의
발을 결박할 수는 있지만, 나의 의지(프로하이레시스)[30]만큼은 제우스
자신조차도 지배할 수 없는 것이다.[31] '나는 너를 감옥에 처넣겠다.' 내          24
보잘것없는 육체를. '나는 너의 목을 베겠다.' 왜, 내가 언제 자를 수 없

---

27  '행위'와 '행하는 방식'이 대조되고 있다. "계율(praecepta)은 아마도 사람이 올바른 것
    을 행하도록 보장할 것이지만, 그 사람이 올바른 방식으로 행한다는 것을 보장하지는
    않을 것이네."(세네카, 『도덕서한』 95.40) "무엇을 견디느냐가 아니라, 어떻게 견디느
    냐가 중요한 것이네."(세네카, 『섭리에 대하여』 2.4)

28  에우리피데스 시행의 모방으로 보인다(『박코스 여신도들』, 492행 아래).

29  에픽테토스는 이 책에서 호격인 '인간아'(anthrōpē)를 자주 사용하고 있다. 이 말이 주
    는 본래의 어감(original nuance)은 오늘날 말로 '아, 친구여' 혹은 '아, 나의 친구여' 정도
    에 해당할 수 있다(A. A. Long [2002], p. 5).

30  여기서는 프로하이레시스는 '참된 자아'로 해석된다. prohairesis는 라틴어로
    propositum(의도), voluntas(의지)로 번역된다. 이 말은 '선택', '의지', '선택의 힘'(J. M.
    Copper), 'personne morale'(J. Souilhé) 등으로 옮겨진다. 프로하이레시스에 관해서는
    이 책의 「옮긴이 해제」를 참조. 우리말로 옮기기가 어려운 개념이지만, 나는 일단 '의
    지'로, 맥락에 따라 '선택', '선택의 힘'으로 옮길 것이다.

31  이 대목은 양도할 수 없는 것(정신, 이성, 의지)과 양도할 수 있는 것(신체)을 대조하고
    있다.

는 목을 가진 유일한 사람이라고 말한 적이 있는가? 이 모든 것들을 철

학하는 자는 연습해야만 하는 것[32]이다. 그들은 이것들을 날마다 글로

써야만 하고, 또 이것들을 통해 자신을 훈련시켜야만 한다.[33]

　　트라세아[34]는 '내일 추방당하기보다는 차라리 오늘 죽임을 당하는

---

**32** 즉 머릿속에서 곰곰이 생각해 봐야 하는 것들. 플라톤의 '철학은 죽음의 연습'(『파이
돈』, 64a 참조). "플라톤이 말한 것처럼, 너는 죽는 것을 연습할 뿐만 아니라, 고문을 당
하고, 추방되고, 채찍질을 당하는 연습을, 한마디로 말해 너 자신의 것이 아닌 모든 것
을 반납하는 연습을 하지 않겠는가?"(제4권 제1장 172절) "[철학은] 무엇보다도, 죽음
은 단지 모든 생물을 구성하던 요소들의 소멸이기 때문에 확신에 찬 마음으로 죽음을
기다리게 하는 것이다."(마르쿠스 아우렐리우스, 『자기 자신에게 이르는 것들』 제2권
17.4)

**33** 이러한 에픽테토스의 생각이 이 글을 직접 읽은 마르쿠스 아우렐리우스가 『자기 자신
에게 이르는 것들』을 '철학적 일기' 형식으로 쓰는 데에 결정적 영향을 준 것으로 생
각된다. 요컨대 에픽테토스의 '강의적 대화'(diatribē)의 목적은 소크라테스적 논박
(elengchos)을 통한 철학의 '연습'(meletē)과 '훈련'(gumnasia)이다. 이를 통해 '교육자
로서' 에픽테토스는 학생들에게 덕(아레테)을 열망하라고 '권유'(protreptikos)하고 있
다. 이런 의미에서 이 책은 소크라테스, 아리스토텔레스 이래로 죽 이어져 내려온 전통
적인 의미에서 '철학의 권유'(exhortation to philosophy) 범주에 속한다고 할 수 있다.

**34** 스토아 철학자 트라세아 파에투스(Thrasea Paetus)는 56년에 집정관에 선출된 정치가
로 네로의 독재에 맞서던 유명한 적대자였다. 66년에 네로에 의해 단죄되어 자살했다
고 한다(타키투스, 『연대기』 xvi, 34~35). 그는 아리아(Arria)의 남편이었고, 그녀의 '어
머니 아리아'는 파에투스(Caecina Paetus)의 아내였다. 그녀는 클라디우스 황제 시대에
그녀의 남편에게 영웅적으로 죽음의 길을 보여 주었다(Plinius, Letters, iii. 16). 자살을
강요받던 남편 파에투스에게서 단검을 잡아채서 자신을 찔렀고, 남편에게 그것을 돌려
주며 "파에투스여, 아프지 않아요!"(Non dolet, Paete!)라고 말했다. 이 사건은 플리니우
스가 전하고, 마르티알리스(Marcus Valerius Martialis)는 그의 『에피그램』(I. 13, '아리아
와 파에투스에 대해') 시에서 이것을 주제로 해서 '어머니 아리아'를 불멸하는 존재로
만들었다. "아리아가 그녀의 정숙한 가슴에서 자신의 손으로 뽑은 칼을 그녀의 남편 파
에투스에게 넘겼을 때, 그녀는 이렇게 말했다. '당신이 나를 믿어 주신다면, 내가 만든
이 상처는 나에게 고통을 주지 않습니다. 그러나 당신의 손이 만들 그 상처가, 파에투
스여, 나를 고통스럽게 합니다."(Martialis, Epigrams, Book 1, xiii, Bohn's Classical Library,

---

편이 낫다'고 자주 말하곤 했네. 그러면 루프스는 이 사람에게 무엇이
라고 말했는가? '만일 네가 [두 불행 중] 더 무거운 불행으로서 죽음을
선택한다면, 그것은 얼마나 어리석은 선택인가? 더 가벼운 일이라고 생
각하고 죽음을 선택한다면, 누가 그 선택을 너에게 허락하겠는가? 너는
너에게 주어진 것에 기꺼이 만족하도록 훈련할 생각은 없는가?'[35]

그렇기에 아그리피누스[36]가 말하곤 했던 것은 무엇인가? '나는 나 자
신에게 장애물이 되지 않을 것이다.'[37] '원로원에서 자네의 심의가 이뤄
지고 있다'라는 소식이 그에게 전해졌네.

1897)

35 루푸스는 트라세아가 망명보다 자살에 의한 죽음을 선호하는 윤리적 근거에 대해 도전
한 셈이 된다. 결국 루푸스는 결국 추방을 당했다. 무소니우스 루푸스(Musonius Rufus,
30~101)는 토스카나의 귀족 출신으로, 당대 가장 유명한 로마 스토아학파의 철학자이
자 에픽테토스의 선생이었다(제1권 제7장 32절, 제1권 제9장 29절, 제3권 제6장 10절,
제3권 제23장 29절 참조; 타키투스, 『역사』 iii. 81). 스토아 철학자들은 더 이상 좋은 인
간 생활을 영위할 수 없는 상황에 직면했을 경우에 자살을 인간에게서 일어나는 윤리
적으로 타당한 반응으로 간주했다. 또한 그들은 정당한 자살의 정확한 조건이 무엇인
지에 대해서도 논의했다(LS 66 G~H). 후기 로마 공화국과 초기 제국에서는 종종 스
토아학파의 원칙과 관련된 일련의 유명한 자살을 볼 수 있다(M. T. Griffin, "Philosophy,
Cato, and Roman Suicide", *Greece and Rome*, Vol. 33, 1986, pp. 64~77, pp. 192~202 참조).

36 스토아 철학자 파코니우스 아그리피누스(Paconius Agrippinus)는 로마 원로원 의원으
로 67년경에 네로 황제에 대한 피소의 음모에 가담해서 트라세아와 함께 재판을 받고
추방되었다. 아그리피누스는 제1권 제2장 12절에서 다시 언급된다. 여기서 말해지는
아르키아(라틴어 Aricia)에 있는 그의 땅은 망명하는 길에 있었다. 그에 대한 혐의는 그
가 로마 국가 원수에 대한 아버지의 증오심을 물려받았다는 것이었다(타키투스, 『연
대기』, xvi, 24~35). 아그리피누스의 아버지는 티베리우스 황제에 의해 죽임을 당했다
(Suetonius, *Tiberius*, c. 61).

37 외적인 것을 무시함으로써, 나의 정신과 마음, 즉 진정한 자아에 방해가 되지 않겠다는
의미. 『엥케이리디온』 제9장 참조.

29     '만사가 잘 되길! 하지만 다섯 번째 시각<sup>38</sup>에 이르렀네.'—그가 운동을 하고 나서 찬물 목욕을 하는 습관이 있었던 그 시각이었다.—'그

30 러니 우리 나가서 운동 좀 하자.' 그가 운동을 마쳤을 때, 누군가가 와서 그에게 '당신은 유죄판결을 받았어요'라고 말했다.—'추방인가, 아니면 사형인가?' 그가 물었네.—'추방입니다'—'내 재산은 어떤가?'—'몰수당하지 않았습니다.'—'그럼 우리 아르키아<sup>39</sup>로 가서 거기서 식사를 하도록 하세.'

31     이것이야말로 훈련할 일을 훈련하고, 욕구해도 또 회피해도 방해받

32 거나 회피할 수 없게 하려고 노력했다는 것이다. 나는 죽어야만 하네. 지금 당장이라면 당장 죽자. 잠시 뒤라면 식사할 시간이 왔기 때문에 지금은 식사를 할 것이네. 그런 연후에 죽는 걸로 하자. 어떻게? 자신의 것이 아닌 것을 되돌려 주는 사람에게 어울리는 것처럼.<sup>40</sup>

---

**38** 로마의 하지 시간(ōra). 로마의 하루는 낮과 밤으로 각각 12분할 되어 있으며, 아침 7시가 제1시였다. 따라서 '5번째 시각'은 현대의 시간으로는 오전 11시쯤에 해당한다. 계절에 따라 밤낮의 길이가 다르므로 약간의 차이가 있다.

**39** 라틴어로 아르키아(Aricia)는 전략적으로 중요한 아피아 길(Via Appia)에 있는 로마에서 약 25킬로미터쯤 떨어진 곳이다. 호라티우스의 시에는 이런 구절이 있다. "강력한 로마를 떠나, 나는 아리키아에 있는 소박한 여인숙에 피난처를 발견했네."(Quintus Horatius Flaccus, *Satirae*, I.5.1)

**40** "어떤 것에 대해서도 결코 '그것을 잃어버렸다'라고 말하지 말고, 오히려 '그것을 되돌려 주었다'라고 말하라."(『엥케이리디온』 제11장)

제2장

# 어떻게 인간은 모든 상황에서
# 자신이 누구인가에 따르는 것[1]을
# 보존할 수 있는가?[2]

1   원어는 prosōpon('얼굴', '생김새'; 7, 14, 28, 30절)으로, 연극에서 배우들이 얼굴에 쓰는 '가면'(persona)을 가리키며, 곧 드라마에서의 '역할'과 그 역할을 맡은 '배우'를 의미한다. 이 책에서 prosōpon은 18번 사용되고 있다. prosōpon은 라틴어 persona로 번역되었다. 개인의 '인격'(personality)이나 '사회적 역할'도 persona(가면)로 말해진다(제2권 제10장 7~8절). 결국 이 장의 제목은 우리가 생각하고 또 행위함에 있어서 '우리가 누구인가', '우리는 어떤 사람인가'에 일치해서 생각하고, 행위해야 한다는 것을 의미한다(14절 참조). kata prosōpon은 '그런 종류의 한 사람'이 아니라, '바로 그러한 사람'에 따라서 생각하고, 행위한다는 말이다(11절 참조). M. 프레데는 '고유한 성격'(proper character; W. A. Oldfather, R. Dobbin, R. Hard)으로 옮기는 기존의 영어 번역이나, '개인적인 존엄'(dignité personnelle)으로 옮기는 수이에의 불어 번역은 잘못되었다고 지적한다. M. 프레데는 이 장의 제목을 'How one always might preserve accord with **the person one is**'로 옮긴다. 에픽테토스의 prosōpon(인격)의 의미에 대한 분석에 관해서는, M. Frede, "A Notion of a Person in Epictetus"(ed. T. Scaltsas and A. S. Mason, *The Philosophy of Epictetus*, Oxford, 2007, pp. 153~168) 참조.

2   이 장은 윤리학의 하나의 요소인 '인격'(인간됨)에 대한 논의로 초점을 맞추고 있다. 에픽테토스는 '이성적인 동물에게는(tō logikō zōō) 이성에 반하는 것만을 견뎌 낼 수 없으나, 이성적인 것은 견뎌 낼 수 있는 것이네'로부터 시작한다. 스토아주의자들은 인간의 삶의 궁극목적을 '자연에 일치해서 사는 것'으로 정의한다. 우리의 본성은 우주의 부분이므로, 본성에 따라 사는 것이 궁극목적이 된다. 이것이 자신의 본성에 따르고 전체들의 본성에 따르는 것이고, 옳은 이치이며, 모든 것을 관통하는 보편적인 법이다. 우리가 순응해서 살아야 할 자연은 보편적인 것이자, 개별적으로는 인간의 본성이다(DL 제7권 87~89). 에픽테토스는 이 목적의 개념을 각자의 개별적인 '인간됨'을 포함하도록 확장시키고 있다. "자연은 우리에게 두 가지 역할을 부여했다. 하나는 보편적인 것으로,

1 　　이성적인 동물에게는 이성에 반하는 것만을 견뎌 낼 수 없으나, 이성

적인 것은 견뎌 낼 수 있는 것이네. 구타(毆打)는 본성(자연)적으로 견

2 뎌 낼 수 없는 것이 아니네. ― '왜 그렇지요?' ― 왜 그런지 보게. 라케

다이모니아인들은 채찍질당하는 것이 이성적이라는 것을 배우고 매질

3 을 받아들이는 것이네.[3] '하지만 교수형당하는 것은 견딜 수 없는 것이

아닌가요?' ― 적어도, 누군가가 그것이 이성적이라고 납득하면, 가서

우리가 이성을 소유하고 있고 … 다른 하나는 각 개인에게 고유한 것으로 할당된 것이
다. 사람마다 큰 신체상의 차이가 있는 것처럼, 그들의 정신적 능력에서도 더 큰 차이가
있는 것이다."(키케로, 『의무론』 i 107) 이러한 측면에서 우리의 교육을 발전시키기 위
해서는, '외적 사물의 가치에 관한 판단을 형성해야만 할 뿐만 아니라, 또한 외적 사물
이 우리 각자 자신이 누구인가에 따르는 것에 대해 어떤 관계에 있는지'(7절)를 평가하
는 데에서 진보할 필요가 있다고 말한다. 에픽테토스는 서로 다른 사람이 이 평가 과정
을 어떻게 수행하느냐에 대한 중립적 견해를 제시하는 것 같지만 그렇지 않다. 그는 계
속해서 일련의 모범적인 인물들을 제시한다. 이들 모두는 자신의 특정한 인간됨과 자
신이 맡은 사회적 역할을 표현하기 위해 용감한 행동에 높은 가치를 부여하고, 자신의
삶을 포함한 '외적인 것들'에 대해 낮은 가치를 부여해야 한다고 믿는 사람들이다. 또한
그는 이러한 사람들을 '의지(프로하이레시스)를 낮은 가격에 팔려는 것과'(33절) 비교
해서, 자신을 자신의 '의지'에 높은 가치를 부여하는 사람으로 특징짓고 있다. 이런 사
람들이 취하는 행태가 소크라테스와 같은 그런 종류의 사람들이 취하는 것이다(11, 29,
33절). 그는 모든 사람이 모조리 이런 입장을 취할 준비가 되어 있지 않고, 지금 당장 그
렇게 할 준비가 되어 있지 않음을 인정한다. 그러나 그는 청강자들에게 그렇게 하기 위
해서는 "황소가 단번에 황소가 되지 못하는 것 이상으로, 인간도 단번에 결코 고귀하게
되지 못할 것이네. 그는 힘든 겨울 훈련을 거쳐야만 하고, 자신을 준비해야만 하고, 자
신에게 적합하지 않은 것으로 무모하게 뛰어들어서는 안 되는 것이네"(32절)라고 권유
한다. 그러면서 어떤 상황에서도 높은 것을 향하려는 '열망'을 포기하지 말고, 결코 연
습과 훈련을 중단하지 말 것을 권유하고 있다(37절).

3　라케다이모니아(스파르타)에서는 아이들을 아르테미스 신전 앞에서 피가 흐를 때까지
　채찍질을 하는 관습이 있었다고 한다(Artemis Orthia). 때로는 죽음에 이르기까지 했다.
　그러나 아이들은 신음 소리조차 내지 못했다고 한다(키케로, 『투스쿨룸 대화』 제2권
　14; 제5권 27 참조).

스스로 목을 맬 것이네.[4] 요컨대 우리가 주의를 기울인다면, 우리는 이 성에 반하는 것만큼 그렇게 우리의 종(種)[5]을 괴롭히는 것이 하나도 없다는 것과 역으로, 이성적인 것만큼 그렇게 마음을 끌리게 하는 것 역시 하나도 없다는 것을 발견하게 될 것이네.[6]

하지만 이성적인 것과 비이성적인 것은, 선과 악 또 유익한 것과 유익하지 않은 것이 서로 다른 사람에게 다른 것이듯이 서로 다른 사람에게 다른 것으로 일어나기 마련이네. 이러한 이유로 무엇보다도 자연에 일치해서 개별적인 경우에 이성적인 것과 비이성적인 것에 대한 우리의 선개념(prolēpsis)[7]을 적용할 수 있도록, 우리에게는 교육이 필요한

4

5

6

---

4  에픽테토스 특유의 블랙 유머이다. 여기서 그는 '이성적으로 잘 구비된 자살'은 정당화된다는 스토아 주장을 넌지시 조소하고 있다. 이어서 그는 곧바로 5절에서, '하지만 이성적인 것과 비이성적인 것은 다른 사람에게 다른 것'임을 지적한다.

5  이성적 존재, 즉 인간.

6  채찍질은 자연(본성)에 어긋나기 때문에 '선호되지' 않는다. 심한 신체적 고통이나 지속적인 손상을 주니까. 마찬가지로 교수형은 '자기 보존에 대한 자연스러운 충동'을 억제한다. 그러나 자발적으로 선호되지 않는 이런 행위를 찾는 사람들이 있다. '아르테미스 오르티아 축제'에 참석한 스파르타 젊은이들이나, 『젊은 베르테르의 슬픔』에서처럼 비극적인 주인공을 보는 것만으로도 자살 충동을 느끼는 사람들이 있다. 에픽테토스가 말하고자 하는 요점은, 이 중 어느 쪽으로 행동하는 것이 옳다는 것이 아니라, 사람들이 자신의 행동이 이성적이라고 생각하는 한 자연스럽지 않고, 선호되지 않는 행동을 기꺼이 한다는 것이다. 우리의 행동은 종종 잘못되고, 비이성적일 수 있다. 그러나 행동이 이성적이라고 '믿는' 것만으로도 행동하는 데에는 충분하다(S. White, "Stoic selection; Objects, actions, and agents", eds. A. Nightingale and D. Sedley, *Ancient Models of Mind: Studies in Divine and Human Rationality*, Cambridge, 2010, p. 110).

7  선개념(prolēpsis)은 스토아 철학에서 "보편적인 것들에 대해 자연적으로 생겨난 개념"으로 정의된다(DL 제7권 54). 스토아학파는 모든 개념을 인상에 작용하는 정신에 의해 생성된 것으로 간주한다. 이러한 개념들 중 일부는 prolēpsis 또는 '일차적 개념'이라고 한다. 그것들은 사람들이 일반적으로 사용하는 '보편적 개념'이다. '행복', '좋음', '정의'

7   것이네. 이제 이성적인 것과 비이성적인 것을 판별하기 위해서는, 우리
    는 외적인 것들에 대한 가치뿐만 아니라, 또한 우리 각자 자신이 누구인
    가에 따르는 것에 대한 가치도 사용해야만 할 걸세.

8       만일 어떤 사람이 그렇게 하지 않으면 그가 매를 맞고 음식을 얻어먹
    지 못할 테지만, 그렇게 한다면 난폭하거나 고통스러운 어떤 일도 당하
    지 않는다는 단순한 사실을 염두에 두고 있는 어떤 사람에게는 다른 사
9   람을 위해 요강⁸을 내밀고⁹ 있는 것이 이성에 맞는 일이기 때문이네. 반
    면에 다른 사람에게는 자신이 요강을 내미는 일은 참을 수 없을 뿐만 아
    니라, 다른 사람이 그를 위해 요강을 내밀고 있는 것조차 견디기 힘들어
10  보일 것이네. 네가 나에게 "요강을 내밀고 있을까요, 그러지 말까요?"
    라고 묻는다면, 나는 먹거리를 얻는 것이 얻지 못하는 것보다 더 큰 가

---

와 같은 것이 그렇다. 에피쿠로스주의자들은 '선개념'을 이렇게 규정한다. "선개념은
파악(katalēpsis) 내지 올바른 의견이나 개념, 또는 마음에 축적된 보편적 관념(noēsis)
이다. 즉 그것은 외부로부터 자주 감각에 나타나는 것에 대한 기억이다. 예를 들어 '이
러이러한 것이 사람이다'라고 말할 때, '사람'이라고 말하자마자 우리는 감각들이 인도
하는 가운데 선개념을 통해 그것의 형태를 생각하게 된다. 그러므로 모든 낱말이 가리
키는 최초 의미는 명증하다. 그리고 우리는 탐구의 대상이 되는 것에 대해 미리 알고 있
지 않으면 탐구를 시작할 수 없을 것이다. 이를테면 '저 멀리 서 있는 것이 말인가 소인
가'라고 묻는 경우가 그렇다. 이 물음을 던지기 전 어느 시점에 우리는 선개념에 의해
말과 소의 형태를 알고 있어야 하기 때문이다. 우리가 선개념에 의해 그것의 형태를 미
리 인지하고 있지 않으면 어떤 것에도 이름을 붙일 수 없을 것이다. 그러므로 선개념은
명증한 것이다."(DL 제10권 33)

8  amis, ouranē, ourētris(urine[소변]이란 말이 이로부터 나왔다)는 모두 같은 말로 밤중에
   사용하는 '이동식 변기' 정도를 의미한다. 화장실 변기의 운반을 담당하게 될 자는 명백
   히 역겹고 굴욕적이며, 노예적일 뿐만 아니라 완전히 비하하는 일을 맡은 것처럼 보일
   것이다.

9  '운반하는'.

치가 있고, 또 매질을 당하는 것이 매질을 당하지 않은 것보다 덜 가치가 있다고 대답할 것이네. 그래서 이러한 기준에 따라 너의 관심사를 측정한다면, 너는 가야만 하고 요강을 내밀고 있어야만 할 것이네.[10] '하지만 그것은 나에게 어울리지 않는 일이에요.'[11] 그것은 내가 아니라, 네가 고려해야만 하는 사항이네. 왜냐하면 너는 너 자신을 알고 있는 사람이고, 너는 너 자신에게 얼마만큼의 가치가 있는지, 또 어떤 가격에 너 자신을 팔지를 아는 사람이기 때문이네. 다른 사람들은 다른 가격으로 그들 자신을 파니까 말이네.[12]

11

이런 이유로, 플로로스가 네로[13]의 볼거리에 직접 참여해서 어떤 역할을 공연해야 할지를 고민하고 있을 때, 아그리피누스[14]가 그에게 이렇게 말했다네. "내려가시오." 플로로스가 그에게 '그럼, 왜 당신은 내려가지 않느냐?'라고 물었을 때, '나? 나는 그런 생각조차 해본 적도 없

12

13

---

10  어떤 상황이냐 하는 것('외적인 것')이 '우선적 가치'를 지니는 것을 선택하는 데에 영향을 줄 수 있다. '자살'을 선택하는 것도 어떤 상황에 처해 있느냐에 따라 '이성적'(합리적)으로 판단될 수 있을 것이다.

11  '그것이 내가 해야만 하는 적합한 것이 아닐 것입니다' 혹은 '그것은 나에게 가치가 없을 겁니다'.

12  이어지는 대목에서 에픽테토스는 자신의 자긍심을 손상시키기보다는 죽음과 죽음의 위험을 선호하는 영웅적인 사람들의 예를 들고 있다.

13  네로는 경치가 있는 묘사를 열정적으로 좋아했으며, 자신의 비극을 상영하는 데 가난 때문에 승낙한 귀족 가문의 자제를 무대에 오르도록 끌어들이곤 했다고 한다(타키투스, 『연대기』 xiv.14; Suetonius, Nero 6.21).

14  플로로스(Flōros)에 대해서는 알려진 바가 없다. 아그리피누스에 대해서는 제1권 제1장 28절 참조. 네로가 했던 것처럼 행위자로 음악이나 드라마 축제에 참여하는 것은 로마의 원로원 의원으로서 품위를 잃는 것으로 보였으며, 삶에서의 그들의 역할에 대한 적절한 행위와 일치하지 않는 것으로 간주되었다.

으니까'라고 그는 대답했네. 누군가가 일단 외적인 것들의 가치를 비교하고 또 그것들을 평가함으로써, 그러한 질문들을 고려하기 시작하자마자, 그는 자신의 고유한 인간(퍼스낼리티)의 감각을 잃어버린 사람

들 중의 한 사람으로 가까이 다가가게 되는 것이니까 말이네.[15] 그러면 나에게 무엇을 묻는 것이냐? '죽음 혹은 삶, 어느 것이 더 바람직한[16] 것

인가?' 나는 삶이라고 답하네. '고통인가, 즐거움인가?' 나는 즐거움이라 답하네. '하지만 비극에서 어떤 역할을 맡는 데 동의하지 않는다면,

내 머리를 잃게 될 것이네.' 그럼, 가서 그 역할을 맡게나. 허나, 나는 어떤 역할을 하지 않을 걸세. '왜 그런가?' 너는 너 자신을 키톤(chitōn, 튜

---

**15** 예를 들면, 아버지라면 '아버지임'은 그의 '인간임'의 일부이다. 아버지는 종종 자신이 행위를 하는 경우에, 자신이 자식을 가지고 있고 또 자신이 행하는 것에 따라 자식이 영향받을 수 있다는 사실을 생각하지 않으며 고려하지 않은 채로 행동하는 수가 있다. 따라서 이 경우라면 아버지가 행하는 것은 자신이 '어떤 인간인지에 따라서' 행위하지 않았다는 것이다(다른 예는 이어지는 19~20절 참조). '어떤 인간인지 따라서' 행위하는 사람은 '너 자신을 알고, 네게 너 자신에 대해 얼마만큼의 가치가 있는지, 또 어떤 가격에 너 자신을 팔지를 아는 사람'을 말한다(11절). 이에 대해서는 Frede, "A Notion of a Person in Epictetus", pp. 156~157 참조.

**16** hairetōteron('선택할 만한', '선호할 만한'; hairetos의 비교급)은 스토아 윤리학에서 사용되는 기술적인 명사(名辭)이다. '자연에 따르는' 일차적인 것이 선호되는 가치를 갖는다(DL 제7권 101~107 참조). 스토아 철학에 따르면 가치는 좋은 것, 나쁜 것, 아무래도 관계없는 것('좋음도 나쁨도 아닌 것'; ta oudetera)으로 나뉜다. 이들 각각은 덕, 악덕, 유익하지도 해롭지도 않은 것에 해당한다. "건강, 힘, 감각 기관의 건전함 등은 자연스러운 것이다. [···] 혼, 신체 또는 외적인 것들과 관련된 것이 선호된다. 혼에 관련된 것들에는 다음과 같은 것이 있다. 재능, (도덕적) 진보, 기억력, 생각의 빠름, 의무에 충실하려는 성향, 그리고 주로 자연스러운 삶의 방식에 기여할 수 있는 모든 기술과 같은 것들. 신체적으로 선호되는 것은 건강, 감각의 예리함 등이다. 외적인 것들은 부모, 자손, 적절한 재산 및 대중적 호의를 포함한다."(스토바이오스, Eclogae 2.79.20~80.1, 80.22~81.6; DL 제7권 116 참조)

니카)을 짜는 모든 올 중 단지 한 올 정도로 밖에 여기지 않기 때문이지. '그러면 어떻게 해야 할까?' 한 올이 다른 모든 올에 비해 두드러져 나오기를 원하지 않는 것처럼, 너는 어떻게 하면 다른 사람과 비슷하게 될 수 있을지를 생각해야만 하네.[17] 하지만 나는 나머지 모든 것을 화려하고 아름답게 보이게 하는 작고 빛나는 줄무늬 띠인 그런 자주색[18]이 되고 싶네. 그런데도, 당신은 왜 나에게 다른 모든 사람과 비슷하게 되라고 말하는 건가? 그 경우라면, 내가 어떻게 그 이상으로 자주색이 될 수 있겠는가?[19]

헬비디우스 프리스쿠스[20] 또한 이것을 알고 있었고, 또 알고 있던

18

19

---

17 즉, 자주색 올이 대부분 흰 올로 되어 있는 키톤 전체에 광채를 내는 것처럼.

18 toga praetexta라 불리는 원로원의 토가(로마식의 겉옷)는 한 줄의 넓은 자주색 줄무늬로 테두리를 두르고 있어서 일반 사람들의 토가와 구별되었다. 여기서 에픽테토스는 이것을 '도덕적인 귀족성'으로 상징화하고 있다(제3권 제1장 23절 참조). 이러한 사람들은 도덕적 공덕(功德)의 행위를 한다. 그러나 아그리피누스는 이 두드러진 자주색 줄무늬와 유사한 자신의 윤리적 성격을 평가하는 데 요구되는 용감한 응답을 예외적으로 제시하고 있다(22절의 프리스쿠스 참조).

19 아그리피누스의 답변을 풀어 보자. '나는 네가 하는 행위를 할 수 없네. 나의 자존감이 그것을 허락하지 않네. 그렇다고 너의 결정을 비난하는 것이 아니네. 너는 단지 너에게 올바르게 보이는 것을 행하고 있을 뿐이네.'(R. Dobbin [1998], p. 83 참조)

20 원로원 의원이자 철학자였던 헬비디우스 프리스쿠스(Helvidius Priscus)는 트라세아 파에투스(제1권 제1장 26절)의 양자로 70년에 집정관이 되었다. 그는 스토아학파에 근거해 베스파시아누스(Vespasianus, 재위 69~79)의 권위에 도전했고, 75년경에 처형되었다(카시우스 디오, 66. 12). 역사가 타키투스(『역사』Historiae iv.4~8)는 그를 스토아주의자이자 정직한 사람으로 칭찬했다고 한다. "그는 좋은 것들만을 덕으로 생각하고, 나쁜 것은 악한 것으로만 생각하는 철학자들을 추종했다. 그리고 그는 권력, 지위, 그리고 마음에 대해 외적인 다른 모든 것을 선하지도 악하지도 않은 것으로 간주했다." 베스파시아누스는 (아마도) 홧김에 헬비디우스에게 감정이 폭발해서, 그를 처형하라고 명령을 내리고 너무 늦었을 때에야 비로소 그 명령을 취소했다(Suetonius, Vespasianus 8,15),

것을 알게 되었네. 베스파시아누스가 그에게 원로원 회의에 참석하지 말라고 전갈을 보냈을 때, 그는 답했네.[21] '내가 원로원에 오지 못하게 하는 것은 당신의 자유이지만, 내가 원로원의 의원으로 남아 있는 한, 나는 그 회의에 참석해야만 합니다.' ─ '좋네, 만일 참석한다면 침묵을 지키도록 하라.' ─ '만일 당신이 내 견해를 묻지 않는다면, 나는 침묵할 것입니다.' ─ '하지만 나는 너의 견해를 묻지 않을 수 없네.' ─ '그러면 내 쪽에서는 옳다고 생각하는 대로 답변하지 않을 수 없습니다.'[22] ─ '그러나 네가 그렇게 말한다면, 나는 너를 처형할 것이네.' ─ '글쎄요, 내가 죽지 않는다고 당신에게 언제 말했던가요? 당신은 당신의 역할을 수행하고, 나는 나의 역할을 수행할 것입니다. 나를 죽이는 것은 너의 일이고, 두려움이 없이 죽는 것은 나의 일입니다. 나를 추방하는 것은 너의 일이고, 슬픔 없이 떠나는 것은 나의 일입니다.'[23]

그렇다면, 프리스쿠스가 혼자서 무슨 유익을 봤는가? 너는 묻고 있네. 또 자주색은 겉옷(히마티온)을 위해 무슨 유익한 일을 하고 있는가?

---

**21** 이 대목(19~24절)에 대한 부룬트의 논의 참조(P. A. Brunt, "Stoicism and the Principate", *Papers of the British School at Rome*, Vol.43, 1975, p. 31).

**22** 황제의 명에 따라 회합에 참석하지 않았다면, 그는 더 이상 원로원의 의원도 아닐 것이고, 따라서 그는 더 이상 '그 사람이었던 바로 그 사람'이 아니게 되었을 것이다. "프리스쿠스는 목숨을 빼앗겼음에도 불구하고, 그의 행동은 그의 인격과 개인적 성실성을 보존했다. 그는 목숨을 잃었지만 살아 있는 한 올바르게 살았다. 자연적 이점뿐만 아니라 삶 자체를 포기하려는 그의 의지는 그의 올바르고, 따라서 진정으로 '이성적인' 선택에 필수적이다. 삶에 집착할지 그러지 않을지 하는 질문에 대한 그의 대답은 선택적 가치의 계산이 아니라 개인의 역할에 대한 그의 헌신과 그에 따른 개인의 성실성에 달려 있다"(S. White [2010], p. 125).

**23** 이 대목은 자신의 지위에 '적합한 행위'(의무)에 관련된 에픽테토스의 '상상의 대화'로 구성되어 있다.

자주색으로서 그 안에서 두드러지고, 나머지 모든 사람에게 훌륭한 본보기로 이목을 끄는 것 이외에 다른 무엇이 있는가? 다른 사람은, 카이사르에게 그런 상황에서 원로원에 참석하지 말라고 하는 말을 들었다면, 그는 "나에게 자비를 베풀어 주셔서 감사합니다"라고 말했을 것이네. 하지만 카이사르는 그런 사람이라면 원로원에 오는 것을 결코 막으려 하지 않았을 것이네. 카이사르는 그 사람이 거기서 항아리처럼 앉아 있을 것이거나,[24] 혹은 그와 달리, 그가 말하더라도 카이사르가 그에게 말하기를 원했을 것으로 알고 있는 바를, 게다가 더 많은 것을 덧붙여 말할 것이라는 알고 있을 것이기 때문이네.[25]

마찬가지로, 어떤 운동선수도 자신의 성기[26]를 절단하지 않으면 살해당할 위험에 처했을 때, 또한 이런 식으로 행동했던 것이네. 그의 형제가— 그 사람은 철학자였다—그에게 찾아와서 이렇게 말했네. '형제여, 앞으로 어떻게 할 계획인가? 이 부분을 잘라 내고도 평소처럼 체육관으로 다시 갈 텐가?' 하지만 그 선수는 그 생각에 굴복할 수 없었고, 그것에 맞서 마음을 모질게 먹고 죽어 버렸다는 것이네. 누군가가 이렇게 물었을 때, '그는 어떻게 그렇게 했던 것입니까?[27] 운동선수로서인가

23

24

25

26

---

**24** '꿔다 놓은 보릿자루' 모양으로 원로원 의원으로서의 자기의 역할을 하지 못하는 것.

**25** 이 대목은 스토아 철학의 행위에 대해 일반 '원리'가 요구하는 '선택적 가치'는 대중적 관심(옷, 자비를 베풂, 꿔다 놓은 보릿자루의 역할)을 뛰어넘는다는 점을 강조하고 있다.

**26** 헬라스의 운동선수들은 옷을 전부 벗은 채 훈련하고 운동했다. 조각상을 미루어 볼 때, 남성의 표식인 고환은 운동선수로서의 적절한 수행과 중요하게 관련되는 것으로 보인다.

**27** 즉 이러한 상황에서 죽음이 적절한 기능인가?

요, 아니면 철학자로서인가요?' 에픽테토스는 대답했네.[28] '남자로서,[29] 또 올림피아에서 경쟁하고 거기에서 승리자로 선포되었고, 그러한 장소에서 자신의 생애를 보낸 인간으로서이지, 단지 바톤의 레슬링 훈련장에서[30] 오일을 발랐던 인간으로서는 아닌 것이네.'[31]

27  그러나 또 다른 사람은 목 없이도 살 수 있다면 기꺼이 그의 목조차
28  자를 것이네. 이것은 자신이 누구인가에 따르는 것[32]에 따라 행동한다는 것이며, 이러한 것은 그것을 그들의 숙고 안으로 이끄는 습관을 들이
29  는 사람들 사이에서 얻는 그 무게이네. '자 에픽테토스여, 너의 수염[33]을

28 ephē(그는 대답했네)의 주어('그는')가 누구인가? 대개 번역자들은 '에픽테토스'가 대답하는 것으로 번역한다. 27절의 ekeinos는 '철학자인 형제'를 명확하게 가리킨다. 어떤 학자는 이 부분의 전체 대화를 이 일화의 출처가 되는 '철학자'로 분류된 형제로부터 오는 것으로 해석한다(S. White [2010], p. 126, n.31).

29 그의 행동의 규범이 제일차적으로 '인간의 본성'에 뿌리를 두고 있음을 말하는 것이다. 다른 역할은 부차적인 것에 불과할 뿐이다. "네가 누구인지 생각하라. 첫째로 인간이다. 즉 의지(프로하이레시스)보다 더 권위 있는 것은 아무것도 없는 것이다. 다른 것은 의지에 종속되지만, 의지 자체는 예속할 수도 종속될 수도 없는 것이다."(제2권 제10장 1절)

30 바톤(Baton)은 마르쿠스 황제 시절에 혹은 그즈음에 2년 동안 레슬링 경기장 책임자로 선출되었다고 한다. 로마에는 바톤이라는 이름을 가진 검투사 한 명 또는 두 명이 있었다고 한다(W. A. Oldfather 주석 참조).

31 이 일화의 요점과 그 윤리적 토대는 결단에서 개인적 개입의 힘을 설명하는 것이다.

32 M. 프레데는 to kata prosōpon을 '고유한 성격'(proper character)이나, '개인 존엄성'(la dignité personnelle, 수이에)으로 옮기는 것은 잘못되었다고 지적하고 있다(Frede, "A Notion of a Person in Epictetus", p. 155).

33 수염은 로마인보다도 헬라스인에게 더 흔했다. 수염은 기원전 2세기 중반부터 철학 운동의 중심이 이동된 로마의 철학자들과 관련이 있었으며, 에픽테토스는 수염을 자신의 철학적 역할과 불가분의 관계를 맺고 있는 것으로 기술한다. 수염을 깎는 것은 자연에 따라 사는 그의 철학적 이상을 포기하는 것이었고, 정당하지 않은 권위에 복종하는

깎게나.' 내가 철학자라면, 나는 깎지 않을 것이라고 답할 것이네.[34] '그러면 나는 너의 목을 자를 것이다.' 그렇게 하는 것이 당신에게 좋은 것이라면 내 목을 자르시오.

누군가 물었네. '그러면 우리 각자가 자신이 누구인가에 따르는 것을      30
어떻게 인식하게 될까요?'[35] 에픽테토스는 대답했다. 사자가 공격할 때,
황소만이 자신의 힘을 인식하고 전체 무리를 대신해서 보루(堡壘) 앞으
로 나서는 것은 어떤가? 혹은 이러한 힘을 소유하고 있다는 것이 동시
에 즉각적으로 그 힘의 인식에 의해 동반된다는 것은 분명하지 않은가?
그러므로 우리의 경우에도, 그러한 힘을 가지고 있는 누구든 그것을 인      31
식하지 못하지 않을 것이네. 하지만 황소가 단번에 황소가 되지 못하는      32

---

것이었다. 철학자에게는 가장 혹독한 형벌이었을 것이다(제2권 제23장 21절, 제3권 제
1장 24절, 제4권 제8장 5절, 제4권 제8장 12절). 카사우봉(Casaubon)은 도미티아누스
황제의 로마에서의 철학자 추방령을 언급한다(B.C. 89 혹은 93~95). '반-국가적 운동'
에 대한 징벌로, 황제의 명에 따라 철학자들은 강제로 수염을 깎아야 했다고 하며, 그
중 몇몇은 철학자 신분임을 숨기기 위해 스스로 수염을 깎았다고 한다. 수염을 짧게 하
는 방식은 알렉산드로스 대왕 시절에 도입되었다고 한다. 철학자들은 각 학파(견유학
파, 스토아학파, 페리파토스학파)에 따라 상이한 방식으로 수염을 길렀다. 이 서로 다
른 수염의 상태가 각 학파의 다양한 철학적 이념을 반영했다. 페리파토스학파는 '외적
인 좋음'과 사회적 지위가 덕과 더불어 좋은 삶을 살기 위해 필연적이라고 생각한다
(Philostratus, *Vita Apollonii* 7. 34; J. Sellars, *The Art of Living: The Stoics on the Nature and
Function of Philosophy*, Aldershot, 2003[2009], pp. 15~19). 아우루스 겔리우스는 이 문제
에 관한 페리파토스학파와 스토아학파 간의 논쟁을 기록하고 있다(Aulus Gellius, 18. 1.
1~14; SVF 3. 56) 실제로 에픽테토스는 그 추방령에 따라 로마를 떠나 기독교인의 공동
체가 있었던 니코폴리스로 이주했다. 이곳에서 기독교와 어떤 인연을 맺었을까?

**34** 운동선수에게 말하는 것처럼, 에픽테토스가 그 자신에게 말하는 것인 양 상상해서 말
하는 것이다.

**35** '자기 자신에게 일치하는 것', '자기 자신에 따르는 것'은 스토아 철학에서 중요한 개념
인 oikeiōsis의 언관되어 있다(제1권 제19장 15절 참조).

것 이상으로, 인간도 단번에 결코 고귀하게 되지 못할 것이네. 힘든 겨울 훈련을 거쳐야만 하며, 이에 대비해야만 하고, 자신에게 적합하지 않은 것으로 무모하게 뛰어들어서는 안 되는 것이네.[36]

오직, 어떤 가격에 너 자신의 의지(프로하이레시스)를 팔고자 설정할지를 고려하게.[37] 인간아, 파는 것 외에 다른 길이 없다면 적어도 그것을 싸게 팔지는 말게나. 하지만 위대하고 특별히 빼어난 행태는 아마도 다른 사람들, 소크라테스[38]와 그런 종류의 사람들에게나 속하는 것이라네.

---

36 에픽테토스는 일반 원칙을 제시한다. 해당하는 종류의 '힘'을 가지고 있다는 것을 인지해야 한다. 어떻게 우리의 능력을 획득하는가? 황소의 예를 보면, 타고난 능력을 암시하는 듯하다. '준비'(paraskeuē)라는 말은 운동선수의 경우처럼 '연습'과 '훈련'을 가리킨다. 그러나 이 원칙이 미치는 범위는 명확하지 않다. 이 자기 인식을 얼마나 신뢰할 수 있는가? 또 어디까지 확장되는가?(S. White[2010], p. 127) '연습'과 '훈련'에 대해서는 제1권 제1장 31절 참조. 황소를 예를 들어 철학적 이론의 효과를 이야기하는 제4권 제8장 41~43절 참조('황소는 자기 자신의 자연 본성과 마음가짐을 모르는 것도 아니고 […]').

37 에픽테토스는 '우리의 의지(프로하이레시스)는 우리에게 달려 있으며, 우리의 힘 안에 있고, 우리 자신의 선택에 의해서 통제받는다'는 반복 어구로 이 장을 마무리하고 있다. 많은 사람은 자신의 의지를 잘못 사용하고, 우리 자신을 잘못 이끌리는 의지에 종속시켜 노예로 만든다. 이것을 에픽테토스는 '낮은 가격으로 설정하고', '값싸게 우리 자신을 파는 것'으로 간주하고 있다(S. White[2010], p. 128).

38 소크라테스(B.C. 470~B.C. 399)는 스토아주의의 발전에 깊은 영향을 미쳤다(A. A. Long[2002], "스토아 전통에서 소크라테스", pp. 68~93 참조). 소크라테스는 에픽테토스 자신이 평생을 두고 사표로 삼았던 철학자이다. 에픽테토스는 소크라테스를 스토아적 지혜의 이상을 성취할 수 있는 사람 중의 하나로서 간주했으며, 그를 철학자의 전형(paradeigma)으로서 제시하면서 중요한 의미를 두고 있다. 소크라테스 이외에도, 에픽테토스는 참된 철학자의 유형으로 견유학파의 디오게네스, 스토아학파의 제논, 크뤼시포스 등을 삶의 모델로서 자주 언급하고 있다.

'그러면 우리가 본성적으로 그것에 적합하도록 만들어졌다면, 왜 우리 모두나 대부분의 사람들이 그와 같이 행위하지 않는 것입니까?'

뭐라고. 모든 말이 재빠르게 달리게 되고, 모든 개가 금세 냄새를 쫓기라도 하던가?[39] 그러면 내가 자연적으로 타고난 재능을 가지고 있지 않다고 해서, 그것으로 인해 내 모든 돌봄[40]을 포기해야만 할까? 전혀 그렇지 않네. 에픽테토스가 소크라테스보다 더 나을 수는 없을 것이지만, 그 경우에도 지나치게 나쁘지 않은 것만으로도,[41] 나로서는 충분하네. 내가 또한 밀론[42]은 될 수 없으나, 그럼에도 내 신체를 소홀히 하지는 않는다네.[43] 또한 나는 크로이소스[44]만큼 부자는 될 수 없으나, 그럼에도 내 재산을 소홀히 하지는 않는다네. 한마디로 말해서, 단지 내가

34

35

36

37

---

**39** 모든 사람이 스토아 철학을 좇아서 그들의 참된 본성에 도달하지 못하는 이유는 무엇인가? 덕이 이성의 완성이라면, 이성이 발전된 시점에서도 모든 사람이 왜 '덕'을 이루지 못하는가? 왜 현자가 소수이거나 전혀 없는 것인가? 이런 물음들은 스토아주의자를 향한 비판으로 던져지던 것이었다(플루타르코스, 『스토아의 자기모순에 대하여』 *De Stoicorum repugnantiis*, 1048E 참조. "당신이 늘 말하듯이, 이러한 우리의 현자를 어디에서도 찾을 수 없다고 말할 수는 없습니다."(세네카, 『현자의 항상(恒常)에 대하여』*De Constantia Sapientis*, 7.1)

**40** 원어로는 epimeleia(수련, 연습, 개발).

**41** 『엥케이리디온』 제51장 참조.

**42** 밀론(Milōn)은 아리스토텔레스가 '우리와의 관계에서, 두 극단 사이의 중용'의 윤리이론을 설명할 때 등장하는 레슬링 선수이다(『니코마코스 윤리학』1106b3). 밀론은 마그나 그라이시아(Magna-Graecia, 이탈리아 반도 남부 헬라스의 식민지역)의 크로톤 출신으로 기원전 6세기경에 활동했던 레슬링 운동선수이다. 그는 화려한 레슬링 경력을 누렸고, 고대 헬라스의 가장 중요한 운동 대회에서 많은 승리를 거두었다.

**43** 개인에게 적합한 양은 개인의 필요에 따라 그 양의 '중용'이 달라질 수 있다.

**44** 뤼디아 왕 크로이소스는 치세 중에는 영화를 자랑했으나, 마지막에는 퀴로스가 이끄는 페르시아군에 멸망당했다(헤로도토스, 『역사』 제1권 71 아래 참조).

최고의 것을 성취하는 것에 도저히 미치지 못한다고 해서 다른 어떠한 분야에서도 우리의 연습을 포기하는 것은 아니라네.[45]

---

**45** 에픽테토스는 '위대하고 특별히 빼어난' 것이 드물다는 것을 인정하면서도 '열망'에 대해서 조언한다. 소크라테스, 밀론, 크로이소스의 예를 들어, 자신을 모델로 삼아 에픽테토스는 '더 나을 수는 없는' 혼을 돌보고(epimeleia) , 신체를 '소홀히 하지 않고'(ouk amelō), 재산을 '소홀히 하지 않음'으로써 그들을 닮아 가기를 권유하고 있다.

# 제3장

# 신이 인간들의 아버지라는 것으로부터
# 어떤 일이 생겨나는가?[1]

누군가가 우리 모두가 원래 신으로부터 태어났으며, 신[2]은 인간들과 신 들의 아버지라는 이 판단에 대해 진정으로 확신할 수만 있다면, 자신에 대해 결코 비천하거나 비열하다는 생각을 품지 않을 것이라고 나는 생

1

---

1  이 장의 논의 주제는 제1권 제9장과 비슷하다. 먼저, 에픽테토스는 인간은 도리 없이 동 물들과 공통으로 가지는 신체와 신들과 공유하는 이성과 지성이 혼합되어 있으므로, 소수의 사람만이 신적이고 축복받은 것에 기울어질 수밖에 없다고 지적한다. 그는 자 신의 학생들이 이 소수에게 속하고, 부끄러움과 성실성, 자긍심의 감정을 지니게 될 것 을 낙관적으로 기대한다. 또 그는 제우스의 자손으로서 스토아의 가르침을 배워서 파 렴치한 동물 중의 하나로 떨어지지 않기를 권유하고 있다.

2  '신들과 인간들의 아버지'란 표현은 제1권 제19장 12절에도 나온다. 스토아 철학은 '신 혹은 신들'과 더불어 이성적 능력을 공유하는 인간과 그렇지 못한 동물들을 대조한다. '인간은 신과 닮았고, 신의 자손'이라는 생각은 클레안테스의 『제우스 찬가』에서도 언 급되고 있다(LS 54 I, 1, SVF I.537). 에픽테토스는 이렇게 말한다. "제우스를 아버지로 해서, 말하자면 너와 같은 씨에서 태어나고, 너처럼 위로부터 씨를 이어받은 네 형제를 참아 낼 수 없다는 말이냐?"(제1권 제13장 3절). 여기서 보듯, 에픽테토스가 '신'과 '신 들'이란 말을 사용하면서, 자신이 염두에 두고 있는 '신'은 다수가 아니라 '하나'라는 점 을 말하고 있는 것으로 생각하도록 만든다. 물론 이는 논란의 여지가 있다. 호메로스도 "인간들과 신들의 아버지"(『일리아스』 제1권 544행)라는 표현을 사용한다. 베르길리 우스 또한 유피테르를 두고 "신들과 인간들의 아버지"라고 부른다.

2  각하네. 카이사르가 너를 양자로 입양한다면, 네가 득의양양해 있는데 누구도 견뎌 낼 수 없을 테지만, 네가 신의 아들이라는 것을 안다면 득

3  의로 넘쳐나지 않겠는가? 그렇지만 실제로는 신나 하지 않을 것이네. 오히려 우리에게는 우리가 생겨나는 때로부터 이 두 개의 요소[3]이, 즉 동물들과 공통으로 가지는 신체와 신들과 공유하는 이성과 지성[4]이 혼합되어 있기 때문에, 우리 중 대부분은 비참하고 필멸하는 친족을 향해 기울어지며, 소수만이 신적이고 축복받은 동족성으로 기울어지는 것이네.[5]

4     그러면, 누가 되었든 모든 사람은 그것에 관한 자신이 갖고 있던 믿음에 따라 각각의 것을 반드시 다루어야만 하기 때문에, 자신들이 성실성과 자긍심을 위해,[6] 인상의 사용에서 확실성을 위해[7] 태어났다고 믿는 이 소수의 사람들은 그들 자신에 관해 결코 비열하거나 비천한 생각

---

3  몸과 마음 혹은 이성의 대조는 '마음이 물리적 실체'라는 스토아학파의 심리학 이론을 반영하지 않는다(LS 45 C~D, 53). 에픽테토스는 덕에 대한 열망을 반영하는 방식으로 합리적 행위자를 사용하는 것과 반대 방식으로 사용하는 것 사이의 윤리적 구별을 표시하기 위해 대조를 사용한다(3~6절).

4  원어로는 logos kai gnōmē.

5  에픽테토스는 인간을 "이성적인 방식으로 인상들을 사용할 수 있는 능력을 가진 죽어야만 하는 동물"로 정의한다(제3권 제1장 25절).

6  에픽테토스는 성실성(pistis)과 자긍심(aidōs)을 늘 한 쌍의 중요한 도덕적 개념으로 사용하고 있다.

7  pros asphaleian tēs chrēseōs tōn phantasiōn(인상의 사용에서 확실성을 위해)에서 '확실성'(asphaleia)은 ametaptōsia('확실성', 제3권 제2장 8절)와 유사한 말이며, 내용상으로는 aneikaiotēs('신중', '성급함의 회피', 제3권 제2장 2절), anexapatēsia('기만당하지 않음', 제1권 제4장 11절)와 동일한 뜻을 가진다. "너 자신의 것은 무엇인가? 인상들의 사용이다."(『엥케이리디온』 제6장)

을 품지 않을 테지만, 반면에 다수의 사람들은 그 정반대의 생각을 할
것이네. 그럼 '나는 무엇인가? 하나의 가련하고 보잘것없는 인간이여'     5
라고 말하거나, "이 비참한 나의 살덩어리여"라고 말하네. 참으로 비참     6
하기는 하지만, 너는 또한 그 불쌍한 육신보다 더 나은 무언가를 가지고
있네. 그렇다면 왜 너는 더 나은 것을 소홀히 하고, 그것에 집착하는가?

이 동물과의 동족성 때문에 그쪽으로 기울어지는 어떤 사람들은 늑     7
대와 같이 불성실하고, 간교하고, 유해한 인간이 되는 것이며, 또 다른
사람들은 사자와 같이 야생적이고, 야만적이고, 길들여지지 않는 동물
이 되는 것이라네. 대부분의 경우에 우리는 여우가 되거나, 심지어 동물
들 중에서 파렴치한 동물이 되고 만다네. 여우 이외에 헐뜯고 성격이 나     8
쁜 사람, 또는 훨씬 더 불행하고 더 비열한 어떤 것이 달리 있는가? 그러     9
니 주의하라,⁸ 너희들은 이러한 불행한 인간이 되지 않도록 더욱 조심
하라!

---

8  『신약』「마태복음」제16장 6절에는 "horate kai prosechete apo tēs zumēs"([바리새인들
   과 사두개인들의] 누룩을 주의하고 조심하라)라는 동일한 표현이 나온다. 표현의 유사
   성이, 에픽테토스가 가르치던 때와 같은 시기에 '복음서'가 쓰였다는 것을 의미하는 걸
   까? 실제로 에픽테토스에게서 복음서와 표현이 유사한 것이 많이 나타난다. 도미티아
   누스 황제의 '철학자 추방령'에 따라 에픽테토스가 로마를 떠나 정착한 곳이 니코폴리
   스였다. 니코폴리스는 문자적으로 '승리의 도시'로 아우구스투스 황제가 안토니우스와
   클레오파트라를 악티움 해전(B.C. 31)에서 물리치고, 그것을 기념해서 세운 도시이다.
   당시 니코폴리스에는 기독교인의 공동체가 있었다고 하며, 이 접촉이 에픽테토스에게
   영향을 주었을 것이고, 역으로 기독교인들이 에픽테토스에게서 영향을 받았을 수도 있
   다. 사도 바울이 니코폴리스로 전도 여행을 왔었다고 하며, 『신약』에도 이에 대한 언급
   이 나와 있다(「디도서」제3장 12절).

# 제4장

# 도덕적 진보에 대하여[1]

1    도덕적으로 진보하고 있는 사람[2]이란, 철학자들로부터 욕구는 좋은 것
들에 대한 것이고 혐오는 나쁜 것들을 향한 것이라는 것을 배웠고, 또한
순조롭게 흘러감(평온함)[3]과 정념에서 벗어남[4]은 자신의 욕구에서 빗
나가지 않고[5] 또 자신이 회피하고자 하는 것으로 떨어지지 않는 사람에
의해서만 성취될 수 있다는 것을 배웠던 자이네. 이러한 사람은 자신에

---

1    스토아의 '윤리적 발달 개념'은, 모든 인간이 완전한 덕 또는 '지혜'를 향해 발전할 수
     있다는 스토아적 믿음을 고려할 때 근본적으로 중요하다. 여기에서 에픽테토스의 진보
     는 사회적이라기보다는 개인의 윤리적 측면에 초점을 맞추고 있다. 그래서 그는 '덕'만
     이 추구할 가치가 있는 유일한 것이라는 인식으로 이끌고 있으며, 그 밖의 다른 외적인
     것들은 '무관심의 문제'로 간주한다. 이 책의 여러 곳에서 강조하고 있듯이, 그는 학생
     들에게 스토아의 윤리적 논고를 공부하는 것은 단지 학문적인 활동에 머무는 것이 아
     니라 '실천적 효과', 즉 윤리적 발전을 이루는 데에 도움을 주기 위한 것이라고 강조
     하고 있다.

2    원어 ho prokoptōn(도덕적으로 진보하는 사람)은 철학의 단계적 훈련을 통해 '덕 있
     는 인간'이 되어 행복한 상태에 이르는 사람을 말한다. 피에르 아도(P. Hadot, *The Inner
     Citadel; The Meditations of Marcus Aurelius*, trans. Michael Chase, Harvard Univ. Press,
     1998)는 철학의 영역인 '욕구', '충동', '승인'이라는 '훈련'의 세 단계를 통한 '영적 진
     보'(spiritual progress)라는 표현을 사용한다.

게서 욕구[6]를 완전히 없애고,[7] 당분간은 욕구를 따로 미루어 두며,[8] 의지(선택)의 영역 안에 있는 것들을 향해서만 혐오를 느끼는 것이네. 만일 2 그가 의지의 영역 바깥에 있는 것을 회피하려고 한다면, 그가 그것에 대해 느끼는 혐오에도 불구하고 언젠가 그러한 어떤 것에 부딪치게 될 것이라는 것을 알게 되어, 불행하게 될 것이기 때문이라네. 이제, 덕이 우 3 리에게 행복과 정념으로부터 벗어남, 순조롭게 흘러감을 이룰 수 있도

---

3 to euron 혹은 hē euroia란 말은 스토아 철학에서 eudaimonia(행복)와 동의어로 사용된다. 이 말의 문자적 의미는 '잘 흘러감'이다. 세네카는 "그렇게 해서 우리는 순조롭게 흘러가고 또 완전히 자신의 통제 아래 있는 삶, 즉 행복한 삶을 이해하게 되었네(Hinc intellecta est illa beata vita secundo defluens cursu, arbitrii sui tota)"라고 말한다(『도덕서한』 120.11~12). 키케로의 "beata vita, secundo defluens cursu"(순조롭게 흘러가는 행복한 삶)의 개념은 'euroian biou'(순조로운 삶)으로 표현된다(DL 제7권 88).

4 apatheia는 '감정이 없는 상태'를 말하는 것은 아니다. 스토아의 현자도 정념을 지닌다. 욕구와 회피는 일종의 정념(감정, pathos)이며, 이것들도 이성에 의해 통제되어야 하므로, 또한 이성적인 것이다.

5 즉, 자신이 욕구하는 것을 획득하는 데에 실패하지 않는다는 말이다.

6 욕구(orexis)는 행위의 개입함 없이 좋은 것과 유익한 것을 지향하는 정신작용이다. 충동(hormē)은 행위를 행하는 첫 번째 단계이다. 욕구는 목적을 선택하고, 충동은 그 목적의 실현을 지향한다. 회피하려는 혐오(ekklisis)는 윤리적으로 나쁜 것과 관련을 맺는다. 인간의 심리와 관련된 이 기술적 용어들은 에픽테토스에게는 물론 스토아 철학에서도 중요한 개념이다.

7 '욕구를 없애라'라는 충고는 오직 '덕'만이 욕구의 고유한 대상이라는 스토아학파의 믿음을 반영한다. 에픽테토스의 학생들을 포함한 대부분의 사람들은 아직 '덕'이 무엇인지 완전히 이해하지 못하기 때문에, 당분간은 그들이 직면하는 욕구를 피하면서 진정으로 욕구해야 하는 것이 무엇인지 더 잘 이해하는 것을 목표로 해야 한다(제4권 제4장 33절). B. Inwood, *Ethics and Human Action in Early Stoicism*, Oxford, 1985, p. 119 참조.

8 hupertetheitai를 라틴어로는 "미래로 연기한다"(in futurum tempus rejicit)로 옮긴다. "당분간(epi tou parontos) 욕구를 완전하게 억제하도록 하라"(『엥케이리디온』 제2장 2)와 "자신에게서 모든 욕구를 배제하고,"(『엥케이리디온』 제48장 3) 참조.

록 약속한다면[9], 덕으로 향한 진보는 분명히 또한 각각의 이러한 [마음의] 상태들을 향한 진보인 것이네. 어떤 것의 완전성이 결정적으로 이끄는 그 목적이 무엇이 되었든, 진보는 그 목적을 향한 접근이라는 것은 언제나 참이니까 말이네.

그렇다면 우리가 덕은 이런 종류의 것임을 동의할 때, 다른 것들에서 진보를 요구하거나 보여 주는 일이 어떻게 일어나는가? 덕이 성취하는 것[10]은 무엇인가? 순조로운 삶이네. 그럼, 누가 진보를 하고 있는가? 크뤼시포스[11]의 많은 논고(suntaxis)를 읽은 사람인가? 그럼, 덕은 이것, 크뤼시포스의 지식을 머릿속에 넣는 것 이외에 아무것도 아니란 말인가? 그런 것이라 한다면, 진보는 명백히 크뤼시포스의 많은 작품의 지

---

9  epaggelia(약속, 기대, 희망, 소망; 제3권 제23장 9절 참조)는 때로는 '선개념'과 같은 의미로 기능하기도 한다. "스스로 너 자신을 돌아보고, 너 자신이 가지고 있는 선개념을 잘 살펴보도록 하시게. 좋음에 대해 어떤 것을 상상하는가? 순조롭고, 행복하고, 방해받지 않는 것이네. 자, 좋음이란 자연 본성에서 위대한 것이라고 상상하지 않는가? 소중한 것으로? 해를 입지 않는 것으로 상상하지 않는가?"(제3권 제22장 39절) "욕구가 약속하는 것은 욕구하는 것을 얻는 것이지만, 회피가 약속하는 것은 네가 회피하고자 하는 것에 빠지지 않도록 하는 것이다. 또 욕구하는 것을 얻지 못하는 사람은 불운하지만, 회피하고자 하는 것에 빠지는 사람도 불행하다. 그러므로 만일 너에게 달려 있는 것들 중에서 자연에 어긋나는 것들(ta para phusin)만을 회피한다면, 네가 회피한 것들에 결코 빠지지 않을 것이다. 그러나 질병이나 죽음이나 가난을 회피하려 한다면, 너는 불행해질 것이다."(『엥케이리디온』 제2장 1)

10  ergon aretēs는 '덕이 목표로 하는 그 결과'를 말한다.

11  크뤼시포스(B.C. 280?~B.C. 206?)는 705권이 넘는 책 내지는 논고(suggrammata)를 썼다고 한다(DL 제7권 180). 에피쿠로스와 경쟁할 정도로 엄청나게 많은 책을 썼기 때문에 접근하기 어려운 무시무시한 평판을 얻었다고 한다(제10권 26~27 참조). 그는 지금의 터키 남부 지역의 솔리스 출신으로 아테네로 이주해서 클레안테스 밑에서 공부하고, 그의 뒤를 이어 그 학파의 세 번째 수장이 되었다.

식을 아는 것 외에 아무것도 아닌 게 되는 것이네. 사실상 우리는 덕이     8
하나의 것을 가져온다는 것을 동의하면서도, 우리는 덕으로의 접근과
도덕적으로 진보하는 것은 이와 다른 것이라고 주장하는 것이네. 누군     9
가가 '이제 저 혼자서 크뤼시포스를 읽을 수 있어요'라고 말하네. 신들
께 맹세코, 인간아, 자네는 훌륭한 진보를 하고 있군! 얼마나 멋진 진보
인가![12] '당신은 왜 이 사람을 놀리십니까?' 그리고 너는 왜 그를 그 자     10
신의 부족함에 대한 깨달음[13]에서 빗나가게 하는 것인가?[14] 너는 그에
게, 어디에서 진보를 찾는지를 배울 수 있도록 덕의 성취가 무엇인지를
보여 주려고 하지 않는가?[15] 가여운 이여, 너의 고유한 일이 놓여 있는     11
곳에서 진보를 찾으라. 하지만 너의 고유한 일은 어디에 있는가? 첫째
는 욕구와 회피 속에 있는 것이어서, 네가 욕구하는 것을 얻는 데 실패
하지 않고, 또 네가 회피하고자 원하는 것에 떨어지지 않도록 하는 것이
네. 둘째는 행위하거나 행위하지 않으려는 충동(동기)[16]에 있는 것이어
서, 네가 거기에서 어떤 잘못도 저지르지 않도록 하기 위함이네. 셋째는

---

12  5~9절을 『엥케이리디온』 제49장의 논의와 비교하라.

13  원어로는 sunaisthēsis.

14  즉 자신의 도덕적 부족함에 대한 깨달음이 '도덕적 진보'의 출발점이 된다는 것이다.
    "철학의 출발점은 최소한 마땅히 해야만 하는 방식대로 철학에 전념하고 또 현관문으
    로 들어가는 사람들에게 삶의 본질적인 문제에 관한 인간 자신의 나약함과 무능함에
    대한 깨달음(sunaisthēsis)인 것이네."(제2권 제11장 1절)

15  대화 상대자의 질문은 앞 문장으로서 끝난 것으로 읽는다(H. Schenkl, R. Hard, R.
    Dobbin 참조).

16  즉 혼 속에서 일어나는 '행위하거나 행위를 거부하는 동기'(hormē kai aphormē)를 말
    한다.

동의[17]와 판단의 유보에[18] 있는 것이어서, 네가 기만당하지 않도록 하기

17 원어 prosthesis는 스토아 철학에서 기술적인 말로 사용된다. 일반적으로 assentiment의 의미로 이해한다(J. Souilhé). 스토아 철학에서의 이 말의 의미에 대해서는 B. Inwood, *Ethics and Human Action in Early Stoicism*, pp. 231~232 참조.

18 '철학의 세 가지 탐구 영역들(topoi)'에 대해서는 제3권 제2장 1~6절 참조. "덕이 있고 (아름답고) 좋은 사람이 되고자 하는 사람이 반드시 훈련을 받아야만 하는 탐구의 세 가지 영역이 있는데, 첫 번째는 욕구와 회피에 관한 영역으로, 이는 욕구하는 것을 얻는 데 실패하거나 회피하고자 원하는 것에 빠지지 않도록 하기 위한 것이다. 두 번째는 행동하거나 행동하지 않으려는 충동(과 반발)에 관한 것, 요컨대 적합한 행동(의무)과 관련된 영역으로, 이는 질서에 따라 합리적이면서도 주의를 게을리하지 않고 행동할 수 있도록 하는 것이다. 세 번째는 오류의 회피와 성급한 판단의 회피와 관련된 것, 일반적으로 승인에 관련된 영역이다."(제3권 제2장 1~2절) 그 밖에도 제1권 제17장 20~26절, 제2권 제17장 14~18절, 제3권 제9장 18절, 제3권 제12장 7~17절, 제4권 제4장 13~18절 등을 참조. 이 세 가지 영역 중에서 가장 중요한 것은 첫 번째이다. 세 번째 영역인 '승인'에 대한 훈련은 첫 번째, 두 번째 영역을 위해서 수행된다. 에픽테토스는 세 번째 영역을 '논리학'의 탐구 및 훈련과 연결시킨다. 이 점에 대해서는 제3권 제2장 6절 참조. 한편, 『엥케이리디온』 제52장에서는 세 영역을 다소 다르게 구분하고 있다("철학에서 첫 번째의, 그리고 가장 필요한 영역은 철학 이론의 실천에 관한 것이다. 예를 들면, '거짓말을 하지 말아야 한다'는 것이다. 두 번째는 논증들에 관련된 것이다. 예를 들면, '왜 거짓말을 하지 말아야만 하는가?'이다. 세 번째는 이 두 가지를 확증하고 명확히 드러내는 것이다."). 아폴로도로스가 철학의 세 부분(논리학, 자연학, 윤리학)을 'topoi'(영역들)로 불렀다고 한다(DL 제7권 39). 에픽테토스의 철학의 세 영역의 분류와 스토아의 전통적인 철학의 세 분류가 일치하는지(P. Hadot, "Une cle des Pensees de Marc Aurele: les trois *topoi* philosophiques selon Epictete", *Les etudes philosophiques*, no. 1, 1978, pp. 65~83, 특히 pp. 69~70), 그렇지 않은지(J. Barnes, *Logic and the Imperial Stoa*, Brill, 1997, p. 34)에 대해서는 논란이 되고 있다. 아도는 에픽테토스가 말하는 욕구, 충동, 승인의 영역을 '삶의 규칙'으로서 '세 가지 훈련 주제'라고 말한다. 논란이 있음에도, 두 번째 영역은 '윤리학'에 해당하고, 세 번째 영역은 '논리학'에 해당한다는 점은 여전히 변함이 없다. '철학의 세 영역'의 좀 더 자세한 논의에 대해서는, 김재홍, 『왕보다 더 자유로운 삶』, 서광사, 2013, pp. 253~260 참조. 세네카는 철학을 삼분하는 전통을 따르면서, 윤리학의 첫 번째 부분은 각각의 것에 그 '고유한 가치'를 부여하고 가치 있는 것을 결정하는 것이며 두 번째는 '충동'을, 세 번째는 '행동'을 다룬다고 말한다(『도

위함이네. 앞선 첫 번째 영역들[19]이 가장 중요하고 가장 필요한 것이네. 12

하지만 네가 회피하고자 하는 것으로 떨어지는 것을 회피하려고 추구

하면서 여전히 떨면서 슬퍼한다면, 말해 보게, 네가 어떻게 진보를 이루

어 낼 수 있을지를?

자 그러면, 이 영역에서 너의 어떤 진보가 있는지 나에게 보여 주게. 13

예를 들어 내가 운동선수와 이야기를 나누며 나에게 네 어깨를 보여 주

게라고 묻고, 그런 다음 그가 '나의 도약 무게(평형곤)[20]를 보세요!'라고

대답했다고 하자. 그것은 너와 너의 그 무게를 보는 것으로[21] 충분하이!

내가 보고 싶어 하는 것은 그 도약 무게들을 사용해서 성취한 그 결과[22]

인 것이네. 『충동에 대하여』[23]라는 논고를 들고, 내가 얼마나 이것을 철 14

저하게 읽었는지 보세요.'[24] 노예여,[25] 그것은 내가 찾고 있는 것이 아니

네. 오히려 내가 찾고 있는 것은, 네가 너의 행위를 하려는 충동과 행위

를 거부하는 충동을 어떻게 발휘하는지, 또 너의 욕구와 혐오를 어떤 식

---

덕서한』 89.14).

**19** 즉 (1) 욕구와 회피(혐오)의 영역과 (2) 행위하려는 충동(동기)과 행위를 거부하는 충
동(동기)의 영역. topoi(영역들)에 관해서는 바로 앞의 각주 참조.

**20** haltēres(평형곤)는 멀리 뛰기를 강화하는 무게 도구로 사용되는 것으로, 선수가 멀리
뛰기를 하기 위해 양손에 들고 뛰는 도구이다. 또한 haltēres는 운동선수의 몸무게를 끌
어올리는 데 사용되기도 하고, 근육을 강화하는 데도 사용되었다. 여기서는 근육을 강
화하는 의미로 사용되었다.

**21** S사본에 따라 opsei로 읽는다(J. Souilhe).

**22** 원어는 apotelesma이다.

**23** 앞서 제4장 6~9절에 비추어 보면 여기서 언급된 『충동에 관하여』는 크뤼시포스의 책
으로 추론할 수 있겠다. 이와 동일한 책 제목이 제논(DL 제7권 4), 클레안테스(DL 제
7권 174), 스파이로스(DL 제7권 177) 등에서도 나타난다.

으로 다루고 있는지, 또 너의 목적을 이루는 노력을 얼마나 기울이는지, 또 그것을 위해 어떻게 너 자신을 내맡기는지, 또 너는 어떻게 그것을 위해 준비하는지,[26] 그리고 거기에서 자연과 조화하고 있는지, 아니면 조화하고 있지 못한지를 알고 싶은 것이네. 조화하고 있다면, 그 증거를 나에게 보여 주게. 나는 너에게 네가 진보하고 있는지를 말해 주겠네. 하지만 조화하고 있지 못하다면 떠나는 것이 좋다. 그리고 그의 책들을 해석하는 데에 만족하지 말고, 너 자신이 그런 종류의 책들을 써 보라. 또 너는 그것으로부터 무슨 유익을 얻을 것인가? 그 책 전부가 단지 5데나리온[27]에 불과하다는 것을 너는 모르는가? 그렇다면 그것을 해석하는 자가 5데나리온 이상으로 가치가 있다고 생각하는가? 그러니 한 곳에서 네가 성취해야 하는 일을 찾으면서, 다른 곳에서 너의 진보를 찾는

---

**24** 13절에서의 '도약 무게'와 14절에서 들고 있는 '책'은 동일한 비교 수단이 되고 있음을 유의하라. '도약 무게를 가지고 행할 수 있는 바'를 보이듯이, 책을 읽었다고 자랑하지 말고, 그것을 통해서 '더 잘 생각하고, 더 분별 있고, 더 반성적인 인간'이 되었음을 보여 달라는 것이다.

**25** '노예'(andrapodon)라는 표현은 학생들을 부를 때, 에픽테토스가 즐겨 사용하는 '립 서비스'이다. 여기서는 '바보야'쯤에 해당한다.

**26** "너의 목적을 이루는 노력을 얼마나 기울이는지, 또 그것을 위해 어떻게 너 자신을 내맡기는지, 또 너는 어떻게 그것을 위해 준비하는지"에 해당하는 심적(정신적) 기능은 각각 epibolē, prothesis, paraskeuē이다. 이것들은 hormē(충동)의 '종'들로 분류된다. '목적을 이루는'(epiballēi)을 인우드는 'project' 혹은 '인생의 기본 계획'(basic plan of life)을 의미하는 것으로 이해한다. 이 스토아적 정신적 기능을 의미하는 이 전문적인 용어의 분석에 대해서는 B. 인우드를 참조(B. Inwood, *Ethics and Human Action in Early Stoicism*, pp. 231~234); J. M. Cooper, "The Relevance of Moral Theory to Moral Improvement in Epictetus", *The Philosophy of Epictetus*, eds. A. S. Mason and T. Scaltsas, Oxford, 2007, p. 13, n.7 참조.

**27** 5데나리온은 아주 값싼 가격의 책이다.

일이 있어서는 안 되는 것이네.[28]

그렇다면 도덕적 진보는 어디에서 찾아지는가? 너희 중에 누군가가

외적인 것들로부터 돌아서서 자신의 의지(프로하이레시스)[29]를 향해서

---

**28** 이 대목(13절 아래)에서는 텍스트가 내포한 위험과 권위에 대한 복종의 위험을 지적하고 있다. 아래에 인용한 세네카와 이 대목은 스토아 철학자들의 '반-권위주의'(anti-authoritarian) 기조를 보여 주는 것인가?(M. Nussbaum, *The Therapy of Desire: Theory and Practice in Hellenistic Ethics*, Princeton, 1994, pp. 344~348 참조) 이 대목과 유사한 논의에 대해서는 제1권 제17장 13~19절, 제3권 제9장 13~15절, 제4권 제4장 11~18절, 『엥케이리디온』 제49장("하지만 이 해석에만 감탄한다면, 나는 철학자가 아니라, 다름 아닌 문법학자가 된 셈인가?") 참조. 플라톤의 『파이드로스』(275ab)와 밀접하게 관련이 있는 세네카의 다음의 말을 참조. "노인이나 거의 노인이 다 된 자가 주석서(commentario)에서 지혜를 얻어야 한다는 것은 부끄러운 것이네! '이것은 제논이 말한 것입니다.' 너는 뭐라고 말하는 것이냐? '클레안테스는 이것을 말했습니다.' 너는 무엇을 말하느냐? 언제까지 너는 남의 지휘 아래 행군할 텐가? 명령을 내리게. 너 자신에게 기억될 만한 어떤 것을 말하라. 너 자신의 것으로부터 무언가를 내놓게. 그래서 나는 그들 자신을 다른 사람의 그늘에 숨기면서, 결코 저작자이지도 않고 늘 해석자인 모든 사람은 그들 속에 아무런 고귀한 것이 없는데, 이는 그들이 그렇게 오랫동안 학습해 왔던 것을 단 한 번도 감히 실행에 옮기려 하지 않았기 때문이라고 생각하네. 그들은 다른 사람의 말로 자신들의 기억을 훈련해 왔던 것이네. 그러나 기억하는 것과 안다는 것은 다른 것이네. 기억한다는 것은 기억에 맡겨진 무언가를 놓치지 않고 따라가는 것이요, 이와 대조적으로 안다는 것은 본보기에 의존하거나 매번 선생님의 지시를 바라보지 않아도 되는 그 모든 것을 너 자신의 것으로 만드는 것이네. '제논은 이것을 말하고, 클레안테스는 저것을 말했습니다.' 너와 너의 책 사이에 약간의 거리를 두도록 하라! 너는 언제까지 학생이기만 할 것인가? 이제부터는 또한 선생님이 되도록 하게."(세네카, 『도덕서한』 33 7~9) 마르쿠스 아우렐리우스, 『자기 자신에게 이르는 것들』 제2권 3 참조.

**29** 정확하게 prohairesis에 해당하는 우리말은 없다. 풀어서는 '행위를 선택하는 자신의 힘'으로, 간략히는 아리스토텔레스적 근원적 의미를 받아들여 '선택'으로 옮겨질 수 있으며, 그런 식으로 이해될 수도 있다. 'his own moral purpose'(W. A. Oldfather). '자신의 고유한 인격'(sa propre personne; 수이에의 번역 참조). 에픽테토스의 경우에 때때로 헤게모니콘('지도하는 중심 부분', hēgemonikon)과 '거의 동일한' 의미로 사용된다. 이것은 인상을 통한 도덕적 훈련을 통해서 개선될 수 있다. 에픽테토스 철학에서 중요한 역할

의지가 자연스럽게 조화하도록 그것을 신장(伸張)하고 완벽하게 해서, 그것을 고양해서 자유롭게 만들어, 제한받지 않고, 방해받지 않고, 신실하고, 자긍심을 갖게 될 수 있다면 말일세. 그리고 자신에게 달려 있지 않은 것들을 욕구하거나 회피하려는 사람은, 신실하거나 자유롭게 될 수 없지만, 필연적으로 그것들과 함께 변하고 이리저리로 휩쓸려야만 한다는 것을 이해하게 된다면, 그리고 불가피하게 이러한 모든 것을 확보하거나 방해할 수 있는 힘을 가진 다른 사람에게 굴복해야만 한다는 것을 배우게 되었다면 말일세. 그리고 끝으로 아침에 일어날 때, 그가 배운 이상의 모든 것(원리들)을 준수하고 지킨다면, 신실한 사람처럼 목욕을 하며 또 자긍심이 있는 사람처럼 먹는다면,[30] 마찬가지로 언제나 자신이 부딪치게 되는 모든 상황에서, 달리는 사람[走者]이 달리기의 원칙을 적용할 때 행하는 것처럼, 또 음성 훈련사가 음성 훈련의 원리를 적용할 때 노력을 거듭하는 것처럼, 자신의 주도적 원리[31]에서 노력을 게을리 하지 않도록 하는 것이네. 이상과 같은 조건이 충족되면,

---

을 수행하는 '프로하이레시스' 개념에 관한 상세한 분석에 대해서는 B. Inwood, *Ethics and Human Action in Early Stoicism*, pp. 240~242; A. A. Long[2002], pp. 210~222(8.2 'Volition'); R. F. Dobbin, "*Prohairesis in Epictetus*", *Ancient Philosophy*, 11, 1991, pp. 111~135; 김재홍,『왕보다 더 자유로운 삶』, 330~342쪽 참조.

30 목욕을 하고, 음식을 먹는 것(옷을 입는 것, 걷는 것)은 그 자체로(per se) 좋은 것도 나쁜 것도 아니다. 다만 이런 행위들은 이성에 일치하는 방식으로, 즉 '중용'에 맞게 일어나야 한다. "몸에 관련된 것들은 필요한 최소한의 것만을 취하도록 하라. 예를 들어 음식, 마실 것, 옷, 집, 집안의 종 같은 것들이다. 외적으로 화려하게 드러나는 것이나 사치스러운 모든 것을 단절하도록 하라."(『엥케이리디온』 제33장 7절, 제4권 제8장 13절, 17절 참조)

31 원어로는 ta proēgoumena.

그 사람이야말로 진정으로 도덕적 진보를 이루고 있는 사람이며, 그 사람이야말로 아무런 목적 없이 여행을 해온 사람이 아닌 것이네.

22

그러나 그가 책에 들어 있는 것을 얻는 쪽으로 자신의 노력을 지향하고, 또 그것에만 수고를 기울이고, 또 그것을 위해 외국으로 떠나갔다면, 나는 그에게 즉시 집으로 돌아가고 그곳에서 그 자신의 일을 더 이상 소홀히 하지 말라고 말할 것이네. 그가 여행을 갔던 그 목적이란 것이 아무런 가치도 없는 것이기 때문일세. 하지만 여행의 목적은 그렇지 않은 것이네. 여행의 목적은 오히려 어떻게 자신의 삶에서 슬픔과 신음을 없앨지를 연습하고, '아아! 나의 슬픔이여!', '난 얼마나 비참한 인간인가'와 같은 한탄 소리를 없애고, 또 불행과 불운을 없앨지를 연습하는 것이네. 또 죽음이 무엇인지, 추방이 무엇인지, 감옥이 무엇인지, 독약이 무엇인지를 배우는 것이네. 그래서 감옥에서도 소크라테스와 같이 말할 수 있도록 말일세. 즉 '난 얼마나 비참한 늙은이인가. 이것을 위해 나의 백발을 지켜 왔다는 말인가!'라고 말하기보다는 '사랑하는 크리톤, 그것[32]이 신들을 기쁘게 하는 것이라면 그렇게 되어야 하겠지'[33]

23

24

---

32 나의 죽음.

33 플라톤, 『크리톤』 43D 참조. 이 대목은 제1권 제29장 18절, 제4권 제4장 21절에도 인용되고 있다. 또 『엥케이리디온』 제53장 3절에도 나온다. 이 책에서 에픽테토스는 플라톤의 대화편 중, 16편의 대화편에서 약 100여 개에 달하는 소크라테스가 나오는 대목을 인용하거나 풀어서 언급하고 있다. 대화편 중에 에픽테토스가 '좋음과 나쁨의 본질, 그것에 대한 행위'에 관련된 문제에서 특별히 관심을 기울이는 것은 『고르기아스』이다 (제1권 제11장 11절, 제1권 제18장 1~2절, 제2권 제26장 1~2절 참조; A. A. Long[2002], pp. 70~74 참조). 여기서 투옥과 처형에 직면한 소크라테스가 유지하는 평정심이 프리아모스와 오이디푸스(25절)와 같은 헬라스 서사시와 비극에 등장하는 인물들의 격렬한 슬픔과 비교되고 있다.

라고 말이네. 누가 이런 말을 하는가? 내가 너희에게 어떤 평판도 없고
지위가 낮은 사람을 언급할 것이라고 생각하는가? 프리아모스가 그렇
게 말하지 않는가? 오이디푸스가 그렇게 말하지 않는가? 이렇게 말하
지 않는 어떤 왕이 있는가? 외적인 것들에 대해 경탄하는 인간들의 고
난(pathē)을 드러내는 이러한 비극적 부류의 시들 외에 다른 어떤 비극
이 있는가?

우리가 비극에 의해 속임수를 당하더라도 의지와 무관한 외적인 것
들은 우리와 아무런 관련이 없는 것임을 배우게 된다면, 그때 이후로 그
것이 나를 순조롭고(행복하고) 평온하게[34] 삶을 살아 나갈 수 있게 해준
다면, 나로서는 그 속임수를 기꺼이 받아들일 것이네.[35] 하지만 너 자신
이 원하는 것을 스스로 보는 것은 너에게 달려 있는 것이네.

그러면 크뤼시포스는 우리에게 무엇을 주고 있는가? 그는 말하네.
'평온함[36]을 있게 하고 정념으로부터 벗어남[37]을 우리에게 가져오는 그
런 생각들이 거짓이 아님을 너희가 알 수 있도록 하기 위해, 내 모든 책
을 잡아라, 그러면 너는 자신을 감정에서 벗어나게 하는 그 생각들이 참
이며[38] 또 자연과 일치하고 있다는 것을 알게 될 것이다.' 오, 크나큰 행

---

34  원어로는 euroōs kai atarachōs이다.

35  비록 그 줄거리는 허구적이지만, 우리는 비극을 봄으로써 도덕적 교훈을 얻을 수 있을
    것이다.

36  hē euroia(순조롭게 되어 감, 행복한 삶[제논]).

37  원어로는 apatheia(impassibilite[무감정], 정념으로부터 벗어남, 감정의 흔들림이 없는
    상태, 정동의 움직임이 없는 상태).

38  원문이 파손된 부분인데, alēthē로 보충해서 읽는다(J. Schweighäuser, J. Souilhé).
    akoloutha('순응하고')로 읽기도 한다(H. Schenkl, W. A. Oldfather, R. Dobbin) 후자의

운이여! 우리에게 그 길을 보여 주는 위대한 은혜를 베푸는 자[39]여! 실 30
제로 모든 사람은 트리프톨레모스[40]를 위해 성전과 제단을 세웠는데,
이는 그가 우리에게 경작할 수 있는 양식을 주었기 때문이네. 하지만 진 31
리를 발견하고 그것을 밝혀 모든 사람에게 전한 그에게, 다시 말해 그저
사는 것에 관한 것뿐만 아니라 좋은 삶을 살 수 있게 해주는[41] 진리를 발
견한 그에게, 너희들 중에 누가 이 사람을 위해 제단을 세우고, 신전이
나 조상을 봉납했으며, 아니면 누가 이 은혜에 대해 그에게 감사하기 위
해 경배하고 있는가? 그럼에도 신들이 포도나무나 밀을 주었기 때문에, 32
그것에 대해 우리는 신들에게 희생제물을 바쳤다네. 하지만 그들이 인
간의 정신 속에 그것을 통해 행복과 관련된 진리를 우리에게 보여 주기
위해 고안된 그렇게 놀랄 만한 열매를 가져다주었는데도, 그것에 대해
우리가 신께 감사를 드리지 않을 수 있겠는가?

독해 방식은 '자연과 일치하는'(sumphōna [⋯] tē phusei) 말과 잘 어울린다는 이점이
있다.

**39** 크뤼시포스를 가리킨다.

**40** 트리프톨레모스(Triptolemos, 'threefold warrior')는 엘레우시스 제의의 반신(demigod)
으로, 데메테르의 손으로부터 곡식의 낱알을 받고, 또 뿌리고 경작하는 것을 관장했다
고 한다.

**41** 플라톤, 『그리톤』 10D 참고.

제5장

# 아카데미아학파에 대해서[1]

1  누군가가 너무도 명백한 것을 받아들이기를 거부한다면 그에 맞서서 그것을 통해서 그의 마음을 바꾸게 할 수 있는 논증을 찾기가 쉽지 않다

2  고 에픽테토스는 말한다. 이것은 그 사람의 능력 탓도 아니고, 그를 가르치려는 사람의 약함 탓도 아닌 것이다. 하지만 논의에서 코너로 몰리게 된 사람이 돌처럼 굳어져 갈 때, 어떻게 더 이상 논증을 통해 그를 다룰 수 있을 것인가?

3     이런 종류의 석화(石化)[2]에는 두 가지 형태가 있다네. 하나는 지성의

---

1  전해지는 이 장의 제목은 직접적으로 아카데미아학파를 언급하며 반대를 표명하고 있지만, 아카데미아학파를 언급하지 않으면서 비판하는 곳(제1권 제27장 2, 15절, 제2권 제20장 5절)도 있다. 에픽테토스는 아카데미아학파와 퓌론주의자(회의주의)를 구별하지 않고 한데 엮어서 비판하고 있다(제1권 제27장 2절, 15절). 여기서 언급되는 아카데미아학파의 회의주의는 아르케실라오스(Arkesilaos, B.C. 268? 264?~B.C. 242)로부터 시작되었다. 그는 플라톤의 전통에서 이어지는 아카데미아를 회의주의로 전환시킨 사람으로 알려져 있다. 그는 논의들 간의 상호 모순 때문에 '판단을 보류했던'(epischōn) 최초의 철학자로 평가받는다. 6절에서 10절에 걸쳐 주어진 예들은 부끄러움을 모르는 무감각성, 이성의 실패라기보다는 심리적 요인인 태만과 부주의임을 보여 주고 있다.

2  원어로는 apolithōsis(petrifaction)로, 비유하자면 '무감각화된 상태'로 경직화된 것을 말한다.

석화이고 다른 하나는 도덕감[3]의 석화로,[4] 논쟁 중에 있는 누군가가 아주 명백한 것[5]에 대해 인정하려고 하지 않거나 논쟁 현장에서 물러서려고 하지 않는 경우에 일어나는 것이네. 우리 대부분은 육체가 쇠약해지는 것을 두려워하고 그러한 상태에 떨어지는 것을 회피하기 위해 온갖 수단을 동원하지만, 혼이 쇠약해지는 것에 대해서는 전혀 돌보지 않는다네. 제우스에 맹세코, 혼 자체에 관련해서 누군가가 어떤 논증을 하나하나 따라갈 수 없거나 이해할 수 없는 그러한 상태에 떨어지게 되면, 우리는 또한 이 사람을 나쁜 상태에 있다고 생각하네. 하지만 누군가의 도덕감과 성실성[6]이 무감각해지면 우리는 아직도 이것을 '[성품의] 힘'이라고 부르기까지 하는 것이네!

네가 깨어 있다는 것을, 너는 파악(확신)하고[7] 있는가? '아니요' 아카

4

5

6

3  entreptikon은 문자적으로는 '부끄러운 감각'을 의미한다.

4  앎의 가능성을 부정하는 회의주의에는 두 개의 주된 흐름이 있다. 하나는 아카데미아 학파이고, 다른 하나는 퓌론주의자들이다. 전형적인 회의주의 논증은 꿈 속에서 본 것과 현실에서 본 것의 차이를 부정한다(6~7절). 사실상 여기에서의 에픽테토스의 비판은 회의주의 자체뿐 아니라 회의주의적 태도를 포함하는 다양한 정신적 태도를 향하고 있다. 이 태도는 누군가가 이성에 귀 기울이는 것을 방해하는 태도이다. 에픽테토스는 훌륭한 윤리적 충고와 진보하려는 것을 억제하는 성품에 내재하는 결함에 가장 관심을 기울이고 있다(3, 5, 8~9절).

5  자명한 참들(ta enargē)을 말한다. 이 말과 같은 계열의 enargeia란 기술적 명사는 에피쿠로스에게서 '감각에 직접적으로 명백한 것'을 지시한다(DL 제10권 48).

6  aidēmon(자긍심)은 aidos의 형용사 형태이다. 우리가 '양심'이라 부르는 '내적 규범에 대한 내면화된 존중'을 말한다(R. Kamtekar, "Aidōs in Epictetus", Classical Philology, Vol. 93, 1998, pp. 136~160). 일반적으로 이 말은 '예의범절의 감각', '부끄러움', '겸손', '중용', '공공의 의견에 대한 존중', '다른 사람의 위엄에 대한 고려' 등을 의미한다(A. A. Long[2002], p. 223 참조).

7  읽이는 katalambanō이며, 이 말은 스토아의 인식론에 관련된 중요한 전문 용어인

데미아 학자가 대답하네. '꿈속에서[8] 내가 깨어 있다는 인상을 갖고 있을 때에도 파악하지 못하지요.' 그러면 이 인상과 저 인상 간에 전혀 차이가 없는가? '전혀.' 아직도 내가 이 사람과 문답하는 것일까? 그가 무감각해졌다는 것을 깨닫게 하기 위해, 내가 어떤 불침이나 어떤 바늘 침을 그에게 놓을 수 있을까? 아니 눈치채고 있는데, 그는 그렇지 않은 척하는 것이네. 그는 시체보다 더 나쁜 것이지.

시체는 자신의 모순[9]을 알고 있지 못하네. 나쁜 상태에 있는 것이지. 반대로 이 사람은 알고 있지만, 감동도 하지 않고 진보하지도 않는다네. 그는 더 나쁜 상태에 있는 것이네. 이 사람의 양심과 도덕감은 그에게서 완전히 제거된 것이며, 또 그의 이성의 기능이 제거되지 않았다면, 어쨌든 그것은 짐승화되었던 것이네.[10] 내가 이것을 [성격의] 힘이라고 불러야 할까? 단연코 그럴 수 없지! 톳쟁이들[11]의 머릿속에 떠오르는 것

---

katalēpsis(파악)의 동사 형태이다. '파악'은 앎을 얻기 위한 기본 조건으로 외부의 '인상'을 받아들이는 것을 말한다.

8 스토아 철학에서 말하는 '꿈'의 허상(phantasma)으로, 생각의 망상(dokēsis dianoias)이며 '인상'과 달리 혼에 각인되지 않는다(DL 제7권 50).

9 원어로는 machē.

10 "그 사람은 이성에 귀 기울이지 않고, 논박을 받아도 이해하지 못한다. 당나귀인 셈이다. 그 사람의 부끄러움을 아는 마음이 죽어 버려서 아무런 도움이 되지 않는다. 더 이상 인간이 아니라, 만나면 발로 차 주고, 이빨로 물어뜯어 주려고 다른 누군가를 찾는 사람이다. 그렇기에 그 사람은 양이거나 당나귀가 아니라, 야수(野獸) 중 하나인 셈이네."(제4권 제5장 21절)

11 kinaidos는 비역[男色]의 수동적 대상이 되는 젊은이를 가리키는 말이다. 흔히 '음란한, 호색한'을 의미하기도 한다. 스토아적 입장에서 보면, 이들은 '자연에 어긋나는 짓'을 하는 셈이다. 톳쟁이들의 징표에 대해서는 짝퉁-아리스토텔레스, 『관상학』 808a13~16 참조.

이라면 무엇이든지 공공연히 할 수 있다고 말하는 그들의 성질[태도]
을 성격의 힘이라고 하지 못하는 한.

제6장

# 섭리에 대하여[1]

1   이 장은 스토아 철학에 가장 중요한 개념인 '섭리'(pronoia)를 논한다. 제1권 16장도 '섭
리에 대하여'란 같은 제목으로 동일한 주제를 논한다. 이 개념은 스토아 신학 체계의 한
부분을 구성한다. 에픽테토스는 섭리의 중요성에 대하여 철학자들이 가장 먼저 배워야
할 것은 "신이 존재한다는 것, 만물을 예견한다는 것, 우리의 행위뿐 아니라 우리의 생
각과 의도까지도 그의 눈에 숨길 수 없다는 사실. 다음으로 배워야만 할 사항은, 신들이
어떤 존재인가 하는 것"(제2권 제14장 11절)이라고 주장한다. "첫째, 그들[스토아 철학
자들]은 신들이 존재한다는 것을 증명하고, 다음으로 그들의 본성을 설명하고, 다음으
로 세계가 그들에 의해 지배받는다는 것을 보이고, 마지막으로 그들이 인류의 운명을
돌본다는 것을 보여야 한다."(키케로, 『신의 본성에 관하여』De Natura Deorum 2.3) 신은
"세계와 세계 안의 모든 것을 섭리하는 생명체"이다(DL 제7권 147). 여기서 말하는 '섭
리'는 자연적 우주가 되는 대로 아무렇게나 형성된 것이 아니라, 목적에 맞게 신의 뜻에
따라 형성되었다는 믿음을 말하는 것이다. 요컨대 섭리는 신이 우주를 지배한다는 것
과 인간사(人間事)에 관심을 가진다는 점을 보여 준다. 신의 목적이 이 세계에 내재하며
(내재론, immanentism), 이 세계가 이성적 존재의 이익을 위해 최적화되었다는 것을 주
장하는 이러한 설명 방식을 이른바 '지성 설계 논증'(argument from intelligent design)
이라고 부른다. 스토아학파는 자연을 신과 동일시하고, 모든 이성의 속성을 그것에 부
여하여 그들의 목적론을 섭리론으로 변형시켰다. 사실상 이런 믿음 체계를 스토아뿐
아니라 플라톤과 아리스토텔레스를 포함하는 고대의 다른 많은 철학자들도 받아들였
다. 하지만 쾌락주의자인 에피쿠로스는 기계론적 우주론의 견지에서 '섭리'를 부정한
다(LS 54 참조). D. Sedley, Creationism and its Critics in Antiquity, Berkeley, 2007 참조. 이
장은 이렇게 분석된다. 1~11절은 전통적으로 '자연 신학'이라고 불렸던 것을 밝히는 것
으로, '지성 설계 논증'을 논의한다. 에픽테토스는 자연에서의 사물들의 상호 적합성과
정신의 작용에 초점을 맞춘다. 12~22절은 정신의 힘과 자연적 질서에서 인간이 차지하

우리가 이 두 가지 것, 즉 전체와 관련해서 각각의 개별적 사태를 이 1
해할 줄 아는 능력과[2] 감사할 줄 아는 마음을 자신 안에 가지고 있다면,
우주에서 일어나는 모든 사건들로부터 섭리를 찬양하는 이유를 찾는
일은 쉬울 것이네. 그렇지 않다면 우리는 일어난 일의 쓸모 있음[3]을 알 2
아볼 수 없거나, 이와 달리 실제로 알아보더라도 이것들에 감사하지 않
거나, 이 둘 중 하나일 것이네.

만일 신이 색깔을 만들었지만 그것을 보는 시각의 능력을 만들지 않 3
았다면, 그것이 무슨 쓸모가 있겠는가? '아무짝에도 쓸모없지요.' 역으 4
로, 신이 그 능력을 만들었지만 시각의 기능 밑에 포섭될 수 있는 그러
한 본성을 가진 대상들을 만들지 않았다면, 그 경우에도 또한 무슨 쓸모
가 있을 수 있겠는가? '아무짝에도 쓸모없지요.' 그러면 다시, 신이 이 5
것들 둘 다를 만들었지만 빛을 만들지 않았다면 어떨까? '그 경우에도 6
역시 아무짝에도 쓸모없겠지요.' 그러면 이것을 저것에, 저것을 이것에
적합하도록 했던 것은 누구인가? 칼을 칼집에 또 칼집을 칼에 적합하도

---

는 위치를 기반으로 해서 교육적으로 권고하고 있는 부분이다. 지성 설계 논증의 토대
가 되는 원인에 대한 결과로부터의 추론은 인간에게만 가능하며, 따라서 자연은 인간
의 이해와 해석을 위해 구성되었다는 것이다. 이 부분은, 인간이 주로 혜택을 받는다는
그 결과에 대한 스토아학파의 섭리 논증에 의존하고 있다. 우리는 이러한 주장을 '인간
중심론'(anthropocentrism)이라고 말할 수 있다. 에픽테토스는 가상의 '대화 상대자'의
입을 통해 이러한 주장에 대한 반대의 입장을 전하면서, 신정론(theodicy)의 한 형태를
덧붙인다. 23~43절에서는 인생과 올림픽 게임에 대한 비유를 사용해서 신정론을 논의
한다. 그는 '악'(나쁨)에 대한 설명에 두 가지를 전제한다. (1) 우리는 모든 악에 맞서는
능력으로 무장되어 있다. (2) 악만이 이러한 능력을 자극하기에 충분하다. 그래서 그는
'헤라클레스는 그렇지 않았다면 헤라클레스가 되지 못했을 것이다'라고 말한다.

2  스토아는 전체의 좋음과 개별자의 좋음을 구별한다. 전자의 좋음이 일차적인 것이다.

3  '악'이 가능성을 설명하는 신정론에 대한 논의는 26~43절 참조.

록 했던 것은 누구인가?[4] 아무도 없을까? 게다가 이렇게 인위적으로 만들어진 대상들의 바로 그 구조로부터, 우리는 그것들이 단지 우연히 구성된 것이 아니라 의심할 바 없이 기술이 뛰어난 어떤 제작자의 작품이라는 것을 인정하는 데에 익숙해져 있네.[5] 그러면 이 작품들 각각은 그 제작자를 보여 주지만, 가시적 대상들과 시각, 빛은 그를 보이지 않는 것일까? 그리고 남자와 여자, 그들이 서로 성적 교접을 가지려는 욕망, 그들이 그 목적을 위해 만들어진 생식기를 사용하는 능력, 이런 것들도 그 제작자를 또한 보여 주지 않을까? 확실히 그러하다네.

그러나 우리 정신의 이와 같은 정교한 구성[6]에 의해 사실이 보다 명확해지네. 우리는 감각적 대상이 우리에게 작용할 때 감각적 대상으로부터 우리에게 각인되는 인상을 받아들일 뿐만 아니라, 그것들 중에서

---

4  이 칼과 칼집의 예는 크뤼시포스도 언급하고 있다. "크뤼시포스가 교묘하게 말했듯이, 방패를 위해 방패집이 만들어지고 또 칼을 위해 칼집이 만들어진 것처럼, 세계를 제외한 모든 것이 다른 것을 위해서 창조되었다. 곡식과 과일은 동물을 위해, 동물은 인간을 위해."(키케로, 『신의 본성에 관하여』 2.37)

5  이른바 '지성 설계 논증'(3~7절). 에픽테토스의 입장은, 가령 눈이 환경에 적합해야만 할 뿐만 아니라 환경에 눈이 적합해야 한다는 것이다. 플라톤의 다음의 논의를 참조하라. "눈 속에 시각이 있고 이를 가진 자가 이것을 이용하려고 시도할지라도, 그리고 색깔이 있을지라도, 이 목적에 적합한 제3의 것이 없게 되면 너는 시각 또한 아무것도 볼 수 없을 것이고 색깔들도 보이지 않게 될 것임을 알 것이네. […] 그것이 네가 빛이라고 부르는 것이네."(플라톤, 『국가』 507d~e)

6  스토아 철학에서 보여지듯이, 여기서 구성(kataskeuē)은 합리적 추론 능력에 의해 예시된 합리성으로, 동물과 대조되는 인간의 고유한 능력이다. 나아가 에픽테토스는 반성적 이해를 위한 인간의 능력을 강조한다(12~22절). 이 생각은 인간만이 우주의 섭리적 질서를 이해할 수 있는 존재라고 주장함으로써 섭리에 관한 애초의 주장과 연결되고 있다(19~29절). B. Inwood, *Ethics and Human Action in Early Stoicism*, ch.2 ('인간의 본성과 이성적 혼') 참조.

어떤 특정한 인상을 선택하고, 그것들에서 빼고 또 그것들에 더해서,[7] 그것들을 통해 이러한 다양한 조합들을 만들어 내고,[8] 또한 제우스에 의해 어떤 것으로부터 어떤 방식으로든 그것들과 관련을 맺고 있는 다른 것들로 바꾸게 하는 것이네.[9] 이것만으로는 어떤 사람들을 움직이게 하는 것으로 충분치 않으며, 그것들이 제작자를 떠나지 못하도록[10] 그들의 생각을 바꾸기에 충분하지 않을까? 그렇지 않으면, 그들이 이것들 각각을 만든 것이 무엇인지, 혹은 제작자다운 솜씨를 여지없이 보여 주는 그러한 놀라움이 우연히 또 저절로[11] 생겨나는 것이 어떻게 가능할 수 있는지를 우리에게 설명해 주기 바라네.

   (1) 그럼 어떤가? 이러한 것들이 우리 인간에게만 일어나는가? 실제로 오직 우리의 경우에서만 발견되는 많은 것들이 있는데, 그것들은 이성적 동물[12]이 각별한 필요를 갖는 것들이지만, 너는 또한 우리와 비이

---

7  '빼고 더한 인상'은 '거인'이나 '키가 작은 사람'처럼 '사람'에서 더하고 빼서 만들어진 개념을 말한다(DL 제7권 53 참조)

8  정신의 기능인 '결합'(조합, sunthesis)에 의한 개념 형성을 통해 만들어진 이러저러한 개별적인 것들("결합에 따라서는 히포켄타우로스[켄타우로스라고 불리는 반인반마]라는 [우리가 생각하는] 개념이 생겼다." DL 제7권 52~53 참조)을 말한다.

9  일종의 유비 과정을 말한다. "게다가 일종의 치환(이행, metabasis)에 따라서도 '말해질 수 있는 것들'(말의 의미)과 '장소'와 같은 [지각할 수 없는 것의 영역에서] 개념이 생긴다." 이행과 조합(metabatikē kai sunthetikē)의 정신적 기능에 의해서, 인간은 lekta(말해질 수 있는 것들)와 공간(장소), 시간과 같은 개념들, 또한 거인과 히포켄타우로스와 같은 존재하지 않는 것들을 포함한 비물질적인 것들에 대한 개념을 갖게 된다(R. Dobbin [1998], p107).

10  즉 제작자를 허용할 수 있도록.

11  apo tautomatou.

12  to logikon.

성적인 동물들[13]에 공통된 많은 것을 발견할 것이네. (2) 그렇다면 비이성적 동물들도 일어나는 것들을 이해하는가?[14] 결코 그렇지 않네. 사용과 이해는 서로 다른 것이니까 말이네. 신은 인상을 사용하는 그런 동물을 필요로 했지만, 또 신은 인상들의 사용을 이해하는 우리를 필요로 한 것이네. (3) 이런 이유로 그것들에게는 먹고, 마시고, 휴식하고, 짝짓기하고, 각각의 동물에게 적합한 이러한 다른 모든 기능을 수행하는 것으로 충분하네. 이와 달리 신이 사물을 이해하는 능력[15]까지 부여했던 우리에게는 이러한 동물의 활동만으로 더 이상 충분하지 않고, 우리가 적절하고 체계적인 방식으로, 또 우리 각자의 자연 본성과 소질(구성)[16]에 일치해서 행위하지 않는다면, 우리는 더 이상 우리의 고유한 목적을 성취하지 못할 것이네. (4) 그 소질이 다르면, 그 기능들과 목적들도 또한 다를 테니까 말이네. 그래서 그 소질이 단지 사용만을 위해 적합한 존재들에게는 단지 사용만으로 충분하네. 하지만 그것들의 사용에 더해 이해하는 능력을 수반하는 쪽에서는, 적절한 사용이 거기에 더해지지 않

---

13 원어로 ta aloga(비이성적인 것들)는 '동물'을 가리킨다.

14 원어로는 parakolouthein(이해하다, 돌보다)이다. 혹은 '비이성적 동물들도 일어나는 것들을 돌보는가?'.

15 tēn parakolouthētikēn dunamin에서 '이해'로 번역된 'parakolouthēsis'란 말은 akolouthō(따르다)에서 파생되었다. 도빈은 이 말을 self-consciousness(자기 인식)로 이해하기도 한다(R. Dobbin[1998], p. 108). 즉 동물이 인상의 사용에 멈추는 것과 달리, 인간은 인상의 사용을 '따르고'(attend), 그것을 '이해하고', '검토하고', '반성하기' 까지 한다. 즉 인간은 '자신의 행위에 대해서 의식'한다. 동물과 달리 인간 이성은 능동적 측면을 강조하는 말이다. A. A. 롱은 parakolouthein을 'attend to'로 옮긴다(A. A. Long[2002], p. 175).

16 원어로는 phusis kai kataskeuē이다.

는다면 그 존재는 결코 그 목적을 성취하지 못할 것이네.

그렇다면 동물들은 어떤가? 신은 동물들 각각을 그 의도된 목적에 [18] 따라, 어떤 것은 식용으로, 다른 것은 농사에 기여하도록, 또 다른 것은 치즈를 공급하도록, 다른 어떤 것은 이와 비슷한 다른 사용을 위해 만든 것이네. 이러한 목적을 위해 인상들을 이해하고, 인상들을 판별할 수 있는 능력은 어떤 필요에 이바지할 수 있는 것인가?[17] (5) 하지만 신은 인 [19] 간을 그 자신과 그 자신의 작품들의 학생[18]으로 이끌어 들인 것이며, 단지 그것들의 학생일 뿐만 아니라, 또한 이것들의 해석자로 오게 한 것이라네. (6) 그러므로 비이성적인 동물들이 행하는 곳에서 시작하고 끝내 [20] 는 것은 인간에게는 부끄러운 일이네. 오히려 인간은 그것들이 행하는 그곳에서 시작하고, 자연이 우리와 관련해서 끝냈던 그곳[19]에서 끝내야만 하는 것이네.[20] 자연은 사물의 탐구[21]와 이해에서, 자연과 조화하는 [21] 삶의 방식으로 끝냈던 것이네.[22] 그러므로 너희는 이 모든 실재(현실)를 [22] 관조하지 못한 채로 목숨을 마치는 일이 없도록 주의해야만 하네.[23]

---

17  에픽테토스는 어원적으로 동일한 뿌리를 두고 있는 사용(chrēsis)과 필요(chreia)라는 두 말을 구분한다. 이성적 동물로서 인간이 신의 '필요'에 부응하는 이바지(봉사)는 '탐구(관조)하고 해석하는' 것이다. 그래서 신은 인간을 '학생'일 뿐만 아니라, '해석자'로서 오게 했다. "신은 우리가 사는 이러한 세상과 우리와 같은 존재가 땅에 가서 살기를 **필요**로 하기 때문이네."(제1권 제29장 29절) 그 밖에도 신이 인간에게 필요하다는 것을 언급하는 대목은 제1권 제6장 13절, 제4권 제1장 108절 참조. A. A. 롱은 어떤 다른 스토아 철학자들은 신에게 '필요'를 돌리지 않은 것처럼 보인다고 말한다(A. A. Long[2002], p. 174).

18  원어로는 theatēs(학생/구경꾼/관조하는 자).

19  자연이 인간의 '목적'을 정했던 곳.

그런데 너희는 페이디아스²⁴의 작품을 보기 위해 멀리 올림피아로 여행을 떠나가며, 또 너희 모두는 그런 광경을 보지 못한 채 죽는 것을

불행으로 간주한다네.²⁵ 이제 여행이 전혀 필요하지도 않고, 네 눈앞에

**20** 마찬가지로 동물들도 '인상'을 사용하지만, 그것들과 달리 인간은 '그 사용을 이해'할 수 있다. 인간은 이성의 사용을 통해 인상이 참인지 거짓인지를 판별할 수 있는 것이다. 그런 점에서 인간은 자연의 단계에서 구별되는 특징을 갖는다.

**21** 원어로는 theōria(탐구/관조).

**22** 즉 인간은 동물들이 행하는 그곳에서 시작하고, 자연 자체가 우리의 목적을 정했던 그곳에서 끝내야 한다. 자연은 '우리의 목적'을 탐구(관조)와 이해로 정하고, 그리고 자연과 조화를 이루는 삶의 방식을 정했던 것이다.

**23** 이 대목(12~22절)은 자연의 스토아적 목적론에 기반한 '인간 중심적'(anthropocentric) 사고를 특징적으로 보여 주고 있다. 스토아에 따르면, 자연은 신에 의해 구성된 체계적인 구조를 갖는다. '자연에 따라서 산다는 것'은 우주적 계획의 구조 안에서 자신의 고유한 역할을 수행하는 것을 의미한다(DL 제7권 86 참조). 이것을 '자연 설계 논증'이라 부를 수 있다. 따라서 인간의 이성은 신의 작품을 관조하며, 자연에 따라서 살아야 하는 것이다. 자연의 하위 단계의 것들은 더 높은 것을 위해 존재한다(scala naturae). 식물이나 동물은 수단이고, 신과 인간은 목적이다. "땅은 사람을 동물을 위해, 동물은 사람을 위해 곡식과 과일을 생산한다. 말은 타기 위해, 소는 쟁기질을 위해, 개는 사냥과 경비를 위해. 그러나 인간 자신은 세상을 관조하고 모방할 목적을 위해 존재하게 되었다."(키케로, 『신의 본성에 관하여』 2.37) 동물은 흔히 '인간 중심적' 논제의 일부로서 '섭리' 논증에서 나타난다(아리스토텔레스, 『정치학』 1256b 15~20 참조).

**24** 페이디아스 작품의 언급에 대해서는 제2권 제8장 18~20절 참조. 기원전 5세기에 주로 아테네에서 활동한 조각가 페이디아스(Pheidias, B.C. 480~B.C. 430)는 올림피아에 거대한 황금 상아로 된 좌상(坐像, chryselephantine statue)인 제우스 조상을 만들었다고 한다. 이 조각상은 고대 세계에 7대 불가사의 중의 하나로 간주된다(Pausanias, *Eliaca*, A, 11). 그가 만든 것으로 알려진 파르테논 신전 조각은 지금도 대영 박물관에 보관된 '엘진 대리석'으로 남아 있다.

**25** 신의 '위대성'을 보기 위해서는 올림피아의 제우스 석상 따위가 아니라, 신이 창조한 생생한 '실재', '현실'을 봐야 한다는 것이다. 에픽테토스 당대에 이미 '석상 숭배'와 같은 종교의식의 가치가 쇠락하고 있음을 보여 주는 것이 아닐까?

이미 그 작품들을 가지고 있는 곳이라면,[26] 그러면 너는 그것들을 보고 또 이해하고 싶은 욕망을 갖지 않겠느냐? 그렇다면 너희는 자신이 누구이며, 무엇을 위해 태어났는지,[27] 혹은 네가 받아들였던 이 광경의 본질이 무엇인지를 깨달아야 하지 않을까? 25

'하지만 인생에서는 불쾌하고 괴로운 일들이 일어납니다.' 26

그러면 그러한 일들이 올림피아에서는 일어나지 않더냐? 더위에 피부가 그을리지 않더냐? 사람이 붐벼서 복작거리지 않더냐? 씻기가 어렵지 않더냐? 비가 올 때는 젖지 않더냐? 너는 소란스럽고, 고함을 지르고, 다른 짜증나게 하는 일에 끝없이 노출되지 않더냐? 하지만 이 모든 것을 그 장관의 장엄함과 대비시킴으로써, 나는 너희들이 그것들을 받아들일 수 있고 견뎌 낼 수 있다고 생각하네. 27

자, 너희는 무슨 일이 일어나도 견뎌 낼 수 있는 능력을 갖추고 있지 않은가? 혼의 위대함[28]을 부여받지 않았느냐? 용기를 부여받지 않았느냐? 인내심을 부여받지 않았느냐? 게다가 혼의 위대함을 가지고 있다 28

29

---

**26** 앞의 23절의 제우스 조상에 대한 언급에 기반해서 제우스를 '주어'로 끌어오고, 제우스를 paresti의 주어로 해서 번역하면 이렇다. "그러나 여행할 필요가 전혀 없으며, 제우스가 이미 있고 또 제우스의 작품이 있는 곳에서, 너는 이 작품들을 보고 또 알고 싶은 욕망을 갖지 않겠느냐?"(W. A. Oldfather 참조) 제우스의 작품을 알기 위해서 일부러 올림피아에 가지 않아도 된다는 의미이다.

**27** '크뤼시포스 아래에서 우주의 통치란 무엇이며, 이성적 동물이 그 안에서 어떤 위치를 차지하는지 연구하기를, 게다가 너는 어떤 사람이며, 너에게 무엇이 좋고 나쁜지를 연구하기를 허락해 주시기를 요청합니다.'(제1권 제10장 10절) 헬라스 전통에서 그 힘을 잃지 않았던, 소크라테스의 '너 자신을 알라'는 말은 에픽테토스(스토아 철학자들 포함)의 전체 인생을 지배하는 가장 중요한 원칙이었다.

**28** megalopsuchia('great soul')는 스토아 철학자들이 찬양하는 덕이다(세네카, 『도덕서한』 111.2, 120.11).

면 어떤 일이 일어날지에 대해 더 이상 걱정해야 할 이유가 무엇이란 말인가? 나를 당황하게 하거나 혼란스럽게 하거나, 혹은 어떤 식으로든 고통스럽게 하는 것으로 보이는 것이 무엇이란 말인가? 내가 그것들을 받았던 그 목적을 위해 내 능력을 사용하지 않고, 그 대신에 일어나는 일 때문에 신음하고 한탄해야만 하는 것인가?

30    '예, 하지만 콧물이 흐르고 있어요.'[29] 노예여, 그럼 네 손은 무엇을 위
31  해 가지고 있느냐. 네 코를 닦을 수 있도록 하기 위해서가 아닌가?[30] '그
런데 세상에 콧물이 흐르는 코가 있어야만 하는 좋은 이유라도 있는 겁
32  니까?'[31] 허물을 찾는 것보다 코를 닦는 것이 너에게 얼마나 더 낫겠는
가. 헤라클레스[32]가 그와 같이 유명한 사자, 히드라, 사슴, 멧돼지, 그리
고 그가 세상에서 몰아내고 정화했던 사악하고 잔인한 인간들이 없었

---

**29** 이와 유사한 예를 들고 있는, 마르쿠스 아우렐리우스, 『자기 자신에게 이르는 것들』 제8권 50("오이는 써요.", "길에 가시덤불이 있어요.", "이러한 것들이 왜 세상에 일어나는 거죠.")참조. 제2권 제16장 13절 참조.

**30** 에픽테토스가 늘 강조하고 있는 '선생과 학생' 관계의 모델이다.

**31** 스토아주의자는 "자연은 헛되게 아무런 일을 하지 않는다"는 것을 확인한다(알렉산드로스, *De Fato* 179.26). 이 생각은 아리스토텔레스가 그 원조다(『정치학』 1253a9, 1256b21~22).

**32** 헤라클레스는 헬라스 신화에서 반신의 영웅으로, 남편으로 모습으로 변장한 제우스와 알크메네 사이에서 태어났다. 제우스가 그녀와 합방하던 밤의 길이를 3배로 늘였기 때문에 헤라클레스는 보통 사람의 3배나 되는 힘을 가지게 되었다. 헤라클레스는 헤라의 음모로 집안의 식구들을 참살하게 되어, 그 죄를 씻기 위해 델포이 신탁을 물었고, 에우뤼스테우스를 찾아가 그가 시키는 대로 하라는 신탁을 받고 그렇게 해서 그가 이룬 것이 이른바 '12가지 노역(위업)'이다(위-아폴로도로스, 『도서관』 2.5.1~12 참조). 이 노역은 세상의 괴물들과 사악한 인간들을 제거하는 것으로 주로 구성되어 있다. 오뒷세우스, 소크라테스, 견유학파의 디오게네스와 더불어 헤라클레스는 때때로 34절에서 드러나는 것처럼 '스토아적 지혜의 이상'을 구현하는 것으로 나타난다.

다면 헤라클레스는 어떤 사람이 되었을 거라고 생각하느냐? 그와 같은 어떤 사건도 없었다면, 그가 무엇을 해낼 수 있었을까? 그가 자신을 담요로 둘둘 말고 잠을 잤을 것이라는 것은 뻔하지 않은가? 그러면 무엇보다도 그가 평생 이런 호사스러움과 평온 속에서 꾸벅꾸벅 졸았더라면 그는 결코 헤라클레스가 되지 못했을 것이네. 설령 그랬다고 해도, 그것이 그에게 어떤 유익함이 있었을 것인가? 그를 흔들어서 단련할 수 있는 그러한 상황과 기회[33]가 없었다면, 그의 팔과 모든 그의 힘, 인내, 고귀한 정신의 사용은 어떻게 되었겠는가?

그럼 어떤가? 그가 자신을 위해 그러한 기회들을 확보해야만 했고, 다른 어딘가로부터 사자와 멧돼지와 히드라를 자신의 땅으로 이끌어오도록 찾아야만 했을까?

그것은 어리석음과 광기일 것이네! 실상 그것들은 존재했고 발견될 수 있기 때문에, 그것들은 헤라클레스를 과시하고 단련하는 유용한 목적으로 사용될 수 있었던 것이네.[34]

자, 이제 그러면 너희들이 또한 이러한 것들을 깨닫고, 또 자신이 갖 고 있는 그 능력을 고찰하고, 그것들을 고찰한 다음에 이렇게 말하도록 하세.[35]

---

33 헤라클레스는 주어진 '상황과 기회', 즉 그에게 주어진 '악'을 제거하고 인간을 도움으로써 신적인 지위로 상승할 수 있었다. '재앙은 덕의 기회다.'(세네카,『섭리에 대하여』 4.6)

34 "악의 발생은 전체와의 관계에서 소용없는 것(ouk achrēstos)이 아니다. 그렇지 않다면 좋음은 또한 존재하지 않았을 것이다."(크뤼시포스,『자연에 관하여』 제2권)

35 "너에게 일어나는 각각의 것에 대해서, 너 자신을 향해 돌아서야 한다는 것을 기억하고, 그것에 대해서 사용할 수 있는 어떤 힘(dunamis)을 가지고 있는지를 탐구하라."(『엥케

'제우스 신이여, 이제 당신이 원하는 그 어떤 곤란한 상황이라도 나에게 가져다주십시오. 신이 나에게 부여해 준 자연적 성향과 일어날 수 있는 어떤 일을 통해서도 나 자신을 질서 있게 만드는[36] 그런 자력(自力)[37]을 가지고 있으니까요.'[38]

38　아니네, 오히려 너희는 어떤 일이 일어날지도 모른다는 생각에 떨면서, 또 일어나고 있는 다른 일들에 대해 통곡하며, 슬퍼하고, 신음을 내면서 거기에 그냥 앉아 있네. 그러고는 신들에게 비난을 퍼붓는다네![39]

39　사실상 정신의 비열함에서 따라 나올 수 있는 경건하지 않음 말고는 달
40　리 무엇이란 말인가?[40] 그럼에도 신은 일어날 수 모든 일에 의해서 비천하게 되지도 않고 깨져 버리지 않은 채로 일어날 수 있는 모든 일을 견뎌 낼 수 있도록 우리에게 이러한 능력들을 부여했을 뿐만 아니라, 좋은 왕과 참으로 아버지에 걸맞은 신[제우스]은 또한 진정으로 소유하는

---

이리디온』제10장)

36　원어는 to kosmēsai (꾸미다, 장식하다). 에픽테토스는 이 맥락에서 '어떻게 인간이 신의 섭리적 통치를 탐구하고 내면화하는지'를 논의하고 있다. A. A. 롱은 이 말을 'make a cosmos of myself'로 번역하고 있다. 초기 스토아 철학에서와 같이, 그는 인간의 이상적인 삶을 신적 우주의 소우주(microcosm)로서 간주하고 있다. 그럼에도 그의 입장은 온정적이고 인격주의적 태도를 가지고 있다(A. A. Long[2002], p. 172 참조).

37　여기서 '자력'으로 번역한 aphormas란 말은 '행위를 일으키는 동기'를 의미하는 hormē(충동)에 반대되는 의미로 쓰이지 않았다. 맥락적 의미는 신, 즉 자연이 인간에게 부여한 '힘'과 같은 것을 의미한다. '자신을 존중하는 힘'(G. Long[1890])으로 옮기기도 한다.

38　불행을 견디는 인간의 능력이 신적으로 형성된 우주가 부여하는 독특한 인간 능력 중하나로 제시되고 있다(37~43절).

39　이것은 일반인의 태도를 헤라클레스의 행위와 대비시키고 있다.

40　전체(우주)의 본성에 어긋나는 신에 대한 불경함(asebeia)에 대한 언급에 대해서는, 마르쿠스 아우렐리우스, 『자기 자신에게 이르는 것들』 제9권 1 참조.

것[의지]을 방해받거나 제한받지 않는 어떤 능력으로 자기 자신에게 남겨 두지 않은 채로, 그 능력들을 우리 자신의 힘 안에 오로지 맡겨 둠으로써, 모든 방해, 강제, 간섭으로부터 자유롭도록 그 능력[41]들을 우리에게 부여했던 것이네.[42]

너희가 하는 것처럼 이 능력들을 자유롭고 또 너 자신의 것으로 소유하고 있으면서, 너희는 그것들을 사용하지 못하고 있으며, 또한 네가 받은 것이 무엇인지, 누구로부터 받은 것인지를 깨닫지 못하며, 오히려 거기에 앉아 슬픔에 빠져 신음하면서, 너희 중 몇몇은 주는 자 자신을 향해 눈이 멀어 있으며 또 너에게 은혜를 베푸는 자조차 인정하지 못하고, 반면에 다른 이들은 정신의 비열함 때문에 신에 대한 비난과 불평을 하도록 잘못 이끌리게 되는 것이네! 그럼에도 혼의 위대함과 용기를 위해, 너희가 자력(自力)과 자연적 성향을 가지고 있음을 내가 너희에게 보여 줄 터이니, 반면에 너희는 비난과 불평을 정당화해 주는 어떤 자력을 가지는지를 나에게 보여 주도록 하세!

41

42

43

---

**41** "모든 방해, 강제, 간섭으로부터 자유롭도록 [하는] 그 능력"은 관용적으로 프로하이레시스(의지) 능력에 적용되는 표현이다.

**42** 우리의 의지는 신이 그러기를 바라기 때문에 자유로운 것이다. 이는 스토아의 운명론의 체계 안에서 '인간의 자유'가 작동한다는 것을 말한다. 즉 '동의'에 대한 나의 행위가 인과율에 종속되고 있다고 하더라도, 여전히 나의 행위에 대한 인과적 결정의 기원은 '나 자신' 이외의 다른 것이 아니라는 것이다. 따라서 어떤 외적 요소도, 그것이 '신'이라고 할지라도 동의에 대한 나의 행위를 결정하는 과정을 방해할 수 없는 것이다. 그러나 신체의 사용을 요구하는 어떤 활동('걷는 것')들은 전적으로 나에게 달려 있는 것이 아니다.

제7장

# 전환 논증과 가언적 논증 및
# 같은 종류의 것의 사용에 대하여[1]

1  스토아 철학의 세 분야(자연학, 윤리학, 논리학 혹은 변증술)의 분류와 철학을 동물, 알, 농장에 비유하는 것에 대해서는 DL 제7권 30~41 참조. 이 장은 논리학이 도덕의 기조를 띠는 입장을 논의하고 있다. 에픽테토스는 자신의 수사적 관점에서 강의를 듣는 청강자와 그 상황에 따라 논리학에 대한 긍정적, 부정적 태도를 동시에 표명한다. 철학의 분류상 '수사술', '인식론', '추론의 기술'을 포괄하는 '논리학' 또는 '변증술'은 스토아학파 교육과정에서 철학의 세 가지 주요 분야 중 하나를 형성한다. 논리학은 초기 로마 제국 시대의 스토아학파에서 지속적으로 중요한 지위를 차지했으며, 에픽테토스는 이 시대 논리학의 주요 출전이 되고 있다(J. Barnes, *Logic and the Imperial Stoa*, Brill, 1997, 제3장, 부록 1.7; P. Crivelli, "Epictetus and Logic", eds. T. Scaltsas and A. S. Mason, *The Philosophy of Epictetus*, Oxford, 2007). 논리학에 대한 에픽테토스의 태도는 상당히 복잡하다. 때때로 그는 여기에서와 같이 인간의 이성적 활동으로서, 또 완전한 지혜를 향한 진보를 이루는 구성 요소로서의 논리의 본질적인 중요성을 강조한다(제1권 제17장 10~12절, 제2권 제25장, LS 33B~D; A. A. Long, *Stoic Studies*, Cambridge, 1996, 제4장 참조). 이와 달리, 그는 다른 대목에서는 논리가 '좋은 인간의 삶'을 추구하는 일부로서 윤리학과 통합될 때에만 가치가 있다고 강조한다(제1권 제18장, 제2권 제2장 6절, 제2권 제23장 41절; 『엥케이리디온』 제52장 참조). 제1권 제26장 13절은 논리학의 훈련이 에픽테토스 학교의 교육과정(curriculum)의 일부였음을 암시하고 있다. 이 장의 구성과 내용은 이렇게 분석된다. 1~4절; 논리학은 우리의 일상의 삶과 연관성을 가지고 있으며, '덕이 있는 사람'(좋은 사람)은 상황이 요구되면 변증술('질문과 답변으로 이루어진 토론')에 개입할 것이다. 따라서 그에게는 논리학의 훈련이 필요하다. 5~12절; 논리학의 훈련은 이성의 본질적 기능과 작동의 훈련이다. 논리학의 훈련은 참과 거짓, 불명료한 것을 구별하고, 논리적 추론을 잘 사용하기 위한 것이다. 13~29절; 추론은 일의적(一義的)으로 사용된 전제로만 이루어지지 않는다. 가설은 여러 의미로 변형될 수 있다. 이

대부분의 사람들은 '변화하는' 논증들과 '가설적' 논증들²의 연구, 게다 1
가 질문을 통해서 전개된 논의의 연구가, 일반적으로 말하자면 이러한
모든 논증이 삶의 적합한 행위³와 관련이 있음을 알아차리지 못하고 있
다네. 사실상 모든 연구의 분야에서 우리는 '훌륭하고 덕이 있는 사람'⁴ 2
이, 어떻게 그 문제에 있어서 적합한 길과 적합한 행동 방식을 발견할
수 있는지를 탐구하고 있으니까 말이네. 그래서 좋은 사람⁵은 문답에 3
관여하는 일은 없을 것이라든가, 혹은 일단 참여한다면, 그는 문답을 하

---

것은 다의적으로 변형된 논증이나 가설적 논증에서 분명하게 볼 수 있다. 따라서 그 복
잡성은 논리학에 대한 훈련의 필요성을 만들어 낸다. 30~33절; 논리학이 이성 자체의
구조라는 것을 인정한다면, 논리적 잘못은 도덕적 잘못만큼 비난받아야만 하는가? 논
리적 잘못은 직접적으로 도덕적 잘못으로 옮겨지고, 또 그렇게 인정되어야 한다.

2  여기서 '변화하는 논증'(전환 논증, metapiptontes logoi)은 한 논증을 구성하는 명사나
명제의 의미가 변경되어 다른 의미로 왜곡되어 사용되는 소피스트식 논변을 말한다.
문자 그대로는 이 말(metapiptontes)은 '변화를 겪는다'는 의미이다. 에픽테토스를 제외
하고는 스토아 철학자에게서 '변화하는 논증'에 대한 언급은 거의 찾아볼 수 없다(DL
제7권 195 참조). 동사 '변화하다'(metapiptein)는 명제의 진리치의 변화를 표현하는 스
토아 논리학의 기술적인 명사(名辭)이다(DL 제7권 65, 76). '변화하는 논증'은 아래의
13~21절에서 논의되고, '가언적 논증'은 22~29절에서 논의되고 있다. 슈바이그호이저
(J. Schweighäuser)의 해석에 기반한 번역자는 '모호한 논증'으로 옮기기도 한다(W. A.
Oldfather, J. Souilhé, R. Hard).

3  원어로는 kathēkontos(고유한 기능, 의무). '이성에 맞는 설명 내지는 정당화를 가진 것'
을 말한다(DL 제7권 107). 카테콘(카테콘다)을 중요한 철학 개념으로 처음 사용한 것
은 키티온의 제논이었다(DL 25, 107~108 참조).

4  스토아적 '이상적 인간'('훌륭한 사람')을 가리키는 ho kalos kai agathos는 문자적으
로 '아름답고 좋은 사람'이다. 제1권 제12장 7절, 제2권 제10장 5절 참조. 이 밖에도
스토아적 이상적인 '지혜로운 인간'(현자)을 가리키는 말로는 sophos, phronimos,
spoudaios(좋은 사람)가 사용된다.

5  ho spoudaios(덕이 있는 사람, 현자).

는 데에서도 부주의하거나 서투르게 행동하는 것을 회피하기 위해 애
쓰지 않을 것이라는 것을 사람들에게 말하도록 하자. 혹은 이와 달리,
사람들이 이러한 주장들 중 그 어느 쪽도 인정하지는 않더라도 그들이
문답에 관련된 이들 영역에 대해 어떤 고찰을 해야 한다는 데 동의해야
한다고 말이네.[6]

5 　　추론에는 무엇이 약속되어 있는가? 참을 확립하고, 거짓을 거부하
6 며, 불명료한 것에 대해서는 판단을 중지하는 것이네.[7] 그러면 이것만
을 배우는 것으로 충분한가?

6　이 논지를 요약하면 이렇다. (1) 덕이 있는 사람은 변증술적인 논쟁에 개입해서는 안 되
　거나, (2) 혹은 그것에 개입한다면 서투르게 수행하거나, (3) 혹은 논리학에 숙달해야
　만 한다. (4) 덕이 있는 사람이 변증술적 논쟁에 개입해서 안 되는 경우는 아니다(It is
　not the case that …). (5) 덕이 있는 사람이 변증술적 논쟁에 개입했으면 서투르게 수행
　하는 경우는 아니다(It is not the case that …). **그러므로**, 덕이 있는 사람은 논리학에 숙
　달해야만 한다. 플라톤도 통치자의 길에 들어설 아이들이 '묻고 질문에 답변하는 일에
　숙달할 수 있는 교육'의 필요성을 언급한다(플라톤, 『국가』 534c). 스토아 철학에서 '변
　증술은 묻고 답변함으로써 주제에 대해 올바르게 논증하는 학문'으로 규정된다(DL 제
　7권 42, 47). LS 31 A~T와 이에 덧붙인 설명을 참조(pp. 183~190). 스토아 철학의 창시
　자인 제논은 『논박』(Elenchoi)이란 책을 썼다고 한다(DL 제7권 4). 3~4절에서 에픽테
　토스는 덕이 있는 사람은 질문과 답변(변증술)을 성공적으로 다룰 수 있어야 한다는 것
　을 논증하기 위해 '딜레마의 논변'을 구성한다. 이 논증의 결정적인 가정은, 덕이 있는
　사람은 변증술적 논쟁에 참여하며, 또 성공적으로 수행해야 한다는 것이다. 즉 논리학
　을 숙달한 사람들은 특정 유형의 사회적 상황에서 그것을 잘 수행할 수 있어야만 한다.
　이것은 스토아학파의 철학자들도 당연히 받아들일 가정이다. 크뤼시포스는 "논리학으
　로 시작하는 사람은 다른 분야들(자연학, 윤리학)로부터 멀어지지 않아야만 하며, 기회
　가 생길 때면 다른 공부에도 참여해야만 한다"고 주장한다(SVF II, 53=Chrysippus ap.
　Plutarchos, De Stoicorum repugnantiis, IX 1035e2~4).

7　스토아 철학의 '변증술'에 대한 표준적인 설명이다. "변증술에 의해 참된 것과 거짓된
　것이 식별되고, 신뢰할 만한 것과 모호하게 말해진 것이 적절하게 판단된다."(DL 제
　7권 47) 스토아 철학의 변증술에 대한 설명에 관해서는 LS 37 R(pp. 188~190) 참조.

'충분합니다.' 누군가가 대답한다.

그렇다면 '진짜 드라크마[8]를 받고, 가짜는 거부하라'는 말을 듣는 것만으로 주화 사용에서 어떤 실수하기를 원하는 사람에게 또한 충분할까?

'아뇨, 그것만으로는 충분하지 않습니다.'　　　　　　　　　　　　　7

그렇다면 이것에 무엇을 덧붙여야 하는가? 주화를 검사하고 진짜 드라크마와 가짜를 판별할 수 있는 능력 외에 달리 무엇이겠는가? 그리고　　8 추론의 경우에서도 마찬가지로 말해진 말[9]로는 충분하지 않지만, 그것들을 어떻게 검사하고 또 어떻게 참과 거짓, 불명확한 것을 판별할지를 아는 것은 필연적인가?

'필연적입니다.'

이것 외에 추론에서 달리 무엇이 요구되는가? 네가 적절하게 인정한　　9 것[10]에서 따라 나오는 것[11]을 받아들이도록 하는 것이네. 자, 그럼 이 경　　10 우에서도 이 특정한 것을 아는 것만으로도 충분한가? 충분하지 않은 것이네. 또한 어떤 하나가 다른 것들로부터 결론으로서 어떻게 따라 나오는지, 또 어떤 때는 하나가 하나의 것으로부터 어떻게 따라 나오는지, 다른 때는 여러 가지가 연언을 통해 어떻게 따라 나오는지를 배워야만

---

8　헬라스의 화폐 단위를 가리킨다. 주화 검사에 대한 비유는 제1권 제20장 7~11절, 제2권 제3장 2~5절, 제3권 제3장 3~13절 참조. 소크라테스는 아테나이 시내에서 아낙사고라스의 책이 1드라크마에 팔렸다고 말한다(플라톤, 『변명』 26D).

9　즉 말해진 것을 듣는 것만으로.

10　'전제'를 말한다.

11　'결론'을 말한다.

하는 것이네.[12] 그렇다면 아마도 논의에서 슬기롭게 행하려고 하는 사람은 이런 기술을 추가로 반드시 습득해야만 하지 않겠는가? 다시 말해, 증명하고자 할 때 스스로 각각의 논점을 증명할 수 있고, 무언가를 증명하는 방식으로 소피스트적 논의를 펼치는 사람들에게 잘못 이끌

리지 않은 채로 다른 사람의 논의를 따라갈 수 있으려면 말이네. 그러니 이것이 우리들 사이에서 타당한 추론적 논의[13]와 논리적 형식(논식)[14]에 대한 연구와 훈련을 생기게 했던 것이고, 이것이 필요하다는 것이 분명해진 것이네.[15]

　　하지만 우리가 어떤 전제들[16]을 건전한 것으로 인정했고, 그것들로부터 이러저러한 결론이 따라 나오는 경우들이 있다네. 비록 그것은 거짓이긴 하지만, 그럼에도 그것은 그 전제들로부터 따라 나오는 경우가 있

는 것이네. 그럼, 그 경우에 어떻게 하는 것이 나에게 적합한 것일까? 거

짓된 결론을 받아들이는 것일까? 내가 어떻게 그렇게 할 수 있단 말인가? 그럼, '내가 동의한 그 전제를 인정한 것은 옳지 않았다'고 말해야만 할까? 아니네. 이것 또한 나에게 허용될 수 없는 것이네. 아니면, '그

---

**12** 하나의 전제(P)로부터 결론 Q인 경우와 일련의 전제(P1, P2, P3 …)로부터 결론 Q인 경우.

**13** 연역 논증을 말한다.

**14** tropos들은 삼단논법과 격들, 식들(tropoi)을 말한다. 이것들에 의해서 삼단논법은 그 적절한 결론을 이끌어 내는 것이다.

**15** 즉 논리학이 필요하다는 것이 밝혀졌다는 것이다.

**16** 이 대목에서 '전제들'로 옮긴 것은 각각 lēmmata, hōmlogēmena, parakechōrēmenōn으로 그 기본적 의미는 '승인된 것', '받아들인 것'이다. 즉 논의에서의 전제를 말한다(아리스토텔레스, 『토피카』 제8권 제1장 참조). 가설과 달리, '명제'(axiōma)는 말을 함으로써 생각을 밝히는 것으로서 참이거나 거짓인 것이다(DL 제7권 66 참조).

결론은 인정한 것(전제)들에 의해서 따라 나온 것이 아니다'라고 말해
야만 할까? 하지만 이것도 역시 허용될 수 없다네. 그렇다면 이러한 경      16
우에는 우리는 무엇을 해야만 할까? 그것은 부채의 경우와 같은 것이
아닐까? 돈을 빌렸다는 사실만으로 누군가가 여전히 빚을 지고 있다
는 것을 보이기에는 충분하지 않지만, 오히려 그 상황에 그가 여전히 빚
을 지고 있으며 빌린 돈을 갚고 있지 않다는 것을 덧붙일 필요가 있지
만, 마찬가지로 우리가 그 전제들(ta lēmmata)을 받아들였다는 사실만
으로 반드시 그 결론을 인정해야만 한다는 것을 보이기에는 충분하지
않은 것처럼, 우리는 여전히 그 전제들을 인정하는 것에 반드시 머물러
있어야만 하는 것이네. 게다가 그 전제들을 인정했을 때, 그것들이 있었      17
던 대로 끝까지 머물러 있다면,[17] 우리가 여전히 [그 전제들을] 인정하
는 것에 머물러 있으며 또 그 전제들로부터 따라 나오는 결론을 받아들
이고 있음은 전적으로 필연적이네. 〈혹은 전제들이 있었던 대로 그대로      18
남아 있지 않다면, 우리는 그것들을 받아들일 필요는 없는 것이네.〉[18]
왜냐하면 우리가 일단 그 전제들에 대한 인정을 포기했으므로, 우리에      19
게는 또 현재의 우리의 관점에서 볼 때는 그 결론은 더 이상 따라 나오
는 것이 아니기 때문이네. 그러므로 우리는 이러한 전제들에 관련해서,      20

---

**17** 이 논증('변화하는 논증')의 전제는 시간 종속적(시간 지표적)이며, 그 진리값은 말해
진 시점에 의존하기 때문에 시간이 지나게 되면 더 이상 타당하지 않은 논증으로 바뀌
게 된다. '오늘 비가 오고 있다'는 말해질 때마다 동일한 '명제'(axioma)를 지시하지만,
그 진리값은 날씨에 따라 변화된다. 예를 들면 '지금은 낮이다'라는 명제는 실제로 낮이
라면 그것은 참이고, 낮이 아니라면 거짓이 된다(DL 제7권 65 참조). '변화하는 논증'에
대해서는 J. Barnes, *Logic and the Imperial Stoa*, 제3장 참조.

**18** 탈문(lacuna)이 있는 것으로 보인다(H. Schenkl). W. A. Oldfather[1926], p. 54 참조.

즉 이러한 종류의 전제들의 변화와 그 [의미상의] 변형(metaptōsis)에 관련해서 반드시 검토해야만 할 필요가 있는 것이라네. 그것에 따라 질문과 대답의 과정에서, 또는 추론을 하는 과정에서, 혹은 논의의 다른 어떤 단계에서 전제들이 이러한 변형을 거치게 된다면, 생각이 깊지 못한 사람들에게는 그다음에 따라 나오는 것을 볼 수 없기 때문에 그 전제들은 혼동을 부추기는 원인이 될 것이네. 왜 우리가 이것을 해야 할 필

21 요가 있는가? 이와 같은 문제들에서 우리가 의무에 반하여 부적절하게, 또는 되는 대로 아무렇게나, 또는 혼란스러운 방식으로 행동하는 일이 없도록 하기 위한 것이네.[19]

22 또, 이와 동일한 것이 가정과 가정적 논의에 대해서도 참이네. 때때로 뒤따르는 논의를 위한 디딤돌로서(단계로서) 어떤 가정을 가정할 필

23 요가 있기 때문이네. 그렇다면 우리는 제안된 모든 가정을 승인해야만 할까, 아니면 전부를 승인하지 않아야만 할까? 전부가 아니라면 어떤

24 것을 승인해야만 할까?[20] 일단 가정을 승인했다면, 그것을 내내 붙잡고 유지해야만 할까, 아니면 그것을 포기해야만 하는 때가 있을까? 그것에서 따라 나오는 결론들을 받아들여야만 하고, 그것과 상충하는 결론들은 거부해야만 할까?

'예 그렇습니다.'

25 그런데 어떤 사람은 '만일 네가 가능한 가정을 승인한다면, 나는 논

---

19 부채의 경우의 예에서 보듯이, 제7장은 전체적으로 논리학이 '적합한 것'(행위)과 관련 있다는 것을 상기시켜 주고 있다. 논리학은 어떤 영역에서 어떻게 행동해야만 하는가를 가르쳐 주고, 사유의 법칙과 그것에 따라 사유해야만 하는 것을 가르쳐 준다.

20 'peri tinos hē skepsis; peri kathēkontos'를 삭제하고 읽음(H. Wolf).

의를 통해서 불가능함으로의 논증을 받아들이도록 너를 만들 것이다'
라고 말하네. 현명한 사람[21]은 이러한 사람과 더불어 말을 섞는 것을 거
부하고, 그와 그 문제를 검토하고 토론하는 것을 피하겠는가? 그 사람                  26
이외에 누가 이성을 잘 사용할 수 있으며, 질문과 답변에서 능숙하고,
제우스께 맹세코, 속임수와 소피스트적 논의에 빠져들 가능성이 더 적
겠는가? 그렇다면 그가 토론에 참여하는 데에 동의할 테지만, 주의를               27
기울이지 않은 채로 논의에서 되는 대로 또 아무렇게나 나아가려고 하
지는 않을 테지? 그렇다면 그가 어떻게 여전히 우리가 상상하는 그런
부류의 사람일 수 있겠는가? 그러나 그와 같은 어떤 연습과 준비 없이,              28
어떻게 그가 논리적 일관성을 가지고 추론할 수 있을 것인가?[22] 그가 이           29
일을 할 수 있다는 것을 보이고, 이 모든 탐구[23]가 불필요하고 불합리하
다는 것을 보이게 된다면, 좋은 사람[24]에 대한 [이미 형성된] 우리의 개
념과 불일치하게 될 걸세.

왜 우리는 [변증술적 훈련에] 여전히 게으르고 부주의하며 나태한               30
것인가? 왜 우리는 힘든 일을 회피하거나, 우리 자신의 이성을 완전하

---

21 원어로는 ho phronimos. 내용적으로는 '논리학자'를 가리킨다. 초기(Old) 스토아 이론
체계에서 현자는 논리학(변증술)에 능한 사람이었다(DL 제7권 83). 논리학 자체가 하
나의 '덕'이었다(DL 제7권 46).

22 여기서 논리학자로서 현자에 대한 우리의 개념은 '이런 종류의 연습과 준비 없이는 논
리적 일관성을 유지할 수 없다'는 것이다. "현자(賢者)는 변증술에 대한 연구 없이는 논
의에서 잘못을 범하지 않는 사람이 될 수 없다. […] 변증술 없이는 체계적으로 묻거나
답할 수 없다."(DL 제7권 47).

23 theōrēmata(원리).

24 spoudaious는 agathos('좋은 사람')와 동일한 뜻을 가지며, 스토아적 '현자'(sophos)를
가리킨다.

게 계발하기 위해 밤새 깨어 있는 것을 회피하기 위한 핑계를 찾는단 말인가?

31    '그럼, 내가 이런 문제들에서 길을 잃는다고 해도, 내 아버지를 살해한 것과 같은 것은 아니지요, 그렇지 않은가요?'

말해 보게, 노예여. 지금 같은 경우에 자네에게 살해당할 아버지가 어디에 있단 말이냐?[25] 그래서 너는 실제로 무엇을 했던 것이냐? 이 경

32    우에서 너는 네가 저지를 수 있었던 유일한 잘못을 저지른 것이네. 루푸스[26]가 어떤 추론에서 빠져 버린 한 단계를 발견하지 못한 것에 대해 나를 비판했을 때, 나 자신도 또한 그에게 정확히 똑같이 응수하는 말을 했다네. '어쨌든, 그것은 내가 카피톨리온을 불살라 버린 것과 같은 것은 아니지 않습니까!'라고 내가 말했네. 하지만 이에 대해 그는 '노예여,

33    이 경우에 빠져 버린 것은 바로 카피톨리온이네!'라고 응수했다네.[27] 아

---

25  아버지를 죽이거나 아래에 나오는 카피톨리움의 방화는 큰 죄로 여겨졌다.

26  무소니우스 루푸스(제1권 제1장 27절 참조)는 스토아 철학자로 에픽테토스의 선생이었다. 카피톨리온(카피톨리움)은 로마의 정치적 행사가 열리는 주요 건물 중의 하나였다. B.C. 83년, A.D. 69년과 80년 등 세 번 불탔으며, 해당 기간 동안(아마도 69년)에 에픽테토스는 무소니우스 밑에서 공부했을 것이다. 아버지를 죽이고, 로마의 카피톨리온을 불태우는 것은 악랄한 큰 범죄의 예로 언급된 것이다. 키케로, 『우정에 관하여』De Amicitia, 11.37; 플루타르코스, 『티베리우스 그라쿠스』Tiberius Gracchus, 20.4 참조. 키케로의 책에는 어떤 사람이 티베리우스 그라쿠스에 대한 존경심이 너무 커서 티베리우스가 시키는 것은 무엇이든 하는 것이 의무라고 생각해서, 카피톨리온에 불을 지르라고 요청하면, 그가 그렇게 하라고 요구하지 않았을 테지만, 그랬다면 순종했어야 한다는 대화가 나온다. 플루타르코스의 책에는, 티베리우스가 카피톨리온에 불을 지르라고 명령을 내렸느냐 하는 문제를 대화의 주제로 삼고 있다. 티베리우스 같은 사람이 그런 일을 지시했다면, 그것이 시민의 이익이 아니었다면 그가 그런 지시를 내리지 않았을 것이라는 내용이 나온다.

27  이 대목은 루푸스가 에픽테토스에게 '논리학'을 가르치는 한 장면으로, 루푸스가 철학

니면, 카피톨리온을 불태우거나 자신의 아버지를 죽인 것 외에는 다른 잘못이 없다는 것인가? 그렇지만 우리의 인상을 되는 대로, 아무런 생각 없이, 아무렇게나 사용해서, 논의나 논증 또는 소피스트적 논의를 쫓아갈 수 없게 되고, 한마디로 말해서 질문과 답변에서 자신의 입장과 일치하는 것과 일치하지 않는 것이 무엇인지를 알 수 없게 되는 것 ——이것들 중 어느 것도 잘못이 아니라는 말인가?[28]

적 요점을 지적하기 위해 어떻게 블랙 유머(black humour)와 과장을 사용하는지를 여실히 보여 준다. 고대의 백과전서 격인 『수다』에는 루푸스를 '논리학자이며 스토아 철학자'라고 보고하고 있다. 루푸스의 철학적 물음은 실용적이면서도, 실천적인 것이었다. 루푸스가 가르치는 방식은 '여자도 철학을 공부할 필요가 있는가?', '결혼의 주된 목적은 무엇인가?', '결혼은 철학의 추구에 방해가 되는가?', '사람은 모든 상황에서 자신의 부모에 복종해야만 하는가?', '추방은 악이라는 것' 등과 같은 물음을 묻고, '철학적 논증'을 통해서 적절한 답을 끄집어내는 훈련을 시키는 것이었다. 그렇게 되면 훈련받은 학생들은 그들의 행위에 관련해서도 올바르게 행할 수 있게 되는 '유용성'을 습득하게 되는 것이다. 이런 측면에서 볼 때, 루푸스의 방식이나 에픽테토스의 교육의 방향은 일치하는 것처럼 보인다.

**28** 이 훈계는 '도덕성 자체'만으로 충분하다고 주장하는 냉소적 경향의 철학자들, 혹은 젊은이들에게 논리학 공부의 필요성을 강조하는 것으로 보인다.

제8장

# 이성적 능력들¹은
# 교육받지 않은 사람에게는 안전할 수 없다는 것²

1 　서로 동등한 의미를 가진 명사(名辭)³의 형태를 여러 가지 방식으로 다

---

1 　이 능력은 말하고 논의하는 능력을 말한다. 에픽테토스가 말하는 것처럼, 이 능력은 확고한 지식이 없는 사람을 자만하게 만들고, 주제넘게 만든다. "일반적으로 보자면 교육받지 못한 약한 성품의 사람들이 획득한 모든 능력은 그런 면에서 그들을 자만하게 만들고 주제넘게 만드는 한 그들을 위험에 빠뜨리게 하는 경향이 있다는 것이네."(8절) 비온(Bion)처럼, '자만은 도덕적 진보에 방해가 되는 것이다'(hē gar oiēsis egkopē tēs prokopēs estin).

2 　이 장에서 에픽테토스는 변증술(스토아학파에서는 형식 논리학과 수사학을 포함함)을 훈련하는 것은 가치가 있지만, 위험에 빠질 수 있다는 것을 경고하고 있다. 제1권 제7장과 마찬가지로 논리학에 대한 이중적 입장을 내보이고 있다. 특별히 에픽테토스는 논리학의 수사적 측면에 초점을 맞춘다. 이 점은 제2권 제23장 '말하는 능력에 대해서'를 참조. 논증 가능한 치환의 수가 많기 때문에, 예비 철학자는 그 주제에 관한 연구가 필요하다(1~3절). 논리학의 연구, 특히 수사학에 대한 훈련은 우리의 윤리적 발전을 추구하는 데 방해가 될 수 있으며, 학생들이 이러한 기술을 습득하면서 과도한 자부심을 갖도록 부추길 수 있다고 논의하고 있다(5~10절). 플라톤이 논리적이고 수사학적인 언어 표현의 대가였다는 사실은, 그러한 기술이 철학자가 되는 데 필수적인 부분이라는 것을 의미하지는 않는다. 자신을 표현하는 수사술의 능력이 무시되어서는 안 되지만, 철학의 본령인, 즉 덕의 품성과 혼돈되어서는 안 된다(11~16절).

3 　스토아 철학자들은 두 명사(명제)가 지시하는 것이 동연적(coextensive)이라면, 두 명사는 동일한 것을 지시하는 것으로 간주한다. 즉 두 명사의 동의어(의미의 동일성)뿐만

양하게 바꿀 수 있는 것만큼, 논의에서 여러 가지 방식으로 공격적 추론 (epicheirēma)과 엔튀메마[4]의 형식을 다양하게 바꿀 수 있는 것이네. 다음의 형식을 예로 들어 보자. '네가 돈을 빌렸고 갚지 않았다면, 너는 나에게 돈을 빚진 것이다.' 이것은 '네가 돈을 빌리지 않았고 갚지 않았으며, 너는 나에게 돈을 빚지고 있는 그러한 경우는 아니다'[5]와 동등한 것이네.[6] 기술적으로 논의의 형식을 다양하게 만드는 데에는 철학자보다

2

3

아니라, 논리적 동일성(logical identity)까지 말하고 있다. "[스토아주의자들은] '아름다움'만이 '좋다'라고 주장한다. [⋯] 아름다움은 덕이고 덕에 참여한 것이며, 이것은 모든 좋음은 아름답고, 아름다운 것은 이것과 같은 좋음과 동등하다는 것을 말하는 것과 동등하다(isodunaton, isodunamein). 그것은 좋기 때문에, 그것은 아름답다. 그것은 아름답다. 그러므로 그것은 좋다."(DL 제7권 101) 그래서 그들은 '좋은 것은 이득이 되는 것, 필요한 것, 유용한 것, 유익한 것, 아름다운 것, 이로운 것, 바람직한 것, 정의로운 것 [⋯]'(DL 제7권 98~99)과 같은 종류의 진술과 동일한 것으로 본다.

4  공격적 추론은 무언가를 논증하기 위한 것이 아니라, 상대방의 주장을 뒤집기 위해 기획된(epicheirein) 변증술적 추론이다(아리스토텔레스, 『토피카』 제8권 제11장 참조). 엔튀메마(enthumēma; '수사 추론', '설득 추론')에 관해서는 아리스토텔레스, 『수사학』 제1권 제2장, 특히 1357a22 아래의 논의 참조. 『분석론 전서』 제2권 제27장 70a3~b38 참조. 엔튀메마(수사술적 추론)는 개연적인 것들(eikotōn)과 기호들(sēmeiōn)을 통한 추리를 가리킨다(아리스토텔레스, 『수사술』 제1권 제2장 1357a33; 『분석론 전서』 제2권 제27장 70a11). 여기서는 이것은 수사적 맥락에서 사용된 '추론의 불완전한 형식'을 가리킨다.

5  J. 반스의 번역 "It is not the case that you have borrowed and not repaid and yet do not owe me the money." 참고(J. Barnes, *Logic and the Imperial Stoa*, Brill, 1997, p. 32) W. A. 올드파더(Loeb)는 이 대목을 '추론 형식'(ton tropon touton; this syllogism)을 이해하고 있으나, 이것은 잘못이고, 난 수이에를 좇아 쉔클의 구두점을 무시하고 읽었다.

6  실제로 이는 '논증'이 아니기 때문에 논리적 오류가 아니다. 단지 두 문장의 논리적 동일성을 말한다. 다음과 같은 형식의 한 쌍의 문장이다. If P and not Q, then R('네가 돈을 빌렸지만 갚지 않았다면, 너는 나에게 빚진 것이다') ≡ not [(P and not Q) and not R]('네가 돈을 빌리지 않았고 갚지 않았으면, 너는 나에게 돈을 빚지 않은 경우가 아니다')

더 적합한 사람은 없네. 엔튀메마가 실제로 불완전한 추론이라면,[7] 완전한 추론을 다루는 연습을 했던 철학자는 못지않게 불완전한 추론도 다룰 수 있다는 것은 분명하니까 말이네.

4
5
그렇다면, 왜 우리가 이런 방식으로 자신과 서로를 훈련하지 않는 것인가?[라고 너희[8]는 물어볼 것이네.] 지금도 우리 자신이 이런 문제들에 대해 훈련하고 있지 않으며, 또 적어도 나에 의해 도덕적 문제에 대한 탐구로부터 주의가 산만해지지 않았을 때조차도, 여전히 우리는 옳음(아름다움)과 좋음[9]을 향해 전혀 진보를 이루어 내지 못하고 있기 때
6
문이라네.[10] 그렇다면 우리가 이 일을 부가적으로 덧붙인다면, 무엇을 기대해야만 하는가? 그리고 특히, 이것은 더 긴급한 탐구로부터 우리의 주의를 흐트러트리게 하는 어떤 활동일 뿐만 아니라, 또한 그것은 자만심[11]과 허영심의 빌미(원인)가 될 수 있을 것이며, 결코 작은 빌미가 아

---

7  아리스토텔레스, 『분석론 전서』 70a10 참조. 불완전한 추론(atelēs sullogismos)과 엔튀메마에 관련해서는 김재홍, 『아리스토텔레스의 토피카: 토포스에 관한 논구』, 서광사, 2021, 551~562쪽 참조. 아리스토텔레스의 엔튀메마를 '불완전한 추론(삼단논법)'으로 보는 것은 비-아리스토텔레스적인 생각이다. 이러한 생각은 스토아적 기원을 가진다 (M. F. Burnyeat, "Enthymeme: Aristotle on the Logic of Persuasion", eds. D. J. Furley and A. Nehamas, *Aristotle's Rhetoric: Philosophical Essays*, Princeton, 1994).

8  이 가상의 질문자를 에픽테토스의 학생으로 생각해 볼 수 있을 것이다. 그 학생은, '만일 1~3절이 맞다면, 우리는 왜 논리학에 더 많은 시간을 투자하고 있지 않느냐?'고 묻고 있다. 에픽테토스는 5~10절에서 그 이유를 제시하고 있다.

9  원어는 kalokagathia(아름답고 좋음)로, '도덕적 덕'을 말한다.

10  논리학에 대한 연구가 도덕적 덕(kalokagathia)을 향한 진보에 직접적으로 해가 된다는 점에 대한 언급은 제3권 제2장 3절, 제3권 제24장 78절 및 『엥케이리디온』 제52장 2 참조.

11  "철학에 전념하는 사람의 첫 번째 임무는 무엇인가? 자신이 알고 있다고 생각하는 믿

닌 것이네. 논리적이고 설득적인 추론은, 특히 그들이 훈련을 통해 꽉 채워지고 말의 능숙한 사용을 통해 부가적으로 말재간이 뛰어나게 되면, 강력한 효과를 발휘하게 되는 것이기 때문이네. 실상인즉, 일반적으로 보자면 교육받지 못한 약한 성품의 사람들이 획득한 모든 능력은 그런 면에서 그들을 자만하게 만들고 주제넘게 만드는 한 그들을 위험에 빠뜨리게 하는 경향이 있다는 것이네.[12] 도대체 어떻게 이러한 탐구에 뛰어난 젊은이를, 그것들에 부속되지 말고 오히려 그것들이 그들 자신에게 부속되게 만들라고 설득할 수 있겠는가? 오히려 그는 이 모든 호소[13]를 발로 짓밟아 뭉개 버리고, 우리 가운데 교만과 자만에 가득 차서 우쭐거리며 걸어 다니면서, 누군가가 자신이 부족한 것과 어딘가에서 그릇된 길로 접어들었다고 그에게 상기시키려는 것을 결코 허용하려고 들지 않으려 하겠지?[14]

'뭐라구요, 플라톤이 철학자가 아니었나요?'[15]

그렇지, 그리고 히포크라테스는 의사가 아니었나?[16] 하지만 너는 히

---

음(자만, oiēsis)을 없애는 것."(제2권 제17장 1절) "지식을 파악하기 위해서 자만(생각, oiēsis)만큼 적대적인 것은 없고, […]. "(DL 제7권 23)

12 에픽테토스는 '도덕적인 훈련이 없는 사람들'이 '말하는 능력'(수사술)에서 뛰어나게 되면, 그들이 빠지게 되는 위험에 대해서 지적하고 있다(제2권 제23장 41절['세이렌의 노래'], 44~46절).

13 원어로는 logos이다. 풀어 이해하자면, '우리가 그에게 말한 모든 말(이유)'로 새길 수 있다.

14 수사학자에게 '수사술의 중요하지 않음'을 '수사술'로 설득할 수 없다는 것을 에픽테토스는 인정하는 것인가?

15 플라톤은 수사술에 뛰어났는데도 철학자가 아니었느냐는 반론.

16 히포크라테스(Hippokratēs)는 기원전 5세기에 코스섬에서 태어나 활동한 의사로 헬라

포크라테스가 얼마나 자신을 [말로서] 잘 표현했는지를 볼 수 있을 것이네. 그러면 그가 의사였기 때문에 자신을 그렇게 잘 표현한 것인가?

12 그렇다면 너는 왜 같은 사람에게서 부수적으로 결부되어 있던 일을 혼동하곤 하는가? 플라톤이 잘생기고 힘이 셌다고 하면, 어떤 철학자가

13 철학자일 뿐만 아니라 부수적으로 잘생겼다는 이유로 해서 그것이 철학에 본질적인(필요한) 것인 양, 여기 앉아 있는 나 역시 잘생기고 강해지기 위해 애써 힘들여 분투해야만 하는 걸까?[17] 사람들이 어떤 점에서

14 철학자가 되고, 또 그들에게 다른 어떤 자질이 부수적으로 있을 수 있는지를 너는 이해하고 판별하고 싶지 않느냐? 자, 내가 철학자였다면 너도 나처럼 절름발이가 되어야만 하는 것이냐?[18]

그럼 뭔가? 내가 이런 능력들을 부정하고 싶어 하는가?[19] 결코 그렇

15 지 않네. 나는 단지 너에게서 시각의 능력만을 부정하기를 바라는 것이

16 네.[20] 그럼에도 네가 나에게 인간의 좋음이 무엇인지를 묻는다면, 나는

---

스 의학의 창시자로 알려져 있고, 동시에 전통적으로 논증과 문체에서 능수능란한 기술을 보여 주는 여러 작품의 저자로 간주되고 있다.

17 플라톤의 문체가 그의 철학함의 매력적인 특징이지만, 본질적인 것은 아니라는 것이다.

18 에픽테토스는 자신을 절름발이(chōlos)로 말하고 있다. 조심스럽게, 철학자의 자질과 부수적으로 일어난 절름발이와는 아무런 상관이 없다는 것이다. 이것은 스스로 '당대의 스토아식의 철학자'가 아니라는 것을 말하는 에픽테토스의 아이러니이다.

19 즉, "내가 이런 재능들을 무시하는가?".

20 에픽테토스는 수사술의 능력을 전적으로 무시하는 것은 아니다. "내가 어떤 사람들에게 이렇게 말할 때, 그들은 내가 말하는 것(수사학)과 일반 원리의 연구를 폄하하고 있다고 생각할 것이네. 아니네, 나는 그것을 폄하하는 것이 아니라, 사람들이 그것에 대해 지나치게 매달리고 또 그것에 모든 그들의 희망을 놓아두고 있다는 그 습관을 말하고 있을 뿐이네."(제2권 제23장 46절)

그것이 어떤 종류의 의지(poia prohairesis)라고 말하는 것 외에 달리 답을 줄 수 없을 것이네.[21]

---

21 "좋음의 본질은 어떤 성향의 의지(프로하이레스)이고, 나쁨도 마찬가지로 어떤 성향의 의지이다."(제1권 제29장 1절) '인간의 좋음'은 재산과 웅변(lexis)에 달려 있는 것이 아니라, 인간의 고유한 이성에 달려 있다는 주장에 대해서는 『엥케이리디온』 제44장 참조. 수사술의 가치에 대한 에픽테토스의 입장은 다소 복잡하다. 그는 표현 능력의 가치를 어느 정도 인정하고 있다. "그렇지만 어떤 것이 다른 것보다 우월하다고 해서, 우리는 다른 것들이 제공할 수 있는 쓸모를 경멸해서는 안 되는 것이네. 말하는 능력도 의지 능력이 가진 만큼은 아니지만 그 쓸모를 또한 가지고 있는 것이네. 그러므로 내가 이런 식으로 말할 때, 내가 너희에게 눈이나 귀나 손이나 발이나 의복과 신발을 소홀히 하라고 분부하는 것 같이, 내가 너희에게 말의 기술을 소홀히 하라고 분부하고 있는 것으로 남들이 생각하게 해서는 안 되는 것이네. 그러나 너희가 나에게 '모든 것 중에 가장 탁월한 것이 무엇이냐'고 묻는다면, 내가 무엇이라고 대답하겠는가? 말하는 능력? 나는 그렇게 말할 수는 없고, 오히려 **그것이 올바른 의지가 될 때, 의지의 능력이라고 말해야만 하네.**"(제2권 제23장 25~27절)

제9장

# 우리가 신과 친족이라는 사실로부터
# 어떤 결론에 도달하는가?[1]

1     신과 인간들 사이의 친족관계에 관해 철학자들이 말한 것들이 참이라
고 한다면, 누군가가 소크라테스에게 '어디 출신이냐'라고 물었을 때,
결코 '나는 아테나이인이다' 혹은 '나는 코린토스인이다'라고 말하지
않고 '나는 우주의 시민이다'라고 말했던 소크라테스의 예를 따르는 것
외에 인간에게 다른 무엇이 남아 있겠는가?[2] 실제로 왜, 네가 태어날 그

2

---

**1**   이 장의 주제는 제1권 제3장의 논의와 밀접하다. 여기서 에픽테토스는 인간이 신 또는
자연의 신적 원리와 공통적으로 가지고 있는 합리적 행위와 도덕적 자아의 자율성을
위한 능력에 중점을 둔 일련의 아이디어를 탐구한다. 하나는 신들과 인간의 친족관계
에 기반한 신과 인간이 공유하는 공동체 또는 도시로서의 우주의 개념이다(1~7절; LS
57F[3], 67L 참조). 또 다른 하나는 합리성을 소유함으로써 우리가 육체적 필요에 종속
되지 않고(8~15, 26절), 역경의 상황에 대처할 수 있는데(18~21, 27~34절), 그것은 우
리가 행복에 필요한 모든 것이 '무관심'을 얻는 것이 아니라, 우리에게 달려 있다는 것
을 이해함으로써이다. 소크라테스의 태도는 이런 측면에서 모범적인 것으로 받아들여
진다(16~17, 22~24절). 10~17절에서 에픽테토스가 '자살'의 불경건을 주장하고 있는
데, 이 주장은 플라톤의 『파이돈』에서 소크라테스의 생각과 그 궤를 같이한다.

**2**   스스로를 '우주의 시민'(kosmopolitēs)으로 불렀던 퀴니코스(견유)학파와 스토아의 '세
계시민'에 대한 생각을 피력하고 있다. 제2권 제10장 3절 참조. 키케로, 『투스쿨룸 대
화』 제5권 37: "소크라테스가 어느 나라의 시민이냐고 질문을 받았을 때, 그는 '세계시

때에 너의 보잘것없는 몸뚱이가 던져졌던 바로 그 길모퉁이의 시민이
아니라 아테네의 시민이라고 너는 말하는 것이냐? 네가 그 길모퉁이만
이 아니라, 또한 너의 온 집안, 한마디로 말해서 너의 조상의 모든 종족
이 너에게까지 내려온 근원을 포괄하는 더 주권이 되는(권위를 갖는)
장소를 선택하고, 그것에 근거해서 너는 자신을 '아테네인' 또는 '코린
토스인'이라고 부르는 것임은 분명하지 않은가?

이제 누군가가 우주의 통치를 주의 깊게 연구했으며, '모든 것들 중
에서 가장 크고, 가장 권위가 있고, 가장 포괄적인 것은 인간들과 신으
로 구성된 이 조직(사회)[3]이라는 것을 이해하게 되었다고 해보자. 그는

---

민'이라고 말했습니다. 그는 자신이 세계 전체의 시민이자 주민이라고 생각했던 겁니
다(Socrates cum rogaretur, cujatem se esse diceret, Mundanum, inquit. Totius enim mundi
se incolam et civem arbitrabatur)." 플루타르코스, 『추방에 대하여』 600D~601A 참조.
견유학파의 디오게네스는 "당신은 어디 출신인가라는 질문을 받았을 때, 그는 '세계시
민'이라고 말했다"는 보고가 전해진다(DL 제6권 63). 세네카는 "나는 나의 조국이 세
계라는 것과 신들이 수호자이며, 내 위와 너머에서 나의 행위와 말을 심판한다는 것을
안다"(Patriam meam esse mundum sciam et praesides deos, hos supra circaque me stare
factorum dictorumque censores)고 말했다(Seneca, De vita beata, 20.5). "두 개의 공동체
[국가](duas res publicas)가 있다. 하나는 크고 참된 공동체로 신들과 인간들을 포함하
여 이 모퉁이로 저 모퉁이로 보여지는 것이 아니라 태양으로 경계를 삼는 공동체이며,
다른 하나는 우리의 우연적 출생으로 할당되는 것이다."(Seneca, De Otio 4.1) 세네카,
『도덕서한』 28.4; 마르쿠스 아우렐리우스, 『자기 자신에게 이르는 것들』 제4권 4("만일
정신[to noeron]이 우리에게 공통적이라면, 우리를 이성적으로 만드는 이성도 공통적
이다. 그렇다면 우리가 해야 할 일과 하지 말아야 하는 일을 규정해 주는 이성도 공통적
이다. 그렇다면 법도 공통적이다. 그렇다면 우리는 시민들이다. 그렇다면 우리는 어떤
종류의 정치 체제[politeumatos tis]에 참여한다. 그렇다면 우주는 사실상 하나의 도시이
다. 누군가가 모든 인류가 참여한다고 말할 수 있는 또 다른 일반적인 정치 체제는 무엇
인가? 정신, 우리의 이성의 능력과 법이 이 공통된 도시에서 비롯된 것이 아니라면, 그
것들은 어디에서 온 것인가?") 참조.

신으로부터 [생성하는 모든 것의] 씨앗들[4]이 나왔다는 것을, 다시 말해 내 아버지와 할아버지뿐만 아니라 지상에서 태어나고 성장한 모든 존재, 특히 이성적 존재들이 그것들로부터 왔다는 것을 알게 되었네. 왜냐하면 이성적인 존재들만이 이성을 통해 신과 결속됨으로써 본성적으로 신과 친교[5]를 맺는 데 적합하기 때문이네'.[6] 이것을 이해한 그 사람이 스스로를 우주의 시민이라고 부르지 말아야만 하는가? 왜 신의 아들[7]이라고 부르지 못하는가? 인간에게 일어나는 무슨 일이든[8] 간에 두려워해야만 하는 이유가 무엇인가? 카이사르나 로마에 있는 다른 큰 권세 있는 사람과의 친족관계가, 사람이 안전하게 살아갈 수 있으며, 멸시를 받지

---

3  원어로는 touto to sustēma. DL 제7권 138에 언급된 포세이도니오스 견해("또는 신들과 인간들과 이들을 위해 생성된 것들로 이뤄지는 체계이다") 참조. 이 견해는 스토아 철학자들 중 특히 크뤼시포스의 주장으로 알려져 있다.

4  생성하는 이성(spermatikos logos)으로서의 신에 대한 스토아적 생각을 염두에 두고 있다(DL 제7권 136 참조). 여기서 씨앗들(spermata)은 '생성하는 힘들'을 의미한다. 인간의 이성은 생성하는 이성, 즉 제우스로부터 비롯되었고, 이것이 인간과 신의 교섭과 친교의 토대가 된다.

5  원어로는 sunanastrophē.

6  에픽테토스는 인간이 신과 친교를 맺는 것은 이성의 소유 때문이지, 어떤 외부 수단이나 종교적 의식에 의한 것이 아니라고 말한다. "우리 혼들이 신 자신의 부분과 조각들(apospasmata)로서 그와 같이 밀접하게 결부되어 신과 함께 결합되어 있다면, 신은 혼의 모든 움직임 하나하나를 자신의 본성에 뿌리내린 자신의 고유한 움직임으로서 지각하지 않겠는가?"(제1권 제14장 6절; 제2권 제8장 11절; 제2권 제16장 33절 참조)

7  '신의 아들'(에픽테토스)이란 표현은 기독교의 영향일까? '고결한 하늘의 아버지', '우리는 당신의 자손'(ek sou gar genos esmen; 클레안테스, 『제우스 찬가』), '하늘에 계신 우리 아버지'(예수), '우리는 또한 그의 자손이다'(tou gar kai genos esmen; 『사도행전』 제17장 28절).

8  즉 '인생의 부침, 우여곡절이나 흥망성쇠'.

않고 모든 두려움에서 벗어날 수 있게 하기에 충분할 수 있겠는가? 이에 반해 우리를 만드신 분, 우리의 아버지, 우리의 수호자이신 신이 계시다면 두려움과 고통에서 우리를 구원하기에 충분하지 않겠는가?

'아무것도 없으면 어떻게 먹습니까?' 누군가 물었네. **8**

또 노예들은 어떻게 하고, 도망자는 어떻게 하는가. 주인에게서 도망칠 때 그들은 무엇에 의지하는가? 그들의 밭에? 그들의 집안 노예에? 그들의 은그릇에? 아니지. 그들 자신 외에는 어떤 것도 아니네.[9] 그렇지만 그들은 언제나 자신들이 먹을 음식을 구하는 데 실패하지 않는다네.[10] 하지만 우리 철학자가 외국으로 떠날 때는 자기 자신을 돌보는 대 **9** 신에 다른 사람들을 신뢰하고 그들에게 의존하고, 그래서 자신이 비이성적인 동물보다 비열하고 더 비겁하게 되어야만 할까? 그들 각각은 자족적이며, 그들에게 고유한 음식이나 그들에게 적합하고 또 그들의 자연에 일치하는 삶의 방식도 부족하지 않은데도 말이네.[11]

나로서는, 너의 늙은 선생[12]이 너 자신에 대한 비열한 견해를 갖거나 **10**

---

9 도망친 노예를 찾으라고 말한 사람에게 디오게네스는 이렇게 말했다. "마네스(도망친 노예)는 디오게네스 없어도 살아갈 수 있지만, 디오게네스는 마네스 없이 살아갈 수 없다면 이상한 일일 것이네."(DL 제6권 55)

10 「마태복음」 제6장 26절("공중의 새를 보라. 심지도 아니하고, 거두지도 않고, 창고에 모아들이지도 아니하되, 너희 하늘 아버지께서 그들을 먹이시느니라. 너희가 이것들보다 훨씬 낫지 아니하냐?").

11 이 대목은 'a minori ad maius(약한 것에서 강한 것으로) 논증'으로 노예와 짐승보다 신과의 친족임을 의식하는 철학자가 더 자신감을 지닐 수 있음을 주장한다.

12 에픽테토스가 으레 사용하는 ton presbuteron(늙은이)이란 표현은 형식적인 말인 '선생'이나 '스승'을 피하기 위해서이다. 여기서는 에픽테토스 본인을 지시할 수 있다. 이 대목은 선생의 역할을 이야기하고 있다. 아래의 15절까지 가상의 학생과의 대화로 이어진다.

토론 과정에서 자신에 대한 비열하고 천한 생각을 전개하는 것을 어떻게 막을 수 있을지를 궁리하면서 여기에 앉아 있을 필요가 없다고 생각하네. 아니, 오히려 그는 너희들이 신과의 친족관계에 대해 깨닫게 되고, 또 우리에게 부착되어 있는 이 사슬들[13]을 가지고 있음을 알게 되었을 때, 말하자면 신체와 그 소유물, 그리고 우리의 삶을 유지하고 존속시키는 데 필요한 모든 것들을 부담스럽고 성가시고 쓸모없는 것으로 내던져 버리고 그들의 친족을 향해 떠나고 싶어 할 수 있는[14] 그런 젊은 이가 너희 중에 있지 않도록 애써야만 하는 것이네.[15] 그것은 너희 스승이나 교육자가 그러한 사람으로 적절하다면 반드시 참여해야만 하는 싸움인 것이네.

---

**13** 신체를 혼의 '사슬들'로 특징짓는 것(11, 14절)에 대해서는 플라톤, 『파이돈』 67d, 82e; 『고르기아스』 492 참조.

**14** 신체에 얽매이는 삶을 버리고 자살을 꿈꾸는 것을 말한다. 자살은 스토아 철학에서 단지 현자(sophos)에게만 허락되는 것이다. 한편, 본회퍼(A. Bonhöffer, *Epictet und die Stoa*, Stuttgart, 1890)는 이 대목이 에픽테토스의 견해를 나타내는 것이 아니라고 주장한다. 어디에도 에픽테토스가 내세론(eschatology)을 펼치는 곳이 없다는 것이다. 그러나 제3권 제13장 14절에는, 여기 11절과 마찬가지로 죽음 이후에 "너를 두렵게 만드는 것이 아무것도 없는 곳, 네가 온 곳, 너와 친족이 있는 곳으로" 돌아간다고 말하고 있다. 이런 대목을 근거로 도빈은 에픽테토스가 플라톤적인 내세(afterlife)에 대한 아이디어를 채택하고 있다고 해석한다. 그는 이 대목을 퀴니코스의 세계시민론, '생성적 이성'에 대한 스토아적 생각, 플라톤적인 이원론을 철학적으로 절충하는 주목할 만한 예로 받아들이고 있다(R. Dobbin[1998], p. 126).

**15** 여기서 에픽테토스는 신체를 방해물로 간주하며, 신체를 갖는 번거로움이 그것을 지켜 위할 만하거나 자살을 선택할 만한 이유가 되지 못한다는 소크라테스의 입장에 동의하고 있다. 소크라테스는 자살을 금지한다면서, "신이 지금 내게 주어진 것과 같은 어떤 필연을 내려보내기 전에 자신을 죽여서는 안 된다는 것은 불합리한 일이 아닐걸세"라고 말한다(『파이돈』 62c).

너로서는 이 사람에게 와서 이렇게 말할 것이네. '에픽테토스여, 우리는 이 보잘것없는 몸에 얽매여 있고, 그것에 음식과 마실 것을 주고, 휴식을 주며, 깨끗하게 유지한 채로, 그런 다음 이것을 이곳저곳에 가지고 다니는 것은 더 이상 참을 수 없습니다. 그것들은 선악과 아무런 관계가 없으며,[16] 아무것도 아니며, 또 죽음이 악이 아니라는 것은 참이 아닙니까? 그리고 우리가 어떤 의미에서 신과 친족이며, 거기서 온 것이 아닙니까? 우리가 왔던 곳으로 돌아가게 해주십시오. 우리를 동여매고 짓누르고 있던 이 사슬들로부터 마침내 우리를 구원받게 해주십시오. 여기에 강도와 도둑, 법정, 또 폭군으로 불리는 사람들이 있는데, 이들은 우리의 보잘것없는 몸과 그 소유물 때문에 우리를 통제할 수 있는 어떤 힘을 갖고 있다고 생각합니다.[17] 그들이 진정으로 누구에게도 통제할 수 있는 힘을 갖고 있지 않다는 것을 그들에게 보여 주십시오.'

나는 이에 대해[18] 다음과 같이 대답할 것이네. 인간아, 신을 기다려라.[19] 그가 신호를 주고 여기에서의 너의 봉사로부터 해방시켰을 때, 그

13

14

15

16

---

16 adiaphora('아무런 관련(차이)이 없으며').

17 에픽테토스는 우리의 내적 삶을 통제하는 철학자의 '권위'와 물리적 힘에 근거한 '권력'을 대비하고 있다.

18 en tōde로 읽는다(J. Souilhé). entautha(여기서)로 읽기도 한다(Loeb 참조).

19 '신을 기다려야 한다'는 것은, 소크라테스가 죽음이 필요하다는 신으로부터의 신호가 주어지지 않는 한 자살을 신에 대한 범죄로 제시한 플라톤의 『파이돈』 61b~62e를 언급하는 것으로 보인다(키케로, 『투스쿨룸 대화』 제1권 118; De re publica, 6.15~16['스키피오의 꿈', Somnium Scipionis] 참조). 일반적으로 스토아학파는 자살을 더 이상 인간다운 삶을 영위할 수 없는 상황에 맞서는 정당한 대응으로 생각했다(LS 66 G~H). (1) 나라와 친구들을 위해 자신을 희생해야 할 때, (2) 병이 치유 불가능하다고 판단될 때, (3) 죽음으로 개인의 존엄성이 상실되는 것을 막는 경우에만 자살 가능성을 생각할 수 있다(SVF 3.768 참조). 그러나 자살은 에픽테토스가 말한 것처럼 '이성에 어긋나게' 혹

때에야 비로소 너는 신에게로 떠날 수 있을 것이네. 하지만 현재로서는
그가 너를 머물게 했던 이 자리에 남아 그대로 눌러앉아 있어야만 하네.

17 진실로 이 세상에 머무는 시간은 짧으며, 이런 생각을 가진 사람은 견뎌
내기 쉬울 것이네. 어떤 폭군, 어떤 도둑, 어떤 법정이 몸과 그 소유물에
더 이상 중요성을 부여하지 않는 그런 사람들에게 여전히 두려움을 불
러일으킬 수 있겠는가? 기다려라, 이성에 어긋나게[20] 떠나가지 말라.[21]

18 이것이 교사가 좋은 소질을 타고난 젊은이들에 대해 취해야만 하는

19 자세일세. 그런데 현재는 어떤가? 너희 선생은 시체에 불과하고, 너희
도 시체이네. 오늘 배불리 먹고 나면, 너는 어떻게 먹고살지를 걱정하면

20 서 내일은 무슨 일이 일어날지 앉아서 신음하고 있다네. 노예야, 먹을
것을 구하게 되면 얻게 될 것이요, 구하지 못한다면 이 세상을 떠나가게
될 것이네. 문은 열려 있네.[22] 왜 슬퍼하는가? 아직도 눈물을 흘릴 어떤
여지가 남아 있다는 말이냐? 아첨을 위한 어떤 기회가 남아 있다는 말

---

은 '적절한 이유 없이' 행해져서는 안 된다(17절). 에픽테토스가 생각하는 자살의 동기
는 신체와 삶에 대한 경멸이다(11절). 소크라테스는 철학을 '죽음의 연습'이라 말한 바
있다(64a, 67e, 80e).

20 원어로는 alogistōs.

21 17절을 제1권 제2장 1~11절에서의 '자살'에 관한 논의와 비교하라. 이 대목(10~17절)
은 신의 명령 없이는 삶을 떠나서는 안 된다는 것이다. 이 밖에도 신의 신호가 올 때까
지 기다리라고 말하며 '자살 금지'를 언급하는 키케로, 『국가』 6.14.4, 『투스쿨룸 대화』
제1권 30.74(카토); 세네카, 『도덕서한』 65.18; 마르쿠스 아우렐리우스, 『자기 자신에게
이르는 것들』 제2권 17, 제3권 5('신을 기다려라'), 제5권 33 참조. 그렇지만 에픽테토스
가 말하는 떠나라는 '신호'를 인간이 어떻게 알 수 있을까?

22 이와 동일한 표현(ēnoiktai hē thura)은 제1권 제24장 20절, 제1권 제25장 18절, 제2권 제
1장 19절과 세네카, 『섭리에 대하여』 제3장 7('patet exitus'); 『도덕서한』 91, Cicero, De
Fin. iii. 18에 보인다.

이냐? 왜 한 사람이 다른 사람을 시샘해야만 하는가? 재물이 많고 강력한 지위를 갖는 사람들, 특히 그들이 힘세고 불같은 성깔을 가진 사람들이라면, 왜 그들에게 경탄하며 넋을 놓아야만 하는 것이냐? 그들이 우리에게 무엇을 할 수 있겠는가? 그들이 할 수 있는 권한을 가진 일은 우리와 아무런 관련이 없으며, 우리가 관심을 기울이는 일들에 대해서는 그들은 그 일에 대해 아무런 권한을 가지고 있지 않다네. 그러면 누가 이런 식으로 생각하는 사람들에게 여전히 권력을 행사할 수 있겠는가? 21

소크라테스는 이러한 문제들에 관련해 어떤 태도를 취하려 했는가? 22
자신이 신들과 동족이라고 확신했던 사람이 취해야만 했던 것과 다른 어떤 것이었을까? '네가 지금 나에게 말하라고 한다면,' 그는 말했네. 23
'당신이 지금까지 해왔던 논의를 더 이상 행하지 않으며, 젊은 사람이든 늙은 사람이든 간에 우리 중의 누구에게라도 더 이상 성가시게 하지 않는다는 이러한 조건하에 당신을 방면합니다.'²³ 나는 이렇게 대답할 24
것이네. '너희 지휘관 중 한 사람이 나를 어떤 자리에 배치했다면 그 자리를 포기하기보다는 천 번이라도 죽는 것을 선택하면서 그 자리를 경계하고 방어해야만 하지만,²⁴ 이에 반해 신이 우리를 어떤 장소에다 놓아두고 삶의 규칙을 정해 주셨다면 우리는 그것을 포기해야만 한다²⁵고

---

**23** 23절은 플라톤의 『변명』 29c를 차용한 것이다.

**24** 제3권 제24장 99절 참조.

**25** 23, 24절에 대해서는 각각 플라톤, 『변명』 29c, 28d~e 참조. 거기서 소크라테스는 죽음을 무릅쓰면서 '지혜를 사랑하는 것', 즉 철학함이야말로 '신적 임무'를 지속하는 것이라 주장하고 있다. 여기서 소크라테스가 신과 친족임을 보여 주는 것은 이성적 삶의 추구로 나온다. 스토아 철학에서 인간이 신과 친족임을 보이는 것은 '이성의 공유'였다.

25 네가 주장한다면, 이는 얼마나 우스운 일이 되겠는가!'[26] 이것이야말로

26 진정한 의미에서 신들과 동족관계에 있는 인간이라는 것이네. 그렇지만 우리로서는 두려움과 욕망에 굴복하기 때문에, 우리 자신을 그저 배, 내장 및 성기[27]로서 생각하는 것이네. 즉 이런 것들과 관련해서 우리를 도와줄 수 있는 사람들에게 아첨을 하고, 또 같은 사람들을 두려워하기도 하는 것이네.

27 한번은 누군가가 나에게 자신을 대신해서 로마에 편지를 써 달라고 부탁했는데, 이는 그가 대부분 사람들이 불행으로 여기는 것을 겪었기 때문이지.[28] 전에는 명성과 부를 누렸지만, 나중에 그는 모든 것을 잃고 여기까지[29] 흘러왔던 것이네. 나는 그를 대신해서 매우 겸손한 어조로

28 편지를 써 줬네. 하지만 그 편지를 읽은 후에 그는 그것을 돌려주며 이렇게 말했네. '내가 바란 것은 동정이 아니라 당신의 도움이었습니다.

29 나에게 어떤 불행한 일이 일어난 것은 아닙니다.'[30] 이와 마찬가지로 루

---

**26** 자신의 자리에서 머문다는 이미지는 '자살 금지'와 연관되어 있다(마르쿠스 아우렐리우스, 『자기 자신에게 이르는 것들』 제3권 5 및 제7권 45 참조).

**27** 배와 내장은 인간이 욕망의 노예가 되었다는 것을 의미하는데, 헤시오도스 『신통기』 26행을 참조. '성기'('섹스의 수단')는 노예를 성적 도구로 사용했음을 말해 준다.

**28** 그에게는 한때 로마에서 영향력을 가지고 있었던 것으로 보이는 친구가 있었지만, 그는 나중에 어려운 처지에 빠지게 되었다. 어떤 연유가 되었든지 간에, 이제는 지방(니코폴리스)에 살게 되었던 것으로 보인다. 많은 사람들의 관점에서 이러한 상황은 나쁜 조건인 셈이다. 그러나 에픽테토스 입장에서는 '세계의 시민'으로서 어디에 살든, 그 자신의 거처는 어디에나 있는 셈이다.

**29** 에픽테토스가 머물던 니코폴리스를 말한다.

**30** 이 사건과 무소니우스 루푸스와 젊은 에픽테토스 간에 있었던 일화는 행복에 이르는 길이 다른 사람의 손이 아니라 자신의 손에 있음을 인식함으로써 역경에 대응할 수 있음을 보여 준다.

푸스도 나를 시험하기 위해 이렇게 말하곤 하셨지. '이러저러한 일이 네 주인[31]의 손에 의해 너한테 일어날 것이다.' 그리고 내가 대답하여 말하기를 '그게 인생사(anthrōpina) 같습니다'라고 하니, 그가 '그러면, 내가 너에게서 같은 결과를 얻을 수 있다면, 너의 주인에게 다시 도움을 간청하는 것이 무슨 소용이 있겠느냐?'[32]라고 응답하셨다네.

누군가가 자신에게서 얻을 수 있는 것을 다른 사람에게서 얻으려 하는 것은 참으로 어리석고 무의미한 일이니까 말이네. 그러니 내가 나 자신에게서 혼의 큼(원대한 혼)과 마음의 고결함을 얻을 수 있는데, 내가 너에게서 한 조각의 땅, 얼마간의 돈, 혹은 어떤 공직을 얻으려고 하겠는가? 전혀 그렇지 않네! 나는 나 자신이 소유하고 있는 것을 그런 식으로 무감각하게 그냥 지나치지는 않을 것이네. 그러나 누군가가 비겁하고 비열하다고 하면, 시체[33]를 위해 부탁하듯이 그를 위해 편지를 써 주는 것 외에 도대체 무엇을 할 수 있겠는가?[34] '제발 이 사람의 시신과 그

31 젊은 에픽테토스는 이 당시 노예 신분이었다.
32 주인(에파프로디토스)이 에픽테토스에게 형벌을 내리는 경우에 에픽테토스가 그것을 견뎌 낼 내적인 힘을 가지고 있으므로, 주인에게 징벌의 사면을 청원할 필요가 없다는 것이다. 이 일화를 오리게네스가 전하는 에픽테토스 주인의 고문 장면과 연결시킬 수 있을까? 결국 이것이 그의 주인의 잔인성을 말해 주는 것일까?(『켈수스 논박』 vii.53) 꼭 그렇게 볼 필요는 없을 것 같다. 이 일화는 루푸스가 65년에 추방당하기 전으로 기록될 수 있다. 실제로 에픽테토스가 가혹한 형벌을 받았다거나, 노예로서 자신이 나쁜 대접을 받았다고 언급하는 대목도 나오지 않는다. 그렇다면 이것도 『강의』에 포함된 여러 교육적 삽화와 마찬가지로 절박한 현실적 긴장이 없는 가상의 훈련 분위기를 연출하는 것처럼 보인다.
33 '시체'는 신체적인 삶을 살아 나가는 것을 말하고, 욕망과 욕망을 지배하는 다른 사람의 의지에 종속된 사람을 가리킨다.
34 이 의미는 분명하지 않다. 아마도 패배한 적이 정복자에게 죽은 자의 시신을 묻어 주기

의 가련한 섹스타리우스의 피를 우리에게 베풀어 주십시오'[35]라고. 참으로 그러한 사람은 하나의 시신이고 섹스타리우스의 피에 불과하며, 그 이상도 아닌 것이네. 하지만 그 이상의 어떤 것이었다면 어떤 사람이 다른 사람에 의해 불행을 겪는 일은 없다는 것을 깨달았을 것이네.[36]

위해 허락을 요청하는 것을 비유하는 것 같다(J. Schweighäuser). 에픽테토스는 자신의 행복을 자기 자신의 것이 아닌 외적인 것과 다른 사람의 호의에 두는 사람은 시체에 불과한 것으로 생각하고 있다.

[35] 이 말은 싸움이 끝난 후에 매장을 위해 승자에게 시신 반환을 기원하거나, 처형된 범죄자의 친구가 시신을 요구할 때 할 수 있는 말로 여겨진다. 에픽테토스는 타인의 힘으로 자신의 행, 불행이 결정된다고 생각하는 사람을 시체나 다름없는 것으로 간주한다. 로마의 용적 단위로 섹스타리우스(sextarius, 6분의 1)는 1 콘기우스(congius)의 6분의 1로, 0.54리터에 상당한다. 인간의 몸을 차지하는 것은 적은 양의 혈액에 불과하다는 생각에 대해서는 세네카, 『마음의 평정에 대하여』 14.3 참조.

[36] 31~34절에서 보이는 성숙한 행위 태도('자신에게서 얻을 수 있는 것을 다른 사람에게서 얻으려 하지 않는 태도')에 대해서는 제1권 제28장 10절, 제3권 제19장 1절, 제4권 제8장 25절 참조. "비철학자의 사물에 대한 자세와 성격은 이익도 손해도 자신으로부터 생긴다고 결코 생각하지 않고, 오히려 외부로부터 발생한다고 생각한다. 철학자의 사물에 대한 자세와 성격은 어떤 이익도 손해도 자기 자신으로부터 생기는 것이라고 생각한다."(『엥케이리디온』 제48장 1절)

# 제10장

# 로마에서 고관으로 나아가려는 데
# 심혈을 기울이는 이들에게¹

우리가 로마의 원로원 의원들이 마음먹은 바를 성취하는 데 쏟았던 것      1
만큼 우리 자신의 일[철학]에 아낌없는 노력을 기울였다면 아마 우리
도 뭔가를 성취할 수 있었을 것이네. 나는 현재 로마에서 곡물 공급을      2
감독하는 공직자²로 있는, 나보다 나이가 든 사람을 알고 있다네. 그가
추방에서 돌아오는 길에 이곳을 지날 때, 그가 이전의 자신의 삶의 방식
을 통렬히 한탄하면서 나에게 했던 말들을 기억하네. 그가 돌아온 이후

---

1   이 장은 에픽테토스의 교수법의 모범적인 예를 잘 보여 주고 있다. 논의는 일련의 이중
    적 비교를 통해서 진행되고 있다. 철학과 사업, 니코폴리스와 로마, 활동과 이론(관조),
    젊은이와 늙은이. 이 강의는 실천적(또는 능동적인) 삶과 이론적(관조적) 삶의 각각의
    장점에 관한 헬라스-로마의 지적 생활의 오랜 논쟁에서 그 출발점을 취하고 있다. 에픽
    테토스는 바쁘게 돌아가는 로마의 삶으로 돌아왔을 때, 실천적 삶보다는 이론적 삶에
    전념하겠다는 결심을 유지할 수 없었던 한 노인의 경우를 회상하는 것으로 시작한다
    (2~6절). 그런 다음, 이 주제에 대한 초기의 스토아학파의 생각에 따라서 에픽테토스는
    철학이 사업이나 정치만큼이나 하나의 '활동적' 형태로 간주되어야 하며(7~12절), 젊
    은이와 노인 모두에게 철학에 대한 그만큼 많은 열정과 열심을 다 기울일 필요가 있다
    고 주장한다(12~13절).

2   로마에서 Praefectus Annonae는 곡물 감독관으로 중요한 직책이었다고 한다.

부터는 여생을 고요함과 평온함³ 속에서 사는 것 외에는 아무것에도 관심을 두지 않을 것이라고 선언했던 것이네. '이제 내게 남은 시간이 얼마 남지 않았구나!' 난 그것에 대해 이렇게 대답했네. '아니요, 당신은 그렇게 하지 않을 테지만, 로마의 아주 작은 냄새를 맡게 되자마자 그모든 말을 잊어버릴 것입니다.' 나는 그에게 궁전에 대한 최소한의 접근 권한이 부여되면 환희로 들떠서 신들에게 감사를 드리며 그 안으로 자신을 밀어 넣을 것이라는 점을 덧붙였다네. '에픽테토스여, 내가 한 발이라도 궁전 안으로 들이미는 것을 보면, 당신 좋으실 대로 나를 생각하시오'라고 그가 대답했지.

그럼 지금은 그가 무엇을 했다고 너는 생각하느냐? 그가 로마에 귀환하기도 전에, 카이사르로부터 온 파견 공문을 마주한 것이네. 그것을 받자마자 그는 앞서 했던 말을 모두 잊어버렸고, 바로 그 순간부터 한 활동을 다른 활동 위에 쌓아 가는 것을 결코 멈추지 않았던 것이네. 내가 지금 그의 옆에 설 수만 있으면, 그가 이 땅에 들렀을 때 자신이 했던 말을 상기시켜 이렇게 말해 주고 싶네. '내가 당신보다 훨씬 잘 맞히는 점쟁이야!'

그렇다면, 나는 무슨 말을 하는 것인가? 인간이 실천적이지 않은 동물이라고 말하는 것일까? 전혀 그렇지 않네. 오히려 어떻게 우리 철학자들이 실천하지 않을 수 있겠는가?⁴ 예를 들어 먼저 나 자신을 생각해

---

3   원어로는 각각 hēsuchia와 ataraxia(tranquility; 마음의 평화)로, 아타락시아는 헬레니즘 시기의 스토아, 에피쿠로스, 회의주의 윤리학에서 매우 중요한 기술적 용어이다. 이 말들은 행복한 상태를 가리키는 전문 용어이다. 아타락시아는 스토아 철학에서 '인생의 목적'이다.

4   '실천하지 않는다는 것'(aprakton)은 사업이나 정치에 참여하는 활동을 하지 않는다는 것을 말한다. '철학을 공부하는 우리는 왜 실천적이지 못한가?'라는 물음에 대해, 에픽

보자. 날이 밝아 오자마자, 강의 시간에 내가 읽어야만 할 책[5]을 간략하게 떠올리고, 그런 다음 즉시 나 자신을 향해 이렇게 말한다네. '그런데 어떤 사람이 어떻게 읽느냐가 나와 어떤 관련이 있는 것이지?[6] 우선 중요한 것은 내가 잠을 좀 자야 한다는 것이야.' 그럼에도 로마에서의 원 9로들의 활동과 우리의 활동에 어떤 유사성이 있을까? 그들이 시간을 보내는 것을 보면 너는 알 수 있을 것이네. 그들은 얼마 안 되는 곡물과, 얼마 안 되는 땅에 대해, 그런 일의 진척을 결정하거나 함께 협의하거나, 의논하는 것 말고 온종일 무엇을 행하고 있는가? 그렇다면 누군가로부 10

테토스는 다른 정치가나 사업가가 활동적인 것과는 정도라는 측면에서 다르지만, 못지않게 활동적임을 말하고 있다. 철학의 관조적 삶에 대해서는 제1권 제6장 18~22절 참조. 에픽테토스는 철학에 대한 관조와 활동의 전통적 대립을 그릇된 것으로 보고, 관조를 활동의 최고의 형태로 이해한다. "그 자체로 완전하고, 그 자체를 위한 목적이 되는 관조와 생각들(theōrias kai dianoēseis)이 훨씬 더 활동적이다."(아리스토텔레스, 『정치학』 1325b 20~22)

5 epanagnōnai(잘 알다, 수업에 참여하다, 읽다)란 선생이 하는 것처럼 설명할 목적으로 읽는 것을 의미한다. 즉 에픽테토스가 학생들과 읽는 책을 말한다(낭독). 학생도 또한 이해했는지를 보여 주기 위해 선생에게 무언가를 읽어 줄 수 있을 것이다. 그래서 에픽테토스는 "그러나 그것이 나에게 무엇인가?"라는 자조하는(?) 식으로 물음을 던진다. 여기에 언급되는 교실에서 이루어지는 강의 맥락은 『엥케이리디온』 제49장에서 자세하게 기술되어 있다. 에픽테토스 학교에서의 훈련에 대해서는 제1권 제26장, 제2권 제21장 11절 참조. 에픽테토스는 학생들을 만나기 전에 어떤 텍스트를 읽거나 특별한 준비를 했던 것 같다. 수업 시간에 그는 학생에게 과제를 읽고 해석하게 했으며, 일부는 '암송'을 한 것으로 보이기도 하고, 그다음으로는 모든 것을 바로잡고 마무리 작업을 하기 위해 그 자신이 읽고 설명하는 것(epanagnōnai)이 뒤따랐던 것으로 보인다(W. A. Oldfather[1926], pp. 74~75 역주 참조). 이 대목은, 이러한 규칙적인 강의 방식이 스토아학파뿐 아니라 헬레니즘 시기의 철학 학파에서 널리 행해지고 있었던 일반적인 방식이라는 증거를 뒷받침하는 것으로 보인다. 늘 선생과 학생이 주어진 텍스트를 놓고 토론하고 설명했던 것 같다.

6 제1권 제4장 14절 참조.

터 '제발 소량의 곡식을 수출할 수 있는 허가를 요청합니다'[7]라고 글로 쓰인 작은 탄원서를 받아 읽는 것과, '제발 크뤼시포스 아래에서 우주의 통치란 무엇이며, 이성적 동물이 그 안에서 어떤 위치를 차지하는지 연구하기를, 게다가[8] 너는 어떤 사람이며, 너에게 무엇이 좋고 나쁜지를 연구하기를 허락해 주시기를 요청합니다'라는 것은 비슷한 것인가?[9] 이것들 양자가 마찬가지로 진지하게 할 필요가 있는 것인가? 이것과 저것 둘 다에 똑같이 주목하지 않는 것은 부끄러운 일인가?

11, 12

그렇다면 뭔가? 게으르고 꾸벅꾸벅 졸아대는 유일한 자들이 우리 늙은 철학자들이란 말인가? 아니네. 오히려 너희 젊은이들의 경우에 훨씬 더 그렇다네. 확실히 우리 늙은이들은 젊은이들이 노는 것을 볼 때, 또한 우리 노인도 동료가 되어 그들의 놀이에 참여하고 싶은 욕망을 느낀다네. 그들이 완전히 깨어 있으며 우리가 추구하는 것과 함께하기를 열망하는 것을 보았을 때, 나도 그들의 열정적인 노력과 나의 노력이 함께하기를 한층 더 많이 열망했을 것이네.[10]

13

---

7 당시 로마에서 곡물 수출에 대한 제약이 있었다는 것을 보여 준다.

8 "이러한 관점에서"(P. Hadot, *The Inner Citadel; The Meditations of Marcus Aurelius*, trans. Michael Chase, Harvard Univ. Press, 1998, p. 94)

9 아도는 여기서 제기된 크뤼시포스 질문과 '너는 어떤 사람이며, 너에게 무엇이 좋고 나쁜지를 연구하기를 요청합니다'에서 '자연학'과 에픽테토스의 '욕구의 연습'과의 연결점을 찾아내고 있다(*Ibid.*, p. 94). 제4권 제7장 6절 참조.

10 에픽테토스는 철학이 그러한 중요한 문제에 관심을 갖기 때문에, 철학이 젊음의 활력에 가장 잘 적응한다고 제안한다. 나이 든 사람이 아니라 젊은 사람이 철학의 올바른 옹호자이며 교사의 열정을 불러일으켜야 한다고 말한다. 여기서 에픽테토스는 학생들을 경시하면서도 교묘하게 학생들의 열정을 고무시키고 있다. 디오니소스적인 '훈계'와 소크라테스적인 '권유'가 동시에 이루어지고 있다.

# 제11장

# 가족 사랑에 대하여[1]

1 이 강의는 드물게 플라톤의 대화 형식처럼, 에픽테토스와 인물의 성격이 완전하게 드러난 대화 상대자와의 대화 형식으로 이루어지고 있다. 대화 상대자는 실제로 한 가정의 가장(paterfamilias)이다. 딸이 병이 났을 때, 옆에 있는 것을 참을 수 없을 만큼 불안한 아버지에게서 일어난 사건을 대화를 통해 제시한다는 점에서 이 장은 좀 특이한 성격을 갖는다. 논의 구조와 그 방법은 아래와 같이 정리될 수 있다. 5~26절의 대화는 초기 플라톤 대화편에서 전개되는 소크라테스의 엘렝코스의 방법(음미를 통한 체계적인 논박)과 밀접한 관련을 맺고 있다. 후반부(27~38절)는 종종 소크라테스와 스토아학파의 심리학에서 중심적인 것으로 여겨지는 아이디어에 초점을 맞춘다. 즉 사람은 스스로가 자신의 감정에 압도당했다고 생각하더라도, 항상 최선의 것에 대한 자신들의 믿음에 따라 행동한다는 것이다. 플라톤, 『프로타고라스』 355a~357e; 제1권 제18장 1절; 『엥케이리디온』 제42장("그 사람은 너에게 좋다고 생각하는 것이 아니라, 오히려 그 사람 자신에게 좋다고 생각하는 것에 따를 수밖에 없는 것이다."); T. Brennan, "Stoic Moral Psychology", ed. B. Inwood, *The Cambridge Companion to the Stoics*, Cambridge, 2003, ch.10, 특히 pp. 265~269 참조. 아버지의 가족 사랑(애정, philostorgia)에 대한 논박은 행동 과정이 합리적이지 않으면 자연스러울 수 없다는 생각(8, 17~18절), 딸을 버린 아버지 반응이 합리적이지 않다는 것을 깨닫게 하는 쪽으로 이끌어 가는 것, 그렇기에 그의 행동이 자연스럽지 않다는 것(24~26절)을 보여 주려는 데에 그 중심을 두고 있다. 이 대화는 부모의 사랑이 다른 사람을 이롭게 하려는 인간의 자연스러운 욕망의 주된 표현이며, 이러한 욕망이 가족과 공동체의 역할 및 관계성에 참여하는 데 적절하게 표현된다는 스토아학파의 핵심 사상을 전제로 하고 있다(LS 57 E~F). 이 장의 논의 구조와 내용에 대한 논리적 분석에 대해서는 김재홍, 「윤리적 삶과 자연: 『강의』 제1권 제11장의 분석」, 『왕보다 더 자유로운 삶』, 서광사, 354~380쪽 참조.

1 에픽테토스는 로마의 한 정부 관리의 방문을 받았을 때, 그에게 여러 가지 개별적인 사항에 관해 질문을 던진 다음, 아내와 자녀들이 있냐고 물었다. 그 사람이 있다고 대답하자, 계속해서 그러면 가정생활이 어땠냐고 물었다.

2 '비참해요', 그가 말했다.

3 그러자 에픽테토스가 물었다. 어째서 그런가요? 사람이 결혼하고 아이들을 낳는 것은 적어도 비참해지기 위해서가 아니라, 오히려 행복해지기를 바라는 것임은 분명하기 때문이지요.

4 '글쎄요, 나로서는' 그 사람이 말했다. '제 어린아이가 나를 너무나도 비참하게 만들어서, 얼마 전 내 어린 딸이 아팠고 생명이 위독하다고 생각됐을 때, 아픈 동안에 딸 애와 같이 방 안에 있는 것조차 견딜 수 없어서, 누군가가 딸애가 다시 좋아졌다고 말해 줄 때까지 도망쳐서 머물렀습니다.'

그럼, 당신이 그런 식으로 행동한 것이 옳았다(orthōs)고 생각합니까?

5 '나는 자연스럽게(phusikōs)² 행동했지요'라고 그가 말했다.

---

2  가장이 사용한 '자연'(phusis)은 '대개의 경우에 모든 사람이 그렇게 행동한다'는 비기술적 말로, '인간으로서는 어쩔 수 없는 것, 인간의 통제를 벗어나는 것, 혹은 인간의 수나 의지와 무관한 것'을 가리키는 것으로 보인다. 그런데 스토아학파에서 '자연'은 규범적인 것으로 '올바름'의 기준이다. '자연적인 것'은 '마땅히 행해야만 하는 것'이고, '비자연적인 것'은 '마땅히 회피해야만 하는 것'이다. "제논이 처음으로 […] 자연에 일치해서 사는 것이 목적이요, 이것이 덕에 따라 사는 것이다. 자연은 우리를 덕으로 이끌기 때문이다."(DL 제7권 87~88 참조) 여기서 에픽테토스는 '자연스럽게 행위하는 것이 올바르게 행위하는 것'임을 인정한다. 그래서 에픽테토스는 여기서 가장의 '자연스러운 행위'가 진정한 의미에서, 스토아적 의미에서 '자연'의 개념에 부합하는지를 따져

하지만 당신이 자연에 따라 행동했다고 하는 것, 바로 그것이 나에게 확신시켜 줘야만 하는 것입니다. 그러면 나는 자연에 따라 행해지는 것은 무엇이든지 올바르게 행해지는 것임을 당신에게 확신시켜 줄 것입니다.

'그것은 모든 아버지들이 혹은 적어도 대부분이 그렇게 느끼는 방식입니다'라고 그 남자가 말했다.    6

에픽테토스가 말했다. 나 또한 아버지들이 그렇게 느끼는 것에 대해선 당신에게 이의를 제기하지 않지만, 우리 사이에 논란이 되는 점은 그것이 옳은가 하는 겁니다. 그런 식이라면 또한 종양이 실제로 발생하기    7
때문에 종양은 신체의 좋음을 위해 발생한다고 말해야만 할 것이며, 한마디로 말해서 거의 우리 모두가 혹은 적어도 우리 대부분이 잘못[3]을 저지르기 때문에 잘못을 저지르는 것은 자연스러운 것이라고 말해야만 할 것입니다. 그렇다면 당신이 나에게 보여 줘야 할 것은, 어떻게 당신    8
의 행동이 자연에 따른 것인지 하는 겁니다.

'나는 할 수 없습니다.' 그 남자가 대답했다. '그렇지만 오히려 당신은 어떻게 그것이 자연에 따르는 것이 아닌지, 또한 그것이 어떻게 옳지 않은지를 나에게 보여 줘야만 합니다.'

그리고 에픽테토스가 말했다. 좋습니다. 우리가 흑백에 관해 탐구한    9

묻고 있다.

3  에픽테토스의 인식론적 생각에 따르면, 우리가 '잘못을 저지르는 것'(to hamartanein) 은 그것들이 참인지 거짓인지 아직 검사받지 않은 '인상들'에 대해 성급하게 '동의'함으로써 생겨나는 것이다. 따라서 잘못은 '인상들을 이해하고(parakolouthein), 또 인상들을 구별할 수 있는' 인간의 기능(ergon)과 능력(dunamis)을 올바르게 '사용'(chreia) 하지 않는 것이다(제1권 제6장 18절).

다고 가정해 봅시다. 우리는 그것들을 구별하기 위해 어떤 기준을 불러 내겠습니까?[4]

'시각.' 그 사람이 대답했다.

그리고 뜨겁고 차가운 것, 혹은 딱딱하고 부드러운 것의 문제라면, 그 기준은 무엇일 수 있겠습니까?

'촉각.'

10 그렇다면 우리는 어떤 것들이 자연에 따른 것이고 올바르게 행해진 것인지 혹은 올바르지 않게 행해진 것인지에 관해 논쟁하고 있으므로, 당신은 우리가 어떤 기준을 갖기를 원하십니까?

'모르겠습니다.'[5] 그가 말했다.

11 설령 색깔과 냄새, 게다가 맛에 대한 기준을 알지 못한다고 해도, 아 마 큰 해를 끼치지는 않을 테지만, 좋음과 나쁨의 본성에 대한, 또 우리 의 행위가 자연에 따르는 것인지 그렇지 않은 것인지에 대해 알지 못하 는 사람이 큰 해를 입지 않을 것이라고 당신은 생각합니까?

'아뇨, 그 반대로 큰 해를 입을 것입니다.'

12 자 그럼, 말해 주시지요. 어떤 사람이 좋고(아름답고) 적합하다고 생 각하는 모든 것이 그런 것으로 올바르게 생각한 것일까요? 예를 들어 현 시점에서 유대인, 쉬로스인, 이집트인, 로마인들이 식사에 관련해서[6]

---

4 진리의 기준으로서의 '감각'에 대한 언급에 대해서는 DL 제7권 54 참조.

5 에픽테토스는 상대방의 '무지의 고백'(아포리아)을 연거푸 이끌어 내고 있다.

6 당시에 민족에 따라 식사에 관한 금기가 있었다고 한다. 포르퓌리오스, 『육식의 금기에 대하여』(De abstinentia ab esu animalium)에 따르면, 쉬로스인은 물고기를, 유대인은 돼 지를, 페니키아인과 이집트인 다수가 소를 금기로 삼았다고 한다(제2권 61).

갖는 모든 견해가 올바르게 생각한 것일 수 있을까요?

'그것이 어떻게 가능할 수 있겠어요?'

오히려 나는 이집트인의 견해가 옳다면, 다른 나라 사람들의 견해가 13
옳지 않다는 것은 필연적으로 따라 나와야만 한다고 생각합니다. 유대
인들의 견해가 옳다면 다른 나라 사람들의 견해는 옳지 못한 것입니다.

'어찌 그렇지 않을 수 있겠습니까?'

그런데 무지가 있는 곳에는 본질적인 문제들과 관련해서 지식과 가 14
르침이 부족합니다. 그 남자는 동의했다. 에픽테토스가 계속해서 말했 15
다. 당신이 이것을 알았으므로, 이제부터는 사물이 자연에 따르는 것인
지를 판단할 수 있는 기준을 아는 것과, 그런 다음 각각의 개별적인 경
우를 판단하는 데에 그 지식을 적용하는 것 외에는 더 큰 관심을 두지
않고 다른 일에는 마음을 두지 않을 것입니다.

그러나 현재로서는 이것이 당신의 욕구를 성취하도록 내가 당신에 16
게 줄 수 있는 모든 도움입니다. 당신에게 가족 사랑은 자연에 따른 것 17
이고 좋은(아름다운) 것으로 생각되십니까?⁷

'어찌 그렇지 않을 수 있겠습니까?'

좋습니다. 그럼, 가족 사랑이 자연에 따른 것이고 좋은 것이지만, 이
성적인 것(to eulogiston)은 좋은 것이 아닐 수 있을까요?

'절대 그렇지 않습니다.'

---

7  가족 사랑(philostorgia)이 자연에 따른 것이라는 점에 대해서는 DL 제7권 120 참조. 가
   족 사랑은 특정한 방식으로 행해질 때만 도덕적으로 옳은 행위(katorthōma)라고 말
   하는 DL 제7권 108 참조. kathēkon(적합한 행위, 고유한 기능)이란 말은 제논이 맨
   처음 사용한 말로서, 어원적으로는 kata tinas hēken으로부터 유래했으며, 복수형인
   kathēkonta는 가족, 친구, 국가와 관련된 의무적 행위들을 말한다.

18    그러면 가족 사랑과 이성적인 것 간에 상충[8]이 없겠지요?

'상충하지 않는다고 나는 생각합니다.'

상충되는 것이라면, 상충하는 것들 중 하나는 자연에 따른 것이고, 다른 것은 자연에 어긋나는(para phusin) 것임이 필연적으로 따라 나올 테지요.[9] 그렇지 않습니까?

'맞아요.' 그가 말했다.

19    따라서 우리가 가족 사랑과 이성적인 것을 동시에 발견하는 곳마다 그것이 옳은 것이며 좋은 것이라고 자신만만하게 선언할 수 있다는 것이 따라 나옵니다.

'그렇습니다.' 그 남자가 대답했다.

20    그럼, 아이가 아플 때 아이를 버리고 떠나는 것이 이성적이지 않다는 것을 당신은 부정하지 않을 거라고 나는 생각합니다. 이제 그것이 가족

---

8  machē(상충, 모순)는 '…의 반대이다'를 뜻한다.

9  이 대목의 에픽테토스의 이 논증을 형식화해 보면 다음과 같다. 어떤 행위가 '자연적인 것에 따랐거나 혹은 이성적이었다면' 옳은 행위(q)이다. 그러나 가장의 행위는 '자연적인 것도 이성적인 것도 아니기 때문에 옳지 않다(-q).' (a) 자연에 따르는 행위는 [옳다]. (b) 이성에 따르는 행위는 [옳다]. (c) 자연적인 것과 이성적인 것은 같다.

   (1) $(a \lor b) \supset q$
   (2) $-a \cdot -b \supset -q$
   (3) $a = b$
   (1) $\neq$ (2)

   가장의 행위는 (2)이기 때문에 옳지 않다는 결론이 나온다. (3)이 증명되어야 하지만, 에픽테토스는 그냥 당연한 것으로 받아들인다. 단지 '자연에 따르는 것'과 '이성적인 것'이 동연적(coextensive)이란 점만을 지적하고 있을 뿐이다.

사랑과 일치하는지를 고찰하는 것이 우리에게 남아 있습니다.

'그럼, 그 문제를 살펴보도록 하지요.'

자, 그럼 당신이 아이에 대한 그런 깊은 애정을 품고 있었기 때문에, [21] 도망가고 또 그 아이를 남겨 두는 일이 옳은 일이었는지요? 그리고 아이의 어머니는 아이에 대한 애정이 없었습니까?

'물론 그녀는 애정이 깊었지요.' [22]

그렇다면 아이의 어머니도 아이를 내버려 두었어야 했을까요, 아니면 그러지 말아야만 했을까요?

'그녀는 그러지 말아야만 했지요.'

또 그녀의 유모는 그 아이를 사랑하는지요?

'그녀는 사랑하지요.' 그가 말했다.

그러면 그녀도 또한 아이를 내버려 두어야만 했나요?

'결코 그렇지 않지요.'

또 아이 돌보미[10]는 어떻습니까? 그는 그녀를 사랑하지 않는지요?

'사랑하지요.'

그러면, 그도 또한 그 아이를 내버려 두고 떠나가서, 그래서 그 아이 [23] 는 당신과 그 부모, 그리고 그 아이를 책임져야 할 모든 사람들의 너무도 큰 애정으로 말미암아 아무런 도움 없이 홀로 남겨졌을 것이고, 어쩌면 사랑도 없고 돌보지도 않는 사람들의 손안에서 죽었을 수도 있었겠지요?

'결코 그래서는 안 되지요.'

---

10 paidagōgos는 아이를 돌보며 학교를 데리고 다니던 '학교 수행원'이다.

24   또 실제로, 그런 애정을 느끼기 때문에 자신에게 합당하다고 생각하는 행동들을, 그에 못지않게 애정을 느끼는 다른 사람들에게 동일한 것을 허용하지 않는 것은 공평하지 못하고 분별없는 것이 아닐까요?

'이치에 맞지 않습니다.'

25   아픈 것이 당신이었더라면, 당신은 당신의 자녀와 아내에 이르기까지 당신의 모든 친척들이 당신만을 홀로 남겨 두고 그대로 버려 두어서 그들의 애정을 증명하기를 원했겠습니까?

'절대로 그렇지 않지요.'

26   당신은 주변 사람들의 지나친 사랑 때문에 아플 때 언제나 홀로 남겨질 수 있을 정도로 그들에게 사랑받기를 원하십니까? 아니면 오히려, 바로 그런 이유로 그것이 가능하다면 당신의 적들이 당신을 홀로 내버려 둘 수 있도록, 당신은 차라리 적들에게 사랑받기를 원하지 않았을까요? 그렇다면, 당신의 행동은 더 이상 애정에 의해 촉발된 것이 결코 아니라는 결론을 내릴 수 있을 뿐입니다.

27   그러면 당신의 아이를 버리도록 부추기고 이끈 것[11]은 아무것도 없었던 것입니까? 그게 어떻게 가능할 수 있었을까요? 하지만 그것은 로마의 어떤 사람이 자신이 지원했던 말이 달리고 있을 때 자신의 얼굴에 눈가리개를 씌우는 것과 비슷할 겁니다. 그런 다음 예상과 달리 실제로 그

---

11  '충동을 일으킨 것'(exormēsan[미완료]; hormē). 인간의 행위에는 반드시 어떤 자연적인 토대가 있어야만 한다는 것이다. 아래에서는 이것을 말 경주 애호가의 어리석은 행위에 비교하고 있다. "이성이 더 완전한 통제를 위해 이성적 존재에게 주어졌을 때, 그들에게는 자연에 따라 사는 것이 이성에 따라 사는 것이 된다. 이성은 실제로 충동의 기술자가 되는 것이기 때문이다."(DL 제7권 86)

말이 승리했을 때 기절한 그를 소생시키기 위해 그에게 해면[12]이 필요했던 것과 같은 그러한 동기였습니다! 그렇다면 이것은 어떤 동기인가요? 아마도 이번은 정확한 설명을 하기 위한 적절한 기회는 아닐지 모르지만,[13] 우리에게는 다음과 같은 것을 확신하는 것으로 충분합니다. 즉, 철학자들[14]이 말하는 것이 맞다면 우리 자신의 바깥 어딘가에서 그 원인을 찾지 말고, 오히려 모든 경우에 우리를 무언가를 하거나 하지 않거나, 무언가를 말하거나 말하지 않거나, 의기양양하게 하거나 낙담하게 하거나, 무언가를 회피하거나 추구하도록 움직이게 하는 것은 하나의 동일한 원인이라는 것을 받아들여야만 한다는 것과, 사실상 바로 그 동일한 원인이 현재의 나의 행동에도 또 당신의 행동에도 동기를 부여했던 것이며, 당신에게는 나에게 오게 해서 듣기 위해 여기 지금 앉아 있게 하고, 나에게는 이것들을 말하도록 했던 것을 말입니다. 그리고 그 원인은 무엇입니까? 그것은 우리가 그렇게 행하는 것이 적절하다고 생각했던 것 이외에 다른 어떤 것이었습니까?

'다른 것은 없습니다.'

그리고 우리가 달리 행동하는 것이 적합하다고 생각했더라면, 우리

28

29

30

---

12 물을 적셔 사용하기 위해서다. 해면은 고대 로마에서는 목욕, 화장실 등에서 다양한 용도로 사용되었다.

13 에픽테토스는 스토아학파의 심리 이론에 대한 다양한 관점을 염두에 두고 있는 듯하다. 스토아학파에 따르면 대부분의 인간의 감정은 가치에 대한 잘못된 판단에 토대를 두고 있으며, 인간의 감정은 혼란되고 모순된 마음의 상태로 이끈다. LS 65; T. Brennan, "Stoic Moral Psychology", pp. 269~274; C. Gill, *The Structured Self in Hellenistic and Roman Thought*, Oxford, 2006, pp. 251~260 참조.

14 스토아 철학자들을 말한다.

31   에게 옳아 보이는 것 이외에 다른 어떤 것을 행했을 테지요? 그렇다면 분명히, 아킬레우스의 경우에서도 또한, 파트로클로스의 죽음[15]이 그의 슬픔의 원인이 아니라(다른 사람이 모두 다 동료의 죽음에 그런 식으로 반응하는 것은 아니니까), 그가 슬퍼하는 것이 적절하다고 생각했던 것

32   이 아니겠습니까? 그리고 당신의 경우에도 며칠 전에 도망갔을 때 그 이유는 당신이 그렇게 하는 것이 적절하다고 생각했던 것이지요. 다시, 반대로 아이 곁에 머물렀다면 그것도 또한 당신이 적절하다고 생각했기 때문일 겁니다. 또 지금 당신이 로마로 가는 것이 적절하다고 생각하기 때문에 로마로 떠나가고 있는 것입니다. 또 달리 마음을 먹는다면 당

33   신은 가지 않을 것입니다. 한마디로 말해서, 우리에게 무언가를 하거나 하지 않게 하는 것은 죽음도, 추방도, 고난도, 그런 종류의 다른 어떤 것

34   도 아니라, 오히려 우리의 판단과 믿음[16]인 것입니다.[17] 내가 이것에 대해 당신을 설득했나요, 아니면 하지 못했나요?

　　'나를 설득했습니다.' 그가 말했다.

---

15   플라톤은 호메로스의 『일리아스』 제18권에 묘사된 죽은 친구 파트로클로스에 대한 아킬레스의 강렬한 슬픔을 비판하고 있다(『국가』 388a~b).

16   원어로는 hupolēpseis kai dogmata.

17   에픽테토스는 여기서 '도덕 결정론'의 입장에서 행위에 대한 책임 문제를 언급하고 있다. 인간의 모든 행동은 자신이 옳다고 생각하는 '판단'과 '믿음'에 의해서 결정된다는 것이다. "그러므로 덕은 우리에게 달려 있으며, 또한 악덕도 이와 마찬가지이다. 왜냐하면 행하는 것이 우리에게 달려 있을 때, 행하지 않는 것도 우리에게 달려 있으며, '아니오'라고 하는 것이 우리에게 달려 있을 때, '예'라고 하는 것도 우리에게 달려 있기 때문이다. 따라서 실제로 고귀한 일을 하는 것이 우리에게 달려 있다면, 부끄러운 일을 하지 않는 것 또한 우리에게 달려 있을 것이다."(아리스토텔레스, 『니코마코스 윤리학』 제3권 제5장 1113b 7~9)

그래서 각각의 경우에 원인이 있는 것처럼, 또한 그 결과도 있는 것입니다. 그렇다면 이날로부터 우리는 무언가를 올바르게 행하지 못할 때마다 우리가 했던 대로 행동하도록 이끌었던 판단 이외의 다른 어떤 것으로 탓을 돌리지 말고, 우리 몸의 종양과 농양 이상으로 그것을 파괴하고 잘라 내기 위해 노력해야 할 것입니다. 마찬가지 방식으로 우리는 또한 우리가 올바르게 행위한 것에 대해서도 동일한 원인(aition)으로 돌려야 할 것입니다. 그리고 우리가 이러저러한 일이 좋다고 생각하지 않는다면, 우리는 그 판단으로부터 따라 나오는 행위를 수행하지 않는다는 것을 이제 확신했기 때문에, 우리는 노예나 이웃, 아내나 아이들이 우리에게 일어난 어떤 나쁜 것에 대한 탓(책임)이 있는 것인 양, 더 이상 그들을 비난해서는 안 됩니다. 그러나 생각하거나 생각하지 않는다는 결정적인 이유는, 우리 자신이지, 우리 자신 바깥에 있는 것들(ta ektos)이 아니라는 겁니다.

'정말 그렇습니다.' 그 남자가 말했다,

그러므로 바로 오늘부터 시작해서, 우리는 땅이든 노예든 말이든 개든 다른 어떤 것의 본질과 상태를 탐구하거나 검토하지 말고, 오직 우리의 판단만을 탐구하고 검토해야 할 것입니다.

'그럴 수 있기를 바랍니다.' 그가 말했다.

그렇다면 자신의 판단을 탐구의 대상으로 삼기를 정말로 원한다면, 모든 사람의 웃음거리의 대상이 되는 살아 있는 것, 즉 세상 물정 모르는 학생[18]이 되어야만 한다는 것을 알 수 있을 것입니다.[19] 또 당신도 나만큼이나 잘 알고 있듯이, 이 일은 한 시간이나 한나절 동안에[20] 일어날 수 있는 일이 아닙니다.

35

36

37

38

39

40

18  scholastikos는 학교에 '자주' 다니는 사람으로, 활동적인 삶의 직업에 종사하지 않는 학
   구적이고 문학적인 사람을 말한다.

19  무지를 깨우치는 교육은 결코 늦은 것이 아니라는 것을 말하고 있다.

20  원어인 hōra는 일출부터 일몰까지의 시간이 하나의 '호라'로서 일정 기간으로 나뉘며
   그중 하나를 가리킨다.

# 제12장

# 마음의 만족에 대하여[1]

신들에 관련해서, 신적인 것이 아예 존재하지 않는다고 말하는 사람들 1
도 있고,[2] 존재한다고 말하는 사람들도 있지만, 신적인 것이 활동하지
않으며 무관심하고 전혀 섭리적 돌봄을 행사하지 않는다고도 말한다.[3]

---

**1** 이 장의 강의는 스토아학파가 이해한 것처럼 개인의식을 우주로 향하게 하기 위해 개
인에게 말한 것이다. 에픽테토스는 먼저 우리가 갖는 신에 대한 다양한 견해들을 소개
하며, 어떤 점에서 그 견해들이 건전하지 않은지를 지적하고, 그리고 개인에 대한 신의
관심을 강조한다(1~6절). 그래서 그는 이 주장을 우주가 전체의 이익을 위해 설계되었
다는 전통적인 스토아학파의 관점과 조화시키려 노력한다. 헬라스 철학 전통에서 인
간 삶의 목표(telos)인 '신을 따름'(hepesthai theois)은 우리에게 일어나는 모든 일들을
신적인 섭리의 힘의 불가피한 결과로 받아들인다는 생각에 토대를 둔다(4~6절). 이것
은 자유를 포기하는 것이 아니다. 진정한 자유는 우리가 원하는 모든 일이 일어나기를
바라는 것이 아니라, 일어나는 일을 합리적으로 받아들이고 우리의 능력에 속하는 일
들 중에서 합리적 행위를 하기 위해 신이 부여한 능력을 행사하는 데 있다고 주장한다
(9~12, 15, 32~35절).

**2** 퀴레네학파인 멜로스의 디아고라스, 퀴레네의 데오도로스(기원전 4세기), 아테나이의
크리티아스(기원전 5세기 후반) 등 무신론자의 입장(R. Dobbin [1998], p. 137). 신들은
자연적으로가 아니라, 인위적(규약적)으로만 존재한다는 플라톤의 견해 참조(『법률』
889e~890a).

**3** 이 입장에 대해서 제2권 제20장 23절("신들은 존재하지 않으며 설령 존재하더라

2 세 번째 부류의 사람들은 신적인 것이 존재하며 섭리적 돌봄을 행사하지만, 단지 하늘[4]과 관련된 중대한 문제들에 대해서만 관련되고 지상의 일에는 전혀 관련이 없다고 말한다. 네 번째 부류의 사람들은 신이 세상적인 일과 인간의 일에 대해 생각을 품고 있지만, 각각의 특정한 개별자에 대한 관심을 나타내지 않고 단지 일반적인 방식으로만 고려한다고

3 주장한다. 오뒷세우스와 소크라테스가 속한 다섯 번째 부류는 '내 움직임이 당신을 벗어날 수 없습니다'[5]라고 말하는 사람들이다.[6]

---

도 그들은 인간에 대해 관심을 기울이지 않으며, 또한 우리는 신들과 공통된 관계를 갖지 않는다는 것이네.") 참조. 에피쿠로스는 스토아적인 "섭리(pronoia)는 없다"고 말한다(Usener, *Epicurea*, 「단편」 368, p. 248. 20행) 참조. 또 에피쿠로스는 신에 대해서 이렇게 말하기도 한다. "복되고 불멸하는 것은 자신이 문젯거리를 갖지도 않고, 다른 것에 그것을 제공하지도 않는다. 그러므로 그는 분노에 사로잡히지도 않고 호의에 이끌리지도 않는다. 그런 일은 허약한 자에게 있는 것이기 때문이다."(DL 제10권 139) 이신론적 입장(deism)에서 아리스토텔레스가 신을 '제일의 운동자'로 말하는 것에 대해서는 『형이상학』 제1장 6~10장 참조. 플라톤은 "둘째로는 신들이 있기는 하나, 인간들에 대해서는 마음 쓰지 않는 걸로 믿거나 […]"(『법률』 885b, 888c)라고 주장하는 사람을 열거하고 있다. 그러나 아리스토텔레스는 신들의 인간에 대한 관여를 인정하고 있기도 하다(『니코마코스 윤리학』, 제10권 1179a24~25).

4 천체의 규칙적인 운동.

5 오뒷세우스가 그의 수호신인 아테나에게 하는 말이다(호메로스, 『일리아스』 제10권 279~280행). 소크라테스는 '신들이 모든 것, 즉 말하는 것과 행동, 생각을 알고 어디에나 있으며, 모든 일에 대해서 인간들에게 신호를 보내 준다'고 말한다(크세노폰, 『회상』(*Memorabilia*) 제1권 제1장 19절 참조).

6 1~3절에서는 신들에 관련해서 여러 학파들의 입장을 설명하기보다는 가능할 수 있었던 고대의 견해들을 대략적으로 정리하고 있다. (1) 고대에서는 아주 드물 수밖에 없는 무신론자의 입장(테오도로스, 크리티아스). (2) 에피쿠로스주의자들. (3) 아리스토텔레스의 '부동의 동자'인 신에 대한 입장. (4) 아리스토텔레스주의자들과 플라톤주의자들, 스토아적 입장으로 '생각될' 수 있는 것(?). (5) 소크라테스(혹은 플라톤)에게로 귀

그러니 무엇보다 앞서, 우리는 각각의 이러한 입장들에 관해 그것이 $4$
건전하게 주장되었는지 그렇지 않은지를 검토하는 것으로부터 시작해
야만 한다. 신들이 존재하지 않는다면, 어떻게 신들을 따르는 것이 인생 $5$
의 목표가 될 수 있겠는가?[7] 그리고 신이 존재하지만 그 어떤 것에도 관
심을 보이지 않는다면, 어떻게 신을 따르는 우리의 목표가 건전해질 수
있겠는가? 이와 달리 신들이 존재하고 우리에게 관심을 기울이더라도, $6$
신들과 인간 사이에 소통(diadosis)이 전혀 없다면,[8] 실제로 제우스를 통
해서, 적어도 그들과 나 사이에 소통이 없다면, 어떻게 그 경우에서조차
신을 따른다는 생각이 여전히 건전할 수 있겠는가?

그래서 '훌륭하고 덕이 있는 사람'[9]은 이 모든 물음[10]을 검토한 후에, $7$

속되는 입장으로, 스토아적 입장일 수 있다. 소크라테스는 신의 전지성과 신이 개별자
를 돌봄을 지지한다. 에픽테토스는 구체적으로 누가, 어떤 학파가 이런 주장들을 했는
지는 언급하고 있지 않다. 에픽테토스는 이 중에서 다섯 번째 입장을 취하고 있는 것일
까? 여하튼 에픽테토스는 스토아적 신의 전지성(全知性)을 지지한다.

7 '신을 따름'은 피타고라스로부터 시작된다(Iōannēs Stobaios, *Eclogae* 2.49.16; *Iamblichus,
De Vita Pythagorica*, 18.86 참조). 플라톤, 『파이드로스』 248a; 『국가』 613b; 『법률』
716a~b 참조. 마르쿠스 아우렐리우스, 『자기 자신에게 이르는 것들』 제12권 31 ("너 자
신을 이성과 신을 따름(to hepesthai)이라는 최종적 목표로 향해 나아가라."), 제10권
11. 세네카, 『베풂에 대하여』 제4권 25.1 ("우리의 목표는 자연에 따라 사는 것이며, 신들
의 모범을 따르는 것이다"). "신이 만물의 보편적인 질서와 일치하게 만들었던 삶의 법
칙(철학)은, 우리에게 신들을 아는 것뿐 아니라 신들을 따르고 일어나는 모든 일을 신
들의 명령으로 받아들이도록 가르치는 것이네."(세네카, 『도덕서한』, 90.34) 인간이 손
수레에 묶여 따라가는 개처럼 신을 따라가는 것을 '운명', '필연'으로 비유하는 스토아
적 생각에 대해서는 LS 62 A(*SVF* 2.975) 참조.
8 신과의 소통은 사태의 보편적 형태를 통해서 이루어진다.
9 원어로는 ho kalos kai agathos.
10 바로 앞의 6절에서 언급한 '신의 있음'과 '신과 인간의 관계'에 대한 문제.

좋은 시민들이 폴리스의 법에 복종하는 것처럼 우주를 통치하는 자에게 자신의 생각(gnōmē)을 복종시키는 것이네.[11] 여전히 교육을 받고 있는 사람은, '어떻게 하면 모든 것에서 내가 신들을 따를 수 있을까, 또 어떻게 하면 신적인 통치를 받아들일 수 있는 방식으로 내가 행위할 수 있을까, 또 어떻게 하면 나는 자유로워질 수 있을까' 하는 목적을 염두에 두고 교육 쪽으로 다가서야 하는 것이네.[12] 그에게 일어난 모든 일이 자신의 의지(프로하이레시스)에 따라 일어나며 누구도 그를 방해할 수 없다면, 그 사람은 자유롭기 때문이네.[13]

'뭐라구요? 자유는 이성의 결여[14]인가요?'

당치도 않은 일이지! 자유와 광기[15]는 양립할 수 없는 거니까 말이네.

'하지만 어떻게 해서 그 바람에 이르렀던 간에, 제가 바라는 모든 일이 실제로 일어나기를 저는 원합니다.'

---

**11** 이 대목은 전형적인 스토아적 입장으로 보인다. 우주와 도시의 유비에 대해서는 제3권 제24장 107절("그리고 이것이 가장 중요한 것인데, '누가 그것을 보내 주었는가?'라는 것이다. 그것은 지배자이거나 장군, 국가이거나 국가의 법률이네. '그렇다면 그것을 나에게 주십시오. 나는 언제나 온갖 일에서 법률에 복종해야만 하는 것이니까요.'") 참조.

**12** 여기서 에픽테토스는 자연학적 혹은 신학적 탐구가 윤리학으로의 필연적 입문이라는 주장을 펼치고 있다. 이런 논증에 대해선 제2권 제14장 9~13절, 그 밖에도 제1권 제20장 15~16절, 『엥케이리디온』 제31장 1절 참조. 크뤼시포스는 신학을 첫째로 놓고, 모든 윤리적 탐구의 서문으로 삼았다(플루타르코스, 『스토아의 자기 모순에 대해서』 1035B). 키케로, 『선과 악의 목적에 대하여』(De Finibus Bonorum et Malorum) 3.73 참조. "가장 중대한 것은 신들에 대해 옳게 생각하고서 훌륭하게 사는가, 아니면 그러지 못하는가 하는 것일세."(플라톤, 『법률』 888b)

**13** 자유의 개념에 대해서는 제4권 제1장 1절 참조.

**14** aponoia(광기, 미친 짓). 즉 제정신을 잃은 상태를 말한다.

**15** 원어는 mania.

미쳤어, 정신이 나갔군! 자유[16]는 고귀하고 가치가 있는 것임을 너는     12
알지 못하는가? 하지만 내 멋대로 결정한 대로 일이 일어나기를 내 멋
대로 바라는 것은 위험하기도 하고, 고귀하지 않을 뿐만 아니라 대단히
부끄러운 일이기도 하지. 이제 글을 읽고 쓸 때 우리가 어떻게 하는지를     13
보겠나? 내가 원하는 대로 'Dion'[17]이란 이름을 쓰기를 바라는가? 물론
아니지만, 나는 마땅히 써야만 하는 대로 쓰도록 배웠네. 음악에 대해서
는 어떤가? 마찬가지이네. 어떤 기술과 학문에 관련해서는 일반적으로     14
어떤가? 마찬가지겠지. 그렇지 않고, 각자의 바람에 맞게 조정될 수 있
다면 어떤 지식을 얻으려고 노력해도 소용이 없을 것이네. 그렇다면 이     15
가장 크고 중요한 문제인, 즉 자유에 관한 문제에서만 내 멋대로 원하는
것이 허용될 수 있겠는가? 결코 그렇지 않네만, 오히려 참된 교육은 각
각의 것들이 실제로 일어나는 대로 일어나기를 바라는 것을 배우는, 바
로 이것에서 이루어지는 것이네. 그리고 그것들은 어떻게 일어나는가?
그것들을 정하시는 분이 정하신 대로. 이분은 여름과 겨울, 풍부함과 부     16
족함, 덕과 악덕, 그리고 그와 같은 종류의 반대되는 모든 것[18]을 전체

---

16 원어로는 eleutheria.

17 Dion과 Theon은 헬라스 철학에서 상투적 이름으로 종종 언급된다.

18 "빗맞히기 위해서 과녁을 세우지 않는 것처럼, 마찬가지로 우주에는 자연 본성적인 악
(kakou phusis en kosmō)도 존재하지 않는 것이다."(『엥케이리디온』 제27장) 어떤 것
이 잘못되도록 우주가 존재한다는 것은 생각할 수 없는 노릇이다. 자연적인 어떤 것
도 악하지 않고, 자연적으로 악한 것은 우주에 있을 수 없다. 악은 우주에서 그 어떤 독
립적인 존재를 가질 수 없다. 선(좋음)은 실체(hupostasis; agathou phusin=skopos)이
고, 악(나쁨)은 parupostasis(평행적 존재[parallel existence]=to apotuchein kai to kakon)
이다. 악은 선의 대응물로 있을 수 있으나, 그 자체적으로 존립할 수 있는 독립적 존
재일 수 없다(아우루스 겔리우스, 『아티카의 밤』 7.1.2~5). 모든 것이 '전체와의 조

(우주)와의 조화를 위해 정하셨고, 또 그는 우리 각자에게 몸과 몸을 구성하는 그 부분들, 소유할 물건들과 우리의 삶을 공유할 동료들을 주셨던 것이네.

17    우리가 가서 교육을 받는 것은 사물의 이러한 정함[19]을 기억함으로써, 존재하는 사물의 질서[20]를 변경하기 위해서가 아니라(이것은 우리에게 허용되지도 않았으며, 그렇게 하는 것이 더 나은 것도 아니기 때문에), 오히려 우리 주위의 사건들은 그것이 실제로 있는 그대로, 또 그것들의 본성이 있는 그대로 있는 것이므로, 우리 쪽에서는 우리의 지성[21]을 앞으로 일어날 일과 조화롭게 유지할 수 있도록 하기 위해서이네.

18    자, 그렇다면 인간으로부터 도피하는 것이 가능할까? 그것이 가능할 수 있을까? 그러면 우리가 그들과 교제한다고 해서, 그들을 변화시키는 것이 가능할 수 있겠는가? 또 누가 우리에게 그러한 힘을 부여했을까?

19    그렇다면 거기에 다른 어떤 것이 남아 있으며, 혹은 그들과 관계를 맺는 데 적용하기 위한 어떤 방법을 찾을 수 있을까? 이런 종류의 방법을 통해 그들 쪽에서는 그들에게 좋게 보이는 것을 행할 것이지만, 우리 쪽에

20    서는 그럼에도 자연과 일치하는 상태로 있어야만 할 것이네. 하지만 너는 견딜 수 없으며 만족하지 못하네. 혼자 있으면 너는 그것을 고독이라

화'(sumpōnia)를 위해 존재한다는 낙관적인 세계관은 전형적인 스토아적 자연관이다. "선이 악 없이 존재할 수 있다고 생각하는 사람들의 견해보다 더 어리석은 것은 없다."(크뤼시포스) "악덕이 실제로 있다는 것은 그것이 덕과 반대된다는 사실 때문이라고 한다."(DL 제7권 91 참조)

19  원어로 diataxis(조정, 질서).

20  원어로 hupothesis(구성, 조건). 즉 삶에서 전제가 되는 것.

21  원어로 gnōmē(의지, 생각).

부르고, 다른 사람들과 함께 있으면 너는 그 사람들을 사기꾼과 강도라고 말하고, 너는 너의 부모와 자식들, 너의 형제와 이웃에게조차도 허물을 찾고 있네. 오히려 혼자 머물고 있으면 너는 그것을 평화와 자유라고 불러야만 하고, 너 자신을 신들과 비슷한 존재로 생각해야만 하네. 또 너희가 많은 사람들과 함께 있다면 그것을 군중이나 소란스러운 것과 성가신 것이라 부르는 것이 아니라, 오히려 잔치와 공적 축제라고 불러서, 그래서 모든 것을 극히 만족스럽게 받아들여야만 하네. 그러면 이런 마음으로 받아들이지 않는 자들의 징벌은 무엇이겠는가? 그들이 응당받을 그만큼의 징벌이네. 홀로 있는 것에 불만이 있는 사람이 있는가? 그럼 홀로 있게 놔두라. 그는 자신의 부모에게 불만이 있느냐? 그럼 나쁜 아들로, 슬퍼하게 놔두라. 자식에게 불만이 있는가? 그럼 나쁜 아버지로 내버려 두라.[22]

'그를 감옥에 처넣으세요!'

어떤 종류의 감옥일까? 그것은 이미 그 자신이 있는 곳이네. 그는 자신의 의지에 반해서 그곳에 있으며, 또 누군가가 자신의 의지에 반해서 있는 곳마다, 그곳은 그를 위한 감옥인 것이네. 소크라테스[23]가 의지에 따라 그곳에 있었기 때문에 그는 감옥에 있지 않았던 것처럼 말이네.

'그럼 내 다리를 절게 했어야만 했나요?'

노예야, 보잘것없는 다리 하나 때문에 우주를 비난하는 것이냐? 너

21

22

23

24

---

**22** 에픽테토스는 인간은 공동체 속에서 타인과의 공감적 삶을 살아야 한다고 말한다. 이 것이 인간의 소명이고 역할이라는 것이다.

**23** 플라톤의 『크리톤』에서 소크라테스는 감옥 탈출을 도와주는 것을 거부하고 있으며, 『파이돈』 98d~99b에서 그는 자신의 판결형이 부정의하다고 생각하면서도 투옥을 받아들인다.

는 전체에게 그것을 그냥 선물로 내놓지 않을 텐가? 그것을 포기하지 않을 텐가? 너에게 그것을 준 그에게 그것을 기쁜 마음으로 넘겨주지 않을 텐가?[24] 그리고 너는, 자네가 탄생할 때 함께하며, 자네의 운명의 실을 뽑아 준 운명의 신들(모이라이[25])과 협력해서, 제우스[26]가 규정하고 또 정했던 그의 칙령에 대해서 분노하고 불만을 터뜨릴 텐가?[27] 전체에 비교해서 너의 부분이 얼마나 작은지 알지 못하는가? 너의 신체에 관련해서 그렇다는 말이네. 그러나 적어도 이성에 관련해서는, 너는 신들보다 열등하지도 않고 또한 그들보다 더 작은 것도 아니네. 왜냐하면 이성의 크기는 길이와 높이에 의해서가 아니라, 그 판단의 질에 의해서 측정되는 것이기 때문일세.[28]

27 　　그러면 너는 너를 신들과 동등하게 만드는 그 점에서 너의 좋음을 기

---

24 제4권 제1장 101절 참조. 『엥케이리디온』 제11장 참조.

25 모이라이들(운명)은 아낭케(필연)의 딸인 클로토, 라케시스, 아트로포스의 세 여신을 가리킨다. 클로토는 운명의 실을 뽑고, 라케시스는 이를 할당하여 아트로포스가 변경할 수 없게 만든다(*SVF* II. 913~914, 1092 참조).

26 즉 보편적 이성.

27 "신은 자신이 만든 하인들, 증인들을 얕잡아 보고 있는가? 오히려 배움이 없는 사람들에 대해 신이 존재한다는 것, 전체(우주)를 올바르게 다스리고 있다는 것, 인간과 관련된 일을 소홀히 하지 않는다는 것, 좋은 사람에게는 살아 있을 때나, 죽은 후에도 나쁠 것이 없다는 것을 보여 주기 위한 유일한 증거로서 그들을 이용하고 있는 것은 아니겠는가?"(제3권 제26장 28절) 『엥케이리디온』 제31장 1~2 참조. "훌륭한 사람에게는 살아 있을 때든 삶을 마치고 나서든 어떤 나쁜 것도 없으며, 신들이 이 사람의 일들을 소홀히 하지 않는다는 것 말입니다."(플라톤, 『변명』 41d)

28 24~26절에는 두 개의 가정이 놓여 있다. (1) 부분에 대한 전체의 우선성. (2) 개인의 운명이 신들에 의해 할당되었다는 믿음.

꺼이 두지 않겠느냐?[29] '이런 아버지와 어머니를 두고 있는 나는 얼마나 가련합니까!' 뭐라고? 미리 부모를 선택하고, '이 남자가 이 여자와 이 시각에 동침해서 내가 태어날 수 있게 해주십시오'라고 말하는 것이 너에게 허락되었느냐? 아니, 그것은 허락된 것이 아니라, 너의 부모가 먼저 있었고, 그런 다음 그러한 모습 그대로 너는 태어나게 된 것이지. 어떤 종류의 부모에게서? 예전에 있었던 그러한 모습의 그러한 종류의 부모에게서.[30]

그러면 어떤가? 부모가 있는 대로 그러한 것이기 때문에 너에게는 사용 가능한 구제 수단이 전혀 없는 것인가? 자, 네가 시각의 힘을 소유한 목적에 대해 무지했다면, 어떤 색깔이 너에게 나타날 때 너의 눈을 감으면 너는 불행하고 비참하게 될 것이네. 하지만 너에게 일어날 수 있는 모든 상황을 감당할 수 있는 혼의 큼과 고귀함을 가지고 있으면서도 그것을 알지 못한다면, 너는 더 불행하고 더 비참해지지 않겠는가? 네가 가지고 있는 그 기능에 적합한 대상들이 너에게 가까이 제시되지만, 너는 그것을 사용하기 위해 열어 두고 완전히 주의를 기울여야만 할 바로 그 순간에 그 기능의 사용을 포기하는 것이네.

오히려 신들이 너희에게 달려 있는 것 안에 놓아두지 않았던 모든 것들에 대해서는 초연할 수 있도록 허용해 주고, 또 단지 너희에게 달려 있는 것들에 대해서만 책임을 지게 하신 것에 대해 신들에게 너희는 감사해야만 하지 않겠는가? 너희 부모에 관련해서는 신들이 너희에게 모든 책임을 면제해 주셨다네. 또한 너희 형제들과 자매들, 너희 신체와

28

29

30

31

32

33

---

**29** 제1권 제3장 3~6절 참조.

**30** 28~29절에 관련해서 『엥케이리디온』 제30장 참조.

재산, 그리고 죽음과 삶에 대해서도 마찬가지이네. 그렇다면 신들이 너 **34**
희들에게 책임을 지게 한 것은 무엇이겠는가? 단지 너희에게 달려 있는
것에 대해서만—네 인상의 올바른 사용이네. 그렇다면 너희가 책임이 **35**
없는 것들에 대해 마음이 끌리는 것일까? 그것은 너희 스스로 근심거리
를 만들어 내는 것이네.

# 제13장

# 어떻게 하면 신들의 마음에 들도록
# 각자의 행동을 할 수 있는가?[1]

누군가가 어떻게 하면 신들을 기쁘게 하는 방식으로 먹을 수 있냐고 물    1
었을 때, 그는 대답했다. 올바르고 감사하는 마음을 가지고 공평하게,
절제하며, 질서 있게 먹으면, 신들을 기쁘게 하는 방식으로 그렇게 하는
것이 아니겠느냐?[2] 그리고 뜨거운 물을 요청했는데 노예 소년이 응답    2

---

1 　이 강의의 제목과 서두는 식사를 포함하여 인간 삶의 모든 측면이 덕 있게 행동하거나
　나쁘게 행동할 여지를 제기하는 스토아학파의 사상을 강조하는 것으로부터 시작한다
　(1~2절). 그러나 주로 노예에 대한 스토아적 견해를 피력하고 있다. 스토아 입장을 따
　르면 노예제도는 법과 관습의 문제이며, 실제로 모든 인간은 이성을 소유한다는 점에
　서 동등하다. 그래서 스토아 철학은 노예제도의 폐기를 내세우기보다는 노예를 인간
　적으로 취급하라는 충고를 내놓고 있다. 알렉산드리아의 필론은, '어떤 인간은 자연적
　으로 혹은 자연의 결과로서(ek phuseōs) 노예가 아니다. 어떤 다른 이유 때문이다'라
　고 스토아의 입장을 전해 주고 있다. 크뤼시포스의 노예의 분류에 대해서는 DL 제7권
　121~122 참조. 세네카는 노예에 대해 이렇게 말한다. "노예는 정의로울 수 있고, 용감
　할 수 있고, 큰마음을 가질 수 있습니다. 그러므로 노예도 베풂을 줄 수 있습니다. 이것
　역시 덕의 일부이기 때문입니다."(『베풂에 대하여』 18.4)

2 　폭식에 대한 에픽테토스의 비난에 대해서는 제4권 제8장 13, 17, 20절; 제3권 제15장
　10~11절 참조. 『엥케이리디온』 제33장 7 ("몸에 관련된 것들은 필요한 최소한의 것만을
　취하도록 하라. 예를 들어 음식, 마실 것, 옷, 집, 집안의 종 같은 것들이다. 외적으로 화
　려하게 드러나는 것이나 사치스러운 모든 것을 단절하도록 하라."), 제41장 참조.

하지 않거나, 혹은 응답은 하지만 미적지근한 물을 가져오거나, 혹은 집에서 그를 찾을 수 없는 경우에, 화를 내지 않거나 혹은 흥분하지 않으면, 그것이 신들을 기쁘게 하는 것이 아니겠는가?

3      '하지만 그런 노예를 어떻게 참아 낼 수 있겠습니까?'

너 노예야, 제우스를 아버지로 해서, 말하자면 너와 같은 씨에서 태어나고, 너처럼 위로부터 씨를 이어받은 네 형제를 참아 낼 수 없다는
4      말이냐?[3] 그러나 네가 다소 더 높은 위치에 있었다고 해서, 자신을 곧장 참주로 만들고 말 것인가? 네가 무엇이며, 네가 지배하는 이 사람들이 누구인지 기억하지 못하느냐? 다시 말해 그들이 같은 친족에 속한다는 것, 본성적으로 너의 형제들이라는 것, 제우스의 자손이라는 것을 기억하지 못하느냐?[4]

5      '하지만 나는 그들을 샀으며, 그들이 나를 사들인 것은 아니에요!'

너는 어디를 보고 있느냐? 흙덩이나 구덩이나, 죽어야 할 것의 그 비참한 법을 보고 있는데[5], 너는 신들의 법[6]은 보지 않는가?

---

3   인간이 신으로부터 유래한 이성을 갖는다는 점에서 모두 동일하다. 이 점은 노예라 할 지라도 마찬가지이다. '인간은 아무도 자연 본성에서 노예가 아니다'(*SVF* 3, 352 참조).

4   '노예도 그의 주인의 형제'라는 에픽테토스 생각에 대해서는 제4권 제1장 119절 이하; 『엥케이리디온』제12, 14, 26장 참조. 세네카, 『도덕서한』47.10("네가 그러기를 바란다 면, 이것을 기억하도록 하라. 네가 노예라고 부르는 사람은 너와 같은 씨앗에서 태어났 고, 같은 하늘을 즐기며, 네가 그런 것처럼 숨을 쉬고, 살고, 죽는다는 것을. 그가 너를 노 예로 보는 것과 마찬가지로, 너도 그를 자유인으로 보는 것이 가능하다네.") 참조.

5  여기서 '죽은 자의 법'은 모든 인간을 형제로 만든 신들과 대조되는 필멸의 인간을 의미
   한다. 아마 에픽테토스는 이것을 통해 인간이 인간을 노예로 만드는 '인간의 법'을 염두
   에 두고 있었을 것이다. '죽은 자의 법'이란 단지 신체나 '시체'에 관계된 것만을 취급하
   는 형식적 법을 말한다. 가령 아테네에서는 범죄자의 시신은 프뉘크스 언덕 서쪽 협곡
   (구덩이)에 버렸다고 한다. 에픽테토스가 말하고 있는 바와 같이 그것은 인간이 공유하
   는 이성과 관계되어 있지 않다(제1권 제19장 9절 참조).

6  사고파는 것은 인간의 법(Nomos)이고, 자연(Phusis)은 '신의 법'을 나타낸다. 신의 법
   은 신들과 인간들의 도시를 지배하며, 여기에 노예도 속한다(R. Dobbin[1998], p. 147).
   에픽테토스의 입장은 확고하다. 노예도 너와 같은 생명체이고, 너와 같은 이성을 부여
   받은 인간이다. 인간의 법이 그가 동등하다는 것을 인정하지 않는다 해도, 이성의 법인
   '신의 법'은 그의 절대적 가치를 인정한다.

# 제14장

# 신들이 우리 모두를 지켜보고 있다는 것[1]

1 누군가가 자신이 행하는 모든 것이 신의 눈 아래에서 이루어지는지 어떻게 확신할 수 있느냐고 에픽테토스에게 물었다. 그가 대답했다. 만물이 하나의 통일체로 한데 묶였다고 생각하지 않느냐?[2] '그렇다고 생각

---

1 에픽테토스는 모든 자연적 과정은 신에 의해 스며든다는 스토아학파의 이론을 언급함으로써, 신의 전지성(全知性)의 관념을 지지하고 있다(1~6절). 신은 자연에서 '능동적 원인'이다(LS 46 A~C, 47 O~R). 에픽테토스는 또한 인간의 정신이 많은 '인상'(지각들 및 생각들)을 동시에 파악할 수 있다면, 신도 우주적 차원에서 동일한 것을 수행할 수 있다고 주장한다(7~9절). 인간은 도덕적 수행자의 토대인 이성의 지님을 신과 공유한다. 이것이 신성 또는 '수호신'(daimōn)으로 제시된다. 범신론의 결과로(10절), 신은 '다이몬'으로 불리는 파편들로 우리 각자의 안에 내재한다(14절). 이러한 생각에 대해서는 크뤼시포스에 기초한 LS 63 C(3~4) 참조. 신이 인간에게 심어 놓은 다이몬은 '덕'으로의 길라잡이 노릇을 한다. 이런 의미에서 다이몬은 도덕적 행위 주체인 '양심'과 비슷한 개념으로 이해될 수 있다.

2 사물들은 분리된 것처럼 보이지만, 그것들을 하나로 묶는 어떤 '함께 느낌'(sumpatheia)이 있다. "신과 인간을 포함하는 네가 보는 이 전체(우주)는 하나(통일체)이네. 우리는 하나의 거대한 몸의 지체이네(omne hoc, quod vides, quo divina atque humana conclusa sunt, unum est; membra sumus corporis magni). 자연은 우리를 친족으로 태어나게 했네. 우리 모두를 동일한 재료로부터 또 동일한 목적을 위해 생기게 했던 것이지. 이 자연은 우리에게 서로 간의 사랑을 부여하고, 사회적 동료로 만들었다네. 자연은 공정함

합니다.' 그 사람이 말했다. 그러면 여기 땅 위에 있는 것들이 하늘에 있 2
는 것들의 영향을 받는다[3]고 생각하지 않느냐?

'그렇다고 생각합니다.' 그 사람이 말했다.

신의 명령으로부터 온 것처럼, 식물에게 꽃이 피라고 하면 꽃이 피 3
고, 싹이 트라고 하면 싹이 트고, 과실을 맺으라고 하면 과실을 맺고, 과
실을 익으라고 하면 과실이 익고, 또 잎사귀를 벗어 버리라고 하면 잎사
귀를 흩뿌리고, 그것들 자신 안으로 움츠리라고 하면 활동하지 않고 남
아 휴식을 취하는데, 그것들이 그대로 남아 휴식을 취하는 이러한 규칙
성이 도대체 어떻게 정연하게 일어날 수 있겠는가? 또 달[4]의 차고 이지 4
러지는 것과 해의 다가옴과 멀어짐에 따라서, 땅 위의 사물들이 그러한
큰 변형을 겪고 그 반대 방향으로 변화하는 것을 우리가 관찰하는 일이
어떻게 일어날 수 있겠는가? 하지만 식물과 우리의 몸이 전체(우주)와 5
그토록 밀접하게 결속되어 있고 전체의 영향을 받는다고 한다면, 우리
혼들도 훨씬 더 높은 정도로 그러하지 않겠는가? 그러나 우리 혼들이 6
신 자신의 부분들과 조각들로서[5] 그와 같이 밀접하게 결부되어 신과 함

---

과 정의를 확립했네."(세네카,『도덕서한』95.52) "우주는 뒤섞음, 사물들의 서로의 뒤
엉킴과 산란이거나, 아니면 그것은 통일, 질서, 섭리이다."(마르쿠스 아우렐리우스,『자
기 자신에게 이르는 것들』제6장 10) "모든 것들은 서로 뒤얽혀 있으며, 그 결속(유대,
sundesis)은 성스럽다. 그리고 서로가 서로에게 연결되지 않은 것(ti allotrion)은 거의 없
다."(마르쿠스 아우렐리우스,『자기 자신에게 이르는 것들』제7권 9)

3 원어로는 sumpathein(공감하다). 지상에 있는 것과 천상에 있는 것은 프네우마를 공유
하고(즉, 함께 호흡한다), 긴장하고(즉, 음계적 질서를 가짐으로써) 일체성을 유지한다
(DL 제7권 140 참조).

4 hēlios(Loeb) 대신에 selēnē로 읽는다(수이에).

5 조각(apospasma)에 대해서는 다음을 참조. "너는 주도적 가치를 가진 존재이며, 신으

께 결합되어 있다면, 신은 혼의 모든 움직임 하나하나를 자신의 본성에 뿌리내린 자신의 고유한 움직임으로서 지각하지 않겠는가?

7 　이제, 너는 신적 통치 질서와 신적 작용(현상)의 각각에 관해서뿐만 아니라, 인간사(人間事)에 관해서도 숙고할 수 있는 힘을 갖고 있음을 생각하라. 너는 너의 감각과 지성 모두에서 동시에 헤아릴 수 없이 많은 것들에 의해 움직이게 되어, 어떤 것들에 대해서는 동의하고, 다른 것들에 대해서는 거부하거나 판단을 중지하는 것과 같은 그런 능력을 갖고

8 있음을 생각하라. 너 자신의 혼 속에 그렇게 많은 다양한 대상들로부터 오는 그렇게 많은 각인들(인상들, tupous)을 보존하고 있으며, 그 각인들에 의해 움직여지게 됨으로써 너의 정신은 처음에 혼에 새겨진 각인들에 상응하는 개념(epinoia)들을 떠올리는 것이네. 이렇게 해서 너는 이러한 헤아릴 수 없이 많은 사항으로부터 기술들과 기억들을 차례로 이끌어 내며 보존한다는 것을 생각하라.

9 　네가 이 모든 것을 할 수 있는데, 신이 모든 것을 지켜볼 수 없으며, 어디든지 있지 않으며, 존재하는 모든 것에 관여할 수 있는 어떤 능력이

10 없을 수 있겠는가? 그리고 해가 우주의 그렇게 광대한 부분을 비출 수 있고,[6] 땅이 드리우는 그림자[7]에 의해 가려진 아주 작은 부분만큼만 비추지 않고 남기는 데 그치는데, 전체에 비하면 신 자신의 작은 일부에

---

로부터 분리된 조각(apospasma)이기도 하네. 또 네 안에 신의 부분을 가지고 있네."(제 2권 제8장 11절) 그 밖에도 제1권 제17장 27절 참조. "우리의 영혼은 세계로부터 나온 조각이기 때문이다."(DL 제7권 143)

6 　"태양이 땅보다 크다고 하는 이유는 땅 전체가 태양에 의해 비추어지기 때문인데, 하늘 까지도 태양에 의해 비추어진다고 한다."(DL 제7권 144)

7 　어떤 시각에 밤으로 덮이는 땅의 부분.

지나지 않는 해를 만드시고,[8] 둥글게 그 길을 가도록 이끈[9] 그분이 만물을 지각할 수 있는 능력을 갖고 있지 못 하겠는가?

'하지만 나로서는 이 모든 것을 한꺼번에 다 따라갈 수 없습니다.'[10] 누군가가 말한다.

왜, 누가 너에게 네가 제우스의 힘과 대등한 힘을 가지고 있다고 말하기라도 했느냐? 그럼에도 제우스는 우리 각자에게 수호자로서 그 자신의 개인적인 영(다이몬)[11]을 할당해 주었으며, 또 그는 결코 잠들지 않고 결코 속임을 당하지 않는 수호자로 우리 각자를 그의 보호에 맡겨 두었던 것이네.[12] 이것보다 더 낫고 더 경계할 수 있는 다른 어떤 수호자

---

8  해와 신(제우스)의 관련성에 대해서는 제1권 제19장 11절 참조. 이러한 명확한 범신론을 말하는 것은 다소 예외적이다. 크뤼시포스는 부분으로서 해를 포함하는 우주와 신을 동일시했다(Cicero, *De Natura Deorum*, ii.38 아래).

9  [해를] 회전하게 하는(periagōn).

10  단번에 이해할 수 없다는 의미이다. 여기서 상상의 대화 상대자는 앞의 7~8절에 대한 반대를 제기하고 있다.

11  일반적으로 다이몬(Daimon)은 신과 인간 사이에 있는 중간적인 '영적 존재'(신령)이지만, 스토아 철학에서 다이몬은 '수호자 영', '인간의 이성', '양심', '내면에 있는 신의 목소리', 즉 '진정한 내면의 자아'(superego)를 의미한다(SVF 2.1101 참조). 마르쿠스 아우렐리우스, 『자기 자신에게 이르는 것들』 제5권 27("제우스가 자신의 조각[apospasma]으로서 각자에게 수호자와 길라잡이로 주었던 다이몬[수호신]이 원하는 것을 행하고 있음을 […]. 이것이 각자의 지성이고 이성이다.") 참조.

12  이 대목은 '신의 부분'으로서 '이성의 지배하는 부분'인 헤게모니콘(hegemonikon)을 수호자와 다이몬으로 설명하고 있다. "너 자신에게서 건전한 이해(양식, *bonam mentem*)를 획득할 수 있다면, 네가 그것을 위해 기도하는 것은 어리석은 일이네. […] 신은 네 곁에, 너와 함께, 네 안에 있는 것이네(*prope est a te deus, tecum est, intus est*). […] 신성한 영(靈)은 우리 안에 거하며, 우리의 모든 좋음과 나쁨의 관찰자이고 수호자라네. 우리가 그 영을 어떻게 대하면, 영도 우리를 그렇게 대한다네. 실제로 신 없이는 아무도 좋은 사람일 수 없네. 아니, 신의 도움 없이 운을 딛고 넘어설 수 있는 사람이 있을까? 우리에

에게 그가 우리를 맡겨 둘 수 있었겠는가? 그러므로 네가 문을 닫고 방

안을 어둡게 했을 때라도 혼자라고 결코 말하지 않아야 한다는 것을 기

억하라. 사실상 너희는 혼자가 아니다. 신이 너희 안에 있으며, 너희의

영(다이몬) 또한 네 안에 있으니까 말이네.[13] 그리고 너희가 하는 일을

보기 위해 그들이 빛을 필요로 하는 이유는 무엇이겠는가?[14]

군인들이 카이사르에게 하듯이, 너희도 이 신에게 충성을 맹세해야

만 하네.[15] 군인들은 임금을 받으면서 무엇보다도 카이사르의 안전을

---

게 고귀한 생각, 올바른 조언을 주는 분이 신이시네."(세네카, 『도덕서한』 41.1~2)

13 '너의 다이몬'은 '네가 신적 이성을 나눠 가진 나의 몫'을 의미한다. 즉 다이몬은 '또 다
른 자아', 'superego'로 이해된다. 우리의 '이성적 자아'가 우주적 신의 apospasma(조각,
부분)라는 주장과 우리가 내적인 다이몬을 가진다는 스토아의 정통적 주장과 일치하는
것처럼 보인다. "이것이 각자에게 있는 '다이몬'이 전체들의 관장자(신)의 바람에 맞춰
[…]"(DL 제7권 88). '조각'이란 말 대신에 psuchē(혼)가 사용되는 DL 제7권 143("우
리의 영혼은 세계로부터 나온 조각") 참조. "내게는 기뻐해야만 할 어떤 분이 있고, 나
자신을 마땅히 순종하게 하고, 복종해야만 될 어떤 분이 계시니, 곧 신이요, 그다음에
는 나 자신이네. 신은 나를 나 자신에게 맡기셨고, 그는 나의 의지(프로하이레시스)를
나에게만 순종하게 하셨네. 그것의 올바른 사용을 위한 기준을 주심으로써."(제4권 제
12장 11~12절) "모든 사람에게는 신들에 대한 믿음이 심어져 있다."(omnibus insita de
dis opinio, 세네카, 『도덕서한』 117.6)

14 에픽테토스에게 다이몬은 신보다 열등하므로, 우리 내면에 있는 다이몬인 이성은 신보
다 열등할 수밖에 없다. 그런데 이성과 신은 종에서는 같지만, 정도에서만 다를 뿐이다
(제2권 제6장 9절 참조). "'덕과 행복한 삶을 소유한 것은 불멸의 신들뿐이다. 우리가 얻
을 수 있는 모든 것은 그 좋은 것들의 그림자와 닮은꼴이다. 우리는 다가가지만, 실제
로 그것들에 도달하지는 못하네.' 그렇지 않네. 신들과 인간들은 이성을 공통적으로 가
지고 있는 것이네. 그들 안에서 그것은 완전해지고, 우리 안에서 그것이 완전할 수 있는
것이네."(세네카, 『도덕서한』 92.27)

15 로마 제국 시기에 군인들은 황제와 그의 가문의 다이몬(genius)에 대해 충성서약을 했
었음을 보여 주고 있다.

우선시하기로 맹세하네. 이처럼 가치 있는 본성을 지닌 그렇게 많은 선물(축복)을 받을 자격이 있다고 판단받은 너희가 맹세하기를 꺼리고, 또 맹세한 후에는 그것을 지키지 않을 텐가? 또 너희가 맹세해야만 할 **16** 것이 무엇이냐? 어떤 상황에서도 신이 너에게 부여한 일에 관해 결코 거역하지 않고, 결코 탓하지 않으며, 결코 비난하지 않으며, 또 해야만 할 일을 하거나 필연적으로 겪어야만 할 일을 겪는 데 결코 마지못해 행하지 말아야만 하는 것이네. 이제 이 맹세를 군인들의 맹세와 비교할 수 **17** 있겠는가? 거기 있는 사람들[16]은 카이사르보다 어떤 사람을 더 높은 영예에다 결코 놓아두지 않겠다고 맹세하지만, 반면에 여기 우리로서는 우리 자신을 다른 모든 것들보다 더 높은 영예에다 놓아둘 것을 맹세한다네.[17]

---

16 군인들.

17 우리의 자아가 신적인 것이니까.

제15장

# 철학은 무엇을 약속하는가?[1]

1 　누군가 에픽테토스에게 어떻게 하면 그의 형이 자신에 대해 더 이상 나
쁜 마음을 먹지 않도록 설득할 수 있는지를 상담했을 때, 그는 이렇게
2 　말했다. 철학은 인간에게 어떤 외적인 것들 중 하나를 획득한다고 약속
하지 않는다네. 그렇지 않으면, 철학은 그 고유한 주제 바깥에 있는 무
언가를 보증하게 될 테니까 말이네. 나무가 목수의 재료이고, 청동이 조
각가의 재료인 것처럼, 삶의 기술[2]도 각자 자신의 삶을 그 재료로 가지

---

1 　에픽테토스는 스토아의 입장(LS 65 E)에 따라서, 대인관계에 어려움을 겪는 사람들에
　게 자신에게 옳게 행하지 않는 사람에 대해 잘못된 감정인 분노로 반응하기보다는 행
　위자 자신의 내면에 있는 성격에 초점을 맞추라고 조언하고 있다. 요컨대 의지(프로하
　이레시스)를 돌보라는 것이다. 이 장을 사회적 관계(아버지, 이웃, 친척, 시민 등)에 의
　해서 결정되는 적합한 행위(의무, 고유한 기능, kathēkonta)를 언급하는 『엥케이리디
　온』 제30장과 비교해 보라. 철학은 각 사람이 자연에 따라 '지배하는 중심'(정신)을 유
　지하도록 하는 것, 즉 덕을 성취하는 것을 목표로 하는 데 도움이 될 수 있다(3절, LS 63
　A~C). 물론 덕을 행한 진보는 자연적으로 시간이 걸린다. 실제로는 평생이 걸릴 수도
　있다(7~8절).
2 　스토아 철학을 '삶의 기술'(hē peri biou technē)로 파악하고 논의하고 있는 존 셀라스의
　저작은 매우 흥미롭다(J. Sellars, *The Art of Living: The Stoics on the Nature and Function of
　Philosophy*, 2nd ed., Aldershot, 2009). 철학이 무엇인가? 이 물음은 고대로부터 철학의

고 있기 때문이네.

'그럼, 내 형의 삶은 어떻습니까?'

그것 또한 그 사람 자신의 삶의 기술을 위한 재료이지만, 너의 삶의 기술과 관련해서는 그것은 토지의 소유, 건강, 좋은 평판과 같은 외적인 좋음에 속하는 것이네. 철학은 이것들 중 어느 것도 약속하지 않지만, 대신에 '모든 상황에서 나는 자연 본성에 따라 "지도하는 중심"(지배하는 원리)³을 유지할 것이다'라고 말하는 것이네. ── 누구의 지도하는 중심인가? ── 내⁴가 그 안에 있는 사람의 지도적 부분이다.

'그러면 그 경우에 어떻게 하면 형이 나에게 화내는 것을 막을 수 있

---

본질에 대해 끝없이 이어지는 질문이었다. '삶의 기술로서의 철학'은, 고대 철학에서 강조되어 온 지적 이론화(로고스)는 특정한 방식으로 생활하는 실천적 활동, 로고스를 보완하는 일종의 askēsis(훈련)와 결합되어야 한다고 보는 입장이다.

3  스토아 철학에서 '정신'을 나타내는 중요한 전문 용어인 to hēgemonikon은 이 책에서 여기에 처음으로 등장한다. 마르쿠스 아우렐리우스도 종종 이 말을 사용하고 있다(제2권 2; 제6권 6). 종종 dianoia와 logismos와 같은 의미로 사용되기도 하지만, 순수한 '지적인 것'만은 아니다. 인간 혼의 주요한 부분인 헤게모니콘은 감정을 느끼고, 의지하며, 사유하는 '정신'이다. 크뤼시포스는 헤게모니콘이 심장에 위치한다고 말하고 있다. "혼은 규칙적인 생명의 호흡이 신체에 있는 한 지속적으로 신체 전체를 통해 뻗어 나가는 우리의 본성(혹은 '선천적인 것'; symphuton)에 필수적인 프네우마(pneuma)이다. 신체의 각 부분에 할당된 혼의 부분 중 목구멍까지 뻗어 나가는 것은 음성이고, 눈에까지 뻗어 나가는 것은 시각이고, 귀에까지 뻗어 나가는 것은 청각이고, 콧구멍에까지 뻗어 나가는 것은 냄새이고, 혀에까지 뻗어 나가는 것은 맛이고, 전체 신체에 뻗어 나가는 것은 촉각이며, 그리고 생식기관까지 뻗어 나가는 것은 다른 원리(logos)를 가지고 있기 때문에 '씨앗'(정액)이다. 심장은 이 모든 것이 만나는 부분의 위치이며, 혼의 지배 부분(hēgemonikon)이다."(크뤼시포스, 『혼(psuchē)에 관하여』; 갈레노스, 『히포크라테스와 플라톤의 학설에 대하여』de Placitis Hippocratis et Platonis V.287~288, 3.10~11, p. 170.9~16)

4  철학을 기리킨다.

겠습니까?'

그를 나에게 데려오면 내가 그에게 말할 테지만, 나는 그의 분노에 대해서는 너에게 아무런 할 말을 갖고 있지 않네.

6    에픽테토스의 조언을 구하던 그 사람이 그때 말하길, '내가 알고 싶은 것은, 내 형이 나와 화해하기를 기꺼워하지 않더라도, 어떻게 자연 본성에 맞는 상태로 남아 있을 수 있는가 하는 것입니다'. 에픽테토스

7    가 대답했다.[5] 무엇이든 중요한 것은 별안간에 생기는 것은 없으니, 심지어 포도 한 송이나 무화과조차도 그런 것이네. 지금 자네가 나에게 '무화과를 원해요'라고 말하면, 나는 '그것은 시간이 걸린다'고 대답할 것이네. 무화과 나무가 먼저 꽃을 피우게 하고, 그다음에 열매를 맺게 하고, 그다음에야 열매가 익도록 하라. 무화과나무의 열매조차도 별안

8    간에, 단 한 시간 안에 다 완성되지 않는데, 인간 정신의 열매를 그렇게 짧은 시간 안에, 또 그렇게 쉽게 거두어들이려고 해야 쓰겠느냐? 내가 너에게 스스로 그것을 약속했다고 하더라도, 너는 그것을 기대하지는 말라.

---

5    이에 대한 에픽테토스의 대답은 이런 것일 수도 있을 것이다. "'내 형제가 옳지 않게 행하고 있어요.' 어쨌든 그에 대해서 너 자신의 입장을 지켜, 그가 무엇을 행하느냐가 아니라, 네가 무엇을 하면 자연에 따르는 너의 의지를 유지할 수 있는지를 생각하도록 하라. 왜냐하면 네가 그것을 원하지 않는 한, 다른 사람이 너에게 해를 끼치지 않을 것이고, 오히려 네가 해를 입었다고 너 자신이 생각할 때, 그때야말로 네가 해를 입은 것이 되기 때문이다."(『엥케이리디온』 제30장)

# 제16장

# 섭리에 대하여¹

다른 동물들은 먹을 것과 마실 것뿐 아니라 누울 수 있는 침상도, 그 몸      1
에 요구되는 모든 것을 갖추고 있으며, 또 동물들에게는 신이나 의복이
나 침구가 필요하지 않지만, 우리에게는 그 모든 것이 필요하다는 사실
에 놀라지 말라. 그런 동물들은 그들 자신을 위해서가 아니라 섬기기 위      2
해 태어난 것이기 때문에,² 그것들이 다른 부가적인 것들을 필요하도록

---

1  신의 섭리에 관하여 제1권 제6장에 이어 새로운 논의가 전개되고 있다. 여기선 앞서 언
   급되지 않았던 몇 가지 요소들이 나타난다. 다른 동물이 의복, 신발이 필요하지 않다는
   사실은 인간을 위한 신적 섭리의 돌봄을 보여 준다. 우리는 동물들을 위해 의복 등을 공
   급할 필요가 없다(1~6절). 또한 쓸모없는 것처럼 보이는 인간 신체의 장식적 특징인 수
   염이 있고 없는 것은 성별의 차이에 의한 섭리적 기능에 기여한다(10~14절). 인간의 우
   월성은 무엇보다도 섭리에 대해 감사하고, 증거하는 능력에 있다. 신적 섭리에 대한 적
   절한 접근은 찬가의 일종으로서의 철학적 논의로 그것을 찬양하는 것이다(15~21절).
   스토아의 두 번째 거두였던 클레안테스(B.C. 331~B.C. 232)의 『제우스 찬가』와 같은
   것이 그런 것이다(LS 54 I). 여기에는 신적 질서에 대한 스토아적 '인간 중심적' 사고가
   포함되어 있다(LS 54 N, P, 57F(7)). R. Sorabji, *Human Minds and Animal Morals*, Cornell
   University Press, 1993, ch.10; D. Sedley, *Creationism and its Critics in Antiquity*, Berkeley,
   2007, pp. 231~238.
2  동물은 오로지 인간에게 봉사하기 위해서 태어난 것으로 여겨진다(*SVF* 2.1152~1167

3 만들어졌다는 것은 아무런 이점이 없었을 것이네.[3] 우리의 자신의 필요만이 아니라 양과 나귀에 대해서도, 어떻게 옷을 입히고, 신발을 신기고, 또 어떻게 먹을 것과 마실 것을 구할 수 있을지를 걱정해야 했다면, 우리에게 무엇일 수 있는지를 생각해 보라![4]

4 그러나 이미 신발, 복장, 갑옷과 투구를 갖추고 복무할 준비가 되어 그들의 장군들 앞에 나타나는 병사들처럼, ─천부장(千夫長)이 그의 천 명의 군인들의 신발을 신겨 주거나 옷을 입혀야 했다면, 끔찍한 일이 될 테니까! ─자연도 그와 같이 섬김을 위해 태어난 동물을 만들었고, 미리 준비되어 있고 미리 장비를 갖추고 있으므로 그들은 더 이상 돌볼

5 필요가 없는 것이네. 그렇기에 막대기밖에 없는 한 명의 작은 소년이 양 떼를 몰 수 있는 것이라네.

6 하지만 실상, 우리 자신을 돌보는 만큼 동물들을 돌보지 않도록 해준 이 사물의 질서에 대해 감사를 표하는 대신, 우리 자신의 처지에 대

7 해 신에게 불평까지 해대는 것이네! 그럼에도 제우스와 모든 신들에 맹세코, 이러한 자연의 단 하나의 사실이라도, 적어도 경건하고 감사할 줄

8 아는 사람에게는 신의 섭리를 인식하게 하기에 충분할 것이네. 나는 당장에 자연의 거창한 현상[5]을 떠올리고 있는 것이 아니네. 우유는 풀에서, 치즈는 우유에서, 양털은 동물의 가죽에서 생산된다는 단순한 사실

참조).

3 스토아의 '인간 중심적 테제'를 보여 준다. 제1권 제6장 18절 참조.
4 그것들의 의식주마저도 염려해야 한다면 얼마나 성가신 일인가!
5 불, 물, 공기, 흙의 요소의 교환에 의한 우주적 현상. 에픽테토스는 아래에서 예를 들듯이 사소한 변화를 이야기하고 있다.

을 생각하고 있네. 누가 이러한 것들을 만들었고, 누가 이것들을 고안해 낸 것인가? 누군가는 '아무도 없다'고 말한다. 오, 얼마나 어처구니없는 몰지각함이요, 몰염치이던가!

자 이제, 자연의 주요한 일들은 제쳐 두고 그 부수적인 일들을 살펴 보기로 하자. 턱에 난 털보다 더 쓸모없는 어떤 것이 있는가? 어떤가? 자연은 이것들조차도 자연이 할 수 있는 가장 적절한 방식으로 사용할 수 있도록 해놓지 않았느냐? 자연은 이런 것들을 통해서 남자와 여자 를 구별하게 하지 않았느냐? 우리 각 사람에 대하여 자연은 곧장 멀리 서 큰 소리로 소리치지 않느냐. '나는 한 남자이다. 그런 생각으로 너는 나에게 다가서고, 그런 생각으로 너는 나에게 말을 걸어 주세요.──더 이상 다른 것을 요구하지 말고, 그 징표들을 보세요!' 또, 여성의 경우에 자연이 그들의 목소리에 더 부드러운 어떤 음색을 섞은 것처럼, 자연은 마찬가지로 그들에게서 얼굴의 털을 빼앗아 버렸던 것이네. 아니, 오히 려 동물은 그런 구별이 없어도 되고, 우리 각자가 '나는 남자다!'라고 외 쳐야 했을 것이다.[6] 그러나 이것은 얼마나 멋진 징표이며, 얼마나 적절 하고, 얼마나 고귀한가! 수탉의 볏보다 얼마나 멋지고, 사자의 갈기보다 얼마나 더 위엄이 있는가! 그러므로 신께서 우리에게 주신 징표를 보존 해야만 하는 것이네. 우리는 그것들을 버려서는 안 되며, 가능한 한 신이 구별해 준 성(性)을 혼동해서는 안 되는 것이네.

이것들이 우리를 향한 유일한 섭리의 기능인가? 아니네. 어떤 말이 그것들이 마땅히 받을 만한 대로 그것들을 찬양하거나 나타내기에 충

9
10
11
12
13
14
15

---

6  앞서 창조자의 존재를 부정한 사람의 말이 이어지고 있다.

분할 수 있겠는가! 우리가 지성을 가지고 있다면, 공적으로든 사적으로
든 신성을 찬미하는 찬송을 부르고, 신성을 찬양하며, 신이 베풀어 주신
모든 은혜를 자세히 이야기하는 것 외에 달리 무엇을 해야만 하겠는가!

16 우리가 땅을 파고 쟁기질하고, 먹을 때조차도, 신을 찬미하는 찬송을 불

17 러야만 하지 않겠는가? '신은 위대하도다.[7] 땅을 갈 때 사용할 수 있는
이 도구들을 우리에게 허락해 주셨으니. 신은 위대하도다. 우리에게 두
손을 주셨고, 목구멍과 위를 주셨으며, 자각하지 못한 채로 자랄 수 있

18 게 하시고, 잠자는 동안에도 숨을 쉴 수 있게 해주셨으니.' 이것은 모든
경우에 우리가 불러야만 하는 것이지만, 가장 엄숙하고 신성한 찬송은
우리에게 이러한 것들을 이해하고 그것들을 체계적으로 사용할 수 있
는 능력을 주신 신께 감사하는 것이네.

19 자 그러면, 너희 대부분이 눈이 멀게 되었으니, 너희들의 자리를 채
우고, 모두를 위해 신을 찬미하는 찬송가를 불러야 하는 누군가가 있어

20 야만 하지 않겠는가? 절름발이 노인[8]인 내가 신을 찬미하는 것 외에 달
리 무엇을 할 수 있겠는가? 내가 나이팅게일이라면, 나이팅게일의 일을
할 것이고, 백조라면 백조의 일을 할 것이네. 허나, 사실상 나는 이성적

21 인 존재이므로 신을 찬양하는 노래를 불러야만 하네. 이것이 나의 임무
이네. 나는 이 일을 할 것이며, 또 이 자리가 나에게 주어진 한, 이 직분[9]
을 저버리지 않을 것이네. 그리고 나는 너희들에게 바로 이 노래를 부르

---

7  찬가의 공식적 표현이다(핀다로스, 『올림피아 송가』 7.34).

8  에픽테토스 자신이 '절름발이'라는 것을 고백하는 말이다.

9  군사적 의미로는 '행렬에서의 자리, 위치(taxis)'이다. 철학의 사명을 전쟁터에 비유하
   는 것은 스토아학파에서 흔히 볼 수 있다.

라고 권하는 것이네.[10]

---

10  이 대목(15~21절)은 일종의 '제우스 찬가'이다. 이런 형식으로는 클레안테스의 『제우스 찬가』라는 긴 단편시가 잘 알려져 있다(Von Arnim, *SVF* I. 『단편』 S37=LS 54 I). "[…] 죽어야만 하는 자가 마땅히 해야만 하는 대로, 영원히 당신의 작품을 노래하는 것으로. 인간이나 신들에게는 늘 보편적 법의 정의 속에서 노래하는 것보다 더 큰 다른 특권이 있지 않기 때문에."(38~39행)

# 제17장

# 논리학은 반드시 필요한 것[1]

1  다른 모든 것을 분석하고 해명하는 것은 이성[추론]이지만, 이성 자체
   가 분석되지 않은 채로 남아 있으면 안 된다고 한다면, 어떤 수단으로
2  그것은 분석될 수 있겠는가? 분석된다고 하면 이성 자체에 의해서나 다
   른 어떤 것에 의해서라는 것은 분명하다. 다른 어떤 것은 의심할 바 없
   이 이성의 한 형태이거나, 그렇지 않으면 이성보다 우월한 어떤 것이어
3  야 하는데, 이것은 불가능하다. 이성의 한 형태라면, 무엇이 또 그것을
   분석하겠는가? 왜냐하면 스스로 자신을 분석한다면, 첫 번째 형태의 이
   성은 그것을 똑같이 잘 수행할 수 있기 때문이다. 우리가 각 단계에서
   다른 형태의 추론에 의지해야 한다면, 그 과정은 끝이 없으며 결코 멈추

---

1  에픽테토스와 특정되지 않은 상대자 간의 대화로 이루어진 이 담론에서, 이 장의 표제
   와 달리 주요 논의 초점은 '이성 기능의 자족'에 대한 생각에 놓여 있다. 에픽테토스는
   이성을 분석할 수 있는 유일한 수단은 이성 그 자체라는 형식적으로 수행된 논증으로
   시작하며(1~3절), 그런 다음 논리를 이 분석 과정을 위한 적절한 수단으로 제시한다
   (6~12절). 그는 또한 우리 자신의 판단보다는 크뤼시포스와 같은 철학의 해석자에 의
   존하는 경향도 비판한다(13~18절). 예를 들어 점술을 통한 것과 같은 해석이 보여 줄
   수 있는 모든 것은, 우리 스스로가 알아낼 수 있는 진리, 즉 우리가 양도할 수 없는, 신이
   주신 이성적 활동 능력을 갖고 있다는 것이다(20~29절).

지 않을 것이다.[2]

 '좋습니다만, 혼을 돌보는 것[3]이 [논리학의 공부보다] 더 긴급한 필     4
요가 있습니다. 그리고 그와 유사한 다른 것들도 말이죠.'[4]

 그래서 그것에 관해 무언가를 듣고 싶은가 보군? 좋네, 들어 보게. 그     5
러나 네가 나에게 와서 이렇게 말한다고 가정해 보세. '나는 선생님의
논증이 참인지 거짓인지 모르겠습니다'라고 말했고, 또 내가 어떤 모호
한 용어를 사용하는 경우, 자네가 '구별을 해주세요'라고 묻는다면, 나
는 더 이상 너의 말을 참지 못하고, '하지만 더 긴급히 해야 할 필요한

---

2   에픽테토스의 논증은 이렇다. (1) 우리의 이성인 '이성'(A)을 분석하기 위해 다른 이성
    (B)을 요구한다면, 그 다른 이성(B)을 분석하기 위해 또 다른 이성(C)을 요구할 수밖에
    없을 것이다. (2) 이런 식으로라면 또 다른 이성으로 무한히 소급될 수밖에 없다. 우리
    의 이성이 분석될 수 있다면, (3) 그것은 그 자체로 분석되어야 한다. 즉, '이성은 그 자
    체로 분석되거나(p), 다른 어떤 것에 의해 분석되어야 한다(q)'. 'q일 수 없다.' '그러므
    로 p이다.' 이것을 형식화하면 이렇게 된다. [(p∨q)·~q]⊃p 스토아 철학에 따르면, '어
    떤 것도 이성보다 우월한 것은 없다.'(키케로, 『신의 본성에 관하여』 1.37; 2.16. 133 참
    조) 마르쿠스 아우렐리우스는 "이성적 혼의 특성은 이런 것이다. 그것은 스스로를 보
    고, 스스로를 분석한다"라고 말한다(『자기 자신에게 이르는 것들』 제11권 1).

3   thrapeuein(돌보는 것, 치료하는 것). '영혼의 돌봄'이란 결국 '올바른 행위를 위한 우리
    의 감정이나 의견을 돌보는 것'을 말한다. 즉 '우리의 판단의 치료'를 말할 수 있다.

4   이것은 그의 학생 중 하나로 생각되는 대화 상대방의 반론이다. 그는 도덕적 인간으로
    만드는 데 논리학이 필요치 않다고 반론을 제기하며, 행위를 위한 도덕적 훈련이 논리
    학보다 더 선행한다고 생각하고 있다. 아래에서 보는 바처럼, 에픽테토스는 논리학에
    숙달하지 못하면 도덕적 가르침에 대한 충분한 지각을 가질 수 없다고 주장한다. 실천
    적 훈련이 이론을 보충해 줘야 한다. 즉 에픽테토스는 이론(logos)과 훈련(askēsis) 둘 다
    를 요구하는 입장을 취한다. 그렇다면 당시에 이론보다 실천을 우선시해서 가르치던
    학파가 있었다는 말인가? 철학적 이론을 무시하고, 누더기 옷을 입거나 수염을 기르는
    외형적 태도의 중시, 이성적 원리에 기반하는 철학적 행동을 거부하는 입장을 옹호하
    는 학파가? 견유학파일까? 아래의 12절에서는 견유학파인 안티스테네스가 언급되고
    있다.

6 일이 있네'라고 대답할 것이네.[5] 그것이 철학자들[6]이 논리학[7]에서부터 시작하는 이유라고 나는 생각하네. 마치 그것은 곡물을 측정할 때 그 척

7 도를 검토하는 것으로부터 시작하는 것과 꼭 같은 것이네. 우리가 먼저 측정 단위[8]가 무엇이며, 저울이 무엇인지 결정해 두지 않는다면, 어떻

---

5 대화 상대자는 논증에서의 전환을 생기게 하는 에픽테토스의 습관적인 역할을 수행한다. 그의 반론은 도덕적 문제가 논리적인 문제보다 우선한다는 것이다. 이 입장은 가끔 에픽테토스가 주장하는 견해이기도 하다(제3권 제2장 3절). 여기서 우리는 아마도 에픽테토스가 도덕적 물음이 우선한다는 자신의 입장과 모순되는 것이 아니냐는 대화 상대자의 비난으로 생각할 수도 있을 것이다. 그러나 에픽테토스는 자신을 자기모순에 빠뜨리는 것이 실제로 자신의 의견임을 보여 주기 위해 대화 상대자의 말을 되풀이하고 있다(R. Dobbin[1998], p. 163).

6 스토아 철학자들을 말한다.

7 스토아학파의 커리큘럼에서는 주제에 대한 여러 단계(논리학, 자연학, 윤리학)가 있음을 찾아볼 수 있지만, 그 시작 단계는 확정된 것이 아니라는 암시도 동시에 나타나고 있다(DL 제7권 40~41; LS 26 B~E). 제논과 크뤼시포스는 논리학을 맨 앞에 놓는다(DL 제7권 40). 한편, 에픽테토스는 논리학을 맨 마지막으로 공부할 주제로 언급하기도 한다(제3권 제2장 5~6절; "오늘날의 [스토아] 철학자들(hoi nun philosophoi)은 첫 번째 영역(topos)과 두 번째 영역을 그대로 지나치고, 세 번째 영역에 집중한다. 즉 논증을 바꿈으로써, 질문하는 방식을 통해 결론을 이끌어 내는 논증, 가언적 논증, 거짓말쟁이 역설의 변형들."; 제3권 제2장 16~17절 참조). 왜 에픽테토스는 논리학에 대해 모순적 입장을 취하고 있을까? 본회퍼는 에픽테토스가 논리학의 초보적 단계와 고급 단계로 나누어 머리에 떠올리는 것으로 그 문제를 해소하고 있다고 본다(R. Dobbin[1998], p. 164). 에픽테토스의 세 가지 topoi(영역)의 구분이 스토아 철학의 학문 구분과 완전히 대응하지 않는다는 점에 대해서는 제1권 제4장 11~12절 참조. 이에 관련된 '에픽테토스의 영역과 전통적 스토아 철학의 구분'에 대한 논의에 대해서는, P. Hadot, *The Inner Citadel; The Meditations of Marcus Aurelius*, trans. Michael Chase, Harvard Univ. Press, 1998, ch.5 'The Stoicism of Epictetus'; 김재홍, 『왕보다 더 자유로운 삶』, 서광사, 2013, 246~260쪽; J. Barnes, *Logic and the Imperial Stoa*, Reiden, 1997, ch.3 제3장 'Epitetus' 참조.

8 모디오스(modios)는 곡식이나 땅을 재는 로마 시대의 단위. 1모디오스(라틴어 modius)는 36리터, 약 2말에 해당한다.

게 무언가를 측정하거나 무게를 잴 수 있을 것인가? 이와 마찬가지로
논리학의 경우에도 우리가 다른 모든 것의 지식을 얻을 때 적용하는 판단의 기준을 배우지 못한다면, 또 정확하게 배우지 못한다면, 어떻게 우리가 다른 것들에 대한 어떤 앎을 정확하게 알고 이해할 수 있겠는가? 어떻게 그것이 가능할 수 있을까?[9]

**9** 일반적으로 스토아의 인식론은 논리학의 영역에 포섭된다(DL 제7권 41). 무언가를 인식하고자 한다면, 우리는 먼저 인식의 기준을 확보해야만 한다는 것이다. 여기서 그 기준은 논리학에 의해 주어진다고 주장한다. '논리학적인 앎'을 철저하게 알지 못한다면, '다른 것들에 대한 어떤 앎', 즉 윤리학이나 자연학에 대한 지식을 알 수 없다는 것이다. 그러나 에픽테토스의 이런 입장은 다른 곳에서 언급한 논리학에 대한 그의 주장과 상충되는 것처럼 보인다. 논리학은 에픽테토스가 구별하는 세 '영역'(토포이) 중에서 세 번째 것에 속한다. "세 번째 영역은 이미 진보한 사람들에게 속한다."(제3권 제2장 5절) 다시 말해, 논리학은 다른 영역에 속하는 것을 제대로 숙달한 후에야 비로소 공부해야 하는 영역이다. 왜 그런가? 논리의 기능은 '이런 문제에서 안정성(확실성, asphaleia)을 주어, 우리가 꿈을 꾸거나, 취하거나, 우울할 때에도, 검사받지 않은 인상이 우리가 그것을 알지 못한 채로 스며들지 않게 하는 것'(제3권 제2장 5절)이기 때문이다. 에픽테토스가 설명하듯이, 논리학의 일은 우리의 견해를 안정적이게 만드는 것이다. 그렇다면 논리학을 시작하기 전에, 우리는 안정적일 가치가 있는 견해들을 먼저 확보해야만 한다. 그래서 슈바이그호이저(J. Schweighäuser[1799], II, p. 199)는 제1권 제17장 6절은 에픽테토스 자신의 견해가 아니라고 주장한다(J. Barnes, *Logic and the Imperial Stoa*, p. 68, n.173 참조). 에픽테토스는 명백히 모순을 범하고 있다. 어떻게 그 모순을 해결할 수 있을까? 에픽테토스의 텍스트에서는 이 점에 대한 만족스런 해결책이 찾아지지 않는다고 반스는 주장한다. 그러면 에픽테토스가 철학 초심자를 위한 '초등 논리학'과 자신의 도덕적 자격을 갖춘 철학자들을 위한 '고등 논리학'(advanced logic)을 구분하고 있었을까? 이런 증거도 에픽테토스에게서 찾아지지 않는다. 이 문제에 대해서 다양한 해결책을 궁리하는 반스의 입장을 참조하라(*Ibid.*, pp. 68~70). 나는 아리스토텔레스 이래로 전통적으로 내려온 '도구로서의' 논리학에 대한 스토아 입장과 에픽테토스 자신의 논리학의 입장('세 번째 영역'으로서의 논리학) 때문에, 이런 모순이 발생한 것으로 추정한다. 그 밖에도 논리학을 측량과 무게를 재는 것과 비교하는 것에 대해서는 제1권 제28장 28절, 제2권 제11장 13~24절, 제3권 제26장 15~17절 참조.

9    '그렇지만요, 측정하는 그릇[10]은 나무 조각에 불과하고 열매를 맺지 못합니다.'

하지만 그것은 곡물을 가늠할 수 있네.

10    '논리학 또한 열매를 맺지 못합니다.'[11]

이 점에 대해서는 나중에 살펴볼 것이네. 그러나 그것을 인정한다 해도, 논리학[12]은 다른 모든 것을 분별하고 고찰하고, 말하자면 그것들을 측정하고 무게를 달 수 있는 능력을 우리에게 주는 것으로 충분하다

11, 12    네. 누가 그런 말을 하는가? 크뤼시포스, 제논, 클레안테스[13]뿐인가? 안티스테네스[14]도 그렇게 말하지 않았나? 그리고 '교육의 시작은 명사(名辭)에 대한 검토'라고 쓴 사람은 누구였던가?[15] 소크라테스[16]가 그런 말

---

10   원어는 ho modios이다.

11   즉, 논리학은 윤리학과 아무 관련이 없다.

12   '논리학'으로 옮긴 ta logika는 'logos에 관련된 것들'로 '추론의 기술'을 의미한다. 넓은 의미에서 ta logika는 '인간의 언어 사용'과 '이성적 활동' 전반을 포괄하는 말이다.

13   제논(B.C. 334~B.C. 262), 클레안테스(B.C. 331?~B.C. 232?), 크뤼시포스(B.C. 280~B.C. 206) 등은 스토아학파 초기에 활동하면서 스토아 철학을 정립한 거두들이다.

14   안티스테네스(450~360)는 소크라테스의 제자이며, 『교육, 또는 이름에 관하여』라는 책의 제목이 전해진다(DL 제6권 17). 견유학파 철학자로 논리학과 자연학을 거부했다고 한다. 디오게네스도 안티스테네스를 통해서 소크라테스의 추종자가 되었다.

15   안티스테네스, 「단편」 38 DC.

16   플라톤의 초기 대화편에서 제시된 것처럼, 그의 질문은 명사(名辭)의 정의(What is X?), 특히 덕의 본질에 초점을 맞추고 있다. 소크라테스가 추구했던 물음은 이런 것이었다. "경건이란 무엇인가, 경건하지 않음이란 무엇인가, 아름다움이란 무엇인가, 부끄러움이란 무엇인가, 정의란 무엇인가, 부정의란 무엇인가, 절제란 무엇인가, 광기란 무엇인가, 용기란 무엇인가, 비겁함이란 무엇인가, 국가란 무엇인가, 정치가란 무엇인가, 사람들의 통치란 무엇인가, 통치자란 무엇인가, [···]."(크세노폰, 『회상』 제1권 제1장 16절; 제4권 제6장 1~2절 참조)

을 하지 않았는가? 그리고 크세노폰[17]이 각각의 의미가 무엇인지를 조사하면서, 명사들에 대한 탐구로부터 시작했다고 말할 때, 그는 누구에 관해 쓰고 있는 것인가?[18]

그렇다면 크뤼시포스를 이해하고 해석할 수 있다는 것, 이것이 중요 13
하고 경탄할 만한 일인가? 누가 그렇다고 말하는가? 그렇다면 정말로 14
경탄할 만한 것은 무엇인가? 자연의 의지[19]를 이해하는 것. 그럼 너 스스로 그것을 이해할 수 있는 것인가? 그 경우라면, 다른 사람의 도움이 무슨 필요가 있겠는가? 잘못을 저지르는 모든 사람이 의지에 반해서 (비자발적으로) 그렇게 하는 것[20]이라는 것이 참이고, 네가 그 참을 완전히 알고 있다면, 필연적으로 네가 이미 올바르게 행동하고 있어야만 한다는 것이 따라 나오는 것이네.

'하지만 제우스에 맹세코, 나는 자연의 의지를 이해하지 못합니다.' 15

그러면 누가 그것을 해석할 수 있는가? 사람들은 크뤼시포스라고 말합니다. 나는 이 자연 본성의 해석가가 말한 것을 알아보기 위해 그에게 16

---

**17** 아테나이 출신 철학자(기원전 445~365)로 소크라테스의 제자. 견유학파의 디오게네스는 그의 제자였다고 한다.

**18** '논리학은 반드시 필요한 것'이란 이 장의 제목은 4~12절의 논의에만 해당한다.

**19** 자연의 의지(to boulēma tēs phuseōs)에 대해서는 제3권 제20장 13절과 『엥케이리디온』 제26장, 그 밖에도 마르쿠스 아우렐리우스, 『자기 자신에게 이르는 것들』 제5권 1 참조. 이 말은 '제우스의 의지'나 '올바른 이성'과 같은 표현이다.

**20** 이 주장('모든 사람은 의지에 반해서 잘못을 저지른다')은 소크라테스와 연관된 가장 유명한 역설적 논증 중의 하나이다(플라톤, 『프로타고라스』 345d 아래; 크세노폰, 『회상』 제3권 제9장 5절 참조["무엇을 해야 하는지를 알면서도 반대되는 것들을 행하는 사람들은 지혜롭지만 자제력이 없는 사람들이라고 생각하는지"에 대하여 소크라테스는 "그들은 지혜롭지도 못하고 자제력이 없는 사람일 뿐일세"라고 답했다]). 스토아학파에서의 논의에 대해서는 제1권 제18, 28장 참조.

간다네. 처음에는 그가 말하는 것의 의미를 모르니, 그것을 해석해 줄 수 있는 사람을 찾아보자. '자, 마치 로마의 말(라틴어)로 되어 있는 것처럼,[21] 이것이 무엇을 의미하는지 생각해 보라.'[22] 여기에 해석자가 자신을 자랑스럽게 느끼도록 정당화해 주는 무언가가 있는가?[23] 크뤼시포스조차 단지 자연의 의지를 해석하는 데 자신을 한정하고 스스로는 그것을 따르지 않는다면, 그는 자랑스러워할 정당한 이유를 갖지 못한 것이네. 그렇다면 그의 해석자의 경우에는 그 이상으로 얼만큼이나 자랑할 만한 여지가 있겠는가! 우리에게 크뤼시포스가 필요한 것은 그 자신을 위해서가 아니라, 우리가 자연 본성을 이해하기 위해서이네. 마치 우리가 그 자신을 위해 예언자가 필요하지 않고, 다만 우리가 그를 통해 미래와 신들이 보낸 징조의 의미를 이해할 수 있기를 기대하기 때문에 필요한 것처럼 말이네. 또한 우리는 희생제물의 내장이 그것 자체를

---

21  로마 제국에서 가장 널리 사용되는 언어이므로 에픽테토스는 거의 모든 사람에게 통역(해석)의 도움을 요청할 수 있었다. 에픽테토스는 로마의 학생들 중 한 사람으로 자신의 위치를 정하고 강의를 이어 가고 있다. 로마의 학생들은 라틴어를 유려하게 구사할 수 있었기 때문에, 크뤼시포스의 책이 라틴어로 번역되었다면 그를 더 쉽게 이해할 수 있었을 것이다.

22  "그런데 내가 곤란을 겪는 구절이 있어서, 그 설명을 해줄 누군가를, 사람을 구하네. '여기 이것을 보고, 이것이 무엇을 의미하는지 나에게 말해 보시오.' ─ 마치 그것이 라틴어로 되어 있는 것처럼."(R. Dobbin [1998]) 도빈은 16절의 구두점을 달리해서 번역하고 있다. "라틴어로 되어 있는 것처럼"을 대화 상대자의 발언의 일부로 보지 않고, 크뤼시포스에 대한 해석을 찾는 관행에 대한 에픽테토스의 냉소적인 언급의 일부로 보고 있다(Ibid., p. 167).

23  『엥케이리디온』 제49장 참조. "누군가가 크뤼시포스의 책들을 이해하고 해석할 수 있다고 떠벌릴 때, 너 자신에게 이렇게 말하라. '만일 크뤼시포스가 불명료하게 쓰지 않았다면, 이 사람은 떠벌릴 만한 어떤 것도 없을 것이다.'" 제49장 전체와 연관해서 이 대목을 이해하라.

위해 필요한 것이 아니라, 다만 그것을 통해 전해진 징조 때문에 필요한 것이며, 또한 우리가 까마귀나 갈가마귀 그 자체에 대해 경탄하는 것이 아니라, 그 새들을 통해 징조를 전한 신들에게 경탄하는 것이라네.[24]

그래서 나는 해석자와 예언자에게 가서 '내장[25]'을 살펴보고, 그것들 20
이 내게 어떤 징조를 나타내는지 말해 주시오'라고 말하네.[26] 그 사람 21
은 내장을 가져다가 펼쳐 놓고 다음과 같이 해석하네. '인간아, 너는 자
연 본성적으로 방해와 강제로부터 안전할 수 있는 의지(선택의 힘, 프로
하이레시스)를 가지고 있네. 이것이 여기 내장에 쓰여 있는 것이네. 먼 22
저 나는 너에게 이것을 승인의 영역(토포스)에서[27] 나타내 보겠네. 너에
게 참에 동의하는 것을 누가 방해할 수 있는가? 어떤 사람도 그럴 수 없
네.[28] 누가 너에게 거짓을 받아들이도록 강제할 수 있는 사람이 있는가?
어떤 사람도 그럴 수 없네. 이 영역에서 네가 방해받지 않고, 강제당하 23
지 않고, 장애에서 벗어난 의지(선택의 힘, 프로네시스)를 가지고 있음
을 보는가? 자, 욕구와 충동(동기)의 영역에서는 이와 다른 것일 수 있 24
는가?[29] 다른 충동 외에 무엇이 충동을 압도할 수 있겠는가? 또 다른 욕

**24** 크세노폰, 『회상』제1권 제1장 3~4절("예언을 의뢰한 사람에게 이로운 것이 무엇인지
를 아는 것은 […] 신들이며, 신들이 이것들을 통해 이로운 것들에 대해 신호를 주는 것
이다.") 참조. 키케로, 『점술에 대하여』I. 82~83, 117~118, 127 참조.

**25** 희생제물의 내장을 조사하는 것은 헬라스와 로마의 종교 관습에서 신들의 뜻(신들이
희생제물에 호의적인지 아닌지를 가리는)을 확립하는 표준 수단이었다.

**26** 아래에서 점 해석자와 대화 상대의 가상 문답이 이어진다. 이 해석자는 에픽테토스의
입장을 대변하고 있다.

**27** 즉 비-충동적 인상들, 이론적 인상들에서. '논리학의 영역'을 말한다.

**28** 대화 상대자가 '어떤 사람도 그럴 수 없습니다'라고 답하는 것으로 간주할 수도 있다.

**29** 즉, 그것은 아무런 차이가 없다.

구나 혐오를 제외하고, 무엇이 욕구나 혐오를 압도할 수 있겠는가?'[30]

25 '누군가가 나를 죽음의 공포에 빠뜨리는 일이 있다면, 그것이 나를 강제하는 것이군요'라고 누군가가 묻는다.

아니네. 너를 강제하는 것은 죽음의 공포에 빠뜨리는 것이 아니라, 죽는 것보다 이것 또는 저것을 행하는 것이 더 낫다고 생각하는 너의 생

26 각[31]이네. 그래서 이 경우에도 너를 강제하는 것은 너의 판단, 즉 너의

27 의지(프로하이레시스)가 의지(프로하이레시스)를 강제한 것이네.[32] 만

---

30 우리가 행하는 모든 것은 궁극적으로 우리 자신의 '결정'의 결과이다. 인간의 자발적 행위를 강조하는 말이다. 즉, 주어진 인상에 대해 동의하는 것을 가로막는 어떤 '외적인 힘'도 없다는 것이다(제1권 제28장 1~7절; 제3권 제7장 15절 참조). 외적인 물리적 세계에서 일어난 사태는 운명의 지배를 받지만, 아무런 제약을 받지 않는 '승인'과 '충동'의 영역에 대한 인간 내면의 정신적 세계는 '완전한 정신적 자유'를 갖는다는 것이다. 따라서 운명에 지배받는 외적 세계와 완전한 정신적 자유의 내적 세계를 가로막는 인과적 방어벽은 존재할 수 없다. 이것은 스토아 입장으로 해석될 수 있다. 이에 대해서는 T. Brennan, "Stoic Moral Psychology", ed. B. Inwood, *The Cambridge Companion to the Stoics*, Cambridge, 2003, p. 293 참조.

31 판단이나 결정.

32 '프로하이레시스가 프로하이레시스를 강제한다.' 프로하이레시스는 능동적 의미와 수동적 의미를 다 포괄한다. 즉 결국 인간은 '절대적인 의지의 자율적 존재'이며, '자기 결정권을 갖는 자유로운 존재'라는 것이다. 인간은 신에게서 부여받은 특별한 선물인 자율적 능력을 가진 존재이기 때문이다(제1권 제1장 12절 참조). 브레넌은, 프로하이레시스가 '동의하려는 성향의 총체로 간주되는 자신의 혼 또는 지배하는 중심 부분'을 의미한다고 해석한다. 따라서 형이상학의 수준에서 프로하이레시스는 그 사람의 혼과 같은 양의 프네우마(pneuma)이며, 이는 현자의 덕이 그들의 혼과 같은 양의 프네우마인 것과 마찬가지이다(Plutarch, 『도덕적 덕에 관하여』*De virtute morali* 441C; SVF I.202; LS 61 B9 참조) 보다 일반적인 용어로서, '인상에 대해 어떻게 동의하는가' 하는 성향에 의존해서, 그 사람의 프로하이레스는 그 사람의 덕이 될 수도 있고 악덕이 될 수도 있는 것이다(T. Brennan, "Stoic Moral Psychology", pp. 292~293).

일 신이 그 자신으로부터 떼어 낸 그 자신의 부분[33]을 우리에게 주도록 그렇게 만드셔서, 그것이 그 자신이나 다른 어떤 것에 의해 방해받거나 강제를 겪을 수밖에 없도록 구성하셨다면, 그는 더 이상 신이 아닐 것이며, 또 그는 마땅히 해야만 하는 방식대로 우리를 배려하는 것도 아닐 것이네.

점술가는 말한다. '이것이 내가 이 희생 속에서 발견한 것이네. 이것 28 들이 자네에게 제시된 징조들이네. 네가 원한다면, 너는 자유이네. 네가 원한다면, 누구에게서도 허물을 찾지 않을 것이며, 누구도 탓하지 않을 것이며, 일어나는 모든 일은 너의 의지와 동시에 신의 의지에 따라 일어날 것이네.'

내가 점술가와 철학자[34]에게 가는 것은 이런 식으로 점치기 위해서 29 이며, 그가 내놓은 해석 때문에 그를 찬양하는 것이 아니라 그 해석에서 드러난 바로 그 사항 때문에 그를 찬양하는 것이네.[35]

---

33 종자적 로고스로, 각 사람이 가지고 있는 이성을 말한다.

34 철학자와 점술가(예언자)를 거의 동일선상에 올려놓고 있다. 철학자나 점술가는 다 같이 제우스의 메시지를 인간에게 전하는 것이 그들의 '의무'이기 때문이다(제1권 제1장 10~13절).

35 초기 스토아는 신적 섭리와 운명에 대한 믿음을 지지하므로 점술을 옹호한다. 에픽테토스도 기본적으로는 스토아의 예언, 점술에 관한 입장을 받아들이지만, 그는 점과 예언, 신탁 자체는 '좋은 것도 나쁜 것도 아니기 때문에', 그것의 '올바른' 사용의 중요성을 강조한다(『엥케이리디온』제32장). 예언술을 전면적으로 부정하는 에피쿠로스 입장에 대해서는 DL 제10권 135("[예언술은] 설령 있다고 하더라도, 그것으로 인해 발생하는 일은 우리에게 아무런 상관도 없다고 생각해야 한다.") 참조. 후기 스토아에서는 에픽테토스의 의심과 같은 생각을 나누고 있다(세네카, 『도덕서한』88.14 참조).

제18장
# 잘못을 저지른 사람에게
# 화내지 말아야만 한다는 것[1]

1    철학자들[2]이 말하듯이, 모든 사람들에게 [생각과 행위에] 하나의 원
리(출발, 아르케)가 있으며, 즉 그 원리는 사물을 승인하는 것은 어떤

---

1   이 담화는 개인 관계에 대한 스토아학파의 금욕주의적 가치 이론의 의미를 탐구하고
    있다. 모든 사람은 그 경우가 그렇다고 느끼거나, 자신에게 유익하다고 생각하는 것을
    목표로 삼고 행동을 하며(1~2절), 또 나쁜 행위를 저지르는 것은, 정신이 눈멀거나 귀
    머거리가 되는 것과 같은 좋음과 나쁨에 관한 판단 오류의 문제이다. 그러므로 우리는
    그런 사람들에게 화를 내지 말고 동정해야 한다(10절). 우리가 화를 낸다면, 이것은 우
    리가 자신의 마음 상태나 성품보다 옷이나 가정용품과 같은 외적인 것들에 가치를 부
    여하고 있음을 보이는 것이다(11~17절). 우리는 운동선수처럼 우리의 좋은 성품에 대
    한 모든 종류의 도전에 대해 극복할 수 있도록 자신을 훈련해야 한다(18~23절). 제1권
    제28장 「다른 사람에게 화를 내지 말아야 한다는 것, […]」을 참조. 여기서 에픽테토스
    는 인간 심리와 감정에 대한 스토아적 사고를 전제하고 있다(T. Brennan, "Stoic Moral
    Psychology", ed. B. Inwood, *The Cambridge Companion to the Stoics*, Cambridge, 2003, pp.
    265~274). 에픽테토스는 다른 사람들에 대한 우리의 태도에 대한 논의를 전개했으며
    (제1권 제28장 참조), 마르쿠스 아우렐리우스는 『자기 자신에게 이르는 것들』 제2권 1,
    제5권 28에서 그 뒤를 이어 이 점을 이야기했다.
2   에픽테토스가 '철학자들'이라고 말하는 경우, 대개 스토아 철학자들을 가리킨다(제1권
    제4장 1절, 제2권 제1장 22절, 제2권 제10장 5, 24절 참조). 감정(pathos)이 일종의 판단
    (krisis)과 의견(doxa)이라는 주장은 스토아 철학에서 공통적이다.

것이 그 경우라고 느끼기 때문이며, 부인하는 것은 어떤 것이 그 경우가 아니라고 느끼기 때문이며,[3] 또 제우스에 맹세코, 판단을 중지하는 (epischein) 것은 그것이 불확실하다고 느끼기 때문이지만, 마찬가지로 또한 어떤 것으로 향한 충동(동기)을 가지는 것은 그것이 나에게 유익하다[4]고 판단하면서 다른 것을 욕구한다든지, 어떤 것이 적합한 것 (kathēkon)이라고 판단하면서 다른 것으로 향해지는 충동을 느끼는 것은 불가능하다는 것인데, 이 모든 것이 사실상 참이라면, 왜 우리는 여전히 많은 사람들에게 화를 내곤 하는 것인가?

'그들은 도둑들이고, 또 강도들입니다'라고 누군가가 말한다.

도둑들과 강도들, 그게 무슨 말이냐? 선과 악에 관련해서 잘못 판단한 것이다. 그러면 우리는 그들에게 화를 내야 하는가, 아니면 차라리 연민을 느껴야 하는가? 그들이 어디에서 잘못되었는지 보여 주면, 너는 그들이 어떻게 자신들의 잘못을 그만두는지를 보게 될 것이네. 하지만 그것을 보지 못한다면, 그들은 자신의 개인적인 의견보다 더 나은 어떤 것도 갖지 못할 것이네.

'그러면 여기 이 도둑과 이 간음한 자를 죽음에 처하지 말아야만 합니까?' 결코 그런 짓을 해서는 안 되네. 오히려 이렇게 물어야만 하네. '가장 중요한 문제들에 관해 잘못된 길로 빠졌고 또 기만에 빠졌으며, 또 백과 흑을 식별하는 시력에서가 아니라 좋음과 나쁨을 구별하는 지성에서 눈이 먼 이 사람을 죽음에 처해야 하지 않겠는가?' 이런 식으로

2

3

4

5

6

7

---

3  즉 동의하는 경우는 어떤 것이 그 경우라고 느끼기 때문에 동의를 하는 것이고, 어떤 것이 그 경우가 아니라고 느끼기 때문에 동의를 거부하는 것이다.

4  '유익하다'는 '선호되는' 것을 의미한다.

네가 질문을 내놓으면, 네가 표현하는 생각이 얼마나 비인간적인가를 깨닫게 될 것이고, 또 그것이 '그러면 이 눈먼 사람이나 저 귀머거리를 죽음에 처해야 하지 않느냐?'[5]라고 말하는 것과 다를 바 없다는 것을 알게 될 것이네. 사람이 겪을 수 있는 가장 큰 해는 가장 중요한 것을 상실하는 것이고, 각자에게 가장 중요한 것은 올바른 의지(선택, 프로하이레시스)인 이상, 그것을 결여한 사람이 있다면, 네가 그에게 여전히 화를 낼 무슨 이유가 남아 있는가? 인간아, 네가 다른 사람의 악에 대해 정말로 자연에 어긋나는 방식으로 느낌을 품어야만 한다면, 그를 미워하기보다는 오히려 동정해야만 하는 것이네.[6] 그런 앙갚음과 증오심을 버려라. 인간아, '이 가증스럽고 더러운 어리석은 자들을 쫓아 버려라!'와 같은 군중들이 선호하는 이러한 표현들을 사용하는 너는 누구냐?[7] 좋네. 그런데 너는 어떻게 갑자기 그렇게 지혜롭게 바뀌게 되어서, 지금은 다른 사람들에게 그렇게 까다롭게 구는 것인가?

그렇다면 우리는 왜 화를 내는가? 그것은 우리가 빼앗긴 사물을 우리가 소중하게 생각하기 때문이네. 그러니 너의 옷을 소중하게 생각하는 것을 그만둔다면, 너는 도둑에게 화를 내지 않게 될 것이네. 아내의

---

5  즉 이들을 죽여야만 한다.

6  '동정'은 스토아 철학에서 오도된 감정이나 겪음으로 간주된다. 동정은 감정(pathos)이기 때문에, 자연에 반하는 것이다(제3권 제22장 13절, 제3권 제24장 43절, 제4권 제1장 4절 참조). 여기서 동정은 인간 잘못에 대한 일반화된 이성적인(합리적인) 반응으로 나타나고 있다. 사실상, 스토아 현자는 타인에 대해 '동정심'이나 '너그러움'을 허용하지 않는다(DL 제7권 123 참조). 어쨌든 여기서 에픽테토스는 비인간적인 것(apanthrōpon)을 반대하고 인간애(philantrōpos)의 태도를 취하고 있다.

7  원문이 손상된 대목인데(9~11절) Loeb판과 달리 10절을 tis ou⟨n⟩ ei a⟨nthrōpe⟩ ⟨hi⟩na eipēs tas […]로 읽는다(Souilhé).

아름다움을 중시하는 것을 그만두게. 그러면 너는 간통한 사람에게 화를 내지 않을 것이네.[8] 도둑과 간통하는 자는 너 자신의 것들에서 어떤 자리도 차지하지 못한다는 것을 알며, 그들의 자리는 다른 어딘가에 있으며 또 너에게 달려 있는 것들 영역 바깥에 있다는 것을 알도록 하라. 이것들을 물리치고 아무것도 아닌 것으로 여기면, 누구에게 여전히 화를 낼 수 있겠는가? 그러나 이것들을 중시하는 한, 너는 그 사람들보다는 너 자신에게 화를 내야만 하는 것이네. 이것을 생각해 보라. 너에게는 좋은 옷이 있고, 네 이웃은 갖고 있지 못하며, 너희 집에는 창문이 있고, 옷을 바람을 쐬어서 말리기를 원하네. 옆 사람은 인간의 진정한 좋음이 무엇인지 알지 못하지만, 좋은 옷을 소유하는 것이 그것이라고 생각하는데, 이는 너 또한 그렇게 생각하는 바로 그것이기도 하네. 그러면 그 사람이 찾아와서 그 옷을 훔쳐 가지 않겠는가? 대식가에게 케이크를 보여 주고, 그런 다음 나만 그것을 게걸스레 다 먹어치운다면, 너는 패거리들에게 그것을 빼앗아 가라고 초대하는 것이 아닌가? 그들을 자극하지 말라! 열린 창문을 갖지 말라! 너의 옷을 바람에 쐬지 말라![9]

다른 어느 날에 나에게 그와 비슷한 일이 있었네. 나는 가정신(家庭神) 제단 곁에 쇠 등잔[10]을 두고 있었는데, 창문 쪽에서 소리가 나는 것

12

13

14

15

---

8  외적인 것들에 대한 집착을 버리라고 권유하고 있다(『엥케이리디온』 제15장 참조).

9  이 대목은 학생들에게 온화한 '관용'을 권유하고 있다.

10  쇠 등잔이 언급되는 제1권 제29장 21절 참조. 당시에는 집 중앙에 제단이 놓여 있었다. 이 일화는 에픽테토스의 램프를 꽤 유명하게 만들었고, 그 램프는 나중에 이름이 알려진 철학자의 기념품을 원했던 누군가에게 거액인 3,000드라크마에 팔렸다고 한다. 하지만 이런 소유욕은 에픽테토스가 권장하는 것과는 다른 물질적 소유 태도를 보여 준다. 세상의 것을 무관심하게 대하는 태도에 대해서는 『엥케이리디온』 제11장 참조.

을 듣고 급히 내려가 보니, 등잔을 도둑맞은 줄 알게 되었다네. 나는 그것을 훔친 그 사람이 꽤 이해할 수 있는 동기를 가졌다고 생각했네. 그럼 어떤가? 내일은 값싼 토기로 만든 등잔을 사면 좋겠다라고 나는 자신에게 말했네. 결국 우리는 자신이 가진 것만을 잃을 수 있을 뿐이네.[11] '내 겉옷을 잃어버렸어요.' 물론, 너는 겉옷을 가지고 있었으니까. '머리가 아파요.' 글쎄, 너는 뿔 속에 고통을 가지고 있는 것은 아니지,[12] 그렇지? 그럼, 왜 짜증을 내는 거지? 우리의 손실과 고통은 우리가 소유한 것들에만 영향을 미치는 것인데도 말이네.[13]

'하지만 폭군이 사슬로 결박할 거야….' 뭐? 너의 다리를. '하지만 자를 거야….' 뭐? 너의 목을. 그러면 폭군이 결박하거나 자를 수 없는 것은 무엇이겠는가? 너의 의지(선택의 힘, 프로하이레시스). 그런 이유로 옛 사람들은 우리에게 이 가르침을 따르라고 권고한 것이네. 너 자신을 알라.[14] 그럼 어떻게 하면 좋을까? 신께 맹세코, 사소한 일로부터 실천

---

**11** 15~16절은 퀴니코스학파의 분위기가 읽힌다. 소유에 관한 디오게네스의 일화에 대해서는 DL 제6권 제37 참조.

**12** 인간에게는 뿔이 없으므로 뿔이 아플 일은 없다. 반대로 말하면, 머리가 아픈 것은 머리가 있기 때문이라는 것.

**13** 결론은 선행하는 것을 설명해야만 한다. 사람은 뿔이 없기 때문에, 고통이 없을 수 있다. 물건을 소유하지 않으면, 물건을 잃어도 화를 낼 수 없다. 뿔의 역설; '네가 어떤 물건을 잃어버리지 않았다면, 너는 여전히 갖고 있는 것이네. 너는 뿔을 잃어버리지 않았네, 그러므로 너는 뿔을 가지고 있네.'(세네카, 『도덕서한』 45.8 참조) 여기서 에픽테토스는 '가진 것이 없을 때는 어떤 것도 잃지 않는다'고 말하고 있다.

**14** '너 자신을 알라'(to gnōthi sauton)란 표현에 대해선 크세노폰, 『회상』 제4권 제2장 24절 참조. 델포이의 아폴론 신전에 내걸렸던 잠언이다. 누구의 말인가에 대해서는 여러 설이 있다.

해야만 하고,[15] 그것으로 시작한 후에 더 큰 일로 나아가는 것이네.[16] '머리가 아파요.' 슬픔을 표현하지 말라. '귀가 아파요.' 슬픔을 표현하지 말라. 그런 일에 신음하지 말라는 것이 아니라, 너의 가장 깊은 내면[17]에서 신음하지 말라는 것이다.[18] 그리고 너의 어린 종이 붕대를 가져오는 것이 더디다면, 큰 소리를 지르지 말고, 얼굴을 찌푸리지 말고, 그리고 '모두가 나를 싫어해!'라고 외치지 말라. 실제로 그런 사람을 미워하지 않을 사람이 어디 있겠는가? 이제부터는 이 원칙들에 신뢰를 두면서, 운동선수처럼 신체의 힘에 신뢰를 두지 말고, 올곧고 자유롭게 너의 길을 걸어 나가야만 하는 것이네. 너는 당나귀처럼 무적일 필요는 없는 것이니까.[19]

그렇다면 무적의 인간은 누구인가? 의지의 영역 밖에 있는 그 어떤 것에 의해서도 현혹되지 않는 사람이다.[20] 그런 다음, 나는 계속해서 운동선수의 경우처럼 여러 상황을 차례로 세밀하게 따져 볼 것이네.[21] '이

---

15 어린아이를 교육하는 하나의 방법이다.

16 "그러니 사소한 일부터 시작하라. 올리브 기름이 엎질러지고, 포도주를 도둑맞았다. 다음과 같이 생각하라. '이것은 정념으로부터 벗어남(apatheia)을 사기 위해 치러야 할 그만 한 값이고, 이것은 마음의 평정을 사기 위해 치러야 할 그만 한 값이다.'"(『엥케이리디온』제12장 2 참조)

17 esōthen(자아, 너의 존재의 중심).

18 "만일 그러한 일이 일어났다면 그와 함께 비통해하라. 그러나 너는 내면적으로는 애통해하지 않도록 주의하라."(『엥케이리디온』제16장)

19 이솝 우화에서 보듯이, 당나귀는 완고하고 고집 센 동물로 일반적으로 받아들여진다. 인간은 당나귀와 같이 어리석은 고집이나 게으름, 느릿느릿한 움직임으로가 아니라, 이성, 반성, 명상, 탐구, 근면함을 통해 무적이 되어야 한다는 것이다.

20 스토아학파가 이상으로 여기는 현자를 가리킨다.

22   사람은 첫 번째 시합에서 승리를 거두었네. 그럼 두 번째는 어떤가? 태워 버릴 듯이 날이 뜨겁다면 그는 어떻게 할 것이지? 올림피아에서 그는 어떻게 할 것이지?' 현재의 경우에도 이와 마찬가지이네. 네가 그에게 한 푼의 은 동전을 준다면, 그는 그것을 경멸할 것이네. 하지만 멋지고 젊은 소녀라면, 어떨까? 또 어둠 속이라면, 어떨까? 또 그것이 작은 평판이라면, 어떨까? 그것이 심한 욕설이라면, 어떨까? 혹은 칭찬이라면, 어떨까? 아니면, 그것이 죽음이라면, 어떨까? 그는 이 모든 것을 극

23   복할 수 있을 것이네. 그러면 몸이 태워 버릴 듯이 뜨겁다면, 다시 말해 술에 취하면 어떻게 될까? 우울해지면 어떻게 될까? 그가 잠들면 어떻게 될까? 이것이 내가 말하는 무적의 운동선수인 것이네.[22]

---

21  철학자와 운동선수와의 비교에 대해서는 제1권 제24장 1~2절과 『엥케이리디온』 제51장 2 참조.

22  앞서 언급된 '무적의 인간'은 모든 일상적 상황에서 돈, 소녀, 은밀함, 평판 등과 같은 유혹에 저항할 수 있는지를 검증받음으로써 극복해 낸 사람을 말한다. 그러나 이런 정도를 넘어 운동선수처럼 아주 비정상적인 조건하에서도, 즉 술 취했을 때, 정신적으로 문제가 있을 때, 잠들었을 때에도 이 모든 유혹을 견뎌 낼 수 있다면, 그는 참으로 무적의 인간일 수 있는 것이다. 수면, 음주, 광기(우울) 등은 사람이 착란 상태에 빠지기 쉬운 예들이다(키케로, 『아카데미아학파』 51). 세네카에게 건강을 돌보는 것('잘 지내십니까')은, 곧 '철학을 행하는 것'을 의미한다. 그는 정신의 '건강의 돌봄'에 대하여 이렇게 말하고 있다. "그러므로 마음의 건강을 가장 먼저 돌보고, 다른 것은 단지 부차적으로 돌보시게나. 진정으로 건강하기로 결심했다면, 그것은 많은 비용이 들지 않을 것이네. 사랑하는 루킬리우스여, 교양 있는 사람이 근육을 단련하고, 어깨를 넓히고, 몸통을 강화하는 데 몰두하는 것은 어리석고 부적절한 것이네. 식이요법과 근육을 늘리는 데 성공할 수 있을 테지만, 너는 결코 혈기 왕성한 황소의 힘과 무게에는 필적하지 못할 것이네. 게다가, 너의 정신은 더 무거운 몸뚱이에 짓눌려 결과적으로 덜 민첩하게 되는 것이네. 그러니 가능한 한 몸을 줄여서 정신에 더 여유로운 폭을 주게나."(『도덕서한』 15,1~2) 스토아 현자의 태도에 대해서는 DL 제7권 117 참조.

# 제19장

# 참주에 대해 어떤 태도를 취해야만 하는가?[1]

어떤 사람이 어떤 면에서 우월성을 갖고 있거나, 실상 그것이 없는 경우     1
에도 있다고 생각할 때, 철학 교육을 받지 못했다면 그것으로 말미암아
이 사람이 교만으로 우쭐거리게 될 것은 너무나 필연적이네. 예를 들어,     2
한 참주는 이렇게 외친다. '짐이 세상에서 가장 강력한 자이다!'

   그렇다면 너는 나에게 무엇을 해줄 수 있는가? 내 욕구가 결코 방해
받지 않도록 해줄 수 있는가? 어떻게 그렇게 해줄 수 있는가? 당신 스스

---

1   여기서 에픽테토스는 우리가 참주(폭군)와 다른 강력한 사람들의 힘(권력)이 정말로
중요한 것, 우리의 정신 상태와 윤리적 성품에 미치지 못한다는 것을 깨닫고 나면 그 힘
에 영향을 받지 않을 수 있다고 주장한다(제1권 제1장 21~25절; 제1권 제29장 5~8절).
스토아주의에 따르면, 참주의 위협은 그 압도적 힘으로 말미암아 덕과 행복에 영향을
줄 수 있는 것으로 보이지만, 실제로는 외부의 어떤 힘도 우리에게 영향을 미치지 못하
기 때문에 아무런 위험이 될 수 없다. 그렇다면 참주의 위협은 공허한 것에 불과할 뿐
이다. 우리에게 유익하다고 생각하는 것을 추구하는 것은 자연스러운 일이다(자기애,
philauton, egoism). 이것은 다른 사람들에게 이익을 주고자 하는 자연스러운 욕망(이타
주의)과도 양립할 수 있으며(12~13절), 또한 이것이 자연적 발달에 대한 스토아학파의
기본적 개념('전유' 또는 '자기화', '자기 친화', '애착', oikeiōsis, 15절)이기도 하다. 그러
나 우리가 권력을 가진 사람과 정치적 지위와 같은 사소한 것에 가치를 부여하게 되는
것은 우리에게 이익이 되는 것의 본질에 관해 잘못을 저지를 때이다(16~29절).

로 그것을 해낼 수 있습니까?[2] 내 혐오가 회피하고 싶은 것에 결코 떨어지지 않도록 당신은 할 수 있는가? 당신 스스로 그것을 해낼 수 있습니까? 아니면, 내 충동(동기)이 결코 잘못을 범하지 않아야만 한다는 것인가? 어떻게 당신이 그것을 할 수 있다고 주장할 수 있는가? 자, 배를 탈 때 자신에게 신뢰를 두는가, 아니면 전문 지식을 가진 사람에게 신뢰를 두는가? 또 마차를 탈 때, 그것을 몰 줄 아는 사람이 아니라면, 누구에게 신뢰를 두는가? 그리고 다른 기술[3]의 경우에서는 어떤가? 꼭 마찬가지 겠죠. 그렇다면 너의 힘은 어디까지 미치는가?

'모두가 나에게 주의를 기울이네.'[4]

그래, 나는 닦고, 말리고 하면서, 내 작은 접시에 관심을 기울이네. 또 나는 기름통을 위해 벽에 못을 박네. 그럼 이것들로부터 무엇이 따라 나오는가? 이런 것들이 나보다 우월한가요? 전혀 아니네. 오히려 그것들이 나에게 어떤 점에서 쓸모가 있는 것이네. 그래서 나는 그것들에 주의를 기울이는 것이지. 그럼 어떤가요? 당나귀를 돌보지 않겠는가? 당나귀의 발을 씻기고 깨끗하게 하지 않겠는가? 모든 사람이 그 자신을 돌보지만, 당신에 대해서는 자신의 당나귀를 돌보듯이 그렇게 한다는 것을 당신은 알지 못합니까? 누가 진실로 너에게 인간으로서[5] 관심을 기

---

2  달리 옮기면, '어디서 그런 힘이 나오는 거죠?'.

3  정치적 지도력과 같은 기술.

4  이 장의 전체에서 therapeuein(therapeuō)은 '관심을 기울이다', '주의하다', '봉사하다', '시중들다', '돌보다', '의학적인 처지로 돌보다' 등의 의미로 사용되고 있다. 문맥에 따라서는 '비위를 맞추다', '존경하다', '숭배하다'란 의미를 가진다.

5  즉, '덕을 소유한 사람으로서'. 참주는 당나귀가 유익함을 주는 한에서, 당나귀가 받는 관심 정도도 받지 못할 수 있다. 참주는 악이니까.

울이고 있는가? 그런 사람 있으면 알려 주게.

누가 당신을 닮고 싶어 하는가, 사람들이 소크라테스를 열심히 추종   6
하려고 했던 것처럼 누가 당신을 추종하고 싶어 하느냐?

'하지만 나는 너의 목을 자를 수 있다.'

지당한 말이다! 나는 열병이나 콜레라에 주의를 기울이는 것처럼 당
신을 돌보아야 한다는 것을 잊고 있었네. 또 로마에 '열병의 신'[6]의 제단
이 있는 것처럼 당신을 위해 제단을 쌓아야 한다는 것을 잊고 있었네.

그렇다면 많은 사람을 혼란스럽게 하고 두렵게 하는 것은 무엇인가?   7
참주와 그의 경호원? 어떻게 그런 말을 할 수 있는가? 결코 그렇지 않
네. 본성적으로 자유로운 것이 자신 이외의 다른 무언가에 의해 혼란스
럽게 되거나 방해받게 되는 것은 불가능하네. 오히려 그 사람을 혼란스   8
럽게 하는 것은 그 자신의 판단이네. 참주가 누군가에게 '너의 다리에
족쇄를 채워 주겠다'라고 말할 때, 자신의 다리에 가치를 부여하는 사
람은, '아니요, 나에게 자비를 베풀어 주세요'라고 대답하지만, 반면에
자신의 의지(선택의 힘, 프로하이레시스)에 가치를 부여하는 사람은,[7]

---

6   콜레라(cholera)는 담즙 질환으로 여겨졌다. 로마에는 '열병의 신'을 위한 신전이 세 곳
     있었다. 열병에 대한 기도는 열병으로부터 면역이 되도록 고안되었다(키케로, 『신의 본
     성에 관하여』 3.63 참조). 다른 신들에 대한 숭배와 달리, 이 신에 대한 숭배는 그 '해로
     움'을 최소화하는 것이었다. 키케로는 신들의 본성 때문에, 신은 베풂을 행한다고 말한
     다. 신들이 마지못해 해로움을 끼친다고 생각하는 것은 잘못이라는 것이다. 그는 신들
     은 그럴 수 없으며, 해로움을 입히는 것과 해로움을 받는 것은 상호 연결되어 있기 때문
     에, 다치거나 다치게 할 수 없다고 주장한다. 세상의 궁극적인 지극히 아름다운 자연은
     위험을 면한 사람들을 위험에 빠뜨리게 할 수 없다(세네카, 『도덕서한』 95.49).
7   우리의 정신(이성)은 자유로운 것이니까. "파토스에서 자유로운 이성(dianoia)은 성채
     (akropolis)이다. 인간은 이보다 더한 난공불락의 요새를 가질 수 없다. 그곳으로 피신하
     면 그는 영원히 자유롭게 남아 있을 것이기 때문이다."(마르쿠스 아우렐리우스, 『자기

'그 편이 당신에게 더 이득이 될 것으로 보인다면 제발 족쇄를 채우십
시오'라고 말할 것이네.

'마음이 바뀐 건 없느냐?'

마음이 바뀐 건 없네.

'내가 주인이라는 걸 보여 주마.'

9  그걸 어떻게 보여 주겠는가? 제우스가 나를 자유롭게 해주셨는데.[8]
아니면, 당신은 진짜로 제우스가 자신의 아들[9]을 노예로 만드는 것을
허용할 것이라고 생각하는가? 당신은 내 시체의 주인이네.[10] 그거나 잡
으시게나.

10  '그래서 네가 내 앞으로 올 때는, 나에게 주의를 기울이지 않을 것이냐?'

전혀 안 하네. 오히려 나 자신에게만 주의를 기울이네. 하지만 당신
이 나를 돌보겠다고 한다면, 나는 도자기 항아리를 돌보라고 당신에게
말할 것이네.[11]

11  이것은 단순한 자기애(自己愛)[12]의 문제가 아니네. 오히려 모든 동물

---

자신에게 이르는 것들』 제8권 48)

8  참주에 종속되는 신체로부터 '나', '참된 자아'를 구별하고 있다.

9  제1권 제3장 1절("신의 가장 첫 번째의 자식") 참조. 에픽테토스에게서 인간의 몸은 시
   체이니, 인간의 '혼'이 신의 자식일 것이다.

10 신체를 시체에 비교하는 것에 대해서는 제1권 제9장 19, 33절; 제1권 제13장 5절; 제3권
   제10장 15절 참조. "에픽테토스가 말하곤 했던 것처럼, 너는 시체를 짊어진 작은 혼이
   다."(마르쿠스 아우렐리우스, 『자기 자신에게 이르는 것들』 제4권 41, 제12권 33 참조;
   에픽테토스, 「단편」 26)

11 참주 면전에서도 태연자약한 지혜로운 자에 대해서는 제1권 제1장 21~25절, 제1권 제
   29장 21~15절 참조.

12 자기애(philauton)는 이기심(egoism, selfishness)을 말한다(아리스토텔레스, 『니코마코

에는 자기 자신을 위해서 모든 것을 행하는 그러한 본성이 있기 때문이지. 해[日]조차도 자신을 위해 모든 것을 행하며,[13] 실제로 제우스 자신도 그렇게 하는 것이네. 그러나 제우스가 '비를 주는 자', '과일을 주는 자',[14] '신들과 인간들의 아버지'[15]가 되기를 원할 때, 너는 그가 공통의 이익을 목적으로 하지 않는 한 그러한 일을 성취하거나 그러한 호칭을 얻을 수 없음을 볼 수 있을 것이네. 그리고 일반적으로, 제우스는 이러한 자연 본성을 가진 이성적인 동물을 만들었는데, 그것은 공통의 이익에 무언가를 기여하지 않는 한 어떤 그 자신의 고유한 좋음들[16]을 얻을 수 없도록 하기 위함이네. 그래서 그 자신을 위해 모든 것을 행하는 것은 더 이상 반(反) 공동체적인 것이 아니라는 것이 밝혀지게 되는 것이네.[17] 그것은 무엇을 기대하기 때문인가? 자기 자신과 우리 자신의 이

12

13

14

15

---

스 윤리학』 1196b1~2 참조). 아래에서 에픽테토스는 자기애와 '공동의 이익'을 추구하는 이타주의(altruism)를 화해시키고 있다. 그는 개인의 이익과 보편의 이익 간에 존재하는 필연적 연결성을 발견한다. 그러면 이기심에서 이타주의로 어떻게 발전되어 나갈까? 이 물음에 대한 해답은 15절에 언급되는 '자기 보존의 본능'(oikeiōsis) 개념이다. 에픽테토스는 공동의 이익(좋음)을 위해 개인의 이익을 희생시켜야 한다고 이야기하고 있지는 않다.

13 스토아 철학에서 해와 다른 모든 천체는 '살아 있는' 신성으로 간주된다(키케로, 『신의 본성에 관하여』 2.41). 해는 하늘을 가로질러 움직이면서 공기와 불을 끌어들임으로써 스스로 지상의 과일에 영양을 공급하며, 바람을 일으키고 또 잠잠하게 하며, 사람의 신체에 따뜻함을 준다(제3권 제22장 4~5절 참조). "해는 지성적인 불타는 덩어리(noeron onta anamma)이기 때문에 거대한 바다로부터 자양분을 받는다."(DL 제7권 145 참조)

14 스토아학파는 신들이 우주의 다른 거주자들에게 혜택을 준다는 증거로 제우스의 이러한 성질을 나타내는 관련어들에 호소한다. 스토아학파의 신학에 대해서는 LS 54 참조.

15 호메로스, 『일리아스』 제1권 544행 참조.

16 '덕'을 말한다.

17 이성을 결여한 참주는 공동체 내에서 그릇된 형태의 이기심을 발휘하고 있을 뿐이다.

익으로부터 멀리 떨어져 있도록 하기 위해서인가? 그 경우라면, 어째서 모든 것에 하나의 동일한 행동의 원리,[18] 즉 '자신에 대한 매달림'[19]이 있는 것인가?

16    그렇다면 어떨까? 사람들이 의지의 영역 밖에 있는 것들에 관해 터무니없는 의견을 좋은 것으로든 나쁜 것으로든 받아들여 마음에 품고 있을 때, 그들이 결국 참주에게 비위를 맞추게 되는 것으로 끝나게 될

---

공동의 이익(코이논)과 개별적인 이익(이디온)은 모순되지 않고 양립할 수 있다는 것이다.

**18** 아르케(출발점).

**19** 원어로는 pros hauta oikeiōsis('appropriation to themselves'[A. A.Long의 번역]). 에픽테토스는 자신의 논증을 스토아의 이론인 oikeiōsis(자기화, 자기 친화, 자기 보존의 본능) 개념과 연결시키고 있다. 이 개념에 대한 에픽테토스의 언급에 대해서는 제2권 제22장 7, 15~20절, 제3권 제24장 11절, 『엥케이리디온』 제30장 참조. 이 말의 동사는 oikeiousthai('친숙하게 되다', '자기 것으로 만들다'), 형용사는 oikeios로서 '고유하게 누구에게 속함'을 의미한다. 이 말을 맨 처음으로 사용했던 에피쿠로스주의자들에게 '자연적 친화'는 '쾌락'(hedonē), 즉 '고통으로부터 벗어남'이었다. 그들은 이 점을 인간을 포함한 갓 태어난 동물에 대한 관찰에서 확인한다. oikeiōsis는 스토아 철학을 떠받치는 중요한 철학적 개념이다. 'oikeiōsis 없이 스토아는 없다'고 주장하는 학자도 있다(S. G. Pembroke, "Oikeiosis", ed. A. A.Long, *Problems is Stoicism*, Athlone Press, 1971, pp. 114~149). 스토아 철학자들은 이것을 '일차적 충동'이라고 부르기도 한다. "스토아 철학자들의 주장에 따르면, 동물은 자기 자신을 보존하는 데로 향하는 원초적(일차적, 근원적) 충동을 가지고 있다. 이는 크뤼시포스가 『목적들에 관하여』 제1권에서 말하고 있는 것처럼, 자연이 애초부터 동물은 **자기 자신과 친화적인 것**이 되도록 하고 있기 때문이다. '모든 동물에 있어서 가장 **친화적인 것**(oikeion)은 자기 자신의 [몸의] 이룸 (sustasis)이며, 그것[의 이룸]에 대한 깨달음(suneidēsis)이다' […]."(DL 제7권 85~86) 참조. 스토아철학에서의 'oikeiōsis' 개념에 관해서는 Striker, G., "The Role of *oikeiosis* in stoic Ethics", *OSAP* 1, pp. 145~167 및 K. Algra, J. Barnes, J. Mansfeld and M. Schofield eds., *The Cambridge History of Hellenistic Philosophy*, Cambridge, 1999에 실린 B. Inwood, "Stoic Ethics", pp. 677~682 참조. B. 인우드는 이 개념을 'affiliation'(결연)으로 옮긴다.

것임은 아주 불가피한 노릇이네.[20] 그리고 그것이 단지 참주들만이었 　　17
지, [아부를 받게 되는 사람이] 그들의 침실 시종들(cubicularii)은 또한
아니었기를! 카이사르가 자신의 침실용 변기를 돌보라고 지명했을 때,
그 사람이 어떻게 갑자기 돌변해서 지혜롭게 될 수 있겠는가? 우리는
왜 또 갑자기, '펠리키오[21]가 나에게 그런 현명한 말을 했군'이라고, 즉
시 말할 수 있을까?[22]

　　나는 그가 다시 어리석은 자로 여겨질 수 있도록, 그의 똥더미에 내　　18
팽개쳐진 그를 보고 싶구나! 에파프로디토스[23]가 구두장이인 한 노예　　19
를 소유하고 있었으나 쓸모없어졌기 때문에 그를 팔았다네. 그러다가
우연히 그 사람은 카이사르 집안[24]의 한 사람에게 팔려서 카이사르의
구두장이가 되었네. 그때 에파프로디토스가 그에게 어떻게 아부하는지
를,[25] 네가 보았어야만 했네! '나의 좋은 펠리키오, 어떻게 지내시나, 나　　20

---

**20**　'철학 교육을 받지 못한 사람들의 태도'를 지적하는 것이다.

**21**　펠리키오(Felicio)는 노예나, 자유인에게 흔한 이름이었다. 그는 네로의 해방노예로 추
　　정된다. 이 대화 속에는 펠리키오가 황제에 의해 노예에서 해방되었다는 언급은 나
　　오지 않는다. 펠리키오는 이 책에서 가장 긴 장인 '자유'를 주제로 삼는 제4권 제1장
　　149~150절에서 다시 등장한다. 거기서는 운수가 엄청나게 좋은 황제의 해방노예 펠리
　　키오에게 아첨해서 집정관이 되어 자신 앞에서 뽐내는 사람을 두고, '나로서는 그[펠리
　　키오]의 자만심과 노예적인 오만함을 참아 내며 살아야 한다면, 살고 싶지도 않을 것
　　이다'라는 식으로 말한다.

**22**　이것은 역사적 일화는 아닐 것이고, 궁정에서 일어날 법한 상황을 그리고 있는 것으
　　로 보인다. 의지(프로하이레시스)의 영역 바깥에 있는 것들에 매달려 외적 좋음(ektos
　　agathos)인 '정치적 지위' 따위를 탐하는 자들이 겪을 수 있는 행태이다.

**23**　에파프로디토스는 한때 에픽테토스의 주인이었다.

**24**　Kaisarianoi(Caesariani)는 '황제 궁전의 구성원(친인척)'을 가리킨다.

**25**　'어떤 존경심을 그에게 나타내는지를.'

에게 말을 해주시게나.' 그리고 누군가가 우리에게 '너의 주인[26]이 무엇을 하고 계시냐?'[27]라고 물으면, '그는 어떤 문제에 관해 펠리키오와 의

논하고 있습니다'라고 그는 말했을 것이네.[28] 아니, 그는 그를 완전히 쓸

모없다고 해서 팔지 않았나?[29] 그렇다면 누가 그를 갑작스럽게 지혜로운 사람으로 변하게 만들었을까? 이것은 우리의 의지(프로하이레시스)의 영역 안에 있는 것 이외의 다른 어떤 것을 존중한다는 것이네.

'그는 호민관 지위의 영예를 수여받았습니다.' 누군가가 말한다. 그를 만나는 사람은 모두 그에게 축하를 보내네. 한 사람은 그의 눈에, 다

---

**26** 에파프로디토스.

**27** 이 물음은 에픽테토스가 여전히 에파프로디토스의 노예였음을 암시하고 있다. 이 문장 (ei tis ēmōn eputheto 'ti poiei autos')도 "우리 중의 누군가가 '주인이 무엇을 하고 계십니까?'라고 물으면"이라고 해도 무방할 듯하다. 이것이 있었던 사실이라면, 에픽테토스의 어린 시절에 일어난 일이었을 것이다. 『강의』에 나타난 에픽테토스, 에파프로디토스, 펠리키오에 관련된 일화를 역사적 관점에서 실증적으로 따져 보는 논문이 있다 (P. R. C., "Weaver, Epaphroditus, Josephus, and Epictetus", *The Classical Quarterly*, Vol. 44, 1994, pp. 468~479).

**28** 황제 가까이에서 벌어지는 일들은 가장 비천한 지위를 차지하고 있는 자들('침실의 시종들')에게 우연적인 중요성을 부여할 수 있다는 요점은 앞 절(16~17절)에서 더 강력하게 제기되었다. 궁전의 가족구성원이나 카이사르에게 아부해서 공직에 대한 욕심을 부리는 것은 우리에게 무엇이 중요한 것인지에 대한 잘못된 생각 때문에 일어난다. 그런 잘못된 판단은 카이사르 주변에 있는 비천한 자들에게까지 아부와 아첨을 하게 만든다. 궁전에 머무는 황제의 가문(familia)의 구성원들이 가진 권력에 대해서는 제4권 제13장 22절 참조.

**29** 이야기 맥락상, 이제 상황이 변해서 이전 주인과 노예의 관계가 역전되었다. 그런데 이 상황은 에파프로디토스가 실제로 궁전의 청원 비서(libellis)였다면 상상할 수 없는 일이고, 설령 그가 로마에 거주하는 낮은 계층의 해방노예였다고 할지라도 일어날 수 있을 것 같지 않다. 오히려 이 이야기 역시 도미티아누스에 의한 철학자 추방 이전에 로마에 살았던 에픽테토스의 폭넓은 경험을 반영한 것으로 보인다.

른 한 사람은 목에 입을 맞추고, 그의 종들은 그의 손에 입을 맞추네. 그 25 는 집에 도착해서 불이 켜져 있는 등잔을 찾네. 그는 카피톨리온으로 올 라가 희생 제의를 바치네. 하지만 그의 욕구가 올바르게 향해졌기 때문 에, 감사의 희생 제의를 바친 자가 누구인가? 혹은 그의 충동(동기)이 자연 본성을 따랐기 때문에 감사의 희생 제의를 바친 자가 누구인가? 우리는 좋음을 행한 것들에 대해 신들에게 감사를 드리기 때문이네.

오늘 누군가가 나에게 아우구스투스의 사제직[30]에 대해 이야기했네. 26 '인간아, 그런 일은 그냥 놔두게나, 아무 목적도 없이 너는 그렇게 큰 비 용을 지출하려고 하나'라고, 내가 그에게 말했네.──'하지만 계약서가 27 작성될 때, 그들은 내 이름을 적을 것입니다'라고 그가 말했네.──그렇 다면 사람들이 그 계약서를 읽을 때 '그것은 그들이 적어 놓은 내 이름 이야'라고 그들에게 말할 수 있도록 네가 실제로 참석할 것이라고 생각 하는가? 설령 지금이라면 모든 경우에 참석할 수 있다고 할지라도, 네 28 가 죽으면 어떡하겠느냐?──'내 이름이 남을 것입니다.'──그것을 돌 에 새기라, 그러면 그대로 남아 있을 것이네.──하지만 니코폴리스[31] 밖 에서 누가 당신을 기억할까?──'그러나 금으로 된 왕관[32]을 쓰게 되잖 29

---

30 로마 문화에서 사제직은 공적인 혹은 정치적인 임명직이었다. 로마의 초대 황제인 아 우구스투스(B.C. 63~A.D. 14)는 사후에 신격화되었는데, 기원전 31년에 악티움 해전 에서 안토니우스와 클레오파트라에게 승리한 후, 그를 기념한 니코폴리스가 세워졌고 그 도시에서 계속해서 특히 중요한 숭배를 받았다고 한다.

31 헬라스와 로마 문서에는 한 명의 공증인이 증명하는 대신에 많은 증인, 같은 이름의 치 안 판사, 감독관 등의 이름이 포함되어 있다. 아우구스투스의 사제는 여러 자격으로 공 식 문서에 서명하기 위해 자연스럽게 자주 호출된다.

32 게이로 쓰는 관을 말하고 있다.

아요?'——왕관을 쓰고 싶다면 장미를 따 머리에 감게나. 그게 훨씬 더
우아하게 보일 것이네.

# 제20장

# 이성이 어떻게 자기 자신을 고찰하는지에 대하여[1]

모든 기술과 능력은 무엇인가 주요한 대상을 고찰하는 것이다. 그런데   1, 2
고찰하는 것 자체와 고찰하는 대상과 같은 부류일 때는 필연적으로 그
자체를 고찰 대상으로 받아들일 수 있을 테지만, 다른 부류일 때는 그
자체를 고찰할 수 없을 것이다. 예를 들어, 무두질하는 기술은 가죽 자   3
체에 관련된 것이지만, 그 기술 자체는 그 재료인 가죽과 전적으로 다른
것이며, 따라서 그 자체를 고찰의 대상으로 삼지 않는다. 다시, 읽고 쓰   4
는 기술은 그 자체가 쓰인 말과 관련이 있지만, 그 기술 자체가 쓰인 말

---

[1] 이 장은 에픽테토스가 가장 좋아하는 주제를 다룬다. 이성이 자신을 음미하고 고찰하
며, 또 인상을 검토하는 능력은 이성의 중요한 기능이다. 이성을 수정하는 것이 우리의
의무이다(1~6절; 제1권 제1장 1~13절 참조). 이것이 주화의 유효성을 검사하는 시금
자의 기술과 비교되고 있다(7~10절). 에픽테토스는 이 과정이 필연적으로 길고 힘든
것이라고 강조하는데, 이는 부분적으로 인간 삶의 적절한 목적(telos)에 관해 제시되는
여러 다양한 견해가 있기 때문이다. 이것이 여기서 우리의 본질이나 우리의 가장 중요
한 부분에 관한 논증으로 제시되고 있다(13~17절). 에피쿠로스가 육체의 쾌락을 포함
한 쾌락을 인간의 행복을 구성하는 것으로 보았기 때문에, 에픽테토스는 스토아학파의
윤리적 입장과 대조되는 에피쿠로스에 초점을 맞추고 있다(LS 21). 에피쿠로스의 실제
입장은, 에픽테토스가 여기서 제시한 것보다 훨씬 미묘하고 신뢰할 수 있는 것이다. 아
마 이 점은 에픽테토스가 갖고 있는 일종의 에피쿠로스에 대한 편견일 수 있다.

이라는 것인가? 전혀 그렇지 않네. 그렇기에 그것은 그 자체를 고찰의
대상으로 삼을 수 없는 것이다. 그러면 우리는 이성을 어떤 목적을 위해
자연으로부터 받았던 것인가? 마땅히 해야만 하는 대로 인상을 사용할
수 있도록. 이성 그 자체는 무엇인가? 어떤 종류의 성질을 가진 인상들
로 구성된 모음[2]이다.[3] 따라서 이성이 그 자체를 고찰의 대상으로 삼는
것은 본성상 적합한 것이다. 또, 지성[4]은 어떤 대상을 고찰하도록 우리
에게 주어진 것인가? 좋은 것과 악한 것, 그 어느 쪽도 아닌 것에 대해.
그렇다면 지성 그 자체는 무엇인가? 좋은 것. 그리고 지성의 결여는 무
엇인가? 나쁜 것. 따라서 너는 지성은 필연적으로 그 자체를, 마찬가지
로 그 반대의 것을 고찰의 대상으로 삼을 수 있음을 알 수 있다.

이런 이유로 철학자의 가장 중요한 임무이자 첫 번째 임무는 여러 가
지 인상을 음미하고 인상들을 판별하는 것이며, 적절하게 음미되지 않
은 어떤 인상도 받아들이지 않는 것이다.[5] 우리의 관심이 관련되어 있

---

2 원어로는 sustēma(구조, 체계). 즉 집합체.

3 이성이 현상을 받아들이는 수동적 역할만을 수행하지는 않는다. 그것들을 준별하고 가
려서 시험을 통과한 것들을 받아들이는 능동적 역할도 수행한다.

4 원어로는 phronēsis(지혜, 사려). '지성은 나쁜 것들과 좋은 것들, 어느 쪽도 아닌 것들에
대한 앎.'(DL 제7권 92)

5 여기서 "인상을 음미하고"(dokimazein)는 스토아적이며, "인상들을 판별하는"(dia
krinein), "적절하게 음미되지 않은 어떤 인상"은 소크라테스적이다. "적절하게 음미되
되 않은 어떤 인상"이란 아직 '자기 검토', '자기 음미'를 거치지 않았음을 의미한다. '올
바른 인상의 지각'은 철학자의 '올바른 이성 혹은 진리에 대한 모색'에서 중요한 역할
을 담당한다. 크뤼시포스는 철학을 '올바른 이성의 탐구'(epitēdeusis logou orthotētos)
로 정의한다. 세네카가 규정한 철학의 목적에도 '올바른 이성 혹은 진리의 추구'가 포
함되어 있다. "철학은 또한 여러 가지 방식으로 정의되었네. 어떤 이는 그것을 덕(德)의
탐구라고 부르고, 다른 이는 마음을 교정하는 방법에 대한 탐구라고 부르며, 어떤 이

다고 생각되는 주화의 경우에, 우리가 실제로 어떻게 그 기술을 고안했으며, 시금자(試金者)가 시각, 촉각, 냄새 및 최종적으로 청각을 통해 주화를 검사하기 위해 얼마나 많은 절차를 사용하는지를 너는 알 수 있는 것이다.[6] 데나리온 은화를 던지고 그것이 울리는 소리를 들을 때, 시금자는 한 번 내는 소리로 만족하지 않고 반복해서 소리에 귀를 기울이다 보면 음악가와 같은 귀를 얻게 되는 것이다. 그래서 그릇된 길로 가는지 가지 않는지가 우리에게 심각한 차이를 만든다고 생각되는 경우에는, 우리는 그릇된 길로 이끌기 쉬운 것들을 판별하는 데 많은 주의를 기울이고 있다. 그러나 이 가련한, 우리의 지도하는 중심부의 경우에서는, 우리는 하품을 하며 잠들어 버린 채로 따라오는 그 어떤 인상이라도 그대로 받아들이기도 한다. 그로 인해 그 손실을 알아차리지 못하기 때문이다.

그러므로 네가 좋음과 나쁨에 관해 얼마나 적은 관심을 갖고 있으며, 아무런 차이가 없는 것들[7]에 관해 얼마나 열심히 관심을 기울이는지를

들은 그것을 **올바른 이성의 추구**라고 말했네."(Philosophiam quoque fuerunt qui aliter atque aliter finirent. Alii *studium* illam *virtutis* esse dixerunt, alii *studium corrigendae mentis*, a quibusdam dicta est *adpetitio rectae rationis*. 세네카, 『도덕서한』 89.5)

6 동전을 검사하는 비유에 대해서는 제1권 제7장 6~7절, 제2권 제3장 2~4절, 제3권 제32장 3~4절, 제4권 제5장 15~18절 참조.

7 tadiaphora 즉, 좋은 것도 나쁜 것도 아닌 것들. 제2권 제9장 15절("지금 여기서 우리 중에 좋음과 나쁨에 관해 체계적으로 설명할 수 없는 자가 누가 있는가? 있는 것들 중 어떤 것들은 좋고, 어떤 것들은 나쁘고, 다른 것들은 아무런 차이가 없는 것들이네. 따라서 덕과 덕이 참여하는 행위들은 좋으며, 그 반대의 성질을 가진 것들은 나쁜 것이네. 그리고 부와 건강과 평판은 아무런 차이가 없는 것이네.") 참조. "예를 들어, 나는 다음과 같은 것들을 아무런 차이가 없는 것들(indifferentia), 즉 좋음도 나쁨도 아닌 것이라고 부르네. 질병, 고통, 가난, 망명, 죽음."(세네카, 『도덕서한』 82 10)

알고 싶다면, 한편으로는 육체적인 맹목과 다른 한편으로는 정신의 잘
못에 비해 네가 어떤 태도를 취하고 있는지를 생각해 보라. 그러면 네가
좋음과 나쁨의 문제와 관련하여 마땅히 가져야 할 감정을 지니는 것으
로부터 얼마나 멀리 떨어져 있음을 깨닫게 될 것이네.

13    '예, 하지만 그러기 위해서는 오랜 준비가 필요하고, 더 많은 노력과
배움이 요구됩니다!'

그러면 어떤가? 너는 적은 노력으로 가장 중요한 기술을 획득하기를
정말로 기대하는가?

14    그럼에도 철학자들의 가르침에서 가장 주요한 이론 자체는 아주 간
략하게 말해질 수 있다네.[8] 그것을 알고 싶다면, 제논[9]의 작품을 읽으

15    면 좋을 것이네. 그러면 알게 될 것이다. 사실 '우리의 목적은 신들을 따

---

8    견유학자인 안티스테네스는, "덕은 행동에 있으며, 많은 논의와 배움이 필요하지 않
다"(DL 제6권 11)고 말한다. "견유학파였던 데메트리오스(세네카의 친밀한 친구)는,
내 판단으로는 가장 위대한 사람과 견주어 보아도 위대한 사람인데, 핵심을 아주 잘 표
현한다네. 그는 많은 것을 배웠으나 그것을 사용할 수 있도록 손에 가지고 있지 못한 것
보다, 네가 몇 가지 철학적 가르침을 가지고 있으면서도, 신속한 사용을 위해 그것을 손
쉽게 사용할 수 있도록 유지하는 편이 더 유익하다고 말했네. 그는 이렇게 말하네. '위
대한 레슬링 선수는 상대와 대면할 때 거의 필요로 하지 않는 모든 동작과 잡기를 숙달
한 사람이 아닙니다. 오히려 위대한 레슬링 선수는 한두 가지 동작에서 자신을 충분하
고 철저하게 훈련해서, 그것들을 사용할 기회를 주의 깊게 관찰하는 사람입니다. (그가
얼마나 많이 알고 있는지는 중요하지 않습니다. 그가 승리할 만큼 충분히 알고 있으면
되기 때문입니다.) 마찬가지로 철학 연구에도 재미있는 움직임(수)은 많지만, 성공을
가져오는 움직임(수)은 거의 없습니다'."(세네카, 『베풂에 대하여』 제7권 1.3~4)

9    퀴프로스 섬의 키티온 출신인 제논은 젊었을 때 아테네로 와서 철학을 공부하고 가르
치며 여생을 보냈다. 그는 스토아학파의 창시자였으며, 그의 능력과 높은 품성으로 존
경받았다. 많은 철학적 작품을 남겼다고 한다. 제논의 뒤를 이어 아소스의 클레안테스
가 그의 학파를 계승했다.

르는 데 있고, 좋음의 본질은 인상의 올바른 사용에 있다'[10]라고 말하는
데, 시간이 오래 걸리겠는가? 무엇보다, '신은 무엇이며, 인상이란 무엇
인가? 또 개인에게서 본성은 무엇이며, 전체에서 자연 본성은 무엇인
가'[11]라고 묻는다면, 그 논의는 이미 길게 늘어지기 시작한 것이네. 그래
서 에피쿠로스가 와서, '좋음은 살(sarx, 肉) 속에 있어야 한다'라고 말하
면 이 또한 길어지게 되며, 또 우리에게 지도적인 부분이 무엇인지, 우
리의 실체적 본성이 무엇인지, 우리의 본질적 본성이 무엇인지를 배워
야 될 필요가 생기게 되는 것이네. 달팽이의 좋음이 그 껍데기에 있다
는 것은 거의 그럼직하지 않으므로, 따라서 인간의 좋음의 경우에도 그
렇다는 것이 그럼직할 수 있겠는가? 에피쿠로스여, 당신 자신은 이보다
더 나은 것으로 무엇을 소유하고 있는가? 당신 안에서 숙고하고, 모든
것을 검토하고, 살 자체와 관련하여 그것이 사물을 판단하는 우리의 지
도적인 부분이라고 단정하는 것은 무엇인가? 게다가, 당신은 어찌하여
등잔을 켜고, 우리를 위해 수고하며 그렇게 많은 책을 쓰는가?[12] 우리가

16

17

18

19

---

10  이것은 제논을 직접 인용한 것이 아니라, 제논의 생각을 풀어 쓴 것으로 보인다. '신들
의 따름'에 대해서는 제1권 제12장 5절 참조. 이 책에서 에픽테토스는 제논보다 클레안
테스를 더 자주 또 더 많이 인용하고 있다.

11  자연학에서 나온 '개인의 본성'과 '전체의 본성'의 구분은 스토아 윤리학에서 중심이
된다(A. A. Long, *Hellenistic Philosophy; Stoics, Epicureans, Sceptics*, Univ. of California Press,
1986, pp. 179~184). "나는 지금 보편적 본성이 내게 원하는 것을 가졌고, 나는 내 본성
이 지금 내가 하기를 원하는 것을 행하고 있다."(마르쿠스 아우렐리우스, 『자기 자신에
게 이르는 것들』 제5권 25; 제11권 5 참조["전체의 본성"])

12  에피쿠로스(B.C. 341~B.C. 270)는 300권(kulindroi, 두루마리)에 달하는, 다른 어떤 사
람도 넘볼 수 없는 저술을 했다고 한다. 스토아 철학자인 크뤼시포스도 에피쿠로스와
경쟁하면서 그가 쓴 만큼 대응해서 글을 썼다고 한다. 이 점에서 그들은 라이벌이었다.
크뤼시포스는 자신이 쓴 것을 읽지 않고 서두른 결과, 자신의 글을 수정하지 않은 채로

진리에 대해 무지하지 않도록 그렇게 한 것인가? 우리는 어떤 사람이며 당신에 대해 어떤 존재인가?[13] 이로써 논의가 길어지게 되는 것이네.

남겨 두었기 때문에 쓴 것을 되풀이해서 썼다고 한다(DL 제10권 26~27).

13 여기서는 에피쿠로스의 감각적, 자기중심적 쾌락주의를 비난하고 있으며, 제1권 제 23장에서는 자기논박적 전략을 사용해서 에피쿠로스를 비판하고 있다. 에피쿠로스는 여기서 비판받고 있는 신체적 쾌락뿐만 아니라 정신적 쾌락도 인정하고 있으며, 사려 (프로네시스)를 최대의 좋음으로 간주하고 있다(DL 제10권 132 참조).

제21장

# 칭찬받는 것을 좋아하는 사람들에게

누군가가 인생에서 마땅히 지녀야만 할 자세[1]를 가지고 있다면, 밖으로     1
입을 딱 벌리지 말라.[2] 인간아, 너에게 무슨 일이 일어나길 바라는 것이     2
냐? 나로서는 욕망과 혐오를 자연에 따라 행사하고, 행위하는 충동(동
기)과 행위하지 않는 거부를 내 본성이 요구하는 대로 적용하고, 마찬
가지로 내 목적과 의도, 동의하는 행위를 적용한다면, 그것으로 만족하
네.[3] 그런데 왜 너는 꼬챙이를 삼킨 듯이[4] 우리 앞에서 걸어 다니느냐?[5]
'내가 항상 바랐던 것은 나를 만나는 사람들에게 칭찬을 받고, 그들이     3
나를 따라다니면서 "위대한 철학자여!"라고 외치는 것입니다.' 네가 칭     4
찬받고자 원하는 이 사람들은 누구인가? 네가 미쳤다고 습관적으로 말
하곤 하던 바로 그 사람들이 아닌가?[6] 그러면 어떻게 되는 것인가? 너
는 미친[7] 사람에게 칭찬받기를 원한다는 말인가.

---

1  외적 사물에 대한 태도와 자세(『엥케이리디온』 제48장 참조).
2  자신의 태도나 자세에 대해 외부에 그 승인을 구하려는 사람들에 대한 경고.

3 스토아 심리학에서 중요한 전문 용어들인 충동(hormē), 목적(prothesis), 의도(계획, epibolē)에 관해서는 B. Inwood, *Ethics and Human Action in Early Stoicism*, Oxford, 1985, pp. 231~233 참조. 피에르 아도(P. Hadot)는 스토아 철학의 세 부분과 에픽테토스의 세 영역들(topoi)을 일치시킨다. 그는 '욕구', '충동', '승인'이라는 '훈련'의 세 단계는 '영적 진보'의 상이한 단계에 상응한다고 주장한다. 세 번째 지위를 차지하는 '승인의 영역'은 진보를 하는 과정에 있는 사람에게는 일단 유보된다(제3권 제2장 5절, 제3권 제26장 14절, 제4권 제10장 13절). 아도는 '승인'(sugkatathesi)과 '판단중지'(epochē)를 다루는 영역은 논리학에, '충동'과 '거부'(aphromē)를 다루는 영역은 '윤리학'에, '욕구'(orexis)와 '회피'(ekklisis)를 다루는 영역은 '자연학'에 대응한다고 주장한다. 그는 이 점이 마르쿠스 아우렐리우스에게서 더 분명하게 드러난다고 말한다. "우리는 나중에 마르쿠스 아우렐리우스의 저작(『자기 자신에게 이르는 것들』)에서, '욕구와 자연학의 훈련 간의 연결'이라는 이 주제가 우리에게 전해 내려온 에픽테토스의 말에서보다 훨씬 더 풍부하게 조화롭게 편성되어 있음을 알게 될 것이다."(P. Hadot, *The Inner Citadel; The Meditations of Marcus Aurelius*, trans. Michael Chase, Harvard Univ. Press, 1998, pp. 77~99, 특히 p. 92~94) 실제로 스토아 철학에서의 '자연학'은 전통적으로 자연학으로 분류되어 온 주제보다 그 범위가 넓다. 자연학은 신학, 인간 본성의 탐구, 혼과 정신적 기능에 관한 강조 등을 두루 포괄한다.

4 뻣뻣하고 자만심이 강한 태도를 말한다.

5 과장된 행동을 통해 거드름을 피우는 형태.

6 철학자가 아닌 일반 대중을 가리킨다. 스토아 윤리학에 내포된 공통적 생각에 따르면, 다른 사람들이 '어떻게 생각하는지'에 대한 관심으로부터 벗어나야 한다는 것이다(제3권 제23장 참조). 중요한 것을 성취하는 것은 '너 자신에게 달려 있다'는 것을 깨닫는 것이다.

7 스토아학파는 현명하지 못한 사람들을 모두 '미친' 또는 '바보'로 묘사하지만, 엄밀히 말하면 사실상 우리 모두를 포함한다.

제22장

# 선개념에 대하여[1]

선개념[2]은 모든 사람에게 공통적이며, 하나의 선개념은 다른 선개념과    1

1   스토아학파에 따르면, 모든 인간은 자연적으로 혹은 본성적으로 '정의로움'과 같은 어
    떤 믿음 또는 '선개념'을 형성한다. 선개념은 헬레니즘 시기의 '인식론'에서 매우 중요
    한 역할을 수행했다(이 개념에 대한 논의는 제2권 제11장과 제2권 제17장에서 다시 이
    루어진다). 이러한 주장은 회의론자에 반대하는 지식의 가능성에 대한 스토아학파의
    방어적 전략이기도 하다. 에픽테토스는 특이하게도 이러한 공유된 '선개념'을 개별적
    인 사례에 적용할 때, 불일치 혹은 모순이 발생한다고 주장한다(1~8절). 즉 '어떤 것들
    이 정의로운 것인가'에는 각자에게 다르기 때문에 불일치가 일어난다. 이 점이 에픽테
    토스에게 독특한 측면이라 할 수 있다. 그런 다음 그는 교육을, '선개념'을 적절하게 적
    용하는 방법을 배우는 것으로 정의한다. 예를 들어 '외적인 것들'이 아니라, '우리의 능
    력 안에 있는 좋은 것들'만을 '좋은' 것으로 불러야만 한다는 점을 인식하는 것과 같
    은 것이다(9~16절). 그는 이 '좋은'에 대한 제한된 설명이 많은 사람으로부터 비판을
    받을 것이라는 점을 인정하면서도, 이렇게 반대를 하는 유형의 사람들을 비웃고 있다
    (17~21절). 선개념과 에픽테토스의 선개념의 적용 방식에 대해서는 LS 40(특히 S) 및
    LS i 253; R. Dobbin[1998], pp. 188~190 참조. '좋음'에 대한 스토아적 생각과 '아무런
    차이가 없는 것들'과 대조에 대해서는 LS 58, 60 참조.

2   원어는 prolēpsis로 '선개념', '선취개념', '선파악'으로 옮길 수 있다. 에픽테토스는 도덕
    적인 선개념과 신에 대한 선개념뿐만 아니라 목수, 음악가, 다른 모든 기술자의 선개념
    을 말하고 있다(제4권 제8장 10절, 제3권 제22장 1절). 크뤼시포스는 『이성에 대하여』
    에서 '진리의 기준으로서 감각과 선개념'으로 말하며, 디오게네스 라에르티오스는 "선

모순되지 않는 것이네. 우리 중에서 누가, 좋음이 유익하고[3] 바람직한 것이며, 또 모든 상황에서 그것을 찾아야만 하고 추구해야만 한다는 것을 상정하지 않겠는가? 그리고 우리 중에서 누가 정의로운 것이 고귀하고 어울리는 것이라고 상정하지 않겠는가? 그렇다면 언제 모순[4]이 일어나는가? 개별적인 경우들에 우리의 선개념을 적용할 때 생겨나는 것이네. 가령, 한 사람은 '그는 고귀하게 행동했고, 용감한 사람이다'라고 말하고, 다른 사람은 '아니요, 그는 제정신이 아닙니다'라고 말하는 경우에 생겨나는 것이네.[5] 그 때문에 사람들 서로 간에 불일치가 일어나는 것이네. 이것은 유대인, 쉬로스[6]인, 이집트인, 로마인들 사이에서 일

2

3

4

개념은 보편적인 것에 대한 자연적[으로 오는] 개념"이라고 규정한다(DL 제7권 54). A. A. 롱은 에픽테토스 선개념의 플라톤적 요소와 그렇지 않은 측면의 가능성을 다 열어두고 있다(A. A. Long[2002], pp. 83~84, p. 96). 키케로는 『토피카』(Topica, 7.31)에서 이렇게 말한다. "나는 헬라스인들이 때론 엔노이아(ennoia)라고, 때론 프로렙시스(prolēpsis)라고 부르는 것을 개념이라고 부른다. 이것은 이전의 지각을 통해 발전된 무언가에 대한 타고난 파악이며, 명료화가 요구되는 것이다." 또 키케로는 『신의 본성에 관하여』(1.16, 2.12[omnibus enim innatum est et in animo quasi insculptum esse deos]) 에서, 모든 인간은 신들과 '신들에 있음'에 대해 배우지 않고도 가지고 있는 '앞서 파악된 어떤 개념'과 '혼에 새겨진 것처럼 모든 사람에게 본유적인 것'을 가지고 있다고 하는데, 에피쿠로스는 이러한 개념을 '프로렙시스'라고 했다고 보고한다. 즉 프로렙시스는 '이것 없이는 아무것도 이해하지도, 탐구하지도, 논박하지도 못하는, 사물에 대한 일종의 앞서 파악된 정신적 상(象)'이라는 것이다. 이어서 키케로는 제17장에서 에피쿠로스가 prolēpsis란 말을 맨 처음으로 사용했다고 말한다(키케로, 『투스쿨룸 대화』 제1권 24; 『선과 악의 목적에 대하여』 3.6 참조).

3   즉 '선호되는'.

4   모순에 해당하는 말은 machē인데, 맥락에 따라 '상충', '모순', '다툼', '불일치' 등으로 옮겼다.

5   제4권 제1장 44~45절 참조.

6   오늘날의 시리아를 말한다.

어나는 견해의 상충으로, 경건이 다른 모든 것보다 가치 있는 것으로 평가되어야만 하고 모든 상황에서 추구되어야만 하는지에 대해서가 아니라,[7] 돼지고기를 먹는 특정한 행위가 경건하거나 경건하지 않은지에 대해 상충하는 견해가 있는 것이네.[8] 너는 아가멤논과 아킬레우스 사이에서도 이러한 식의 다툼(상충)을 발견할 것이네.[9] 그들을 우리의 논의에 나오도록 소환해 보기로 하자.

'아가멤논이여, 뭐라고 하는 것인가? 옳고 합당한 일을 해서는 안 된다는 것이냐?'

'물론 해야만 하지.'

'아킬레우스여, 뭐라고 하는 것인가? 합당한 일을 해야만 한다는 데 동의하지 않느냐?'

'물론 나로서는 절대적으로 그것에 동의하네.'

그러면 이제 이러한 선개념을 개별적인 경우에 적용해 보도록 하자. 거기에서 모순이 시작되는 것이네. 한 사람은 '나는 크뤼세이스를 그녀의 아버지에게 돌려줄 필요가 없네'라고 말하고, 다른 사람은 '물론, 당

5

6

7

---

7  모든 민족의 모든 사람에게 공유되는 신들이 존재한다는 본유의 믿음에 대해서는 키케로, 『신들의 본성에 관하여』 제2권 5.13.

8  돼지를 금기동물로 간주하는 고대 이집트인의 풍습에 대해서는 헤로도토스, 『역사』 제2권 47 참조. 이집트인과 유대인의 돼지고기 금기에 대해서는 섹스토스 엠피리코스, 『퓌론주의 철학의 개요』 제3권 223; 포르퓌리오스, 『육식의 금기에 대하여』 제1권 14.4, 제4권 11.1 참조.

9  아폴론 신관의 딸 크뤼세이스를 그녀의 아버지에게 넘겨주는 문제로, 아킬레우스와 아가멤논 사이에서 여성을 놓고 벌어진 다툼에 관해서는 『일리아스』 제1권 참조. 에픽테토스는 이 다툼을 '선개념'을 개별적인 경우들에 적용했을 경우에 발생하는 상충의 예 중 하나로 내세우고 있다

신은 돌려주어야만 한다'라고 말하네. 그 둘 중 한 사람은 분명히 해야만 할 일에 대해 선개념을 잘못 적용하고 있는 것이네. 다시, 한 사람이 '좋다, 내가 크뤼세이스를 넘겨주어야만 한다면, 너희들 중 누군가로부터 영예의 몫[10]을 받아야만 한다'고 말하고, 다른 한 사람은 '그래서 너는 내가 사랑하는 나의 것인 이 여자[11]를 빼앗고자 하는구나'라고 대답하네. '너의 그 여자'라고 그가 말하네. '아니면, 내가 [아무것도 받지 못한] 유일한 사람이 되어야 하는가?' '그렇다면 내가 아무것도 갖지 못한 유일한 사람이 되어야 하는 건가?'[12] 그래서 상충이 일어나는 것이네.

9    그러면 교육을 받는다는 것은 무엇을 의미하는가?[13] 자연적인 선개념을 자연에 일치하는 방식으로 개별적인 경우들에 적용하는 것을 배우는 것이네.[14] 나아가, 있는 것들 중에 어떤 것은 우리에게 달려 있는

---

**10** geras로 '전쟁에서의 공으로 분배된 상'을 말한다. 애초에 아가멤논은 아폴론의 딸 크뤼세이스를, 아킬레우스는 브리세이스를 분배받았다. 전자는 아가멤논의 주장이고 후자는 아킬레우스의 말이다.

**11** 브리세이스를 가리킨다.

**12** 이것은 아가멤논과 아킬레우스 사이에서 일어난 가상의 대화이다.

**13** 에픽테토스의 교육의 목적을 언급하는 제1권 제2장 6절, 제4권 제5장 7절과 『엥케이리디온』 제5장 참조.

**14** 여기서 언급된 개별적인 경우들에 '선개념의 적용'(사용) 과정에 대해서는 제2권 제11장 1~4, 18절, 제2권 제17장 7절 참조. "자연적인 선개념을 자연에 일치해서 (katallēlōs tēi phusei) 개별적인 경우들에 적용하는 것을 배우는 것이네." 에픽테토스는 이 과정을 '선개념의 체계적인 검토'(분절화, diarthōsis)라고 부른다. 여기서 에픽테토스는 본래적으로 가지고 있는 '선개념'과 '가르침을 통해서 배우는 것'을 구별하고 있다. 그는 도덕 개념들은 모든 인간이 공통적으로 소유하고 있지만, 그 개념을 구체적으로 적용하는 것에 대해서는 일치하지 못하고 있다고 주장한다. 이 적용을 배우는 것이 철학의 핵심이다. 이 지점에서 에픽테토스의 교육적인 관심이 개입한다. 에픽테토스가 들고 있는 이러한 모순(불일치)이 일어나는 것에 대해서는 제2권 제17장 10~13절

것이고, 다른 것은 우리에게 달려 있는 것이 아니라고 구별하는 것[15]을 배우는 것이네. 즉 우리에게 달려 있는 것에는 의지(프로하이레시스)와 <sub></sub>10 그 의지에 의존하는 모든 행동이 있으며,[16] 반면에 우리에게 달려 있지 않은 것에는 우리의 신체와 신체의 부분들, 마찬가지로 우리의 소유물, 부모, 형제와 자매, 자녀, 조국, 한마디로 말해서 우리가 교제하는 모든 사람들이 있다네.[17] 그러면 우리는 '좋은 것'을 어느 쪽에 두어야만 하는 <sub></sub>11 가? 우리는 그것을 어떤 종류의 실재에 적용해야 하는가? 우리에게 달려 있는 것에.

'그렇다면 건강은, 손상되지 않은 몸을 갖는 것은, 생명은 좋은 것이 <sub></sub>12 아니라는 건가요? 아니, 심지어 우리의 아이들도, 부모도, 조국도 좋은 것이 아니라는 건가요? 그렇게 말하면 누가 그것을 받아들일 수 있겠습니까?'

자 그럼, '좋음'이라는 명칭을 그런 것들에 적용해 보기로 하자. 그 경 <sub></sub>13 우 그것들에 상처를 받거나 좋은 것들을 얻지 못했다면, 사람은 행복할 수 있을까?

'가능하지 않습니다.' 내가 부당한 일을 당하고 내가 불행하다면 그 것은 그가 나에게 관심을 기울이지 않기 때문입니다.

참조.

15 달리 옮기자면, "어떤 것들은 우리의 능력 안에 있고, 다른 것들은 그렇지 않음을 구별 하는 것".

16 에픽테토스는 '좋은 것'을 우리의 힘 안에 있는 것들에 한정해서 말하고 있는데, 스토아 에 따르면 일반적으로 '좋음'이란 개념은 '덕'에만 한정된다. '좋음'에 관한 스토아의 논 의에 대해서는 LS 60 참조.

17 '우리에게 달려 있는 것'의 개념에 대해서는 제1권 제1장 참조.

또 우리가 마땅히 해야만 하는 대로 교제하는 사람들과 함께 사는 것은 어떨까? 그것이 어떻게 가능한가? 나는 본성적으로 내 자신의 유익함을 고려하는 쪽으로 움직이기 때문이네. 농장을 소유하는 것이 나에게 유익하다면 이웃에게서 농장을 빼앗는 것도 내게 유익한 것이 될 것이네. 외투를 갖는 것이 나에게 유익하다면, 목욕장에서 외투를 훔치는 것도[18] 나에게 유익한 것이네. 따라서 거기로부터 전쟁, 파당, 폭정 및 음모가 생겨나는 것이네. 그렇다면 우리는 어떻게 여전히 제우스에 대한 의무(카테콘)를 다할 수 있겠는가? 내가 다치거나 불행을 당한다면, 그것은 그분이 나에게 관심을 기울이지 않기 때문이네. 또 사람들은 '그가 나를 도와줄 수 없다면 내가 그와 무슨 상관이 있겠습니까?'라고 말하네. 다시 '그가 내 자신이 처한 그러한 어려운 상태에 있는 나를 바란다면 내가 그와 무슨 상관이 있겠습니까?'라고 말하네. 나아가 나는 제우스를 미워하기 시작하게 되네. 그렇다면 나쁜 신령(神靈)일 수 있는 신을 기리기 위해, 또 '열병'[19]의 신일 수 있는 제우스를 기리기 위해, 왜 우리는 신전을 짓고, 신들의 조상을 세우는가? 그렇다면 그 경우에 제우스가 어떻게 여전히 구세주, 비를 가져오는 신, 열매를 주는 신일 수 있겠는가? 참으로, 여기 어딘가에 좋음의 본질을 두게 되면, 이러

---

**18** 목욕탕에서 겉옷을 훔치는 도둑의 예는 테오프라스토스, 『성격의 유형들』(김재홍 옮김, 쌤앤파커스, 2019, VIII.11) 참조. 당시 체육관(gumnasion)에서 옷을 훔치는 것은 중대한 범죄였다고 한다. 솔론이 체육관에서 옷을 훔치는 자에게 사형에 처할 수 있는 법을 만들었다(데모스테네스, xxiv. 114). 아테네에서 체육관은 대개 신을 모시는 성소와 붙어 있었다.

**19** '열병'의 신에 대해서는 제1권 제19장 6절 참조.

한 모든 결론이 논리적으로 따라 나오게 되는 것이네.[20]

그러면 우리는 무엇을 해야만 할까? 이것은 참으로 철학하는 사람과 17
그 정신이 진통에 시달리는 사람[21]을 위한 탐구의 주제이네. 그는 이렇
게 말하네. '현재로서는 무엇이 좋음이고, 무엇이 나쁨인지 알 수 없으
니, 내가 미친 게[22] 아닐까요?' 그래, 하지만 내가 좋은 것을 여기 어딘가 18
에, 즉 의지의 영역 안에 있는 것들 가운데 놓으면 어떻게 될까? 모두들
나를 비웃을 테지. 어떤 백발노인이 손가락에 많은 금반지를[23] 끼고 다
가와 머리를 흔들며 말하길, '애야, 내 말을 잘 들어라. 물론 철학을 해
야만 하지만, 또한 머리를 식혀야만 하네. 그런 건 순전히 어리석은 일
이네.[24] 철학자들에게서 네가 추론을 배우는 것은 매우 좋은 일이지만, 19
인생에서 어떻게 행동해야만 하는지에 관해서는 네가 철학자들보다 훨
씬 더 잘 알고 있을 것이네.'[25] 그러면 인간아, 내가 그것을 알고 있다면, 20

---

**20** 이 대목(13~16절)은 일종의 귀류법을 이용한 논의이다. 좋은 것들은 행복을 만들어 내
고, 신에 관한 우리의 생각과 일치하는 것이다. 하지만 덕 이외의 것에 좋음을 놓게 되
면, 전쟁, 파당, 폭정, 신에 대한 미움 등으로 이끌린다. 그러므로 '좋음'은 '우리에게 달
려 있는 것들'로 한정된다.

**21** 플라톤의 『테아이테토스』에서의 진리를 찾는 소크라테스의 산파술의 비교를 사용하고
있다(148e~149a, 210b).

**22** 좋은 것과 나쁜 것에 대한 무지는 '미친 것'에 상응한다.

**23** 노인의 많은 금반지는 세속적인 면모를 나타내지만, 어리석은 느낌을 주고 있다(R.
Dobbin[1998], p. 193).

**24** 혹은 '이것은 모두 의미 없는 말이네(mōra)'.

**25** 플라톤의 『고르기아스』에 나오는 철학에 대한 칼리클레스의 태도와 비교하라(484c~
486d).

왜 나를 비난하는가?[26] 이 노예에게 내가 무슨 말을 하겠는가? 내가 침묵하면, 이 사람은 화를 터뜨릴 것이네. 그래서 나는 이렇게 말하지 않을 수 없는 것이네. '사랑하는 사람을 용서하듯이 나를 용서해 주십시오. 마음이 여기에 있지 않고, 정신이 이상해져 있으니까요!'

---

**26** 도빈은 이렇게 주석을 달고 있다(R. Dobbin [1998], p. 194). 늙은이가 주장한 것처럼, 젊은이가 자신이 무엇을 하고 있는지 철학자들보다 더 잘 알고 있다면, 그는 철학자들에게 의지하여 무엇을 하고 있는지를 알아야만 한다. 그러므로 그것을 하는 것에 대해 비난하지 말아야 한다. 철학을 공부하는 자식에게 화가 난 부모에 대한 자식의 항변을 논의하고 있는 제1권 제26장 5~7절 참조.

제23장

# 에피쿠로스에 대해서[1]

에피쿠로스도 우리가 자연 본성적으로 사회적(공동체적) 존재[2]라는 것    1

1  에피쿠로스를 공격하려는 이 장의 의도는 아주 분명하지만, 원문의 파손 때문에 그 내
용은 불명확한 측면이 있다. 우제너(H. Usener)는 1, 5, 7절의 일부를 에피쿠로스의 직
접 단편(fr. 525)으로 보기도 한다(Epicvrea, p. 319). 이와 관련 있는 에피쿠로스에 대
한 다른 언급은 제3권 제7장 19절 참조. "에픽테토스는 그(에피쿠로스)를 외설적인 말
을 하는 자라 부르며, 아주 심하게 욕한다."(DL 제10권 6). 에픽테토스는 에피쿠로스
가 가족과 공동체를 포함한 다른 사람들에게 이익이 되고자 하는 자연적인 인간 본능
을 인정하지 않는 것에 대해 비판한다(1~3, 5절). 그는 에피쿠로스의 잘못은 육체적 쾌
락을 포함한 쾌락이 인간의 좋음이라는 그의 핵심 주장에 있다고 주장한다(1절; 제1권
제20장 17절 참조). 7~8절에서는 에피쿠로스가 조장하는 반-사회적 행위에는 동물
도 개입하지 않는다고 주장한다. 9~10절에서는 상식과 경험은 부모의 자식에 대한 사
랑이 자연적임을 충분히 증명한다는 것이다. 에픽테토스의 비판은 가족 및 정치적 개
입에 관한 주의를 표명하는 에피쿠로스의 견해에 어느 정도 근거를 두고 있지만, 에픽
테토스는 에피쿠로스의 견해를 체계적으로 반사회적인 것으로 제시함으로써, 그의 입
장을 희화화하고 있다. 에픽테토스는, 다른 사람들에게 이익을 주고 가족과 공동체 삶
에 참여하려는 욕망은 인간 발달의 자연스러운 부분을 형성한다는 스토아적 주장을 언
급하며 에피쿠로스를 비판하고 있다. 사회에 대한 에피쿠로스적 사고에 대한 보다 완
전하고 미묘한 설명은 LS 22를 참조. E. Brown, "Politics and Society", ed. J. Warren, *The
Cambridge Companion to Epicureanism*, Cambridge, 2009; R. Dobbin[1998], pp. 194~200.

2  원어로는 koinōnikoi이다. '인간이 사회적 존재'라는 것은 전형적인 스토아적 주장이다.

을 이해하고 있지만, 일단 우리의 좋음을 [혼이 아니라] 우리의 육체의 껍데기 위에 놓은 후에는,[3] 그는 더 이상 그것과 다른 어떤 것을 말할 수 없다.[4] 게다가 그는 우리가 좋음의 본질과 단절된 어떤 것도 경탄하거나 받아들이지 말아야 한다는 이 원칙[5]을 강력하게 주장하고 있기 때문이다. 더구나 그가 그렇게 주장하는 것은 옳다.

3  그렇다면 우리가 자손에 대한 자연적인 애정이 없다면, 어떻게 여전히 사회적 존재[6]가 될 수 있겠는가? 에피쿠로스, 왜 당신은 현자가 자녀를 양육하는 것을 단념시키려고 하는가?[7] 왜 그로 인해 고통에 빠질까

---

3  '우리의 좋음을 [혼이 아니라] 우리의 육체의 껍데기(keluphos) 위에 놓다'는 표현은 에피쿠로스가 '감각적 쾌락주의자'라는 것을 말하는 방식이다(제1권 제20장 17절 참조). 에피쿠로스는 쾌락을 '좋음'으로 간주해서, 모든 행동을 이 기준에 의해 정당화되는 것으로 본다.

4  에피쿠로스는 사회를 '자연적'인 것으로 간주하지 않고, 인위적이고, 사회적인 계약의 산물로 보았다. "에피쿠로스도 이와 마찬가지로, 사람들을 서로 함께 묶는 자연적 사귐(사회성)을 부정하고자 원할 때, 자신이 부정하고 있는 바로 그 원리를 사용하고 있네. 그러면 그는 실제로 무엇이라고 말하고 있는가? '인간들이여, 속지 마라. 그릇되게 이끌리지 마라. 실수를 범하지 말라. 이성적인 존재를 서로 함께 묶는 자연적 사귐은 없느니라. 나를 믿어라. 다른 말을 하는 사람들은 너희들을 속이고 거짓 논증으로 너희들을 오도하고 있는 것이다.'(제2권 제20장 6~7절; 우제너, 「단편」523)

5  이 기본적 원칙에 대해서는 제3권 제3장 5~10절, 제4권 제5장 30~33절 참조.

6  huponoētikoi('의심스럽다'; H. Wolf의 수정, J. Souilhé) 대신에, eti koinōnikoi(W. A. Oldfather)로 읽는다. '우리가 어떻게 의심합니까?'로 옮기면, '우리가 의심하는 것'은 3절의 나머지와 4절에 설명되어 있는 것이 된다. 즉 스스로 자만심에 빠진 현자인 에피쿠로스 자신이 '쥐'을 키울 때, 다른 현자들은 아이를 키우는 것을 단념하게 만드는 동기(R. Dobbin[1998], pp. 195~196).

7  알렉산드리아의 클레멘스와 같은 기독교 철학자와 마찬가지로 에픽테토스도, 에피쿠로스가 결혼도 하지 않고, 아이도 낳지 않고, 정치 활동에 참여하지 말 것을 주장한 것으로 간주하고 있다. 그런 것들이 우리의 '평정심'을 깨뜨릴 수 있기 때문이다. 가족과

봐 두려워하는가? 그러면 왜 당신은 집 안에서 키운 노예 '뮈스'(쥐)[8] 때 4
문에, 고통에 빠지곤 하는가? 그의 집안에서 '뮈이디온'(작은 쥐)이 운
다고 해서, 그것이 그에게 무슨 문젯거리가 되는가? 오히려 에피쿠로스 5
는 아이가 태어나자마자 아이를 사랑하지 않는다거나 돌보지 않는다는
것은 더 이상 우리에게 달려 있는 것이 아님을 잘 알고 있다는 것이다.
이와 같은 이유로 그는 정치에 참여하는 사람이 할 일을 알고 있었기 때 6
문에, 현자도 공적인 일에 종사해서는 안 된다고 말하는 것이다.[9] 그리

정치적 관계에 내재하는 다른 사람에 대한 관심은 고통을 일으킨다는 것이다. 그래서
우리가 자연적으로 비사회적 피조물이고, 다른 사람의 복지에 대해 무관심하다면, 고
통을 일으키지 않을 것이라는 것이다. 텍스트 전승에 관한 논란이 있지만, 에피쿠로스
는 현자도 결혼도 하고, 아이를 가질 수 있다고 말하고 있다. 현자도 "삶의 상황에 따라
서는 언젠가 결혼할 수" 있는 경우를 인정하고 있다(DL 제10권 119; T. Dorandi [2013]
판본). 어떤 보고에 따르면, 에피쿠로스는 결혼이 많은 불편함을 가져오기 때문에 현자
가 결혼하는 경우는 드물다고 말했다고 한다(세네카, 「단편」 45 Haas). 또한 에피쿠로
스는 아이를 양육하는 것은 사람들의 이기적 동기에서 비롯되었고, 그것은 아이들이
자신들의 일을 돕고 늙어서 자신들을 부양할 수 있기 때문이라고 주장했다고 한다(플
루타르코스, *De Amore prolis*, 495a = 우제너, 「단편」 527).

8 에피쿠로스가 가장 좋아했던 노예가 '뮈스'이다. 여기서 이 말은 고유명사로 쓰였으며
(Bentley의 주장), 뮈스(Mus)는 문자적으로 '쥐'라는 의미이다. 그는 에피쿠로스의 집
에서 자랐고, 그의 철학적 강의와 연구에 적극적으로 참여했다고 한다. 그의 학원에는
노예, 여성들도 참여했다. 노예 '뮈스'에 대한 언급은 DL 제10권 3, 10에도 나타난다. 같
은 책 10권 21에는 "나(에피쿠로스)는 노예들 가운데서 뮈스, 니키아스, 뤼콘을 자유인
으로 해방한다"는 유언이 기록되어 있다. 그러면 우리에게 남겨지는 의문은 이런 것이
다. 에피쿠로스가 '현자'라면, 자신의 주장과 달리, 왜 그는 자신의 아이처럼 '뮈스'(쥐)
를 키웠는가? 이것은 자기모순이 아닌가? 사실상 에피쿠로스가 어린이를 쥐에 비유했
다는 일반적인 설명을 뒷받침하는 문헌학적인 증거는 없다.

9 에피쿠로스의 현자의 정치 참여의 금지에 대해서는 DL 제10권 119 참조. 에피쿠로스가
행복을 '방해로부터의 벗어남(평정)', 즉 아타락시아(ataraxia)로 보았기 때문에(DL 제
10권 129), '가정을 갖는 것'과 '정치의 참여'에 대해 반대하는 입장을 취하는 것으로 생

고 파리[10]들 속에서 한 마리 파리처럼 당신이 인간들 속에서 살고 싶다면,[11] 누가 당신을 막겠는가?[12] 하지만, 그럼에도[13] 그는 그 사실을 잘 알고 있으면서도 군이 '자식을 길러서는 안 된다'라고 말하는 대담함이 있었던 것이다. 그러나 양이 자기 새끼를 버리지 않고, 이리도 버리지 않는데, 하물며 인간이 자기 자식을 버리겠느냐? 당신은 우리에게 무엇을 원하는가? 우리가 양처럼 어리석어야 한다고? 하지만 양들조차도 새끼를 버리지 않네! 늑대처럼 사나워지길? 하지만 늑대도 어린 새끼를 버리지 않는다네! 자, 내 어린아이가 땅에 곱드러져 눈물을 흘리는 것을 볼 때, 누가 당신의 말에 설득되겠느냐? 내 생각으로서는, 설령 당신의 어머니와 아버지가 당신이 그런 말을 할 것이라고 예견했더라도, 그들은 당신을 차마 버리지는 않았을 것이라고 생각하네![14]

각해 볼 수 있다. 에피쿠로스에게 쾌락(행복)은 "몸에는 고통이 없으며, 혼에는 흔들림이 없는 상태"였다(DL 제10권 131). 이와는 달리 스토아 철학자들(제논, 크뤼시포스)은, 현자는 정치 생활에 참여하고, 결혼도 하며, 가족을 구성한다고 말한다. 스토아 정치 철학에서 가족은 공동체 삶에서의 기본 단위이다(DL 제7권 121 참조).

10 파리에게는 사회적 조직이나 관계성이 없기 때문에, 그 사물의 자신의 적합성 외에는 인간처럼 살도록 강요할 수도, 비사회적 동물처럼 살지 않도록 강요할 수도 없을 것이다.

11 공동체 의식 없이 동료들 사이에서 산다는 것을 의미하는가? 한 마리의 파리가 자신의 종(種)과 떨어져 살 수 있겠지만, 인간으로서는 자연스런 일도 아니며, 그럴 가능성도 없을 것이다.

12 에픽테토스를 읽을 때 부딪치는 어려움은, 발언 문장의 화자(話者)가 모호할 때가 있다는 점이다. 나는 이 문장을 에피쿠로스가 아니라, 에픽테토스의 말로 읽고 있다.

13 homōs(Kronenberg 수정) 대신에 ho mē(S사본)로 읽기도 한다(R. Dobbin). 그러면 "그러나 그는 이것을 알고 있지 못한 것처럼"으로 번역된다.

14 이것은 에피쿠로스에 대한 냉소적인 조롱이다. 결격 사항을 갖고 태어난 아이를 살해하는 것은 고대에서는 범죄로 간주되지 않았다. 스파르타의 유아 살해(infanticide)는 잘 알려진 사실(史實)이다.

# 제24장

# 곤경에 맞서 어떻게 도전해야 하는가?[1]

인간들이[2] 어떤지를 드러내는 것은 곤경[3]이네. 그래서 앞으로 어떤 곤      1
경을 겪을 때마다, 체육장의 레슬링 훈련 조교와 같이, 신은 젊은 강인

---

1  이 장은 퀴니코스학파(견유학파)에 대한 에픽테토스의 관심을 보여 주고 있다. 또한 초
기 로마 제국에서 퀴니코스학파에 대한 관심을 반영하는 듯하다. 실제로 세네카는 친
구였던 퀴니코스 철학자 데메트리우스를 찬양했다. 제3권 제22장(「견유학파에 대하
여」)의 논의와 공통점을 가진다. 곤경에 처한 상황은 사람의 품성을 시험한다는 논의
로부터 시작하고 있다(1~5절). 결코 곤경이 우리를 패배시키지 못한다는 주장을 하
기 위해 디오게네스를 논의로 끌어들인다. 기원전 4세기 중반에 디오게네스가 창시
한 단순한 삶, 관습이 아닌 자연을 따름을 옹호하는 철학적 운동인 견유학파는, 그 기
원에서부터 스토아학파에 지대한 영향을 미쳤다. 에픽테토스는 이 책에서 자주 디오
게네스를 이상적인 현자의 모범으로 제시한다. 여기서 에픽테토스는 견유학파가 권장
하는 금욕적인 생활 방식과 재산과 지위의 포기에 대한 무관심이 스토아학파도 따라
야 할 교훈임을 강조하고 있다(제3권 제22장, 제24장 참조). 끝으로 주어진 상황이 정
말로 견딜 수 없는 것임이 증명된다면, 항상 '자살'을 통해 도피처를 구할 수 있음을 주
장한다(19~20절). W. Desmond, *Cynics*, Stocksfield, 2008; M. Schofield, "Epictetus on
Cynicism", eds. Scaltsas and Mason, *The Philosophy of Epictetus*, Oxford, 2010, pp. 71~86;
G. Reale, *A History of Ancient Philosophy*, IV, A: *The Schools of the Imperial Age*, SUNY Press,
1990.

2  즉, 인간들의 성품.

3  즉, 각자가 처한 상황.

한 상대와 대처하게 해주셨다는 것을 기억하라.

2 　'어떤 목적으로요?' 누군가가 묻는다.

네가 올림픽 게임의 우승자가 될 수 있도록. 하지만 땀을 흘리지 않으면, 그것을 이뤄 낼 수 없는 것이네. 내 생각으로는, 운동선수가 젊은 상대자와 맞붙어 싸우는 것처럼 네가 기꺼이 곤경과 맞붙어 싸우고자 한다면, 지금 네가 처한 상황보다 더 나은 기회를 주는 곤경을 누구도 가졌던 적이 없었던 것처럼 보이네. 우리는 지금 너를 정찰병으로 로마로 보내려 하네. 하지만 그 누구도 정찰병으로 겁쟁이를 보내지는 않는다네. 그 사람은 단지 작은 바스락거리는 소리를 듣고 또 어딘가에서 작은 그림자라도 본다면, 적이 이미 가까이 와 있음을 우리에게 보고하기 위해 공황 상태에 빠져 급히 돌아올 그런 사람이네. 지금 이 경우에도 그렇지만, 네가 우리에게 돌아와서, '로마의 상황은 절망적이다. 죽음은 끔찍하고, 추방은 끔찍하고, 학대는 끔찍하고, 빈곤도 끔찍하다. 여러분 도망가십시오. 적은 다가오고 있습니다'라고 보고하면, 우리는 너에게 이렇게 대답할 것이네. '떠나가라. 네 자신의 귀에다가나 예언하라! 우리가 저지른 유일한 실수는 너 같은 사람을 그 땅을 정탐하도록 보낸 것이었네.'⁴

---

4　에페이로스 지역의 니코폴리스에서 강의하던 에픽테토스는 폭군 도미티아누스 치하의 로마의 정치적 동정을 정탐하기 위해 수시로 자신의 학생들을 밀정으로 보냈던 것 같다(슈바이그호이저). 도미티아누스는 원로원의 명령(Senatusconsultum)에 따라 철학자를 로마에서 추방했다(수에토니우스, 「도미티아누스」 10; Dion, 67.13). 겔리우스 보고에 따르면, 에픽테토스는 로마에서 니코폴리스로 이주하고, 그곳에서 학교를 개설했다(『아티카의 밤』 15.11). 훗날의 역사가들(타키투스, 수에토니우스, 플리니우스)은 도미티아누스를 잔인하고 피해망상에 사로잡혔던 폭군으로 기록하고 있으나, 현대의 역사가들은 잔인했지만 효율적인 전제군주로 평가하기도 한다. 도미티아누스 역시 궁

자네보다 앞서 정찰병(첩자)으로 파견된 디오게네스[5]는 완전히 다른 **6**
소식을 가져왔네. 그는 '죽음은 나쁜 것이 아니다. 거기에는 아무런 부
끄러운 것이 없으니까'라고 말했고, 또 '나쁜 평판은 미친 사람들이 만
드는 공허한 소음이다'라고 말했네.[6] 게다가 이 정찰병이 우리에게 보 **7**
고한 것은 노고와 쾌락, 가난에 관한 그런 것이었네![7] 그는 '벌거벗음[8]이
그 어떤 자주색의 긴 겉옷보다 더 나으며, 가장 부드러운 침상보다 침
상 없이 맨땅에서 자는 것이 낫다'라고 말했네.[9] 그리고 그의 여러 주장 **8**

정 관리에게 살해당했다.

5  3, 6절에 나오는 '정찰병'(첩자; kataskopos)의 은유에 관련해서는 M. Schofield,
"Epictetus on Cynicism", in Scaltsas and Mason(eds., 2007), pp. 75~80 참조. DL 제6권
43에도 '정찰병'에 대한 언급이 나온다. 디오게네스가 카이로네이아 전투 이후에 '첩
자'(정찰병)로 필립포스 왕에게 끌려가서 '누구냐'는 질문에 자신을 '탐욕을 조사하는
첩자'라고 말했다고 한다. 이에 대해서는 제3권 제22장 24~25절 참조("디오게네스는
카이로네이아 전투 이후에 첩자(스파이)로서 필립포스에게 끌려갔기 때문에, 그는 첩
자라는 것이네. 견유학파 철학자는 진실로 사람들에게 어떤 것들이 친애적이고 어떤
것이 적대적인지에 대한 첩자이고, 또 그는 세밀하게 정탐해야만 하고 돌아와서는 진
실되게 보고해야만 하며, 그렇지 않은 자들을 적으로 지적하기 위해 두려움에 부딪히
지 않아야 하며, 또한 어떤 다른 방식으로 외적 현상에 의해 혼란되거나 혼돈되어서도
안 되는 것이기 때문이네"). 견유학파에 따르면, 철학자는 지상을 정탐하기 위해 세상
에 보내진 일종의 정탐꾼(스파이)이다, 그래서 철학자의 임무는 이 세상에서 인간에게
어떤 것들이 좋은 것이고 나쁜 것인지를 보고하는 것이다. 카이로네이아(Chaironeia)는
보이오티아 지역의 싸움터로, 기원전 338년에 이곳에서 아테네와 테베의 연합군이 마
케도니아의 필립포스 왕에게 패배했다.
6  DL 제6권 11('죽음'), 68('나쁜 평판') 참조.
7  노고(고통), 쾌락에 대한 안티스테네스의 언급은 DL 제6권 2~3 참조. 퀴니코스와 달리
스토아학파가 쾌락은 악이고 노고(고통)는 좋은 것이라고 말하지는 않았다.
8  to gumnon einai로 읽는다(J. Souilhé).
9  가난, 수박함 옷, 거친 잠자리에 대한 언급은 DL 제6권 105 참조.

에 대한 증거[10]로서, 그는 그 자신의 용기, 평정,[11] 자유,[12] 거기에다가 자신의 빛나는[13] 강인한 몸을 내놓았네.[14] '가까이에 어떤 적도 없다'라고 그는 말하네. '평화는 도처에 가득 찼다.' 디오게네스여, 어떻게 그럴 수 있습니까? '나만 바라봐!' 그가 대답했네. '내가 맞았나, 내가 다쳤나, 내가 누구로부터 도망치기라도 했나?' 이것이 진정한 정찰병이라면 마땅히 그래야만 하는 것이네. 그러나 너는 우리에게로 돌아와서 차례차례 이런저런 헛소리를 해댄 것이네. 거기로 다시 한번 돌아가서 겁을 먹지 말고 눈이 멀지 않은 채로 더 정확하게 관찰하면 어떻겠나?

'그러면 나는 무엇을 해야만 합니까?' 배에서 육상으로 오를 때 무엇을 해야 하는가? 너는 키와 노를 갖고 가지는 않겠지? 그래서 너는 무엇

---

**10** 원어로는 apodeixis. apodeixis란 말이 항시 '형식화된 논증'을 가리키지는 않는다. 여기서는 행동의 방식을 나타내고 있다. 제1권 제29장 33절, 제2권 제17장 16~18절, 제3권 제10장 8절, 제3권 제22장 69절, 제3권 제23장 14절, 제3권 제24장 112절, 제4권 제7장 29절 참조.

**11** 원어로는 ataraxis(마음의 평화, 흔들리지 않음).

**12** 제3권 제24장 67절, 제4권 제1장 152절 참조. "자유(eleutheria)를 무엇보다 우선시함으로써."(DL 제6권 71) '자유'는 퀴니코스학파가 내세우는 대표적 슬로건이었다. 관습과 외적인 방해로부터의 자유, 표현의 자유를 말한다.

**13** 디오게네스가 빛나는 피부색을 갖고 있다는 것을 언급하는 제3권 제22장 88절("보라, 나와 내 몸이 그 진리에 대한 증거다") 참조. 디오게네스는 몸에 향유를 발라서 언제나 윤기가 있었다고 한다(DL 제6권 81).

**14** 나는 재산, 가족, 먹거리를 비롯하여 아무것도 없이 도시를 돌아다니며 살지만, "보라, 내가 얼마나 건강한지를!"이라고 말하는 제4권 제8장 31절 참조. 현자의 신체 단련에 대해서는 DL 제7권 123 참조. 어리석은 사람이 생각하는 것처럼, 디오게네스는 자신의 몸에 대해 태만하지 않았다고 한다. 갈증을 겪으며 한데에서 와들와들 떨며 살아가는 디오게네스가, 추위와 더위를 경험하지 못하고 실내에 사는 사람들보다 건강이 더 좋았다는 보고도 전해진다(Dion Chrysostomos 6,8).

을 가지고 가는가? 네 것인 올리브 오일 항아리, 가죽으로 만든 배낭.[15] 따라서 이 경우에도 너 자신의 것을 기억하고 있으면, 너는 다른 사람의 것에 대해 결코 소유권을 주장하지 않을 것이네. 그는[16] 말하네. '너의 12 원로원의 자주빛 토가를 벗어라.' 보세요, 좁은 밑단의 토가를 입었습니다. '그것도 벗어라.' 보세요, 평범한 토가를 입었습니다.[17] '그것도 벗어라.' 보세요, 나는 알몸이 되었습니다. '그러나 넌 여전히 나를 분노하 13 게 만들어.' 그럼 내 보잘것없는 몸을 마저 다 가져가세요. 그 사람에게 내 몸을 던져 줄 수 있다면, 내가 그를 두려워할 이유가 더 이상 무엇이 겠는가?

'그런데 아무개는 나를 그의 상속자로 만들어 주지 않아요.' 14

---

15 이리저리 떠도는 견유학파 철학자들의 전형적인 단순한 소지품이다. 고대 여행자들이 들고 다니는 물품이라 할 수 있다. 견유학파 철학자들의 모습(수염)과 행태, 소지품에 대해서는 DL 제6권 13 참조.

16 황제 도미티아누스로 추정되는 인물을 가리키는 것일까?(C.G.Starr, Jr., "Epictetus and the Tyrant", *Classical Philology*, Vol.44, No.1, 1949, pp. 20~29) 일반적으로 황제는 '참주', '폭군'과 동일시될 수 있다(R. Dobbin[1998], p. 203 참조). 에픽테토스가 직접 '도미티아누스' 황제를 언급하는 대목은 제2권 제7장 8절에만 나온다. '폭군'이란 말은 『엥케이리디온』에는 나오지 않으며, 그 자리에 '질병', '죽음', '가난' 등이 대신하고 있다. C.G. 스타의 주장에 따르면, 『강의』는 에픽테토스가 말한 것을 그대로 전하려는 의도로 저술되었으며, 실제로 에픽테토스는 도미티아누스에 의해 제기된 문제에 관심을 가졌다는 것이다. 하지만 『엥케이리디온』은 일반적인 '소형 책자'(manual)의 목적으로 쓰인 것으로, 하두리아누스 황제 혹은 그 이후에 저술된 것으로 해석한다. 따라서 『엥케이리디온』을 출판할 당시의 아리아노스의 시대는 폭군에 대한 충고를 할 필요가 없었다는 것이다(C.G.Starr, Jr., "Epictetus and the Tyrant", p. 29).

17 원로원 의원이 입는 토가는 넓은 자주빛 밑단을 가진 겉옷(laticlave)으로, 좁은 밑단을 가진 토가(angusticlave)는 원로원 의원보다 낮은 부유한 귀족들이 입었고, 꾸미지 않은 토가는 보통 시민들이 입었다.

그럼 어쩔 것인가? 이것들 중 어떤 것도 내 것이 아니라는 것을 잊어 버렸나? 그러면 어떤 의미에서 그것들을 우리의 것이라고 부를 수 있는 가? 여인숙에 있는 침상을 우리 것이라고 부르다는 의미에서.[18] 여인숙 주인이 죽을 때 너에게 침상을 남겨 준다면 좋은 일이겠지. 그러나 그가 다른 사람에게 남겨 준다면 그것은 다른 사람에게 속할 것이고, 너는 다른 것을 찾아야만 하네. 그래서 침상을 찾지 못하면 너는 결국 땅에서 자게 될 것이네. 단지, 담대한 마음으로 코를 골며, 비극들이 일어나는 것은 부자들 사이에, 왕들과 폭군들 사이에서 있는 것이며, 또 가난한 사람은 합창단의 일원이 아닌 한, 비극에서 어떤 역할도 맡을 수 없음을 기억하면서 잠을 자는 것이네.[19] 왕들은 유복한 상태에 시작하네. ─ '화관으로 궁전을 장식하라'[20] ─ 그러나 3막이나 4막쯤에 [우리는 듣는다], '아아 키타이론, 왜 나를 영접했는가?'[21] 노예여,[22] 너의 화

---

**18** 인생을 여관에서의 잠시 머묾과 비교하는 것에 대해서는 제3권 제23장 36~37절 참조. "마치 나그네가 여인숙에 대해 돌보는 것처럼, 그것들을 다른 사람들에게 속하는 것인 양 돌보라."(『엥케이리디온』 제11장) 플루타르코스, 『추방에 관하여』(De Exilio) 607D 참조.

**19** 15절은 인생을 드라마에 비교하고 있다.

**20** 첫 행은 그 출전을 알 수 없으나, 두 번째 행은 소포클레스, 『오이디푸스 왕』 1390행 참조. 테바이 근처의 키타이론(Kithairōn) 산은, 오이디푸스가 태어나자마자 자신의 아버지(라이오스)를 죽이고 어머니와 결혼할 것이라는 신탁에 따라 자신의 부모에게 버려져 죽을 위기에 처했던 산이다.

**21** 이것은 오이디푸스가 키타이론 산에 버려질 수밖에 없었던 운명을 알아냈을 때의 그의 비극적인 외침이다. 마르쿠스 아우렐리우스가 같은 시행을 인용하는 것에 대해서는 『자기 자신에게 이르는 것들』 제11권 6.1 참조.

**22** 왕을 '노예'로 부르고 있다. "현자만이 자유롭고 열등한 사람들을 노예들이라고 한다."(DL 제7권 121)

관은 어디에 있는가? 너의 왕관은 어디에 있는가? 경호원이 너에게 전혀 쓸모가 없는가? 그러므로 이제부터 이런 유형의 인물들 중 누군가에게 다가갈 때, 비극의 한 인물을 만나고 있으며, 단순한 배우가 아니라 오이디푸스를 몸소 만나고 있음을 명심하라.[23]

'하지만 이러이러한 사람은 행복해요. 이렇게 많은 수행원들과 함께 걷고 있으니까요.'

나 또한 군중들과 뒤섞여 어울리며, 많은 수행원들과 함께 걷기로 하겠네.[24]

그러나 중요한 것은 이런 것이네. 문이 열려 있다는 것을 기억하라.[25] 아이들보다 더 겁먹지 말고, 아이들이 놀이가 더 이상 즐겁지 않을 때, '나는 더 이상 놀이를 하지 않을래'라고 말하는 것처럼, 너는 그들과 마찬가지로 상황이 너에게 그렇게 보일 때, '나는 더 이상 놀이를 하지 않을래'라고 말해야만 하고, 또 떠나가야만 하네.[26] 허나, 네가 머문다면 신음[27]을 멈춰라.

18
19
20

---

**23** 에픽테토스는 학생들에게 곤경 때문에 기죽지 말라고 가르치고 있다.

**24** 19절은 비꼬는 투의 말이지만, 제1권 제12장 21절의 묘사를 사용하고 있다.

**25** 자살 허용 가능성을 암시하고 있다(제1권 제1장 27절 참조).

**26** 인생을 놀이와 비교하고 있다(제1권 제25장 7~8절, 제2권 제16장 37절, 제4권 제7장 30절 참조). 놀이가 매력적이지 못할 때 자살이란 옵션이 남아 있다(제1권 제9장 20절, 제1권 제25장 18절, 제2권 제1장 19절, 제3권 제8장 6절, 제3권 제13장 14절, 제3권 제22장 34절). 이 생각에 대한 충분한 설명은 제1권 제25장 7~20절에서 주어진다. 세네카, 『도덕서한』 26.10("그 문은 언제나 자유다."); 『섭리에 대하여』 6.9("문은 열려 있다.") 참조.

**27** 요즘 말로 하면, '죽는소리'쯤에 해당하겠다.

제25장

# 동일한 주제에 대하여<sup>1</sup>

1 　이상의 모든 것²이 참이고, '인간의 좋음과 마찬가지로 인간의 나쁨은

---

1 　이 장의 제목이 보여 주듯이, 앞 장의 강의 주제를 이어받아 논의를 이어 가는 것처럼
　보인다. 그러나 이 장의 논의 주제는 다른 담론에서도 공통적으로 찾아진다. 에픽테토
　스는 여기서 좋음과 나쁨이 우리에게 달려 있는 반면, 다른 모든 것은 '아무런 관련이
　없는 것'의 문제라는 스토아학파의 핵심적 주장이 함축하는 의미를 탐구한다(1절). 그
　는 이 주장의 힘을 인식하게 되면 더 자세한 지침이 필요하지 않다고 주장한다(3~6절).
　그는 인생을 놀이 혹은 게임에 비교한다. 이 비교를 통해 우리에게 달려 있는 것과 달려
　있지 않은 것을 구분하고 있다. 중요한 것은, 게임의 역할과 규칙이 우리의 통제를 벗어
　난 힘에 의해 결정되며, 따라서 그것은 우리의 권한에 속하지 않는다는 것이다. 그러나
　게임을 잘하는 것은 우리의 능력 안에 달려 있다(7~11절). 마찬가지로 논리에서 가설
　이나 전제가 다른 사람에 의해 설정되더라도, 우리가 어떤 추론을 받아들일지를 결정
　하는 것은 우리에게 달려 있다(11~13절). 주어진 '상황'을 임의적인 조건으로 생각하
　게 되면, 그것도 하나의 유머로 쉽게 용인될 수 있다. 그러나 결국 인생이라는 게임 안
　에 얼마나 오래 머무느냐는 우리에게 달려 있다(14~18절). 자살은 항상 선택 사항이므
　로, 어떤 상황에서도 게임에 남아 있을 필요는 없다. 죽음이 가져오는 해방이나 도피에
　대한 전망은, 주어진 상황에 더 이상 견딜 수 없을 때 게임을 중단하도록 우리를 대담하
　게 만들 수 있다(19~25절). 일반적으로 우리가 인생에서 경험하는 어려움 대부분은 우
　리 자신이 만든 것이거나, 우리가 외적인 것들에 부여하는 그릇된 가치에서 비롯된다
　(26~31절). 끝으로 모든 철학이 장난기 섞인 역설적인 말을 하고 있다는 반대를 예상하
　는 것으로 이 장을 끝맺음하고 있다.

그의 의지(프로하이레시스)에 있으며, 그 밖의 모든 것은 우리와 아무 관련이 없다'고 말할 때, 우리가 어리석은 것도 아니며 또한 단지 연극의 역할[3]을 취하는 것도 아니라면, 왜 우리는 여전히 걱정을 하고, 여전히 두려워하는 것인가? 우리에게 진정으로 심각한 일에 대해서는, 그 누구도 그 어떤 권한을 갖고 있지 못한다. 또 다른 사람들이 갖고 있는 권한에 대해서는 우리는 관심을 기울이지 않는다. 그렇다면 우리가 여전히 걱정해야 할 일이 남아 있는가?

'제발 나에게 구체적인 지시를 내려 주세요.' 그런데 내가 어떤 지시를 내려 줄 수 있을까? 제우스께서 너에게 주시지 않은 어떤 것이 있는가? 제우스께서 너 자신의 것은 방해와 제약을 받지 않는 것으로, 반면에 너 자신의 것이 아닌 것은 방해와 제약을 받는 것으로 해주시지 않았는가? 너는 어떤 지시를 가지고 저곳으로부터[4] 이곳에 왔느냐, 어떤 종류의 명령을 가지고? 너 자신의 것은 모든 수단을 동원해서 지켜야 하지만, 다른 사람의 것은 얻으려고 애써서는 안 되네. 너의 신실함은 너의 것이고, 너의 자존감(부끄러움을 아는 마음)은 너의 것이네. 누가 너에게서 그것들을 빼앗을 수 있겠는가? 너 자신 이외에 누가 그것들의 사용을 방해할 수 있는가? 그러나 네 입장에선 어떻게 행동해야 하는가? 네 자신의 것이 아닌 일에 주의를 기울일 때마다, 진정한 너 자신의

2

3

4

---

2  에픽테토스가 주장하는 원리, 즉 '의지 안에 있는 것들'(ta prohairetika)이란 '우리에게 달려 있는 것들'이고, '우리가 돌보고 주의해야 하는 것들'이라는 것이다. 에픽테토스는 이 원리를 '일반적 원리들'(ta katholika)이라고 부른다(제4권 제12장 7~8절 참조).

3  즉 위선자.

4  '저곳으로부터'(ekeithen)는 제우스를 가리킨다.

5 　것을 잃게 되는 것이네.⁵ 이미 제우스로부터 그런 명령과 지시를 받고
　　도 어떤 종류의 것을 아직도 나로부터 얻어내기를 바라는 것인가? 내가
6 　그보다 더 나은가, 아니면 더 신뢰할 만하다는 것인가? 네가 그의 그런
　　명령들을 따른다면, 그 외에 다른 어떤 것이 더 필요한가? 그러나 신이
　　이런 지시들을 너에게 주지 않았느냐? 선개념을 가져오고, 철학자들의
　　논증을 내놓고, 네가 자주 들은 것과 너 자신이 말한 것을 가져오고, 네
　　가 읽은 것을 내어 놓고, 네가 연구하고 깊이 생각한 것을 가져오라!⁶

7 　　그러면 언제까지 우리는 인생의 이 지시를 지키고, 게임(놀이, paidia)
8 　을 망치지 않아야만 하는가? 게임이 순조롭게 진행되는 한. 사토르날리
　　아⁷ 축제에서 왕은 추첨으로 선출되네. 그들이 그 게임을 하기로 결정
　　했으니까 말이네. 왕은 명령을 내린다. '너는 마시고, 너는 포도주를 섞
　　고, 너는 노래하고, 너는 가고, 너는 오라.' 나는 이 놀이를 망치는 사람
9 　이 되지 않기 위해 순종하는 것이네. '자, 너로서는 불행의 손아귀에 있

---

5 　스토아적 윤리적 지침(praecepta)을 설명하고 있는 세네카의 『도덕서한』 94~95 참조.
　　도덕적 원리들은 우리 각자의 내면에 본유적으로 내재해 있는 것이니, 다른 사람으로
　　부터의 도덕적 지침은 필요없다는 것이다.

6 　'끄집어내고', '가져오고', '내놓고'로 옮긴 원어는 phere로 pherō(가져오다)의 명령형이
　　다. 에픽테토스가 이 대목에서 말하고자 하는 결론은, 이러한 선개념, 논증 등이 제우스
　　의 '지침과 명령'에 토대를 둔 것이라는 점이다. 즉 이 모든 것들이 신으로부터 온 것으
　　로 볼 수 있다는 것이다(제4권 제3절 11~12절 참조).

7 　가장연극과 축제를 주관할 '왕'을 선출하는 로마의 축제. Satornalia(Saturnalia)는
　　Sāturnus(풍요, 부, 농업, 주기적인 재생, 자유의 신)의 영예를 기리는, 당시의 달력으로
　　'환락과 방임'의 시절(Titus Livius, xxii.1)인 12월 17일부터 며칠 동안 벌어졌던 축제이
　　다. 주인들이 노예들의 시중을 드는 특징을 가지고 있었다. 추첨으로 네로 황제도 왕으
　　로 선출되었다고 한다(타키투스, 『연대기』 xiii. 15). 아이들이 벌이는 '정치 놀이'가 설
　　명되고 있는, 세네카, 『현자의 항상에 대하여』(De Constantia Sapientis) 제12장 참조.

다고 생각하라.' 나는 받아들이지 않네. 누가 나에게 그렇게 생각하도록 강요할 수 있단 말인가?

이번에는, 우리는 아가멤논과 아킬레우스의 놀이를 하기로 합의했네. 아가멤논 역할을 하기로 뽑힌 남자가 나에게, '아킬레우스에게 가서 브리세이스를 빼앗아 오라'[8]라고 말하네.[9] 나는 가기로 하네. 그가 '오라'고 하면, 나는 와야만 하네. 사실상 우리가 가언(가정)적인 논증에 따라 행동하는 것처럼, 우리의 삶에서도 그렇게 행동해야 하네.[10] '밤이라고 하자.' 그런 것으로 하지요(estō). '그럼, 낮인가?' 아니요, 나는 밤이라는 가언을 받아들였으니까. '지금은 밤이라고 네가 가정하고 있다고 하자.' 그런 것으로 하지요. '그뿐만 아니라, **정말로** 밤이라고 생각하기로 하자.'[11] 하지만 그것은 가언으로부터 따라 나온 것이 아니네. 현

10

11

12

13

---

8 호메로스의 『일리아스』에 그려진 사건의 발단이 되는 다툼에 대한 또 다른 언급은 제1권 제22장 5~8절 참조.

9 7절 이하에서는 인생을 게임에 비교하고, 10절 이하에서는 연극과 비교하고 있다(제1권 제24장 19~20절 참조). 인생을 연극에 비교하는 『엥케이리디온』 제17장("너는 극작가의 바람에 의해 결정된 그러한 인물인 연극에서의 배우라는 것을 기억하라. 만일 그가 짧기를 바란다면 그 연극은 짧고, 만일 길기를 바란다면 그 연극은 길다. 그가 너에게 거지의 구실을 하기를 원한다면, 이 구실조차도 또한 능숙하게 연기해야 한다는 것을 기억하라. 그가 절름발이를, 공직자를, 평범한 사람의 구실을 하기를 원한다고 해도 이와 마찬가지이다.") 참조. 세네카는 이렇게 말한다. "인생은 연극과 같네. 중요한 것은 그 연극이 얼마나 오래 지속되느냐가 아니라, 얼마나 잘 연기했는가이네. 네가 어디에서 멈추든 아무런 차이가 없는 것이네. 네가 원하는 곳에서 멈춰라. 다만 그 마무리를 훌륭하게 짓도록 하게."(『도덕서한』 77.20)

10 인생과 가언적 논증의 비교에 대해서는 제1권 제26장 1~2절, 제1권 제29장 39~41절, 제2권 제5장 11절 참조.

11 이 논의를 정리하면 이렇다. 우리가 가정하는 것은, '밤이다'라는 가언과 일치하는 방식으로 우리가 추론을 진행한다는 것이다. 그러나 정말로 낮이라면, 정말로 밤이라고 가

재의 삶에서도 마찬가지이네. '네가 불행하다고 가정해 보자.' 그런 것
으로 하지요. '그렇다면 너는 불운한가?' 예. '그렇다면 너는 불행에 빠
졌는가?' 예. '그러나 네가 지금 **정말로** 나쁜 상태에 처해 있다고 더 가
정해 보라.' 그것은 가설로부터 따라 나오는 것이 아니네. 게다가 내가
그것을 믿지 못하도록 방해하는 또 다른 것[12]이 있다네.[13]

14     그러면 우리는 언제까지 그러한 지시를 준수해야 하는가? 그것이
계속해서 유익한 한, 즉 내가 적절한 것과 적합한 것을 보존할 수 있는
15  한. 게다가 어떤 사람들은 성미가 까다롭고 과민하다네. 이렇게 이야
기하네. "나는 그런 사람과 식사하는 것을 참을 수 없고, 그가 뮈시아에
서 어떻게 전투를 벌였는지를 날마다 이야기하는 것을 견뎌 낼 수 없
네. ― '친애하는 형제여, 내가 어떻게 산등성이 꼭대기까지 올라갔는
16  지 말했지만, 다시 포위 공격을 당하기 시작했지. […]'"[14] 그러나 다른

정할 수 없다. 왜냐하면 그것은 더 이상 단순한 가언이 아니라, 사실에 대한 '거짓의 진
술'이기 때문이다. 우리가 가언을 다루는 한 단순히 '게임을 하고' 있는 것이지만, 실제
사실에 대해 거짓 진술을 하도록 요구한다면 우리는 '게임을 중단'해야만 한다는 것이
다. 가언적 논증도 게임이나 연극과 마찬가지로 어떤 전제들에 의존한다는 점은 비슷
하다. 연극에서의 거지, 절름발이, 공직자, 평범한 사람의 역할은 하나의 '가언'인 셈이
다(각주 9 참조). 그러나 연극에서의 역할을 실제의 인물과 완전히 동일시하는 것은 잘
못이다. 인물의 성격은 '외적인 것'에 의해서가 아니라, 의지(프로하이레시스)에 의해
결정된다. 인간은 어떤 역할 속에 있느냐에 따라 덕 있고 행복하며, 혹은 악덕하며 불행
할 수 있다.

12  우리에게 강요될 수 없는 '의지'를 부여한 제우스를 말한다. 이 문답의 요점은, '밤이
다', '나는 불행하다'는 가정하에 있는 것으로, 그것을 현실로 인정하라는 요구를 받았
을 때에는 놀이를 그만두어야 한다는 데 있다.

13  일련의 가언 명제로 이루어진 일종의 연쇄 논증(sorites)이다.

14  이 장면은 뮈시아(소아시아 북서부 지방)에서 전쟁을 벌이는 중에 자신의 영웅적 행동
에 대한 설명으로 자신의 손님을 지루하게 만드는 주인을 묘사하고 있다. 이것은 로마

사람은 '나는 차라리 저녁 식사를 하고 그가 원하는 한 그의 수다가 무엇이든지 귀 기울이겠소'라고 말하네. 이러한 다양한 관점 중에서 판단하는 것은 너의 몫이네. 다만, 네가 나쁜 상태에 처해 있다고 생각하면서, 마음이 무겁거나 괴로운 마음으로는 아무것도 하지 말게나. 누구도 너에게 그렇게 하라고 강요하지는 않기 때문이지. 누군가가 집에 연기를 피웠는가? 너무 많지 않으면, 나는 머물 것이네. 지나치게 많다면, 나는 집을 떠나갈 것이네. 우리는 문이 열려 있다는 사실을 기억하고 또 굳게 명심해야만 하니까 말이네.[15]

17

18

그런데 누군가가 '니코폴리스에 살지 말라'고 하네. 나는 거기서 살지 않을 것이네. '또한 아테네에서도.' 거기서도 살지 않을 것이네. '또

19

전역 어디에서도 있을 수 있는 생활을 반영하는 것일 수 있다.

15 '문이 열려 있다'는 이미지에 대해서는 제1권 제24장 20절 참조. 스토아 철학에서는 이런 조건에서만 자살이 허락된다. 현자와 어리석은 자의 조건은 다를 수 있다. 악덕은 자살에 대한 이유를 댈 수 있는 힘을 소유하지 못하기 때문에, 어리석은 자는 어느 쪽을 선택해도 어차피 '비참한 삶'은 여전히 비참할 것이고, 또 '바람직하지 못한 삶'이 연장된다고 해서 더 크게 증대되는 것도 아니다. 그러니 어리석은 자는 살아남는 것이 적절하다(키케로, 『선과 악의 목적에 대하여』 3.60~61 참조). '이런 조건'은 초기(Old) 스토아에 따르면, '신체적 고통이 극단에 치달은 경우'에 해당한다. 에픽테토스가 죽음의 도피를 '집 안의 연기'와 비유하는 장면이 하나 더 나온다. 이것은 더 이상 견딜 수 없다면 삶을 포기하라는 뜻일 것이다. 이런 주장은 퀴니코스(견유)학파의 입장이다. 그러나 이 주장은 '신으로부터 신호가 올 때까지 기다리라'는 에픽테토스의 다른 주장과 차이가 있어 보인다. "'하지만 나에게는 먹을 것이 없어질 것입니다.' 내가 그토록 애처로운 처지에 있다면, 죽는 것이 항구가 된다. 죽음은 모든 사람의 항구이자, 피난처이다. 그러니까 인생에서 뭐 하나 어려운 것은 없는 것이다. 너는 원할 때마다 나갈 수 있고, 불쾌한 연기에 시달릴 필요는 없다."(제4권 제10장 26~27절) '집 안의 연기'에 대한 동일한 비유를 모방하고 있는 마르쿠스 아우렐리우스의 『자기 자신에게 이르는 것들』 제5권 29 참조.

한 로마에서도.' 거기서도 살지 않을 것이네.[16] '너는 귀아로스[17]에 살아야 한다.' 나는 가서 그곳에 살 것이네. 그러나 귀아로스에 사는 것은 연기로 가득 찬 집에 사는 것과 같네. 그러므로 아무도 내 집을 마련하는 것을 방해할 수 없는 곳으로 나는 떠나갈 것이네. 그곳은 누구에게나 열

려 있는 거주지[18]이기 때문이네. 그리고 나의 마지막 속옷,[19] 즉 내 가련

한 몸을 넘어서는, 아무도 나를 지배할 권한은 갖고 있지 못하네.[20] 그것 때문에 데메트리오스[21]가 네로에게 '당신은 죽음으로 나를 위협하고 있

지만, 자연은 당신을 위협합니다'[22]라고 말했던 것이네. 만일 내가 내 보

---

**16** 제1권 제24장 12~13절에 이어, 참주(폭군)와 철학자 간의 긴장된 간격이 이어지고 있다. 철학자는 일관적으로 어떤 점증된 위협에도 흔들리지 않고 있다.

**17** 귀아로스(Guaros)는 로마 제국 초기에 추방 장소로 사용된 아티카 지역 동쪽, 에게해에 있는 불모지의 작은 섬.

**18** 죽은 자의 거주지, 즉 무덤을 말한다.

**19** 소크라테스가 독배를 마시려 할 때, 아폴로도로스가 그에게 멋진 옷을 주어 그것을 입혀서 죽음을 맞게 하려고 하자, "어째서 지금 내 옷이 입고 살기에는 충분하지만, 입고 죽기에는 그렇지 않단 말인가?"라고 소크라테스가 말했다고 한다(DL 제2권 35).

**20** 21절은 맥락상 어울리지 않는다. 그냥 본문 속으로 불완전 형태로 휩쓸려 들어간 듯하다(R. Dobbin[1988] p. 208 참조). 소크라테스의 신체와 의복의 비유는 DL 제2권 35; 세네카, 『도덕서한』 92.13; 『마르키아에게 보내는 위로』 25.1("무덤에 누워 있는 것은 [···] 의복과 몸을 가리는 덮개입니다.") 참조.

**21** 데메트리오스(1세기)는 세네카가 종종 언급하는 유명한 견유학파의 철학자로 같은 시기에 로마에 거주했다. 실제로 세네카는 그를 극구 찬양했다(『도덕서한』 62.3). "내 생각으로는 가장 위대한 자와 견주어 보아도, 그는 가장 위대한 자이다."(『베풂에 대하여』 제7권 1.3) 이 밖에도 『도덕서한』 20.9, 67.14, 91.19 참조. 견유학파는 후기 헬레니즘 시기에 접어들며 그 기세가 사그라져 갔는데, 그것은 견유학파의 철학적 가치가 대부분 스토아 철학으로 흡수되었기 때문에 그렇게 된 것으로 보인다.

**22** 네로를 향해 이렇게 말할 수 있는 대담성은 견유학파의 '언설의 자유' 내지 '거침없이 말하는 솔직성'(parrhēsia)을 보여 주는 것이다. 세네카는 루푸스 무소니우스와 에픽테

잘것없는 몸에 가치를 부여하면, 나는 '나 자신'을 노예로 삼는 것이네. 내가 내 보잘것없는 소유물에 가치를 부여하면, 마찬가지로 나는 노예가 되는 것이네. 그렇게 함으로써 즉각 내가 어떤 힘에 의해 사로잡히게 될 수 있을지를 나 자신에게[23] 보여 주는 것이기 때문이네. 뱀이 자신의 머리를 움츠릴 때, 내가 '지키려고 하는 그 부분을 쳐라!'라고 말하는 것처럼, 너도 또한 네가 가장 보호하고 싶은 바로 그 지점을, 네 주인이 공격할 것이라는 점을 알고 있어야만 하네. 이 모든 것을 기억하고 있으면, 네가 더 이상 누구에게 아첨하고 누구를 두려워하겠는가?

'하지만 나는 원로원 의원들이 앉는 자리에 앉고 싶습니다.'[24]

너는 너 스스로 협소한 공간을 만들면서, 너 스스로 더 난처하게 만들고 있음을 보고 있느냐?

'그럼, 어떻게 하면 원형극장에서 제대로 볼 수 있을까요?'

보러 가지 마라. 인간아. 그러면 난처하게 만드는 일은 없을 터이니. 왜 스스로 고생을 만드는가? 아니면, 볼거리가 끝날 때까지 잠시 기다

---

토스와 달리 견유학파의 '솔직성'에 대해 비판적이었다. "그런 이유로 사람들은 전면적인 말의 자유를 사용해서 그들이 만나던 모든 사람에게 훈계한 디오게네스와 다른 퀴니코스주의자에 대해 자주 의심을 나타내네. 그들이 그렇게 하는 것이 옳았는가?"(세네카, 『도덕서한』 29.1) 에픽테토스는 견유학파의 가치를 다 받아들이지만, 양자 간의 중요한 차이는 '세계의 시민'과 '유목적 삶'(nomadism)에서 드러난다. "아테네인들이 당신에게 사형선고를 내렸소"라고 말하는 사람에게, 소크라테스는 "자연이 저들에게도 사형선고를 내렸소"라고 응답했다(DL 제2권 35).

**23** 나 자신[이 손상 당하는 것]에게.

**24** 에픽테토스의 학교에는 귀족이나 부잣집 자제가 많았던 것 같다. 이들은 당시의 관습에 따라 로마에서 정치적인 '출세(관직) 사다리'(cursus honorum)를 원하는 것으로 보인다. 원로원 의원들은 로마 극장의 무대 앞쪽에 위치한 특별 좌석을 가지고 있었다.

렸다가 원로원 의원들이 앉는 자리로 가서 앉아서 햇볕이나 쬐게나. 일반적으로, 우리 자신을 서로 밀치고, 스스로 답답해하고 있는 것은 우리 자신임을 명심하라. 즉, 우리의 생각이 우리를 밀어내고, 우리를 답답하게 만들고 있는 것이네. 그렇다면 사람을 욕한다는 것은 무엇을 의미하

는가? 돌 옆에 서서 돌을 욕해 보면 된다. 어떤 효과를 만들어 낼까? 사람이 돌처럼 듣는다면, 너를 욕하는 자가 무슨 이득을 얻을 수 있겠는가? 그러나 욕하는 자가 욕먹는 사람의 약점을 이용해 욕한다면, 그때

는 뭔가 얻는 바가 있을 것이네. '그놈[옷]을 찢는 거야.' 왜 그놈이란 말인가?[25] 그의 겉옷을 잡고 찢어 버리면 되는 것이네. '내가 너에게 행패를 부렸다.' 그것이 너에게 좋은 일이 되기를 바랄게!

　　소크라테스도 그렇게 신경을 쓰고 있었기 때문에, 그는 항상 그의 얼굴에 같은 표정을 지녔던 것이네.[26] 그러나 우리는 어떻게 하면 방해받지 않고 자유로워질까보다, 오히려 어떤 일이든 기꺼이 훈련하고 연습

하기를 원하는 것이네. '철학자들은 역설적으로 이야기합니다.'[27] 다른 기술에는 역설이 없을까? 시력을 회복하기 위해 사람의 눈에 작은 창을 찔러 넣어 보는 것보다 더 역설적인 것은 무엇이란 말인가? 사람이 의술 경험이 없는 자에게 이런 말을 하면, 그 말을 한 사람을 비웃지 않겠

---

25　'그 옷을 찢어라!'라는 것은 단지 옷을 찢는 것에 불과해서 옷에만 영향을 미칠 뿐이지, 결코 '인간의 자아'에는 모욕을 줄 수 없다는 것으로 이해된다.

26　소크라테스가 '항상 같은 표정'을 지녔다는 것에 대해서는 세네카의 『화에 대하여』 제2권 7 및 『도덕서한』 104.28 참조. 이 표정은 '침착함', '냉정함'을 나타내기도 한다.

27　"클레안테스가 말하곤 했던 바와 같이, 아마도 철학자들이 말한 것은 의견과 상충할 수 있지만(paradoxa), 이성과는 상충할 수 없을(paraloga) 것이네."(제4권 제1장 173절)

는가? 그렇다면 철학에서도 또한, 무지한 사람[28]들에게는 참인 많은 것
들이 역설적으로 보인다고 해도 무슨 놀라운 일이 있겠는가?

[28] 경험이 없는 자

# 제26장

# 삶을 위한 규칙은 무엇인가?¹

1    누군가²가 가정적 논법³을 큰 소리로 읽고 있을 때, 에픽테토스는 다음

---

1    이 장은 좋은 삶을 살기 위한 토대로서 논리학 훈련의 중요성을 강의하고 있다(제1권
제7장, 제1권 제17장 참조). 그러나 이 장의 제목인 '삶의 법칙'은 1절에만 나온다. 오히
려 철학의 교육과정으로서 논리학의 역할에 대해 더 주목하고 있다. 또한 논리학에 대
한 지나친 관심에 반대하는 충고를 담고 있기도 하다(제1권 제7장 참조). 이 장을 통해
에픽테토스의 학교에서 실제로 논리학이 어떻게 가르쳐지고 있는지를 보여 주는 점에
서 흥미를 끈다. 이론은 실천을 위해 존재하는 것이고, 논리학은 윤리학을 위해 존재한
다. 비록 논리학이 보조적인 역할을 하지만, 여전히 논리학은 필수 불가결한 요소이다
(1~4절). 철학 공부의 필요성(5~7절). 에픽테토스의 생각에 따르면, 올바르게 추론하
는 것을 배우는 것은 중립적 영역으로 볼 수 있지만, 논리학은 더 어려운 윤리학의 영역
에 적용할 수 있는 것이기도 하다(3~4, 10, 14, 17절). 에픽테토스는 이 『강의』를 통해
논리학의 주요 기능 중 하나가 도덕에 기여하는 것으로 보고, 철학자들이 논리학을 삶
에 적용하지 않는다고 비난하고 있다. 그렇다고 해서 본회퍼의 주장처럼(*Epictet und die
Stoa: Untersuchungen zur Stoischen Philosophie*, Stuttgart, 1890(repr. 1968), p. 3, p. 19), 에
픽테토스가 '철학에 대한 엄격한 실천적 해석'을 하고 있으며, '논리학은 순전히 도구
적 기능만'을 가졌다고 해석하는 것은 일면적일 수 있다. 반스는 논리학의 '유용성'을
강조하는 것을 두고 '논리적 공리주의'라고 부른다(J. Barnes, "Roman Aristotle", eds. J.
Barnes and M. Griffin, *Philosophia Togata II: Plato and Aristotle at Rome*, Oxford, 1997, p.
62). 그는 에픽테토스가 공리주의적 견해를 지니지 않은 채로 논리학에 대한 도덕적 견
해를 취하는 것으로 평가한다(Ibid., p. 65).

과 같이 말했다. '가언으로부터 따라 나오는 것을 받아들여야만 하는 것도 가정론적인 법칙이다.'[4] 그러나 훨씬 더 중요한 것은 자연(본성)으로부터 따라 나오는 것[5]을 행해야만 한다고 말하는 삶의 법칙인 것이다. 모든 문제와 모든 상황과 관련해서 우리가 자연에 일치하는 것을 준수하고자 한다면, 모든 것에서 우리가 자연에 일치하는 것을 놓치지 않고, 또한 자연과 어긋나는 것을 받아들이지 않는 것을 우리의 목표로 삼아야 함은 분명하기 때문이다.[6] 그래서 철학자들은 먼저 우리를 비교적 쉬운 이론으로 훈련시켜야 하며, 그다음에는 우리를 더 어려운 문제들로 이끌어 가는 것이네.[7] 왜냐하면 이론[의 영역][8]에는 우리가 배운 것에 따르지 않도록 반대 방향으로 이끄는 것은 아무것도 없지만, 실제적

2

3

2 에픽테토스의 학생일 것이다(13절 참조). 논리학이 에픽테토스 철학 학교의 커리큘럼(curriculum)의 일부였음을 보여 준다.

3 이 주제를 다루고 있는 제1권 제7장, 특히 22~29절 참조. 삶과 비교하는 대목은 제1권 제25장 11~13절 참조. 크뤼시포스의 '가정적인 것들'에 관한 저작일 것으로 추정된다.

4 이것은 논리학의 법칙도 추론의 법칙도 아니다. If P then Q인 경우에는, P가 가정되었다면 Q를 반드시 받아들여만 한다. 또, If P then not Q인 경우에는, P가 가정되었다면 not Q를 받아들이지 않아야만 한다.

5 '자연(본성)과 일치하는 혹은 조화하는 것'.

6 DL 제7권 87~88 참조.

7 에픽테토스는 자연학과 논리학 간의 전통적 배움 순서를 염두에 두고 있다. 기본적인 물음은 원칙적으로 교육적이냐 설명적이냐 하는 것이다. 어떤 순서로 학생들이 철학의 부분들을 흡수해야 하는가? 철학자들이 논리학으로부터 시작하는 이유는 무엇인가? 그것은 곡물을 측정할 때, 그 측정을 검토하는 일부터 시작하는 것과 꼭 같은 것이다. "논리학은 다른 모든 것을 분별하고 고찰하고, 말하자면 그것들을 측정하고 무게를 달 수 있는 능력을 우리에게 주는 것으로 충분하다네."(제1권 제17장 10절)

8 원어로는 theōria. '형식 논리학'을 의미한다.

삶에 관련된 문제에는[9] 우리를 다른 방향으로 이끄는 것이 많이 있기 때

4 문이네. 그래서 더 어려운 것부터 시작하는 것은 쉽지 않기 때문에, 후자
의 문제를 먼저 하고 싶다고 말하는 사람은 우스운 사람이 될 것이네.[10]

5 그리고 이것은 그들의 자식들이 철학[11]을 공부하는 것을 보고 화를
내는 부모들[12]에게 내놓아야만 하는 자신을 정당화하는 것이네. '좋습
니다. 아버지, 저는 틀림없이 잘못을 저질렀고, 제 의무가 어디에 있는
지, 무엇이 제게 적합한 것인지 모르겠습니다. 하지만 이것이 배울 수도
없고 가르칠 수도 없는 것이라면, 무슨 이유로 저를 비난하시는 것입니

---

9　원어로는 epi tōn biōtikōn이다. 여러 곳에서 에픽테토스는 '이론과 실천(윤리적 삶)'을
　　대비하고 있다. 제1권 제4장 6~17절, 제1권 제29장 54~63절, 제2권 제21장 15~22절,
　　제3권 제10장 10절, 제3권 제26장 13절, 제4권 제4장 8~18절 참조. 이론은 실천을 위해
　　서 존재하는 것이다. "사물(상황)에 의해 혼란스럽게 되는 일이 없다면, 너에게 부족한
　　것이 무엇이겠는가? 책들인가? 어떻게 또는 어떤 목적으로?' 책을 읽는 것은 우리가 살
　　기 위한 뭔가를 준비하는 것이 아닌가요?' 하지만 인생은 책 이외의 것으로 다른 것들
　　로 가득 차 있네. 그것은 마치 운동선수가 경기장에 들어갔을 때, 밖에서는 더 이상 훈
　　련을 할 수 없다고 해서, 한탄하는 것과 같은 것이다."(제4권 제4장 10~11절)

10　형식 논리학을 포함하는 이론과 책을 배우는 것은 첫 번째 단계일 것이다. 그런데 다른
　　곳에서 마지막 단계로 논리학을 공부하라고 권하는 것과 이 주장은 '외형적'으로 모순
　　이 되는 것처럼 보인다(제3권 제2장 5절, 제3권 제26장 14~20절 참조). 먼저 논리학에
　　서 시작하라는 권유가 논의되고 있는 제1권 제17장 6~9절 참조.

11　여기서 철학은 논리학과 윤리학에 대한 이론적 탐구를 의미한다.

12　5~7절의 주장은 유용한 교육을 목표로 구성하는 삶의 문제를 해결하기 위해 논리 훈련
　　이 필요하다는 것을 보여 주기 위해 고안되었다. 올바른 도덕적 판단을 알기 위해서 논
　　리학의 훈련이 필요하다는 점에 대해서는 제1권 제24장 13~15절, 제2권 제25장(「논리
　　학이 왜 필요한가?」) 참조. 여기서 에픽테토스는 편견에 도전하고 있다. 아버지들이 자
　　식의 철학 교육을 반대하는 것은, 그것이 '실천적'·'실용적'이지 못하다고 생각하기 때
　　문이다. 이에 대해서는 제1권 제11장 39~40절, 제1권 제22장 18~21절, 제2권 제21장
　　15절 참조.

까? 가르칠 수 있는 것이라면, 저에게 가르쳐 주십시오. 그러나 그렇게 할 수 없다면, 안다고 주장하는 사람들에게서 제가 배울 수 있게 허락해 주십시오. 자, 어떻게 생각하십니까? 제가 기꺼이 나쁨에 빠지고, 좋음 을 맞히지 못한다고요? 절대로 그렇지 않습니다. 그러면 저를 잘못되게 한 원인은 무엇인가요? 무지예요. 그럼 제가 무지에서 벗어나기를 바라 지 않습니까? 분노가 항해술이나 음악을 누구에게 가르쳐 준 적이 있습 니까? 그러면 당신의 분노로 인해 제가 삶[13]의 기술에 관한 것을 배운다 고 생각하십니까?'

하지만 이 모든 것은 철학의 길을 가기 위해 진지한 노력을 기울인 사람만이 적절하게 말할 수 있는 일이네. 그러나 누군가가 단지 저녁 식 사에서 가정적 논증에 대한 지식을 과시하기를 원하기 때문에, 이러한 문제들에 대해 큰 소리로 읽고 또 철학자들을 찾아 간다면, 그는 식탁 옆에 앉아 있는 어느 원로원 의원의 찬사를 얻으려는 것 외에 다른 무엇 을 하는 것인가?[14] 거기 로마에는 참으로 세상의 엄청난 것들[15]이 있으 며, 이곳에서의 부(富)[16]는 저쪽에서는 어린애 장난에 불과한 것으로 보 일 것이기 때문이네.[17] 그러니 거기에서는 사람을 동요시키는 힘이 너

6

7

8

9

10

---

13 원어로는 ta biōtika.

14 논리학의 남용('박식과 과시하기 수단')에 대해 말하고 있다. 이 점에 대해서는 제1권 제8장 6~10절('교만과 자만에 빠짐') 참조.

15 원어로는 '재료들'(hulai; hulē의 복수)이다. 도빈은 이것을 '논리학의 문제들'과 대비되 는 '삶의 문제들'로 이해한다(도빈, 1998, p. 212).

16 여기서 '부'(ploutos)는 비유적으로 '지성의 작업'으로 이해될 수 있다. '이곳'은 에픽테 토스가 있는 니코폴리스를 가리킨다.

17 '거기'와 '이곳'은 각가 '실천의 영역'과 '이론의 영역'을 지시하고 있다. 니코폴리스의

무도 강력하기 때문에, 그곳에서 자기 자신의 인상들을 지배하는 것은 결코 쉬운 일이 아니네.

11  나는 자신에게 단지 150만 세스테르티우스[18]밖에 남아 있지 않았기 때문에, 곤궁한 처지에 빠져 있다고 말하면서, 눈물을 흘리며 에파프로

12 디토스의 무릎을 붙잡은 사람을 알고 있네! 그럼 에파프로디토스가 어떻게 했다고 생각하느냐? 지금 너희가 웃는 것처럼, 그를 보고 웃었을까? 전혀 그러지 않고, 오히려 그는 깜짝 놀라 소리쳤네. '오, 이 불쌍한 사람, 어떻게 너는 그것에 관해 잠자코 있었는가, 어떻게 참아 낼 수 있었는가?'[19]

13  또 에픽테토스가 가언의 논증을 큰 소리로 읽고 있던 학생[20]들을 논쟁으로 혼란스럽게 하자, 그들에게 그 구절을 읽도록 과제를 부여한 사

---

단순한 삶에서 철학적 원리를 실천하는 삶은 쉬울 수 있으나, 로마의 귀족 사회에서는 사회적 명예를 성취하기 위해 그것을 사용하려는 유혹이 강할 것이다.

**18** 로마의 화폐 단위. 이 정도면 결코 적은 액수가 아니다.

**19** 아마도 몰수를 통해 손실을 본 원로원 의원급의 누군가가 권력을 가진 황제의 청원 비서에게 구제해 달라고 청원하고 있는 것으로 추정해 볼 수 있다. 해방노예는 동정심이 없다고 누가 말하겠는가? 그렇다면 이 일화에서 보이는 동정심 많은 에파프로디토스의 모습과 노예 펠리키오에 관련된 이야기에서(제1권 제19장 19절) 궁정 언저리에서 비굴하게 아부하면서 근근이 살아가는 주인 에파프로디토스 모습은 어떻게 화해될 수 있을까?(P. R. C. Weaver, "Epaphroditus, Josephus, and Epictetus", *The Classical Quarterly*, Vol. 44, 1994, pp. 476~477) 이 일화(11~12절)는 앞 절에서 논의된 '이론과 실천의 관계'라는 주제와 일관성이 없어 보인다. 아마도 10절에서 '부'에 대한 언급이 나오기에, 이곳에 이런 일화가 끼어 들어간 것처럼 보인다.

**20** 에픽테토스의 학교에서 나이가 든 고참(시니어) 학생(조교)이 다른 학생에게 논리학 교재를 읽는 과제를 부여할 수 있었던 것 같다. 에픽테토스는 두 사람이 추론에서 상이한 다른 약점을 보였다고 제안하고 있다. 이 대목은 논리학이 학교의 강의 과목의 일부였음을 암시한다.

람[21]이 웃음을 터뜨렸을 때, 에픽테토스는 '너 자신을 비웃는 것이네'라고 그에게 말했다. 너는 이 젊은이에게 어떤 사전 훈련도 시키지 않았고, 또한 그가 이러한 논증을 따라갈 수 있을지도 알지 못했고, 단지 그를 읽는 사람으로 활용했을 뿐이니까 말이네. 그는 계속해서 말했다. 그 렇다면 생각이 복합논증[22]을 따라가지 못하는 사람에게 어떻게 칭찬이나 비난을 맡기거나, 좋은 행동이나 나쁜 행동에 대한 판단을 맡길 수 있겠는가? 이제 그런 사람이 이런 사소한 문제에서도 논리적 결론을 찾지 못하는데, 그가 누군가를 나쁘게 말한다고 그 사람이 마음을 바꾸겠는가? 누군가를 칭찬하면 그 상대가 어떤 자부심을 느끼겠는가?[23]

14

그렇다면 이것이 철학의 첫 번째 단계이네. 즉 '자신의 지도하는 중심'[24]의 상태를 깨닫는 것. 사람이 그것이 약한 상태에 있다는 것을 알게된 다음에는, 그는 더 이상 중요한 문제에 대해 그것을 사용하려고 원하지 않을 것이기 때문이네.[25] 그러나 실제로는 한 입도 삼킬 수 없는 사람

15

16

---

21 시니어 학생이나 조교.

22 연언으로 된 복합논증(sumpeplegmenos). "연언 명제는 어떤 연언 접속사들에 의해 함께 결부된 것이다. '낮이기도 하고 빛이 있다'와 같은 예처럼." '모든 연언 문장에서, 다른 명제가 참이더라도 한 명제는 거짓이면, 전체 명제는 거짓이다.'(A. Gellius, 『아티카의 밤』 16.9) 삶의 행동거지와 몸가짐을 선언 명제와 연언 명제로 표현하는 것에 대해서는 『엥케이리디온』 제36장 참조.

23 논리학에 대한 기본적 소양이 부족한 사람이 제시하는 도덕적 평가를 신뢰할 수 없다는 것이다. 이것은 '삶의 원칙과 규칙'을 공부하기 앞서 논리학에 대한 연습을 주장하는 것으로 이해된다.

24 이성을 말한다.

25 "철학의 출발점은, 최소한 마땅히 해야만 하는 방식대로 철학에 전념하고 또 현관문으로 들어가는 사람들에게 삶의 본질적인 문제에 관한 인간 자신의 나약함과 무능함에 대한 깨달음인 것이네."(제2권 제11장 1절)

들이, [책방으로] 가서 전체 논고를 사서 먹어치우기 시작하는 셈이네. 그 결과로 그들은 토하거나 소화 불량으로 고통받게 되는 것이네. 그런 다음 배앓이를 하고, 설사를 하고, 열이 나게 되는 것이네.[26] 그들은 자신에게 능력이 있는지를 생각하면서 시작했어야만 했네. 그렇네, 이론적인 문제에서 무지한 사람을 논박하기란 쉽지만, 인생에 관련된 문제들에서는 아무도 기꺼이 자신을 논박에 내맡기려고 하지 않으며, 또 우리는 자기 자신을 논박해 오는 사람을 미워하는 것이네. 그러나 소크라테스가 말하곤 했던 것처럼, 검토하지 않는 삶은 살 만한 가치가 없는 것이네.[27]

**26** "책의 주인이 평생 그 책의 목차조차 읽을 수 없을 때, 그렇게 헤아릴 수 없을 만큼의 많은 책과 도서관들이 무슨 쓸모가 있습니까? 그 숫자는 단지 배우는 자를 가르치기는커녕 혼란시킬 뿐입니다. 소수의 저자들에 전념하는 편이 다수의 저자들 사이에서 헤매는 것보다 훨씬 더 나은 것입니다."(세네카, 『평정심에 대하여』 제9장)

**27** 플라톤, 『변명』 38a("ho de anexetastos bios ou biōtos anthrōpō") 참조. 에픽테토스는 『변명』에서 소크라테스가 끝맺는 말로 가장 잘 알려진 이 말을 여러 번 반복하고 있다(제3권 제12장 15절 참조). 또한 에픽테토스는 빈번하게 소크라테스의 가장 중요한 삶의 원칙인 '혼의 돌봄(epimeleia tēs psuchēs)'과 '검토하는 삶'(anexetaston bion)을 강조하고 있다.

제27장

# 인상은 얼마나 많은 방식으로 생겨나며, 인상을 다루는 데 도움이 되는 것은 무엇인가?[1]

우리에게 생기는 인상에는 네 가지가 있네. 즉, (1) 존재하고, 존재하는    1

것처럼 보이거나, 그렇지 않으면 (2) 존재하지 않고 존재하는 것처럼 보

이지 않거나, 그렇지 않으면 (3) 존재하지만 존재하는 것처럼 보이지 않

거나, 그렇지 않으면 (4) 존재하지 않지만 존재하는 것처럼 보이는 것이

네.[2] 따라서 이들 각각 경우에 그 목표를 제대로 맞추는 것[3]은 교육받은    2

---

**1** 우리의 인상(지각 및 생각)들 중 어느 것이 참인지 결정하기가 어려운데, 이 점이 일부
　철학자들을 회의적 입장으로 이끈다(1~2절). 그러나 에픽테토스는 우리에게 잘못 이
　끌려진 믿음들에서 유래한 감정(파토스)을 회피함으로써, 더 나은 근거를 가지고, 그럴
　듯한 그러나 잘못된 윤리적 아이디어에 대응함으로써 이 문제를 해결하도록 촉구한다
　(3~14절). 상식에 반하는 회의론자들의 논증을 공격하는 것은, 에픽테토스가 거부하는
　도전의 목표가 되고 있다. 그들의 주장은 명백한 사실과 반대되며, 해결해야 할 더 긴급
　한 윤리적 문제가 있기 때문이다(15~21절).

**2** '있다'(einai)란 동사는 존재적이면서 진리 판단적 의미로 읽혀질 수 있다. (4)는 물속에
　서 굽어져 보이는 노(櫓)와 같은 착시(錯視) 현상을 말하고, 그 "사물들이 있지 않을 때
　그것들을 좋게 보이게 하는 것"들(3절)과 '있지 않은 것들'은 꿈속이나 환상에서 보이
　는 것을 말한다(DL 제7권 50).

**3** 즉 '올바르게 판단하는 것'을 말한다.

사람⁴의 일인 것이네.

　우리에게 고충을 안겨 주는 것이 무엇이든지 간에, 그것에 맞서 적용할 적절한 치료법을 제시해야만 하네. 만일 퓌론주의자들과 아카데미아 철학자⁵들의 소피스트적 논변이 우리에게 고충을 안겨 주는 것이라면, 그들에 맞서는 우리의 치료법을 제시해 보도록 하자.⁶ 사물들이 있지 않을 때 그것들을 좋게 보이게 하는 것이 사물들의 그럴듯함⁷이라면, 그 영역에서 적용할 수 있는 치료법을 찾아야만 하네. 그것이 우리에게 고충을 안겨 주는 습관이라면, 우리는 그것에 맞서는 치료법을 발견하도록 시도해야만 하네. 그러면 습관에 맞서기 위해 어떤 치료법을 찾을 수 있겠는가? 반대되는 습관. 너는 교육받지 못한 사람⁸이 말하는 것을 듣고 있네. '저 가련한 사람, 그가 죽었습니다. 그의 아버지도 어머니도 상심에 빠졌습니다.⁹ 더구나 그는 아직 젊고, 이국땅에서 죽

---

4　곧 철학자를 말한다.

5　퓌론주의자들과 아카데미아학파는 고대 주류의 회의주의 학파이다(제1권 제27장 15절과 제1권 5장; LS 68~72 참조). 회의주의자로 알려진 엘리스의 퓌론(기원전 4세기)은 인식의 가능성을 부정했다. 그는 알렉산드로스 대왕을 좇아 동방 원정에 참여했다고 한다(DL 제6권 61). 에픽테토스가 여기서 언급하는 '아카데미아 철학자'은 중기와 신 아카데미아 사람들(기원전 3세기)을 말한다. 그들은 어떤 '확실성'도 발견할 수 없다고 주장한다. 그런 의미에서 이들은 퓌론을 추종했던 퓌론회의주의자들과 연결된다.

6　키케로, 『아카데미아학파』 제2권 45 참조.

7　'사물들의 그럴듯함'은 도덕적 타락의 하나의 원천이 되는 것이다. 제1권 제26장 3절, 제2권 제22장 6절 참조. 이것은 아래에서 언급되는(3~6절), 거짓된 의견에 붙잡히고 인상을 잘못 판단하는 '나쁜 습관'과 나란히 가는 것이다.

8　'교육받지 못한 사람'(idiōtōn, idiōtēs[단수])은 앞서 2절에서 언급한 '교육받은 사람'(pepaideumenon)과 대조된다.

임을 당했습니다!' 반대되는 논증에 귀를 기울이고, 이러한 표현에서 자신을 멀리 떨어뜨리고, 그것에 맞서는 반대되는 습관을 만들어 습관에 맞서도록 하는 것이네.[10] 소피스트적 논변에 맞서 우리는 논리적 추론을 적용하고, 그것에 익숙해질 수 있도록 그러한 추론으로 훈련해야만 하네. 사물(대상)들의 그럴듯함에 맞서 우리는 명료한 선개념들을 적용해야만 하고, 그것들을 잘 다듬어 사용할 채비가 된 상태로 유지해야만 하네.

죽음이 악으로 생각될 때, 악들을 회피하는 것이 우리의 의무(적합한 것)이지만, 죽음은 필연적인 것이라는 생각을 가까이에 가지고 있어야 하네.[11] 그럼 내가 어떻게 할 수 있을까? 죽음을 피해 어디로 도망가야 하는가? 사르페돈이 했던 것처럼, 고귀한 정신으로 말할 수 있도록 나를 제우스의 아들 사르페돈이라고 해두자.[12] '어쨌든 전투에 나가, 내

---

9 apōleto를 '(아버지도, 어머니도) 죽었다'라는 의미로 이해하지 않고, 생존하고 있지만 '비탄해하다'는 의미로 새겼다(G. Long[1890], R. Hard 번역 참조).

10 나쁜 습관의 강력한 영향력에 관해서는 제3권 제12장 6~7절 참조. 습관에 반대되는 습관을 기르는 것에 대해서는 아리스토텔레스의 『니코마코스 윤리학』 1109b1~6 참조. 세네카, 『도덕서한』 123.13 참조.

11 죽음은 필연적이다. 그러므로 죽음은 악이 아니다(DL 제7권 102). "그런데 죽는 것도 인생의 책임(의무) 중 하나라는 것을 알지 못하는가?"(세네카, 『도덕서한』 77.19) "죽음은 죽어야만 하는 존재를 위한 의무요 책임이다."(세네카, 『자연학적 문제들』 6.32.12)

12 이 구절은 호메로스의 『일리아스』 제12장 322~328행을 패러프레이즈한 것이다. 사르페돈은 트로이아군의 동맹자로 뤼키아의 왕자였다. 그는 파트로크로스에게 죽임을 당한다. "하지만 죽어야만 하는 인간이 도망갈 수도 피할 수도 없는 무수한 죽음의 운명이 우리 위에 드리워져 있으니. 자, 나가자. 적에게 명성을 주든, 아니면 우리가 획득하든." 에픽테토스는 소크라테스(제1권 제2장 33~37절), 헤라클레스(제1권 제6장 32~36절)의 끝이 사르페돈을 영웅시하고 있다.

가 용맹한 명성을 얻거나 다른 사람에게 그렇게 될 기회를 주고 싶구나. 내가 스스로 무언가를 이뤄 낼 수 없다면, 나는 고귀한 영예를 이뤄 낸 다른 사람을 질투하지 않을 것이다.' 이런 고귀함이 우리를 넘어선다는 것을 인정하게 되면, 다른 생각을 받아들이는 것은 우리의 능력 안에 있지 않겠는가?[13] 우리는 죽음을 피하기 위해 어디로 도망갈 수 있는가? 나에게 그 장소를 지시해 주고, 내가 가고자 하는, 죽음이 미치지 않는 그 사람들을 나에게 보여 주고, 죽음에 맞서는 주문을 나에게 보여 주도록 하라. 그렇지 않다면, 너는 내가 무엇을 하기를 원하는가? 나는 죽음을 피할 수 없네.[14] 그러나 죽음의 공포를 피하는 것이 내 능력 밖의 일이니, 내가 슬퍼하며 떨며 죽어야만 하는가? 무언가를 원하면서 그것이 일어나지 않을 때, 이런 감정(겪음)이 생기는 것이니까.[15] 그러므로 내 바람에 따라 외적 상황을 바꿀 수 있으면, 나는 그것을 바꾸겠지만, 그렇게 할 수 없다면 내 앞길을 가로막는 자의 눈을 감게 하고 싶은 것이네. 사람의 본성이 이러하니 우리는 좋음을 빼앗기는 것을 견뎌 낼 수 없고, 나쁜 것에 빠지는 것도 견뎌 낼 수 없는 것이네. 그런 다음 결국에 가서, 내가 사안들(상황)을 바꿀 수도 없고, 방해하는 사람의 눈을 멀게

---

**13** 즉, 우리가 사르페돈과 같이 고귀하게 행위할 수 없다면, 우리는 적어도 죽음에 관해 이성적으로 생각해서 죽음은 악이 아니라고 생각할 수 있다는 것이다.

**14** 죽음은 스토아 철학에서 '선호되는 것은 아니지만, 아무런 차이가 없는 것'이다(DL 제7권 106).

**15** 감정(pathos)의 기원에 대한 에픽테토스의 설명은 이렇다. "이것들 중에서 가장 중요하고 가장 긴급한 것은 감정(pathos)에 관련된 영역이다. 왜냐하면 감정이 생기는 것은 욕구하지만 그 목적을 달성하지 못하는 경우이거나 혹은 회피하지만 거기에 빠져 버리는 경우일 수밖에 없기 때문이다."(제3권 제2장 3절, 제2권 제17장 18절 참조)

할 수도 없다면, 나는 앉아서 신음하며 할 수 있는 한, 제우스와 나머지 신들에게 욕설을 퍼붓는 것이네. 신들이 나를 돌보지 않는다면, 그들이 나에게 무슨 상관이란 말인가?

'예, 하지만 그러면 경건하지 못한 사람이 되어 버리죠.'  14

그러면 지금 내 상태보다도 더 나빠지는 것일까? 요컨대 경건과 자기 이익이 함께 가지 않는다면, 어떤 사람도 경건을 유지할 수 없다는 점을 마음속에 명심해 둬야 하네. 이 논의가 강제력이 있는 것이라고 생각되지 않을까?[16] 퓌론의 추종자나 아카데미아 철학자들이 그것에 반 15 대해 앞으로 나서 주기를 바라네. 나로서는 그런 문제에 대해 논쟁할 만큼 한가함(여가, scholē)을 가지고 있지도 않고, 또한 상식[17]의 옹호자로서 내 자신을 내세울 수도 없는 노릇이네. 비록 내가 얼마 안 되는 땅에 16 관한 송사(訟事)가 생긴다면, 나는 변호사로 다른 사람을 부르겠지만, 지금 문제의 경우에는 어떤 변호인을 불러야 만족할 수 있을까? 해당하는 문제에 적절한 것으로. 감각이 어떻게 일어나는지에 관련해서, 그것 17 이 신체 전체를 통해서인지, 아니면 그 일부를 통해서인지에 대해,[18] 아마 나는 저것보다 이것이라고 합리적으로 설명할 수 있을지를 알지 못

---

16 신을 비난하는 원인이 있을 수 없다는 생각에 대해서는 제2권 제22장 15~17절, 제4권 제7장 8~11절 참조.『엥케이리디온』제31장 4 참조.

17 '흔히 받아들여지는 의견'(sunētheia). 즉 회의주의 입장에 반대되는 것으로서 지식에 대한 상식적 견해. DL 제7권 198 참조. 크뤼시포스의 저작에는 통념(sunētheia)을 옹호하고 비판하는 것이 있었다.

18 감각의 발생에 대한 물음에 대해서는 플라톤의『테아이테토스』184b~d 참조. 스토아의 입장에서는 전체에 대응하는 지도적 중심 부분(헤게모니콘)이 각각의 감각기관의 정보를 총괄한다.

하며, 양쪽이 다 나를 당혹스럽게 하고 있네. 그러나 너와 내가 하나의 동일한 사람이 아니라는 것은, 나는 너무도 확실하게 알고 있네. 어떻게 그런 말을 할 수 있을까? 내가 음식 조각을 삼키고 싶을 때, 결코 그것을 너의 입으로 가져가지 않고, 내 자신의 입으로 가져가는 것이네. 빵을 집으려고 할 때, 결코 빗자루를 잡지 않고, 오히려 언제나 과녁을 향하듯 늘 빵을 향해 나아가는 것이네. 그런데 감각의 증거를 부정하는 너희 자신들[19]은 다른 어떤 일을 행하겠는가? 너희들 중에 누가 목욕탕에 가고 싶을 때 방앗간으로 간 자가 있을까?

20 　'그럼, 어떤가? 우리는 이 사실들을, 즉 일반적인 통념을 유지하고 그 것에 반대하려는 논증에 맞서 우리 자신을 방어해야 하지 않겠습니까?'

21 　누가 그걸 반박하겠나? 힘과 여가를 갖고 있는 사람만이 이것을 하면 좋겠지만, 두려움에 떨며, 걱정하고, 가슴 아파하는 사람은 다른 일에 자신의 시간을 전념해야만 하네.

---

**19** 퓌론주의자들이거나 회의주의자들. 이들은 일반 통념을 인정하지 않고 감각의 내용을 부정하는데, 여기서 에픽테토스는 직접적으로 반박하기보다는 상식적인 입장에서 이를 옹호하고 있다.

# 제28장

# 다른 사람들에게 화를 내지 말아야 한다는 것,
# 사람들 사이에 무엇이 작은 일이고
# 무엇이 중요한 일인가?[1]

우리가 어떤 것을 승인하는 원인은 무엇인가? 우리에게 그것이 그 경우     1

인 것으로 보이는 것. 그러므로 그 경우가 아닌 것으로 보이는 것을 승     2

인하는 것은 가능하지 않다. 왜 그런가? 이것이 우리 생각의 본성이기

때문에, 즉 참에 동의하고 거짓을 싫어하고, 불확실한 것에 관련해서는

---

[1] 이 강의에서는, 에픽테토스는 먼저 사실적 영역에서 '참과 거짓에 대응하는 어떤 것을, 행위의 영역에서도 갖고 있는가?'를 묻는다. 그는 윤리적 영역에도 그것에 대응하는 것은, '적합한 것과 적합하지 않은 것, 유익한(선호되는) 것과 유익하지(선회되지) 않은 것, 나에게 적절한 것과 적절하지 않은 것, 이와 비슷한 것들'의 인상임을 지적한다 (1~6절). 이어서 그는 앎과 행위의 불일치로 일어나는 아크라시아 행동의 전형적인 예로 말해지는 메데이아의 예를 언급하고(7~9절), 그리고 윤리적 영역에서의 '인상'을 판단하는 건전한 기준을 설정하고 또 그것들을 알맞게 적용하려고 노력해야 한다는 점을 강조하고 있다(28~33절). 에픽테토스는 헬라스 비극과 서사시로부터 주목할 만한 사례를 인용해서, 사람들의 인상이 잘못되었을 때에는, 우리는 그들에게 화를 내지 말고 동정하고 교정해야만 한다고 주장한다(7~13절; 제1권 제18장 참조). 우리는 또한 그러한 경우의 진정한 '비극'이 원래의 윤리적 실수이지, 그로 인한 물질적 파괴와 삶의 상실이 아님을 인식해야 한다(14~27, 31~32절). A. A. Long, "Representation and the Self in Stoicism", *Stoic Studies*, Cambridge, 1996 pp 277~281.

3 판단을 중지해야만 하는 것이네.[2] 이것에 대한 입증은 무엇인가? '가능할 수 있다면, 지금이 밤이라는 인상을 형성하라.'[3] 그것은 불가능하다. '낮이라는 너의 인상을 버려라.' 그것은 불가능하다. '별들이 숫자상 짝

4 수[4]라는 인상을 갖거나 혹은 버려라.' 그것은 불가능하다. 따라서 누구든지 거짓에 승인할 때마다, 그가 기꺼이 거짓에 승인하지 않는다는 것을 알 수 있는 것이네. 플라톤이 관찰한 것처럼, '모든 혼은 의지에 반하

5 여 참을 빼앗기기 때문이지.'[5] 오히려 그에게는 거짓인 것이 참으로 보였던 것이네. 그렇다면 우리가 지각의 영역에서 참과 거짓에 대응하는 어떤 것을, 행위의 영역에서도 갖고 있는가? 적합한 것과 적합하지 않은 것,[6] 유익한 것과 유익하지 않은 것, 나에게 적절한 것과 적절하지 않은 것, 이와 비슷한 것들.

6 '그럼, 누군가는 어떤 것이 자신에게 유익하다고 생각하면서도 그것을 선택하지 않는 일이 가능할까?'

불가능합니다.

7 '그러면 이렇게 말하는 그녀[메데이아]는 어떨까?

---

2 제1권 제7장 5절, 제1권 제17장 1절 참조. 변증술의 표준적 정의에 대해서는 DL 제7권 42, 62.

3 직역하면, '낮이라고 느껴라(경험하라)'.

4 우리는 별들의 수가 홀수인지 짝수인지 생각할 수 없다. '인상을 버려라'(apopaschein) 란 말은 여기만 나온다.

5 플라톤, 『소피스테스』 228c~e. 이것은 제2권 제22장 36절에도 인용된다. 그 밖에도, 『프로타고라스』 345e, 352c, 358c~d, 『고르기아스』 468e, 509e, 『티마이오스』 86d~87b, 『소피스테스』 228c~e, 『법률』 731c 참조.

6 원어는 to kathēkon kai para to kathēkon (의무와 의무에 반하는 것).

내가 하고자 하는 일이 나쁘다는 것을 알지만,

분노가 내 계획의 주인이란 말인가?'[7]

그녀는 자신의 분노를 만족시키는 것과 남편에게 복수하는 것, 바로 이것 자체를 자신의 자식을 안전하게 지키는 것보다 더 이롭다고 생각했기 때문이네.

'예, 하지만 그녀는 잘못 생각했습니다.'[8]

**8**

그녀가 잘못 생각했다는 것과 그녀가 그것을 하지 않을 것이라는 점을 그녀에게 분명하게 보여 주어라. 그러면 그런 짓을 하지 않을 것이다. 그러나 네가 그녀에게 그것을 보여 주지 않는 한, 그녀가 그녀에게 가장 좋아 보이는 것을 따르는 것 외에 무엇을 할 수 있겠는가? 아무것도 없네.[9] 그렇다면, 가엾디 가엾은 한 여인이 가장 중요한 일에 관해 잘못된 방향으로 접어들었고, 또 사람에서 독사로 변했다기로소니, 왜 그

**9**

---

7   에우리피데스, 『메데이아』 1078~1079행. 메데이아는 제2권 제17장 19절, 제4권 제 13장 14절에서 다시 언급된다. 이 대목은 akrasia('의지의 약함'; 더 나은 판단에 반대해서 감정에 굴복하는 것)를 보여 주는 것으로 읽히지만, 스토아학파는 경쟁적인 윤리적 주장에 직면해서 나쁜 판단을 보여 주는 것으로 해석한다. C. Gill, "Did Chrysippus Understand Medea?", *Phronesis*, Vol.28, 1983, pp. 136~149; C. Gill, *The Structured Self in Hellenistic and Roman Thought*, Oxford, 2006, pp. 258~259.

8   직역하면, '철저히 속았다'이다.

9   메데이아는 남편인 이아손에 복수하기 위해 아이를 죽이는 것이 자신에게 가장 이로운 것이라고 생각했다. 그러나 에픽테토스는 메데이아가 자신의 '분노' 때문에, '자신에게 가장 이로운 것을 원하면서, 자신에게 가장 해로운 것을 선택하는' 모순에 빠졌다고 말한다. 메데이아는 자신에게 이롭게 보이는 것이, 실은 자신에게 가장 이롭지 않다는 것을 몰랐기 때문이다. 소크라테스와 마찬가지로, 에픽테토스는 나쁜 줄 알면서도 '감정에 이끌려' 나쁜 짓을 하는 것은 올바르지 않다고 주장하는 셈이다. 결국 그들 양자는 사람에게 참으로 이로운 것은 '도덕적으로 옳은 것'과 일치한다고 굳게 믿고 있다. 이 대목은 에픽테토스가 소크라테스의 주지주의적 윤리적 태도에 머물고 있음을 보여 준다.

녀에게 화를 내야만 하는 것이냐? 오히려 그럴 수만 있다면, 그녀를 불쌍히 여겨야 하지 않겠는가? 그리고 우리가 눈먼 자와 절름발이를 불쌍히 여기는 것과 같이, 우리도 그들의 지배적 기능에서 눈이 멀게 되고 다리를 절게 된 사람들을 불쌍히 여겨야 하지 않겠는가?

10  그러므로 인간에게 현재의 인상이 모든 행동의 척도라는,—게다가 그것이 잘 형성될 수 있거나 잘못 형성될 수 있는 것인데, 옳은 경우라면 그 사람은 비난의 대상이 아니지만, 잘못되었다면, 한 사람은 잘못된 방향으로 접어들고, 또 다른 사람이 그 대가를 치른다는 것은 불가능하기 때문에, 그 사람 자신이 징벌을 받게 된다—이 사실을 명심하는 사람은 누구든지 누구에게나 결코 화를 내지 않고, 결코 욕해 대지 않으며, 결코 비난하지 않으며, 결코 미워하지 않고, 또 결코 누구를 기분 상하게 하지도 않을 것이네.

11  '이런 정도로 크고 무시무시한 행위들도 그 발단을 이런 데, 즉 인상에 두고 있단 말입니까?'

12  이것에, 또 달리 다른 것에는 없다는 것이네. 『일리아스』는 단지 인상들과 인상들의 사용으로만 구성되는 것에 불과하네.[10] 어떤 인상으로 촉발된 알렉산드로스(파리스)는 메넬라오스의 아내를 빼앗아 가고, 어

13  떤 인상으로 촉발된 헬레네는 그와 함께 가기로 한 것이네. 그러면 어떤

---

10  알렉산드로스의 헬레네에 대한 성적 갈망, 헬레네의 응낙, 복수에 대한 욕망 등은, 그들의 인상이나 생각이 그들에게 제기된 것에 대한 가치를 잘못 판단하는 예들이다. 트로이아 전쟁은 트로이아 왕 프리아모스의 아들 알렉산드로스가 스파르타에 머물던 중 스파르타 왕 메넬라오스의 아내인 헬레네를 유괴해서 떠난 것이 발단이다. 헬레네를 되찾기 위해 메넬라오스의 형인 아가멤논을 총대장으로 삼아 헬라스군이 트로이아의 성을 공략한다.

인상이 메넬라오스에게 그런 아내를 빼앗기는 것이 이득이었다고 느끼도록 야기했다면, 어떤 일이 일어날 수 있었을까? 우리는『일리아스』뿐 아니라『오뒷세이아』도 잃어버렸을 것이네![11]

'이렇게 큰 사건이 이렇게 작은 일에 달려 있을 수 있을까요?'                     14

이렇게 큰 사건이란 무엇을 말하는 것인가? 전쟁과 내전, 많은 인명 손실, 도시 파괴? 그리고 그 모든 것들 중 큰 것은 무엇인가?

'그것에는 큰 것이 없다고요?'

어째서, 많은 소와 많은 양의 죽음과 무수한 제비와 황새의 둥지가     15
불타고 파괴되는 것이 무슨 큰일이란 말인가?

'그런데 두 경우가 아주 비슷하지 않나요?'                                   16

완전히 비슷하지. 한 경우에는 인간의 신체가 파괴되고, 다른 경우에는 소와 양의 몸뚱이가 파괴되지. 한 경우에는 인간의 작은 주거지가 불태워지고, 다른 경우에는 황새 둥지가 불태워지네. 거기에 무엇이 크거     17
나 두려운 것인가? 혹은 주거지로서 인간의 집이 황새 둥지와 어떻게 다른지 나에게 보여 주게. 단 우리가 판자와 기와, 벽돌로 집을 짓고, 반면에 황새는 나뭇가지와 진흙으로 둥지를 짓는 것을 제외하고.[12]

'그러면 황새와 인간 사이엔 [본성상] 비슷한 점이 있는지요?'             18

무슨 말을 하는 건가? 물체적 수준에서는 완전히 비슷하지.[13]

'그러면 인간이 황새와 아무런 차이가 없다는 건가요?'                       19

---

11 왜냐하면 트로이아의 왕자 알렉산드로스가 메넬라오스의 아내 헬레네를 유혹하여 트로이아 전쟁을 일어나게 했으며, 이것이 호메로스의『일리아스』와『오뒷세이아』의 배경이 되는 것이니까.

12 이 문장은 18절에서 17절로 가져와서 번역했다(수이에 참조).

전혀 그렇지 않네만, 그런 측면에서는 아무런 차이가 없는 거지.

'그러면 어떤 점에서 다른가요?'

20 찾아보게. 그러면 그 차이점이 다른 곳에 있음을 알게 될 것이네. 인간이 자신이 하는 일을 이해한다는 사실에 그것이 있지는 않은지 살펴보게. 인간의 공동체 의식,[14] 신뢰할 수 있는 것, 신중함, 주의 깊음, 분별

21 있음에 그것이 있지는 않은지 살펴보게. 그렇다면 인간의 어디에서 큰 좋음과 나쁨을 발견하게 되는가? 바로 그런 차이가 있는 곳에서. 그리고 그 차이가 보존되고 잘 강화된 상태로 유지되고, 신중함, 믿음, 분별이 손상되지 않고 유지된다면, 그때엔 그 사람 자신도 구원받게 되는 것이네. 그러나 이것들 중 어느 하나라도 파괴되거나 폭풍우에 휩쓸려 가

22 면, 그때엔 자신도 파괴되네.[15] 인간사에서 중대한 것은 모두 이것에 달려 있는 것이네. 헬라스군들이 도착해서 트로이아를 공략하고, 그의 형

23 제들이 죽었을 때 알렉산드로스는 큰 몰락에 이르게 됐는가? 전혀 그렇지 않네. 아무도 다른 사람의 행동으로 인해서 몰락에 이르지는 않기 때문이네. 아니, 그것은 단지 황새 둥지를 부수는 것에 지나지 않는다네. 그의 진정한 몰락은 신중함, 신뢰, 환대법에 대한 존경심, 그리고 품위

24 를 잃었을 때였지. 또 아킬레우스는 언제 몰락(슬픔)에 이르렀는가? 파트로클로스가 죽었을 때? 그것과는 거리가 머네! 오히려 그 자신이 분

---

13 15~18절은 제정신이 아닌 상태에서 양과 가축을 헬라스군의 우두머리로 생각해서 도륙한 아이아스의 비극이 연상된다(소포클레스,『아이아스』220~332행 참조).

14 인간의 to koinōnikon('공동체를 지향하는 본능 혹은 능력')은 스토아 윤리학에서 중요 주제이다. 아리스토텔레스,『정치학』1253a7 참조('인간의 공동체를 향하는 충동').

15 다른 것으로부터 인간을 구별시켜 주는 여러 고유 속성에 대해서는 제2권 제4장 2절, 제3권 제7장 37절 참조.

노를 터뜨렸을 때, 어린 소녀를 잃고 울었을 때, 자신이 사랑하는 여인을 얻기 위해서가 아니라 전쟁을 하기 위해서 그곳에 있다는 것을 잊어버렸을 때이네.[16] 올바른 생각을 빼앗기고, 그것이 상실되었을 때, 이것이 인간의 실패이며, 이것이 포위이며, 이것이 멸망이네.

25

'그러면 여자들은 끌려가고, 아이들은 포로가 되고, 자신들은 도륙을 당할 때, 이것들은 과연 나쁜 일이 아닌가요?'

26

너는 그에 덧붙인 생각[17]을 어디에서 얻었는가? 내게도 설명해 주게.

27

'아니, 오히려 왜 그것들이 악이 아니라고 말할 수 있을지 설명하는 것은 선생님이십니다.'

판단의 기준(kanōn)이 되는 것으로 돌아가 보자. 선개념을 가져오너라. 이것 때문에 사람들이 어떻게 행동하는지에 대해 충분하게 놀라지 않을 수 있는 것이네. 무게와 관련하여 판단을 내리기를 원할 때, 우리는 아무렇게나 판단하지 않네. 또한 똑바른 것인지 굽은 것인지를 판단하고 싶을 때, 우리는 아무렇게나 그렇게 하지 않는 것이네. 요컨대, 이 영역에서의 진실을 아는 것이 중요할 때, 우리들 중 누구도 아무렇게나 어떤 것을 행하지는 않는다네. 그러나 올바르거나 잘못을 저지르며 행동하느냐 성공하느냐 실패하느냐 불운이냐 행운이냐에 관한 첫 번째이자 유일한 원인이 문제가 되는 경우에만, 우리는 아무렇게나 또 성급한

28

29

30

---

16 에픽테토스는 호메로스의 『일리아스』의 줄거리 속에서 핵심이 되는 사건들을 뽑아 내고 있다. 특히 상(賞)으로 공평하게 분배받았던 브리세이스를 빼앗긴 것에 대한 아가멤논을 향한 분노(제1권, 제9권)와 그의 절친인 파트로클로스의 죽음으로 초래된 슬픔을 언급하고 있다(제17권).

17 어떤 사실에 대해 '그것이 악이다'라고 가치 평가하는 것. 덧붙여진 악의 '개념'을 말한다.

방식으로 행동하고 있네. 저울과 같은 것은 어디에도 없으며, 판단의 기준과 같은 것은 어디에도 없지만, 어떤 인상을 받자마자 즉시 그것을 좇아 행동하는 것이네. 아가멤논이나 아킬레우스가 자신에게 나타난 인상을 좇아서 그러한 악들을 저지르고 또 겪고 있을 때, 나는 인상만으로 만족하지 못하니 그런 점에서 내가 아가멤논과 아킬레우스보다 더 나은가?[18] 어떤 비극이 이것 말고 다른 발단을 가지고 있는가? 에우리피데스의 『아틀레우스』[19]는 어떤가? 인상. 소포클레스의 『오이디푸스』는 어떤가? 인상. 『포이닉스』는? 인상. 『히폴뤼토스』는?[20] 인상. 그렇다면 이런 문제[21]에 전혀 관심을 기울이지 않는 사람을 너는 어떤 종류의 사람으로 생각하는가? 자신의 마음에 나타나는 모든 인상을 따르는 사람들을 너는 무엇이라고 부르는가? 미친놈들! 그렇다면 우리는 어떤가? 우리는 이것과는 뭔가 다르게 행동하는가?

31

32

33

---

**18** 에픽테토스는 인상을 아무런 음미 없이 받아들이는 비극이나 비극적 인물에 대해서 부정적 태도를 취한다. 그래서 그는 단순히 '인상'을 받아들이는 것이 아니라, 그 인상에 대한 '반성적 태도'를 요구한다.

**19** 뮈케나이의 왕 아틀레우스는 동생이 자신의 아내와 간통한 것에 화가 나서 동생의 아이들을 살해하고 그것을 요리로 만들어 동생에게 먹였다. 소포클레스의 『아틀레우스』라는 작품이 존재한 것은 알려져 있지만, 에우리피데스에 그 작품이 있었는지는 불분명하다.

**20** 에픽테토스는 기원전 5세기 아테네의 비극을 언급하고 있다. 현재 소포클레스가 쓴 『오이디푸스』와 에우리피데스의 『히폴뤼토스』가 남아 있다. 다른 것들은 전해지지 않는다.

**21** '인상'을 훈련하는 문제.

제29장

# 견고함에 대하여¹

좋음의 본질은 어떤 성향의 의지(프로하이레스)이고, 나쁨도 마찬가지    1
로 어떤 성향의 의지이다.² 그러면 외적인 것들³이란 무엇인가? 우리의    2
의지를 위한 재료들로, 그것들과 관계됨으로써 자신의 좋음과 나쁨을
획득하게 되는 것이다. 어떻게 하면 좋음을 얻을 수 있는가? 재료들을    3
과대평가하지 않음으로써. 재료에 관한 그 판단이 올바르면 의지를 좋

---

1   이 장은 제1권에서 가장 긴 담론(담화)이며, 이 책의 4권 전체에서 네 번째로 긴 강의이
다. 에픽테토스가 이 책을 통해 거듭해서 강조하고 있는 중심적 주장인, '좋고 나쁨은
우리의 의지에 달려 있다'는 주장으로 시작하고 있다. 이 장의 주요 주제는, 인간의 삶
에서 진정으로 중요한 것은 '우리의 능력 안에' 있는 것이고, 우리의 몸과 생명과 같은
것에 대해 다른 사람이 '힘'을 행사하는 것은 상대적으로 무관심한 문제라는 것이다. 자
연 법칙에 따라, 더 강한 자가 더 약한 자를 누를 수 있지만, 우리는 어떤 점에서 강하고
약한지를 주의 깊게 구별해야만 한다(9~15절). 소크라테스의 행동과 태도가 이런 생
각을 나타내는 본보기로 간주된다. 특히 소크라테스에 대한 논의는 16~26절에 걸쳐 있
다. 소크라테스의 예를 통해, 폭군이나 참주가 신체라는 측면에서는 힘이 강하지만, 정
신의 측면에서는 약하다는 것을 보여 준다. 이것은 우리가 우리 자신을 우리의 상황과
완전히 동일시해야 함을 의미하지 않는다. 덕을 향한 진보의 수단을 제공하는 것으로
서 우리의 특정한 상황이나 역할을 살펴보아야 한다(33~49절). 에픽테토스는 모든 사
람이 이러한 원칙을 받아들이지 않는 점이 이 원칙들을 무효로 하지는 않는다는 점을
인정한다(30~32, 64~66절).

게 만들고, 그 판단이 꼬이고 비뚤어지면 의지를 나쁘게 만드는 것이다.

4 이것은 신이 정하신 법이고, 그는 '네가 좋은 것을 원하면, 너 자신으로부터 얻으라'라고 말씀하시네. 하지만 너는 너를 향해 '아냐, 그것을 다른 곳으로부터 얻어'라고 말하지. 그렇게 하지 말고, 그것은 너 자신으

5 로부터라고 나는 말하네. 그래서 참주(폭군)가 나를 위협하고 [법정으로] 출두를 명령한다면, 나는 '그가 무엇을 위협하나요?'라고 묻네. 그가 '나는 너를 사슬로 묶을 것이다'라고 말하면, '그가 위협하는 것은 내

6 손과 발입니다'라고 대답하네. 그가 '내가 네 목을 자를 것이다'라고 말하면, 나는 '그가 위협하는 것은 내 머리입니다'라고 대답하네. 그가 '내가 너를 감옥에 가둘 것이다'라고 말하면, 나는 '그것은 내 모든 비참한 시체입니다'라고 대답할 것이네. 그리고 나를 망명 보내겠다고 위협하면, 나는 똑같이 말할 것이네.

7 '그렇다면 참주는 어떤 식으로든 당신을 위협하지 않는 셈인가요?'

---

2  좋고 나쁨의 본질은 그 인간의 의지의 확고한 상태라는 것이다. 에픽테토스는 흔히 'aretē'(덕) 대신에 '어떤 성향의 프로하이레시스'라는 말을 사용한다. 프로하이레시스는 그의 '일반 원리'들 중의 하나로 말해지기도 한다. "'그럼, 어떤 것들에 주의해야만 할까요?' 첫째로 그 원리들 없이는 잠자지 않고, 일어나지 않고, 마시거나 먹지 않고, 다른 사람과 대화하지 않기 위해, 네가 항시 손안에 가지고 있어야만 하는 일반 원리들(katholika), 즉 그 누구도 다른 사람의 의지(프로하이레시스)의 주인이 될 수 없다는 것, 또 우리의 좋음과 나쁨은 오로지 의지 안에만 있다는 것에 주의하는 것이네. 그렇다면 누구도 나를 위한 좋음을 구하거나 나를 나쁜 일에 말려들게 할 힘을 갖고 있지 않으며, 오직 나 혼자만이 이것들에 대한 권위를 가지고 있는 것이네."(제4권 제12장 7~8절)

3  외적인 것들(ta ektos)은 '아무런 차이가 없는 것들'(adiaphora)로 그 자체로는 좋음도 나쁨도 아니다. 그것들의 좋고 나쁨을 결정하는 것은 우리의 프로하이레시스라는 것이다. 이 점을 논의하는 제2권 제5장 1~8절, 제2권 제6장 1~2절 참조.

이 모든 것이 나에게 아무것도 아니라고 느낀다면 아무것도 위협하지 않는 것이 되지만, 내가 이것 중의 어떤 것에 대해 두려워한다면, 그가 위협하는 것은 바로 나인 것이네. 그러면 내가 두려워할 사람이 누가 남아 있는가? 그는 무엇에 대한 지배권을 가진 사람인가? 나에게 달려 있는 것들에 대해? 하지만 그런 사람은 없네. 나에게 달려 있지 않은 것들에 대해? 그런 것들이 어떻게 나와 관련이 있을까? 8

'그러면 당신네 철학자들은 우리에게 왕들을 경멸하도록 가르치고 있는 겁니까?' 9

전혀 그렇지 않지! 우리 중에 누가 왕들의 권위에 복종하는 것들에 대해 반대하라고 너희들에게 가르치느냐?[4] 내 보잘것없는 몸을 가져가고, 나의 소유물을 가져가고, 나의 명성을 가져가고, 내 주위 사람들을 가져가라. 내가 그것들에 대해 저항하라고 누군가를 부추긴다면, 정말로 그에게 나를 고발하게 하라! 10

'네, 하지만 나도 당신들의 판단을 지배하고 싶습니다.' 11

누가 너에게 그런 권한을 주었는가? 다른 사람의 판단을 어떻게 지배할 수 있는가?

---

4  에픽테토스의 입장은 왕에 대한 경멸이 아니라, 왕은 신체에 대한 권세만을 가지고 있지 정신에 대해서는 그렇지 못하다는 것이다. 이런 의미에서 그는 당시의 권력자가 철학자에게 가한 핍박에 대해 수동적으로 저항할 뿐이다(제1권 제2장 19~24절 참조). "내 생각에, 헌신적인 철학자들이 완고하고 다루기가 어려우며, 행정관료나 왕이나 국가를 다스리는 사람들을 거의 존중하지 않는다고 생각하는 것은 사람들이 잘못 알고 있는 것이네. 정반대로, 아무도 그들에게 더 고마워하지 않으며, 이는 정당한 이유가 있는 것이네. 왜냐하면 그것에 의해 평온한 여가의 이점을 누릴 수 있게 된 사람들보다 그들의 통치로부터 더 많은 혜택을 받는 사람은 아무도 없기 때문이네."(세네카, 『도덕서한』 73.1)

12 '두려움으로 그를 몰아침으로써, 내가 그를 힘으로 눌러 버릴 것입니다.'

판단만이 그 자체를 눌러 버릴 수 있을 뿐이고, 다른 사람은 그것을 눌러 버릴 수 없다는 것을 너는 이해하지 못하고 있네. 또 의지 자체를

13 제외하고는 아무것도 우리의 의지를 눌러 버릴 수 없네. 이런 이유로 신의 이 법이 가장 강력하고 또 가장 정의로운 것이라네. 즉 '항시 더 강한 것이 더 약한 것을 이기도록 하라'.

14 '열 사람이 한 사람보다 더 강하다'고 누군가가 말한다.[5]

무엇을 위해서? 사람들을 사슬에 묶고, 목숨을 끊고, 원하는 곳으로 끌고 가고, 재산을 빼앗기 위해서. 즉 열 사람은 그들이 더 강하다는 점에서 한 사람을 확실히 눌러 버릴 수 있네.

15 '그러면 그들은 어떤 점에서 약합니까?'

한 사람은 올바른 판단을 하고, 다른 사람들은 그렇지 않은 경우, 어떤가? 그들이 어떻게 이 점에서 그를 이길 수 있을까? 어떻게 그들이 그럴 수 있을까? 우리가 저울에서 무게를 잰다면, 더 무거운 것이 반드시 그 눈금의 저울을 밑으로 내려야만 하는 것이 아닌가?

16 '그래서 소크라테스가 아테나이인들의 손에서 겪었던 일을 소크라테스가 겪을 수 있도록?'[6]

노예야, 왜 여기서 '소크라테스'를 말하느냐? 그 사안을 있는 그대로

---

5 플라톤, 『고르기아스』 483c~d 참조. 이 맥락에서 원어 kreisson은 더 '강할' 수도 있고 더 '우월할' 수도 있다.

6 대화 상대자는 소크라테스의 경우를 끌어들여, 통상적인 방식으로 '판단의 저울'에 의해, 즉 표를 집계하는 것에 의해서는 정의의 문제를 해결할 수 없음을 증명하고자 한다. 에픽테토스는 소크라테스의 재판을 비이성적인 것에 대한 이성의 전형적인 저항의 예로 언급하고 있다.

진술해서, 이렇지 않은가. '소크라테스의 가련한 몸이 그보다 강한 자에게 붙잡혀 감옥에 끌려가고, 그래서 누군가가 소크라테스의 가련한 몸에 독약을 투여하게 되어, 그의 몸이 차가워져 죽게 될 수 있을 것이다.' 이런 것들이 너에게 이상하게 보이며, 부정의하게 보이고, 네가 신 **17** 을 비난하는 것은 이 일 때문인가? 그런데 소크라테스는 그 대가로 아무것도 얻지 못했는가? 그에게 좋음의 본질은 무엇으로 이루어지는 **18** 가? 이 점에 관해 우리는 누구에게 이야기를 들어야 할까? 너에게, 아니면 소크라테스 자신에게? 그는 뭐라고 말하는가? '아뉘토스와 멜레토스는 나를 죽일 수는 있지만, 나에게 해를 끼칠 수는 없다.' 그리고 다시 그는 말하네. '이것이 신이 기꺼워하는 것이라면, 그렇게 했으면 좋겠다.'[7] '하지만 너는 열등한 판단을 가진 사람이 자신의 판단에서 우월 **19** 한 사람을 이길 수 있음을 증명하라. 너는 단연코 그것을 증명하지 못하네! 아니, 그것을 증명하는 데에 가까이 가지도 못한다네.[8] "강한 것이 항상 약한 것보다 우세하다"라는 것은 자연과 신의 법칙이기 때문이네.' 어떤 점에서? 그 힘이 더 강한 그 점에서. 한 몸이 다른 몸보다 더 강 **20** 하고, 여러 사람이 한 사람보다 더 강하며, 도둑이 도둑이 아닌 사람보다 더 강하네. 이것은 내가 등잔[9]을 잃어버린 이유인데, 도둑이 깨어 있 **21** 음에서 나보다 나았기 때문이네. 그러나 그가 등잔을 위해 그렇게 비싼

---

7 플라톤의 『변명』 30c와 『크리톤』 43d의 패러프레이즈이다. 아뉘토스와 멜레토스는 소크라테스를 고발한 장본인들이다(제2권 제2장 15절 참조). 에픽테토스에게서 소크라테스의 중요성에 관해서는 A. A. Long[2002], 제3장 참조.

8 "더 훌륭한 사람이 못돼 먹은 사람에게서 해를 입는다는 것은 법도에 맞지 않는다고 생각하네."(플라톤, 『변명』 30d)

9 세1권 제18장 15절 참조.

값을 치른 것은, 등잔을 대가로 그가 도둑이 되었고, 등잔을 대가로 신실하지 못한 사람이 되었으며, 등잔을 대가로 야수가 되었기 때문이네. 그것이 그에게 좋은 거래로 생각되었던 게지.

22    그건 그렇다고 하자. 그러나 지금 누군가가 내 겉옷을 잡고, 나를 광장으로 끌고 갔고, 다른 사람들은 나에게 소리쳤네. '철학자여, 너의 판단이 너에게 무슨 이득이 있었는가? 보라, 너는 감옥으로 끌려가고 있다. 보라, 네 머리는 잘리게 될 것이다!'

23    나보다 더 강한 자가 내 겉옷을 잡아도 나는 감옥에 끌려간 것이 아니고, 혹은 열 사람이 나를 붙잡아 감옥으로 던지려 해도 나는 던져진 것이 아니라고 하기 위해 어떤 종류의 철학 입문(eisagōgē)을 배웠을까?

24    그러면 나는 아무것도 배운 것이 없는가? 나는 나에게 일어나는 모든 것이 의지(프로하이레시스)의 범위를 벗어나 있다면, 그것은 나와는 아

25    무런 관련이 없는 것으로 생각하도록 배웠다네. 그러면 나는 내가 배운 그것으로부터 아무런 이득도 얻지 못했는가?[10] 그러면 왜 너는 배운 것

26    이외의 다른 어떤 것에서 이득을 찾고 있는 것인가?──게다가 내가 감옥에 앉았을 때, 따라서 나는 이렇게 말하네. '나를 향해 이렇게 소리치는 그 사람은 그에게 주어진 그 설명을 이해하지도 못하며, 그에게 말해진 것을 따르지도 않고, 한마디로 말해서, 그는 철학자들이 무엇을 말하

---

10    맥락의 연결이 부자연스런 면이 있다. 에픽테토스는 돌연 말을 멈추고, '자신에게 말을 건네는 것'처럼 보인다. 즉 독백을 하고 있다는 말이다. 혹자는 이 문장과 다음 문장의 연관성이 명확하지 않은 것으로 보고, 이 대목을 그의 학생들 중 누군가에 말한 것으로 보기도 한다(J. Schweighsäuser; W. A. Oldfather, J. Souilhé 번역 참조). 그러면 '네가 이것('의지의 범위를 벗어난 것은 나에게 아무것도 아니다'라는 원리)으로부터 아무런 이득도 얻지 못했는가?'로 새겨진다.

느지, 무엇을 행하는지 알기 위한 어떤 노력도 기울이지 않고 있다는 것이네. 이런 사람 좀 내버려 둬라!'

'그러나 너는 이제 감옥에서 나올 수 있을 거네.'   27

내가 감옥에 있는 것이 더 이상 너에게 아무런 필요가 없다면, 나는 나갈 것이네. 그것이 너에게 다시 필요하다면, 들어가도록 하자.

'얼마 동안?'   28

이성이 내게 이 가련한 몸과 함께 있으라고 명령하는 동안이네. 그러나 이성이 명하지 않으면, 그 몸을 취하라, 너에게 좋은 건강을 줄 것이다! 단, 비이성적 방식으로 혹은 비겁하게 혹은 어떤 임의의 구실로부   29
터 그것[11]을 포기하지 않도록 하라! 그것은 다시 신의 의지에 반하는 것이기 때문이네. 왜냐하면 신은 우리가 사는 이러한 세상과 우리와 같은 존재가 땅에 가서 살기를 필요로 하기 때문이네.[12] 그러나 그분이 소크라테스에게 했던 것처럼 퇴각 신호를 울린다면, 나는 장군의 신호처럼 신호를 보내는 사람에게 복종해야만 하는 것이네.[13]

---

11 '내 몸, 즉 생명'을 말한다.

12 신이 우리를 '필요'로 한다는 생각에 대해서는 제1권 제6장 18절 참조. 마르쿠스 아우렐리우스, 『자기 자신에게 이르는 것들』 제6권 42("우주는 이러한 사람조차 필요하기 때문이다.") 참조.

13 '비이성적인 자살'을 비난하는 에픽테토스의 스토아적 생각을 플라톤의 『파이돈』 61b~62e와 비교 참조. 소크라테스는 아테네인들에게 죽음을 선고받았고, 그는 죽는 것에 만족했으며, 그것이 좋은 일이라고 생각했다. 이것이 그가 행했던 대로 그렇게 변호한 이유이며, 그로 인해 유죄판결을 받게 되는 것이다. 그는 다른 사람들이 하는 것처럼 재판관들에게 간청하고, 탄식하며, 자신에게 합당하지 않은 말과 행동을 해서 유죄판결을 면하는 것보다 그것을 받아들이는 것을 더 선호했다(플라톤, 『변명』 29~33; 제1권 제9장 16절 참조).

30    '그러면, 우리가 이것들을 다중들에게 말해야만 합니까?'

31    무엇 때문인가? 자신의 마음에 확신이 있는 것으로 충분하지 않은 것인가? 아이들이 우리에게 오면서 손뼉을 치며 '오늘은 사토르날리아,[14] 기뻐하라!'라고 말하면, 우리는 그들에게 '그것에 기뻐할 것이 아무것도 없어'고 대답하는가? 전혀 그렇지 않네. 오히려 우리도 그들에

32    게 박수를 보내 주네. 그렇네, 너는 똑같이 해줘야만 하는 것이지. 누군가에게 그의 견해를 바꾸게 할 수 없을 때, 그가 어린아이임을 깨닫고 그가 하는 것처럼 박수를 쳐야 하는 것이네. 아니면, 그런 식으로 행동하는 것을 원하지 않는다면, 너는 조용히 있기만 하면 되는 것이지.

33    이 모든 것을 명심해야만 하며, 이런 종류의 어떤 어려움에 직면하는 부름을 받았을 때, 우리가 올바른 철학 교육을 받았는지를 보여 줄 적

34    절한 때가 왔다는 것을 알아야만 하는 것이네. 그런 어려움에 직면해서 학업(학교, scholē)을 떠나는 젊은이는 어떻게 추론을 풀지를 공부한 사람과 같으며, 누가 그에게 쉽게 풀릴 수 있는 것을 제시하면, 그는 '아니요, 그 대신에 좀 더 복잡한 문제를 주세요, 내가 연습할 수 있도록'이라고 말할 것이네. 마찬가지로 레슬링 운동선수들도 젊은 경량급 선수들

35    과 겨루는 것을 전혀 만족하지 않는다네. '그는 나를 들어 올릴 수 없어요'라고 그들은 말할 것이네. 이것이 바로 재능 있는 젊은이의 태도이네. 하지만 그 대신에, 그 기회[15]가 오는 경우에는 눈물을 흘리며 '공부를 더 계속했으면 좋았을 텐데'라고 말해야 하네. 무엇을 공부하는가?

---

14  제1권 제25장 8절 참조.
15  즉, 훈련을 위한 연습 대신에 현실의 경쟁자를 만나거나 인생에서의 실천적인 문제를 직면하게 될 때.

이것들을 실천에 옮길 수 있도록 배우지 않았다면, 애초에 왜 그것들을 배웠는가?[16] 여기 앉아 있는 사람들 중에 마음속에서 괴로워하고 자신에게 이렇게 말하는 누군가가 있다고 생각하네. '어째서 그 사람이 직면했던 것과 같은 그런 어려움이 지금 내게 닥치지 않는 걸까? 올림피아에서 왕관을 쓸 수 있을 때, 구석에 앉아 내 시간을 낭비해야만 하는 건가? 이런 대회 소식을 언제 누가 나에게 전해 줄 것인가?' 이것이 너희 모두가 가져야만 할 정신 태도이네. 카이사르의 검투사들 중에도, 아무도 자신을 [경기장에] 내보내지도 않거나 혹은 자신을 적대자와 대결시키지도 않고 있다는 것을 불쾌하게 받아들이는 자들이 있는데, 그들은 신에게 기도하고 그들의 행정관[17]에게 몰려가 일대일 결투에 내보내 주기를 간청하는 자가 있다네. 그러면 너희들 중에 그들과 같은 모습을 보일 자가 없겠느냐?

나는 바로 그 광경을 보기 위해서라도 로마로 항해해서, 내[가 좋아하는] 운동선수가 어떻게 하고 있는지, 그리고 그에게 주어진 임무를 어떻게 수행하고 있는지를 보고 싶구나. '나는 그런 종류의 임무를 원하지 않습니다'라고 그는 말하네. 그렇다면 네가 원하는 어떤 임무든지

---

16 이론과 실천의 대조에 대해서는 제1권 제4장 6~17절, 제1권 제26장 3~4절, 제2권 제16장 34~35절 참조.

17 도미티아누스 재위 당시 4개의 검투사 학교(ludus)가 황제의 행정관의 통제 밑에 있었다고 한다. 로마 황제들은 자신들과 백성들의 즐거움을 위해 검투사들을 두었다(Lipsius, *Saturnalia*, ii.16). 세네카는 이런 보고를 하고 있다. "일찍이 나는 티베리우스 카이사르(Tiberius Caesar) 치세에서 검투사 트리움푸스(Triumphus)가 경기에 나갈 기회의 부족함에 관해 불평하는 것을 들은 적이 있습니다. '얼마나 화려한 시절이 지나갔는가!' 그는 말했습니다. 참된 가치(덕)는 위험을 갈망하며, 견디는 것조차 명성의 일부이기 때문에 견뎌야 할 것이 아니라 그 목적을 생각합니다."(『섭리에 대하여』, 제4장)

선택하는 것이 너에게 달려 있다는 것이냐? 그런 몸, 그런 부모, 그런 형제, 그런 조국, 이 조국에서 그러한 지위가 너에게 주어진 것이네. 그런데 이제 나에게 와서, '내 임무를 바꿔 주세요'라 말하고 있네. 뭐라고! 너는 너에게 주어진 그것을 다루기 위한 힘을 가지고 있지 못하느냐? 

**40** 네가 마땅히 해야만 하는 말은, '임무를 정하는 것은 당신의 몫이고, 그 것을 잘 대처하는 것은 나의 몫이다'일 것이네. 하지만 그러지 않고, 너는 '나에게 이런 종류의 복합명제[18]을 내놓지 말고, 오히려 그런 종류의 것을 내놓으세요. 이러한 결론[19]을 나에게 주장하지 말고, 오히려 이러

**41** 한 것으로 해주세요'라고 말하고 있는 것이네.[20] 비극배우들이 자신의 가면[21]과 반장화, 긴 겉옷[22]을 그들 자신이라고 생각하는 때가 곧 올 것이네.[23] 인간아, 너는 이 모든 것들을 너의 재료, 너의 플롯[24]으로서 가지

**42** 고 있는 것이네. 네가 비극배우인지, 아니면 익살꾼인지 우리가 알 수

---

**18** tropikon은 스토아학파에서 기술적으로 사용되던 논리학적 용어다. 일반적으로는 '가언적 추론 명제'(조건문)와 '선언문'을 가리킨다. 동지점, 하지점을 가리키는 지점(至點)이란 의미도 있다.

**19** epiphora는 논증의 결론을 가리킨다.

**20** 즉, 특정 종류의 가언적 추론에 반대하고 자신의 맘에 드는 다른 종류를 제안하는 것을 의미한다.

**21** 원어로는 prosōpeia.

**22** 이것들은 헬라스, 로마 시대에 연극배우의 의상 소품이었다. 에픽테토스는 헬라스 비극의 표준 의상을 사용하여 우리가 우리의 역할과 맥락에다 반성 없이 자신을 동일시해서는 안 된다는 점을 강조하고 있다.

**23** 인생을 연극배우와 비교하는 『엥케이리디온』 제17장 참조(제4권 제1장 165절, 제4권 제7장 13절 참조). 현명한 사람은 주어진 어떤 역할이라도 잘 수행할 수 있을 것이다.

**24** 원어로는 hupothesis. A. A. 롱의 지적에 따라 이 말을 'plot'으로 옮겼다(A. A. Long [2002], p. 242). 수이에의 불어 번역본은 'thème'로 옮긴다.

있도록 무언가[25]를 분명하게 말하라. 이들 둘 다는 공통적인 모든 것을 가지고 있으니까 말이네. 그렇기 때문에, 누군가가 비극의 배우에게서 반장화와 가면을 제거하고, 또 배우의 그림자 같은 것으로 무대에 오르게 하면 그 비극배우는 사라진 것인가, 아니면 남아 있는 것인가? 자신의 목소리[26]를 가지고 있으면, 그는 남아 있는 것이네.[27]

그것은 여기에 있는 경우도 마찬가지이네. '총독직을 맡으시오.' 내가 그 직을 받아들이고, 그렇게 함으로써 적절하게 교육받은 사람이 어떻게 행동하는지 보이겠네. '원로원 겉옷(토가)을 벗고, 누더기 옷을[28] 입고, 그리고 그러한 역할(가면)로 앞으로 나서라.' 그러면 어떤가? 나에게 멋진 목소리를 내는 것이 허락되지 않는가? '그러면 너는 지금 어떤 역할로 무대에 오르는가?' 신에 의해 부름을 받은 증인[29]으로서. 신

43

44

45

46

47

---

**25** 즉, 너의 역할.

**26** '진정한 자아'를 의미한다.

**27** 정치적 야망을 품은 로마의 고위층 자제들인 에픽테토스의 학생들은 계급과 관직에 걸맞은 외적 차림새에 사로잡혀 있었을 것이다. 에픽테토스는 그들에게 배우의 가면을 벗어 던지고, '진정한 배우'의 역할을 배울 것을 가르치고 있다. 그래서 그들의 외적인 장식품이 다 사라지더라도, 자신의 '목소리'—'진정한 자아'—를 낼 수 있을 때 비로소 진정한 도덕적으로 진보된 인간이 될 수 있다는 것이다. 인간을 드러내는 것은, 그들의 외관이나 그들이 차지할 수 있는 인생에서의 지위(그들의 드라마에서의 플롯)가 아니라, 오로지 그들이 이 역할에서 어떻게 행위하고 말하느냐에 달려 있다(A. A. Long[2002], p. 243 참조).

**28** 퀴니코스(견유학파)의 의복을 상징한다.

**29** martus(증인)는 1권 제24장 6~7절에서의 견유학파의 '첩자'(kataskopos)와 비교할 수 있다. 에픽테토스가 철학자를 '신이 보낸 전령(메신저, angelos)'으로 비교하고, 또 '참된 견유학파 사람들'을 '참된 철학자'로 묘사하는 것에 대해서는 제3권 제22장 23~25("자신이 제우스로부터 좋음과 나쁨에 관한 전령으로 인간에게 보내져, 인간들에게 그들이 방황하고 있으며, 좋음과 나쁨의 실체가 없는 곳에서 그것을 추구하고 있

께서 말씀하신다.[30] '자, 너는 앞으로 나와 나를 위해 증언하라. 너는 내가 증인으로서 만들어 낼 만한 자격을 갖추고 있으니까. 의지의 영역 밖에 있는 것은 좋은 것인가 나쁜 것인가? 내가 누군가에게 해를 끼치는가? 내가 각 사람의 이익을 그 자신이 아닌 다른 사람의 통제 밑에 두었

48    는가?' 너는 신께 어떤 증언을 내놓겠는가? '주여[31], 저는 끔찍한 상황에 처해 있으며, 불행만을 겪고 있습니다. 아무도 나를 돌보지 않고, 아무도 내게 어떤 것도 주지 않고, 모두가 나를 탓하고, 모두가 나에 대해 나

49    쁘게 말합니다.' 그것이 네가 주려고 하는 그런 종류의 증언인가? 그분이 너에게 그러한 영예를 부여하고, 또 너를 그러한 중요한 자리에 증인으로 내세울 만한 자격이 있다고 판단하고 있음에도, 그것이 그분이 너를 소환했던 그 부름을 욕되게 하는 방식이란 말인가?

50    그러나 권세를 가진 사람이, '내가 너를 경건하지 않고 성스럽지 않다고 선언한다'라고 공표했다고 생각해 보자. 너에게 무슨 일이 일어났겠는가? '나는 경건하지 않고 성스럽지 않다고 심판을 받은 것입니다.'

---

으면서 실제로 있는 곳을 생각조차 하고 있지 못하다는 것을 보여 주기 위해서라는 것이네."), 38, 69절 참조.

**30** 신이 화자로 등장한다.

**31** 원어는 kurios로, 에픽테토스가 그의 주인(dominus)을 부르거나, 환자들이 의사를 부를 경우에 사용되는 말이다. 이 말은 『신약』에서는 전도자들에 의해 사용되는 말로, '주(主)의 천사'(「마태복음」 24장) 그리고 예수를 주(主) 또는 주인(master)으로 부르는 경우에 사용된다(「마태복음」 8장 2절). 에픽테토스 시대 훨씬 이전부터 스토아학파 저술가들에 의해 사용되던 말이다. 스토아학파의 언어는 기독교 시대보다 적어도 2세기 전에 형성되었으며, 『신약』의 작가들은 그 시대에 통용되던 헬라스어(코이네)를 사용했다. 에픽테토스가 자주 사용하는 바울의 표현 mē genoito와 같이, 에픽테토스의 언어와 『신약』의 작가들 사이에는 유사점이 있다. 『신약』에 스토아 철학이 스며 있다는 것은 일반적으로 인정된다.

그 이상 아무것도 없는가? '더 이상 아무것도 없습니다.'

하지만, "나는 '낮이면 빛이 있다'는 명제가 거짓이라고 판단한다"고 선언하면서, 어떤 가언 명제(조건문)에 대해 판단을 내렸다고 가정해 보자.[32] 가언 명제에 어떤 영향을 미칠 것인가? 누가 이 경우에 판단을 받은 것인가? 누가 정죄를 받았는가? 가언 명제 자체인가, 아니면 그것에 대해 속은 사람인가?[33] 그러면 너에 관해 판단을 내리는 권세를 가진 이 사람은 도대체 누구냐? 그가 경건하거나 경건하지 않음이 무엇인지 알고 있느냐? 그가 그 문제를 연구했느냐? 그가 그것에 대해 배웠느냐? 어디서, 누구로부터? 하지만 음악가는 그가 가장 낮은 음이 나는 현을 가장 높은 음이 나는 현이라고 선언하면 분명히 음악가는 그에게 주의를 기울이지 않을 것이며, 기하학자도 그가 원의 중심에서 그 원주로 이어지는 선의 길이가 같지 않다고 선언하면 또한 그렇게 할 것이네. 그렇다면 진정으로 교육받은 사람은 교육받지 못한 사람이 성스러운 것과 성스럽지 않은 것, 정의롭지 않은 것과 정의로운 것에 관해 무언가를 판단할 때 주의를 기울여만 할까?

교육받은 자들에게 얼마나 부정의한 일일 수 있는가! 그럼 그것들을 너희는 여기서 배운 것인가? 너는 그런 문제들에 관한 시시한 논증[34] 따

---

32  크뤼시포스에 따르면, '낮이라면 빛이 있다'라는 조건문(sunēmmenon)에서, 'if'라는 논리적 연결사는 두 번째 명제가 첫 번째 명제에서 따라 나오며, 첫 번째 명제가 사실로 전제된다는 것을 말해 준다(DL 제7권 71~72 참조).

33  "왜냐하면 참인 연언명제[복합명제]를 거짓인 것으로 판단한다면, 곤욕을 치르는 것은 연언명제가 아니라, 속임을 당한 사람이기 때문이다."(『엥케이리디온』 제42장)

34  원어로는 logaria(ratiunculae). 키케로, 『투스쿨룸 대화』 제2권 12.29("'스토아학파는 왜 고통이 악이 아닌가' 하는 따위의 시시한 논증").

위는 다른 사람들에게, 즉 노고를 모르는 어리석은 난쟁이들에게 남겨
줄 의향은 없는가? 그래서 그나마 그들이 구석에 앉아 미미한 수고료를
받을 수 있게 하거나, 아니면 아무도 그들에게 아무것도 주지 않는다고
불평이나 해대도록 말일세. 너로서는 앞으로 나서서 네가 배운 것을 실
56   천에 옮기려 하지 않을 텐가?[35] 오늘날 필요한 것은 시시한 논증 따위가
아니기 때문이네. 아니, 스토아학파의 책들은 그것들로 넘칠 정도로 가
득 차 있다네. 그렇다면 필요한 것은 무엇일까? 그것들을 실천에 옮길
57   사람, 행동으로 그 논증들을 증명할 사람. 나를 위해 이 역할을 떠맡게
나. 그래서 학교에서 더 이상 오래전의 예들을 사용할 수 없도록, 또한
우리 시대로부터 어느 정도의 예를 취할 수 있도록 말일세.

58   그렇다면 이러한 이론적 물음들을 검토하는 것은 누구에게 속하는
것인가? 여가[36]가 있는 사람에게. 인간은 관조하기를 좋아하는 어떤 종

---

**35** 이론으로 무장한 철학을 일상생활에 적용할 때, 철학을 실천하는 것이다. 철학의 이론
과 실천의 결합은 스토아 철학의 특징이다.

**36** 여가(한가함; scholē)가 있다는 것은 배우거나 관조하는 데에 전력을 기울일 수 있는 조
건이다. '철학함'과 '여가'(스콜레)의 긴밀한 연결은 헬라스 철학의 뿌리 깊은 전통이
다. scholē(여가)와 연관되는 diatribē, diagōgē의 의미를 염두에 두는 것이 유익할 수 있
다. 넓은 의미에서 후자의 두 용어는 스콜레의 하부집합에 속한다. 이 두 용어는 기본적
으로 '시간을 보낸다'는 의미를 지닌다. diatribē는 '대화한다'는 의미로 확장되어 헬레
니즘 시기엔, 하나의 '대화 문학의 형식'을 가리키는 말이 되기도 한다. 에픽테토스의
책 제목 자체가 『강의』(diatribai)이다. diagōgē는 여가를 지내는 수단으로서의 즐거움을
주는 '소일거리로서의 오락'을 의미하기도 한다. 아리스토텔레스의 『정치학』에서는 맥
락에 따라 diagōgē가 '스콜레'와 중첩되는 의미로 사용되기도 한다. 플라톤의 경우에도
철학을 제대로 하려면 '논의를 할 시간' 내지 '여가'가 있어야 한다는 가정을 반복해서
제시한다(『테아이테토스』 참조).

류의 동물[37]이기 때문이지. 그러나 도망친 노예들처럼[38] [산만한 마음의 상태에서] 그러한 질문들을 관조하는 것은 부끄러운 일이네. 오히려 우리는 모든 산만한 마음 상태에서 벗어나 안정을 취해야 하며, 그런 노예들이 하는 것처럼 행동하기보다는 지금은 비극의 배우에게, 또 지금은 키타라 연주자[39]에게 귀를 기울여야 하네. 도망친 노예들은 한 순간에는 매우 세심하고 배우에 대한 칭찬으로 가득 차지만, 그와 동시에 초조한 눈빛으로 주위를 살피며, 그다음에 누군가 '주인'의 이름을 언급하면, 그들은 순식간에 동요와 경악으로 빠져들게 되네. 철학자들이 그러한 마음의 상태에서 자연의 일을 관조하는 것도 마찬가지로 부끄러운 일이네. '주인'이란 도대체 무엇인가? 한 사람이 다른 사람의 주인이 아니라, 오히려 삶과 죽음, 쾌락과 고통이 그의 주인인 것이네. 그런 것들 없이 카이사르를 나에게 데려오라. 그러면 내가 얼마나 견고한지[40] 보게 될 것이네. 그러나 카이사르가 천둥을 치고 번갯불을 번쩍이며 그 모든 것을 가지고 도착했을 때, 그리고 나 자신이 그것들에 의해 겁을 먹게 되었다면, 도망친 노예처럼 내 주인을 알아보는 것 외에 달리 무엇을 행하고 있는 것인가? 사실상 그런 것들로부터 벗어나 어느 정도의 안도감을 가지는 한, 나 역시 극장에서 구경하고 있는 도망친 노예와 같이 그렇게 행동하는 것이네. 나는 목욕을 하고, 술을 마시고, 노래를 부르

37  원어는 philotheôron ti zôon이다. 철학과 '관조'(이론)를 연결시킨 것은 피타고라스 전통이다. 철학의 3분 정통에 대해서는 DL 제8권 8 참조.

38  도망친 노예들(drapetai)은 주인이 갑자기 나타날까 봐 늘 두려워하고, 초조해하며 눈앞의 광경에 마음의 반만을 쏟는다. 따라서 정신이 산만할 수밖에 없다.

39  키타라를 연주하면 노래하는 사람.

40  '굽히지 않기', '데면한기'.

63 지만, 두려움과 불행 속에서 그렇게 하는 것이네. 그러나 내가 주인에게서, 다시 말해 주인을 두렵게 만드는 모든 것에서 벗어나면, 더 이상 나에게 무슨 걱정이 더 있으랴. 더 이상 나에게 어떤 주인이 있겠는가?

64 그러면 뭔가? 우리는 이 진리를 모든 사람들에게 선포해야 하는가? 아니네. 우리 자신을 문외한들[41]에게 맞추도록 해서, 우리는 '이 사람이 스스로 좋다고 생각하는 것을 나에게도 충고하네. 그래서 나는 그것에

65 대해 그를 용서하네'라고 말해야 하네. 소크라테스는 독약을 마시려고 할 때, 그를 위해 울고 있었던 간수를 용서하며 '나를 위해 눈물을 흘리

66 니, 그는 얼마나 호의가 깊은 사람인가'[42]라고 말했기 때문이네. 소크라테스가 '바로 그런 이유로 우리가 그 여자들을 내보낸 것이라니까'[43]라고 말한 것이 그 사람(간수)에게였을까? 아니네, 그는 이 말을 그의 가까운 친구들에게, 그것을 이해할 수 있는 사람들에게 말한 것이네. 하지만 간수에게는 하인이 아이를 대하듯 대했던 것이다.

---

**41** 즉 교육받지 않은 자들, 무지한 자들, 철학에 입문하지 않은 자들. 에픽테토스는 교육받지 않은 사람, 무지한 사람을 idiōtēs라고 부른다. 공직을 맡고 있는 사람에 반대되는 사적인 개인을 의미한다. 그래서 일반적으로 '철학을 공부하지 않은 사람'과 같이 특정 기술에 대해 '무지한 사람'이라는 의미를 갖게 된다.

**42** 플라톤, 『파이돈』 116d 참조. 소크라테스의 자식들(어린 아들 둘, 장성한 아들 하나)은 소크라테스가 독약을 먹고 죽기 전에 그를 보기 위해 왔었다. 그리고 소크라테스가 죽을 때까지 그를 보살펴 준 아내 크산티페와 집안의 여인들도 따라왔다. 소크라테스는 자신의 친구들과 마지막 대화를 나누기 전에 그의 아내 크산티페를 집으로 데려가라고 명령했고, 그녀는 한탄하고, 통곡하며 나갔다.

**43** 플라톤, 『파이돈』 117d~e 참조. 소크라테스가 독배를 마시고 크리톤을 비롯한 그 자리에 있던 사람들이 울음을 터뜨리자 소크라테스가 한 말이다.

제30장

# 어려운 상황에 어떻게 대처해야 하는가?[1]

너희가 큰 권세를 가진 어떤 사람 앞으로 들어갈 때,[2] 여기에서 일어나     1
는 일을 위에서 내려다보는 '다른 분'[3]이 있다는 것과, 너희가 권력자보
다 더 기쁘게 해야만 할 분은 바로 그분이라는 것을 기억하라. 그러면     2
그분이 너희에게 묻기를, '학교에서는 추방, 투옥, 결박, 죽음, 불명예를

---

1  이 장은 가장 긴 강의들 중 하나 이후에 가장 짧막한 장들 가운데 하나로 빠르게 달려
   왔던 강의를 부드럽게 마무리하는 장이자, 제1권의 종착점이라 할 수 있다. 에픽테토
   스는 '신과의 대화'를 제시함으로써 인간의 행위는 외부 환경에 의해 영향받지 않는다
   는 그의 가장 중요한 원리를 강조해서 다시 설명하고 있다. 마치 신이 철학자에게 교
   리문답(敎理問答)을 하는 것처럼, 에픽테토스의 친숙한 신념과 원리에 관해 묻고 있다
   (2~5절). 그 신념에 관해서는 앞서 제1권 제25장 1절과 제29장 1~2절, 제2권 제16장
   1절 참조. 이 대화는 학교에서 이러한 교훈을 배우는 것이 혹독한 미래의 삶에서 학생
   들에게 매우 큰 가치를 줄 수 있을 것이라는 점을 강조하고 있다.
2  에픽테토스는 왜 권세를 가진 자에 맞서 당당하게 살아 나갈 것과 결코 굽히지 않는 의
   지를 강조하는 이와 같은 강의를 주는 것일까? 이를 이해하기 위해서는 에픽테토스가
   살던 당시가 폭군의 치하였다는 것을 늘 염두에 두어야 한다.
3  '다른 분'(다른 것, allos)은 신을 가리킨다. 제1권 제25장 13절 참조.1. 제2권 제5장
   22절, 제3권 제1장 43절, 제4장 제1장 103절 참조. 그리스도는 자신에게 '사람의 아들'
   이라는 메시아적 칭호를 적용했다.

어떻게 말했는가?'.

'이것들을 선악과는 아무런 관련이 없는 것들(adiaphora)이라고 하더 군요.'

3    '그러면 그것들을 지금은 어떻게 말하는가? 설마 변한 것은 아니겠 지?' —'아니오.' — '그럼, 자네가 변했는가?' —'아닙니다.' —'그러 면 아무런 관련이 없는 것들이 어떤 것인지 나에게 말해 보게. 또한 그 것들로부터 따라 나오는 것들도.'[4] —'그것들은 의지(프로하이레시스)

4    의 영역 밖에 있는 것들이며, 나에게는 아무런 관련이 없습니다.' —'더 말해 주게. 자네에게 "좋은 것들"이라고 생각했던 것들은 무엇이었는 가?' —'의지의 올바른 활용과 인상의 올바른 사용입니다.' —'그리고

5    그 목적은 무엇인가?' —'당신[신]을 따르는 것입니다.'[5] —'현재의 경 우에도 또한 동일한 것을 말하고 있는가?' —'예, 나는 지금도 또한 동 일한 것을 말하고 있습니다.'

그러면 이 모든 것[6]을 명심하고 대담하게 [큰 권세를 가진 사람 앞으 로] 들어가라. 그리고 너희는 마땅히 해야만 하는 것을 공부한[7] 젊은이 가 그렇지 않은 사람들 사이에 나타나는 것이 어떤 식인지를 알 수 있을

6    것이네. 나로서는, 신들께 맹세코, 너희가 다음과 같은 느낌을 가질 것 이라고 생각하는 쪽으로 기운다네. 즉 '왜 우리는 아무것도 아닌 일을

---

4    수이에의 텍스트를 따름.
5    인생의 목적. '신을 따르는 것이 인생의 목표'라는 언급에 대해서는 제1권 제12장 5절 참조.
6    앞서 말한 것들 혹은 원리들.
7    즉 적절한 철학적 훈련을 받은.

위해 이렇게 허풍을 떨고, 또 많은 정성을 들여 준비를 하고 있을까? 이 것이 권력인가? 이것이 대기실, 시종, 근위병인가? 내가 그렇게 많은 강의를 들은 것은 이것을 위해서였던가? 그것들은 정말 아무것도 아닌데, 하지만 나는 그것이 뭔가 큰 중요한 것인 양 그것을 위해 준비하고 있었던 것이네'.

# 제2권

제1장

# 대담함은 신중함과 모순되지 않는다는 것[1]

아마도 철학자들의 주장이 어떤 사람들에게는 역설적으로 보일 수도 있지만, 그럼에도 '우리는 동시에 신중하고 대담하게 모든 일을 행해야만 한다'는 것이 참인지를 최선을 다해 검토해 보기로 하자. 사실상 신중함은 어떤 의미에서 대담함[2]에 반대되는 것으로 보이며, 또 반대들은 어떤 식으로든 함께 있을 수 없는 것이네. 하지만 많은 사람들에게 우리가 논의하는 이 문제에서 역설적으로 보이게 하는 것은, 다음과 같은 생각을 포함하기 때문이라고 나는 생각하네. 즉 사람들이 동일한 것에 대

1

2

3

---

1  이 강의는 먼저 인간의 행위 속에서 대담함(tharrein)과 신중함(eulabeia)이 서로 모순적으로 보이지만, 양자는 양립할 수 있다는 논의로부터 시작한다. 우리가 '우리에게 달려 있는 것'에 초점을 맞추는 것의 중요성을 인식한다면, 이것은 우리의 의지 안에 있는 것들에 대해 우리를 '신중하게' 만들고, 죽음과 같이 우리의 의지 안에 있지 않은 것들에 대해 우리를 '대담하게' 만들 것이라고 에픽테토스는 주장한다. 이것은 이러한 것들에 대한 관례적인 생각의 방식을 뒤집는 것이고(1~20절), 이어 후반부는 부분적으로 대화 형식을 통해 진정한 자유는 두려움(21~29절; 제4권 제1장 참조)과 같은 그릇된 감정(파토스)으로부터의 자유이며, 철학 연구의 목적은 이 강의가 권장하는 신중함과 대담함을 얻는 것이어야 한다고 말하고 있다.

2  '대담함'(to tharrein)을 표현하는 말들은 tharsos(용기)의 변형들이다. 여기서 이 말은 확신, 자신감으로도 옮길 수 있다.

해 동시에 신중함과 대담함을 활용해야만 한다고 요구한다면, 양립할 수 없는 성질을 결합하려는 것으로 정당하게 비난받을 수 있을 것이네.

4   그런데 실제로 이렇게 말하는 것에 뭔가 이상한 점이 있는가? 종종 말해져 왔고, 또 자주 논증된 것이 건전하다면, 즉 '좋음의 본질은 인상의 사용에 있고, 나쁨의 본질도 그와 마찬가지이지만, 의지의 영역 밖에 있는 것들[3]은 나쁨의 본성이나 좋음의 본성을 받아들이지 않는다'라고 하

5 면, '의지의 영역 밖에 있는 것들에 관련된 것에서는 대담함을 가지고 행동해야만 하지만, 의지의 영역 안에 있는 것들에서는 신중함을 가지고 행동해야만 한다'고 말하는 철학자들의 주장에는 어떤 역설적인 것

6 이 있는가? 나쁨이 의지의 나쁜 발휘에 있다면, 신중함이 발휘되어야 할 필요가 있는 것은 단지 의지의 영역 안에 있는 것들에 관련해서이고, 그리고 의지의 영역 밖에 있으며 또 우리에게 달려 있지 않은 것들은 우리에게 아무것도 아니라고 한다면, 대담함을 발휘할 필요가 있는 것은 바로 그런 것들에 관련해서이기 때문이네. 이렇게 해서 우리는 동시에

7 신중하고 대담하게 될 수 있을 것이며, 제우스에 맹세코, 신중함 때문에 대담하게 될 것이네. 또 참으로 나쁜 것들에 관련해서 신중함을 발휘함으로써, 우리는 그렇지 않은 것들에 관련해서 우리는 대담하게 행동하는 결과를 얻게 될 것이기 때문이네.[4]

8   그럼에도 우리는 사슴과 비슷한 경험을 하는 것이네. 암사슴이 깃털을 두려워하여 그것들로부터 도망칠 때, 그들은 어디로 향하며, 안전을

---

3   원어로는 ta aprohaireta.

4   "신중함은 두려움(phobos)과 반대되며, 이성에 근거한 회피(eulogos ekklisis)이다. 현자는 결코 두려움을 갖지 않고 신중하기 때문이라는 것이다."(DL 제7권 116)

찾기 위해 어디로 후퇴하는가? 그물로,[5] 그리고 이런 식으로, 사슴들은 두려움을 불러일으키는 것들을 대담함을 주는 것들로 헷갈렸기 때문에 최후를 맞이하게 된 것이네.

우리도 이와 마찬가지로, 어디서 두려움을 보이는가? 의지의 영역 9 밖에 있는 것들에 대하여. 이와는 달리, 우리는 무슨 일에 대해서 두려워할 것이 전혀 없는 것처럼 대담하게 행동하는가?의지의 영역 안에 있 10 는 것들에서. 속아 넘어가거나, 경솔하게 행동하거나, 부끄러운 행동을 하거나, 어떤 부끄러운 욕망을 품는 것 등은 의지의 영역 밖에 있는 문제들에 관련해서 우리의 목표를 달성하기만 하면, 우리에게 중요하지 않은 것으로 간주되는 것이네. 오히려 죽음, 추방, 고통, 치욕에 직면했던 바로 그곳에서 우리는 후퇴하려고 하고, 그곳에서 동요하게 되는 것이네. 그래서 가장 중요한 문제에 관해 잘못을 저지르는 사람들에게 기 11 대될 수 있는 바와 같이, 우리는 본래적 대담함을 뻔뻔함, 무모함, 경솔함, 몰염치로 간주하고, 우리의 본래적 신중함과 자존감을 두려움과 혼란으로 가득 찬 비겁함과 비열함으로 간주한다네. 왜냐하면 누군가가 12 신중함을 의지의 영역으로, 다시 말해 의지의 행위의 영역으로 옮기게 되면, 곧장 신중하게 행동하려는 바람과 더불어, 그와 동시에 무언가 회피하고자 원하는 것을 회피하는 자신의 능력 안에 갖게 될 것이기 때문이네. 반면, 우리가 이 신중함을 우리에게 달려 있지 않고, 의지의 영역

---

5 몰이꾼은 밝은 색의 깃털이 달린 줄을 숲속의 공지를 둘러싸고 늘어뜨려서, 사슴이 그 것을 보고 놀라서 피하려다 미리 쳐 놓은 그물에 걸려들게 했다. 베르길리우스, 『농경 시』 제3권 372행; 『아이네이스』 제12권 750~753행("심홍색 깃털에 놀라 뒷걸음치는 수사슴은…") 참조.

밖에 있는 것들로 옮긴다면, 회피하려는 우리의 의지가 다른 사람들에게 달려 있는 것들로 향하게 될 것이므로, 우리는 필연적으로 두려움, 불안정, 동요에 지배를 받을 수밖에 없게 될 것이기 때문이네. 즉 두려운 것은 죽음이나 고통이 아니라, 죽음이나 고통 앞에서 느끼는 두려움인 것이네. 그렇기에 우리는 '죽는 것이 두려운 것이 아니라 불명예스럽게 죽는 것'[6][이 두려운 것]이라고 말한 사람을 찬양하는 것이네.

그러므로 우리의 대담함은 죽음을 향해야 하고, 신중함은 죽음에 대한 두려움으로 향해야 하는 것이네. 그러나 실제로 우리는 그와 정반대의 행동을 취하고 있네. 다시 말해 죽음에 관한 판단을 형성하는 데에서 부주의, 무시, 무관심을 보이면서, 죽음에 직면해서 도피하고 있는 것이네. 하지만 소크라테스는 그러한 두려움을 도깨비들[7]로 적절하게 불렀다네. 즉 아이들의 경험 부족으로 말미암아 그들에게 이 가면들이 끔찍하고 두려운 것으로 보이는 것처럼, 아이들이 도깨비들을 두려워하는 것과 다르지 않은 이유로, 우리 자신도 또한 그와 동일한 방식으로 그 사태들에 대해 같은 감정을 갖는 것이네. 아이는 무엇 때문에 그런가? 무지. 아이는 무엇인가? 지식의 부족. 아이가 어느 정도 지식을 가지고 있는 분야에서 그들도 우리보다 결코 열등하지 않기 때문이네. 죽음이란 무엇인가? 도깨비 가면. 그것을 돌려 보면, 너는 알게 될 것이네. 봐

---

6  저자를 알 수 없는 비극의 한 구절로 추정된다(Nauck, 「단편」 88[*Fragm. Trag. Adesp.*, 88]).

7  플라톤, 『파이돈』 77e("이 아이가 죽음을 마치 도깨비[mormolukeia]인 듯 겁내지 않도록…"); 『크리톤』 46c 참조. 에픽테토스는 mormolukeia(mormolukeion, 희극 마스크, [아이들을 겁주는] 도깨비)를 '무서운 형태의 가면들'(prosōpeia)이라는 특이한 의미로 사용하고 있다.

라, 그것은 묻지 않아! 지금이든 나중이든 너의 보잘것없는 몸은 예전에 그렇게 분리되어 있었던 것처럼 혼의 그 작은 조각[8]으로부터 분리되어야만 하네.[9] 그러면 지금 그 일이 일어난다면, 왜 초조해하는가? 지금 분리되지 않는다면, 나중 언젠가 분리될 것이네. 무슨 이유로? 우주의 순환이 완결될 수 있도록.[10] 즉 그것은 현재 존재하는 것들, 앞으로 있게 될 것들, 그리고 그 과정을 완결했던 것들이 필요하니까 말이네. 그리고 노고란 무엇인가? 도깨비 가면. 그것을 돌려 보면 너는 알게 될 것이네. 너의 가련한 살[11]은 때론 거칠게 움직여지기도 하고, 때론 부드럽게 움직여지기도 하는 것이네. 이것이 너에게 이익이 되지 않는다면 문은 열려 있으며,[12] 약간의 이익이 있으면 그것을 견뎌 내야만 하는 것이네. 모든 경우를 위해 문이 늘 열려 있으므로, 우리가 염려할 것은 없는 것이기 때문이네.

18

19

20

---

8 원어인 pneumation은 문자적으로는 '작은 숨결', '생명의 호흡'인데, 생명의 본질을 이루는 '혼'을 가리키는 말이다.

9 전형적인 스토아적 생각이다.

10 스토아학파의 세계와 신에 대한 전형적인 이론이다. 신은 "특정한 기간이나 시간의 순환에서 모든 실체(ousia)를 자신 안으로 받아들이고, 다시 그것을 자신으로부터 생성하는 것"으로 말해진다(DL 제7권 137~138). 마르쿠스 아우렐리우스, 『자기 자신에게 이르는 것들』 제5권 13 및 32, 제10권 7.2, 제11권 1.2 참조. 간단히 말해서 마르쿠스에 따르면 이것은 "주기적 재생"(제11권 1.2) 이론으로, 즉 모든 것은 일정한 주기로 반복된다는 것이다.

11 가련한 육신의 삶.

12 극단적 상황에서 합리적으로 행동으로 간주되는 '자살'을 말한다(LS 66 G~H 참조). 그 상황이란 사람이 도저히 견딜 수 없거나 명예롭게 참을 수 없는 상황으로, 이 경우를 현명한 사람은 물러나라는 신호를 주시는 신의 음성으로 간주한다.

21     그러면 이 가르침[13]의 열매는 무엇이란 말인가? 진정한 철학 교육을 받은 사람들에게 가장 아름답고 또 가장 적합해야만 하는 바로 그것은,

22     평정심(마음의 평화), 두려움 없음, 자유라고 할 수 있네. 우리는 이 문제에 대해 자유인만이 교육받을 수 있다고 말하는 다중이 아니라, 오히려 교육받은 자만이 자유로울 수 있다고 말하는 철학자들을 믿어야만 하는 것이네.

23     '무슨 말씀이십니까?'

       이것이 내가 말하는 바이네. 오늘날 자유[14]는 우리가 원하는 대로 살 수 있는 능력 이외의 다른 어떤 것인가?

       '그 외 다른 것은 없습니다.'

       그러면 인간들아, 나에게 말해 보라, 너희는 잘못을 저지르며 사는 것을 원하는가?

       '우리는 원하지 않습니다.'

24     잘못을 저지르며 사는 사람은 그 누구도 자유로울 수 없네. 너희는 두려움, 비탄, 동요 속에서 살기를 원하는가?

       '전혀 그렇지 않습니다.'

       그러므로 두려움이나 비탄과 동요 가운데 사는 사람은 누구도 자유로울 수 없지만, 두려움과 비탄에서 풀려난 사람은 누구라도, 그 사람

25     은 그것과 동일한 방식으로 종살이에서도 또한 풀려나는 것이네. 사랑

---

13 원어는 dogma이다. 판단, 원리, 교훈으로 옮길 수 있다.

14 고대 헬라스 철학자들의 시대에 '자유'는 주로 정치적 권리의 행사를 의미했지만, 로마 통치하의 에픽테토스 시대에는 제국 정부의 권위 아래서 자신이 좋아하는 삶을 살 수 있는 특권 이상을 의미하지는 않았다. 그러나 에픽테토스는 정치적 의미와 도덕적 의미에서 '자유'에 대한 이중적 개념을 염두에 두고 있다.

하는 입법자들아, 그러면 우리가 어떻게 너희들을 더 이상 믿을 수 있을 것인가? 너희들은 자유롭게 태어난 자 외에는 아무에게도 교육받는 것을 허용하지 않겠는가? 철학자들은, 우리는 교육받은 자 외에는 자유를 허용하지 않는다, 아니 오히려 신이 그것을 허용하고 있지 않다고 말하네.[15]

'그러면 어떤 사람이 법무관 앞에서 자신의 노예를 돌아서게 했다면, 그는 아무 일도 하지 않았던가요?'[16]   26

그는 정말로 무언가를 했던 것이지.

'뭣을요?'

그는 법무관 앞에서 노예를 돌려세웠지.

'더 이상은 없는 건가요?'

뭔가 더 있지. 그가 또한 노예 값의 20분의 1 이상을 지불해야 했으니까.

'그럼 뭐죠, 그 노예가 이런 절차를 거침으로써 자유로워진 것이 아니었나요?'   27

---

15 '그러나 철학자들은, 우리는 교육받은 사람들에게만 자유를 준다는 것, 즉 신께서 그들에게만 자유를 주신다고 말하네.'

16 로마법에 따른 '노예 방면'(manumission) 의식의 일부이다. 이 의식과 함께 노예 몸값의 '5%'의 세금(vicesima libertatis; '1/20 해방노예세')을 국가에 내는 것은 노예 해방의 법적 절차였다고 한다. 노예 신분에서 해방된 에픽테토스는 종종 이 의식 과정을 '도덕적 자유'와 연관해서 언급하고 있다. 노예를 양도할 경우에 지불한 금액의 5%를 세금으로 내는 것(vicesima hereditatum et legatum; '5% 유산상속세')은 기원전 356년에 확립되었으며(Livius, vii.16), 해방된 노예가 지불하는 것으로 되어 있다. 여기서 에픽테토스는 주인이 내는 세금으로 말하고 있다. 그러나 제3권 제26장에서는 해방된 노예가 지불하는 것으로 말해진다.

28　그는 마음의 평화를 얻은 것 이상으로 자유로워진 것은 아니네. 말해 보게. 다른 사람에게 노예 방면 절차를 밟게 할 수 있는 너는, 네 자신의 주인을 두고 있지 않느냐? 너는 네 주인으로서 돈을, 어린 소녀나 소년을, 참주나 그 참주의 어떤 친구를 두고 있지 않느냐? 그렇지 않다면, 이런 것들을 포함한 어려운 상황에 직면했을 때, 왜 너는 떨리는 것이냐?

29　이렇기 때문에 내가 거듭해서 이렇게 반복해서 말하는 것이네. 이 가르침들을 훈련하고 항상 가까이에 놔두어서,[17] 무엇에 대해 대담하게 마주해야만 하고 또 무엇에 대해 신중하게 접근해야 하는지를 알아야만 하다는 것이네. 다시 말해 의지(프로하이레시스)의 영역 밖에 있는 것들에 관련해서는 대담해야만 하고, 의지의 영역 안에 있는 것들에 관련해서는 신중하게 행해야만 하는 것이네.

30　'하지만 저는 선생님께 텍스트에 대한 제 언급을 읽어 드리지 않았나요? 내가 뭘 했는지 알지 못하시지요?'[18]

31　무엇에 관한 것인가? 작은 문구로? 넌 작은 문구를 지닐 수 있겠지! 아니네, 욕망과 혐오와 관련해서 네가 어떤 태도를 취하고 있는지, 즉 원하는 것을 얻는 데 결코 실패하지 않는지, 또 회피하고자 원하는 것에 결코 빠져들지 않는지를 나에게 보여 주게. 그러나 네가 지성을 가지고 있다면, 너의 우아하게 작성된 문장에 대해선, 넌 그것들을 제거하고 지

---

**17** 아래에 이어지는 대목도 순수한 이론보다 실천, 즉 도덕적 우월성의 중요성을 말하고 있다.

**18** 이것은 자신이 쓴 것을 자랑하는 학생의 말이다. 텍스트의 어떤 구절을 읽고, 정확하게 해석된 학생의 말이 자신을 규정했으며, 그 자신이 쓴 에세이를 에픽테토스에게 소리 내서 읽어 주는 것이 일반적인 강의 방식이었다. 여기서 에픽테토스는 말의 해석이나 장식보다는 실제의 모습을 보여 달라고 말하고 있다.

워야 할 것이네.

'뭐라고요, 소크라테스가 쓰지 않았다고요?'  32

아니, 누가 소크라테스만큼이나 많이 썼는가?[19] 그가 어떻게 그렇게 할 수 있었지? 자신의 판단을 검토하거나(elenchein), 번갈아 가며 자신과 꼬치꼬치 캐물을 수 있는 사람이 항상 곁에 있을 수만은 없었기 때문에, 그는 자신이 직접 캐묻고 또 자신을 검토하곤 했으며, 항상 어떤 하나의 특정한 선개념을 실천적인 방식으로 적용해 보고자 시도했던 것이네. 이것이 철학자가 쓰는 그런 종류의 것이네. 그러나 내가 말했던  33 사소한 구절과 '그가 말했다', '내가 말했다'와 같은 접근 방식에 대해서는, 철학자는 다른 사람들에게, 어리석은 자들이나 복 있는 자들에게, 마음의 평정으로 해서 여유 있는 삶을 사는 자들에게, 혹은 자신들의 어리석음 때문에 논리적인 결론들을 전혀 고려하지 않는 자들에게 맡겨두는 것이네.[20]

그런데 지금 기회가 오면, 가서 너의 글을 보여 주기 위해 큰 소리로  34

---

19 일반적으로 에픽테토스 자신처럼, 소크라테스도 실제로 아무런 글도 쓰지 않았다고 믿기 때문에(DL 제1권 16) 이상한 말일 수 있다. "누가 소크라테스만큼이나 많이 썼는가"란 말에 처음에는 당혹스러움을 느낄 수 있을 것이나, 에픽테토스는 계속해서 '글쓰기'란 소크라테스가 다른 사람들에 대해, 혹은 다른 사람이 없다면 자신에 대해 체계적이고, 논리적인 엘렝코스(elenchus; '소크라테스적 논박'), 즉 꼬치꼬치 캐묻는 문답법이란 특징적인 방법을 사용했음을 의미하는 것으로 설명하고 있다. 플라톤의 『필레보스』에는 '혼은 일종의 책과 닮았다'면서, '혼자 생각함'은 '혼의 말들을 기록하는 것'으로 말하고 있다(39a). 에픽테토스의 소크라테스적 방법인 엘렝코스의 사용에 관해서는 A. A. Long[2002], pp. 73~86, 특히 p. 73 참조.

20 A. A. 롱은 '혹은'의 앞부분은 자신이 기록한 논의의 진행을 이해하는 대화의 작가인 플라톤과 같은 사람을, 뒷부분은 플라톤의 대화편의 형식을 단순히 앵무새처럼 읽는 사람들을 가리키는 것으로 그럴스럽게 추정한다(Ibid., p. 73, n.3).

---

읽으며, '보세요, 내가 얼마나 대화를 잘 구성할 수 있는지'라고 자랑
35  스럽게 떠벌리겠는가? 그렇게 하지 마라, 인간아. 네가 자랑스럽게 떠
벌려야 할 것은, 오히려 그것이 아니라 이것이네. '내가 어떻게 욕구하
는 것을 얻는 데 결코 실패하지 않는지를 보세요. 내가 어떻게 회피하
고 싶은 것에 결코 빠져들지 않는지를 보세요. 내 앞에 죽음을 가져오세
요, 그러면 알게 될 것입니다. 고난을 가져오고, 투옥을 가져오고, 치욕
36  을 가져오고, 단죄를 가져오세요.' 이것이 젊은이가 학교를 떠날 때 내
놓는 적절한 과시이어야 하네. 나머지는 모두 다른 사람에게 맡겨 두라.
이런 것에 관해 네가 말하는 것을 아무도 듣지 못하도록 하고, 또한 그
일에 관련해서 누구로부터도 칭찬을 받지 않도록 하며, 너 자신을 아무
37  것도 아닌 자(mēdeis)요, 아무것도 모르는 자로 생각하도록 하라. 너는
이것만을 알고 있음을 보여 주라. 어떻게 욕구하는 것을 얻는 데 결코
실패하지 않는지를, 또 어떻게 회피하고 싶은 것에 결코 빠져들지 않는
38  지를. 너희가 죽음,²¹ 투옥, 고문, 추방에 어떻게 대처해야 하는지를 공
부하는 동안, 다른 사람들에게는 법정에서 어떻게 변론하는지, 문제들
39  을 어떻게 다루는지, 추론을 어떻게 다루는지를 공부하도록 하라. 이 일
에 너를 불렀고, 또 이 직분에 합당한 자로 너를 판단해 주신 분을 신뢰
하면서, 이 모든 일을 대담하게 행하도록 하게. 이 점에서 일단 네가 정
해진 직분을 떠맡게 되면, 너는 의지의 영역 밖에 놓여 있는 힘들에 맞
설 때 이성적인 지배 중심(헤게모니콘)에 의해 달성될 수 있는 것을 보
여 줄 수 있을 것이네.

---

21  '철학은 죽음의 연습'이라 말했던 소크라테스의 전통이다(플라톤, 『파이돈』 59c~69e;
키케로, 『투스쿨룸 대화』 제1권 30 참조).

이로써 내가 언급한 역설은 더 이상 불가능하거나 역설적으로 보이지 않을 것일세. 즉 우리는 동시에 대담하고 신중해져야만 하며, 의지의 영역 밖에 있는 것들에 관련해서는 대담해져야 하고, 또 의지의 영역 안에 있는 것들에서는 신중해져야 하는 것이네.

# 제2장

# 마음의 평정에 대하여[1]

1  이제 법정에 서려고 하는 네가, 무엇을 지키고 싶어 하고, 무엇을 성취

2  하고 싶어 하는지 생각해 보라. 네가 의지(프로하이레시스)를 보존하
고, 자연 본성과 일치해서 의지를 유지하기를 원한다면, 너는 전적으로
안전하게 될 것이며, 모든 것이 순조롭게 흘러갈 것이고, 아무런 근심

3  거리도 없을 것이기 때문이네. 네가 완전히 자신의 힘[2] 안에 있으며 자
연 본성에서 자유로운 것들을 지키고자 원한다면, 그리고 그것들에 만
족한다면, 걱정해야 할 다른 어떤 것이 너에게 남아 있는가? 누가 그것

---

1  에픽테토스는 근본적으로 중요한 것인 '우리에게 달려 있음'이라는 원리를 확고하게
명심한다면, 피고인으로 법정에 소환되더라도 불안해하지 않을 것이라고 주장한다. 에
픽테토스는 소크라테스의 모습을 그려 주고 있는 두 작가의 저작을 간접적으로 인용
하면서 이야기를 풀어 간다. 언제나 그런 것처럼 에픽테토스는 소크라테스를 모범으로
삼는다. 소크라테스는 B.C. 399년에 젊은이들을 타락시키고 '경건하지 않음'(asebeia)
이라는 이유로 재판을 받았지만, 플라톤과 크세노폰은 그를 감정적으로 '흔들리지 않
고 방해받지 않는' 사람으로 제시하고 있다.

2  원어로는 autexousia(자신의 권위 밑에). 이 말(to autexousion)은 맥락에 따라 '우리에게
달려 있는 것'(to epi hēmin)과 동의어로 쓰인다. autexousia는 자신에 대한 다른 누군가
의 '힘 혹은 권위'(exousia)와 대조되는 말이다. 즉 어떤 것이 다른 사람의 힘 바깥에 놓
여 있으며, 나의 힘(영향력) 안에 놓여 있다는 것을 지시한다.

들에 대해 권위를 갖는가, 누가 그것들을 빼앗을 수 있는가? 네가 자존     4
감 있고 신실한 사람이기를 원한다면, 누가 너를 막을 수 있겠는가? 네
가 어떤 방해도 어떤 강제도 받지 않기를 바란다면, 네가 욕구해야 한다
고 생각하지 않는 것들을 욕구하게 하고, 회피해야 한다고 생각하지 않
는 것들[3]을 회피하도록 누가 너를 강제할 수 있겠는가? 그렇다면 무엇     5
을 하겠다는 것인가? 재판관은 흔히 무서움을 불러일으킨다고 생각되
는 어떤 방식으로 너를 다룰 수 있을 것이네. 그러나 [네가 그것들의 겪
음을 회피하는 식으로 그것들을 받아들이지 않는다면] 그가 어떻게 네
가 두려움을 지닌 채로 그것들을 회피하게 만들 수 있겠는가? 그러므로
욕구와 혐오가 너에게 달려 있는 한, 너는 더 이상 무엇을 걱정해야 하     6
는가? 이것을 너의 들어가는 말, 너의 이야기, 너의 입증, 너의 승리, 너     7
의 나가는 말, 그리고 너의 공적 동의로 삼기로 하자.[4]

이런 이유로 누군가가 소크라테스[5]에게 당신의 재판을 준비해야 한     8
다고 상기시켰을 때, 그는 '내가 평생 동안 이것을 준비해 왔다고 너는
생각하지 않는가?'라고 답했네.——'어떤 준비를요?'——'나에게 달려     9
있는 것을 지켜 왔네.' 그가 말했네.——'무슨 말인지요?'——'개인적인
생활에서든 공적인 생활에서든 나는 결코 불의를 저지른 적이 없네.'

그러나 만일 자네가 또한 외적인 것, 즉 너의 보잘것없는 몸과 적은     10

---

3   즉 '너의 판단과 일치하지 않는 욕구와 혐오를 갖도록 누가 너를 강제할 수 있겠느냐?'.

4   에픽테토스는 도덕적 성취를 법적 연설의 구분에 적합한 전문적 용어들('들어가는
말'[prooimion], '이야기'[diēgēsis], '입증'[pistus], '나가는 말'[epilogos])에 적용하고
있다.

5   이 대목은 느슨하지만 크세노폰의 『변론』 제2~5장에 기초하고 있다.

재산과 자네가 가진 미미한 평판이라도 지키고자 원한다면, 내가 자네에게 말할 수 있는 것은 이런 것이네. 즉시 이 시점부터 가능한 모든 준비를 시작하고, 더 나아가 너의 재판관과 소송 상대방의 성격(phusis)을

11 면밀히 살펴보라. 그의 무릎을 꽉 잡아야만 한다면 무릎을 잡아야 하고, 울어야만 한다면 울어야 하고, 앓는 소리를 내야 한다면 앓는 소리를 내

12 도록 하라. 그러나 너 자신의 것을 외적인 것들에 종속시키자마자, 그때부터 너는 종이 되어야만 하네. 어느 순간에는 기꺼이 노예답게 행동하고 싶어 하고, 다음 순간에는 기꺼이 그렇게 행동하고 싶어 하지 않으려

13 고 너 자신을 이곳저곳으로 끌려다니지 않도록 하라. 하지만 단적으로 또 온 마음을 다해, 다시 말해 자유인이거나 노예이든, 교육받은 자이거나 교육받지 못한 자이든, 진정한 혼이 깃든 싸움닭이거나 혼이 깃들지 않은 싸움닭이든, 죽을 때까지 두들겨 맞는 것을 견딜 수 있는 사람이거나 즉시 포기할 사람이든, 이것들 가운데 이것 또는 저것이 되어야 하는 것이네. 허나 아무쪼록, 수많은 타격을 받고서 결국 굴복하는 짓은 너에

14 게서 멀리 떨어져 있도록 하라![6] 그러나 이러한 일이 부끄러운 일이라면, 좋음과 나쁨의 본성이 있는 곳, 곧 진리도 있는 그곳을 바로 이 순간에 결단하도록 하라.[7] [진리가 있는 곳과 본성이 있는 곳, 거기에 신중함

---

6 즉 그런 것이 너의 운명이 되지 않도록 하라!

7 이 대목에서 에픽테토스는 그의 학생들에게 그들의 도덕적 자기 개선을 시작하고 떠받쳐 주기 위해 그들을 고무하고 도와주는 수단으로서 그들 자신의 이중적 감각인 '신실성'(pistis)과 '수치심'(aidōs)에 호소하고 있다. 에픽테토스는 외적인 것을 삶의 근본적인 가치로 생각함으로써 정신의 본성적 자유를 버리고 자유를 사태의 노예로 만드는 것은 수치스럽고 매우 부끄러운 일임을 지적한다. 어떤 때는 노예의 지위를 받아들이고, 다른 때는 자신의 자유를 회복하는 데 망설여서는 안 된다. 그것 자체가 나약함의 표시이다. 부끄러움에서 벗어나는 유일한 길은 단호하게 자유를 선택하는 것임을 에

이 있다네. 진리가 있는 곳, 거기에 대담함이 있고, 그곳에 자연 본성도 있는 것이네.][8]

소크라테스가 외적인 소유물을 소중히 지키고자 원했다면 법정에 15 나가서 '아뉘토스와 멜레토스가 나를 죽일 수는 있지만, 해를 끼칠 수 는 없다'[9]라고 말했을 것이라고 너는 생각하는가? 그는 이 길이 그가 원 16 하는 그 목적이 아닌 다른 곳으로 데려갔을 것이라는 사실을 알지 못 할 정도로 그렇게 어리석었을까? 그러면 그가 재판관들의 말을 무시하 고, 심지어 그들을 성나게 만든 것은 무엇이란 말인가? 내 친구 헤라클 17 레이토스가 땅뙈기 때문에 로도스에서 별로 중요하지 않은 소송을 제 기한 경우를 생각해 보자. 재판관들에게 자신의 주장이 정당하다는 것 을 입증한 후, 그는 계속해서 마무리 부분에서 이렇게 말했네. '그러나 나는 당신들에게 탄원하지도 않을 것이고, 또 당신들이 어떤 판결을 내 리든 나는 상관하지 않습니다. 재판을 받고 있는 것은 내가 아니라 당 신들이기 때문입니다.' 그런 식으로 말함으로써 그는 자신의 송사를 망 쳐 버렸네. 이 이야기가 무슨 소용이 있었는가? 소크라테스의 경우처럼 18

픽테토스는 지적하고 있다(J. M. Cooper, "The Emotional Life of the Wise", *The Southern Journal of Philosophy*, Vol.43, 2005, pp. 176~218 참조).

8  이 대목은 여기가 적절한 위치인 것으로 보이지 않는다. 이 마지막 세 문장은 그 자체 로 만족스러운 의미를 만들어 내지 못하고 있으며, 여러 학자들에 의해 제안된 수많은 수정 사항 중 어느 것도 설득력이 없어 보인다. '대담함'과 '신중함'을 언급하는 것을 보면, 바로 앞 장의 마지막 부분 어딘가에 속하는 것으로 보이기도 한다(H. Schenkl, J. Schweighäuser). 어쨌든 우연히 다른 곳에 있는 것이 여기에 끼어든 것으로 보인다.

9  아뉘토스와 멜레토스는 소크라테스를 고발한 두 당사자이다(플라톤, 『변명』 30c). 이 구절은 『변명』 30c~d의 요약으로, 제1권 제29장 18절, 제3권 제3장 21절에서도 언급된 다. 『엔케이리디온』 제53장 4 참조.

고의적으로 재판관들을 성나게 할 적절한 기회가 너에게 오지 않는다면, '그리고 나는 아무런 간청도 하지 않겠습니다'라고 덧붙여 말하지 않은 채로 어떤 간청도 하지 않은 것만으로 만족하라. 그런 종류의 마무리 발언을 준비하고 있다면, 왜 법정에 출두하고, 왜 소환에 순순히 응하는가?[10] 너희가 십자가에 못 박히고자 원하면, 기다려라. 십자가(ho stauros)가 너희에게 찾아올 것이네. 그러나 이성이 그 소환에 순순히 따르고 [재판관에게] 설득력 있는 말을 하기 위해 최선을 다해야 한다고 선택한다면, 항상 너 자신의 고유한 좋음을 지키기 위해 최선을 다하되 그것에 따라서 행동해야만 하는 것이네.

이런 원칙에 따라 '조언 좀 해주세요'라고 말하는 것도 우스운 일이네. 내가 무슨 조언을 해줘야 할까? 아니네. 오히려 이렇게 말해야 할 것이네. '무슨 일이 일어나더라도 내 생각이 그 문제에 스스로 적응할 수 있도록 해주십시오.'[11] 앞서의 요청은 글을 모르는 사람이 '편지를 쓸 어떤 이름이 정해지면 무엇을 써야 할지 나에게 알려 주세요'라고 묻는 것과 똑같기 때문이네. 즉 내가 그에게 '디온'(Diōn)을 쓰라고 말했는데, 그다음에 그의 선생님이 와서 그 이름이 아니라 '테온'(Theōn)이라

---

10 정죄를 불러일으킬 정도로 자극적인 방식으로 말하는 것은 노력을 낭비하는 것이다. 그것이 원하는 것이라면 아무것도 하지 않는 것이 목적을 성취하는 것이라는 의미이다.

11 에픽테토스는 곤란에 직면했을 때 조언을 구해서는 안 되며, 우리는 모든 경우에 마땅히 해야만 하는 대로 행위할 수 있도록 준비되어 있어야 한다는 삶의 원칙을 강조하고 있다. 아래의 예에서 나오듯이, 글을 쓸 줄 아는 사람이 그에게 제안된 어떤 이름이라도 쓸 수 있는 것처럼. 삼단논법이 잘 구성되었는지를 올바르게 판단하는 기술을 아는 것처럼, 무지를 깨닫고 또 능숙한 경험을 통해 삶의 실천의 영역에서도 좋고 또 나쁨에 대해 언제나 올바르게 판단하는 법을 알고 있어야 한다.

고 정했다고 하면, 무슨 일이 일어날까? 그는 무엇을 쓰게 될까? 그러나 24
자네가 글을 어떻게 쓰는지를 공부했다면, 너에게 불러 주는 모든 것에
대해 쓸 준비가 되어 있을 것이네. 그런 연습이 되어 있지 않다면, 지금
내가 너에게 어떤 조언을 해주어야만 할까? 그 상황들이 다른 어떤 것
을 말해 주는 사태라면, 너는 무엇을 말할 것인가, 너는 무엇을 할 것인
가? 그렇기에 이 일반 원리를 명심해 두라. 그러면 너는 조언이 필요치 25
않게 될 것이네. 그러나 외적인 것들에 대해 계속 멍하니 입을 벌린 채
있으면, 너는 필연적으로 주인의 의지에 따라서 아래위로 던져지게 될
것이 확실하네.[12] 그리고 자네의 주인은 누구인가? 자네가 열심을 기울 26
여 얻고자 하거나 회피하고자 하는 모든 것에 대해 권위를 가지고 계신
그분.[13]

---

12  즉 주인의 의지에 따라 이러저러한 식으로 시험을 받게 될 것이다.

13  『엥케이리디온』 제14장("사람이 원하거나 원하지 않는 것에 대해서 그것을 확보하거
나 또는 빼앗을 수 있는 힘[권위, exousia]을 가진 자는 그 사람의 주인[kurios]이다. 그
러므로 자유롭게 되고자 원하는 사람은 누구든지 다른 사람에게 달려 있는 것을 원하
거나 회피하지 않는 것이 좋다. 그렇게 하지 않는다면 반드시 노예의 신세를 면하지 못
한 것이다.") 참조.

제3장

# 철학자들을 추천하는 사람들에 대해서[1]

1    디오게네스[2]는 자신에게 추천서를 요청한 사람에게 훌륭한 대답을 해 주었네. 그가 말하길, '당신이 인간이라는 것을, 그가 당신을 보자마자 알게 될 것입니다. 그러나 당신이 좋은 사람인지 나쁜 사람인지는, 그가 좋음과 나쁨을 구별하는 경험을 배웠다면 알 수 있을 겁니다. 그가 그 경험을 배우지 못했다면, 내가 그에게 수천 통의 편지를 써도 그는 그

2    사실을 찾아내지 못할 것입니다.'[3] 그것은 마치 드라크마 은 동전을 조

---

1  사람들이 좋은 삶을 사는지, 아니면 나쁜 삶을 사는지 평가하는 문제에 관련해서 그것을 구별하는 능력이 부족하다는 점을 에픽테토스는 지적한다. 그는 좋은 삶을 사는지, 나쁜 삶을 사는지를 평가하는 것은 동전(헬라스 은화인 드라크마, 2~3절)의 유효성이나 논리적 논증(삼단논법, 4~5절)의 타당성을 검사하는 것보다 훨씬 어렵다고 주장한다. 인생을 알고, 이해한다는 것은 그만큼 어렵기 때문에.

2  디오게네스가 언급되는 제1권 제24장 6절 참조. 흑해 연안의 시노페 출신인 퀴니코스 학파(견유학파)의 디오게네스(B.C. 412? 404?~B.C. 323?)는 이 책에서 소크라테스와 같이 귀감이 되는 좋은 예로서 언급되고 있다(제3권 제22장). 알렉산드로스 대왕(B.C. 323), 디오게네스, 아리스토텔레스(B.C. 322)는 한두 해 차이를 두고 세상을 떠났다. 이 시점을 기점으로 해서 헬라스 철학과 헬레니즘 철학의 시작과 연속성이 이루어진다.

3  좋은 사람과 나쁜 사람을 구별하는 원칙을 알고 있지 못하면, 그는 결코 그것을 알아내지 못할 테고, 결과적으로는 아무런 소용이 없는 일이 될 테니까.

사받으려고 누군가에게 추천하도록 요청하는 것과 같은 것이네. 해당하는 그 사람이 은을 분석하는 사람이라면, 너는 너 자신을 추천할 것이네. 그렇기에 우리가 은화에 대해 갖는 그런 종류의 어떤 것이 우리 인생에 대해서도 필요한데, 이는 은화의 분석자가 '당신이 원하는 어떤 드라크마든지 가져오면, 나는 그것을 감정해 낼 것입니다'라고 말하는 것처럼, 우리도 그렇게 말할 수 있도록 하기 위해서이네. 이제 추론의 경우라고 한다면, 나는 이렇게 말할 것이네. '당신이 원하는 어떤 것이든지 가져오면, 분석된 것과 분석되지 않은 것을 구별해 내겠네.'[4] 어떻게? 나는 추론을 어떻게 분석하는지를 알고 있으니까. 나는 추론이 올바르게 구성되었는지를 평가하는 사람이라면 반드시 요구되는 기술을 가지고 있으니까. 하지만 인생과 관련된 것이라면, 나는 무엇을 해야만

3

4

5

---

4  ton analuikon은 드물게 사용된다. 혹자는 텍스트를 수정하기도 한다(analuton[H. Schenkl], anapodeiktikon[Richards]). 어쨌든, 이 말의 정확한 의미가 무엇인지는 단지 추정일 수밖에 없다. 이 말을 '추론'을 가리키는 것으로 볼 것인지(H. Wolf), '추론을 분석할 수 있는 사람'으로 받아들일 것인지(J. Upton; J. Schweighäuser)에 대한 논란이 있을 수 있다(W. A. Oldfather[1926], pp. 226~227). 3절에서 '분석자'가 나오는 것을 염두에 두면, '추론을 분석할 수 있는 사람'으로 해석하는 것도 가능하겠다. 나는 전자로 이해하고 옮겼다. 그래서 ton analuikon을 '삼단논법(추론)을 제대로 구성한 것'이란 의미로 새겼다. 반스는 이 문제에 관련해서 두 가지 방향으로 해석을 시도하고자 한다. (1) '나는 비분석적 추론으로부터 분석적 추론을 말할 수 있다——결국, 나는 삼단논법을 분석할 수 있다. 그래서 내가 좋은 논리학 학생들을 나쁜 논리학 학생들로부터 구별하고자 한다면 그에 필요한 능력을 나는 가지고 있다.' (2) '나는 비분석적인 것으로부터 분석적인 것(ton analutikon te kai mē)을 구별할 것이다'라고 말하는 것은, '나는 추론을 분석할 수 없는 사람으로부터 추론을 분석할 수 있는 사람을 구별할 것이다'를 의미한다. (2)는 '동전을 가져오라'를 '어떤 사람이라도 데려오라'로 해석하는 셈이다. 반스는 해석 (2)로 기울어진다고 하면서도, 에픽테토스의 해석에 별로 도움이 안 된다고 말하고 있다.(J. Barnes, "Roman Aristotle", eds. J. Barnes and M. Griffin, *Philosophia Togata II: Plato and Aristotle at Rome*, Oxford 1997, pp. 83~85)

할까? 어떤 경우에는 어떤 것을 두고 나는 좋은 것이라 부르고, 다른 경우에는 같은 것을 두고 나쁜 것이라고 부르기도 한다네. 어떤 이유에서 그럴까? 내가 추론의 경우에 그랬던 것과 반대되는 것, 즉 무지와 무경험이네.

제4장

# 간통죄로 잡힌 적이 있는 사람에 대해서[1]

에픽테토스가 인간은 성실을 위해 태어났고, 그것을 뒤집는 사람은 인                        1
간의 고유한 특성을 뒤집어 놓는 것이라고 말하고 있을 때, 학자로서 평
판을 받던 어떤 사람이 들어왔는데, 그는 한때 도시에서 간통하다 현장
에서 붙잡힌 적이 있던 사람이었다. 에픽테토스는 계속해서 말했다. 그                        2
러나 우리가 타고난 이 성실함을 제쳐 두고 이웃의 아내를 유혹하기 시
작한다면, 우리는 도대체 무엇을 행하고 있는 것인가? 확실히 파멸시
키고 파괴하는 것 외에 달리 어떤 것이 있겠는가? 무엇을 말하는가? 성
실함, 신중함, 경건함이다. 이것들뿐인가? 이웃 사이의 좋은 감정을 파                        3
괴하는 것이 아닌가? 우정과 국가를 망치는 것이 아닌가? 그리고 우리

---

1  스토아학파의 정치 사회 이론에는 급진적 또는 냉소적 요소와 전통적인 요소가 결부
   되어 있는데, 바로 이 양쪽 입장이 이 강의에 나오고 있다(LS 67; A. A. Long[2002], pp.
   57~64, 233~244 참조). 그러나 여기에서 이미 간통자로 알려진 대화 상대자(1절)는 자
   신의 행동을 변명하기 위해 기회주의적으로 더 급진적인 스토아 사상을 인용하지만
   (8~9절), 그의 변명은 에픽테토스에 의해 강력하게 거부되고 있다. 에픽테토스는 '여성
   공유' 문제에 대해 도덕적 입장에서 제한적 태도를 취하고 있다. 에픽테토스는 철학 공
   부를 단지 '말로만'(논리학 공부) 하고, 행동으로(윤리학) 하지 않는 자들을 비난하고
   있다.

는 우리 자신을 어떤 위치에 놓고 있는가? 내가 너를 어떻게 대해야 하는가, 인간아? 이웃으로, 친구로? 또 어떤 종류의 사람으로? 같은 시민으로서? 내가 어떻게 너에게 신뢰를 둘 수 있는가? 만일 네가 금이 가서 아무짝에도 쓸모없는 낡아 빠진 냄비라면, 너는 똥더미 위에 버려질 것이고, 아무도 거기서 너를 주워 올리지 않을 것이네. 하지만 인간이지만, 어떤 인간의 자리(기능)를 채울 수 없다면, 우리는 너를 어떻게 해야 할까? 자, 그러면 네가 친구의 자리(기능)를 차지할 수 없다고 한다면, 노예의 자리는 차지할 수 있겠는가? 그리고 누가 너를 신뢰하겠는가? 그래서 너는 너 자신을 쓸모없는 냄비처럼, 똥덩어리처럼, 어딘가에 있는 똥더미 위에 기꺼이 내던져질 생각을 하고 있는 것이 아니냐? 그러면 너는 이렇게 외칠 것이다. '아무도 나를 돌아보지 않는구나. 학자인 인간인데도.' 당연히 너는 나쁜 성격을 지닌 자이고, 쓸모가 없는 자니까. 그것은 마치 말벌들이 자신들을 돌봐 주는 자가 아무도 없어서, 오히려 모두 쏜살같이 도망가거나, 누군가가 할 수 있다면 쳐 죽이는 놈이 있다고 화를 내는 것과 같은 것이네. 너에게는 때리는 사람들에게 근심과 괴로움을 가져다주는 그런 종류의 침을 가지고 있다네. 너를 놓아 둘 곳은 어디에도 없다네.

'그럼 어떻습니까? 여자는 본성(자연)적으로 공유 재산[2]이 아닌가요?'

---

2  부인의 공유는 스토아 철학의 창시자인 제논의 『국가』에 나오는 생각이다(DL 제7권 33, 131 참조). "『국가』[…]에서 부인을 공유해야 한다고 주장했으며"(DL 제7권 33), "한편 제논이 『국가』에서, 크뤼시포스가 『국가에 대하여』에서 말하는 바에 따르면, 그들은 여자들이 현자들 사이에서는 공유되어야 하기에 어느 남자라도 아무 여자나 상대하게 된다고 주장한다. 물론 이것은 견유학파인 디오게네스와 플라톤도 하는 주장이다. 또한 우리는 모든 아이들을 똑같이 아버지의 태도로 사랑할 것이며 간통에 대한 견

물론, 동의하겠네. 작은 돼지는 연회에 초대받은 사람들의 공유 재산이니까. 그러나 그 몫이 분배된 다음에, 마음이 내키는 대로, 가서 네 옆에 앉은 사람의 몫을 움켜잡고, 그것을 몰래 훔치거나, 혹은 그 위에 손을 뻗어서 네 탐욕을 채워 보라. 그리고 한 조각의 고기를 떼어 낼 수 없다면, 네 손가락에 고기 기름을 묻혀 손가락을 핥아 보라. 그러면 네가 만들 수 있는 훌륭한 식탁 동반자, 소크라테스에게 어울리는 연회 손님인 셈이다![3]

'자, 극장은 모든 시민의 공유 재산이 아닙니까?'[4]  9

그래서 모두가 앉았을 때 따라와, 또 네 마음이 내키는 대로, 누군가를 그의 자리에서 쫓아내 보라. 여성도 본성상 공유 재산이라는 것도 그런 의미인 것이네. 그러면 입법가가 연회에서의 주인과 같이 그들을 분배한다고 해서, 너는 네 몫을 찾으려고 하지 않고 남의 몫을 빼앗고 안주를 먹겠느냐?  10

---

제 심리는 제거될 것이다. 한편 최선의 정치체제는 민주정, 왕정, 귀족정의 혼합정 형태라고 한다."(DL 131) 이 여성 공유에 대한 생각의 뿌리에 관해서는 플라톤, 『국가』 457d~464b 참조. 디오게네스 역시 "처는 공유해야 한다고 말하고, 결혼이라는 말도 사용하지 말고, 설득을 한 남자가 설득을 당한 여자와 함께하면 좋은 것이라고 말하고 있다. 그리고 그런 이유로 아이도 공유해야 한다고 말했다"고 한다(DL 제6권 32). 이에 대한 에픽테토스의 입장은 아래에서 보듯이 급진적이 아니라 제한적이다.

3  플라톤과 크세노폰은 자신들의 작품인 『향연』에서 소크라테스를 '심포시온'(만찬)에 초대된 '훌륭한 만찬 손님'으로 묘사하고 있다. 그러나 에픽테토스는 도덕적 모범으로 소크라테스를 끌어들이는 것이 아니라, 그 반대의 입장에서 '냉소적'으로 대화 상대방의 행동을 비방하고 있다.

4  모든 사람이 공유하는 극장으로서의 국가 개념(그러나 여전히 사유 재산의 유효성과 양립 가능 기능)에 대해서는 LS 67T(7) 참조.

'하지만 저는 학자이고 아르케데모스[5]를 알고 있습니다.'[6]

11    그렇다면 아르케데모스를 아는 간통자이면 되네. 불의한 사람이요,
인간이 아니라 늑대요, 원숭이면 되는 것이네. 무슨 방해가 있겠는가?

---

5  아르케데모스(Archedēmos)는 타르소스 출신의 스토아 철학자이거나(Plutarchos,
   *de Exil.* 14), 아리스토텔레스의 『수사학』의 일부를 주석한 수사학자일 수 있으나
   (Quintilianus, III 6.31 및 33), 어떤 경우이든 잘 알려진 인물은 아니다. 이 둘이 다른 사
   람인지도 확실하지 않다.

6  '아르케데모스를 안다'라는 말로 자신의 간통 행위를 변명하는 자는 철학 선생인 논리
   학자일 것이다. 에픽테토스가 염두에 두는 스토아 논리학자이다. 학생들은 단지 선생
   이 '말하는 것'만을 모방한다. 철학을 공부하는 학생들도 역시 말하는 것만 배우지, 행
   동하는 것을 배우지 않는다는 것이다. 따라서 그들은 '학교에서는 사자들이고, 밖에서
   는 여우들'인 셈이다.(제4권 제5장 37절)

제5장

# 관대함¹과 조심성은 어떻게 양립할 수 있는가?²

질료적인 것들(사물들 자체)은 선악과 아무런 관련이 없는 것이지만,³     1

1    megalophrosunē는 문자적으로 '큰 마음', '큰 혼', '혼의 크기'를 의미한다.

2    여기서 에픽테토스는 스토아 윤리학의 중심 주제를 논의한다. 인간의 삶에서 궁극적으로 중요한 것은 건강과 재산과 같은 것들을 얻는 것이 아니라, 덕 있는 행동과 양립할 수 있는 방식으로 그렇게 행하는 것이다. 건강과 재산은 스토아학파의 전문용어로 adiaphora('아무런 차이가 없는 것들')이다. 여기서 덕 있는 삶을 살아가려는 계획은, 설령 우리가 그 놀이의 결과를 결정할 수 없다고 할지라도 주사위 놀이를 잘하는 것과 비유되고 있다(2절 아래). '외적인 것들'이 아니라, 의지(프로하이레시스)만이 나에게 달려 있다. 나의 좋음과 나쁨은 나의 의지에 달려 있다. 다른 사람에 관련해서는 그런 말들을 사용할 수 없다. 우리 자신을 '한 인간'으로서, 어떤 전체의 한 부분으로서 여긴다면, 그 전체를 위해서는 병에 걸리고, 위험에 노출되고, 가난에 시달리고, 때가 되기도 전에 죽는 것조차 우리를 위해 적절할 수 있다. 우리가 질병보다 건강을 선호하는 것은 자연스러운 일이지만, 자연에서 인간의 위치에 대한 폭넓은 이해는 질병과 죽음도 완전한 인간의 삶을 사는 데 필수적인 부분이라는 것을 받아들이도록 우리를 이끌어가야만 하는 것이다(LS 58, 64 참조).

3    우리가 다루는 질료들(물질들, hulai) 혹은 사물들(pragmata)에는 좋음과 나쁨이 없으므로, 에픽테토스는 그것들을 '아무런 관련이 없는 것', '아무런 차이가 없는 것'(adiaphos)으로 부른다. 그러나 사물이나 질료적인 것의 사용은 우리와 아무런 관련이 없는 것일 수 없다. 따라서 그것들은 자연에 일치해서 혹은 어긋나게, 잘 혹은 나쁘게 사용될 수 있다.

2 그것들에 대한 우리의 사용은 결코 아무런 관련이 없는 것이 아니네. 그러면 어떻게 우리는 마음의 굳건함(견고함)[4]과 평정심을 유지하면서, 동시에 부주의와 지각없는 행동에서 멀어질 수 있는 조심성[5]을 유지할 수 있겠는가? 주사위 놀이를 하는 사람들을 모방할 수 있다면 충분하

3 네. 계수기(計數器)[6]는 선악과 아무런 관련이 없으며, 주사위도 선악과 아무런 관련이 없는 것이네. 무엇(어떤 수)이 떨어질지 내가 어떻게 알 수 있겠는가? 그러나 떨어지는 것을 조심스럽고 능숙하게 사용하는 것,

4 그것은 이제 내 임무인 것이네. 그러므로 그와 마찬가지로, 인생에서 나의 주요 임무는 이런 것이다. 즉 사물들을 구별하고, 사물들 간의 분리를 확립해서, '외적인 것들은 나에게 달려 있는 것이 아니다. 의지(프로하이레시스)는 나에게 달려 있다. 나는 어디에서 좋음과 나쁨을 추구하

5 는가? 나 자신 안에, 내 것 안에'라고 말하는 것이네. 그러나 다른 사람에 속하는 것에 관련해서는 좋음과 나쁨, 유익과 해로움이란 말과 그와 같은 다른 어떤 말들을 결코 사용하지 말게나.

6 '그럼 뭔가요, 우리가 이 외적인 것들을 부주의하게 사용하고 있다는 것인가요?'

전혀 그렇지 않네. 그것은 다시 우리의 의지에서 나쁘고, 따라서 자

7 연에 어긋나는 것이기 때문이네. 오히려 그것들의 사용은 선악과 아무런 관련이 없는 문제가 아니기 때문에 주의해서 사용되어야만 하고, 이와 동시에 그 사용된 질료는 아무런 관련이 없는 것이기 때문에 마음의

---

4 원어로는 to eustathes.

5 원어로는 epimeleia(돌봄).

6 득점을 계산하기 위한 조약돌.

굳건함과 마음의 평정심을 지니고 있어야만 하는 것이네. 무언가 나에 게 참으로 중요한 것이 있는 곳에서는, 그 누구도 방해하거나 강제할 수 없기 때문이네. 내가 방해를 받거나 강제받을 수 있는 곳에서는, 그런 것들의 획득은 나에게 달려 있는 것이 아니며, 그런 것들은 좋은 것도 나쁜 것도 아니네. 그렇지만 그것들에 대한 내 사용은 좋은 것이거나 나 쁜 것이며, 그것은 나에게 달려 있는 것이네. ⁸

이 두 가지 마음 상태, 즉 질료적인 것들에 의해 끌림을 느끼는 사람 의 조심성과 그것들에 무관심하다고 느끼는 사람의 평정심을 하나로 묶고 결합하는 것은 확실히 어려운 일이네. 그러나 언제나 불가능한 것 만은 아니네. 그렇지 않으면 우리가 행복하게 되는 것이 불가능할 수 있 을 테니까. 오히려 그것은 우리가 항해를 떠나야 했던 것과 같은 것이 네. 나에게 무슨 능력이 있는가? 키잡이, 선원, 날짜, 시기를 선택하는 것. 그 후에 폭풍이 우리에게 몰아쳤네. 그런데 왜 그것이 나에게 관심 이 되어야 하지? 내 역할은 완결되었는데. 그것은 이제 다른 누군가의 과제, 키잡이의 과제이네. ⁹ ¹⁰ ¹¹

그러나 바야흐로 배가 가라앉기 시작하네. 그러면 내가 뭘 할 수 있 는데? 내가 할 수 있는 것은 단지 이것뿐이네. 즉 태어난 것은 또한 반드 시 죽어야만 한다는 것을 잘 아는 사람처럼, 두려움 없이, 부르짖지도 않고, 신을 원망하지도 않은 채로 물에 빠져 죽는 것이네. 난 영원하지 는 않지만, 한 인간이요, 한 시간이 그날의 부분인 것처럼 우주(전체)의 한 부분에 지나지 않는다네. 한 시간처럼 나는 출현하고, 한 시간처럼 사라져 버린다네. 그러면 물에 빠져서이든 열병으로든, 어떻게든 내가 사라져 가는 것이 나에게 무슨 차이를 가져오겠는가? 이런저런 방식으 로든, 나는 사라져 가야만 하는데, ¹² ¹³ ¹⁴

15   　　공을 다루는 경험 많은 선수들도 이런 식으로 행동하는 것을 볼 수 있을 것이네. 그들 중 누구도 공[7]이 좋은지 나쁜지에 관심을 두지 않고,
16   오로지 어떻게 던지고 잡는지에 관심을 두고 있네. 이에 따라 이것에서 선수의 민첩성, 기술, 빠르기 및 좋은 판단력이 입증되는 것이네. 그래서 내 쪽에서는 공을 잡기 위해 외투를 펼쳐도 내가 공을 잡지 못하는
17   곳에서, 숙련된 선수는 내가 던질 때마다 공을 잡을 수 있을 것이네. 그러나 우리가 공을 잡거나 던질 때 불안하거나 긴장하게 되면, 놀이는 어떻게 되며, 어떻게 선수가 안정된 자세를 유지할 수 있을까? 어떻게 그는 놀이에서 다음에 오는 것을 주시할 수 있을까? 오히려 한 선수는 '던져!', 다른 선수는 '던지지 마!', 또 다른 선수는 '너무 높이 던지지 마!'[8] 라고 말할 것이네.[9] 사실상 그것은 싸움이지 놀이가 아니라네.
18   　　바로 그런 의미에서 소크라테스[10]는 어떻게 공을 다루어야 하는지를

---

7  헬라스와 로마에서 한 사람은 공(hapaston; hapazō[잡는다, 움켜쥐다], hapastos[…로 가져가다])을 던지고 다른 사람은 받는 놀이를 말한다. 크뤼시포스는 이 공놀이의 비유를 주고받는 대화에서 사용하고 있다. "나는 스토아학파 크뤼시포스에 의해 제시된 공놀이의 예를 사용하고 싶네."(세네카, 『베풂에 대하여』 제2권 17.3)

8  A. A. 롱은 '네 차례야'라고 옮긴다(2002, p. 202).

9  공놀이는 파트너와 팀원 사이에서 공을 앞뒤로 던지는 것으로 구성된다. 이 시합의 기원과 놀이하는 방법을 밝혀 주며, 놀이하는 데 꽤 많은 노력과 힘이 든다는 점을 지적하는 아테나이오스를 참조(Athenaeus, 『현자의 식탁』 제1권 14f~15b). 거기에는 경기에서 사용되는, 선수들 간에 약속된 몇 가지 흥미로운 신호, 예를 들면 '밖으로 벗어났어! 길게! 짧게! 그 사람 위로! 그 사람 아래로! 아래로! 위로! 충분치 않아!' 등이 나온다 (15a).

10  이어지는 대목은 소크라테스를 '볼놀이의 전문가'로 등장시켜, '인생의 게임'에서 벌어지는 극단적 상황에 대처하는 소크라테스의 모습을 그려 내고 있다. 소크라테스가 신에 대해 '경건하지 못함'을 이유로 법정에 자신을 고발한 당사자 중 한 명인 아뉘토스에게 도전하는 플라톤의 『변명』 27a~e의 구절을 자유롭게 바꿔 쓴 것이다. 이는 법정에서

잘 알고 있었네. '무슨 말이신지요?' 법정에서 재판을 받을 때, 그는 어떻게 놀이해야 하는지를 알고 있었다는 것이지. 그는 말했네. '아뉘토스여, 말해 보세요. 내가 신을 믿지 않는다고 어떻게 당신이 주장할 수 있습니까? 다이몬[11](신령)들이 무엇이라고 생각하는지요? 그들은 신들의 후손이 아니던가요, 아니면, 인간과 신 사이에서 태어난 튀기 종족이 아니던가요?' 그리고 아뉘토스가 동의했을 때, 소크라테스는 계속해서, '그러면 당신은 노새[12]는 존재하는 것이 가능하지만, 나귀는 그렇지 않다고 생각합니까?'[13]라고 물었다. 이렇게 말하는 데서, 그는 마치 공놀이를 하는 선수와 같은 것이었네. 그리고 거기 법정에서 그때, 그는

<sup>19</sup>

보여 준 소크라테스의 용기가, 극한 상황에서도 인생이라는 '시합'을 어떻게 경기하는지를 소크라테스가 알고 있음을 보여 주기 위해 취한 것이다.

11 원래 daimōn(신령)이란 말은 어떤 '영적 능력'에 대해 사용되던 용어였다. 일반적으로는 반신반인(demigod, 영웅)에, 인간과 신성의 중간자를 가리킨다. eudaimōn이 행복을 의미하고, kakodaimōn이 불행을 의미하는 것처럼. 종종 다이몬은 한 인간의 '운명'과 '운'을 의미한다. 초기 헬라스어에서는 종종 가장 위대한 신들을 지칭했지만, 이 말은 고전기와 헬레니즘 시대에는 일반적으로 낮은 등급의 영적 본질로 제한되었다. 그래서 '각 인간의 다이몬'은 각 사람이 나눠 가진 '신적 이성'의 몫을 가리킨다.

12 노새(hēmionos)는 문자적으로 반(hēmi)+나귀(onos)로 만들어진 말이다. 앞 문장에서 언급된 다이몬(신령)이 신과 인간의 '튀기'라면 신령 역시 '반신'(hēmitheos)일 것이다. 여기서 '다이몬'과 '신령'은 유비적으로 사용되었다.

13 에픽테토스의 기억에 의존해서 소크라테스의 『변명』(27e)을 풀어 쓰고 있지만, 여기와 달리 『변명』의 그 대목에서는 소크라테스는 아뉘토스가 아니라, 멜레토스에게 질문을 던지고 있다. 소크라테스는 신들의 존재를 부정한다는 혐의와 동시에 새로운 다이몬을 도입하고 있다는 혐의를 받고 있다. 그러나 다이몬이 단지 신들의 자손이라면 두 가지 혐의가 제정신인 사람에게 해당한다는 것은 불가능하다. 다이몬이 신들의 자손이라면 다이몬은 믿는 이상 신들도 믿게 된다고 주장하는 것이다.

어떤 공과 놀이하는 중이었을까? 생명,[14] 투옥, 추방, 독약 마심, 아내와
의 이별, 그리고 그의 아이들을 고아로 남겨 두는 것. 이것들이 그가 놀
이하던 것들에 포함된 것이었지만, 그럼에도 그는 솜씨 좋게 놀이를 했
고 또 공을 다루었던 것이네. 그래서 우리 역시도 공을 다루는 선수의
숙련된 기술을 보여 주어야만 하지만, 단지 공에 불과한 것과 같이 [놀
이하는] 그 대상에 대해선 선수의 무관심을 보이는 방식으로 행동해야
만 하는 것이네. 우리는 어떤 외적 물질들에 관련해서 자신의 기술을 보
여 주기 위해 최선을 다해야 하지만, 물질 자체에 집착하게 않은 채로,
그것이 무엇이든 간에 그것에 대해 우리의 기술을 보여 주기만 하면 되
니까 말이네. 이와 마찬가지로 직물을 짜는 사람은 양털을 생산하지 않
지만, 그가 받을 수 있는 양털이 무엇이든지 그것에 대해 자신의 기술을
사용해야 하는 것이네. 다른 이[15]가 너에게 양식과 소유물을 주되, 너의
보잘것없는 몸 자체와 함께 그것들을 마찬가지로 다시 빼앗아 갈 수도
있는 것이네. 그러니 너의 입장에서는 물질을 받아들이고, 그것으로 일
을 해나가야 하는 것이네. 그러고 나서 아무런 해를 입지 않고 떠나간다
면, 너를 만나는 모든 사람들은 너의 탈출을 너에게 축하할 것이네. 그
러나 이러한 문제들을 어떻게 통찰해야 하는지를 아는 사람은, 네가 여
기서 반듯하게 행동한 것을 보면 너를 칭찬하고 너와 함께 기뻐할 것이
지만, 네가 어떤 명예롭지 못한 행동으로 인해 도피한 것을 알게 된다면
그 반대를 행할 것이네. 그 기쁨이 합당한 것이라면, 그의 이웃들도 또

---

**14** 수이에(J. Souilhé)의 텍스트(to zēn)를 따른다.

**15** 신을 말한다.

한 그와 같이 기뻐할 수 있을 테니까.[16]

그렇다면 외적인 것들 중 어떤 것들은 자연에 따르고, 다른 것들은 24
자연에 어긋난다고 말하는 것은 어떤 의미일까? 이것은 마치 우리 자신
을 나머지 것들에서 떨어진 존재로 받아들이는 것과 마찬가지일세. 그
래서 나는 발[17]에 대해 이렇게 말할 것이네. 따로 떼어 내 받아들일 때,

---

**16** 자살에 대한 에픽테토스의 입장에 대해서는 제1권 제2장 1~11절, 제1권 제24장 20절,
제1권 제25장 18절, 제2권 제1장 19절, 제2권 제15장 4~12절, 제3권 제8장 6절("신은
너를 위해 문을 열어 놓았다."), 제3권 제13장 14절 등 여러 대목 참조. 에픽테토스는 세
네카와 달리 자살을 '스토아적 자유의 최고의 검토', '자유를 위한 궁극적 정당화', '유
일한 참된 자유 행위'로 간주하지 않는다. 에픽테토스가 '합당한 이유 없이 굶어 죽기로
결심한 어떤 친구'를 말리는 데 노력하여 성공한 이야기를 하는 제2권 제15장 4~12절
참조. "'죽음을 위한 연습': 이것을 말하는 사람은 우리에게 우리의 자유를 연습하라
고 말하고 있네. 죽음을 배운 사람은 노예 본성을 배우지 않았던 사람이네. 죽음은 모
든 권력 위에 있으며, 확실히 모든 것 너머에 있기 때문이네. […] 그 문은 언제나 자유
이네."(세네카, 『도덕서한』 26.10). "네가 둘러보는 곳마다, 네 고통의 끝이 있네. 저 절
벽이 보이는가. 내려가는 길은 자유로의 길이네. 저 바다, 저 강, 저 우물이 보이는가. 자
유는 그 깊숙한 곳, 거기에 있네. 뭉툭하고, 오그라들고, 메마른 저 나무가 보이는가. 자
유가 거기에 매달려 있네. 너 자신의 목, 목구멍, 심장이 보이는가? 그것들은 노예로부
터의 탈출구이네. 네가 보여 주는 출구가 너무 힘든 것인가? 그것들이 너무 많은 정신
의 힘을 요구하는가? 너는 자유에 이르는 길이 무엇인지 묻고 있느냐? 네 몸의 모든 혈
관."(세네카, 『분노에 대하여』 3.15.4) 스토아 철학자들의 '자살' 논의를 종합적으로 정
리하고 있는 J. M. Rist, *Stoic Philosophy*, Cambridge, 1969, pp. 233~255('suicide'); M.
T. Griffin, "Philosophy, Cato, and Roman Suicide I & II", *Greece and Rome* 33, 1986, pp.
64~77, pp. 192~202; 칸트는 어떤 사람에게 동일한 상황에서 행하는 것이 옳지 않다면,
그것은 옳은 일일 수 없다고 주장한다. 칸트의 주장은 대단히 스토아적이다. 그러나 스
토아 철학에서의 '개인'에 대한 이해는 칸트의 주장과 다르다. 스토아의 자살의 입장에
대한 칸트의 비판에 관해서는 김재홍, 「생명: 메멘토 모리, 죽음의 미학」, 한국철학사상
연구회 · 정암학당, 『아주 오래된 질문들: 고전철학의 새로운 발견』, 동녘, 2017 참조.

**17** 이 이미지는 크뤼시포스에게까지 거슬러 올라간다. 이에 대해서는 제2권 제6장 10절
및 제2권 제10장 1절 참고.

발이 깨끗한 것은 자연스러운 것으로 인정하지만, 그러나 네가 따로 떼어 낸 것이 아니라 발을 발로서 받아들인다면, 발이 또한 진흙에 들어가고, 가시덤불을 짓밟고, 때로는 전체로서의 몸을 위해 잘려 나가는 것조차도 그것을 위해 적절하게 될 것이네. 그렇지 않으면 그것은 더 이상 발이 아닐 것이네.[18]

25 　또한 우리 자신에 대해서도 그러한 방식으로 이해해야만 하네. 너는 무엇인가? 한 인간. 이제 너 자신을 떼어 낸 상태[19]로 살펴보면 늙은 나이에 이르기까지, 부자가 되고, 건강하게 사는 것이 너에게 자연스러운 일이네. 그러나 너 자신을 한 인간으로서, 또 어떤 전체의 한 부분으로서 여긴다면, 그 전체를 위해서는 네가 지금 병에 걸리고, 지금 항해를 시작하여 위험에 노출되고, 지금 가난에 시달리고, 어쩌면 때가 되기도 26 　전에 죽는 것조차 너를 위해 적절할 수 있는 것이네.[20] 그렇다면 왜 그것을 원망하는가? 발이 따로 떨어져 있으면 발이 더 이상 발이 아니며, 너도 떨어져 있으면 마찬가지로 더 이상 인간일 수 없다는 것을 알지 못하는가? 그럼 인간이란 무엇인가?[21] 도시(국가)의 한 부분. 즉 무엇보다

18 발을 다른 부분과 분리해 생각하면 청결한 것이 자연 본연의 모습이지만 발은 전체의 일부이며 그 전체를 위해 존재하는 것이다.

19 즉 고립된 존재로.

20 즉 한 인간으로서 겪는 일들 전부가 전체의 이익과 부합한다는 것이다. 에픽테토스는 '선호되는 아무런 차이가 없는 것들'(preferred indifferents)보다 '아무런 차이가 없는 것들'을 더 강조하고 있다. '죽음'은 '삶'보다 선호되는 것은 아니지만(제1권 제2장 15절), '아무런 차이가 없는 것'이다. 쾌락과 같은 '선호되는 것'들은 '그 자체로 가치를 가지는 것들'과 비교하여 젤 수 있는 것이 아니다.

21 마르쿠스 아우렐리우스, 『자기 자신에게 이르는 것들』 제2권 16, 제3권 11, 제6권 44, 제12권 36; 세네카, 『여유로운 삶에 관하여』(de Otio) 제4장 참조.

신들과 인간으로 이루어진 도시(코스모폴리스)의, 그다음으로 우리와 가장 가깝고 또 우리가 도시라고 부르는 것의 부분이며, 그것은 우주적 도시의 작은 모방물이네.[22]

'그럼, 왜 지금 내가 재판을 받아야만 합니까?'

그렇다. 다른 누군가는 열병에 걸리고, 다른 누군가는 바다로 항해하고, 다른 누군가는 죽고, 다른 누군가는 정죄를 받아야 하는 사람도 있지 않은가? 우리와 같은 몸 안에 있으며, 우리를 포함하는 이 우주 안에서, 우리와 함께 사는 동료들 사이에서, 어떤 것은 이 사람에게 어떤 것은 다른 사람에게 그런 종류의 일들이 일어나지 않도록 하는 것은 전혀

---

**22** 모방물인 작은 국가는 통상적인 의미에서의 국가를 가리킨다. 24~26절에서는 '인간의 사회성, 혹은 나의 사회적 성격'을 강조하고 있다. 다음의 에픽테토스의 말은 전형적인 스토아적 생각이다. 우리가 사는 "이 우주는 단 하나의 도시(폴리스)이며, 우주가 그로부터 형성되는 실체도 하나이네. 그리고 필연적으로 어떤 주기가 있으며, 어떤 것이 다른 것에 자리를 양보하고, 해체되는 것이 있으면 생겨나는 것이 있고, 같은 장소에 머무는 것이 있으면 변화하는 것도 있는 것이네. 모든 것은 친애적인 것으로 가득 차 있으며, 즉 우선은 신들이, 그 다음에는 인간들로 가득 차 있으며, 인간은 서로 자연 본성적으로 동족인 것이네. 어떤 사람들은 서로 장소를 공유하고 있으며, 다른 사람들은 떨어져 나가야 하지만, 우리는 함께 있는 것을 기뻐해야 하며, 떠나는 것을 보고 속상해해서는 안 되는 것이네. 그리고 인간은 본성적으로 고상한 마음을 갖고 의지의 바깥에 있는 모든 것들을 경시하지만, 거기에 더해 땅에 뿌리를 내리고 이에 집착하는 일을 하지 않고, 어떤 때는 특정한 필요의 압력을 받으며, 어떤 때는 그저 구경만 하고 때에 따라 한 장소에서 다른 장소로 옮겨 갈 수 있는 것이네."(제3권 제24장 10~12절) "하지만 축제는 끝났다. 떠나는 것이다. 감사하고 공손한 자로 떠나가는 것이 좋다. 다른 사람에게 자리를 양보하라. 네가 태어났듯이, 다른 사람들도 태어나야만 한다. 그리고 일단 태어나면, 그들도 그 장소와 집과 살기 위해 필요한 것들을 가져야 하는 것이다. 먼저 온 자가 떠나지 않으면, 나중에 오는 자에게 무엇이 남겠는가? 너희들은 왜 질릴 줄도 모르는가? 왜 만족하지 못하는가? 왜 이 세상을 사람으로 가득 채울까?"(제4권 제1장 106절)

28  불가능하기 때문이네. 따라서 법정으로 나아가서 마땅히 해야 할 말을 하고, 이러한 일들이 던져진 대로 그것들을 잘 정돈하는 것이 너의 임무인 것이네.[23] 그런 다음 재판관이 '나는 너를 유죄라고 판단한다'라고 선고하면, 너는 '당신이 잘되기를 바랍니다. 나는 내 역할을 완수했습니다. 당신이 당신의 역할을 완수했는지를 살펴보는 것은 당신입니다'라

29  고 대답하면 되는 것이네. 재판관에게도 어느 정도의 위험이 따르니까 말이네. 그것을 잊지 말게.

---

23  에픽테토스는 자기의 말을 들은 어떤 상상 속의 사람에게, 세상에 왔으니 세상에서 자기의 의무를 다해야 한다고 말하고 있다.

# 제6장

# 선악과 아무런 관련이 없는 것들에 대하여[1]

가언 삼단논법은 선악과 아무런 관련이 없는 것[2]이네. 그러나 그것에    1
대해 내리는 판단은 아무런 관련이 없는 것이 아니라, 지식이나 의견 또
는 망상이네. 마찬가지로 삶은 아무런 관련이 없는 것이지만, 그것에 대
한 우리의 사용은 아무런 관련이 없는 것이 아니네. 그러므로 누군가가    2
너에게 이런 것들도 또한 선악과 아무런 관련이 없는 것이라고 말할 때
부주의하지 말고, 또 이와 반대로 누군가가 너에게 조심하라고 권할 때
굽실거리지 말고 물질적인 것들에 대해 지나치게 무서워하지 말라.

또한 자신이 얼마나 잘 준비되어 있는지와 자신의 능력을 아는 것도    3
좋은 일인데, 이는 자신이 제대로 준비되지 않았을 때 다른 사람들이 자

---

1  이 장의 주제는 제2권 제5장과 유사하지만, 덕 있는 인간의 삶으로 나아가는 과정에서
현실에서 직면할 수 있는 부정적인 상황에 초점을 맞추어 대화가 전개되고 있다. 여기
서 대화는 에픽테토스와 니코폴리스에서 철학 공부를 마치고 로마로 돌아가려고 하
는 젊은 철학자 사이에서 이루어지고 있다. 그 젊은이는 특별히 철학자들에게 가혹하
게 굴었던 도미티아누스 황제의 폭정을 두려워하고 있다. 에픽테토스는 이 젊은이에게
부정적인 현실 속에서 철학자로서 굳건하게 살아 나갈 삶의 원칙과 원리를 권유하고자
한다.

2  아무런 차이가 없는 것(adiaphoros).

신보다 그런 문제들에서 우월한 것으로 보여도 침묵하고 화를 내지 않
4      도록 하기 위함일세. 네 편에서는 삼단논법에 있어서는 너 자신이 그들
보다 우월하다고 여길 수 있고, 또 그들이 그것에 대해 화를 내면, '나는
이것을 배웠고, 너희는 배우지 않았다'라고 말해서 그들을 위로할 수

5      있을 것이기 때문이네. 마찬가지로 연습이 필요한 분야에서는 연습만
이 줄 수 있는 이점을 추구하지 말고, 오랜 기간 숙련된 기술의 이점을
가지고 있는 사람들에게 그 문제를 맡기고, 너로서는 정신의 굳건함을
유지하는 데 만족하라.

6      '가서 그러저러한 경의를 표하게.'[3] ─ '경의를 표했습니다.' ─ '어떻
게?' ─ '굽실거리지 않는 방식으로요.' ─ '허나 너의 면전에서 문이 닫
혔네.' ─ '예, 창문을 통해 들어가는 것을 배우지 못했기 때문이지요.
하지만 창문이 닫혀 있는 것을 발견했을 때, 나는 필히 그냥 가야만 하

7      거나 창문을 통해 들어가야만 합니다.' ─ '허나 가서 그에게 말을 걸어
보게.' ─ '말을 걸었습니다.' ─ '어떤 식으로?' ─ '굽실거리지 않는 방
식으로요.'

8      하지만 너는 원하는 것을 얻지 못했네. 그것은 너의 일이 아니었어,
그렇지? 오히려 그 사람의 일이었네. 그렇다면 왜 너는 다른 사람의 것
을 주장하려고 했는가? 무엇이 너 자신의 것이고 무엇이 다른 사람의

9      것인지를 항상 기억한다면, 너는 결코 곤경에 빠지지 않을 것이네. 그래
서 크뤼시포스가 이렇게 잘 말한 것이네.[4] '그 결과들[5]이 나에게 불분명
하게 남아 있는 한, 나는 항상 자연 본성에 일치하는 그런 것들을 획득

---

3  다음은 철학자에게 가혹한 도미티아누스 황제를 두려워한 나머지 니코폴리스에서 로
   마로 귀환하기를 주저하는 학생과 에픽테토스가 주고받는 가상 문답이다.

하는 데 가장 적합한 것을 고수했네. 신께서 친히 나를 만드실 때 자연에 일치하는 것들을 선택할 수 있는 자유를 주셨기 때문이지. 그러나 실 10 제로 내가 이 순간에 병에 걸리는 것이 운명 지어졌다는 것을 알았다면, 나는 그것에 대한 충동마저도 가졌을 것이네. 발 또한, 이해력을 가졌다면, 진흙투성이가 되고 싶은 충동을 가졌을 것이기 때문이네.'[6]

예를 들어, 보리 이삭은 왜 자라는 것인가? [태양 아래에서] 그것들 11 이 여물기 위함이 아닌가? 여물면 또한 수확되기 위함이 아닌가? 그것 들은 독립적으로 존재할 수 없기 때문이네.[7] 그래서 보리 이삭들이 감 12 각을 갖고 있다면, 결코 수확되지 말라고 기도해야만 하지 않겠는가? 허나, 결코 수확되지 않음은 이삭에게는 저주가 될 것이네. 사람에게도 13 마찬가지로 죽지 않음은 저주임을 알아야만 하네.[8] 그것은 여물지 않는 것과 수확되지 못하는 것과 같은 것이니 말이네. 그런데 우리 인간은 동 14

---

4  *SVF* III.46, 「단편」191 참조. 폰 아르님(Von Arnim)은 인용문 맨 끝 몇 마디만 크뤼시포 스의 직접적인 인용으로 본다.

5  따라 나오는 것들(ta hexēs), 즉 '미래'가 나에게 불분명하다면.

6  어떤 상황에서 현자는 건강보다 병을 선호할 수도 있다. 그러므로 건강이 무조건적으 로 병보다 선호될 수 있는 것이 아니다. 발의 소유자가 진흙탕 속으로 들어갈 필요가 있 다고 판단한 경우, 그렇게 할 수 있다는 것이다. LS 58(p. 358 참조). 발이 진흙에 들어가 는 예는 제2권 제5장 24절에서 언급된 바 있다. 이 대목에 대한 '충동의 유보'에 대한 논 리적 분석에 대해서는 「옮긴이 해제」에서의 용어에 대한 이해를 참조.

7  즉, 보리 이삭은 그 자체로 '완성'에 도달하지 못한다. 11절 아래로는 '죽음은 악이 아 님'을 논의하고 있다.

8  마르쿠스 아우렐리우스, 『자기 자신에게 이르는 것들』 제7권 40("인간의 목숨은 옥수 수의 여문 이삭처럼 수확되어야 한다. 한 사람은 살고 다른 사람은 죽어야 한다") 참 조. 키케로, 『투스쿨룸 대화』 제3권 25, 59("생명은 모두에게 곡식처럼 수확된다[vita omnibus metenda, ut fruges]") 참조.

일인, 수확되는 존재이면서 수확되는 것을 동시에 자각해야 하는 존재
이기 때문에, 우리는 마음이 상하게 되는 것이네. 우리는 자신이 누구
인지 알지 못하며, 또한 우리는 말 타는 사람이 말들에 관련된 모든 것
을 연구하는 것과 같은 식으로 인간임이 무엇인지를 연구한 적이 없다
15  는 것이네. 이제 크뤼산타스[9]가 적을 막 공격하려 할 시점에 퇴각을 알
리는 나팔 소리를 들었기 때문에, 그는 자신의 뜻보다는 장군의 명령을
16  수행하는 것이 더 낫다고 생각해서 그만 물러나 버렸네. 그런데 우리 중
누구도 필연성[10]이 호소하더라도 도무지 그것에 쉬 복종하기를 좋아하
지 않지만, 자신이 받을 것을 받는데 그것을 '어려운 상황들'이라고 부
르면서 눈물과 탄식으로 우리의 운명을 겪는다는 것이지. 인간아, '역
17  경'이란 게 어떤 상황이라는 겐가? 그것이 너를 둘러싸고 있는 상황을
의미한다면, 모든 것이 다 '역경'이 되는 것이네. 그러나 만일 견디기 어
려운 상황이라고 해서 그렇게 부른다면, 생기는 것이 멸망한다는 것은
18  얼마나 견디기 어려운 일인가? 하지만 멸망의 도구는 칼이 될 수도 있
고, 고문용 수레바퀴[11]가 될 수도 있고, 바다가 될 수도 있고, 지붕의 기
와가 될 수도 있고, 참주가 될 수도 있는 것이네. 우리가 어떤 길을 통해
하데스[12]로 내려가야 하든 그대와 무슨 상관이 있겠는가? 모든 길은 똑

---

9  크세노폰, 『퀴로파이데이아』(Kuroupaideia) 제4권 제1장 3 참조. 퇴각 명령에 대한 응답
   으로 적을 베려던 손을 멈춤으로써 페르시아군의 부대장 크뤼산타스는 자신이 죽이려
   했던 희생자의 반격에 의식적으로 자신을 열어 놓은 셈이 되었다. 크세노폰의 원문에는
   나팔 소리가 아니라, 퀴로스가 직접 이름을 불러 퇴각 명령을 내린 것으로 되어 있다.

10  운명.

11  팔다리를 잡아 늘이는 고문대(rack)를 말한다.

12  죽은 다음, 우리의 혼이 가는 곳.

같은 것이네.[13] 하지만 네가 진실을 묻고 싶다면, 참주가 하데스로 보내
는 길이 가장 짧은 것이네. 참주는 누군가의 목을 베는 데 결코 6개월이
걸리지 않지만, 열병은 동일한 결과를 가져오는 데 종종 1년이 걸릴 수
도 있다네. 이 모든 것들은 단지 소음이요, 헛된 소리로 떠들고 있을 뿐
이네.

'카이사르와 함께 있으면 내 목숨을 잃을 위험이 있습니다.'

그런데 지진이 많은 니코폴리스에서 살면서 내 자신도 같은 위험을
감수하고 있는 것이 아닌가? 또 자네 자신도 아드리아해를 건너 항해해
야 할 때, 네가 위험을 감수하는 것은 무엇인가? 너는 목숨을 걸고 있지
않은가?

'하지만 내 의견으로 인해 생명이 위태롭습니다.'

너의 의견으로? 어떤 식으로 그런가? 네가 생각하고 싶은 것과 다른
것을 생각하도록 너를 강제할 수 있는 누군가가 있는가? 다른 사람들의
의견이 아닌가? 다른 사람들이 잘못된 의견을 가지고 있다면 너에게 어
떤 종류의 위험이 있단 말인가?

'하지만 저는 추방될 위험이 있습니다.'

추방당한다는 것이 무엇을 의미하는가? 로마가 아닌 다른 곳에서 살
아야 한다는 것?

---

**13** 아낙사고라스는 다른 세계(ad inferos)로 가는 길은 모든 곳에서 같다고 말한다(키케로,
『투스쿨룸 대화』 제1권 43, DL 제2권 11 참조). 아낙사고라스, 아리스티포스, 디오게네
스 등이 말한 것으로 돌려지기도 하는 대중적인 속담일 수 있다. 스토아학파처럼 죽음
에 이르는 길에 대해 우리가 무관심할 수 있을까? 빨리 죽일 수 있는 폭군도 열병처럼
천천히 죽음을 맞이할 수 있다. 어떤 죽음의 방법은 고통스러울 수 있어서, 아무리 인내
심을 가지고 견딜 수 있는 사람이라도 쉬운 죽음을 선호할 것이다.

'네.' 그럼 어떻다는 겐가? '그런데 내가 귀아로스[14]로 보내진다면요?'

그것이 너에게 적합한 것이라면, 너는 거기로 가겠지. 그렇지 않다면, 네가 귀아로스 대신 갈 수 있는 다른 곳이 있겠지. 너를 귀아로스로 추방하는 자도 원하든 원하지 않든 차례대로 가야만 할 그곳으로 말이네. 그러면 왜 너는 마치 꽤나 힘든 곳으로 돌아가게 될 것처럼 [로마로] 떠나가려는 것이냐? 네가 해왔던 그 준비에 비하면 그것은 별것 아니네. 그래서 소질이 좋은 젊은이가, '그렇게 많은 강의를 듣고, 그렇게 많은 연습문제를 작성하고, 크게 가치가 없는 작은 늙은이 곁에서 이토록 오랜 시간을 앉아 있는 수고는 거의 가치가 없었다'라고 말하게 되는 것이네. 너의 것과 너의 것이 아닌 것을 구별해 주는 구분만큼은 꼭 기억해 두라. 너 자신의 것이 아닌 어떤 것에 대해 자신의 것인 것처럼 결코 요구해서는 안 된다. 법무관의 단상과 감옥은 모두 장소로, 하나는 높고 다른 하나는 낮네. 그러나 너의 의지(프로하이레스)는, 네가 그것을 그렇게 유지하기를 원한다면 그 두 곳에서 동일하게 유지할 수 있는 것이네. 그리고 감옥에서 찬양하는 송가를 쓸 수 있다면, 우리는 소크라테스의 찬미자가 될 것이네.[15] 그러나 이제껏 우리가 그래 왔듯이, 누군가가 감옥에 갇힌 우리에게 와서 '내가 당신에게 찬양하는 송가를 읽어 드리기를 원합니까'라고 묻는다면, 우리가 그것을 견뎌 낼 수 있을지 지켜볼 일이네.

---

14 아티카 지역 동쪽의 황량한 작은 섬(Guaros, Guara)으로 로마 초기에 추방 장소로 사용되었다. 제1권 제25장 19~20절, 제2권 제6장 22절 참조.

15 플라톤의 『파이돈』 60d~61b에 따르면, 소크라테스는 처형을 기다리는 동안 꿈에 응답해서 아폴론 찬가를 지었다고 한다. DL 제2권 42 참조.

'당신은 어찌하여 이런 식으로 날 곤란하게 만드세요? 내가 이런 끔찍한 상황에 빠져 있다는 것을 당신은 모릅니까? 이런 상황에서 송가를 듣는 것이 나에게 가능하겠습니까?' — '어떤 상황인가?' — '나는 곧 죽을 것 같아요.' — '그렇지만 다른 사람들도 죄다 죽지 않을까?'

# 제7장

# 점(占)을 어떻게 사용할 것인가?[1]

1   우리는 적절하지 않은 기회에 점을 치기 때문에, 많은 사람들이 많은 적

2   합한 행동(의무, kathēkonta)을 수행하지 못하는데,[2] 도대체 점쟁이가 죽
    음, 위험, 질병, 또는 일반적으로 그런 종류의 것들을 넘어서는 더 많은

3   어떤 것을 볼 수 있는 것인가? 그렇다면 내가 친구를 대신해 반드시 생

---

1   스토아학파의 어떤 철학자들은 스토아의 신의 섭리 이론과 결정론은 양립할 수 있다
    (LS 42C~E)는 근거로 점(占)의 유효성을 주장했다(키케로, 『점술에 관하여』 참조). 점
    술은 주로 희생제의에 바쳐진 희생제물의 간을 조사하거나 새의 행동을 통해 미래를
    예언했다. 상서롭지 않게 우는 까마귀가 그 예이다(『엥케이리디온』 제18장). 그러나 본
    문에서 볼 수 있듯이, 에픽테토스는 점에 대해 스토아적 태도를 취하면서도, 점술은 인
    간의 합리적 선택의 훈련에 의존하는 좋은 것과 나쁜 것을 확립할 수 없다고 주장한다
    (제1권 제17장 18~24절 참조).

2   점술은 고대 종교의 큰 부분이었고, 에픽테토스가 말했듯이 점은 사람들에게 '많은 적
    합한 행동을 게을리하도록' 이끌었다. 일면, 거기에는 어떤 의미가 있었다. 만일 신을
    믿는 사람들이 세상을 다스림에 있어서 행동이 어떠해야 하는지를 판단할 수 있는 어
    떤 징표를 볼 수 있음이 사실이라면 사람들은 '적합한 행동'(의무)이 무엇인지 배울 수
    있었을 것이다. 이 징표들이 잘못 이해되거나 올바르게 보이지 않게 된다면, 우리는 천
    박한 미신의 지배로 떨어질 수밖에 없을 것이다. 그렇다면 어떤 종교의 외형적 형태
    는 부패와 인간 타락의 수단이 될 수 있으며, 신의 뜻의 참된 표시가 무시될 수 있다(G.
    Long[1890], 주석 참조).

명의 위험을 무릅써야만 한다면, 혹은 그를 위해 죽는 것조차 나에게 적합한 행위라고 한다면, 나에게 여전히 점을 쳐 볼 기회가 남아 있겠는가? 좋음과 나쁨의 참된 본성을 설명해 주고, 이쪽과 저쪽을 나타내는 징표를 해석할 수 있는 점쟁이를 내 안에 가지고 있지 않은가? 그렇다면 희생제물의 내장이나 새들의 비행을 점치는 것이 더 이상 무슨 필요가 있는가?³ 그리고 점쟁이가 나에게 '그것이 당신에게 유익할 것입니다'라고 말하면, 나는 그것을 참을 것인가? 도대체 그가 유익한 것이 무엇인지 알고 있는가? 좋음이 무엇이지 그가 알고 있는가? 내장에 있는 징표를 읽는 것처럼, 그가 좋음과 나쁨을 나타내는 어떤 징표도 또한 배웠는가? 만일 그가 좋음과 나쁨의 징표들에 대해 알고 있다면, 그는 또한 아름다운 것과 부끄러운 것, 정의로운 것과 부정의한 것을 나타내는 징표들을 알고 있어야 하기 때문이네. 인간아, 징표들이 무엇을 가리키는지, 즉 삶 혹은 죽음을 가리키는지, 가난 혹은 부유함을 가리키는지를 나에게 말하는 것은 바로 당신이네. 그러나 이것들이 유익한지 해로울지를 알기 위해, 내가 상담해야 할 대상이 정말 당신이란 말인가? 읽고 쓰는 일의 그 요점들에 관해서는 왜 당신의 의견을 말하지 못하는가?⁴

4

5

6

7

---

3  그렇다면 도대체 내장이나 새가 우리에게 필요한 이유는 무엇인가? 스스로 어떤 나쁨에서 도피하려면 어떤 행동을 회피해야 하는지 알아보기 위해 점쟁이에게 간다. 그러나 삶에서 주요 질병으로 간주되는 죽음, 위험, 병 등은 스토아 철학에 따르면 그 자체로 나쁜 것이 아니며, 때때로 자긍심으로 받아들여야 하는 것들이다. 사실상 전혀 나쁜 것이 아니라는 것이다. 그러므로 우리가 점술가와 상의하는 따위의 사소한 일들은 무의미하다는 것이 밝혀진다.

4  안다고 공언하지 못하는 것에 대해 문제 삼고 있다. 읽고 쓰는 일에 대해 자신의 의견을 제시하는 사람은 많은 사람들이 알고 있는 것에 대한 의견을 내놓을 수 있다. 점이나 미래의 사건에 대해 자신의 의견을 제시하는 사람은 우리 모두가 전혀 알지 못하는 것들

그런데도 당신은 필멸하는 모든 인간이 길을 잃고 헤매며, 서로 간에 결코 합의에 도달할 수 없는 이런 문제들에 대해 목소리를 내고 있는 것인가? 그러던 중 추방된 그라틸라[5]에게 식량을 실은 배 한 척을 보내길 원했을 때, 그것은 그녀가 했던 훌륭한 대답이었네. '도미티아누스[6]가 그것을 압수할 겁니다'라고 말한 누군가에게, 그녀는 '내가 배를 보내지 못하는 것보다 그가 그것을 빼앗는 것이 낫겠죠'라고 대답했던 것이네.

9    그러면 그렇게 지속적으로 점을 치도록 우리를 이끌어 가는 것은 무엇인가? 그저 비겁함, 일어날 수 있는 일에 대한 두려움. 이것 때문에 우리는 점쟁이에게 아첨하는 것이네. '제발, 주여[7], 나의 아버지에게서 유산을 받을 수 있겠습니까?' ― '이제 좀 보자, 희생제물을 바쳐야겠는데.' ― '네, 주님, 운이 원하시는 대로요.' 그런 다음, 그는 계속해서 '너는 유산을 받을 것이네'라고 말하고, 우리는 점쟁이에게서 유산을 받은 것처럼 그에게 감사하는 것이네. 그런 까닭에 그들이 계속해서 우리를 조롱하는 것이네.

10    그렇다면 우리는 어떻게 해야만 하는가? 여행자가 행인에게, 왼쪽이기보다는 오른쪽으로 가겠다는 어떤 특정한 욕구를 갖지 않고 어떤 길

---

에 대해 의견을 제시할 수 있다. 그러면 어떤 사람이 알려지지 않은 것에 대해 가르치려고 할 때, 우리는 그에게 알려진 것에 대한 그의 의견을 내놓도록 요청할 수 있으며, 그리하여 우리는 그가 어떤 사람인지 알 수 있을 것이다.

5  그라틸라(Verulana Gratilla)는 로마의 원로원 의원(아마도 Arulenus Rusticus)의 부인으로, 플라비우스 왕조의 마지막 황제였던 도미티아누스에 의해 추방되었다. 여기서는 그라틸라에게 짐배를 보내자고 주장하는 또 다른 여인의 용기를 언급하고 있다.

6  에픽테토스는 단 한 군데 여기서만 도미티아누스 황제를 언급하고 있다.

7  kurios(주, 신)는 일상적으로는 주인이나 윗사람에게 쓰던 말이다. 의사에게 가서 치료받는 경우에는 의사를 '주님'이라고 불렀다.

이 자신의 목적지까지 데려다줄 수 있을지 물을 수 있는 것처럼, 욕구
도 혐오도 없이 길을 가지 않으면 안 되는 것이네. 왜냐하면 여행자는
그 둘 중 하나의 특정한 길을 따라가기를 원하지 않고, 그가 가고자 하
는 목적지로 데려다줄 수 있는 길을 따라가길 원해야 하기 때문이네. 이 11
와 마찬가지로 또한, 우리가 눈을 사용하는 것처럼 그분을 사용해서, 우
리는 우리의 길을 인도해 주는 인도자인 신에게로 가야만 하는 것이네.
우리가 다른 것들이기보다는 그러한 것들을 보여 달라고 우리의 눈들
에게 간청하지 말고, 그것들이 우리에게 보여 주는 모든 것의 이미지들
(phantasia)을 기꺼이 받아들여야 하기 때문이네.

그렇지만 실제로 우리는 복점관 앞에서 떨며, 그의 손을 붙잡고, 마 12
치 그가 신이나 된 양 그에게 간청하며, 자비를 구하는 것이네. '주여,
나를 불쌍히 여기소서! 내가 잘될 수 있도록 허락하여 주소서.' 노예야, 13
너에게 가장 좋은 것 외에 달리 원하는 것이 무엇이냐? 그리고 신이 기
뻐하시는 것보다 더 나은 어떤 것이 있느냐? 그렇다면 어찌하여 너는
온 힘을 다하여 너의 판단을 타락시키고, 너의 상담자를 잘못 인도하려
고 하는 것이냐?

제8장

# 좋음의 본질은 무엇인가?[1]

1 신이 유익함을 주시지만, 좋음도 역시 유익함을 가져오네. 그러므로 신의 참된 본질이 찾아지는 곳에, 또한 좋음의 본질도 있을 것으로 보이

2 네.[2] 그러면 신의 본질은 무엇인가? 살(肉)? 결코 그렇지 않네. 대지? 결코 그렇지 않네. 명성? 결코 그렇지 않네. 그는 지성, 앎, 올바른 이성이

---

1 인간만이 신과 공유하는 이성적 능력을 갖고 있으므로 인간도 좋음을 가질 수 있다(LS 54N~P, 63D~E). 인간은 동물과 달리 인간 자체가 목적이고, 또 인간은 '주도적 가치'를 가진 존재이며, 신의 조각이라는 점을 강조한다. 에픽테토스는 인간 안에 신의 부분을 가지고 있는데, 왜 너는 너의 고귀한 출생에 대해 무지하고, 스스로 어디서 왔는지를 왜 알지 못하는가라고 묻고 있다. 그래서 에픽테토스는 우리의 이성이 '내재적 신'이라는 생각을 특별히 강조한다(11~14절; 또한 A. A. Long [2002], pp. 142~147 참조) 이어서 15절 아래에서는 학교를 떠나 세상으로 나가는 학생들에 대한 에픽테토스의 우려를 피력하고 있다. 24절 아래에 이르러, 에픽테토스는 학생들에게 철학자로서 가져야 하는 품성과 바른 태도, 철학자가 갖춰야 할 '힘줄'(neuron)인, 즉 '욕구', '혐오', '충동', '동의' 등을 요약적으로 정리하고 있다.

2 의심할 바 없이 '좋음의 본질'은 신의 참된 본질의 영역 안에 있다. 또 신의 본질은 지성(nous), 앎(epistēmē), 올바른 이성(logos orthos)이다. 이것에 의해 인간은 비이성적인 것들(동물과 식물)과 구별된다. 원어 아가톤(좋음, 선)은 '유익함'이란 의미를 가지고 있다. 아가톤은 옳은 것이면서 도움이 되는 것이다.

네. 그러므로 좋음의 참된 본질을 추구해야 하는 곳은 오직 거기뿐이네. 3
너는 어쩌면 식물에서 그것을 찾고 싶겠지? 아니네. 아니면 비이성적인
존재에서? 아니네. 그럼, 이성적인 존재에서 그것을 찾고 있다면, 왜 너
는 이성적인 것을 비이성적인 것과 구별하는 것에서보다 다른 곳에서
그것을 계속 찾고 있느냐? 식물은 인상들을 사용하는 능력조차 가지고 4
있지 않으며, 그 때문에 너는 그것들과 관계에서 '좋음'을 말하지 못하
는 것이네.[3] 따라서 좋음은 인상을 사용하는 능력을 요구하는 것이네.

그것만이 전부일까? 그것이 요구하는 전부라면, 너는 [인간에서 뿐 5
만 아니라] 다른 동물들도 행복과 불행뿐 아니라 좋음에도 참여한다고
말할 수 있어야 할 것이네. 그러나 사실상 너는 그렇게 주장하지 않으 6
며, 또 올바르게 그렇게 한 것이네. 설령 동물은 오로지 인상을 사용하
는 능력을 갖고 있다고 하더라도, 어쨌든 인상들을 사용하는 것에 대한
이해 능력은 갖고 있지 못하니까 말이네.[4] 더구나 이것은 충분한 이유
가 있는 것이네. 왜냐하면 동물은 다른 것들에 봉사하기 위해 태어났고,

---

3  즉 식물들에 대해서는 '좋음'이란 술어를 사용할 수 없다.
4  인상의 사용과 이해의 구별에 관해서는 제1권 제6장 13~15절("그렇다면 비이성적 동
   물들도 일어나는 것들을 이해하는가? 결코 그렇지 않네. 사용과 이해는 서로 다른 것이
   니까 말이네. 신은 인상을 사용하는 그런 동물을 필요로 했지만, 또 신은 인상들의 사용
   을 이해하는 우리를 필요로 한 것이네. 이런 이유로 그것들에게는 먹고, 마시고, 휴식하
   고, 짝짓기하고, 각각의 동물에게 적합한 이러한 다른 모든 기능을 수행하는 것으로 충
   분하네. 이와 달리 신이 사물을 이해하는 능력까지 부여했던 우리에게는 이러한 동물
   의 활동만으로 더 이상 충분하지 않고, 우리가 적절하고 체계적인 방식으로, 또 우리 각
   자의 자연 본성과 소질(구성)에 일치해서 행위하지 않는다면, 우리는 더 이상 우리의
   고유한 목적을 성취하지 못할 것이네."), 제1권 제1장 7~8절 참조. 『엥케이리디온』 제
   6장에서는 인상의 올바른 사용을 강조하고 있다. 외적 인상의 사용에 대해서는 김재홍,
   『첫보나 니 사유모운 삶』, 시필사, 2013, 347~330쪽 참조.

또 그것들 자체가 주도적 가치를 지니지 못하니까 말이네.[5]

7       예를 들어, 당나귀는 당연히 주도적 가치를 위해 태어난 것이 아니네,[6] 그렇지? 물론 아니네. 하지만 우리가 짐을 실어 나를 수 있는 등이 필요했기 때문이지. 우리에게는 또한 제우스 신에 맹세코, 당나귀가 걸어 다닐 수 있어야 한다는 것이 필요했었네. 이런 이유로 그것은 또한 인상을 사용할 수 있는 능력을 부여받은 것이네. 그렇지 않으면 돌아다닐 수 없었을 테니까. 또, 게다가 그것의 발전 단계는 거기서 멈춘 것이네.[7] 만일 그것이 [인간처럼] 그런 인상들의 사용을 이해할 수 있는 능력을 부여받았다면, 그것은 결과적으로 더 이상 우리에게 종속되지도 않았을 것이며 또한 그것이 하는 봉사를 우리에게 제공하지도 않을 것이지만, 우리와 동등하고 우리 자신과 유사하게 될 것임은 분명한 것이네.

9       그러므로 인간 이외의 다른 피조물[8]에는 존재하지 않기 때문에, 우리를 그것들과 관련해서 '좋음'이란 말을 이야기를 하지 못하게 하는 바로 그 성질(이성)에서 좋음의 본질을 찾고 싶지 않느냐?[9]

---

5   즉, 그것들은 그 자체로 목적이 아니다. 달리 말하면, 그것들은 선도적인 존재가 아니기 때문에 명령을 내리는 존재가 아니다. 스토아학파의 '인간 중심적 관점'(anthropocentric view)에서, 인간과 같이 그 자체가 목적인 것들이 아니라는 의미이다. 제2권 제10장 3절 참조.

6   당나귀 자체는 그 목적이 아니다.

7   즉 당나귀의 자연적 능력의 발전에서 더 진행하지 못하고 그 단계에서 멈췄다는 것을 말한다.

8   동물들을 말한다.

9   동물에게도 이성적인 능력이 있다면 인간과 유사한 능력을 지니고 있을 것이다. 그러나 동물은 인간과 달리 이성적 능력을 갖고 있지 못하다. 좋음의 본질을 인간의 이성적 능력 안에서 찾지 못한다면, 다른 피조물들에서도 찾을 수 없다는 것은 너무 당연하다.

'뭐라고요, 이 피조물들도 역시 신의 작품이 아닌가요?'

물론 그것들도 그렇긴 하지만, 그것들 자체는 주도적 가치도 아니며 또한 신의 부분도 아니네. 하지만 너는 주도적 가치를 가진 존재이며, 신으로부터 분리된 조각이기도 하네.[10] 또 네 안에 신의 부분을 가지고 있네. 그렇다면 왜 너는 너의 동족성을 깨닫지 못하는가? 네가 어디서 왔는지를 왜 알지 못하는가? 네가 먹을 때, 먹는 자가 누구이며, 네가 먹여 주는 자가 누구인지 기억하고 싶지 않느냐? 그리고 네가 성행위를 할 때, 누가 그렇게 하고 있느냐? 네가 사회적 사귐을 나눌 때, 네가 신체 훈련을 할 때, 네가 대화할 때, 네가 신을 먹여 주고, 네가 신을 훈련한다는 것을 알지 못하는가? 너는 신을 지니고 나르고 있으면서,[11] 가련한 자여, 그것을 깨닫지 못하는구나.[12] 내가 은이나 금으로 된 어떤 외적인 신[13]을 말하는 줄로 너는 생각하느냐? 너는 너 자신 안에 신을 모시

동물과 인간의 결정적 차이는 이성적 능력에 달려 있다. 그러니 좋음의 본질은 동물이 갖고 있지 못한 인간의 특성인, 이성적 능력에서 찾아야만 하는 것이다.

10 우리가 신의 조각(apospasma)이라는 언급에 대해서는 제1권 제14장 6절과 제1권 제17장 27절 참조.

11 '지니고 나르다'로 옮긴 원어 peripherō/pherō는 기본적으로 '운반하다', '데리고 가다'를 의미한다. peripherō는 '주변으로 운반한다'이지만, '지니고 다닌다'로 새겨진다.

12 「고린도전서」 제6장 17~19절 참조("주와 결합하는 자는 하나의 영[hen pneuma]이다.", "음행[porneia]을 피하라." "너희 몸은 너희 가운데 계신 성령의 신전[naos tou humin hagiou pneumatos]인 줄을 알지 못하느냐. 이는 하나님으로부터 받은 것이요, 너희 자신의 것이 아니니라.") 에픽테토스 자신이 서신(書信)의 저자에 대해 알고 있지 못하지만, 바울과 에픽테토스의 '신의 영(靈)이 사람 안에 있다'는 가르침만큼은 공통적이다. '이성적으로 생각하는 능력은 그 자체로 볼 때 사람의 것이 아니라 사람 안에 있는 신의 것이다.'

13 금이나 은으로 된 조각.

고 다니며, 깨끗하지 않은 생각과 불결한 행동으로 그를 더럽히고 있다

14 는 것을 깨닫지 못하고 있네. 그럼에도 신상(神像) 앞에서는, 네가 지금 행하는 것들 중 어떤 일을 감히 행하려고 하지 않을 것이다. 그러나 신이 친히 네 안에 계시며, 모든 것을 보고 듣는데, 이와 같은 일들을 생각하고 행위하는 것을 부끄러워하지 않고 너 자신의 자연 본성을 알지 못하며 신의 분노의 대상이 되고 있는가?[14]

15 그렇다면 우리가 한 젊은이를 학교를 마치고 현실의 세상으로 내보내려고 할 때, 그가 먹는 방식이나 여성과의 성관계에서 잘못된 어떤 일을 저지르지는 않을까, 혹은 그가 누더기를 걸쳤다면 굴욕을 당하지는 않을까, 혹은 멋진 겉옷을 입었다면 우쭐해지지는 않을까, 왜 우리가 걱정하는 것일까?

16 이 젊은이가 [이렇게 행동한다면] 자신 안에 있는 신을 알지 못하며, 누구와 더불어 세상으로 나아가는지도 알지 못하는 것이네. 하지만 우리는 '당신[15]이 나와 함께하기를 원합니다'라고 그가 말하도록 허락할

17 수 있는가? 네가 어디에 있든지, 신이 너와 함께 계시지 않겠느냐? 그리

18 고 신을 가지고 있다면, 너는 다른 동반자를 찾겠느냐? 혹은 신은 이것과 다른 어떤 것을 너에게 말하는 것인가? 아니, 네가 아테나나 제우스 조상(彫像)과 같은 페이디아스[16]가 만든 조상이었다면, 너는 자신과 너

---

**14** 11~14절에서, 에픽테토스는 신이 인간을 포함해서 모든 것을 구성하고 만든 힘이라는 '믿음'과 신이 인간과 구별되는 인격체라는 '느낌'을 결부시키고 있다(F. H. Sandbach, *The Stoics*, London, 1979(1989), pp. 167~168 참조).

**15** '신'을 말한다.

**16** 페이디아스(Pheidias, B.C. 480~B.C. 430)는 화가, 조각가, 건축가였다. 페리클레스와 친분이 있었다고 하며, 그가 만든 올림피아의 제우스 조상과 아테네의 아크로폴리스에

를 만든 기술자 모두를 기억했을 것이며, 더욱이 네가 어떤 지각 능력을 갖고 있었다면 너를 만든 사람이나 너 자신에게 가치 없는 어떤 일도 하지 않으려고 시도했을 것이며, 또 어울리지 않는 태도로 보는 사람들의 눈앞에 결코 자신을 드러내지 않았을 것이네. 그러나 사실상 제우스 [19] 께서 너를 만들었으므로, 그 때문에 너는 자신을 어떤 종류의 사람으로 보여 줘야 하는지에 관해 아무런 관심을 기울이지 않는 것이냐? 그리고 한쪽 기술자가 다른 쪽 기술자를, 한쪽의 작품이 다른 쪽 작품을 닮았을까?[17] 그리고 인간 기술자의 어떤 작품이 그 자체 안에 그 작품을 만드 [20] 는 과정에서 보여 주는 바로 그 능력을 포함하고 있는가? 이런 작품은 단지 대리석이나 청동이나 금이나 상아에 지나지 않는 것이 아닌가? 게다가 페이디아스의 아테나는, 일단 그것에 '승리'[18]의 여신을 받아들이기 위해 손을 내밀면 영원히 그 태도로 고정되어 남아 있는 반면에, 신들의 작품은 움직이고, 숨쉬며, 인상을 사용할 수 있고, 또 인상들에 대해 판단을 내릴 수 있는 것이네.

너 자신이 이런 조물주(데미우르고스)의 작품인데, 그분을 욕되게 할 [21] 수 있겠느냐? 게다가, 그분은 너를 창조하셨을 뿐만 아니라 너를 오로지 너 자신의 책임으로만 맡기셨는데, 그런데도 너는 그것을 기억하지 [22] 도 못할 뿐만 아니라 그가 너에게 맡겼던 책임까지도 욕되게 할텐가? 만일 신께서 어떤 고아를 너의 보살핌에 맡기셨다면 너는 그를 그런 식

있었던 아테나 여신 조상은 금과 상아로 만든 조상(Chryselephantine sculpture)으로 너무도 유명하다.

17 '기술자의 작품'과 '신이 만든 작품'을 비교하고 있다.

18 아테나 여신 입상은 오른손에 니게(Nike)의 여신을 들고 있었다.

23　으로 소홀히 했겠는가? 하지만 그분이 너 자신을 너의 돌봄으로 옮기
시고[19] 너에게 이렇게 말씀하시는 것이네. '나는 너보다 더 신뢰할 수 있
는 어떤 사람도 두고 있지 않노라. 나를 위해 이 아이가 본성이 그러한
그대로 유지하도록 하라. 그가 겸손하고, 신실하며, 고결한 마음을 지니
고, 흔들리지 않으며, 감정에서 벗어나고, 동요하지 않도록 유지하게 하
라.' 그런데도 너는 그를 그렇게 유지하고 싶지 않겠는가?[20]

24　그러나 사람들은 '이 사람이 그의 도도한 모습과 엄숙한 표정[21]을 어
디에서 얻었습니까?'라고 말할 것이네. 분명히 나의 태도는 아직 마땅
히 그래야만 하는 정도에는 이르지 못했다네. 내가 배웠고 내가 동의
했던 것에 아직 완전한 신뢰를 두고 있지 못하기 때문이지. 나는 여전

25　히 나 자신의 연약함을 두려워하네. 너희가 나를 자신 있게 만들어 주었
을 때, 그때에는 너희는 내 눈에서 올바른 시각과 올바른 태도를 보게

---

**19** 즉 너의 운명을 너의 손안에 맡기시고.

**20** 이 대목(11~23절)을 통해서, 에픽테토스가 도덕적인 '자기-고무'와 '자기-비난'의 감
정을 한데 불러일으키고 있지만, 그는 다른 사람의 심한 형태의 나쁨을 볼 때의 인간성
에 대한 부끄러움과 다른 사람의 덕스럽게 보이는 행동을 볼 때의 모방하고 싶은 감정
으로 이끄는 자존감을 동등하게 지지하고 있다. 따라서 에픽테토스가 학생들에게 도
덕적으로 권유하는 강연에서 호소하는 도덕적 기조에는 현명한 사람들의 덕행에 대한
'기쁨'(chara)과 나쁜 사람들의 악행에 대해 체념하는 감정과 유사한 감정이 자연스럽
게 포함되고 있다(J. M. Cooper, "The Emotional Life of the Wise", *The Southern Journal
of Philosophy*, Vol.43, 2005, n.44 참조). 이 밖에도 인간의 좋음에 대한 도덕감(수치심,
충실함, 한결같음, 지성, 심중함, 자존감, 신의, 이웃 사이의 좋은 감정 [geitniasis, 제2권
제4장 3절] 수치심 등)을 언급하고 있는 제1권 제28장 19~21절, 제2권 제1장 11절, 제
2권 제4장 1~5절, 제3권 제7장 27~28절 참조. 에픽테토스의 도덕적 발전에서 '수치
심'(aidōs, to aidēmon)의 역할에 대해서는 R. Kamtekar, "Aidōs in Epictetus", *Classical
Philology*, Vol.93, 1998, pp. 136~160 참조.

**21** 철학자의 표정을 말한다.

될 것이네. 그다음에는 조각상이 완성되고 연마되었을 때 그것이 어떤 것인지 너희에게 보여 줄 것이네. 너희는 그것을 어떤 것으로 생각하는 가? 도도한 모습인가? 단연코 그렇지 않네. 올림피아에 있는 제우스 조상은 도도한 모습을 보이지 않는가, 분명하지? 그렇지 않네. 그는 '내 말은 돌이킬 수도 없고, 결코 속이지도 않는다'[22]고 공포하려는 사람에게 걸맞게 흔들림 없는 시선을 유지하고 있는 것이네.

이러한 성격이, 내가 너희들에게 나 자신을 보여 주고자 했던 것이었 네. 즉 신실하며, 겸손하고, 고귀하며, 흔들리지 않는 것. 그러면 불사하 며, 영원히 젊으며, 질병에 걸리지 않는 것과 같은 어떤 것을 의미하지 않는가? 아니네. 하지만 신과 같은 방식으로 죽을 수 있고, 신과 같은 방 식으로 질병을 견뎌 낼 수 있는 사람으로서, 내가 할 수 있는 것은 내 힘 에 달려 있지만, 나머지는 내 힘에 달려 있지도 않고, 또 내가 할 수도 없 는 것이라네. 내가 너희들에게 철학자의 힘줄들[23]을 보여 주겠네. 그것 들은 어떤 힘줄인가? 결코 그 목적에 실패하지 않는 욕구, 회피하고 싶 은 것에 결코 빠지지 않는 혐오, 의무에 일치하는 동기(충동), 신중하게 저울질한 목적, 성급하지 않은 승인. 이것들을 너희들은 보게 될 것이네.

26

27

28

29

22 호메로스의 『일리아스』 제1권 526행에서 제우스가 하는 말이다.
23 원어로는 neura(neuron)이다.

# 제9장

# 비록 인간의 소명을 다할 수는 없지만,
# 우리가 철학자의 소명을 받아들인다는 것[1]

1 　그저 인간의 역할[2]을 수행하는 것만으로도 예사롭지 않은 문제다. 사실

2 　상 인간이란 무엇인가? '이성적이고 죽을 수밖에 없는 동물'이라고 누

군가는 말한다. 즉각 우리는 이렇게 물을 수 있네. 이 이성적 요소는 무

엇으로부터 우리를 구별해 주는가?[3] '짐승에게서.' 또 다른 어떤 것으

로부터? '양과 그와 같은 종류의 것으로부터.' 그러니 결코 짐승과 같이

3 　행동하지 않도록 주의하라. 그렇지 않으면 너는 네 안에 있는 인간성을

---

1 　이 장의 첫 번째 부분(1~12절)은 제8장의 주제를 발전시켜서, 덕 있는 행동을 추구
　하는 것은 우리의 고유한 인간 본성을 표현하는 것임을 논의하고 있다. 두 번째 부분
　(13~22절)은 스토아학파가 단지 학문적인 훈련이 아니라, 우리의 삶과 성품에다 실천
　적 훈련을 통해 스토아적 윤리 원칙을 새겨 넣는 문제임을 강조하고 있다.

2 　원어인 epaggelia는 사람이나 사물이 약속하거나 성취할 것으로 기대되는 것이다.
　기본적인 의미는 summon(부름, 소명)이다. 나는 맥락에 따라 소명(calling), 직업
　(profession), 약속(promise), 역할(role), 기능(function) 등으로 옮겼다.

3 　인간에게 고유한 이성적 능력과 자유에 대한 능력의 남용은 나쁨의 기원이 된다. 이성
　은 참과 거짓, 좋음과 나쁨을 이해하는 능력이다. 자유는 생각하고, 원하고, 자유롭게
　행동하는 것을 의미한다. 이 능력들이 짐승과 인간을 구별해 준다.

파괴할 것이고, 인간으로서 너의 역할을 수행할 수 없을 것이다. 결코 양처럼 행동하지 않도록 주의하라. 그렇지 않으면 그러한 식으로 또한, 네 안에 있는 인간을 파괴할 것이다.

'그러면 우리가 양처럼 행동하는 것은 언제인가?' 우리가 배나 성기 (性器)를 위해 행동할 때, 마구잡이로 혹은 불결한 방식으로 혹은 적절한 고려 없이 행동할 때, 우리는 어느 수준으로 떨어졌는가? 양의 수준에까지. 우리가 파괴한 것은 무엇인가? 우리 안에 있는 이성적인 것. 그리고 우리가 호전적으로, 해롭게, 화를 내며, 난폭하게 행동할 때, 우리는 어느 수준으로 떨어졌는가? 짐승의 수준에까지. 따라서 우리 중에는 사나운 덩치 큰 짐승들이 있는가 하면, 덩치가 작은 짐승들이 있는데, 사악하고 하찮아서 '차라리 난 사자에게 잡혀먹힐 것이다'[4]라고 말하도록 우리를 부추기는 것들도 있다네. 이러한 모든 행동으로 인해서 인간의 소명(epaggelia)은 파괴되고 마는 것이네.

연언명제는 언제 타당한 것으로 보존되는가? 그것이 그 기능 (epaggelia)을 다할 때, 그러므로 연언명제의 보존(타당성)은 참인 것들로 구성되는 것이네. 또 선언명제는? 그 기능을 다할 때.[5] 그리고 아울

---

4 '사자가 나를 잡아먹도록 하고, 여우는 잡아먹지 못하게 하라'라는 아이소포스(이솝) 의 격언이 있다. 큰 짐승보다는 비열하고 작은 짐승에게 죽는 것이 더 큰 불행으로 여겨 지듯이, 사악하고 하찮은 사람이 강하고 사나운 것보다 더 혐오스럽다는 의미이다.

5 연언명제(복합명제, sumpeplegmenon)는 전체로서 받아들여졌을 때만 그것이 지니는 기능을 수행할 수 있는 논리적 명제를 말한다. 연언명제는 '참인 것들로 연언되는(ex alēthōn sumpeplechthai) 경우에만' 보존되는(sōzetai) 것이다. 결국 sumpeplegmenon은 그 구성 요소의 각각이 참일 경우, 오직 그 경우에만(if and only if) 참이 된다. 명제를 구성하는 요소 명제들 중 하나가 거짓이면, 전체는 거짓이 된다. 이와 동일한 것이 인간의 윤리적 삶에도 적용된다(9~10절). 선언명제(diezeugmenon)는 '즐거움은 좋거나 나쁘

로스, 뤼라, 말, 개는 언제 보존되는가? 그렇다면 인간도 역시 동일한 방

식으로 보존되고, 동일한 방식으로 파괴되어야 한다는 것이 놀랄 만한

일인가? 각각의 것에 어울리는 각각의 행위가 각각의 것을 성장시켜 보

존되는 것이네. 목수는 목공 기술에 일치하는 기능을 발휘함으로써, 문

법가는 문법 기술에 일치하는 기능을 발휘함으로써. 그러나 문법가가

문법에 맞지 않게 쓰는 습관에 빠지면, 그의 기술은 필연적으로 파괴되

고 소멸되는 것이네.[6] 이와 마찬가지로 겸손한 품성도 겸손한 행동에 의

해 보전되지만, 겸손하지 못한 행동은 그것을 파괴할 것이네. 성실한 성

품은 성실한 행위에 의해 보존되지만, 그 반대 성격의 행위는 그것을 파

괴할 것이네.[7] 다시, 반대되는 성품은 반대 종류의 행동에 의해 강화되는

데, 즉 부끄러움 없음은 부끄러운 사람을, 성실하지 않음은 불성실한 사

람을, 막말은 막말하는 사람을, 성마름은 화를 잘 내는 사람을, 균등하지

못한 받음은 탐욕스런 인간을 만들어 내는 것이네.

그렇기 때문에 철학자들은 단순히 배우는 것에 만족하지 말고, 거기

다 훈련을 더해서, 그런 다음 실행하도록 권유한 것이네.[8] 오랜 세월 동

---

다' 혹은 '즐거움은 좋지도 나쁘지도 않다'와 같은 것이다. 선언명제는 요소명제 중 하
나가 참이기만 하면 보존되는 것이다. 각각의 의미와 쓰임새에 대해서는 『엥케이리디
온』 제36장 참조.

6  아리스토텔레스, 『니코마코스 윤리학』 1103a30~b2 참조.

7  덕(아레테)은 좋은 습관의 반복적 행동(습성화, ethismos; 아래의 14절 참조)을 통해 형
성된다는 아리스토텔레스의 윤리적 입장을 표현하는 것처럼 보인다(『니코마코스 윤리
학』 제2권 제1장 및 제2장 참조).

8  에픽테토스의 철학에서 '훈련'을 강조하는 중요한 대목이다. 철학의 본질적 요소를 기
술(technē)과 '철학적 훈련' 혹은 '영적 훈련'(spiritual exercise)으로 보는 입장을 논의
하는 다음의 저작을 참조. J. Sellars, *The Art of Living: The Stoics on the Nature and Function*

안 우리는 우리가 배운 것과 반대되는 행동을 하는 습관을 들여 왔고,
올바른 의견과 반대되는 의견을 실행하고 있기 때문이네. 그러므로 우
리가 올바른 의견에 따라 행위하지 않는다면, 우리는 단지 다른 사람의
판단의 해석자에 불과하게 될 것이네. 지금 여기서 우리 중에 좋음과 나 15
쁨에 관해 체계적으로 설명할 수 없는 자[9]가 누가 있는가? 있는 것들 중
어떤 것들은 좋고, 어떤 것들은 나쁘고, 다른 것들은 아무런 차이가 없는
것들이네. 따라서 덕과 덕이 참여하는 행위들은 좋으며, 그 반대의 성질
을 가진 것들은 나쁜 것이네. 그리고 부와 건강과 평판은 아무런 차이가
없는 것이네. 그러다가, 우리가 말하는 중간에 꽤 큰 시끄러운 소리가 들 16
리거나 혹은 청중 가운데 누군가가 우리를 보고 비웃음을 터뜨리면 우
리는 어쩔 줄 몰라 당황하게 된다네.

철학자여, 당신이 말하는 그 멋진 것들은 어디로 가 버린 것인가? 당 17
신이 방금 말한 그것들 어디서 얻었나요? 당신의 입술, 바로 거기에서.
그럼, 왜 자신의 것이 아닌 철학 이론[10]을 더럽히곤 하는가? 왜 당신은
가장 중요한 문제를 가지고 주사위 놀이를 하고 있는 겁니까?

실제로 빵과 포도주를 식품 저장소에 넣어 두는 것과 그것을 먹는 것 18
은 서로 별개인 사항이네. 먹은 것은 소화되어 몸 전체에 분배되어, 힘
줄, 살, 뼈, 피, 좋은 안색, 건강한 호흡이 되는 것이네. 따로 저장해 놓은

*of Philosophy*, Aldershot, 2003(2009); B. L. Hijmans, *Askēsis: Notes on Epictetus' Educational System*, Assen, 1959.

9 즉 '철학적 논의'(technologēsai)를 통해 설명해 줄 수 없는 자. 15절은 스토아학파의 견해이다. DL 제7권 101~102 참조.

10 boēthēmata(도움) 대신에 thēorēmata(이론)로 읽었다(Elter)

것은 원할 때마다 가져다가 보여 줄 수 있도록 가까이 준비되어 있지만, 그걸 가지고 있다는 평판을 얻는 것을 제외하고는 그것으로부터 아무런 이득도 얻지 못한다네. 사실상, 네가 이 가르침을 설명하든 다른 학파의 저런 가르침을 설명하든 무슨 차이가 있겠는가? 이제 앉아서 에피쿠로스의 가르침에 대한 체계적인(기술적인) 설명을 해주게나. 그러면 아마도 에피쿠로스 자신보다 더 나은 설명을 해줄 수 있을 것이네. 그렇다면 왜 너는 자신을 스토아 철학자(Stōikos)라고 부르는가?[11] 왜 대중을 기만하는가? 너는 헬라스인인데, 왜 유대인 역할을 하는가?[12] 한 사람이 유대인으로, 쉬로스[13]인으로, 이집트인으로 왜 불리는지를 너는 모르는가? 그리고 어떤 사람이 두 신조(信條) 사이에서 망설이는 것을 보

---

11 예민하고 적절한 방식으로 스토아 원리들을 설명할 수 있다고 해서 스토아 철학자가 아니다. 같은 사람이 스토아의 원리들을 논박하기 위해 에피쿠로스의 원리를 설명할 수 있기 때문이다. 어쩌면 그 사람은 에피쿠로스보다 더 잘 설명할 수도 있을 것이다. 결과적으로 그는 동시에 스토아 철학자이면서 에피쿠로스 학파의 일원일 수 있다. 이 것이 불합리하다는 것이다. 스토아학파의 견해에 대한 단순한 지식이 사람을 스토아학파나 다른 철학자로 만들지 않는다. 스토아 철학자가 되려면 스토아 원리에 따라 그것을 실천해야만 한다는 것이다. 그러므로 우리가 어떤 사람이 종교적인 사람이라고 말한다면 그는 그의 종교가 가르치는 행동을 해야만 한다. 그의 행위를 통해 우리는 그를 종교적인 사람으로 판단할 수 있기 때문이다. 그가 말하고 공언하는 것은 얼마든지 거짓일 수 있다. 그리고 그의 말과 고백이 참된 것인지는 자기 자신 외에는 아무도 모른다. 그의 행동의 통일성, 규칙성, 일관성은 빠뜨릴 수 없는 증거가 된다.

12 아래의 21절에서 "세례를 받고"(parabaptistai)라는 표현을 보면, 에픽테토스가 실제로 기독교인을 염두에 두고 말하는 것처럼 보인다. 실제로 당시에는 기독교인과 유대인을 혼동하는 것은 아주 드문 일이 아니었다고 한다. 당시 유대인과 기독교인 모두 '세례'를 입회 의식으로 사용했다. 전해지는 S사본에는 "유대인인데, 헬라스인의 역할을"로 되어 있으며, 이를 쉔클이 수정했다. 어쨌든 에픽테토스의 말로 이해하자면, 유대인은 교리에 따라 행동하지 않았던 사람으로 보인다.

13 오늘날의 시리아를 말한다.

면, 우리는 '그가 유대인이 아니라 단지 그 역할을 행하고 있을 뿐이야' 라고 말하는 데 아주 익숙하다네.[14] 그러나 그가 세례를 받고 종파를 선택했던 자의 마음가짐을 취한다면, 그때에는 그는 참으로 유대인이고 그 이름으로 불리는 것이네. 이와 같이 우리도 또한 '겉으로만 세례를 받고', 사실은 전혀 다른 어떤 사람임에도, 말뿐으로만 유대인 행세를 할 수 있는 것이네.[15] 왜냐하면 우리는 우리 자신의 교리(이성, logos)에 공감하지 않으며, 또 우리가 표명하는 원리들을 알고 있다는 것에 자부심을 갖고 있음에도 그 원리들을 실제로 사용하는 것과는 거리가 멀 수 있기 때문이네.[16] 이런 식으로 우리는 인간의 기능(역할, 소명, 소임)을 다하지 못하면서, 철학자의 기능을 떠맡고 있는 것이네. 엄청난 부담이 됨에도 말이네! 그것은 4kg짜리를 들어 올릴 수 없는 사람이 아이아스

21

22

---

14  "겉으로 유대인이 유대인이 아니요, 겉으로 신체에 할례를 한 것이 할례가 아니다. 내면적인 유대인이 유대인이다."(「로마서」 제2장 28~29절)

15  충분히 흥미를 가질 만한 대목이긴 하지만, 이 대목을 통해 에픽테토스가 직접적으로 기독교인들, 그리고 『신약』과 관계를 맺고 있다고 성급하게 결론 내릴 필요는 없다. 자신의 학생들에게 비유를 들어 스토아 철학을 공부하는 자로서의 정체성을 지키라는 훈계임을 잊지 말자. 당시 사도 바울이 니코폴리스로 전도 여행을 왔다고 하며, 『신약』에도 이에 대한 언급이 나와 있다. 어린 시절을 보냈던 고향인 "히에라폴리스에 있는 자들을 위해"(「골로새서」 제4장 13절), "내가 아르테마와 튀키코스를 네게 보내리니, 그때에 네가 급히 니코폴리스로 내게 오라. 내가 거기서 겨울을 지내기로 작정하였노라"(「디도서」 제3장 12절).

16  진정한 유대인(기독교인)은 신앙과 그 실천 사이의 엄격한 일관성을 유지하는 사람들이다. 이런저런 이유로, 보통 사람들이 대개 그렇기는 하지만, 실제로는 그들이 믿지 않는 신앙을 고백하는 사람들도 있기 마련이다. 에픽테토스가 '세례를 받은 척하는 사람'이라고 말할 때, 바로 이런 부류의 사람들을 염두에 두고 있다(W. A. Oldfather의 해당 각주 참조).

의 돌<sup>17</sup>을 들어 올리고 싶어 하는 것과 같은 것이네.

---

제10장

# 어떻게 여러 가지 이름에서
# 적합한 행동(의무)을 발견할 수 있는가?[1]

네가 누구인지 생각하라[2]. 첫째로 인간이다. 즉 의지(프로하이레시스) 1
보다 더 권위 있는 것은 아무것도 없는 것이다. 다른 것[3]은 의지에 종속
되지만, 의지 자체는 예속할 수도 종속될 수도 없는 것이다. 그렇다면 2
이성의 소유를 통해 네가 무엇으로부터 구별되는지를 생각하라. 너는

---

1  '그 사람에게 적용된 이름'이란 '그 사람의 정체성(identification)'을 말한다. 첫 번째 부
   분(1~13절)은 우리의 윤리적 삶을, 이성적이고 잠재적으로 고결한 행위자로서의 인간
   의 역할과 우리의 특정한 사회적 또는 가족에서의 역할을 결합하는 것으로 생각해야
   한다는 점을 논의하고 있다. 그는 '인간'(anthrōpos)이란 말로 사회와 가족에서의 각 지
   위의 경우에 해당하는 '이름'에 적합한 행위를 설명한다. "네가 떠나가서 네 형제를 욕
   한다면, 네가 누구며 네 이름이 무엇을 나타내는지 잊었다고 너에게 말하겠다."(12절)
   '진짜 아들이 되려면 효성스러워야 하고, 진짜 형제가 되려면 형제다움을 갖춰야 한다'
   는 것이다. 여기서 『논어』(論語)에서 공자(孔子)가 말한 '君君, 臣臣, 父父, 子子'가 떠오른
   다. 이러한 스토아학파의 사상에 대해서는 제1권 제2장 및 키케로의 『의무에 관하여』
   1.107~125 및 A. A. Long[2002], pp. 232~244쪽('적합한 행동과 감정')을 참조. 두 번째
   주제로는 좋은 윤리적 성격이나 덕의 상실은 우리에게 유일하고 진정한 손실이며 우리
   자신에게 부과하는 피해라는 것을 강의한다. 끝으로 에픽테토스는 실천적 행동이 빠진
   그저 '입으로만' 철학하는 것에 대한 비난으로 이 강의를 끝맺음하고 있다.

2  문자적으로 옮기면 '고찰하라'(skepsai)이다.

3  인간이 가지고 있는 다른 모든 능력(기능)

3 짐승으로부터 구별되고, 양으로부터 구별된다. 이것에 더해서, 너는 세계의 시민이자[4] 세계의 부분이며, 게다가 종속되는 부분들[5] 중 하나가 아니라 네가 세계의 신적 통치 질서를 이해할 수 있는 한, 또 그것에서 뒤따르는 모든 것에 관해 반성할 수 있는 한, 너는 주도적인 부분들 중 하나라는 것이다.[6] 그럼, 시민의 소명(epaggelia)은 무엇인가? [시민의 역할에서] 어떤 것도 결코 개인의 유익함을 위해 다가가지 말고, 전체로부터 분리된 것처럼 어떤 것에 관해서도 결코 숙고하지 않으며, 손과 발이 이성의 힘을 가지고 있고 세계의 자연적 구성을 이해할 수 있다면, 손이나 발이 행동할 수 있는 것처럼 행동해야 할 것이며,[7] 그래서 전체에 대해 조회하는 것[8] 외에는 결코 어떤 충동(동기)이나 욕망을 행사하지 않아야 할 것이다.[9] 이런 이유로 철학자들이 이렇게 말하는 것은 옳은 것이다. 즉 '훌륭하고 덕이 있는 사람'은 앞으로 일어날 일을 내다볼 수 있다면, 설령 그것이 질병, 죽음, 불구로 오더라도 그가 적어도 이것

---

4 마르쿠스 아우렐리우스 안토니누스, 『자기 자신에게 이르는 것들』 제6권 44("내 본성은 이성적이고 공동체적이다. 나의 도시와 조국은, 내가 안토니누스인 한에서는 로마이지만, 인간인 한에서는 그것은 우주이다.") 참조.

5 길들여진 동물들.

6 에픽테토스가 학생들에게 '세계의 시민', '세계의 주도적 부분'이라고 말하는 것은, '세계의 신적 통치 질서를 이해할 수 있고', '그것에서 뒤따르는 모든 것(결과)에 관해 반성할 수 있는' 능력을 갖추라고 권유하는 것이다.

7 발의 예를 사용하는 것에 대해서는 제2권 제6장 10절("발 또한, 이해력을 가졌다면, 진흙투성이가 되고 싶은 충동을 가졌을 것이기 때문이네.") 참조.

8 즉 전체의 좋음에 이바지하는 것.

9 지역의 도시 시민이나 개인의 유익함의 관점에서가 아니라, '우주적 도시의 시민'으로서 행동하라고 권고하고 있다. '우주적 도시'에 관한 논의에 대해서는 M. Schofield, *The Stoic Ideas of the City*, Cambridge, 1991, pp. 57~92 참조.

들이 전체의 질서에 대한 기여로서 할당되었으며, 전체가 그 부분보다 더 중요하고, 도시가 시민보다 더 중요하다는 것을 깨달을 수 있기 때문에, 그 자신은 자연과 협력할 것이다. 그러나 우리는 실제로 무슨 일이 일어날지를 미리 알 수 없으므로, 자연적으로 더 적합한 것을 선택하는 것들에 달라붙는 것이 우리의 의무(적합한 행동)인 것이다. 실제로 우리는 이 목적을 위해 태어났으니까.  6

다음으로 네가 아들이라는 것을 기억하라. 이 역할의 소명[10]은 무엇인가?[11] 너 자신이 소유한 물질적인 모든 것을 다 너의 아버지에게 속하는 것으로 여기고, 범사에 그에게 순종하며, 다른 사람 앞에서 그를 비방하지 않으며, 그에게 해를 끼칠 수 있는 어떠한 일도 행하거나 말하지 않으며, 자신의 능력이 허락하는 한 그에게 협력하면서 범사에 그에게 공경을 표하고 굴복하는 것이다.  7

다음으로 네가 또한 형제임을 알라. 이 역할에서도 너는 공경, 순종, 공손한 말을 보여야만 하며, 또 의지의 영역 밖에 있는 어떤 것을 위해 형제와 다투지 말고, 오히려 의지의 영역 안에 있는 것들에서 더 나은 몫을 얻기 위해서라도, 즐거운 마음으로 그것들을 포기할 수 있어야만 한다.[12] 양상추[13] 한 개나, 어쩌면 의자 한 개를 대가로 그의 호의를 얻는다는 것이 무엇인지를 살펴보라. 이 얼마나 큰 이득을 얻었는가!  8  9

이것 다음으로, 네가 어떤 도시의 평의회에 앉아 있다면 평의회 의원  10

---

10 원어로는 epaggelia이다.

11 즉 이 역할(prosōpon)을 맡은 사람에게 요구되는 것은 무엇인가? 연극에서의 '역할'의 의미에서, 어떻게 우리가 인간을 '인격'(person)으로 생각하게 되었는지를 논의하는 연구에 관해서는 M. Frede, "A Notion of a Person in Epictetus", eds. T. Scaltsas and A. S. Mason, *The Philosophy of Epictetus*, Oxford, 2007, pp. 153~168 참조.

임을 기억하라. 네가 젊다면, 젊다는 것을 기억하라. 늙었다면 늙었다는

11  것을 기억하라. 아버지라면 아버지라는 것을 기억하라. 이것들의 각각[14]
을 신중하게 고려해 보면, 이러한 이름들 각각은 그것에 적합한 행위[15]

12  들을 항시 보여 주기 때문이다. 그러나 네가 떠나가서 네 형제를 욕하다
면, 네가 누구며 네 이름(정체성)이 무엇을 나타내는지 잊었다고 너에

13  게 말하겠다. 네가 대장장이여서 망치를 서투르게 사용했다면, 대장장
이로서 자신이 무엇인지를 잊어버렸을 것이다. 그러나 네가 형제로서
너의 역할을 잊고 형제 대신 적이 된다면, 너 자신은 정말 아무것도 교

14  환하지 않았다고 생각하는가? 그리고 인간이 되고, 문명화된 공동체적
동물이 되는 대신에 해롭고, 배신하며, 물어뜯어 죽이는 짐승이 되었다
면, 너는 아무것도 전혀 잃지 않았는가? 뭐라고, 손상을 입을 수 있으려
면 몇 푼의 돈이나마 잃어야만 하고, 다른 어떤 것도 잃지 않는다는 것

15  은 인간에게 손상을 입히는 다른 어떤 것의 상실은 없다는 것인가? 네
가 문법과 음악에 관련된 지식을 잃는다면, 너는 그 상실을 손상으로 여
길 것이다. 그렇지만, 만일 네가 수치심과 품위, 온화와 같은 성질을 잃

16  는다면 그것을 중요하지 않은 것으로 여길 텐가? 그럼에도 앞엣것들과

---

**12** "따라서 '내'가 나의 의지가 있는 그곳에 있다면, 단지 그런 경우에서만 나는 내가 마땅
히 그래야만 하는 친구일 것이고, 아들일 것이고, 아버지가 될 것이네."(제2권 제22장
20절)

**13** 양상추는 가장 하찮은 것들의 예로 들었고, 의자는 로마의 고관 대작이 앉는 고급스런
의자를 의미할 수 있다.

**14** 각자가 지닌 이름, 즉 타이틀.

**15** '적합한 행위'(고유한 기능, kathēkon)는 각각의 살아 있는 존재의 구성에 '적합한 혹은
본성에 맞는' 모든 활동을 지시한다. 성장하고 또 자신의 사회적 자각이 커 감에 따라,
인간이 자기의 본성에 일치하는 행동을 하는 것을 말한다(LS 59, p. 365 참고).

같은 그런 것은 우리 의지의 힘을 넘어서는 어떤 외적 원인을 통해 잃게 되는 반면, 뒤엣것들과 같은 그런 것은 우리 자신의 잘못을 통해 잃게 되는 것이다. 앞엣것들과 같은 그런 것을 갖는 것은 고귀한 일이 아니며, 또한 그것을 잃는 것도 부끄러운 일이 아닌 반면에, 뒤엣것과 같은 그런 것을 소유하지 못하는 것은 부끄러운 일이며, 또 그것을 잃는 것은 불명예스럽고, 참으로 불행한 일이다.

사람이 남색(男色)에 굴복하면 그가 잃는 것은 무엇인가? 남자임을 **17** 잃는다. 그리고 남색으로 유혹하는 자는? 다른 많은 것들과 함께, 그는 다른 것 못지않게 자기 안에 있는 남자임을 잃는다. 간통한 자는 무엇 **18** 을 잃는가? 자긍심과 자제력이 있는 인간, 품위 있는 인간, 시민, 이웃을 잃는다. 화에 굴복하는 사람은 무엇을 잃는가? 다른 어떤 좋음. 두려움에 사로잡힌 자는? 다른 어떤 좋음. 상실과 손상을 겪지 않고 나빠지는 **19** 사람은 없다. 그러니까 돈의 상실을 유일한 상실로 간주하게 되면, 내가 방금 말한 그러한 사람들은 모두 해를 입지 않을 것이고 또 어떤 상실을 입지 않을 것이다. 어쩌면 그렇게 운이 좋다면, 그들은 심지어 그러한 행동으로 돈을 벌게 되면 어느 정도의 이득과 이익을 얻을 수 있을 것이다. 그러나 이제 생각해 보라. 네가 모든 것을 돈으로 되돌려 놓으면, 자 **20** 신의 코를 잃은 사람도 너희 눈에는 어떤 해도 입지 않았을 것이다.

누군가가 말한다. '예, 그는 그렇습니다. 그의 몸이 훼손되었기 때문에.'

자, 그의 후각을 다 잃은 사람은 아무것도 잃지 않았느냐? 그렇다면 **21** 그것을 가지고 있는 사람에게는 이익을 가져오고, 그것을 잃으면 손해를 가져오는 정신의 능력은 아예 존재하지 않는 것이냐?

'무슨 능력을 말씀하는 것입니까?' **22**

우리는 본성적으로 수치심을 가지고 있지 않느냐?

'우리는 가지고 있지요.'

이것을 파괴하는 사람은 어떠한 손상이나 결핍을 겪지 않는가? 그는
자신에게 고유하게 속하는 어떤 것도 잃지 않는가? 우리는 자연적인 성
실, 자연적인 애정, 자연적으로 남을 도와주려는 상생심(相生心), 자연
적인 자제력을 가지고 있지 않은가? 그러면 누군가가 스스로 이것들 중
어느 하나라도 잃어버리도록 내버려 둔다면, 그가 해를 입거나 손상을
입지 않았다는 것으로 간주해야만 할까?

'그러면 누군가가 나를 다치게 하면, 나는 그를 다치게 할 수 없는것
인지요?'[16]

먼저 상해가 무엇인지 고려하고, 철학자들에게서 들었던 것을 상기
하도록 하게. 즉 좋음이 의지(프로하이레시스) 안에 있고 나쁨도 마찬
가지인 경우라고 한다면,[17] 네가 방금 말한 것이 이것에 해당하지 않는
지를 살펴보라. 다시 말해, '어떤가? 해당하는 당사자가 나에게 뭔가 부
정한 짓을 저질러서 그 사람 자신에게 해를 끼쳤기 때문에, 나도 상대방
에게 뭔가 부정한 짓을 저질러서 내 자신에게 해를 끼쳐야 하는 것이 아
니겠습니까?'. 그러면 우리는 이런 생각을 하지 않고 무언가 신체적으
로 잃은 것, 혹은 소유물에서 잃은 것이 있으면 해를 입은 것으로 간주
하지만, 의지(프로하이레시스)에서 잃은 것이 있어도 조금도 해를 입었

---

16  "해를 입을 경우, 많은 사람이 말하듯이, 보복으로 해를 입히는 것은 정의로운 일인가,
    그렇지 못한 것인가? 결코 정의롭지 못하네. […] 그러니까 어떤 사람에게든 보복으로
    정의롭지 못한 짓을 해서도, 해롭게 해서도 안 되네."(플라톤, 『크리톤』 49c)

17  제2권 제16장 처음 부분 참조.

다고 보지 않는 것은 어째서인가? 그것은 사람이 판단을 잘못했거나 부 28
정을 저지를 때, 자신의 머리와 눈과 엉덩이에서 고통을 겪지 않으며,
또한 땅도 잃어버리지 않기 때문이네. 그런데 우리는 그런 종류의 것들 29
외에는 아무것도 염려하지 않네. 우리의 의지가 고결하게 유지되고 신
뢰할 만한 것인지, 혹은 그 반대로 부끄럽고 신뢰할 수 없는 것인지에
대해서는, 교실에서 그것을 시시껄렁한 연설의 주제로 삼을 때를 제외
하고는 우리에게 아주 작은 관심조차 불러일으키지 못하고 있네. 따라 30
서 우리가 만들어 가는 도덕적 진보는 연설하는 것에만 국한되고, 그것
너머로 한 발짝도 나아가지 못하고 있는 형편이네.[18]

---

**18** 에픽테토스는 도덕적 주제에 대해 단순히 말하거나 쓰인 것을 읽는 것만을 연습하는
태도에 대해 비난을 퍼붓고 있다. 여기서는 도덕적 주제에 관한 것들을 전달하거나, 그
것에 관해 쓰는 사람을 위한 기술의 연습이거나 비판하기 위한 연습이 그 비판의 대상
이 되고 있다. 에픽테토스가 보기에 이런 일을 공부하는 것은 듣는 사람을 위한 게으른
시간을 보내는 것에 지나지 않는다. 그래서 에픽테토스는 '실천적 행동'에 대한 우리의
게으름과 무관심, 이론적 논쟁으로 철학을 공부하는 것의 하찮음을 비난하고 있다.

# 제11장

# 철학의 출발점은 무엇인가?[1]

1    철학의 출발점은, 최소한 마땅히 해야만 하는 방식대로 철학에 전념하

고 또 현관문으로 들어가는 사람들에게 삶의 본질적인 문제에 관한 인

2    간 자신의 나약함과 무능함에 대한 깨달음인 것이네. 실상 우리는 직각

삼각형, 음악에서 4분음(四分音)이나 반음[2]에 대한 자연적 개념[3]을 갖지

못한 채 세상에 왔지만, 어떤 종류의 체계적인 교육을 통해서 우리는 이

것들 각각이 무엇인지 배우는 것이므로, 그런 이유로 그것들에 대해 알

---

1   스토아 철학자들은 모든 인간이 좋음과 같은 근본적인 관념에 대해 자연적으로 형성된
'선개념'(prolēpsis)들을 지니고 있으며, 또 선개념은 이러한 관념들에 대한 진정한 이해
를 형성하기 위한 기초를 제공한다고 믿는다. 회의론자들은 이러한 개념에 대한 서로
다른 사람들 사이의 불일치(13절)가 진리에 대한 지식이 발견될 수 없음을 보여 주는
것으로 간주한다. 그러나 에픽테토스는 우리의 선개념을 개별적인 경우들에 적절하게
적용하지 못한 데서 비롯된 불일치를 설명하고 있다(7~12절). 철학의 역할은 우리가
이러한 개념들을 체계적으로 검토하고 그것들에 대한 진정한 이해를 형성하도록 돕는
것이다. 에픽테토스에게 이것은 좋음에 대한 에피쿠로스의 개념을 거부하는 것을 의미
한다(13~24절). 제1권 제22장, LS 40 NT, A. A. Long[2002], pp. 79~80, 102~103.

2   수이에에 따라, dieseōs hē hēmitoniou로 읽는다.

3   원어로는 phusei ennoian이다. 결국은 본유적(本有的) 개념을 말한다.

지 못하는 사람들은 그것들에 관해 알고 있다고 생각하지 못하는 것이
네. 이와 달리, 좋음과 나쁨, 옳음과 그름, 적절함과 부적절함, 행복, 우     3
리에게 적합한 것(의무)과 우리의 몫으로 부과된 것(책임), 그리고 우
리가 행해야만 하는 것과 우리가 행하지 말아야만 하는 것에 대한 본유
적 개념⁴을 갖지 못한 채, 우리 중에 누가 세상에 들어왔는가? 이런 이     4
유로 우리 모두는 이러한 명사(名辭)들을 사용하며, 또 우리의 그것들
에 대한 '선개념'을 개별적인 사례들에 적용하려고 시도하는 것이네.
'그는 잘 행동했다. 그는 해야만 하는 대로 했다거나, 혹은 하지 말아야     5
만 하는 대로 했다. 그는 불행했다거나 운이 좋았다. 그는 정의롭지 않
다거나 정의롭다.' 우리 중 누가 그러한 표현들을 사용하는 것을 삼가
는가? 선이나 음표에 대해 알지 못하는 사람들의 경우처럼, 그것들에
관해 적절하게 배울 때까지 우리 중에 누가 그것들의 사용을 미루겠는
가? 그 이유는, 이 영역에서 우리는 사실상 어느 정도 자연에 의해 이미     6
가르침을 받고 이 세상에 오고, 거기로부터 시작해서 계속적으로 우리
의 개인적인 의견을 덧붙여 가는 것이라네.⁵

---

4    원어로는 emphutos ennoia('우리에게 본래 심어져 있는 개념'). '선개념'을 본유적이라
      했을 때, 새로 태어난 아이들도 선개념을 완전히 갖췄다는 것이 아니라, 우리의 기본적
      가치 지향적, 도덕적 경향성이 하드웨어로, 또 발생적으로 프로그래밍되어 있다는 것
      을 의미한다. 플루타르코스, 『스토아의 자기 모순에 대하여』 1041E 참조(크뤼시포스는
      좋은 것과 나쁜 것에 관한 자신의 가르침이 특히 'emphutos prolēpsis'와 양립할 수 있다
      고 주장했다).
5    에픽테토스의 교육적 가정과 방법론을 잘 보여 주는 대목이다. 그의 핵심 요지는 이렇
      게 정리된다. '모든 사람은 본유적으로 '도덕감', 혹은 오히려 좋음(선)과 나쁨(악)과 같
      은 가치를 객관적으로 구별할 수 있는 기본 능력을 구비하고 있는, 일반 개념의 공유 창
      고를 갖추고 있다. 왜냐하면 사람은 자연적으로 타고난 이런 재능을 가지고 있기 때문
      에, 여기의 대화 상대자처럼 좋음과 행복, 옳고 그름에 대한 특성을 알고 있어서, 개별

누군가가 묻는다. '그런데 제우스에 맹세코, [자연적으로][6] 제가 아름다움과 추함을 모르는 것은, 왜일까요? 그것들에 대한 개념을 제가 갖고 있지 못한 것인가요?'

자네는 가지고 있네.

'개별적인 경우들에 적용하지 못해서 그런 건가요?'

자네는 적용하고 있네.

'그러면 제가 올바르게 적용하고 있지 못한 건가요?'

전체 질문이 그것에 달려 있으며, 여기에 의견이 덧붙여지는 것이네. 왜냐하면 사람들은 일반적으로 인정되는 이러한 개념들로부터 시작하지만, 그들은 그 개념들을 적절하지 않은 개별적인 경우들에 적용하는

결과로서 논쟁에 휘말리게 되는 것이기 때문이네. 이러한 일반적 개념에 더하여 그들이 또한 그 개념들을 올바르게 적용하는 데 요구되는 지식을 가지고 있다고 하면, 무엇이 그것들이 완전해지지 못하게 방해할

수 있겠는가? 그러나 지금은 네가 자신의 선개념을 또한 개별적인 경우들에 적절한 방식으로 적용할 수 있다고 생각하고 있으므로, 그럼 어떻게 그런 결론에 도달하게 되었는지를 내게 말해 줄 수 있겠나?

'제가 그것이 그렇다고 생각하고 있으니까요.'

그렇지만 다른 사람은 그 문제에 대해 동일하게 생각하지 않으며, 그 자신도 또한 그 개념들을 올바르게 적용하고 있다고 생각하겠지. 그렇

---

적인 경우들에 대해 올바른 가치판단을 내릴 수 있다고 생각하는 경향이 있다. 에픽테토스가 자연적 개념의 그릇된 적용에서 발생하는 "모순"에 주목했을 때, 그는 사람들 사이의 불일치뿐만 아니라, 또한 메데이아와 같이 한 사람 안에서 동일한 이유로 발생하는 갈등이나 모순도 언급하고 있다.'(A. A. Long [2002], p. 80, 82 참조)

6 phusei를 빼고 읽는다(S사본, J. Souilhé 참조).

게 생각하지 않겠는가?

'그는 그렇게 생각합니다.'

그러면 너희 두 사람이, 의견이 상충하는 문제들에 대해 자신의 선개 11
념을 적절하게 적용하고 있다는 것이 가능하겠는가?

'아니요, 가능하지 않습니다.'

그러면 너의 선개념을 더 잘 적용할 수 있도록 해주는 네 개인적인 12
의견을 넘어서는 것으로, 우리에게 보여 줄 무언가를 가지고 있느냐?
그러나 미친 사람에게 좋은 것으로 보이는 것 이외에 그가 다른 어떤
것을 행하는가?[7] 그리고 그것이 그에게는 또한 충분한 기준이 될 수 있
을까?

'물론 충분치 않을 겁니다.'

자, 그렇다면 개인적인 의견보다 더 높은 무언가로 나아가 보기로 하
자. 그게 무엇일 수 있을까? 철학의 출발점을 살펴보는 것이네. 즉 그것 13
은 사람들 서로 간에 상충하는 의견을 갖고 있음을 깨닫고, 그 상충의
기원에 대해 탐구하며, 단순히 생각하고 있는 것을 가볍게 여기고 믿지
않는 것, 그리고 생각하고 있는 것이 올바르게 생각되고 있는지를 조사
하고, 무엇인가 판단 기준을 발견하는 것, 예를 들면 중량의 경우에는
저울을, 예를 들면 사물이 똑바른지 굽었는지를 결정하는 목수의 측선
을 발견하는 것과 같은 것이네.

이것이 철학의 출발인가? 모두가 옳은 것으로 생각하는 것이 모두 14
옳은 것일까? 어떻게 서로 상충하는 생각이 옳을 수 있겠는가? 결과적

---

7  즉 미친 사람은 자신에게 좋게 보이는 것에 따라서만 행동하다

으로, 그것들이 모든 경우에 옳을 수는 없는 것이네. 하지만 특히 우리
에게 옳은 것처럼 보이는 것들은? 왜 쉬로스[8] 사람들이나 이집트 사람
들의 것보다 우리의 것이, 혹은 왜 내가 개인적으로 옳은 것으로 생각하
는 것이나 이런저런 사람들이 옳은 것으로 생각하는 것보다 우리의 것
이? 어떤 사람들이 다른 사람들보다 더 옳을 수 있다고 생각할 이유가
없는 것이네. 따라서 각 사람이 가지고 있는 의견은 그 경우가 어떠하다
는 것을(pros to einai) 판단하기 위해 충분하지 않은 것이네.[9]

그래서 무게를 재고 측정하는 경우에도 단지 겉보기에 만족하지 않
고, 우리들은 각각의 경우에서 그것들을 시험해 볼 수 있는 어떤 기준을
발명했던 것이네. 그렇다면 현재의 영역에는 단순한 의견보다 더 높은
기준은 아무것도 없는 것일까? 그러나 인간에게 가장 필수적인 항목들[10]
이 결정될 수 없고 발견할 수 없는 일이 어떻게 가능할 수 있을까?

'그렇기에 반드시 판단 기준이 있어야만 합니다.'

그렇다면 왜 우리는 그것을 찾지 않고, 발견하지 않으며, 또 그것을
발견한 뒤에는 그것으로부터 결코 손가락 한 뼘의 너비만큼도 벗어나
지 않은 채, 그때부터는 그것을 어김없이 사용하는 것이냐? 내 생각으
로는, 그것이 발견되면 그것은 모든 일에서 그들의 유일한 척도로서 의
견을 사용하는 사람들을 광기에서 구해 낼 수 있는 어떤 것이므로, 그
이후로 알려지고 명확하게 정의된 원리들로부터 시작함으로써, 우리는
체계적으로 검토된 선개념의 적용을 통해 개별적인 경우들을 판단할

---

8   오늘날의 '시리아'를 말한다.

9   즉 각자의 의견은 그 참을 결정하는 충분한 기준이 못 된다.

10  즉 중요한 것.

수 있게 되는 것이기 때문이네. 어떤 주제가 현재 우리의 탐구를 위해 19 주어졌느냐?

'쾌락.'

그것을 그 판단 기준에다 맞추고, 저울에 올려놓아라. 무언가 좋은 20 것은 우리가 적절하게 확신을 가질 만하고 신뢰할 수 있는 어떤 것이어 야만 하는가?

'그래야만 합니다.'

그러면 우리는 불안정한 것에 대해 적절하게 확신을 가질 수 있겠 는가?

'아닙니다.'

그럼 쾌락은 안정적인 어떤 것인가? 21

'아뇨, 그렇지 않습니다.'

그럼, 그것을 치워 버려라! 쾌락을 들어 저울 밖으로 던지고, 좋은 것 들의 영역에서 멀리 몰아내라. 그러나 네 시력이 좋지 않고, 하나의 저 22 울로 너에게 충분하지 않다면, 다른 것을 가져오라. 좋은 것은 우리에게 자부심을 불러일으킬 만한 적절한 것인가?

'정말, 그렇습니다.'

그러면 순간의 즐거움이 우리에게 자부심을 불러일으킬 만한 것일 까? 그것이 가치가 있다고 말하지는 않는군. 그렇게 말하지 않는다면, 나는 이미 자네를 저울을 사용할 자격이 있는 사람으로 생각하게 될 것 이네! 이런 식으로 기준들을 가까이 가지고 있을 때 사물을 판단하고 23 무게를 잴 수 있게 되는 것이네. 그리고 철학하는 일은 이러한 판단 기 24 준들을 고찰하고 확립하는, 바로 이것에 있는 것이네.[11] 그러나 일단 그 25 것들을 알고 나면, 그것들을 사용하는 것은 훌륭하고 좋은 사람의 일이

되는 것이네.[12]

11 판단 기준에 관한 소크라테스의 언급에 대해서는 플라톤, 『에우티프론』 7c와 『프로타고라스』 356b~357a 참조.

12 훌륭하고 좋은 사람(ho kalos kai agathos), 즉 모든 경우에 지혜롭고 좋은 사람(sophos kai agathos)을 기준으로 적용할 수 있다는 결론에 이르고 있다.

제12장

# 문답하는 기술에 대하여[1]

어떻게 논쟁을 벌여야 하는지를 알고자 하는 사람이 반드시 배워야만     1
할 것은, 우리 학파의 철학자들[2]이 정확히 규정했던 것이네. 그러나 그
지식을 적절하게 적용하는 데에 관련해서는, 우리는 전혀 훈련을 받지
못했다는 것이네. 어쨌든, 만일 네가 우리 중 누군가에게 문외한과 문답     2
을 벌여 보라고 제안하면,[3] 우리는 그를 다룰 수 있는 방법을 찾아내지
못할 것이네. 그 사람을 조금 흔들어 놓은 후에, 만일 그가 비협조적이

---

1   에픽테토스는 여기서 소크라테스를 모델로 삼아, 어떻게 살아야 하는지에 대해 유용하
    게 성찰할 수 있도록 비전문적인 사람들을 논쟁에 참여시킬 수 있는 방법을 논의하고
    있다. 이 장은 크세노폰의 『향연』(15절)을 명시적으로 언급할 뿐만 아니라, 플라톤의
    『고르기아스』 474a와 472c(5절)를 암시하고 있다. 그것은 또한 소크라테스의 체계적인
    반대 검토 방법인 '엘렝코스'(elengchos[논박], 6~11절)와 도덕적 전문 지식이 있는 사
    람의 판단에만 의존해야 한다는 주제(17~24절; 플라톤, 『크리톤』 47~48; 『프로타고라
    스』 312~313 참조)를 언급하고 있다. A. A. Long[2002], pp. 86~89('A lesson in the use
    and abuse of Socratic Dialectic')도 참조. 여기서 에픽테토스는 그의 동료 스토아주의들
    의 전문용어를 사용하는 경향에 대해 비판을 하는 것으로 해석할 수 있다.
2   스토아학파의 철학자들.
3   에픽테토스의 학생 중에는 전문적으로 스토아 철학을 가르치려는 포부를 가진 자도 있
    었다.

라는 게 드러나면,[4] 우리는 더 이상 그를 다룰 수 없으며, 그다음에는 다음과 같이 그를 욕하거나 그를 조소할 것이다. 즉 '그는 단지 문외한이야. 그와는 도대체 무언가를 할 수 없어'라고 말할 것이네. 그러나 좋은 길라잡이는 방황하는 사람을 보게 되면, 조롱이나 욕설로 그를 버려 두지 않고, 올바른 길로 이끌어 가야 하는 것이네. 그래서 너 자신도 그에게 진리를 보여 줘야만 하고, 그가 어떻게 따르는지를 보게 될 것이네. 그러나 네가 그에게 진리를 분명히 보여 주지 못하는 한, 너는 그를 조롱해서는 안 되며, 오히려 너 자신의 무능함을 깨달아야만 하는 것이네.

그러면 소크라테스는 어떻게 행동했는가? 그는 자신의 문답의 상대자에게 자신을 위해 증언하도록 강요했으며, 그 사람 외에는 다른 증인은 필요하지 않았다네. 그래서 그는, '나는 다른 사람 없이도 행할 수 있다네. 나는 항시 대화 상대자를 증인으로 두는 것만으로도 충분하네. 나머지 사람들에 대해서는, 나는 그들의 표를 구하는 것이 아니라 나의 대화 상대자의 표만을 구하네'[5]라고 말할 수 있었다네. 왜냐하면 소크라테스는 이런 식으로 우리의 개념들로부터 따라 나오는 결과[6]를 너무도 분명하게 밝혀내서, 누가 되었든지 간에 내포된 모순을 인식하고 또 그것을 포기하게 했기 때문이네.[7]

---

4  논의의 목적에 어긋나는 것으로 답변을 하게 되면.

5  플라톤, 『고르기아스』 474a 참조. 472c와 비교. 에픽테토스는 자유롭게 자신의 생각에 맞춰 『고르기아스』를 인용하고 있다. 에픽테토스의 플라톤 '대화편'의 사용에 대해서는 A. Jagu, *Épictète et Platon, Essai sur les rélations du Stoïcisme et du Platonisme à propos de la Morale des Entretiens*, J. Vrin, Paris, 1946, pp. 136~142 참조.

6  즉 '그 사람의 개념들(ennoiai)이 내포하는 함의'.

7  A. A. 롱이 해석한 소크라테스의 논리적 구조는 이런 것이다. 여기서 에픽테토스는 '시

'시기하는 사람은 시기 속에서 기뻐하는가?'[8] —'전혀 그렇지 않고, 오히려 그는 고통을 받는다.' 그 모순으로부터 소크라테스는 논쟁의 상대방을 움직였던 것이네.[9] '자, 그렇다면 시기심은 나쁜 것들을 봄으로써 생겨나는 고통의 느낌으로 너에게 보이는가?' 더구나 나쁜 것들을 봄으로써 생겨나는 시기심이 무엇일 수 있는가? 이렇게 해서 소크라테스는 상대방에게 시기심은 좋은 것들을 봄으로써 생겨나는 고통의 느낌이라고 말하게 했던 것이네. '자 어떤가? 누군가가 자신과 아무런 관계가 없는 것들을 시기할 수 있을까?' '절대 그럴 수는 없습니다.' 이런 식으로 소크라테스는 그 개념을 완전히 다 채우고 그것을 상세하게 검토한 다음, 그는 다음과 같은 식으로 말하지 않은 채로 그 자리를 떠나갈 수 있었네. 즉, 다른 사람에게 '나에게 시기심을 정의해 보라', 그런 다음 그 사람이 그것을 정의하면, '나쁜 정의다. 정의하는 명사(名辭)

7
8
9

기심'(악의[惡意], phthonos)에 대한 사람의 모순된 믿음을 드러내는 방법을 설명하기 위해 구성된 소크라테스 대화의 예를 제시하고 있다. 대화 상대자는 시기심을 '다른 사람의 불행에 대한 쾌락'으로 간주하면서 시작한다(플라톤, 『필레보스』 48bc 참조). 도전을 받는 그는, 시기심이 자신의 초기 주장과 모순되는 '고통스러운 감정'임을 받아들인다. 그런 다음 그는 그것이 다른 사람의 불행으로 발생하는 고통이 될 수 없다는 데 동의한다. 그래서 그는 시기심을 '다른 사람의 좋은 운으로 받아들여진 고통'으로 재정의하도록 강요받는데, 이는 그의 애초의 출발점을 완전히 뒤엎는 것이다(A. A. Long[2002], pp. 86~87 참조).

8 '시기심'에 대한 소크라테스의 언급은, 크세노폰, 『회상』 제3권 제9장 8절 참조("사람들이 그들의 친구들의 잘됨에 대해 갖는 괴로움이며, 그러한 사람들만이 시기를 하는 것이네").

9 아래에도(11절) 이와 비슷한 표현이 나오는데, 이 말의 진정한 의미는 무엇일까? 논의를 통한 상대방이 주장에 대한 태도나 입장이 변하는 것으로 이해된다.

가 외연적으로 정의된 대상과 일치하지 않기 때문에,'[10] 결과적으로 문
외한에게는 따분하고 좇아가기 어려운 기술적 명사들을 끌어들이면
서——설령 우리[11]로서는 그 명사들을 포기할 수 없을 테지만 말이네. 그
러나 문외한 자신이 따라갈 수 있고 또 자신의 인상에 의존해서 어떤 명
제를 수락하거나 거부할 수 있게 하는 명사들에 관련해서, 우리는 그와
같은 명사들을 사용해서는 단연코 그를 움직이게 할 수 없는 것이네. 그
리고 결과적으로 이러한 무능함을 깨달음으로써 우리는 자연스럽게 그
시도를 포기하거나, 적어도 어느 정도 분별력을 가진 우리를 포기하게
만든다는 것이네. 그러나 성급한 다중들은 이런 논쟁에 휘말리면 스스
로 철저하게 혼란에 빠지고 다른 사람들을 혼란에 빠뜨리며, 마침내 욕
설을 주고받으면서 자리를 떠나 버리게 되는 것이네.[12]

그런데 소크라테스는 논쟁에서 결코 흥분하지도 않고, 결코 욕설을
내뱉거나 어떤 형식의 오만함을 드러내지도 않았으며, 다른 사람들의
욕설을 참을성 있게 견디고 어떤 상충도 종식시키는 것이 소크라테스
의 첫 번째 또 가장 뚜렷한 특징이었네. 그런 면에서 소크라테스가 얼

---

**10** 즉 정의하는 말(definiens)과 정의되는 말(definiendum)이 같지 않다('삼각형'≠'세 변
으로 둘러싸인 도형').

**11** '자신의 동료 스토아 철학자들'에 대한 비판을 염두에 두고 있다(J. Barnes, *Logic and the
Imperial Stoa*, Brill, 1997, p. 29 참조). 이 대목을 표면적으로 이해하자면, 소크라테스는
기술적 명사를 사용해서 자신의 대화를 전개할 필요가 없었으나, 에픽테토스는 그것을
사용하지 않고는 진행할 수 없음을 고백하는 것처럼 보인다. 반스는 이런 해석이 잘못
이라고 지적한다. 에픽테토스는 대화의 형식에서 많은 논리적 명사들을 보존하며 사용
하고 있다. 실제로 논리학의 연습을 윤리학으로의 접근 방식으로 이해하고 있다.

**12** 이 대목에서 에픽테토스는 자신이 공감하는 소크라테스의 논의 기술과 그의 당대의 철
학자들의 윽박지르는 논의 실행 방식을 대조하고 있다.

마나 대단한 능력을 가졌는지 네가 알고 싶다면 크세노폰의 『향연』[13]을 읽어 보는 것이 좋네. 그러면 그가 얼마나 많은 논쟁을 해결했는지 알 수 있을 것이네. 그래서 시인들 사이에서도, 이것이야말로 최고의 찬사로 적절하게 말해졌던 자질이라네.

16

　'능숙하게 큰 싸움도 금세 끝내실 것이네.'[14]

　어떤가? 이 활동[15]은 요즘 특히 로마에서 그다지 안전한 일이 아니네. 17

그 일에 종사하는 사람들은 분명히 거리의 한 구석에 가서 행하지 않고,[16] 그럴 기회가 주어지면 집정관급의 어떤 부자를 찾아가 그에게 묻는다네.[17] '이봐요, 당신의 말을 누구에게 맡겼는지 말해 줄 수 있습니까?' — '물론이죠.' — '말에 대해 전혀 모르는 사람이 우연히 찾아온 18 것입니까?' — '전혀 그렇지 않습니다.' — '자 그럼, 당신의 금과 은 또는 당신의 옷을 누구에게' — '이 경우에도 우연히 찾아온 사람에게는 아닙니다.' — '당신의 몸, 그것을 다른 사람의 돌봄에 맡길 생각을 해본 19 적이 있습니까?' — '왜 아니겠습니까.' — '의심할 바 없이 신체 단련[18]

---

**13** 에픽테토스 제3권 제16장 5절 참조.

**14** 헤시오도스, 『신통기』 87행 참조.

**15** 즉 논쟁적 대화를 하는 활동. 에픽테토스는 자신이 철학 설교를 했던 로마의 상황을 떠올리고 말하고 있다.

**16** 칼리클레스는 소크라테스를 두고 "도시의 중심지와 시장을 피해 움츠러든 채 서너 명의 젊은이들과 구석에서 쑥덕공론이나 하면서"라고 비난한다(플라톤, 『고르기아스』 485d 참조).

**17** 즉 전형적으로 소크라테스적인 물음의 방식으로.

**18** 원래 aleiptikē(오일 마사지 훈련)는 몸을 건강하게 유지하는 방법으로 오일을 바르고 문지르는 기술을 말한다. 레슬링 훈련 준비 단계에서 몸에 오일을 발랐는데, 이 오일을 발라 주는 사람을 aleiptēs라고 했다. 훈련 후에는 오일 바른 몸에 엉겨 붙은 땀과 먼지와

이나 의술에서 전문 지식을 가진 사람에게이지요?' — '정말 그렇습니다.' — '이것이 당신의 가장 가치 있는 소유물입니까, 아니면 그것들 모두보다 더 나은 다른 어떤 것을 가지고 있습니까?' — '어떤 종류의 것을 말하는 것이죠?' — '제우스에 맹세코, 이 모든 것들을 사용하게 만들고, 그것들 각각을 시험하고, 그것들에 대해 숙고하는 무언가를 말하죠.' — '아마도 당신은 혼을 의미하는 것인가요?' — '올바르게 이해하셨네요. 그것이 바로 정확하게 내가 의미하는 것입니다.' — '제우스에 맹세코, 나는 그것을 내가 소유한 다른 어떤 것보다 훨씬 더 우월하다고 생각합니다.' — '그렇다면 어떤 방식으로 당신의 혼을 돌보는지를 나에게 말해 줄 수 있습니까? 당신처럼 그렇게 지혜로운 사람이, 또 그 도시에서 그토록 높이 존경받는 사람이 그렇게 부주의하게 자신의 가장 가치 있는 소유물을 소홀히 해서 그것을 황폐하게 놔둔다는 것은 거의 그럼직하지 않기 때문입니다.' — '결코 그런 일은 없지요.' — '그런데 자신이 알아서 그것을 돌봤습니까? 다른 누군가로부터 그것을 어떻게 돌봐야 하는지를 배웠습니까, 아니면 스스로 발견했습니까?'

결국, 이 시점이 위험하기 때문에 우선 그는, '이 사람아, 그게 너한테 무슨 상관이야? 네가 내 주인이냐?'라고 말할 수 있을 것이네.[19] 그런 다음, 상대방을 계속 괴롭히면, 그는 주먹을 들어 한 방을 먹이게 되는 것이네.

---

같은 이물질을 벗겨 내고 제거하기 위해 목욕을 했다. 또한 질병에 걸린 사람의 신체를 회복하는 기술이기도 했다. 이렇게 보면, 이것은 '신체 훈련'에 버금가는 셈이다.

**19** 쉔클의 수정인 kurios('당신이 내 주인입니까?')를 유지하며 읽었다.

나도 예전에는[20] 이 방식을 찬미하고 있었는데, 마침내 그런 일을 당 25
한 것이네.

---

20 에픽테토스가 자신에게 말하는 '부자의 오만으로 고통을 당하는 상황'으로 보이며, 아
마도 로마에서 겪었던 어려운 철학이 선교 경험을 언급하는 것으로 보인다.

# 제13장

# 불안에 대하여[1]

1 불안한 상태에 있는 사람을 보면, 나는 말하네. '이 사람이 도대체 원하는 게 무엇일까?' 자신에게 달려 있지 않은 어떤 것[2]을 원하지 않았다

2 면, 어떻게 그가 여전히 불안해할 수 있을까? 이런 이유로 키타라[3] 연주자가 혼자서 노래를 부를 때는 불안을 느끼지 않지만, 설령 대단히 아름

---

1 에픽테토스는 누군가가 불안을 나타낸다면, 이는 근본적으로 중요한 원칙인 '우리에게 달려 있는 것'을 제대로 이해하지 못하고, 우리의 행위가 남에게 의존하지 않는다는 것을 깨닫지 못했다는 것을 의미한다고 주장한다. "의지의 영역 밖에 있는 것들이 좋음도 나쁨도 아니라면, 그리고 의지의 영역 안에 있는 것 모두는 우리에게 달려 있으며, 우리가 원하지 않는 한 누구도 우리에게서 그것들을 빼앗거나, 혹은 우리에게 그것들을 강요할 수 없다면, 거기에 불안을 위한 무슨 여지가 남아 있겠는가?"(10절) 우리가 걱정하는 것은 보잘것없는 몸과 대단찮은 소유물, 권세를 가진 자의 생각이다. 사실상 우리의 힘 안에 있는 것들에 대해서는 전혀 불안해할 필요가 없다. 이 사실을 똑바로 인식하면, 소크라테스와 디오게네스 같은 철학자들이 다른 사람들에 맞서 자신감을 갖고 말하며 또 행동했던 것처럼, 우리도 아무리 강력한 권세를 가진 자를 마주친다고 해도 걱정 없이 그들에 맞설 수 있는 것이다.

2 즉 '자신의 힘 안에 있지 않은 것'.

3 키타라(kithara)와 뤼라(lura)는 고대 헬라스의 악기로, 연주자는 노래를 부르면서 악기를 연주했다. 키타라에서 오늘날 '기타'(guitar)란 말이 나왔다.

다운 목소리를 가졌고 악기를 잘 연주한다고 해도 극장에 들어서면 불안해지기 마련이네. 그는 노래를 잘하는 것뿐만 아니라 청중의 환호도 받고 싶어 하지만, 그것은 그 자신에게 달려 있는 것이 아니기 때문이네. 따라서 자신이 지식을 갖고 있는 곳에서는 또한 자신감도 가지고 있는 것이네. 네가 원하는 문외한을 그의 앞으로 데려가면, 연주자는 아무런 관심을 기울이지 않을 것이네. 그러나 자신도 알지도 못하고 또 결코 연습한 적도 없는 곳에서는, 그는 불안을 느끼네. 그러면 이것은 무엇을 의미하는가? 이 사람은 군중이 무엇인지, 군중의 환호가 무엇인지 모른다는 것이네. 그가 최저음과 최고음을 내는 법을 확실히 배웠지만, 다중의 찬양이 무엇인지, 그것이 인생에서 어떤 가치를 지니는지, 이것들은 그가 알지도 못하고 연구한 적도 없다는 것이네. 그리하여 그는 떨기 시작하며, 얼굴이 창백해질 수밖에 없다는 것이네.

그래서 이런 겁에 질린 어떤 태도를 보이는 사람을 볼 때, 나는 그 사람이 키타라 연주자가 아니라고 말할 수는 없지만, 그에 대해 어떤 다른 것을 말할 수 있는데, 그것도 단 한 가지가 아니라 여러 가지를 말할 수 있다는 것이네. 무엇보다 먼저, 나는 그를 이방인이라 부르고, 그에 대해 이렇게 말하겠네. 즉, 이 사람은 자신이 이 세상 어디에 있는지 알지 못하지만, 여기에서 그렇게 오래 살아왔음에도 불구하고 폴리스의 법과 그 관습, 또 허용되는 것과 허용되지 않는 것에 대해 무지하다는 것이네. 게다가 그는 자신에게 조언해 줄 수 있고, 법이 허용하는 바를 설명해 줄 수 있는 법률가와 이제껏 한 번도 상담한 적이 없다는 것이네. 하지만 그는 유언장을 어떻게 작성해야 하는지를 알지 못하고, 전문가와 상의하지도 않으니 결코 유언장을 작성하지 않을 것이고, 또한 이유 없이 부증서에 날인하거나 서약서를 쓰는 일도 없을 것이네. 그렇기만 그는 법률가의 조언 없이 자신의 [얻고자 하는] 욕구와 [회피하고자 하는] 혐오를 행사하며, 또한 충동(동기)과 의도 및 목적을 세우기도 하는 것이네. 그리고 내가 말하는 '법률가의 조언 없이'는 무슨 의미일까? [내가 의미하는 바는,] 주지 않은 것을 탐내고, 필요한 것을 탐내지 않으며, 더구나 그 자신의 것이 무엇인지, 다른 사람의 것이 무엇인지 구별하지 못한다는 것이네. 만일 알았다면, 그는 결코 방해를 받지도 않을 것이며, 제약을 받지도 않을 것이며, 불안에 빠지지도 않을 것이네. 그렇지 않으면 어떻게 될 수 있겠는가? 나쁘지 않은 것을 두려워하는 사람이 있을까?

'아니오, 두려워하지 않아요.'

자 어떤가, 나쁜 것이지만, 그것을 막는 것이 그 자신에게 달려 있는 것들에 대해서 두려워할까?

'절대 그렇지 않습니다.'

그렇다면 의지의 영역 밖에 있는 것(의지에 달려 있지 않은 것)들이 좋음도 나쁨도 아니라면, 그리고 의지의 영역 안에 있는 것(의지에 달려 있는 것) 모두는 우리에게 달려 있으며, 우리가 원하지 않는 한 누구도 우리에게서 그것들을 빼앗거나, 혹은 우리에게 그것들을 강요할 수 없다면, 거기에 불안을 위한 무슨 여지가 남아 있겠는가? 그러나 우리는 우리의 이 보잘것없는 몸과 우리의 대단찮은 재산, 카이사르가 어떻게 생각할까에 관해 불안해하고 있지만, 우리 안에 있는 모든 것들에 관해서는 전혀 불안해하지 않는 것이네. 우리가 잘못된 생각을 품을까 봐 불안해하는 일도 없겠지?

'없어요, 그건 나에게 달려 있으니까요.'

아니면, 자연 본성에 반하여 충동(동기)을 느낄까 봐 불안해할 것도 없겠지?

'그것에 관해서도 없습니다.'

그래서 걱정으로 창백한 사람을 볼 때마다, 의사가 그 사람의 안색을    12
보고 '저 사람은 비장(脾臟)에 병이 있고, 이 사람은 간에 병이 있다'고
추론하는 것처럼, 너도 그와 마찬가지로 '저 사람의 욕구와 혐오가 병
들어 있다. 흐름이 나빠 염증을 일으키고 있다'라고 말해야만 하네. 그    13
것들 이외의 것으로 사람의 안색을 바꾸게 하거나, 떨게 하거나, 이를
딱딱 부딪치게 하거나, '두 발을 교차하며 쪼그려 앉아도'⁴ 다리는 진정
되지 않고 떨게 하는 것은 아무것도 없기 때문이네.

이런 까닭에 제논⁵은 안티고노스 왕을 만나려고 했을 때 전혀 불안    14
을 느끼지 않았던 것이네. 안티고노스는 제논이 소중하게 평가하는 것
들에 대한 권한을 가지고 있지 못했고, 안티고노스가 권한을 갖고 있던
것들에 대해서는 제논이 아무런 관심을 기울이지 않았기 때문이네. 반    15
면에, 안티고노스가 제논을 만나려고 했을 때 불안을 느꼈고, 또 정당한
이유를 가지고 있었네. 그도 그럴 것이 그는 제논을 기쁘게 해주길 원
했고, 그것은 그의 권한을 넘어서는 것이니까. 그러나 제논은 어떤 다른
전문가가 비전문가를 기쁘게 해주고 싶지 않은 것만큼, 안티고노스를

---

4   호메로스, 『일리아스』 제13장 281행. 이것은 겁을 먹고 안색이 변하고, 장소를 바꿔 가
   며, 땅바닥에 쪼그려 앉아 있는 겁쟁이의 안절부절못하는 행동거지를 보여 주는 표현
   이다.

5   제논은 스토아학파의 창시자이다. 제논의 친구요 찬양자로 알려진 안티고노스 2세
   (B.C. 320?~B.C. 239; 재위 B.C. 276~B.C. 239)는 마케도니아 왕으로 당시 헬라스를 지
   배했다. 이 둘의 만남에 연관된 일화와 서로 주고받은 편지에 대해서는 DL 제7권 6~8
   참조. 심플리키우스는 『엥케이리디온』 주석(c. 51)에서 안티고노스를 쉬로스(시리아)
   의 왕으로 추정하기도 한다.

기쁘게 해주고 싶지 않았네.

16  내가 너를 기쁘게 해주고 싶을까? 그것으로 내가 어떤 이득을 얻을 수 있을까? 한 사람이 다른 사람을 판단할 수 있는 기준에 대해 알고 있는가? 너는 좋은 사람과 나쁜 사람이 무엇인지, 어떻게 사람이 각자의 것이 되는지를 알기 위해 관심을 기울여 본 적이 있었나? 그렇다면 왜 너 자신은 좋은 사람이 아닌가?

17  '내가 좋은 사람이 아닌지를 어떻게 아십니까?' 그가 말했다.

왜 그러냐면, 좋은 사람은 슬퍼하거나 신음하거나 탄식하지도 않으며, 좋은 사람은 창백해지거나 떨지 않고, '어떻게 나를 받아 줄 것인지, 어떻게 나에게 귀를 기울여 줄 것인지'라고 말하지 않기 때문이네. 노

18  예야, 그는 자신에게 최선으로 생각되는 대로 너를 받아들이고, 너에게 들을 것이네. 그러면 너는 왜 다른 사람의 일에 대해 관심을 기울이는가? 지금 그가 네가 말하는 것에 대해 나쁘게 받아들이는[6] 것은 그 사람의 잘못이 아닌가? '분명히 그렇습니다.' 한 사람은 잘못을 저지르고, 다른 사람은 그 해를 입는 것이 가능할까? '아니오.' 그렇다면 다른 사

19  람과 관련된 일인데 왜 네가 불안해하는가? '예, 하지만 내가 그에게 어떻게 말할지에 대해 불안해하고 있습니다.' 뭐라고, 원하는 대로 그에게 말하는 것은 너의 권한에 속하는 것이 아니냐? '하지만 내가 쫓겨날

20  까 봐 걱정입니다.' 네가 '디온'이라는 이름을 쓰려고 한다면, 너는 쫓겨날까 봐 두려워하지는 않겠지? '절대 그렇지 않습니다.' 그 이유는 뭔가? 네가 글을 쓰는 것을 배우고 있기 때문이 아닌가? '분명히 그렇습

---

6  반응하는.

니다.' 그럼 어떤가? 네가 글을 읽으려고 하면 같은 입장이 되지 않겠는가? '마찬가지입니다.' 그 이유가 뭔가? 그 이유는 모든 기술이 그 자체의 분야 안에서 어떤 강인함과 자신감을 가져오기 때문이네. 그러면 너는 말하는 것을 배우지 않았는가? 그리고 학교에서 또 무엇을 배웠는가?

'추론과 전환 논증들.'[7]

어떤 목적으로? 능숙하게 문답을 벌일 수 있게 하기 위함이 아니었나? '능숙하게'라는 것은 실수를 저지르지 않거나 잘못을 들키지 않고, 적절한 때에 확실하고 영리한 방식으로, 이 모든 것에 더하여 자신감을 가지고 그렇게 할 수 있음을 의미하는 것이 아닌가?

'예, 확실합니다.'

자 그럼, 네가 보병과 맞서기 위해 평지로 말을 타고 내려온 기병이라면, 너는 이런 형태의 전쟁을 훈련했는데 상대방은 연습하지 않았다면, 너는 불안을 느끼겠는가?

'느끼고 말고요. 카이사르는 내 목숨을 앗아 갈 권세를 가지고 있으니까요.'

그렇다면 진실을 말하라, 너 가련한 자여. 그리고 네가 하는 것처럼 허풍을 떨지 말고, 철학자라고 주장하지도 말고, 네 주인이 누구인지 알아보는 데 실패하지도 말라. 그러나 몸이라는 것에 잡혀 있는 동안에는, 너는 너보다 더 강한 모든 사람이 시키는 대로 명령에 따라야만 할 걸세. 하지만 소크라테스는 마땅히 해야만 할 말하기 훈련을 했기 때문에,

21

22

23

24

---

7  제1권 제7장 참조.

폭군들과 재판관들 앞에서, 또 감옥에서 했던 것처럼 그런 문답을 했던 것이네. 디오게네스도 마땅히 해야만 할 말하기 훈련을 했기에 알렉산드로스나 필립포스, 해적들에게나 그를 노예로 사들인 사람에 대해서도 그렇게 말했던 것이네.[8] …… 이 문제들은 연습을 쌓은 자신 있는 사람들에게 맡기고, 너로서는 너 자신의 일들로 되돌아가서, 그것들로부터 다시는 결코 떨어져서는 안 되네. 거리의 한 구석으로 가서 앉아 추론들을 구성해서, 다른 사람들에게 내놓으라.

'그대는 나라를 다스릴 그릇이 못 된다.'[9]

---

[8] 이 대목은 기원전 404~403년에 아테네를 통치한 30인의 독재자들(플라톤, 『변론』 32c~e 참조)과 재판에서, 감옥에서 소크라테스가 보여 준 그의 용감함을 언급하고 있다(플라톤, 『변론』, 『크리톤』, 『파이돈』 참조). 이 대목은 또한 필립포스 왕과 알렉산드로스 대왕(기원전 4세기 후반, 마케도니아의 통치자들), 그를 사로잡은 해적들에 맞서 견유학파인, 시니컬한 디오게네스가 보여 준 백절불굴의 태도를 언급하고 있다(DL 제6권 38, 43, 74 참조).

[9] 알려지지 않은 저자의 3보격 이암보스 시.

# 제14장

# 나소¹에게²

어느 날 어떤 로마인이 자신의 아들을 데리고 와서 그의 강의 중 하나를    1
듣고 있을 때, 에픽테토스가 말했네. 이것이 나의 가르침의 방식이네.
그런 다음 그는 침묵에 빠져들었네. 그러나 그 남자가 에픽테토스에게    2
계속하기를 요청했을 때, 그는 말을 계속했네. 어떤 기술에 대한 지식을
전수하려고 할 때, 그것에 대한 경험이 없는 문외한에게는 지루한 일이
네. 또 기술의 산물들은 그것들이 기여하도록 만들어진 목적과 관련해    3
서 그것들이 어떤 쓰임새가 있는지가 즉시 드러나며, 또 대부분의 경우
에 그것들은 어떤 끌어당김과 매력을 가지고 있는 것이네. 예를 들어 제    4
화공이 그의 기술을 어떻게 배우는지 옆에서 지켜보는 것은 전혀 재미

---

1  에픽테토스에게 강의를 듣는 사람들 중 한 사람으로 추정한다.

2  이 담론은 나소에게 말한 것으로 제시되고 있다. 여기서 언급된 나소는 플리니우스의
   『편지』 4.6, 5.21, 6.6, 6.9에서 언급된 '율리우스 나소'로 추정하기도 한다. 어쨌든 그는
   전쟁과 정치에 경험이 있지만, 철학은 경험하지 않은 사람이다(17~18절). 첫 번째 부분
   은 스토아학파가 다루는 윤리학의 주요 주제에 대한 개요와 윤리학과 자연학 연구 사
   이의 상호 연관을 제시하는 반면(7~13절), 나중 부분은 성스러운 섭리에 대한 스토아
   학파의 사상을 언급하고 있다(25~27절).

있는 일이 아니지만, 그가 만드는 신발은 유용하고, 게다가 바라보기에
불쾌한 것은 아니네. 또 목수가 일을 배우는 방식은 우연히 그곳에 있다
가 바라보는 문외한에게 완전히 지루한 일이지만, 그의 일의 산물은 그
의 기술의 유용성을 드러내 보여 주네. 이것은 음악의 경우에서 훨씬 더
분명하게 볼 수 있을 것이네. 누군가가 음악 기술을 배우고 있을 때, 네
가 그 자리에 있다면 그 배움의 과정은 관찰하는 모든 것 중에서 가장
재미없는 것으로 당신에게 여겨질 테지만, 그럼에도 음악 기술의 효과
는 문외한의 귀에 즐거움과 기쁨을 가져다주기 때문이네.

따라서 우리의 경우에서도 철학자의 임무를 이와 같은 어떤 것으로
그려 볼 수 있을 것이네. 즉 그는 일어나는 일들 중에서 자신이 원하지
않는 어떤 일도 일어나지 않도록 하며, 또 일어나지 않은 일들 중에서
일어나기를 원할 때 일어나지 않는 어떤 것도 있을 수 없는 그런 방식
으로, 그는 자신의 의지를 일어나는 일에 적응시켜야만 한다는 것이네.³
이것으로부터 다음과 같은 것이 따라 나오네. 즉 이 일에 적절하게 참여
하는 사람들은 욕구하는 것을 얻는 데에서 결코 실패하지 않으며, 회피
하고 싶은 것에 결코 떨어지지 않을 것이지만, 그 자신은 고통, 두려움,
괴로움이 없는 삶을 누리며 살게 될 것이며, 나아가 그는 사회적 교제
에서, 아들, 아버지, 형제, 시민, 남자, 여자, 이웃, 동료 여행자, 지배자와
피지배자와 같은 자연적 관계와 획득된 관계⁴ 모두를 유지하게 될 것이

---

3  『엥케이리디온』 제8장("세상에서 일어나는 일들[ta ginomena]이 네가 바라는 대로 일
   어나기를 바라서는 안 되며, 오히려 일어나는 일들이 실제로 일어나는 대로 일어나기
   를 바라는 게 낫다. 그러면 너는 행복해질 수 있을 것이다.") 참조.

4  제3권 제2장 4절, 제4권 제8장 20절 참조. "[너와 다른 것들 사이에] 세 가지 관계가 있
   다. 하나는 너를 담고 있는 그릇[신체]과의 관계이고, 두 번째는 거기에서 모든 것들을

라는 것이네.

　그렇다면 우리는 철학자의 임무를 그런 종류의 어떤 것으로 그려볼 <sub></sub>　9
수 있는 것이네. 이것 다음으로 검토해야 할 사항은, 어떻게 이것이 성
취될 수 있는가 하는 것이네. 그런데 우리는 목수가 어떤 종류의 지식　10
을 획득함으로써 목수가 되고, 키잡이가 어떤 종류의 지식을 획득함으
로써 키잡이가 되는 것을 보네. 그런 점에서 우리의 경우에도 덕이 있고
좋은 사람이 되고자 원하는 것만으로는 충분하지 않고, 어떤 종류의 지
식을 획득하는 것도 또한 필요하지 않겠는가? 그래서 우리는 이런 것들
이 무엇인지를 탐구해 보자. 철학자들[5]이 가장 먼저 배워야 한다고 말　11
하는 것은 다음과 같은 것이네. 즉 신이 존재한다는 것, 만물을 예견한
다는 것, 우리의 행위뿐 아니라 우리의 생각과 의도까지도 그의 눈에 숨
길 수 없다는 사실.[6] 다음으로 배워야만 할 사항은, 신들이 어떤 존재인

<hr>

모든 것에 일어나게 하는 신적 원인과의 관계이며, 세 번째는 함께 살고 있는 사람들과
의 관계이다."(마르쿠스 아우렐리우스, 『자기 자신에게 이르는 것들』 제8권 27 참조)
5　스토아 철학자들을 말한다.
6　제1권 제14장 13절, 제2권 제8장 14절 참조. 크세노폰, 『회상』 제1권 제1장 19; 마르쿠
　스 아우렐리우스, 『자기 자신에게 이르는 것들』 제10권 8.2 참조. 신이 모든 것을 제공
　한다고 할 때, 헬라스인들은 이것을 섭리(pronoia)라고 불렀다. 섭리에 대해서는 제1권
　제16장, 제3권 제17장 참조. 에픽테토스는 현상을 관찰해야만 신이 무엇인지 알 수 있
　거나 믿을 수 있었다. 그리고 그는 세상과 그 안에서 일어나는 모든 일에 대한 그의 통
　치를 관찰함으로써만, 그가 무엇을 신의 섭리로 생각해야만 하는지 알 수 있었다. 신의
　다른 피조물들 중에서, 신의 피조물에 대한 판단과 사람 자신에 대한 판단을 내릴 수 있
　는 특정한 지적 능력을 가진 인간이 있다. 인간은 특정한 도덕적 감정이나, 어떤 식으로
　든 그것을 획득할 수 있는 능력을 갖고 있거나 갖고 있다고 생각한다. 인간의 모든 능력
　이 신의 선물이라는 가정하에, 신의 섭리 아래 세상에서 일어나는 일을 판단하는 인간
　의 능력은 신의 선물이며, 만일 그가 신의 통치에 만족하지 못한다면, 우리는 신으로부
　터 온 그 능력을 가진 인간이 또한 신으로부터 오는 그 통치를 정죄한다는 결론을 이끌

12 가 하는 것이네. 신들의 모습이 어떤 것으로 발견되든 간에, 그들을 기쁘게 하고 그들에게 복종하기를 원하는 사람은 가능한 한 반드시 그들

13 을 닮도록 노력해야만 하기 때문이네. 신적인 것이 신뢰할 만하다면, 이 사람도 신뢰할 수 있어야만 하네. 신적인 것이 자유롭다면, 이 사람도 자유로워야만 하네. 은혜를 베풀려면, 이 사람도 은혜를 베풀어야 하네. 고결하다면, 이 사람도 고결해야만 하네. 그러므로 이제부터는 신의 신봉자로서 그에 따르는 것을 모두 행하고 말하게 되는 것이네.[7]

14 '그러면 우리는 어디서부터 시작해야만 할까요?'

그 임무를 위해 준비가 되어 있다면, 나는 네가 우선 그 말의 의미를 이해하는 것으로부터 시작해야만 한다고 말할 것이네.[8]

15 '그렇다면 제가 지금 말을 이해하지 못한다고 말씀하시는 건가요?'

실제로 너는 이해하지 못하네.

'그럼 어떤 식으로 말을 쓰는 겁니까?'

너는 문자를 모르는 사람들이 쓰여진 말을 사용하고, 또 가축이 감각

---

어 낼 수 있다. 이처럼 신과 신의 피조물인 인간은 서로 대립 관계에 있는 것이다. 어떤 사람이 신과 섭리에 대한 믿음을 거부하는 경우, 이 믿음에 포함되거나 그것에 내포된 것으로 생각되는 모순과 어려움 때문에, 또 그가 그의 도덕적 감정과 판단과 조화될 수 없는 것과 같은 모순과 어려움을 발견한다면 그는 신과 섭리의 개념을 일관되게 거부할 것이다. 그러나 그는 또한 자신의 도덕적 감정과 판단이 자신의 것이며, 그것을 어떻게 얻었는지, 또는 그가 매일 사용하는 육체적 또는 지적 능력을 어떻게 갖게 되었는지 말할 수 없다는 것을 일관되게 인정해야만 한다. 가설에 따르면, 그것들은 하나님에게서 온 것이 아니다. 그런 다음 사람이 말할 수 있는 것은, 그에게 그러한 능력이 있다는 것뿐이다.

7 이 대목은 '신과 같이 되려는 것'의 모델을 제시하고 있다.

8 제2권 제10장 17절, 제2권 제11장 4절 참조. 마르쿠스 아우렐리우스, 『자기 자신에게 이르는 것들』 제10권 8.1 참조.

인상을 사용하는 것과 같은 식으로 사용하도록 하면 되네. 사용하는 것과 이해하는 것은 서로 다른 것이기 때문이네. 하지만 네가 그것들을 이해한다고 생각한다면, 네가 원하는 말을 택해서, 우리가 그것을 이해하는지를 알기 위해 우리 자신을 시험해 보기로 하세.

'그런데 벌써 나이가 많이 들어서 그럭저럭 기회가 주어져서 세 번이나 출정(出征)한[9] 사람이 논박을 받는 것은 괴로운 일입니다.'

나도 그것을 잘 알고 있다네. 아무것도 필요하지 않은 사람처럼, 지금 네가 나에게 찾아왔기 때문이지. 실제로 누가 너에게 무엇이 필요하다고 상상할 수조차 있겠는가? 너는 부자이고, 아내와 자녀, 그리고 여러 명의 종이 있을 가능성이 매우 크네. 카이사르가 너를 알고 있고, 로마에는 많은 친구들이 있으며, 자신에게 부여된 의무[10]를 다하고, 또 은혜를 입고 해악을 당했을 때는 어떻게 은혜를 갚고, 어떻게 그 손해에 복수해야 하는지도 너는 알고 있네. 너에게 부족한 것은 무엇인가? 그래서 내가 너에게 행복을 위해 가장 필요하고 중요한 것이 결여되어 있다는 것을 보여 주고, 오늘에 이르기까지 너는 너에게 적합한 것 이외

16

17

18

19

---

9  카이사르의 '국내법'에 따르면 시의 원로원 의원의 피선거권 자격을 받으려면 기병대에서 3번 혹은 보병대에서 6번 출정해야 한다고 한다. 이 대목을 통해 나소가 지휘관으로 출정했던 것으로 추정할 수 있을 것이다.

10  여기서 kathēkonta apodidōs(부여된 의무)는 '각각의 경우에 알맞은 적합한 행동을 수행했다는 것'을 의미한다. 스토아 철학에서 윤리적 행위 맥락에서 기술적 용어로 언급되는 kathēkonta는 이성적 존재에 또 자신이 처한 상황에 적합한 행동 일반을 포함하는 말이다. 그 행위들은 자연적 욕구를 만족해야 하고, 사회적 규약에서 승인된 성취이어야 하며, 또 이것들을 넘어서는 보다 높은 요구를 성취하는 것이어야 한다. '적에 대한 사랑' '복수의 희생'과 같은 것이다.

의 모든 것에 몰두해 왔다는 것을 보여 주며, 끝으로 마무리 짓자면[11] 신

20 이 무엇인지, 인간이 무엇인지, 좋음이 무엇인지, 나쁨이 무엇인지를 알고 있지 못하는 것을 증명해 보였다고 해도, 아마 너는 그런 일을 참아 낼 수 있을지 모르지만, 너는 너 자신조차 알지 못한다고 말하면 어떻게 너는 내가 하는 말을 참아 내며, 논박을 받고, 여기에 머물 수 있겠는가?

21 그것은 결코 가능하지도 않지만, 너는 즉시 화를 내고 이곳을 떠나갈 것이네. 그럼에도 내가 너에게 무슨 나쁜 짓을 저질렀는가? 거울이 못생긴 남자에게 그가 어떻게 생겼는지를 그대로 보여 줌으로써 그 사람에게 잘못을 범하지 않는 한, 전혀 그렇지 않네. 또 의사가 환자에게 '인간아, 너는 너에게 아무런 문제가 없다고 생각하지만 열이 있네. 오늘은 아무것도 먹지 말고 물만 마시게'라고 말했을 때, 의사가 환자를 모욕한 것이 아니라면, 나도 아무것도 하지 않은 셈이네. 아무도 여기서 '참을 수 없는 무례함!'이라고 소리치는 것이 옳다고 생각하지 않을 것이

22 네. 그러나 네가 누군가에게 '당신의 욕망이 불타오르고, 당신의 혐오가 저열하고, 당신의 목적이 일관적이지 못하고, 당신의 충동(동기)이 자연 본성과 조화를 이루지 못하고, 당신의 생각이 혼란스러워서 잘못되어 있다'라고 말하면, 곧바로 그 사람은 '나를 모욕했어!'라고 소리치면서 즉시 자리를 뜰 것이네.

---

11 kolophōn은 '마무리 터치'를 의미한다. 작품의 말미에서 제목, 다른 설명 자료를 나타내는 데 사용되는 한 단어이다. 이 말이 고대 도시인 콜로폰(Kolophōn)에서 유래했다고도 하는데, 콜론폰이 보유한 효율적인 기병이 자신들이 참여한 모든 전쟁에서 '최후의 일격'을 가했다는 전통에서 나왔다고 한다(스트라본, 『지리지』 16.1.28). 헬라어 사전(*LSJ*)에는 일반적 뜻풀이로 여기저기에서의 출전을 언급하며 '끝', '정상', '마무리 지점'으로 풀이되어 있다(플라톤, 『에우튀데모스』 301e; 『테아이테토스』 153c 참조).

우리가 처한 사정은 시민 축제에 모여든 경우와 비슷한 것이네.[12] 이 곳으로 팔기 위해 양과 소를 몰고 오며, 또 대부분의 사람들은 거기서 사고팔기 위해 오지만, 단지 소수만이 축제의 볼거리를 위해서 오는 사람이 있네. 축제가 어떻게 진행되고, 왜 열리며, 누가 이 축제를 조직하고, 어떤 목적으로 열리는지를 보기 위해서 이곳에 오는 것이네. 또한 우리가 사는 인생의 축제도 마찬가지이네. 어떤 사람들은 양과 소와 같아서 오직 먹이에만 관심이 있네. 자신의 재산과 토지와 노예, 이런저런 공직 외에는 아무것도 관심이 없는 그런 사람들의 경우에는 그 모든 것이 먹잇감에 불과하기 때문이네. 반면, 볼거리에 대한 사랑으로 축제에 참석한 소수의 사람들만이 질문을 던진다네. '도대체 우주는 무엇이며, 누가 다스리는가? 아무도 없다는 것인가? 한 도시나 가정이 그것을 다스리고 돌보는 사람 없이는 아주 짧은 시간도 유지될 수 없는데, 어떻게 그처럼 광대하고 아름다운 건축물이 단순한 우연과 행운에 의해 그렇게 잘 질서 있게 정돈되어 있을 수 있을까? 따라서 그것을 다스리는 누군가가 있어야만 하는 것이네. 그 지배자는 어떤 종류의 존재이며, 그는 어떻게 그것을 다스리는가? 그리고 그분에 의해 창조된 우리는 누구이

23

24

25

26

27

---

12 '인생은 축제(panēguris)와 같다'라는 비교는 기원전 5세기 사상가 퓌타고라스에게까지 거슬러 올라간다. 이 비교는 헬레니즘과 로마 사상에서 흔히 찾아볼 수 있다. 에픽테토스는 그것을 신적 섭리의 개념을 강조하기 위해 사용했다(제1권 제6장 19~21절). 퓌타고라스에 기인한 유명한 비교에 대해서는 키케로, 『투스쿨룸 대화』 제5권 9('명예를 좇는 선수', '장사하며 이익을 추구하는 장사꾼', '모든 일들을 거의 무가치한 일로 치부하고 자연의 본성만을 열심히 탐구하는 자들로 지혜를 탐구하는 자, 즉 철학자[philosophos]'로 구분); 이암블리코스, 『퓌타고라스의 생애』(*Vita Pythagori*) 58; DL 제8권 8('명성'과 '이득의 사냥꾼', '지혜를 사랑하는 사람들은 진리의 사냥꾼'으로 구분) 됨그.

며, 어떤 목적을 위해 창조되었는가? 과연 우리는 어떤 종류의 결합과 상호 관계로 그와 함께 묶여 있는가? 아니면 전혀 그렇지 않은가?'

28    이런 것들이 이 소수의 사람들에게서 일어나는 인생에 대한 생각들이네. 그 후에는, 여가[13]가 있으면 오로지 이 일에, 즉 이 축제를 연구하

29    는 데 전념하고 떠나는 것이라면, 무슨 일이 일어나는가? 마치 현실적인 축제에서 구경꾼들이 장사꾼들에 의해 조롱을 받듯이, 그들도 군중들에게 조롱거리가 된다네. 가축조차도 우리와 같은 어떤 지각 능력을 가지고 있다면, 먹이 이외의 다른 것에 경탄하는 사람들을 비웃을 것이네!

---

13 여유(한가함; scholē)가 있다는 것은 배우거나 관조하는 데에 전력을 기울일 수 있는 조건이다(제1권 제29장 58절 해당 각주 참조). "그런 문제에 대해 논쟁할 만큼 한가함(여가)을 가지고 있지도 않고."(제1권 제27장 15절)

제15장

# 그들이 도달한 어떤 결정을 완고하게 고수하는 사람들에게[1]

어떤 사람들은 이와 같은 논증[2]들, 즉 사람은 확고부동해야만 하고, 의     1
지(프로하이레시스)는 본성적으로 자유롭고 강제를 받지 않는 반면, 그
외의 다른 모든 것은 방해와 강제를 받고, 속박되어 있으며, 다른 사람
들에게 지배받고 있다는 것을 들을 때, 이를 들은 사람들은 일단 형성한
모든 판단에서 항상 흔들리지 않고 머물러 있어야만 한다고 상상한다.
그러나 무엇보다도 형성된 그 판단이 건전해야만 한다. 물론 나는 몸이     2
강건하기를 원해야만 하지만, 건강한 사람과 운동선수에게서 볼 수 있

---

1   다소 직설적인 이 논의는 원래의 결정이 적절한 근거 위에서 이루어졌을 때, 그 목적을
향한 확고함은 찬양받게 된다고 주장한다. 그리고 에픽테토스는 몇 가지 되풀이되는
스토아학파의 주제를 언급하고 있다. 이를테면 자살은 어떤 상황 밑에서는 이성적일
수 있다(6절, LS 66 G~H 참조). 덕은 판단과 품성의 일관성으로 표현된다(1~2절, LS 61
A 참조). 덕이나 지혜는 건강, '좋은 음조(tonos) 또는 좋은 힘줄(tonos)'과 같은 것이고,
어리석음은 질병, '나쁜 어조와 나쁜 힘줄'과 같은 것으로 비유되고 있다(2~3, 15~17,
20절; 또한 LS 65 R~T 참조). '긴장'으로 옮겨지는 토노스는 스토아학파의 용어로 신체
와 영혼에서 강인함을 만들어 내는 것으로 생각된다. 클레안테스의 설명에 따르면, "긴
장이란 불의 타격이며, 혼 속에서 의도한 바를 충분히 성취할 수 있는 것이라면, 그것은
강인함이나 힘이라고 불린다."(SVF, 1.563 참조)

2   원어는 logos로 '주장', '인과'로도 옮길 수 있다.

는 그런 종류의 활력이어야 한다. 하지만 네가 미친 사람의 활력을 가지고 있다는 것을 나에게 보여 주고 그것에 대해 자랑한다면, 나는 당신에게 말할 것이다. '인간아, 너를 치료해 줄 수 있는 사람을 찾아라. 이것은 활력이 아니라, 무기력[3]일 뿐이네.'

사람들이 이러한 논증들을 오해했을 때, 그들의 혼에서 겪는 것은 이런 종류의 다른 방식이네. 예를 들어, 내 어떤 친구는 합당한 이유 없이 굶어 죽기로 결심했다네. 그가 끼니를 끊은 지 벌써 사흘째 되는 날에 내가 이것을 듣고, 그에게 가서 무슨 일이 있었는지를 물었네. '이것을 받아들이기로 맘먹었다네'라고 그가 말했네. 물론, 그럼에도 너를 그렇게 하도록 맘먹도록 이끈 것은 무엇인가? 너의 결정이 정당하다면, 보게, 여기 우리가 네 편에 서서 삶을 벗어나도록 너를 도울 준비가 되어 있다네. 그러나 너의 결정이 비이성적이라면 그것을 바꿔야만 할걸세. ─ '우리는 자신의 결정을 지켜야만 하네.' ─ 인간아, 너는 뭔 짓을 하고 있는 겐가? 모든 결정이 아니라 정당한 결정들만이지 않은가? 예를 들어, 네가 지금 이 순간에 밤이 왔다고 생각하게 되었고, 또 그렇게 생각하는 것이 좋을 것 같으면, 너의 의견을 바꾸지 말고, 그것을 그대로 지키며 우리는 우리가 결정한 것을 지켜야만 한다고 말하게![4] 너는 시작과 토대를 굳건히 하고, 다시 말해 너의 결정이 건전한지 건전하지 않은지를 검토하고, 그렇게 한 다음에 그 토대 위에서 너의 확고하고 흔

---

3 활력(tonos), 무기력(atonia). 토노스는 스토아적 용어로 신체와 영혼에서 강함을 만들어 내는 것이다. 흔히는 '긴장'으로 번역된다. 아토니아는 '이완'으로 옮겨진다.

4 낮인데도 밤이라고 믿고 집착하는 것과 같이 행위에서 그릇된 결정을 내리고 그것에 매달리는 어리석음을 말하고 있다.

들리지 않는 결의를 확립하기를 원하지 않겠는가? 그러나 네가 썩고 무 9
너져 버리는 토대를 쌓아 올린다면, 그 위에 건축물을 세우려고 하지 말
아야만 하지만 그 위에 쌓은 건축물이 더 크고 더 강할수록 그만큼 더
빨리 그것은 무너져 내릴 것이네. 너는 우리의 벗이자 동료이면서 같은 10
도시의, 즉 큰 도시와 작은 도시[5]의 시민이면서도 아무런 이유 없이 이
삶에서 벗어나려 하는 것이네. 게다가 살인을 저지르고 아무런 죄를 범 11
하지 않은 사람을 파멸시키면서도, 너는 너의 결정을 지켜야만 한다고
말하고 있네! 만일 날 죽일 생각이 갑자기 네 머리 속에 들어 왔다면, 너 12
는 여전히 네 결정을 고수해야 하는가?

쾌나 어렵기는 했지만, 어쨌든 이 친구의 마음을 돌릴 수는 있었다 13
네. 그러나 요즘은 설득에 마음을 열지 않는 사람들이 있네. 그래서 전
에는 이해할 수 없었던 '바보는 구부러지지도[6] 않고 부러지지도 않는다
[7]'는 친숙한 속담의 의미를 지금은 이해할 수 있다고 생각하게 된 듯하
네. 내가 '바보보다 나을 게 없는 현자'[8]를 친구로 갖지 않도록 보호해 14
주시기를! 이보다 더 다루기 어려운 일은 없을 것이네. '내가 결정을 했
지.' 그가 말하네! 미친 사람들도 마찬가지고, 그들의 근거 없는 결정을
굳게 고수할수록, 그만큼 더 많은 약[9]이 필요하게 되는 것이네! 너는 아 15

---

5  큰 도시는 세상의 도시, 즉 우주이고, 작은 도시는 '로마'와 같은 인간 사회, 국가를 가리
   킨다.
6  즉, 설득되지도. 이 속담을 달리 표현하면, 이성에도 강제에도 순종하지 않는다
7  '부러지지도' 않는다는 것은 자신의 어리석음을 결코 버리지 못한다는 의미이다.
8  '현명한 바보'. '말이 많고 고집이 센 사람'을 말한다. 풍자시에 인용된 것으로 추정
   된다.
9  elleborus는 미친 사람에게 주던 그리스미스 로그(hellebore) 식물로 만든 독한 약을 말

픈 척 행동해서 의사를 부르려는 게 아닌가? '제가 아픕니다, 주인님. 저를 도와주십시오. 제가 무엇을 해야만 하는지 살펴봐 주십시오. 당신에게 복종하는 것이 제 일입니다.'

16   이 경우에도 마찬가지이네. '제가 무엇을 해야만 할지 모르겠고, 저는 그것을 알기 위해 왔습니다.' 아니, 오히려 그는 이렇게 말하네. '다른 것들에 대해 저에게 말해 주세요. 나는 이것에 대해 맘을 정해 버렸

17   습니다.' 다른 것들에 대해, 정말? 결정을 내리고 변경을 거부하는 것만으로는 충분하지 않다고 너를 설득하는 것보다 더 중요하고 더 도움이 될 수 있는 일이 무엇일 수 있는가? 그것은 미친 사람의 힘줄이지 건강

18   한 사람의 것이 아니네. '네가 나에게 그런 일을 강요한다면 나는 기꺼이 죽을 것이네.' 뭣 때문에, 인간아? 무슨 일이 일어났는가? '내가 그것

19   을 결정했어.' 네가 날 죽이기로 결정하지 않았다니 다행이야![10] 또 누군가가 말하네. '나는 돈을 받지 않겠네.'[11] 왜? '내가 그렇게 결정했어.' 좋아, 네가 지금 돈을 받지 않겠다고 했던 그 결단의 강도 때문에, 다른 때 돈을 받겠다는 쪽으로 이유 없이 바뀌어서 다시 한번 '나는 그렇게 결정했어'라고 말한다면 그것을 방해할 것은 아무것도 없는 것이네.[12]

20   그것은 마치 체액의 흐름으로 고통을 받고 있는 병든 몸[13]에서 그 흐름

한다. 그 이름에도 불구하고 장미과 식물과는 관련이 없다.

10  앞의 12절 참조. '내 생명을 구했구나.' 왜? '네가 결정했으니.'

11  아마도 에픽테토스를 향한 견유학파 철학자의 비판일 것이다(W. A. Oldfather 해석). 대화의 상대는 교사이고 청강자로부터 돈을 받지 않겠다고 우기고 있을 것이다.

12  에픽테토스가 청중들로부터 돈을 받지 않겠다고 선언한 후, 간접적으로 적어도 청중들로부터 약간의 수수료를 받는 것에 대해 비난했던 누군가를 언급하는 것으로 보인다.

13  당시 류머티즘은 몸 속 나쁜 체액(레우마)에 의해 일어난다고 생각되었다.

이 지금은 이 방향으로, 지금은 저 방향으로 옮겨 가는 것처럼, 쇠약해진 혼의 경우에서도 어느 방향으로 그것이 기울어질지는 결코 확신할 수 없지만, 이러한 기울어짐과 이러한 흐름에 긴장(힘)이 더해진다면, 나쁨(질병)은 구제할 수 없고 치료의 가망은 없는 것이네.

# 우리는 좋은 것과 나쁜 것들에 관한 판단을 적용하기 위해 훈련하지 않는다는 것[1]

1    좋음은 어디에? '의지 안에'. 나쁨은 어디에? '의지 안에.' 좋음도 나쁨
도 아닌 것은? '의지의 영역 밖에 있는 것들 안에.'

1   에픽테토스는 이 강의에서 근본적으로 중요한 것은 '외적인 것'이 아니라 '우리에게 달
려 있는 것이다'라는 반복되는 주제를 확장해서 논의하고 있다. 왜 우리에게 불안이 찾
아오는가? 대개의 경우에서 그렇게 하듯이, 불안에서 벗어나기 위해 신을 비난하지 말
라(13절). 에픽테토스는 우리가 주어진 상황들에 두려워하는 것은 연습과 훈련을 부족
에서 오는 것임을 강조한다(21절). 우리를 짓누르고 낙심하게 만드는 것은 우리의 '판
단'(도그마타) 외에 다른 무엇일 수 없는 것이다(24절). 늘 남의 손길이 필요한 소녀
나 어린아이와 같은 태도가 아니라, 자기 자신의 것들에 집착하는 태도를 버리고, '신
의 법'인 자신의 것을 보존하며, 자신의 것이 아닌 것을 주장하지 않으며, 자신에게 부
여된 것을 사용하고, 부여되지 않은 것을 갈망하지 않는 태도를 가지라고 그는 충고한
다(28절). 그러면서 에픽테토스는 우주를 다스리는 분을 이해하는 것이 중요하다고 가
르친다(33절). 그리고 그는 거듭해서 우리에게 괴로움을 가져다주는 것은 우리 자신
의 '판단'임을 깨닫도록 충고한다(40절). 에픽테토스는 거듭해서 신을 바라보며, 신에
게 헌신하고, 신의 명령을 수행하며 신의 뜻에 따라 살아나가는 삶의 방식을 제시한다
(42, 46절). 결국 에픽테토스에 따르면, 인간의 행복은 자신의 밖이 아니라 자신에게 달
린 것을 추구하는 삶 속에서 이루어지는 것이다. 따라서 인간의 불행과 불안은 그 반대
의 것에서 행복을 구할 때 일어나는 셈이다.

자, 그렇다면 우리 중 누가 이 교실 밖에서도 이 원칙들을 기억하는 가? 우리 중 누가 다음과 같은 질문들에 대답하는 것과 같은 방식으로 사안들에 답변을 주기 위해[2] 스스로 연습하는 사람이 있는가? '지금은 낮이다, 그렇지 않은가?'—'그렇습니다.'—'자 그럼, 밤인가?'—'아 니요'—'어떤가? 별들은 짝수인가?'—'말할 수 없습니다.'[3]

뇌물로 돈을 받은 것으로 밝혀졌을 때 '그건 좋은 일이 아니다'라는 올바른 대답을 하도록 너 자신을 훈련했느냐? 너는 이런 종류의 답변 으로 자신을 훈련했느냐, 아니면 단지 소피스트적 논의로 반박하도록 훈련했느냐? 그러면 자네가 연습해 본 영역에서는 자신을 능가하지만, 자네가 훈련해 보지 못한 영역에서는 여전히 똑같이 남아 있다는 사실 에, 왜 너는 놀라야만 하느냐? 예를 들어 연설가가 자신이 좋은 연설문 을 썼다는 것을 알고, 그것을 기억 속에 입력해 놓고, 또 그 일에 매력적 인 목소리를 내고 있음에도 불구하고, 여전히 불안을 느끼는 것은, 왜 그런가? 그가 단지 자신의 기술을 연습하는 것으로 만족하지 않기 때문 이네. 그렇다면 그가 원하는 것은 무엇일까? 청중으로부터 찬사를 받는 것. 이제 자신을 훈련했던 것은 그의 기술을 실행할 수 있도록 하는 것 이며, 칭찬과 비난에 대처하기 위해 자신을 훈련한 적이 없었다는 것이 네. 칭찬이 무엇이며, 비난이 무엇이며, 각자의 자연 본성이 무엇인지에

2

3

4

5

6

7

2  '사안들에 답변을 주기 위해'(apokrinesthai tois pragmasin)라는 것은 상황에 어울리도 록 '상황에 적합한 방식으로 행동한다'는 것을 의미한다.

3  이러한 질문들에 대한 답변은 너무도 자명해서 주저함 없이 주어진다. 그렇다면 이어 지는 것과 같은 삶에 대한 사실이나 좋음과 나쁨에 관한 질문들에도 동등한 신속성과 확신으로 대답되어야 한다는 것이다(W A Oldfather)

관해, 언제 누구에게서 들은 적이 있느냐?[4] 또 어떤 종류의 칭찬을 구해야 하며, 어떤 종류의 비난을 피해야 하는가? 언제 그가 이러한 원칙에 따라서 이런 훈련 과정을 거친 적이 있느냐? 그런데 그가 공부하고 배운 분야에서는 남들보다 뛰어나지만, 훈련을 받지 않은 분야에서는 그가 다중과 다르지 않다는 사실에, 왜 너는 아직도 놀라는가? 그는 오히려 키타라를 칠 줄 알고, 노래도 잘하고, 길게 늘어진 아름다운 겉옷을 입지만, 그럼에도 무대에 오르면 몸을 떨어 대는 키타라 연주자와 같네. 물론 그는 이 모든 것을 알고 있지만, 군중의 속성이 무엇인지 알지 못하거나 군중의 외침과 조롱의 본질을 이해하지 못하기 때문이네. 그는 실제로 이 불안 자체가 무엇인지, 그것에 대해 우리 자신에게 그 탓이 있는지 아니면 다른 사람들에게 그 탓이 있는지, 그리고 그것을 멈추게 하는 것이 우리의 힘 안에 있는지 그렇지 않은지의 여부를 모른다네. 그렇기 때문에 그가 환호를 받으면 득의양양해서 무대를 떠나지만, 조롱을 당하게 되면 그의 공기주머니처럼 부풀은 시시껄렁한 자만심은 이내 찔려서 움츠러들고 마는 것이네.

우리도 역시 이런 종류의 어떤 일을 경험하네. 우리는 무엇을 찬양하는가? 외적인 것들. 우리는 어떤 것들을 가장 진지하게 받아들이는가? 외적인 것들에 대해. 더욱이 우리는 어떻게 두려움에 빠지거나, 어떻게 불안을 느끼는지 난감하지 않을 수 없는 것이냐? 우리를 무겁게 짓누르는 것들을 나쁜 것으로 간주할 때, 그 밖의 어떤 일이 일어날 수 있겠는가? 우리는 두려워하지 않을 수 없고, 불안해하지 않을 수 없네. 그런 다

---

4 즉 선생에게서 배운 적이 있느냐?

음, 우리가 말하길, '주님이시여, 내가 어떻게 해야 불안에서 벗어날 수 있으리이까'. 어리석은 자여, 어찌 손이 없을 리 있을쏘냐? 아마도 신께서는 너를 위해 그것들을 만들지 않았더냐? 이제 앉아서[5] 코가 흐르지 않도록 기도하라! 아니면 차라리 코를 닦고 신에 대한 비난을 멈춰라!

그럼 뭔가? 이런 곤경에 처한 너를 돕기 위해 신께서 너에게 아무것도 주지 않으셨단 말이냐? 그가 너에게 인내를 주지 않았더냐? 너에게 혼의 큼[6]을 주지 않았더냐? 너에게 용기를 주지 않았더냐? 이와 같은 이러한 손을 가지고 있음에도, 여전히 너의 코를 닦아 줄 다른 사람을 찾고 있다는 것이냐? 그렇지만 우리는 이런 것들에 대해 아무런 연습도 하지 않고, 그것들에 대해 아무런 관심도 기울이지 않고 있네. 14 15

자, 자기가 하는 일이 어떻게 되어 가는지에 관심을 갖고, 자신이 성취할 수 있는 결과가 아니라 행동 자체에 관해 관심을 갖는 단 한 사람이나마 나에게 보여 주게. 걸을 때, 누가 행동 자체에 관해 관심을 기울이겠는가? 숙고할 때, 누가 숙고를 통해 달성하고자 하는 결과보다 숙고 자체에 관해 관심을 두겠는가?[7] 그리고 그 결과를 얻으면 그는 득의양양해서 '얼마나 멋진 우리의 숙고였던가!'라고 말하더군. 형제여, 우리가 그것을 제대로 생각해 본다면 일이 그런 식으로 풀리지 않을 수 없다고 내가 너에게 말하지 않았던가? 그러나 그 일이 그가 원했던 것과 다르게 진행되면, 이 가련한 사람은 낙담하게 되고, 무슨 일이 일어났는 16

---

5  에픽테토스에게서 '앉는다'는 것은 비열함과 나태함을 나타낸다. 이런 사람은 언제나 자신이 해야만 할 일(의무)과 할 수 있는 일을 신에게 기댄다.

6  혼의 담대함(megalopsuchia).

7  '무엇과 어떻게' 구분을 사용하고 있다(15~17절).

지에 대한 어떤 가능한 설명도 찾을 수 없다네. 이런 경우에 우리들 가
운데 누가 점술가에게 도움을 청한 적이 없느냐? 우리들 가운데 누가
행동에 대한 올바른 행로를 찾기 위해 신전에서 잠을 자 본[8] 적이 없는
사람이 있는가? 누구? 한 사람만 보여 주게. 그러면 나는 그토록 오랜
시간 동안 찾고 있던 그 사람을, 참으로 고상하고 재능이 있는 사람을
볼 수 있게 될 것이네. 젊든 늙었든 간에 그를 나에게 보여 주게.

그러면 우리가 물질적인 것들에 몰두하면 우리의 행동에서 비천하
고, 부끄럽고, 가치 없고, 비겁하고, 열의가 없으며, 전적으로 실패하게
된다는 사실에, 왜 여전히 놀라는가? 우리가 이러한 문제들에 주의를
기울인 적이 없으며, 지금껏 그것들을 애써 연습해 본 적도 없기 때문이
네. 우리가 두려워하는 것이 죽음이나 추방이 아니라 두려움 그 자체였
다면, 우리에게 나쁜 것처럼 보이는 마음의 상태에 빠지지 않도록 우리
자신을 훈련했을 것이네. 그러나 실제가 그렇듯이 우리는 학교의 교실
에서 활기차고, 흥겹게 떠들어 가며 생활하고 있다네. 그리고 이러한 문
제들의 어떤 것에 대해 아주 사소한 질문이 발생하면 우리는 그 논리적

---

8 예언적 통찰이나 꿈을 가질 수 있다는 바람을 가진 이러한 '숙고'(incubation) 행위는 헬
라스와 로마에서의 일반적인 종교 관행이었다. 특히 '꿈속에서의 신탁'은 치유의 신인
아스클레피오스 숭배에서 이루어졌다. 신의 뜻을 묻기 위해 신전에서 잠을 잤고, 그 꿈
에 따라 판단했다고 한다. 점과 예언에 대한 에픽테토스의 비판(제2권 제7장)을 염두에
둔다면, 이런 행위에 대해 에픽테토스는 긍정적이지 못했을 것이다. 그렇다면 '신전에
서 잠을 자 본 사람'이 아니라, '신전에서 잠을 자 본 적이 결코 없는 사람'(ouk)을 의미
해야 하는 것이 아닐까? 게다가 행동의 목적이 아니라 행동의 '수단'에 관심을 갖는 것
은 중요한 일이 아니기 때문이다. 에픽테토스의 어투가 지독할 정도로 냉소적(시니컬)
이라는 측면을 고려하면, 이 맥락을 역설적으로 이해하면 될 것 같기도 하다. ouk(부정
어)를 삭제하기도 한다(Wolf).

결과들을 충분히 작업해 낼 수 있을 것이네. 그러나 우리를 어떤 실천적인 행동으로 끌고 가 보라. 그러면 너는 우리가 비참하게 난파되어 있다는 것을 발견하게 될 것이네. 혼란스런 인상이 우리에게 엄습하도록 놔둬 보라. 너는 우리가 무엇을 공부해 왔는지, 무엇을 위해 훈련해 왔는지를 알게 될 것이네! 따라서 연습의 부족 때문에, 우리는 항상 스스로에게 두려움을 쌓아 두며, 실제로 그런 것보다 더 큰 것으로 그것을 상상하는 것이네. 그래서 내가 바다로 항해하여 심해를 내려다보거나 사방에 펼쳐진 바닷물을 보았으나 육지의 흔적이 보이지 않으면, 즉각적으로 평정을 잃고, 배가 침몰하게 되면 이 바닷물 전체를 삼켜야 할 것이라고 상상하는 것이지. 3섹스타리우스[9]면 충분할 것이라는 생각이 결코 떠오르지 않는다는 것이네! 그렇다면 내 마음을 혼란스럽게 하는 것은 무엇이란 말인가? 바다? 아니네, 오히려 나 자신의 판단이네. 다시, 지진이 나면 온 도시가 나에게 무너져 내릴 것이라고 상상하네. 하지만 작은 돌 하나면 내 두뇌를 부서뜨릴 만큼 충분하지 않겠는가?

그러면 우리를 짓누르고 또 우리의 정신을 잃게 만드는 것[10]들은 무엇인가? 우리의 판단 외에 다른 무엇이 있는가? 어떤 사람이 자신의 조국을 떠나, 그에게 익숙한 모든 것, 동료, 장소, 사회적 관계에서 멀어지게 되면, 그의 판단 이외에 다른 무엇이 그를 짓누르겠는가? 적어도 어린아이들은 그들의 유모가 조금 멀리 가 버려서 울기 시작할 때, 꿀로 만든 케이크 한 조각만 손에 쥐게 되면 그들의 괴로움을 잊게 된다네.

21
22
23
24
25

---

9  로마의 측정 단위인 1섹스타리우스(sextarius)는 1파인트(pint)에 해당한다. 1파인트가 0.568리터쯤 되니, 3섹스타리우스는 500cc 석 잔쯤 먹는 셈이다.

10  to existanta는 '낙심하게 만드는 것'으로, '갑자기 밖으로 우리를 몰아가는 것들'을 말한다.

26  그러면 너는 우리도 또한 어린아이와 같게 되기를 바라는가? 그렇지 않
    네, 제우스에 맹세코. 우리에게 이런 영향을 미치는 것은 작은 케이크가
27  아니라 올바른 판단이라고 나는 주장하기 때문이네. 그 올바른 판단들
    은 무엇인가? 사람이 온종일 연습해야만 하는 것들로, 동료이든, 장소
    이든, 체육관이든, 심지어 자신의 몸이 되었든지 간에, 자기 자신의 것
    이 아닌 것들에 결코 집착을 느끼지 않게 하는 것들이지만, 그는 그 법
    을 지속적으로 마음에 새기면서 그의 눈앞에 이것을 두고 있어야만 하
28  는 것이네. 어떤 법? 신의 법. 너 자신의 것을 보존하며, 너 자신의 것이
    아닌 것을 주장하지 않으며, 자신에게 부여된 것을 사용하며 부여되지
    않은 것을 갈망하지 않는 것이네. 빼앗긴 것이 있다면 기꺼이 또 당장
    에 그것을 포기하며, 그것을 사용하며 누렸던 시간에 대해 감사하는 것.
    네가 유모와 엄마를 향해 우는 아이가 되기를 원하지 않는다면 말이네!
29  사실상 우리가 복종하게 되는 것과 우리가 의지하게 된 것이 무슨 차이
    를 만들어 내는가? 네가 비참한 체육관이나 주랑(柱廊)에서 한 무리의
    젊은이들과 그 밖의 시간을 보내는 그러한 것들을 위해 비통해 운다면,
    작은 소녀를 위해 우는 자보다 네가 얼마나 우월하단 말인가?
30      여기 다른 사람이 와서 더 이상 디르케의 물[11]을 더 이상 마실 수 없게
    되었다고 비통해하고 있네. 그렇다고 마르키아 수로의 물이 디르케의
    샘의 물보다 더 못할까?

---

11  디르케(Dirkē)의 개울(샘)은 헬라스 중부의 보이오티아 지역의 테베에 있다. 이 즈음엔
    마르키아 수로가 양질의 물을 로마에 대고 있었다. 마르키아 수로(Aqua Marcia)는 로
    마에 물을 공급하는 11개의 수로 중에서 가장 긴 것으로 알려져 있다. 이 수로는 기원전
    로마 공화정 기간인 기원전 144년~140년 사이에 건설되었다.

‘그런데 디르케 물에 익숙해졌어요.’

그리고 너는 다시 마르키아 물에도 익숙해질 것이네. 그런 다음, 너 31 자신이 그와 같은 어떤 것에 집착하게 된다면 다시 그것을 위해 울고, 에우리피데스의 ‘네로의 목욕물과 마르키아 물’[12]과 같은 시행을 써 보 도록 시도해 보게. 일상의 사건들이 바보 같은 인간들에게 덮쳐 올 때, 어떻게 비극이 일어나는지를 보라! ‘아, 아테네와 아크로폴리스를 언제 32 다시 볼 수 있을까!’ 가련한 자여, 너는 매일 보는 것으로 만족하지 않 느냐? 해, 달, 별, 온 땅, 바다보다 더 낫거나 더 큰 것을 볼 수 있느냐? 그 33 리고 네가 진정 우주를 다스리는 분을 이해하고, 그를 너 자신 속에 품 고 있다면, 왜 아직도 돌 조각과 아름다운 바위[13]를 갈망하는가? 그러 면 네가 해와 달을 떠나려고 할 때, 너는 무엇을 할 것이냐? 어린아이처 럼 앉아서 울 텐가? 그럼 너는 학교에서 무엇을 했는가? 무엇을 들었는 34 가? 무엇을 배웠는가? 네가 다음과 같은 말로 진실을 기록할 수 있었을 텐데, 왜 너 스스로를 철학자라고 말하는 거냐? ‘나는 몇 편의 서론적인 책을 공부했고, 약간의 크뤼시포스를 읽었지만, 철학의 문턱조차 통과 하지 못했다.[14] 소크라테스가 죽은 것처럼 죽고 또 그가 살았던 것처럼 35

---

**12** 이것은 에우리피데스의 『포이니케의 여인들』 368행을 패러디한 것이다. “나를 길러 준 체육관들과 디르케의 물’을 보자 눈물이 비오듯 흘러내렸다.” 이 말은 오이디푸스와 이오카스테의 아들, 폴뤼네이케스가 한 말이다.

**13** 경멸적 묘사로, 아크로폴리스의 바위와 그 위에 세워진 파르테논 신전 건축물을 말 한다.

**14** 제4권 제1장 175~177절(“자유는 욕망의 대상을 충족시키는 것이 아니라, 욕망을 억제 함으로써 얻어지는 것이다. 이 사실이 진실임을 알기 위해서는, 지금까지 쓸데없는 일 을 위해 노력하던 것 대신에 이제 이 일을 위해 그 노력을 바꿔 보도록 하라. 너를 자유 롭게 해줄 판단을 내 것으로 만들기 위해 너는 잠들지 말아야 한다./// 부자 노인에게

사는 것과 같은, 그런 역할을 했던 그 일에서 내가 실제로 어떤 역할을

36 할 수 있겠는가? 또 디오게네스가 그런 역할을 했던 그 일에서?' 이 사
람들 중 누군가가 더 이상 이런 사람 혹은 저런 사람을 보지 못하게 되
거나, 혹은 더 이상 아테네나 코린토스가 아니라, 어쩌면 수우사나 엑
크바타나[15]에 살게 될 것이기 때문에 흐느끼거나 비통해하는 것을 너는

37 상상할 수 있겠느냐? 만일 그가 원할 때마다 향연을 떠나갈 수 있고 더
이상 놀이를 하지 않을 수 있다면, 그런 사람이 머무는 동안에 한탄하겠
느냐? 그는 놀이가 자신을 즐겁게 하는 동안에만 놀이 가운데 있는 것

38 처럼[16] 머물지 않겠는가? 그런 사람에게 유죄 판결이 내려졌다면, 그는
분명히 영구 추방 또는 죽음에 직면할 수 있었을 것이네.

39 　너는 마침내 어린아이처럼 젖을 떼고 그들의 엄마와 유모를 부르짖
지 않고 ― 늙은 여자들을 향한 터질 듯한 부르짖음 ― 더 단단한 음식
에게 손대려 하지 않겠느냐?

40 　'하지만 제가 떠나가면, 그녀들에게 괴로움을 안겨 주겠지요.'
　뭐, 그녀들에게 괴로움을 안겨 준다고? 전혀 그렇지 않네, 오히려 너

---

비위를 맞추는 대신에 철학자에게 주의를 맞추고 그의 문지방에 매달려 있는 모습을
보여라. 네가 그곳에서 보여진다고 해서 너는 어떤 창피도 당하지 않을 것이며, 네가 마
땅한 방식으로 그에게 다가간다면 빈손으로 또 아무런 유익 없이 되돌아오지 않을 것
이네. 어쨌든 적어도 시도는 해보라. 그런 시도를 하는 데에는 하등의 부끄러움도 없는
것이네.") 참조.

15 수우사(Sousa)는 페르시아 왕들이 주로 머물렀던, 이란의 남서쪽 페르시아만 연안 지
역에 있던 엘람의 수도였다. 엑크바타나는 이란 북부와 서부 지역 사이에 있던 메도스
(Mēdos; 메디안) 왕국의 큰 도시이다.

16 hōs paidia를 어린아이의 성격이나 행동을 의미하는 것으로 '어린아이처럼'으로 읽을
수도 있겠다(제1권 제24장 20절 참조).

에게 괴로움을 가져다준 것처럼, 그들에게 괴로움을 가져다준 것은 그들 자신의 판단일 것이네.[17] 그러면 무엇을 했어야만 하는가? 너는 이 판단을 없애야 하며, 또 그들의 편에서는 그들이 잘 행하고자 했다면 그들의 판단을 없애야 했을 것이네. 그렇지 않으면, 그들이 슬퍼하는 것은 그들의 탓이 될 것이네. 인간아, 인구(人口)에 회자하는 말이지만 행복을 위해, 자유를 위해, 혼의 큼을 위해 지금의 네 생각을 버릴 준비가 되어 있느냐. 마침내 노예에서 해방된 사람처럼 머리를 들어라. 감히 신을 우러러보고 그에게 이렇게 말하라.

'이제로부터 당신의 뜻대로 저를 사용하십시오. 나는 당신과 한마음입니다. 나는 당신의 것입니다. 나는 당신에게 좋은 것으로 보이는 어떤 것도 거부하지 않겠습니다. 당신이 원하는 곳으로 나를 이끄시고, 당신이 원하는 옷으로 나를 감싸십시오. 내가 공직에 있거나 일반 시민으로 남거나, 여기 머물거나 망명을 떠나거나, 가난하거나 부자가 되는 것이 당신의 바람입니까? 나는 동료 시민 앞에서 이 모든 경우에서 당신을 방어할 것입니다. 나는 각각의 것의 참된 본질이 무엇인지를 보여 주겠습니다.'[18]

41

42

43

---

17 『엥케이리디온』 제5장("사람들을 심란하게 하는 것은 그 일[pragma]들[자체]이 아니라, 그 일들에 대한 [그들의] 믿음[판단, dogma]이다.") 참조.

18 『엥케이리디온』 제53장 언급된 시 참조. 아래는 클레안테스 시이다.
　"고결한 하늘의 아버지, 주재자시여, 이끄소서.
　당신이 원하시는 어디라도, 나는 주저 없이 복종하겠나이다.
　나는 기꺼이 또 간절히 그러겠나이다. 내가 순순히 원하지 않는다 해도,
　번민하면서 따르겠나이다, 나의 나쁨에도
　좋은 사람으로 행할 수 있었던 것을 억지로라도 하게 될 것이나이다.
　운명은 순순히 따르는 자를 이끌고, 순순히 따르지 않는 자를 끌고 가기이니다."

## 44

아니, 차라리 소녀처럼 집안으로 들어가 앉아서[19] 너의 엄마가 와서 먹여 줄 때까지 기다리라.[20] 헤라클레스[21]가 가족과 더불어 집 주변에 앉아 있었다면 그는 무엇이 될 수 있었을까? 에우뤼스테우스였지, 결코 헤라클레스가 아니었을 것이네. 자, 그가 세상을 여행하면서, 그와 함께 한 동료가 얼마나 많게 되었으며, 친구가 얼마나 많았는가? 그러나 그에게는 신보다 더 소중한 친구가 없었네. 그래서 그는 신의 아들로 믿어졌으며, 실제로 그랬었네. 따라서 그가 세상의 부정의와 불법을 깨끗하게 하기 위해 세상으로 여행했던 것은 신에게 순종하는 것이었네. 그러나 너는 도대체 헤라클레스가 아니어서, 다른 사람들의 나쁨을 깨끗하게 할 수도 없네. 아니, 너는 아티카의 나쁨을 깨끗하게 할 수 있는 테세우스[22]조차도 아니라네. 그러니 너 자신을 깨끗이 하고, 프로크로스테스나 스키론[23]을 쫓아내는 대신, 너의 마음으로부터 고통, 두려움, 욕망,

---

19 S사본을 좇아, 쉔클은 en boos koilia(암소의 뱃속에서)로 읽는다(수이에 참조). 그렇다면 이것은 요람(아이들을 잠재우는 바구니)을 경멸적으로 표현하는 말로 이해된다. 이 대목에서 에픽테토스는 올바른 정신의 태도를 말한 후, 돌연히 아이러니컬하게도 먹여 주기를 마냥 기다리는 이유(離乳)하지 못한 자의 태도를 대조시키고 있다.

20 에픽테토스는 올바른 철학자의 정신을 한껏 고양시켜 놓은 뒤에, 갑자기 돌아서 아이러니하게 아직 이유(離乳)를 하지 못한 자가 먹여 줄 이를 무작정 기다리는 모습을 대조해서 보여 주고 있다.

21 자신의 궁전에 안전하게 남아 있던 에우뤼스테우스(Eurustheus) 왕의 명령에 따라, 헤라클레스는 그 유명한 12가지 과업을 수행했다. 스토아학파는 덕이 있는 행동으로 인간에게 이롭게 하려는 현명한 사람의 원형으로서 헤라클레스와 같은 신화상의 영웅들을 사용했다(키케로, 『목적에 대하여』 제3권 36 참조).

22 아티카에서 강도들을 몰아낸 전설적인 영웅. 그 강도들 중에 대표적인 자들이 프로크로스테스(Prokroustēs)와 스키론(Skirōn)이다.

23 프로크로스테스와 스키론은 아티카 지역의 아테네와 메가라 도로상에 떼지어 몰려다

시기, 악의, 탐욕, 나약함, 자제력 없음을 쫓아 버려라. 네 눈을 들어 신 46
만을 바라보며, 너 자신을 그에게만 헌신하고, 그의 명령을 충실히 수행
하는 것 외에는 달리 다른 방법으로 이것들을 쫓아낼 수는 없네. 그렇지 47
만 네가 다른 어떤 것을 바라게 되면, 한숨과 신음 소리를 내면서 자신
보다 더 강한 것을 좇게 될 것이며, 네가 항상 너 자신 밖에 있는 것들에
서 행복[24]을 추구하고, 그리고 결코 행복에 이르지 못할 것이네. 너는 그
것이 있지 않은 곳에서 행복을 찾고 있으며, 그것이 실제로 있는 곳에서
는 그것을 찾는 일을 게을리하고 있으니까 말이네.

니던 도적들이다. 플루타르코스가 보고하는 바처럼 아테네의 영웅 테세우스에 의해 제
거되었다.

**24** euroia란 말은 스토아 철학에서 기술적인 용어로 쓰이며, 우리가 익히 알고 있는
eudaimonia(행복)에 상당하는 말이다. 그 동사형인 euroein(to euroun)은 비유적으로
'조용한 물의 흐름'에서 유래한 말이다. 그러니까 '마음의 평안함', '평화', '감정의 흔
들림이 없는 상태'(apatheia)를 지시한다. 이에 반대되는 말인 dusroein은 '잘 흘러가는
것'(to euroein)이 아닌 '잘 흘러가지 못함'(flow ill), 즉 '불행한 상태에 빠지는 것'을 의
미한다(제1권 제18장 30절 참조). 따라서 dusroein은 일반적으로 '근심하다, 걱정하다'
라는 의미로 사용된다(제2권 제17장 14절 참조). 그 명사형인 dusroia는 '불행'을 뜻한
다(제2권 제17장 18절 참조).

제17장

# 우리의 선개념을 개별적 경우들에
# 어떻게 적용해야만 하는가?[1]

1   철학에 전념하는 사람의 첫 번째 임무는 무엇인가? 자신이 알고 있다
    고 생각하는 믿음[2]을 없애는 것. 자신이 이미 알고 있다고 생각하는 것
2   을 배우려고 착수하는 사람은 있을 수 없기 때문이네. 그런데 우리가 철
    학자들을 만나러 갈 때, 우리 모두는 마땅히 해야 할 것과 하지 말아야
    할 것, 좋음과 나쁨, 옳음과 그름에 관해 마음대로 지껄임으로써, 또 이
    것들을 기반으로 칭찬과 비난, 비판과 질책을 할당하며, 어떤 행동은 찬

---

**1**  이 강의의 주요 주제는 논리학(또는 변증법)이 윤리적 진보를 진행하는 데 도움이 될
    수 있지만, 그 자체가 목적이 아니라 올바른 방식으로 접근할 때에만 가능하다는 것이
    다. 이와 관련하여 에픽테토스는 우리의 '선개념'을 올바르게 적용하는 것(1~14절; 제
    1권 22장, 제2권 제11장 참조)과 실천 윤리학의 세 가지 주제(15~16, 31~33절)를 논의
    하며, 도덕적 큰 잘못의 예로서 메데이아를 언급한다(19~22절). 이어서 철학을 공부하
    는 좋은 학생의 유형(29~33절)과 나쁜 학생의 유형(34절 아래)을 논하고 있다.

**2**  일반적으로 생각이나 개념을 의미하는 oiēsis는 '자만'을 의미할 수도 있다(제3권 제
    14장 8절 참조). "철학의 출발점은, 최소한 마땅히 해야만 하는 방식대로 철학에 전념하
    고 또 입구로 들어가는 사람들에게 삶의 본질적인 문제에 관한 인간 자신의 나약함과
    무능함에 대한 깨달음인 것이네."(제2권 제11장 1절)

양할 만하고 다른 행동은 부끄러운 것으로 구별하네. 그러나 무엇 때문     3
에 우리는 철학자들에게 가는 것인가? 우리가 알고 있다고 생각하지 않
는 것을 배우기 위해서. 그것은 무엇인가? 일반 원리들[3]. 어떤 사람들은
철학자들이 말하는 것이 날카롭고 재치 있기를 기대하기 때문에 그것
을 배우는 것을 좋아하고, 다른 사람들은 그것으로부터 이익을 얻기를
바라기 때문에 배우기를 좋아하는 것이네. 이제 누군가가 어떤 것을 배     4
우기를 원할 때 실제로는 다른 어떤 것을 배우게 되거나, 더 나아가 그
가 배우지 않은 것들에서 진보할 것이라고 생각하는 것은 우스운 노릇
이네. 그러나 대부분의 사람들은 플라톤이 개별적인 모든 명사를 정의     5
하기를 원한다고 어디선가에서 비판한 웅변가 테오폼포스[4]와 같은 바
로 그 잘못을 저지르고 있는 것이네. 그럼 그가 뭐라고 했지? '우리 중     6
에 누구도 당신 이전에는 "좋다" 혹은 "정의롭다"라는 말을 사용하지
못했던 겁니까? 아니면, 우리가 그 명사들 각각이 무엇을 의미하는지를

---

3   원어로는 ta theōrēmata. 여기서는 인간의 행위와 도덕적 품성과 연관된 의미로 쓰였다.
    수학에서 이 말은 정리(theorem)를 가리킨다. 키케로는 theōrēmata를 'percepta'로 옮긴
    다(de Fato VI). 에픽테토스는 다른 곳에서 '사람들을 슬픔, 두려움, 정념, 장애로부터 벗
    어나게 할 수 있는 출발점으로서 기여하는 본질적 원리(anagkaia theōrēmata)'란 표현
    을 사용한다(제4권 제6장 16절). 다른 곳에서는 '하찮은 이론'을 의미하기도 한다. "그
    러나 소크라테스는 무엇이라고 말하는가? 그는 말한다. '어떤 사람은 자기 농토를 개
    량해서 기뻐하고 다른 사람은 자신의 말을 개량하여 기뻐하는 것 같이, 나도 나 자신이
    나아지고 있음을 관찰함으로 날마다 기뻐합니다.' ─무엇이 더 나아지는가? 좋은 문
    구를 함께 짬으로써? ─인간아, 조용해라! ─'멋진 이론(theōrēmatia)'을 내놓음으로
    써?' ─무슨 뜻인가? ─'나는 철학자들이 도대체 무엇을 하며 시간을 보내는지 알 수
    없습니다.'(제3권 제5장 14~16절)
4   이소크라테스의 제자인 키오스의 테오폼포스(B.C. 380~B.C. 315)로 추정된다. 역사가
    로도 알려져 있다.

이해하지 못한 채, 모호하고 공허한 소리로 그것들을 단순히 발언했다는 것인가?' 테오폼포스여, 이것들 각각의 자연적인 개념과 선개념을 우리가 갖고 있지 못하다고 누가 너에게 말해 주었는가? 그러나 어떤 개별적인 실재가 어떤 선개념 아래에 배치되어야 하는지를 결정하기 위해, 선개념들을 체계적으로 분절하지 않고서는, 우리가 이러한 선개념들을 상응하는 실재들에 적용한다는 것은 불가능한 일이네.

예를 들어, 우리는 의사들에게도 그런 종류의 것을 말할 수 있을 걸세. '히포크라테스가 등장하기 전에는 우리 중의 누구도 "건강한" 또는 "병에 걸린" 것에 대해 이야기하지 못했다는 건가요? 아니면, 이야기할 때 그냥 공허한 이런 소리만 발언하고 있었다는 건가요?' 물론 우리도 '건강하다'는 것이 어떤 의미인지에 대한 선개념을 가지고 있지만, 그것을 제대로 적용하고 있지 못하는 것도 사실이네. 이런 이유로 한 사람은 '금식을 계속하세요'라고 말하고, 다른 사람은 '지금 음식을 주세요'라고 하는 것이네. 또 어떤 사람은 '피를 흘리게 하세요'라고 말하고, 다른 사람은 '부항단지를 사용하세요'라고 말하는 것이네. 그 이유가 무언가? 적어도 '건강하다'는 우리의 선개념을 개별적인 경우들에 적용할 수 없다는 사실 외에 다른 어떤 것이 있는가?

삶에 관련된 문제들에서도 마찬가지이네. 우리 중에 누가 '좋다'와 '나쁘다', '유용하다'와 '유용하지 않다'는 것에 관해 이야기하지 않는가? 우리 중에 누가 이것들 각각에 대한 선개념을 갖고 있지 않은가? 자 그러면, 그것은 제대로 이해된 것이고 완전한 것인가? 그렇다는 것을 나에게 보여 주게. 그걸 내가 어떻게 보여 줄까? 그 개념들을 개별적인 사실들에 적절하게 적용함으로써. 예를 들어 플라톤은 자신의 정의를 '쓸모있는' 것의 선개념 아래로 분류하지만, 너는 '쓸모없는' 것의 선개념 아래로 분류하고 있네. 그러면 너희 양쪽이 옳다는 것이 가능할 수 있을까? 어떻게 그럴 수가 있지? 아니면 다시, 부와 관련해서 한 사람은 '좋은' 것의 선개념을 그것에 적용하고, 다른 사람은 적용하지 않지 않겠는가? 쾌락이라는 것에 적용시키는 사람도 있고, 건강이라는 것에 적용시키는 사람도 있겠지? 일반적으로 말하자면, 이러한 명사들을 발언하는 모든 사람이 이것들 각각에 대해 단지 공허한 앎이 아닌 그 이상의 것을 소유하고 있으며, 또 우리가 우리의 선개념을 명확히 하는 데 아무런 어려움이 없다면, 왜 우리는 일치하지 못하며, 왜 다툼을 벌이고, 왜 서로를 비난하는 것이겠는가? 12

13

그런데 왜 내가 지금 이 서로의 다툼을 제기하고, 왜 그것들을 상기해야만 할 필요가 있겠는가?[5] 너 자신의 경우에, 선개념을 올바르게 적용할 줄 안다면, 왜 네가 근심을 하고, 왜 네가 좌절을 하는 것이냐? 현재로서는 충동(동기)들과 충동들에 따르는 적합한 것(의무)의 논의[6]와 관련된 두 번째 탐구 영역은 제쳐 두기로 하자.[7] 그리고 승인과 관련된 세 번째 탐구의 영역도 제쳐 두자. 이 두 영역의 일은 너에게 맡기겠네. 첫 번째 영역에 집중해 보기로 하세. 이 영역은 너 자신의 선개념을 어 14

15

16

---

5  14~18절에 걸쳐 우리의 내적 갈등이 어디로부터 오는 것인지를 논하고 있다.

6  즉 '충동들이 어떻게 적절하게 통제될 수 있는가'에 관한 논의.

7  에픽테토스의 세 가지 탐구 영역(topos)의 프로그램은 다음과 같이 구성된다(아래의 31~33절 참조). 첫 번째는 orexis(욕구)의 적절한 대상들을 탐구하는 것이고, 두 번째는 우리의 hormē(충동, 동기)를 적합한 행동들(kathēkonta)로 인도하는 것이고(윤리학), 세 번째는 우리가 sugkatathesis(승인)를 주어야만 하는 인상들을 세심하게 검토하는 것이다(논리학). 논리학은 특히 세 번째 영역의 주제에 도움을 주는 것이다. 이에 대한 논의는 제1권 제4장 11절의 해당 주석과 제3권 제2장 1~5절 참조. C. Gill, *The Structured Self in Hellenistic and Roman Thought*, Oxford, 2006, pp. 380~389 참조.

뗗게 적절하게 적용해야 하는지를 알지 못한다는 거의 명백한 증명을 줄 것이네. 너는 지금 가능한 것을 원하고 있으며, 특히 너에게 가능한 것을 원하는가? 그렇다면 왜 좌절하는가? 왜 근심을 하는가? 너는 지금 필연적인 일을 회피하려고 하고 있지 않느냐? 그런데 왜 그런 종류의 온갖 어려움에 빠지고, 왜 불행을 겪고 있는가? 무언가를 원하면 일어

나지 않고, 원하지 않으면 일어나는 것은, 왜 그런 것이냐? 사실상 그것은 네가 근심 속에 있으며 불행한 상태에 있다는 매우 강력한 증거이니 말이네. 나는 무엇인가를 원하는데도, 그것은 일어나지 않고 있네. 누가 나보다 더 비참할 수 있단 말인가? 나는 무엇인가를 원하지 않는데, 그 것은 일어나고 있네. 누가 나보다 더 비참할 수 있단 말인가?

이를테면, 메데이아가 자신의 아이를 살해한 것은 그녀가 이것을 참을 수 없었기 때문이네. 적어도 이 점에서 그녀의 행위는 어느 정도의 혼의 큼을 보여 주었네. 그녀는 사람의 욕구가 실현되지 못한다는 것이 누군가에게 무엇을 의미하는지에 대한 적절한 상념(phantasia)을 가지

고 있었기 때문이네. '좋다. 나에게 부정의를 저지르고 모욕했던 자에게 이런 식으로 복수할 것이오. 그를 그런 비참한 곤경에 처하게 함으로써 내가 무엇을 얻을 수 있을 것인가? 어떻게 이뤄 낼 수 있을 것인가? 나는 내 아이를 죽일 것이오. 그렇게 해서 나 또한 벌을 받을 것이오. 그

런데 그게 어쨌다는 것이냐?'[8] 이것은 큰 내적 힘을 부여받은 혼의 그릇

---

[8] 에픽테토스는 여기서 첫 번째 탐구 영역의 예로서, 에우리피데스의 『메데이아』(791~796행)를 패러프레이즈해서 자신을 버린 남편(이아손)에 대한 복수로 자신의 아이를 죽이기로 한 메데이아를 끌어들이고 있다. 그녀는 이아손과 10년간 코린토스에서 함께 살았다. 에픽테토스는 이것을 '욕구'의 적절한 대상을 결정하는 첫 번째 윤리적 영역에서 저지른 큰 실수의 예로 제시한다. 메데이아는 크뤼시포스 이래로 스토아 도

된 분출이네. 사실상 그녀는 우리가 원하는 것을 할 수 있는 힘이 어디에 있는지를, 이것을 우리 바깥에서나, 혹은 사태들의 변경과 재배열을 통해 얻을 수 없다는 것을 깨닫지 못했기 때문이었네. 그 남자에 대한 욕망을 갖지 말라. 그러면 네가 바라는 어떤 것도 이루지 못할 일이 없네. 어떻게든 그 남자와 함께 살기를 바라지 말며, 코린토스에 머무르려 해서도 안 되네. 한마디로 말해서 신이 바라는 것 이외에 다른 어떤 것을 바라서는 안 되네. 그러면 누가 너를 방해할 수 있을 것이며, 누가 너를 강제할 수 있겠는가? 제우스를 방해하거나 강제할 수 있는 것 이상으로, 아무도 너에게 그렇게 할 수 없는 것이네.[9]

22

네가 너의 지도자로서 [제우스[10]를] 가지고 있으며[11], 너의 바람과 욕구들이 그분과 일치할 때, 어떤 이유로 네가 여전히 실패할까 봐 두려워하는가? 너의 욕구를 부에, 너의 혐오를 가난에 두어 보라. 너는 욕구하는 것을 얻지 못하고, 혐오하는 것을 얻게 될 것이네.[12] 그것들을 건강에 두어 보라. 너는 불행에 떨어질 것이며, 공직, 명예, 조국, 친구, 아이들의 경우에도, 한마디로 말해서 의지(프로하이레시스)의 영역 밖에 있는 어떤 것들에 둔다고 하면 마찬가지로 불행에 떨어질 것이네. 아니,

23

24

25

덕 이론에서 행위의 잘못에 대해 가장 즐겨 사용한 전형적인 예였다. 메데이아의 예에 대해서는 제1권 제28장 7~11절과 제4권 제13장 14절 참조. C. Gill, *The Structured Self in Hellenistic and Roman Thought*, pp. 258~259; A. A. Long [2002], pp. 76~77 참조.

9  즉 너도 제우스 자신만큼 자유로울 것이다.

10  스토아에서 '신'에 대한 이름인 '제우스'는 세계의 외적 주재자일 뿐만 아니라, 인간 각자의 내면의 '신성'인데, 다른 말로는 '완전한 이성의 목소리'이기도 하다.

11  제4권 제7장 20절 참조.

12  즉 네가 회피하기를 원하는 것에 떨어질 것이다.

오히려 그것들[13]을 제우스와 다른 신들에게 맡겨 두어라. 그것들을 그들에게 넘겨주어라. 그들이 그것들을 조정하도록 하라. 그들이 명령을 내리도록 하라. 그런데 어떻게 네가 더 이상 불행할 수 있겠느냐? 그러나 가엾은 친구야, 네가 분개, 연민, 질투와 두려움에 종속되어, 너 자신의 내면에서와 신 앞에서 통곡하지 않고는 단 하루도 보내지 못한다면, 어떻게 네가 여전히 올바른 교육을 받았다고 주장할 수 있겠느냐? 인간아, 어떤 종류의 교육이더냐? 네가 추론이나 전환논증[14]을 다루었기 때문에? 그게 가능하다면, 그 모든 것을 배우지 않은 것으로 해서, 아직 그 문제의 표면조차 결코 손대 보지 못했다는 사실을 깨닫고, 네가 처음부터 새롭게 시작할 의향을 갖고 있지는 않느냐? 그런 다음, 앞으로 바로 이 지점에서 시작하여 모든 것을 적절한 질서에 맞게 건축해서, 아무것도 네 바람과 어긋나게 일어나지 않도록 하며 네가 바라는 어떤 것도 일어나지 않을 수 없도록 하지 않을 텐가?

이 목표를 염두에 두고 학교에 들어왔고, 이러한 활동의 분야에서 운동선수가 되어 다음과 같이 선언하는 단 한 명의 젊은이를 나에게 주어라.[15] '나로서는 나머지 모든 것들에게 작별을 고합니다. 장애와 고통이 없는 삶을 사는 것과 자유인처럼 사태에 직면해서도 고개를 높이 쳐들 수 있는 것, 그리고 신의 친구처럼 일어날 수 있는 어떤 것에 대한 두려움을 내보이지 않은 채로 하늘을 올려다볼 수 있는 것으로도 나에게는 충분합니다.' 너희 중 한 사람이 그런 사람임을 스스로 나타내 보이도

---

13 너의 욕구와 회피.

14 제1권 제7장 1절 참조.

15 31절까지 철학을 공부하는 좋은 학생의 유형을 논하고 있다.

록 하라. 그래서 내가 이렇게 말할 수 있도록 말이네. '젊은이여, 너 자신의 것으로 들어가라. 너는 철학의 장식품이 될 운명이니까 말이네. 이 물건들은 너의 것이고, 이 책들은 너의 것이고, 이 논의들은 너의 것이다.' 그런 다음, 그가 이 첫 번째 탐구의 영역[16]에서 자신의 작업을 진지하게 수행했으며 운동선수처럼 숙달되었음을 증명했을 때, 다시 그를 나에게 돌아오게 해서 말하도록 하라. '저는 감정(파토스)과 마음의 동요로부터 벗어나기를 진정으로 원하지만, 저는 경건한 사람, 철학자, 부지런한 학생으로서 신에 대한, 부모에 대한, 형제에 대한, 조국에 대한, 이방인에 대한 내 의무(적합한 행위들)가 무엇인지를 알고 싶습니다.' 이제 두 번째 탐구 영역으로 넘어가 보도록 하자. 그것도 역시 너의 것이니까 말이네. '하지만 저는 이미 이 두 번째 영역을 공부했습니다. 제가 원하는 것은, 제가 깨어 있을 때뿐만 아니라 잠잘 때, 취했을 때, 심지어 완전히 우울해졌을 때에도 그것에 대한 나의 앎 속에서 안전하고 흔들리지 않는 것입니다.'

인간아, 그렇게 큰 야망을 품고 있는, 너는 신이야!

오히려 이렇게 말할 수도 있겠네요. '저는 크뤼시포스가 "거짓말쟁이"[17]에 관한 논고에서 무엇을 말했는지 알고 싶습니다.'[18] 그게 자네가 진정 알고 싶은 것이라면, 왜 그런 약점을 갖고 네 목을 매지 않느냐, 이 가엾은 이여! 그것을 알면 자네에게 무슨 이득이 있는가? 너는 내내 슬퍼하면서 그 책 전체를 처음부터 끝까지 읽을 것이고, 네가 그것을 다른 사람들에게 설명할 때는 떨게 될 것이네. 그리고 너희들 나머지도 또한

31

32

33

34

35

---

16 에픽테토스가 철학 훈련을 위해 설정했던 세 영역(토포스)들에 대해서는 제3권 제2장 찰주

그렇게 행동하고 있네. '형제여, 내가 너에게 뭔가를 읽어 드릴까? 그리고 차례로 너는 나를 위해 그렇게 해주실 수 있겠지?'[19] — '친구여, 너는 놀랍도록 글을 잘 쓰는구나.' — '그리고 훌륭하게도 당신은 크세노폰 문체로 잘 쓰고 있네.' — '그리고 당신은 플라톤 문체구나.' — '당신은 안티스테네스 문체네.'[20] 그런 다음, 너희는 서로 꿈같은 이야기를 나누고, 다시 동일한 오래된 잘못으로 되돌아가는 것이네. 너는 이전과 마찬가지로 같은 욕구, 같은 혐오, 같은 충동(동기), 계획 및 의도를 갖고 있으며, 또 너는 같은 것을 위해 기도하고, 같은 것들에 대해 깊은 관심을 갖고 있네. 게다가 너에게 조언해 줄 사람을 찾기보다, 이런 조언을 들으면 너는 짜증을 내게 되네. 그런 다음, 너는 '이 정나미 뚝 떨어지는 늙은이여'라고 말하네. '내가 집을 떠날 때 그는 눈물을 흘리지도 않았고, 또한 "내 아들아, 그것이 네가 직면하게 될 곤란한 상황이다. 네가 무사히 통과해서 돌아오면 내가 등불을 밝힐 것이다[21]"라고 말하지

---

**17** 크뤼시포스가 길게 논의한 유명한 논리적 역설의 문제(제2권 제18장 18절, 제2권 제21장 17절 참조). 키케로, 『아카데미아학파』 제2권 95~96; LS 37 I 참조. 한 사람이 '나는 거짓말을 하고 있습니다'라고 말하면, 거짓말을 하는 것인가, 아니면 진실을 말하는 것인가? 그가 거짓말을 한다면 그는 진실을 말하는 것이고, 그가 진실을 말하고 있다면 그는 거짓말을 하고 있는 셈이다. Von Arnim, *SVF* II. 92, 단편 280ff. 크뤼시포스는 이 주제에 대해 6권의 책을 썼다고 한다(DL 제7권 196 참조).

**18** 아래에서는 철학을 공부하는 나쁜 학생의 유형을 논하고 있다.

**19** 각자가 쓴 작문을 서로 읽어 주면서 서로 칭찬을 받을 기대로 이렇게 하는 것이다. 이에 대한 에픽테토스의 조롱이 스며들어 가고 있다.

**20** 기원전 5~4세기에 잘 알려진 철학자요, 문필가들이다. 이 세 사람은 소크라테스적 '대화'식으로 글을 썼다. 에픽테토스는 아마도 이 세 대화편에서의 상이한 문체들 간의 비교를 염두에 두고 있을 것이다.

**21** 제1권 제19장 24절 참조.

도 않았네.' 그것은 정이 넘쳐흐르는 사람의 말인가? 너와 같은 사람이 **38** 무사히 통과하는 것은 매우 좋은 일이 될 것이고, 진정으로 등불을 켜고 환영을 받을 자격이 있는 사람이네! 너는 반드시 죽음과 질병에서 해방 되어야 하네.

우리가 기하학이나 음악 연구에 다가갈 때 우리가 하는 것처럼, 철학 **39** 으로 나아가기 전에 이미 말했듯이 유용한 어떤 것을 알고 있다고 생각 하는 이 믿음을 내버려야만 하는 것이네. 그렇지 않으면, 우리가 크뤼시 **40** 포스의 모든 입문들과 논고들을 안티파트로스와 아르케데모스[22]의 것 들과 함께 철저하게 읽어도 우리는 도덕적 진전을 이루는 곳으로 결코 가까이 다가설 수조차 없네!

---

**22** 이런 대목을 통해 우리는 에픽테토스가 학생들에게 초기 스토아를 이해하도록 권하지 않았음을 알 수 있다. 초기 스토아 철학을 이해하는 데 에픽테토스가 도움이 되지 않는 다는 견해를 피력하는 A. Bonhöffer, *Epiktet und die Sioa*, Stuttgart, 1890, p. V; *Die Ethik des stoikers Epictet*, Stuttgart, 1894, pp. iii~iv 참조. 타르소스의 안티파트로스(Antipatros) 는 기원전 152~129년까지 스토아학파의 수장으로 파나이티오스를 가르쳤고(제2권 제19장 2절 참조), 아르케데모스는 기원전 2세기경의 스토아 철학자이다(제2권 제4장 11절, 제2권 제19장 9절 참조). 양자가 다 같이 언급되는 대목은, 제3권 제2장 13~16절, 제3권 제21장 7절 참조.

제18장

# 인상에 맞서 어떻게 싸워야만 하는가?[1]

1   걷는 능력이 걷기로, 달리기 능력이 달리기로 그렇게 되듯이, 모든 습관
2   과 능력은 그것에 상응하는 행동으로 뒷받침되고 강화되는 것이네. 좋
     은 독자가 되기를 원하면 읽고, 좋은 작가가 되기를 원하면 써라. 그러
     나 읽지 않고 서른 날을 지나치며 다른 어떤 일로 지내게 되면, 너는 어
3   떤 일이 일어나는지를 알 수 있을 것이네. 그래서 열흘 동안 누워 있다
     가 일어나서 상당히 긴 거리를 걸어 보면, 다리가 얼마나 약해졌는지 알
4   게 될 것이네. 그러면 일반적으로 말해, 뭔가를 잘하고 싶은 것이 있으
     면 그것을 하는 습관을 들이고, 뭔가를 잘하고 싶지 않으면 그것을 하지
5   말고, 그것 대신에 오히려 다른 어떤 일을 하는 습관을 들여라. 혼의 상
     태들에서도 이와 마찬가지라네. 네가 화를 낼 때, 현재 이 나쁨이 너에

---

1   에픽테토스는 경험에 대한 반응('인상')이 가장 심오한 신념과 일치하도록 자신을 훈
     련하는 습관의 중요성을 강조하고 있다. 습관화에 대한 강조는 이 시기의 스토아학파
     보다는 플라톤-아리스토텔레스적 윤리적 사고의 특징이었다. 그러나 에픽테토스는
     플라톤-아리스토텔레스 사상에서 강조된 비합리적 습관화보다는 순전히 인지적이거
     나 이성적인 과정을 염두에 두고 있다. C. Gill, *The Structured Self in Hellenistic and Roman
     Thought*, Oxford, 2006, pp. 130~138, pp. 144~145 참조.

게 일어났을 뿐만 아니라 네가 그 습관을 강화했으며, 말하자면 너는 불에다 새로운 땔나무를 던져 넣었다는 것을 인식해야만 하네. 네가 누군가와 동침하고 싶다는 욕망에 굴복했을 때, 그것을 바로 한 번의 패배로 여기지 말고, 너의 자제력 없음을 강화하고 또 네가 그것에 힘을 보탠 것으로 생각하도록 하게. 사실상 일부 습관과 능력이 이전에 있지 않았다면 그에 상응하는 행동의 결과로 그것들은 뿌리내리게 될 것이고, 반면에 이미 있었던 다른 습관과 능력은 보강되고 강화될 것이라는 점은 틀림없기 때문이네.

철학자들이 설명하듯이, 이러한 식으로 도덕적 허약함[2]이 마음속에서 자라난다는 것은 의심할 바 없네. 일단 네가 돈에 대한 욕망을 느끼기 시작할 때,[3] 이성이 그 나쁨의 가치를 깨닫게 하는 방식으로 너를 이끌어 가면, 그 욕망이 억제되고 우리의 지배하는 중심부(헤게모니콘)가 그 본래의 권위를 회복하게 될 것이네. 그러나 네가 치료하기 위한 어떠한 조치를 강구하지 않으면 그 본래의 상태로 돌아가지 못하고, 그에 상응하는 인상에 의해 그것이 다시 맹렬하게 일어나게 되면 전보다 더 빨리 욕망으로 불타오르게 될 것일세. 그리고 이것이 반복되다 보면, 결국 굳은살이 형성되고, 도덕적 허약함은 탐욕을 단단해지게 만들게 되는 것이네. 누군가가 열병에 걸렸다가 낫더라도, 완치되지 않았다면, 그는 열병이 일어나기 전에 있었던 것과 동일한 상태에 있는 것이 아니네. 또

6

7

8

9

10

11

---

2  arrōstēmata는 일반적으로 신체상의 '질병'을 의미하나, 스토아 철학에서는 신체의 질병에 비유하며 '도덕적 질병'을 가리키는 말로 사용되었다. 여기서는 '도덕적으로 나쁜 버릇들'을 의미한다. 이 용어를 언급하고 있는 키케로, 『투스쿨룸 대화』 제4권 10 참조.

3  돈이 매우 가치가 있다는 '인상'을 갖게 되었을 때. 그러한 인상들에 동의하게 되면 이성과 감정(파토스)에 '질병'이 들게 된다.

마음의 겪음(pathos)에서도 또한 이와 비슷한 일이 일어난다네. 어떤 흉터와 멍자국이 혼에 남아 있어서, 그것을 완전히 지우지 않는다면, 지난 흉터 자리에 채찍이 다시 가해졌을 때 그것에서 발견되는 것은 더 이상 12 멍이 아니라 상처가 될 것이네.[4] 따라서 화내는 일에서 벗어나기를 원한다면 네 습관을 키우지 말고, 습관이 먹고 자랄 수 있는 어떤 것도 습관 앞에 던지지 말라. 무엇보다 먼저 침착하고, 화를 내지 않았던 날을 13 세도록 하라. '나는 매일 화를 내곤 했고, 그 이후에는 이틀에 한 번, 그다음엔 사흘에 한 번, 그다음엔 나흘에 한 번씩 화를 내곤 했습니다.' 만일 네가 삼십 일 동안 화를 내지 않고 지속한다면 신께 희생 제의를 바치도록 하라. 처음에는 그 습관은 약해지며, 그런 다음 완전히 파괴되기 14 때문이네. '나는 오늘도, 그다음 날도, 계속해서 두세 달 동안도 슬픔을 느끼지 않았습니다. 그러나 나에게 감정을 일으킬 만한 일이 일어날 때마다 경계를 늦추지 않았습니다.' 너에게 일이 훌륭하게 되어 가고 있음을 아는 것이 좋네.

15 '오늘, 나는 멋진 소년이나 멋진 여자를 보았을 때, "아, 내가 그녀와 섹스를 할 수 있다면" 또는 "그녀의 남편은 행복한 사람이야"라고 나 자신에게 말하지 않았습니다. 그 남편은 행복하다고 말하는 사람은 "이 여자와 간음하는 자는 행복합니다"라고 또한 말할 수 있기 때문입니다. 16 그다음 장면으로, 여자가 나와 함께 있고 옷을 벗고 내 옆에 [침상에]

---

4  노예였던 에픽테토스가 직접 겪었음 직한 예를 들고 있다. 육체에 생기는 상처와 마음에 생기는 생채기를 비유하고 있다. 심리적 질병과 치료(therapeia)로서의 철학에 대해서는 제3권 제21장 20~21절, 제3권 제23장 30~31절("인간아, 철학자의 학교는 병원이네.") 참조.

누워 있는 모습은 상상조차 하지 않았습니다. 나는 스스로 머리를 툭툭 17
쳐 대며, "잘했다, 에픽테토스여, 너는 그들이 '주인 논변'[5]이라고 부르
는 것보다 훨씬 더 교묘한 소피스트적 논변에 대한 해결책을 찾았구나"
라고 말합니다. 그러나 만일 그 소녀 자체가 바람이고, 그녀가 고개를 18
끄덕여 승낙하는 표시를 나에게 보내며, 또한 나를 붙잡고 나에게 바짝
달라붙어도[6], 내가 여전히 멀찍이 떨어져 이겨 낸다면, 이번에는 내가
"거짓말쟁이 역설"이나 "말을 멈춘 자"[7]의 논변보다 훨씬 더 교묘한 소
피스트적 논변을 해결했던 것입니다! 이것은 "주인 논변"의 문제를 제
기했던 것보다, 우리가 정말 자랑스러워할 만한 가치를 가질 수 있는 것
입니다.[8]

---

5 '주인 논변'(ho kurieōn logos)에 대해서는 다음 장인 제2권 19장에 가서 좀 더 자세하게
  논의되고 있다. 에픽테토스는 스토아 논리학에서 고전적인 수수께끼로 알려진, '주인
  논변'과 '거짓말쟁이의 역설'을 욕망과 혐오를 다스리는 배우는 것보다 더 긴급하지 않
  은 것으로 보고 있다. 그는 이런 논리적 공부가 학생들의 마음을 흩뜨린다고 보고 있다.
  재미있는 점은, 논리학의 유혹을 소녀에 비교하고 있다는 점이다.
6 '피부 접촉'을 말한다.
7 '거짓말쟁이 역설'('내가 말하는 것은 거짓이다…')에 대해서는 제2권 제17장 34절(해
  당 각주), 제2권 제21장 17절, 제3권 제2장 6절, 제3권 제9장 21절 참조. 크뤼시포스는
  '거짓말쟁이 역설'에 대한 여러 책을 썼다고 한다(DL 제7권 196~197). '부정하는 사람
  의 역설'(apophaskōn)은 거짓말쟁이 역설의 변형이다(DL 제7권 4). '말을 멈춘 자의 역
  설'(Hēsuchazōn)에 대해서는 키케로, 『아카데미아학파』 제2권 93 및 섹수투스 엠피리
  쿠스, Against the Professors 7.416 참조. '말을 멈춘 자의 역설'은 '무더기의 역설'(sorites)
  과 관련을 맺고 있다(크뤼시포스, 「단편」 2.277). 가령, 두 개의 낱알이 무더기인지, 세
  개의 낱알이 무더기인지, […] 이 물음이 계속 이어지면 상대방은 질문에 대한 답을 아
  예 멈춰 버린다. '하나의 모래 낱알이 무더기를 만들지 않는다. 네가 무더기 아닌 무언
  가에 하나의 낱알을 보태면 그것으로 무더기를 얻지 못한다…'. 대머리의 역설도 이와
  유사한 것이다. 머리카락이 얼마나 남게 되어야 대머리가 되는가?
8 이것은 에픽테토스 자신의 독백이다.

그러면 이것은 어떻게 해야 하는가? 마침내 너 자신에게 만족스럽게 되는 것이 너의 바람이 되게 하며, 신에게 아름답게 보이도록 하는 것이 너의 바람이 되게 해야 하네. 너의 순수한 자아[9]에 따라서 또 신에 따라서 너는 욕망이 순수하게 되도록 해야 하네. 플라톤은 말하네. '그런 종류의 어떤 인상이 너를 엄습할 때마다, 가서 속죄의 희생 제의를 올려라. 화를 피하는 신들의 성소에서 탄원자로서 참배하라.' 또 지혜롭고 덕이 있는 사람들의 모임으로 물러나,[10] 네가 자신의 본보기를 산 사람들 중에서 선택하든, 아니면 죽은 사람들 중에서 선택하든지 간에, 자신의 삶을 그들의 삶과 비교해서 검토하는 것만으로도 충분한 것이네. 소크라테스에게 되돌아가서, 그가 알키비아데스 옆에 누워 그의 젊음의 아름다움을 우습게 여기는 것을 지켜보라.[11] 소크라테스는 당시 자신을 극복함으로써 어떤 승리를 얻었다고 자각하고 있었는지를 알 수 있네. 그 스스로가 인정한 대로 그가 올림피아의 승리에 버금가는 승리를 거둔 것이 얼마나 큰 승리였는지, 그리고 헤라클레스로부터 순서가 매겨지는 자들 가운데 그가 순번이 몇 번째로 정해졌는지를 생각하라![12] 그래서 신에 맹세코, 그 악취가 나는 권투 선수들과 판크라티온

---

9  원어는 meta katharou sautou. A. A. 롱은 이것을 '한 개인의 내적 신성'(a person's internal divinity)을 가리키는 것으로 해석한다.

10  플라톤, 『법률』 제9권 854b 참조.

11  플라톤, 『향연』 218a~219c 참조. 소크라테스는 젊고 잘생긴 알키비아데스의 유혹을 거부한다.

12  헤라클레스는 올림픽 게임의 전통적인 창시자이자 첫 번째 우승자로 간주된다. 그래서 레슬링과 판크레티온에서 모두 승리한 자들은 그로부터 시작해서 순서대로 2등, 3등으로 열거된다. 하지만 일반적으로는 기원전 776년에 달리기 경주에서 우승한 엘리스의 코로이보스(Koroibos)로부터 순서가 매겨진다.

선수들[13], 그리고 그들을 닮은 검투사들이 아니라, 우리가 그에게 정당하게 '경이로운 사람 만세!'라는 말로 인사를 건넬 수 있었던 것이네. 네 23

가 이러한 생각으로 외적 인상에 맞선다면, 너는 인상을 압도할 것이고 그것에 의해 휩쓸려 가지도 않을 것이네. 무엇보다도 먼저 그 격렬함에 24

사로잡혀서는 안 되네. '내 인상아, 잠시 기다려라. 네가 누군지, 네가 무엇에 대한 인상인지 내가 좀 보자꾸나.[14] 내가 너를 시험해 보도록 하라'

라고 말하게. 그런 다음, 그것이 너에게 뒤따를 모든 것을 상상하게 해 25

서 너를 이끌도록 허용하지 않도록 하라. 그렇지 않으면 그것이 너를 사로잡고 그것이 원하는 곳으로 인도할 것이네. 오히려 그것 자리에 어떤 고상하고 고귀한 인상을 끌어들여 이 불결한 인상을 쫓아내도록 하게.

이런 종류의 훈련을 수행하는 습관을 들이게 되면, 네가 어떤 어깨를, 26

어떤 근육을, 어떤 힘을 갖게 되는지를 너는 볼 수 있을 것이네. 그러나 현재로서는 이 모든 것이 공허한 이야기일 뿐 그 이상은 아니라네.

그러한 인상들에 맞서기 위해 자신을 단련하는 진정한 운동선수가 27

여기 있다! 굳세게 지켜라, 가련한 인간이여! 자신을 인상들에 휘둘리지 않도록 하라. 투쟁은 위대하며, 왕국을 얻고, 자유를 얻고, 행복을 얻 28

고, 마음의 평화를 얻는 그 일은 신성한 것이다. 신을 잊지 말라. 뱃사람 29

---

13  레슬링과 복싱을 혼합한 경기로, 요즘 식으로는 격투기에 해당한다.

14  "소크라테스가 검토하지 않은 삶(anexetaston bion)은 살지 말아야 한다고 말하곤 했던 것처럼, 우리는 검토하지 않은 어떤 인상도 받아들여서는 안 되지만, 그 각각에 대해 '기다려, 네가 누구인지 또 네가 어디에서 왔는지 나에게 보여 주게'라고 말해야만 하네.—야간 경비원들이 '당신의 식별 표지들을 나에게 보여 주시오'라고 말하는 것처럼.—'너는 받아들여지게 되는 모든 인상이 반드시 가져야만 하는 자연으로부터의 그 표식을 가지고 있는가?'"(세3권 제12장 15질)

들이 폭풍 속에서 디오스코로이[15]를 부르는 것처럼, 신을 구조자, 원조자라고 부르라. 이성을 몰아내는 강력한 인상이 불러일으키는 폭풍보다 어떤 폭풍이 더 강력하겠는가? 실제로 폭풍 그 자체가 인상과 다른 어떤 것인가? 그러므로 죽음에 대한 두려움을 없애며, 그런 다음 네가 원하는 만큼 천둥과 번개를 일으키고, 그러면 너의 지배하는 중심[16] 안에 얼마나 큰 고요함과 좋은 날씨가 깃드는지를 깨닫게 될 것이네.[17] 하지만 어느 때에 한 번 패배하고, 네가 나중 어느 때에 이길 것이라고 해도, 다음에 비슷한 일이 또 반복된다면 잘 명심해야 하네. 너는 마침내 불행하고 불쌍한 상태에 빠지고, 그 후에는 네가 잘못했다는 것을 모르고 그것에 대해 변명을 시작하게 될 것이네. 그러면 그 시점에서 '자신의 일을 뒤로 미루는 자는 항상 파멸과 씨름한다'[18]는 헤시오도스의 말이 진실임을 너는 확증하게 될 것이네.

---

**15** 아버지가 상이한 레다의 쌍둥이로 카스토르와 폴뤼데우케스(로마에서는 폴룩스 Pollux)를 말한다. 이들을 총칭해서 디오스코로이(Dioskoroi)라고 부른다. 일반적으로 뱃사람들과 여행자들의 수호신으로 알려져 있다. 카스토르는 스파르타의 왕 튄다레오스의 아들이고, 폴뤼데우케스는 백조로 가장해서 레다를 유혹했던 제우스의 아들이다.

**16** 즉 이성.

**17** "모든 것은 믿음에 지나지 않고, 믿음은 너에게 달려 있음을 기억하라. 원할 때, 너의 믿음을 버려라. 그러면 갑(岬)을 돈 선원처럼, 너는 모든 것들이 평온하며, 고요하고, 평온한 만(灣)을 발견할 것이다."(마르쿠스 아우렐리우스, 『자기 자신에게 이르는 것들』 제12권 22 참조)

**18** 헤시오도스, 『일과 나날들』 413행. 헤시오도스는 기원전 7세기경에 활동한 서사시인이다.

제19장

# 오로지 말하기 위해서만
# 철학자들의 가르침을 받아들이는 자들에 대해서[1]

'주인 논변'[2]은 다음과 같은 몇 가지 원리들을 토대로 해서 제기되었던    1

---

1   여기에서 에픽테토스는 '주인 논변'(ho kurieuōn logos; 1~4절, 8~9절, LS 38 참조)에 의
    해 제기된 초기 스토아학파 사상가들 사이의 복잡한 논쟁을 보고할 수 있을 뿐이라고
    자신의 주장을 내세우고 있다. 이 점에서 그는 grammatikos(언어 및 문학의 선생) 또는
    문학사가(7~13절)와 비슷하다. 그러나 윤리학에서는 다른 사람들의 견해를 보고하는
    것만으로는 충분하지 않다. 윤리학은 행동을 목표로 하는 것이니까. 진정한 스토아학
    파가 되고, 단지 스토아학파의 가르침에 대한 보고자가 되지 않으려면, 너의 행동과 태
    도에 그 원리들을 구체화해야만 한다(20~24, 29~34절).

2   '주인 논변'(혹은 '지배 논변')은 메가라학파로 알려진 디오도로스 크로노스(Diodōros
    Kronos)가 최초로 언급한 것으로 알려져 전해지고 있다. 이 논증의 이름이 이렇게 붙
    여진 이유는 정확히 알려져 있지 않지만, 어쩌면 '대답할 수 없다'라고 생각해서 그렇
    게 불린 것일 수 있다. 이 논증은 아리스토텔레스의 『명제론』(De Interpretatione) 제9장
    에서 논의되고 있는 '해전(海戰) 논증'과 모종의 연관을 맺고 있다. 해전 논증은 가능
    과 필연의 양상어들 간의 논리적 관계, 즉 우연과 운명, 자유의지와 결정론에 대한 철
    학적 질문을 포함하는 논증이다. 해전의 논증과 주인 논변의 연관성에 대한 논의에 관
    해서는 김재홍, 「필연과 결정론 ── 아리스토텔레스와 디오도로스의 논증의 분석」, 『철
    학』 제33집, 한국철학회, 1990, 257~278쪽; D. Frede, "The Sea-Battle Reconsidered: A
    Defence of the Traditional Interpretation", *Oxford Studies in Ancient Philosophy*, 3, 1985, pp.
    31~87 참조. 주인 논변이 체계적으로 정리되어 전해지는 Eduard Zeller, *Die Philosophie
    der Griechen in ihrer geschichtlichen Entwicklung*, Theil 2, 1, pp. 269~270; Von Arnim, SVF,

것으로 보이네. 다음의 세 명제들은 서로에 대하여 상충(相衝)[3]이 있는 것이네.[4] 즉, (1) 과거에 일어났던 참인 모든 것은 필연적이다.[5] (2) 불가능한 것은 가능한 것으로부터 따라 나오지 않는다.[6] (3) 현재 참이지도

I. p. 109; II. p. 92 아래 참조. 이 논변과 관련된 고대의 전승에 관해서는 Cicero, *De Fato* 12, 13, 17; Boethius, *Commentary on Aristotle's 'On Interpretation'*, ed. C. Meiser, Leipzig 1880; Alexander of Aphrodisias, *Commentary on Aristotle's 'Prior Analytics'* 1, ed. M. Wallies, 183.34~184.6, G. Reimer, 1899 참조. "디오도로스에 따르면, 만일 내가 코린토스에 있다면 혹은 내가 코린토스에 가게 된다면, 코린토스에 있게 된다는 것은 가능하다. 그러나 내가 결코 코린토스에 있지 않다면 그것은 가능하지 않았을 것이다. 그리고 한 어린이가 문법가가 될 수 있다면, 그 어린이가 문법가가 됨은 가능하다."(Alexander of Aphrodisias, *Commentary on Aristotle's 'Prior Analytics'* 1, 184.34~184.6) "디오도로스는 가능을 현재 '참'이거나 앞으로 '참'이게 될 것(quod aut est aut erit)으로, 불가능을 현재 거짓이고 앞으로 참이 될 수 없는 것(quod cum falsum sit, non erit verum)으로, 필연을 현재 참이고 앞으로 거짓이 될 수 없는 것(quod cum verum sit, non erit falsum)으로, 그리고 비-필연을 이미 거짓이거나 앞으로 거짓이게 될 것(aut jam est aut erit falsum)으로 정의한다."(Boethius, *Commentarii in Librum Aristotelis Peri Hermeneias*, Secunda Editio, ed. C. Meiser, 234.22~26). 양상명제의 구별에 관해서는 DL 제7권 75 참조.

3  원어는 machē(싸움)인데, 논리학적인 의미로는 '모순', '불일치'이다.

4  즉 두 명제가 남아 있는 다른 한 명제와 양립 가능하지 않다는 것이다.

5  진리치(truth-value)가 변화하지 않음을 말하는 명제로 이해된다. '모든 과거의 참인 명제들은 필연적이다. […] 그것들은 변할 수 없으니까(immutabilia). 즉 과거의 것은 참에서 거짓으로 바뀔(convertere) 수 없기 때문이다.'(Cicero, *De Fato* 14 참조) 이 명제는 '과거의 사태나 사건에 상응하는 모든 참인 명제는 필연적이다'를 의미한다. '나는 아테네에 가 봤다'에 대응하는 사태는 항시 참이기에 저 진술은 필연적이다. 그러나 '나는 아테네에 가 본 적이 없다'는 구체적 사태에 대응하지 않기 때문에 항시 필연적으로 참은 아니다. '나는 다음 주에 아테네를 갈 것이다'를 생각해 보라. 실제로 다음 주에 아테네에 가게 되면, 저 명제는 항시 참이 아니다.

6  이 명제는 아리스토텔레스와 크뤼시포스를 제외한 모든 헬레니즘 논리학자들이 받아들인다. 이것은 하나의 명제가 불가능하고, 어떤 다른 명제로부터 따라 나오는 것이라면, 이 다른 명제도 불가능하다는 진술에 상응하는 것을 의미한다.

앞으로 참이지도 않을 것은 가능한 것이다.[7]

이 모순(상충)을 깨달은 디오도로스[8]는 (4) '현재 참이지도 앞으로 참이 될 수도 없는 어떤 것도 가능한 것이 아니다'라는 명제를 확립하기 위해 처음 두 명제의 개연성(그럴듯함)을 인정했네.[9]

그런데 선택해야 할 이 명제들 중, 어떤 사람은 다음과 같은 두 개의 다른 쌍을 주장할 것이네. 즉 (3) 현재 참이지도 앞으로 참이 되지도 않을 어떤 것은 가능한 것이고, 그리고 (2) 불가능한 것은 가능한 것으로부터 따라 나오지 않지만, 그러나 (1) 과거에 일어났던 참인 모든 것(pan parelēluthos)은 필연적이다라는 것은 부정할 것이네. 이것은 클레안테스와 그의 추종자들의 견해였던 것처럼 보이며, 안티파트로스[10]가 충분하게 옹호했던 것이네.

이와 달리, 다른 사람들은 다른 쌍의 명제를 주장할 것이네. 즉 (3) 현재 참이지도 앞으로 참이 되지도 않을 어떤 것은 가능할 수 있고, 그리고 (1) 과거에 일어난 참인 모든 것은 필연적이지만, 그들은 (2) 불가능

---

7 (3)이 성립하면, (2) 명제를 부정하는 셈이다. 키케로는 디오도로스의 '가능'의 정의를 "디오도로스는 현재 참이거나 앞으로 참이 될 것만을 가능한 것이라고 주장했다"(placit igitur Diodoro id solum fieri posse quod aut verum sit aut verum futum si)고 말하고, 가능 개념에 verum(참)이란 말을 덧붙이고 있다(Cicero, *De Fato* 17).

8 디오도로스 크로노스는 스토아학파의 창시자인 제논의 선생으로 알려져 있으며, 프톨레미오스 소테르 치하의 알렉산드리아에서 활동한 변증술에 능한 '변증학파'(기원전 284년)의 지도자였다고 한다. Bobzien, S., 'Dialectical School', Stanford Encyclopedia of Philosophy(https://plato.stanford.edu/entries/dialectical-school/).

9 (4)는 (3)과 모순된다. 요컨대 디오도로스의 논증은 (1), (2)로부터 결론 (3)을 부정하는 (4)를 이끌어 내는 것으로 이해된다.

10 클레안테스(B.C. 262~B.C. 232)와 안티파트로스(B.C. 152~B.C. 129)는 스토아학파의 수장을 지냈다.

4 한 것은 가능한 것으로부터 따라 나오지 않는다고 주장할 것이네. 그럼에도 이 세 명제들은 서로 간에 [설명된 방식으로는] 모순되기 때문에, 그것들 모두가 동시에 유지될 수 있는 길은 없는 것이네.[11]

5 그런데 누군가가 나에게 '너의 입장에서는 이 전제들 중 어떤 것을 유지하는가[12]?'라고 묻는다면, 나는 그에게 알지 못한다고 답할 것이네.[13] 하지만 내가 전해 받은 그 기록은 이런 것이네. 디오도로스는 한 쌍의 명제를 유지하고, 반면에 판토이데스[14]학파와 클레안테스는, 내 생각으로는, 다른 한 쌍의 명제를 유지하고, 크뤼시포스[15]와 크뤼시포스학파는 또 다른 쌍의 명제를 유지했다고 하는 것이네.

6 '그런데 선생님 자신의 견해는 무엇인가요?'

나는 내 자신의 인상을 시험하고, 다른 사람들이 말한 것과 비교하고, 그 문제에 대한 내 자신의 판단을 내리기 위해 태어난 게 아니네.

7 그렇기에 나는 이 점에서 문학 학자[16]와 다르지 않네.[17] '헥토르의 아버지는 누구였습니까?' — '프리아모스.' — '그의 형제는 누구였습니

---

11 에픽테토스의 견해로 보인다. 즉 각각의 쌍의 명제는 남은 세 번째 것과 모순되니까.

12 즉 받아들이는가?

13 아래에서 에픽테토스는 '주인 논변'에 대한 연구는 허영심을 조장할 뿐이라는 주장을 논의하고 있다.

14 주인 논변에 대한 디오도로스 입장을 받아들이지 않은 판토이데스(Panthoidēs)는 기원전 3세기 초반에 활동한 변증론자로 메가라학파의 철학자였다. 크뤼시포스가 이 학파를 비판했다고 한다.

15 크뤼시포스는 클레안테스의 제자이지만, 여러 점에서 자신의 선생의 견해에 반대하는 입장을 취했다고 한다. 그래서 그는 후회하면서 이런 말을 인용했다고 한다. "나는 다른 점에서는 본래 복받은 사람이라네. 클레안테스와 관련해서만 빼면, 나는 이 점에서 행복하지 못하네."(DL 제7권 179)

까?' — '알렉산드로스(파리스)와 데이포보스.' — '그들의 어머니, 그
녀는 누구였습니까?' — '헤카베. 이것이 내가 받은 기록이네.' — '누구
에게서?' — '호메로스에게서.[18] 그리고 내 생각으로는, 헬라니코스[19] 역
시 이 문제에 관해, 또 아마도 그런 종류의 다른 저자들도 그것에 관해
쓴 것 같네.'

그래서 나[20]도 마찬가지로 '주인' 논변에 관해서는 더 이상 다른 무슨 　　　8
말을 할 수 있겠는가? 그러나 내가 허영심이 많은 사람이라면, 특히 향
연에서 그 주제에 관해 논의했던 사람들을 열거함으로써 동료들을 완
전히 놀라게 할 수 있을 것이네.[21] '크뤼시포스 또한 그의 논고 『가능한 　　　9
것들에 대하여』의 첫 번째 책에 놀라운 설명을 써 놓았습니다. 클레안
테스는 아르케데모스[22]와 마찬가지로 이 주제에 관한 특별한 작품을 저

---

16　원어는 grammatikos(문법학자)로 '글과 연관된 일에 종사하는 자'를 말한다.

17　에픽테토스의 관심은 '주인 논변' 자체에 개입하는 것에 있지 않다. 그는 맹목적으로 논
　　의를 위한 논리학에 대해 관심을 기울이는 것은 '지적 허영심'에 지나지 않는 것임을 지
　　적하고 있을 뿐이다.

18　이 이름들은 호메로스의 『일리아스』에 등장하는 트로이아 왕가의 구성원들을 가리키
　　는 것이다.

19　헬라스의 역사·신화·민속지리 학자로 기원전 480~395년에 활동했다.

20　누구를 말하는 것일까? 우리가 이 책에서 볼 수 있는 것과 같이 에픽테토스는 충분히
　　뛰어난 논리학자로 평가받을 수 있다.

21　이 대목을 보면, 해석된 '주인 논변'은 사교 모임을 방해하는 복잡성을 갖지 않아야만
　　했던 것 같다. 저녁 식사를 하면서 '주인 논변'에 대해 토론하는 것을 즐길 수 있으려면
　　말이다.

22　아르케데모스(Archedēmos)는 기원전 2세기에 활동한 스토아 철학자. 그의 출신지는
　　타르소스 혹은 아테네(플루타르코스는 '아테네인'으로 불렸던 사람과 동일한 사람이
　　라면)로 알려져 있다. 바빌론에서 스토아 학교를 열었다고 한다. 그의 저서로는 『소리

술했습니다. 안티파트로스는 『가능한 것들에 대하여』라는 그의 논고에서뿐만 아니라 『주인 논변에 대하여』에서도 독립적으로 그것에 관해서 쓴 바가 있습니다. 여러분들은 그 작품을 읽지 않았습니까?' ― '아니요, 나는 읽어 보지 않았습니다' ― '그럼 읽어 보십시오.' 그에게 그것이 어떤 이득을 얻을 수 있을 것인가? 그는 지금보다 더 시시껄렁한 이야기를 하고 더 지루해할 것이네. 그것을 읽음으로써 너는 그것 외에 다른 무엇을 얻었는가? 그 주제에 관해 어떤 판단을 형성했는가? 물론 너는 우리들에게 헬레네와 프리아모스, 그리고 결코 존재한 적도 없고 앞으로도 존재하지 않을 칼립소 섬[23]에 관해 이야기할 것이네. 실제로 이러한 문학사적 문제에서 자신의 판단을 형성하지 않은 채로, 기록된 정보에 대한 지식만 얻는다면 크게 문제가 되지 않네. 하지만 도덕적인 물음에 대해서는, 우리가 문학적인 문제들에 관련해서보다 이 잘못으로부터 훨씬 더 고통을 받게 되는 것이네.[24]

12 　'좋음과 나쁨에 대해 나에게 말해 봐.'[25]

에 대하여』, 『요소들에 대하여』가 있다. 디오게네스 라에르티오스는 『유명한 철학자들의 생애와 사상』(DL) 제7권에서 크뤼시포스가 등장할 때 39, 68, 84, 88, 134 등에서 그를 언급하고 있다. 그 밖에도 키케로, 세네카 등도 아르케데모스를 언급하고 있다.

23 호메로스의 『오뒷세이아』에 등장하는 신화 속의 섬(제5권 1~268행, 제7권 244~266행).

24 아래에서는 '도덕적 교훈은 이론보다 실천의 대상'임을 논의하고 있다.

25 '말해 봐' 등의 표현은 논리적인 미묘함과 문법학자들의 지식을 조롱해 온 에픽테토스에게 하는 말로 생각된다. 좋음과 나쁨에 대해 말하라는 질문을 받았을 때, 에픽테토스는 가장 먼저 떠오른 『오뒷세이아』의 한 구절을 가져와서 말한다. 계속해서 '들어라'라고 했지만, 들을 것은 아무것도 없지만 그것은 다른 무엇보다 듣는 사람에게 좋은 것이다. 그런 다음 그는 몇 가지 철학적 원칙들을 말하고, 그것들을 어디로부터 배웠는지를 묻는다. 그는 철학자가 아닌 역사가인 헬라니쿠스로부터 배웠다고 말한다. 여기서 그

'들어라. "바람이 나를 일리오스에서 키코네스[26] 부족이 사는 지역까지 멀리 데려갔네."[27] 존재하는 것들 중에서 어떤 것들은 좋고, 다른 것들은 나쁘며, 또 다른 것들은 아무런 차이가 없는 것이네. 그런데 덕들과 그것들이 참여하는 모든 것은 좋고, 악덕들과 그것들이 참여하는 모든 것은 나쁜 반면에, 이들 사이에 있는 모든 것, 즉 부, 건강, 삶, 죽음, 쾌락, 고통은 아무런 차이가 없는 것이네.'[28] ― '너는 그것을 어떻게 알게 되었는가?' ― '헬라니코스가 그의 『이집트의 역사』에서 그렇게 말했습니다.' 네가 그와 대답을 내놓든, 디오게네스[29]가 그의 『윤리학』에서 혹은 크뤼시포스가, 혹은 클레안테스가 그렇게 말하든 무슨 차이가 있겠는가? 그런데 너는 이 생각(원칙)들 중 어떤 것을 시험해 보고, 그것들에 대한 너 자신의 판단을 내려 본 적이 있었는가? 폭풍에 직면했을 때, 배 위에서 어떻게 행동하는 데 익숙해졌는지를 나에게 보여 주게. 돛이 크게 덜거덕거리고, 어떤 장난기 심한 동료 승객이 네가 두려워해서 외치는 소리를 듣고, '신들에게 간청하오니, 당신이 지난번에

13

14

15

는 청자들을 향해 조롱을 하고 있는 것처럼 보인다. 내가 그것들을 어떤 저자에게 배웠는지는 중요하지 않다. 누구에게서 배웠든 그것은 모두 동일하다. 정말 중요한 질문은, 좋음과 나쁨이 무엇인지 조사해 보고, 스스로 그것에 대한 판단을 형성했느냐 하는 것이다.

26 헬라스 북부 트라키아 지역.

27 호메로스, 『오뒷세이아』 제9권 39행. 이 부적절한 예들은 아래의 헬라니코스의 예와 마찬가지로 도덕적 물음을 다루는 것과는 무관한 것들이다.

28 오직 덕만이 좋은 것이라는 주장은 스토아 윤리학의 핵심이다(LS 58, 60~61).

29 바빌론의 디오게네스는 기원전 2세기 초반에서 중반까지 스토아학파의 수장을 지냈다. 여기서는 단순히 문학적 사실을 보고하는 것과 철학적 생각들 간의 유비를 보여 주고 있다. 이러한 생각이 헬라니코스에서 나왔다는 제안은 단지 농담일 뿐이다.

하던 말이 무엇인지를 나에게 말해 주게나'라고 말할 때, 너는 이러한 이론적인 구분을 기억하겠는가? 난파를 겪는 것은 악덕인가? 확실히 그것에 나쁜 것은 전혀 없지 않은가? 너는 나무 조각을 들어 때리지 않을 텐가? '네가 나하고 무슨 상관인가, 인간아! 우리는 죽음에 직면해 있는데, 너는 와서 농담 따위나 하다니!' 카이사르가 고발에 응하라고 너를 소환한다면, 그래서 네가 창백한 채로 몸을 떨면서 방에 들어서고 있는데 누군가가 다가와 '왜 떨고 있느냐, 인간아! 이 고발건이 너하고 무슨 상관이란 말이냐? 카이사르가 여기 궁전 안에서 자신 앞에 나타나는 사람들에게 나누어 주는 것은 덕과 악이 아니더냐?'라고 말한다면, 너는 이러한 구분을 기억하겠는가? ─ '왜 당신은 나를 조롱하고 내 괴로움을 가중시키는 것입니까?' ─ '그렇지만 철학자여, 왜 당신이 떨고 있는지를 나에게 말하시오. 당신이 죽임을 당하거나, 감옥에 갇히거나, 육체의 고통을 당하거나, 추방되거나, 치욕을 당할 위험에 있는 것이 아닙니까? 왜, 그것이 다른 어떤 것일 수 있을까요? 이것 중 어떤 것이 악덕인지, 아니면 악덕에 참여하는 어떤 것이 악덕인지? 그러면 말해 주오. 당신은 이것들을 무엇이라고 불렀습니까?' ─ '인간아, 내가 너와 무슨 상관이 있습니까? 내 자신의 나쁨들(질병)은 나에게 충분합니다.' 그러면 너는 옳게 말하고 있는 것이네. 너 자신의 비열한 성격, 너의 비겁함, 그리고 교실에 앉아 있을 때 허세를 부려 대곤 하던 방식은, 너 자신의 나쁨들(질병)로 참으로 충분하니까 말이네. 왜 너는 네 자신의 것이 아닌 자질들에 대해 자부심을 느끼는 것인가? 왜 너는 자신을 스토아적인 사람(스토아주의자, Stōikos)이라고 부르는가?

하는 모든 일에서 어떻게 처신하는지를 관찰하라, 그러면 네가 어느 철학 학파에 속하는지 발견하게 될 것이네. 너희들은 대부분이 에피쿠로스학파이거나, 또는 소수는 페리파토스[30]학파이지만, 그 점에서 아주 미약한 자들이라는 것[31]을 발견하게 될 것이네. 너희들은 덕이 다른 모 든 것과 동등하거나, 심지어 더 우월하다고 여기고 있다는 것을 실제로 어디에서 증명하는가? 너희들 중 한 사람이라도 있다면, 나에게 스토아주의자임을 보여라. 어디서, 또는 어떻게? 물론, 너희들은 나에게 스토 아학파의 수천 개의 주장을 암송할 할 수 있다는 것을 보여 줄 수 있을 것이네. 그러나 같은 사람들이 에피쿠로스학파의 주장들을 마찬가지로 잘 암송할 수 있을까? 또 같은 사람들이 또한 페리파토스학파의 주장들을 똑같이 정확하게 설명할 수 없을까?

21

22

그렇다면 스토아적인 사람은 누구인가? 우리가 페이디아스[32]의 기술에 따라 빚어진 것을 '페이디아스다운' 조상이라고 부르는 것처럼, 그런 식으로 그가 말하는 원리(이론, 판단)에 따라 빚어진 사람을 나에게 보여 주게나. 병들고도 행복한 사람, 위험에 처했지만 행복한 사람, 죽어 가면서도 행복한 사람, 추방됐지만 행복한 사람, 수치스럽지만 행복한 사람을 나에게 보여 주게. 나에게 그런 사람을 보여 주게나! 맹세코

23

24

---

30 '페리파토스'(Peripathos)는 '걸어 다니면서'(peripatein) 철학했다는 아리스토텔레스의 뤼케이온에서 유래했다. 에픽테토스가 아리스토텔레스에 대해 직접적으로 언급한 적은 없다. 다만 비난하는 대목에서 페리파토스학파가 언급되고 있다. 에피쿠로스학파는 덕이 아니라, 쾌락이 인간의 좋음을 형성한다고 주장한다. 아리스토텔레스 추종자들인 페리파토스학파(소요학파)는 건강과 부와 같은 외적인 것들을 좋음이라고 주장한다. 그래서 외적인 좋음이 행복에 일정한 기여를 하는 것으로 본다(키케로, 『선과 악의 목적에 대하여』 5.5.3 1, LS 21, 24 K~L). 물론 이런 것들은 스토아 철학에서는 좋음도 나쁨도 아닌 '아무런 차이가 없는 것들'이다.

31 각 철학 유파의 핵심 사상을 지니고 있지는 못하다는 의미로 읽혀진다.

32 페이디아스에 대해서는 제2권 제8장 18절 참조

25 나는 스토아주의자를 얼마나 보고 싶어 했던가![33] 하지만 너는 나에게 그렇게 빚어진 사람을 보여 줄 수 없을 것이네. 그렇다면 적어도 스토아주의자가 되는 경향을 보여 주고 있는, 즉 빚어지고 있는 한 사람이나마 보여 주게나. 나에게 그런 호의를 베푸시게나. 이제껏 보지 못한 광경

26 을 보이는 늙은이를 못마땅해하지 마시라.[34] 너희는 나에게 상아와 금으로 만든 작품인 페이디아스의 제우스나 아테나[35]를 보여 주려고 생각하는가? 너희들 중 누군가가 나에게 신과 한마음이 되길 바라는 '인간의 혼'을 보여 주고, 더 이상 신이나 인간을 비난하지 않고[36], 그가 바라는 어떤 것에도 실패하지 않고, 회피하고자 하는 어떤 것에도 빠지지 않고, 화를 내지도, 부러워하지도, 시샘하지도 않는다는 것을 보여 주게.

27 (왜 에둘러서 말해야만 하는가?) 인간이기보다 신이 되기를 바라는 사람, 그리고 여전히 이 시체인 가련한 몸속에 갇혀 있지만 제우스와의 교

---

**33** 에픽테토스는 그의 학생들이 스토아의 철학 원리를 암송할 수 있으나, 그들이 실제로 스토아적 행위(erga)를 만들어 낼 때까지는 참된 스토아 철학자가 될 수 없음을 지적한다. 이것은 물론 이론의 공부를 부정하는 것은 아니다. '진짜 철학자'는 에픽테토스 자신이 생각하고 있는 철학의 본질적 구성 요소인, 자신의 말(이론)과 행위에서 자신의 믿음을 보여 줘야 한다는 것이다.

**34** 절망적으로 비참하게 만드는 삶의 조건에서 행복할 수 있는 개인은 매우 드문 것처럼 보일 것이다. 에픽테토스는 스토아주의자가 되기 위해 필요한 정신 훈련의 강도를 유지하기 위해 열렬히 헌신한 누군가가, 적어도 그 목표를 향해 눈에 띄는 진전을 이루고 있는지를 몹시 보고 싶어 하고 있다.

**35** 즉 조상.

**36** 신을 비난한다는 것은 자연적 사물의 구성과 질서를 비난하는 것을 의미한다. 왜냐하면 이렇게 하는 것은 에픽테토스에게 터무니없고 사악한 것처럼 보였기 때문이다. 그것은 마치 도공이 그릇을 쉽사리 낡고 부서지게 만들었다며 도공을 비난하는 것만큼이나 터무니없다는 것이다.

404 에픽테토스 강의 · 제2권

제가 이루어지기를[37] 열망하는[38] 사람을 보여 주게. 그런 사람을 나에게 보여 주게! 그러나 너는 할 수 없을걸세. 그렇다면 너희는 왜 자신을 조롱하고 다른 사람을 속이는가? 그리고 왜 너희는 너 자신의 것이 아닌 모습을 하고, 결코 너에게 속하는 것이 아닌 그러한 이름들과 사안들[39]을 훔친 도둑이나 강도나 된 것인 양 돌아다니는 것인가?  28

이제 나는 너희의 선생이고, 너희는 나의 가르침을 받기 위해 여기에[40] 있는 것이네. 그리고 나는 이런 목적을 갖고 있네.[41] 즉 너희를 완전하게 하고, 어떠한 장애, 강제, 방해로부터 벗어나 자유롭고, 막힘이 없이 흘러가며, 행복하게 만들어, 작건 크건 간에 모든 일에서 신을 바라보게 하는 것이네. 그리고 너희는 이러한 것들을 배우고 그것들을 연습하기 위해 여기에 있는 것이네. 그렇다면, 너희가 마땅히 가져야만 하는 그러한 목적을 갖고 있으며, 나 역시 그 목적에 더해서 내가 마땅히 가져야만 하는 그러한 준비 태세(자격)를 가지고 있다면, 왜 너희는 그 일을 완  29  30

---

37 "우리의 교제(사귐, koinōnia)는 아버지와 그의 아들 예수 그리스도와 함께하는 것입니다."(『요한1서』 1장 3절)

38 숙고하는, 목적으로 삼는.

39 다른 사람의 말과 행세로 구실을 하는 것.

40 에픽테토스의 학교.

41 에픽테토스는 아래에서 학생들에게 자신과 함께 공부하자는 권유(protreptikos)를 하고 있다. 그의 가르침의 모델은 소크라테스의 문답법을 통한 논박(엘렝코스)이다. 결국 그의 가르침(pedagogy)의 모델은 '논박'과 '권유'라는 이중적 틀 속에서 이루어지고 있는 셈이다. 키케로도 '덕의 권유'(cohortandus)라는 관점에서 소크라테스의 논박의 목적을 이렇게 규정하고 있다. "그(소크라테스)는 […] 그의 대화 전부를 덕을 찬양하고 사람들에게 덕을 열망하라고 권유하는 데 할애했습니다(omnis eius oratio tamen in virtute laudanda et im hominibus ad virtutis studium cohortandis consumebatur)."(『아카데미아 힉피』 1.16)

31 수하고 있지 않은 것이냐? 부족한 것이 뭐란 말인가? 내가 자신의 재료를 가까이에 가지고 있는 기술자를 볼 때, 나는 그 완성된 작품을 보기를 기다리고 있는 것이네. 그런데 여기에 기술자가 있으며, 여기에 재료가 있다네. 우리가 부족한 것이 무엇인가? 가르칠 수 없는 그런 사안이라는 것인가? 아니, 가르칠 수 있는 그런 것이네. 그렇다면 그것은 이것

32 만이 우리에게 달려 있는 것이 아니라는 말인가? 아니, 다른 모든 것들 중에서 우리에게 달려 있는 유일한 것이네. 부도, 건강도, 평판도 우리에게 달려 있는 것이 아니며, 한마디로 말해서 인상들을 올바르게 사용하는 것 이외에 다른 어떤 것도 우리에게 달려 있는 것이 아니네. 이것[42]

33 만이 본성적으로 제지받지 않으며, 아무런 방해도 받지 않은 것이네. 그렇다면 왜 너는 그 일을 완수하지 않는 것인가? 그 이유를 나에게 말해 주게. 그 이유는 나에게 있거나 혹은 너희들에게 있거나, 아니면 그 사안의 본성에 있기 때문이네. 그 사안 자체가 가능하고 우리에게 달려 있는 유일한 것이네. 그렇다면 그 잘못은 나에게 있거나 혹은 너희들에게 있거나 혹은 진실에 더 가까운 것인바, 우리 둘 다에게 있어야만 한다는

34 것이 따라 나오네. 그렇다면 어떤가? 너희는 우리가 마침내 내가 이야기한 그러한 목적을 여기로 가져오도록 기꺼이 시작해 보기를 원하겠는가?[43] 우리 지금껏 있었던 일은 이제 흘려 버리기로 하세.[44] 일단 시작해 보기로 하세. 내 말을 믿게나, 너는 보게 될 것일세.

---

42 인상들의 올바른 사용.

43 앞의 29절 참조.

44 ta mechri nun aphōmen (Let us let bygones be bygones).

# 제20장

## 에피쿠로스주의자들과 아카데미아학파 학자들에 대해서[1]

참되고 자명한 명제들은 그 명제들을 반박하는 사람들에 의해서조차   1
필연적으로 사용되어야 하네. 그리고 한 명제가 자명하다[2]는 것을 제시
할 수 있는 가장 강력한 증거는, 그 명제에 반론하는 사람조차도 반드시
그것을 사용하지 않을 수 없다는 것을 알게 된다는 사실이네. 만일 누군   2
가가 예를 들어, '하나의 보편적인 진술은 참이다'[3]라는 명제를 반박하
는 경우, 그는 그 반대를 주장하고, 즉 '어떤 보편적인 진술도 참이 아니

---

1   에픽테토스는 아카데미아학파의 회의론자와 에피쿠로스 철학을 다양한 방식으로 '자기논박'(peritropē)이라고 논증함으로써 스토아학파의 접근 방식을 지지한다. 공격받는 아카데미아학파의 입장은, 진리에 대한 어떤 앎도 성취될 수 없다는 것이다(1~5, 28~35절). 공격받는 에피쿠로스학파의 견해는 인간에게는 서로에게 이익이 되는 내재된 동기가 없으며(스토아학파가 주장한 바와 같이; LS 57 F; 6~21절), 신들은 인간의 삶에 대한 도덕적 규범과 제재를 제공하지 않는다는 것이다(22~27절). 그 밖에도 에픽테토스는 다른 입장들에 대한 조잡한 풍자적인 사유의 단면을 제시하고 있다. 제1권 제5장, 제1권 제23장 참조. 에피쿠로스와 아카데미아학파의 교리들(doctrines)에 대한 더 나은 설명은 LS 22~23, 68~70 참조.

2   원어로는 enarges.

3   A 민간 'All As are D'는 'If something is A, it is D'를 말한다.

다'라고 말해야 할 것임은 분명하네. 너 노예여, 이것은 또한 참이 아니

3 네. 이 주장은 '만일 한 진술이 보편적이라면 그것은 거짓이다'[4]라고 말

4 하는 것 외에 다른 어떤 것으로 요약되는가?[5] 다시, 어떤 사람이 찾아

와, '당신은 아무것도 알 수 없지만, 모든 것이 불확실하다는 것을 알아

야만 한다'라고 말하거나, 또는 다른 사람이 '나를 믿으라. 그러면 내가

이렇게 말할 때에 너에게 유익이 되리라. 어떤 사람도 믿어서는 안 됩니

다', 또 다른 사람이 '인간이여, 나에게서 배우십시오. 아무것도 배운다

5 는 것이 불가능하다는 사실을. 이것을 너에게 말하는 자가 나이니, 네가

그러길 원하면 내가 그것을 가르쳐 주마'라고 말하면, 이제 이 사람들

과—내가 누구라고 말해야만 할까?—그들 자신을 아카데미아학파

의 학자[6]라고 부르는 사람들 간에는 어떤 차이가 있겠는가? 아카데미아

---

4 즉 '무언가가 보편적이라면, 그것은 거짓이다'(If something is A, it is not B)라는 것은
'No A is B'로 표시되는 E 판단이다.

5 "그것은 '만일 한 진술이 보편적이라면 그것은 거짓이다'라고 말하는 것 외에 다른 어
떤 주장으로 귀결되는 것인가?" 에픽테토스가 사용하는 논리적 용어들의 분석에 대해
서는 J. Barnes, "Roman Aristotle", eds. J. Barnes and M. Griffin, *Philosophia Togata II: Plato
and Aristotle at Rome*, Oxford, 1997, pp. 27~28 참조. 에픽테토스 자신은 많은 대화에서
논리학의 용어들을 아무런 제한을 두지 않고 구사하고 있다. 이것은 이미 그의 학생 및
청강자들이 어느 정도의 논리적 훈련을 거친 것으로 전제하고 자신의 이야기를 전개
하는 것으로 이해될 수 있다. 실제로 그는 스토아적 논리를 그대로 사용하여 자신의 논
의를 이끌어 가고 있다(『엥케이리디온』 제52장). 반스는 에픽테토스의 논리학에 대한
연구의 결론에서, "델피 사원에서 신탁을 내리는 신과 같이 [논리학에 대해] 말하지도
또한 숨기지도 않는다. 에픽테토스는 넌지시 말할 뿐이다"라고 지적하고 있다(*Ibid*., p.
126).

6 아카데미아의 회의주의는 퓌론의 학생이었던 아르케실라오스(B.C. 316?~B.C. 241?)
가 플라톤의 아카데미아의 수장이 된 기원전 268~267년경부터 기원전 90년경에 아스
칼론의 안티오코스가 회의론을 거부했던 때까지 고대 플라톤주의에 대한 회의주의적

학파는 말하네. '오 인간들이여, 아무도 승인하지 않는 그 명제에 승인하라. 아무도 그 누구를 믿을 수 없다고 우리가 말할 때 우리를 믿으라.'[7]

에피쿠로스도 이와 마찬가지로, 사람들을 서로 함께 묶는 자연적 사귐(사회성)을 부정하고자 원할 때, 자신이 부정하고 있는 바로 그 원리를 사용하고 있네. 그러면 그는 실제로 무엇이라고 말하고 있는가? '인간들이여, 속지 마라. 그릇되게 이끌리지 말라. 실수를 범하지 말라. 이성적인 존재를 서로 함께 묶는 자연적 사귐은 없느니라. 나를 믿어라. 다른 말을 하는 사람들은 너희들을 속이고 거짓 논증으로 너희들을 오도하고 있는 것이다.' 그러면 에피쿠로스, 너는 왜 그런 걸 염려하는 것인가? 우리가 속이든 말든 내버려 두라. 우리가 서로에게 자연적 사귐

6

7

8

---

시기를 말한다.──플라톤의 아카데미아를 '구아카데미아'로 부른다면, 키케로는 이것을 '신아카데미아'(Academia nova)라고 부른다.(『아카데미아학파』 제1권 46)──물론 파보리누스와 그의 선생인 플루타르코스와 같은 개별적 철학자들은 이 시기 이후에도 회의주의를 계속 옹호했다. 기존의 회의주의 학파인 퓌론주의자와 달리 그들은 사물에 대한 지식은 불가능하다고 주장했다. 이들에 따르면, 관념이나 개념은 결코 참일 수 없다. 그럼에도 그럴듯함(개연성)의 정도가 있으며, 따라서 행동하게 하는 믿음의 정도가 있다. 이 학파는 스토아학파에 대한 공격, 특히 설득력 있는 인상이 진정한 지식으로 이끈다는 그들의 믿음에 대한 공격으로 특징지어진다. 가장 중요한 학자로는 아르케실라오스, 카르네아데스(기원전 214~129년), 라리사의 필론이었다. 아카데미아의 회의주의에 대한 가장 광범위한 고대의 정보 출처는 회의론자 철학자 키케로가 쓴 『아카데미아학파』(Academica)이다. 키케로, 『아카데미아학파』, 양호역 옮김, 아카넷, 정암학당, 2021. '아카데미아학파'에 관해서는 김재홍, 『왕보다 더 자유로운 삶』, 서광사, 2013, 108~120쪽 참조.

7  에픽테토스는 아카데미아학파들의 주장들을 비꼬는 말투로 연속적으로 설명하고 있다. 이 대목에서는 아카데미아학파의 회의론자들의 주장이 '자기논박적', 즉 자신들의 주장이 자신들의 주장을 배척한다는 점을 논의했다. 에픽테토스는 그들의 주장 자체가 모순을 수반한다는 점을 지적한다.

을 갖고 있으며, 또 가능한 모든 수단을 동원해 그것을 지켜야 한다고 너를 제외한 우리 모두가 계속 확신한다면, 너에게 무슨 불편이 있는 것은 아니겠지? 아니, 너의 입장은 훨씬 더 나아지고 더 안전해질 것이네.

9 　인간아, 왜 너는 우리를 걱정하느냐? 왜 우리 일로 잠도 안 자고 깨어 있는 것이냐? 왜 등불을 켜는 것이냐? 왜 일찍 일어나느냐? 왜 그렇게 많은 책을 쓰느냐? 우리 중에 누군가가 신들이 인간을 돌보고 있다는 믿음에 속지 않도록 막기 위해서인가, 아니면 우리 중에 누군가가 좋음의 본질이 '쾌락'이 아닌 다른 것에 있다고 생각하지 못하도록 막기 위
10 해서인가? 만일 그렇다고 하면, 너는 누워서 잠자며, 너 스스로 가치 있다고 판단한 애벌레의 생활을 영위해야 할 것이네. 먹고 마시고, 성교하며, 똥을 싸고, 코를 골고!

11 　우리 나머지 사람들이 이러한 일에 관해 어떻게 생각하고, 우리의 생각이 건전한지 그렇지 않은지, 왜 너는 신경을 쓰느냐? 너는 우리와 무슨 상관이 있느냐? 자, 양들이 털을 깎이고, 젖을 짜 이고, 마침내 도살
12 되기까지 자신을 제공하기 때문에 네가 양들을 염려하는가? 인간들이 스토아학파 사람들에게 매혹되어 잠에 빠져들 수 있고, 너와 너 같은 사람들에게 자신을 제공해서 털을 깎이고 젖을 짜이게 될 수 있다면 바람
13 직하지 않겠는가? 너는 정말로 너의 동료 에피쿠로스주의자들에게 그런 식으로 말했어야만 했는가? 이런 것들을 그들에게 은밀하게 숨기고, 무엇보다 그들에 대해서는 만사가 너에게 잘 되듯이, 우리에게는 자연적으로 공동체(사귐)적 본성이 존재하는 것을 자제하는 것이 좋음이라
14 는 것을 설득했어야 하지 않겠는가? 아니면, 이 사귐이 어떤 사람과는 유지되어야 하고, 다른 사람과는 유지되지 않아야만 하는가? 그리고 그 경우라면, 누구와? 서로 지키는 사람에 대해서일까, 아니면 그것을 위

반하는 자들에 대해서일까? 또 누가 이러한 교리들을 옹호하는 너희 에피쿠로스주의자들보다 더 많이 그것을 어기고 있는가?

그렇다면 에피쿠로스를 잠에서 깨워 그가 쓴 것과 같은 것을 기록하도록 강요한 것은 무엇인가? 그것은 인간 안에 있는 모든 것 중에서 가장 강력한 것, 즉 싫어하든 한숨을 쉬든 자신이 원하는 곳으로 끌고 가는 자연 본성이네. [본성(자연)은 이렇게 말하네.] '네가 이러한 반-공동체적인[8] 견해들을 가지고 있기 때문에, 그것들을 기록하고, 다른 사람들에게 남기는 것이네. 그러기 위해 늦게까지 잠을 자지 않고, 그래서 너 자신의 행위를 통해 너 자신의 교리들에 대해 호소하는 자가 되는 것이 좋다.' 비록 우리가 오레스테스[9]가 복수의 여신들(에뤼뉘스)에게 쫓기고 잠에서 깼다고 말하지만, 에뤼뉘스와 에피쿠로스를 쫓고 복수하는 혼들이 이 사람에게 훨씬 더 사납지 않았는가? 그녀들은 에피쿠로스가 잠들었을 때 그를 깨워서 쉬지 못하게 할 것이고, 그 대신에 퀴벨레의 제사장들의 경우에 광기와 포도주가 하는 것처럼 그 자신의 질병(나쁜 일)을 선포하도록 강요했던 것이네.[10] 인간의 자연 본성은 그렇게 강력해서 그토록 무적인 것이네! 포도나무가 어떻게 포도나무가 아니라 올리브나무처럼 행동을 옮길 수 있겠는가? 혹은 다시 올리브나무가 아니라 포도나무처럼 성장할 수 있겠는가? 그것은 불가능하며, 상상할 수

15

16

17

18

---

8 혹은 반-사회적인.

9 오레스테스가 그의 어머니 클뤼타임네스트라를 살해한 것에 대한 복수로 에뤼뉘스(Erinus; 복수의 여신들)에게 쫓기는 것으로 제시되고 있다(아이스퀼로스, 『오레스테이아』 참조).

10 퀴벨레(Kubelē; 대지의 여신)의 제사장들은 광란에 빠져 자신을 거세해야 했다(19절 침조).

19 　도 없는 일이네. 그러니 인간이 인간애를 완전히 상실할 수도 없으며,
또한 거세된 남자라도 남자로서의 욕망[11]을 완전히 끊어 낼 수 없는 일

20 　이네. 에피쿠로스도 이와 마찬가지였네. 그는 남자, 가장, 시민, 친구를
특징짓는 모든 것을 잘라 냈지만, 진정한 인간의 욕망들은 끊어 낼 수는
없었네. 고생을 모르는 아카데미아학파의 학자들이 그렇게 하려고 온
갖 노력을 기울였음에도 불구하고 자신의 감각적 인상을 거부하고 눈
을 멀게 할 수 없었던 것처럼, 에피쿠로스도 그렇게 할 수 없었기 때문
이네.

21 　얼마나 불행한 노릇인가! 인간이 자연 본성으로부터 진리를 발견하
기 위한 척도와 기준을 받았음에도 거기에서 나아가 부족한 것을 보충
하려는 궁리는 하지 않으며, 정반대로 행하고, 또 진리를 발견할 수 있
는 어떤 능력을 갖고 있는데도, 그것을 제거하고 파괴하려고 시도하는
사람이 있다는 것은.

22 　철학자여, 무슨 말씀을 하시는가? 경건함과 신성함에 대해 당신은
어떤 견해를 갖고 있는가?─'당신이 원한다면, 그것이 좋은 것임을 증
명하겠네.'─좋소, 우리 시민들이 개심하고 신성에 경의를 표하며, 마
침내 가장 중요한 문제들에 무관심하게 되지 않도록 그것을 증명하시
오.─'그러면 당신은 증거들을 가지고 있는가?'─물론 가지고 있네.

23 　그것에 감사하게도.─'그러면 당신은 그 입장에 매우 만족하고 있으
니 그 반대 입장을 들어 보도록 하세. 신들은 존재하지 않으며 설령 존
재하더라도 그들은 인간에 대해 관심을 기울이지 않으며, 또한 우리는

---

11 성적인 욕망.

신들과 공통된 관계를 갖지 않는다는 것이네. 그래서 보통 사람들이 이야기하는 이 경건함과 신성함은 협잡꾼들과 소피스트들, 또는 제우스에 맹세코, 입법가들이 악행을 저지르는 자들을 겁주고 제지하기 위해 한 거짓말에 불과하네.'——훌륭하네, 철학자여! 당신은 우리의 동료 시민을 위해 귀중한 봉사를 했으며, 이미 신들을 경멸하는 경향으로 기울던 우리 젊은이들을 제 편으로 끌어들였구나!——'뭐라고! 그게 당신 마음에 들지 않았는가? 이제 정의가 얼마나 무의미한 것인지, 수치심이 얼마나 어리석은 것인지, 아버지가 얼마나 무의미한 것인지, 아들이 얼마나 무의미한 것인지를 들려주겠다.'[12]

24

25

잘했네, 철학자여! 계속해 보시게나, 당신과 같이 생각하고 말하는 사람들이 더 많이 생길 수 있도록 젊은이들을 설득하시게나. 이와 같은 교리들을 통해 잘 통치된 우리 도시(폴리스)들이 크게 성장했는가! 이와 같은 교리들이 라케다이모니아[13]를 그렇게 있게 만든 것인가! 이것이 뤼쿠르고스[14]가 자신의 법과 교육 체제를 통해 그 시민들에게 주입시킨 신념, 즉 노예제도가 고귀함보다 더 부끄럽지 않고, 자유가 부끄러운 것보다 더 고귀하지 않다는 신념인가! 테르모필라이[15]에서 죽은 사

26

---

12 수이에(J. Souilhé) 텍스트 참조.

13 스파르타를 가리키는 또 다른 이름. 스파르타 지역을 포함한 펠로폰네소스 반도 남쪽 지역를 라케다이모니아라고 부른다.

14 스파르타의 전설적인 지도자로 법을 통해 안정적이고 질서 잡힌 정치 체제를 완성한 입법가.

15 기원전 480년에 3백 명의 스파르타 전사가 페르시아인에 맞서 산을 지나가지 못하게 마았던 전투 장수(헤로도투스, 『역사』 제7권 201~233 참조)

람들은 이러한 교리 때문에 죽었는가! 또 아테네인[16]은 이것들 이외의
다른 어떤 원칙들을 위해서 그들의 도시를 버렸는가? 그런 다음, 이런
말을 하는 사람들이 결혼해서 아이를 낳고, 또 시민의 의무를 다하고, 사
제와 예언자로 임명되는 것이냐! 어떤 신들의 신관이나 예언자인가? 존
재하지 않는 신들인가! 또 그들은 그녀의 거짓말을 알기 위해, 다른 사
람들에게 신탁을 해석하기 위해 퓌티아[17]의 여사제들에게 조언을 구하
는 것인가! 오, 이 얼마나 엄청난 뻔뻔스러움이고, 얼마나 기만적인가!

인간아, 무슨 일을 하고 있는가?[18] 너는 매일 스스로를 논박하고 있는
데, 이러한 무의미한 노력을 그만두고 싶지 않느냐? 음식을 먹을 때 너
의 손을 어디로 가져가느냐, 너의 입으로, 아니면 너의 눈으로?[19] 목욕
할 때, 어디로 들어가느냐? 너는 언제 냄비를 접시라고 부르고, 국자를
구이 꼬챙이라고 부르느냐? 내가 이 사람들 중 한 사람의 노예였다면,
그 사람에게 매일 피부가 떨어져 나가도록 회초리를 맞을 위험을 무릅
쓰고라도 나는 그를 괴롭히는 일을 멈추지 않았을 것이네. '목욕탕에
올리브 기름을 조금 부어라, 어린 노예야.' 나는 생선 소스를 가져다가
그의 머리 위에 부었을 것이네. '이게 뭐냐?' — '난 올리브 기름과 구별

16 기원전 480년과 479년에 페르시아에게 항복하기보다는 두 번씩이나 아테네를 포기했
   던 아테네인들.
17 델포이에 있는 신탁에 종사하는 아폴론 신전의 가장 높은 여사제의 이름.
18 돌연히 에피쿠로스에 대한 언급에서 '아무것도 알 수 없다'고 주장하는 아카데미아 철
   학자들에 대한 언급으로 돌아서고 있다.
19 회의주의자 퓌론은 사물의 진리를 파악할 수 없다고 입장을 취하고 생활 속에서도 이
   를 실천했다. 눈에 보이는 것에 대해 감각적 판단을 내리지 않았기 때문에 위험한 장면
   에서는 친구들이 그의 신변 안전을 도모했다고 한다(DL 제9권 62 참조).

할 수 없는 인상을 받았습니다. 그것과 아주 똑같았습니다. 당신의 운명을 걸고 그것을 맹세합니다.'—'이쪽으로 보리죽을 갖다 주게.' 나는 [30] 그에게 식초가 가득한 물고기 수프 접시를 가져다줄 것이네. '내가 보리죽을 달라고 하지 않았는가?'— '주인님, 이것은 보리죽입니다.'—'확실히 이것은 식초가 들어간 생선 소스 아닌가?'—'어떻게 그것이 보리죽이 아닌 다른 것인가요?—'가져가서 냄새를 맡아 보고, 맛을 보게나.'—'글쎄요, 우리의 감각이 우리를 속인다는 사실을, 주인님은 어떻게 알 수 있습니까?' 내가 했던 동일한 방식으로 생각하는 동 [31] 료 노예가 서너 명 있었다면, 나는 곧장 이 주인에게 화를 폭발하게 해서 자신의 목을 매달게 하거나, 그렇지 않으면 그의 마음을 바꾸게 했을 것이네. 그러나 사실상 이런 인간들은 우리를 조롱하며, 자연 본성에 의해 주어진 모든 재능을 이용하면서도 말로는 그것들을 파괴해 버리는 것이라네.[20]

여기 진정으로 감사하고 존경받는 사람들이 있네! 더 이상 아무것도 [32] 돌아보지 않은 채로, 그들은 날마다 빵을 먹으면서도 '데메테르가 있는지, 코레가 있는지, 플루톤이 있는지 우리는 모른다'고 뻔뻔스럽게 말할 수 있다는 것이네![21] 이 패거리들은 밤낮, 계절의 변화, 별, 바다, 땅, [33]

---

**20** 28절부터 여기까지 아카데미아학파의 가르침을 구체적으로 실행하는 경우에 나타나는 모습을 내놓고 있다.

**21** 아래에서는 이러한 가르침들이 가져온 '부도덕한 결과'를 보여 주고 있다. 데메테르를 부정하고 그녀가 주는 빵을 먹는 것은 헬라스의 일반적인 개념에 따르면, 신의 존재를 부정하면서도 그가 주는 빵을 먹는 것과 같다는 것을 의미한다. 이 신들은—데메테르(Dēmētēr), 코레(Korē), 플루톤(Ploutōn)—데메테르와 그녀의 딸(korē; 즉 제우스와 데메테르의 딸 페르세포네를 말한다)은 식량의 성장과 계절적 재생과 관련이 있으므로 여기에서 선택되었다. 그녀를 유괴해 간 지하의 신이 플루톤은 겨울 동안에 페르세포

그리고 사람들이 서로 간에 베푸는 도움을 즐기면서도 이런 것들을 전혀 언급하지 않은 채로, 그들은 이러한 것들의 어떤 것들에 의해서 조금도 감동을 받지 않지만, 단지 그들의 '시시한 문제'를 토해 내려고 애쓰고, 그들의 위장을 단련한 후에는 목욕을 하기 위해 떠나간다네. 그들이 무엇을 말할 것인지, 무엇에 관해, 누구에게, 그리고 그들이 말한 이런 것들[22]으로부터 청중이 무엇을 얻게 될 것인지에 대해, 그들은 결코 그 것들에 대해 잠시 동안조차도 고민하지 않는다네. 나는 고귀한 마음을 가진 어떤 젊은이가 이러한 교리를 듣고 그것들에 의해 영향을 받고, 그 영향으로 한때 그가 갖고 있던 귀족의 모든 씨앗을 잃어버릴까 매우 두려워하고 있네. 아니면, 나는 우리가 간음한 사람에게 그의 행동에서 모든 수치를 포기할 근거를 제공하지 않을까 두렵다네. 또는 공적 기금을 횡령한 자가 그러한 가르침에서 파생된 어떤 그럴듯한 논증(변명)에 손을 댈 수 있지 않을지도 두렵다네. 또는 자신의 부모를 소홀히 하는 사람이 그들의 가르침으로부터 부가적인 뻔뻔스러움을 얻을 수 있지 않을지도 또한 두렵다네.

그렇다면 네가 생각하는 좋음이나 나쁨, 부끄러움과 고귀함은 무엇인가? 이것인가, 저것인가? 그럼 무엇인가? 이 패거리들과 맞서 굳이 반박하거나, 그들에게 논거를 내놓거나, 그들의 이야기를 들어주거나, 그들의 믿음을 개종하려고 시도하는 것이 무슨 소용이 있겠는가? 제우스에 맹세코, 완전히 귀머거리와 장님이 된 무리들을 개심시킬 바에야

---

네를 지하에 가두었다. "네가 뿌리는 것은 죽지 아니하면 살아나지 못하느니라."(「고린도 전서」 5장 36절)

**22** 즉 그들의 교리.

방탕자의 마음을 개종시키려는 것이, 훨씬 더 큰 희망을 가질 수 있을 것이라네.[23]

---

23 "한편 그(아리스톤)는 '아무것도 파악(katalēpsis)하지 않는다'라고 스스로 말하는 아카데미아학파 사람에게 '그럼 당신은 당신 곁에 앉아 있는 사람도 못 보나?'라고 말했다. 그가 그렇다고 하자, '누가 당신을 눈멀게 했는가,'——그가 말했다——'누가 불빛을 앗아갔나?'"(DL 제7권 163)

# 제21장

# 비일관성에 대해서[1]

1     사람들은 자신의 잘못(결점) 중에서 어떤 것들은 쉽게 인정하는 반면,
다른 것들은 그렇게 쉽게 인정하지 않는 법이네.[2] 그래서 아무도 자신
이 어리석거나 우둔하다는 것을 인정하지 않는 반면, 반대로 모든 사람
이 '내가 가진 재간(사려)만큼 내 운도 걸맞았더라면!'이라고 말하는 것

2   을 듣게 될 것이네. 그들은 소심함을 쉽게 인정하곤, '내가 약간 소심하
다는 것을 나는 인정하지만, 너는 내가 어리석은 사람이라는 것은 찾지

3   못할 것이네'라고 말한다네. 자제력 부족에 관해서는 누구도 그렇다고
쉽게 인정하지 않으며, 부정의하다는 것도 전혀 인정하지 않으며, 질투
하거나 혹은 간섭하기 좋아하는 것도 결코 인정하지 않으면서도, 그럼

---

1   자신의 잘못인 실패를 인정하는 것을 일반적으로 꺼리는 사람들(1~7절)로부터 시작해
서, 에픽테토스는 철학 공부를 근본적으로 누군가가 윤리적으로 더 나은 사람이 될 수
있도록 고안된 실천적인 활동임을 제시하고 있다. 학생들의 양심에 대한 성찰과 훈계
가 제시되고(8~14절), 나중에 가서는 실천적 활동 또한 이에 대한 적절한 태도를 갖도
록 하는 논리학의 탐구에 달려 있는 것임을 논의한다(8~22절). 논리학에 대한 독자적
인 공부보다 윤리학과의 연결선상에서 논리학에 대한 탐구의 필요성을 이야기하는 셈
이다. 이 점은 이 책에서 여러 번 강조되고 있다.

2   제7절까지 우리가 어떤 잘못을 인정하는 이유를 논의하고 있다.

에도 대부분의 사람들은 동정심에 대해서는 그렇다고 인정할 것이네.

그러면 이것에 대한 원인은 무엇일까? 이것에 대한 주된 원인은 좋음과 나쁨에 관련된 문제에서 사람들의 생각의 비일관성과 혼란에서 비롯된 것이지만, 그 이유는 사람마다 서로 다르며, 일반적으로 사람들은 자신이 부끄럽다고 상상하는 것은 무엇이든 전혀 인정하지 않는다고 말할 수 있을 것이네. 이를테면 우리는 소심함을 동정심과 마찬가지로 좋은 성품의 표시로 상상하는 반면, 어리석음은 완전히 노예적인 어떤 것으로 여긴다는 것이네. 또한 공동체에 대한 과실에 대해서는 어떤 상황에서도 결코 받아들이지 않는다네. 이제 대부분 잘못의 경우에서, 사람들이 그것들에 대해 인정하는 쪽으로 기울어지는 주된 이유는, 소심함과 동정심의 경우처럼 그들은 그것들을 비자발적인 어떤 것으로 상상하기 때문이네. 그래서 어떤 면에서라도 자신이 자제력이 없다고 인정하는 사람은, 비자발적인 행동에 대한 핑계를 대기 위해 자신이 사랑의 감정에 빠졌다는 것을 덧붙이게 되는 것이네. 이와 반대로 부정의는 어떤 식으로든 비자발적인 것으로 상상되지 않는 것이네. 질투에도 또한 대부분의 사람들이 보기에 비자발적 어떤 것이 있으며, 따라서 이 것들도 또한 그들이 [마지못해] 인정하게 되는 잘못이라네.

우리가 그렇게 혼란에 빠져 있고, 그들이 무엇을 말하는지, 혹은 그들 속에 어떤 악을 갖고 있는지, 혹은 어디에서 그들이 그것을 얻었는지, 혹은 그들이 그것을 어떻게 없앨 수 있는지 알지 못하는 그러한 사람들 사이에 살고 있기 때문에, 우리 자신은 다음과 같은 반성적 생각에 끊임없이 주의를 집중해야만 한다고 나는 생각하네. '아마도, 나도 이러한 사람들 중 하나가 아닐까? 나는 나 자신을 어떤 사람이라고 상상하고 있을까? 나 자신은 어떻게 행동하고 있을까? 정말로 현명한 사람

4

5

6

7

8

9

처럼, 자제력을 갖고 있는 사람처럼 행동하는 것일까? 앞으로 닥칠 모
든 일에 직면하도록 교육을 받았다고 나로서는 말할 수 있는가? 아무것
도 모르는 사람에게 걸맞은 만큼, 내가 아무것도 모른다는 것을 나는 깨
닫고 있는 것인가? 신탁의 조언을 구하러 가는 사람처럼, 나는 순종할
준비가 된 채로 선생님께 가는 것인가? 아니면, 나 또한 코를 훌쩍이는
아이처럼 학교에 가서 단지 [철학 이론에 대한] 학설[3]을 배우며, 이전에
는 이해하지 못했던 책을 이해하고, 또 만일 기회가 주어진다면 다른 사
람들에게 그것을 설명해 주기 위해서 가는 것이 아닐까?'

11    인간아, 너는 집에서 어린 노예와 다투고, 집을 뒤집어 놓고, 이웃들
에게 소란을 일으키고, 그런 다음 지혜로운 자와 같은 근엄한 얼굴을 해
가지고 나에게 와서 앉아서는 텍스트를 어떤 식으로 내가 설명하는지
에 대한 판단을 내리며, 그리고 어떻게 — 내가 무엇을 말하는지
를—내가 머리에 떠오른 낡고 무의미한 말을 떠드는지를 비평하고 있
는가? 너는 집에서 너에게 보낸 것이 없기 때문에[4] 창피한 마음으로, 부
러운 마음으로 여기에 와서, 너와 너의 아버지, 또는 너와 너의 형제들
사이에 상황이 어떻게 돌아가는지 말고는 아무것도 생각하지 않으면서
수업 내내 앉아 있는 것이네. '고향 사람들이 나에 대해 뭐라고 말하지?
이 순간에도 그들은 내가 공부에 정진하고 있다고 생각하며, "그는 지
식이 가득 차서 돌아오겠지"라고 말하겠지. 지식을 가득 채워 집에 돌
아가고 싶지만, 그것은 엄청난 노력을 요구하고, 누구도 나에게 아무것
도 보내 주지 않으며, 여기 니코폴리스의 목욕탕은 불결하고, 내 숙소

3    간접적으로 전해 들은 지식을 배우는 것.
4    이곳의 학생들은 자신의 집에서 보낸 생필품에 의존했던 것으로 보인다.

상황은 나쁘며, 또한 여기 학교는 끔찍한 곳이다.'

다음으로 사람들은 '누구도 철학자 학교에 다녀서 좋은 것(이익)을 얻지 못할 것이다'라고 말하네. 나는 너희들에게 이렇게 묻네. 그럼, 누가 치료를 받을 목적으로 학교에 오는가? 누가 그의 판단들을 내놓고 그것들을 깨끗이 하기 위해 거기에 오는가? 자신에게 필요한 것이 무엇인지 충분히 알기 위해 누가 거기에 오는가? 그럼, 학교에 왔을 때 너희가 가져왔던 그 판단과 똑같은 판단을 가지고 다시 여기를 떠나간다면, 왜 놀라는 것이냐? 사실상, 너희는 그 생각을 없애거나, 바로잡거나, 혹은 뭔가 다른 생각을 하려고 여기에 온 것이 아니라는 것이네. 아닐세, 결코 그런 것이 아니고 그것으로부터 거리가 멀다네. 오히려 적어도 이것만을 고려하라, 즉 너희들이 이곳에 어떤 목적으로 왔고, 그것을 정확히 얻고 있는가의 여부만큼은. 너희들은 철학적 원리에 대해 수다를 떨고 싶어 하기를 원하지. 자, 어떤가? 너희는 공허한 말을 더 잘하게 되지 않았는가? 이러한 철학적 원리들은 너희의 과시를 만들기 위한 훌륭한 재료를 너희에게 제공하고 있지 않은가? 너희들은 추론과 전환 논증을 분석하는 데 능숙하게 되지 않았는가? 너희들은 '거짓말쟁이 역설' 논증과 가언적 추론 논증의 전제들을 검토해 보지 않았는가? 그렇다면 너희들이 여기에 온 결과를 얻고 있다면, 왜 여전히 짜증을 내고 있어야만 하는가?

'물론 그렇지만, 내 아이나 형제가 죽거나, 혹은 나 자신이 죽음이나 고문을 당해야 한다면 그런 것들이 나에게 무슨 소용이 있겠습니까?'

근데 정말 이것을 위해 네가 여기에 온 것이더냐? 네가 내 옆에 앉아 있었던 것은 이것을 위해서이냐? 이것이 정말 네가 등잔을 켜거나 밤에 깨어 있는 이유이었더냐? 아니면, 산책을 나갔을 때, 추론이 아니라 마음 앞에 어떤 인상을 세워 둔 적이 있으며, 너희 동료와 함께 그것을 고찰해 본 적이 있었는가? 너는 언제 그와 같은 어떤 일을 해본 적이 있었느냐? 그러면서 너희들은 '철학적 원리는 아무 소용이 없어'라고 말하고 있네. 누구에게 소용이 없는가? 그것들을 적절하게 사용하지 못하는 사람들에게. 이를테면, 안약은 마땅히 필요한 때와 마땅한 방식으로 문지르는 사람들에게 소용이 없는 것이 아니네. 고약[5]도 소용없는 것이 아니네. 그리고 도약 무게(평형곤)[6]는 소용없는 것은 아니지만, 특정 사람들에게는 쓸모가 없지만 다른 사람들에게는 달리 소용 있는 것이네. 지금 너희들이 나에게 '추론은 소용이 있느냐'고 묻는다면 나는 소용 있다고 대답할 것이고, 만일 원하다면 그것들이 어떻게 소용이 있는지를 증명하겠네.[7]

'그러면 그것들이 나에게 무슨 소용이 있었단 말인가요?'

인간아, 너는 그것들이 너에게 소용이 있는지 아닌지를 묻지 않고, 그것들이 일반적으로 소용이 있는지를 묻는 것이 아니었나? 이질을 앓고 있는 누군가가 나에게 식초가 쓸모가 있는지를 물으면 나는 그렇다고 말할 것이네.

'그럼 그것이 저에게도 쓸모가 있을까요?'

나는 아니라고 대답할 것이네. 먼저 설사를 멈추도록 찾아보고, 그런 다음 작은 궤양을 치료하라.[8] 그러니 인간들아, 너희들도 먼저 궤양을

---

5   malagmata (찜질약).

6   도약 무게(평형곤, 할테레스)에 대해서는 제1권 제4장 해당 각주 참조.

7   논리학의 유용성에 대해서는 제2권 제25장 참조.

8   이런 종류의 의학적 비유에 대해서는 제1권 제26장 15절, 제2권 제14장 21~22절, 제2

치료하고, 너의 체액[9] 방출을 멈추게 하고, 마음을 진정시키고, 주의가 산만하지 않게 그 생각을 학교에 가져가야 하네. 그러면 너희들은 이성이 가질 수 있는 힘이 무엇인지 알게 될 것이네!

권 제18장 8~11절, 제3권 제21장, 15~22절, 제3권 제22장 73절, 제3권 제23장 30~31절 참조.

9  ta rheumata(체액). 에픽테투스의 의학적 언어 사용은, 철학이 '질병'으로 표상되는 잘못된 믿음과 감정에 대한 '치료'의 한 형태로 간주되는 이 시대에 ——특히 스토아학파에 의해 받아들여지는 견해——널리 퍼진 생각을 반영하고 있다(LG 65 L, O, R  8).

## 제22장

# 친애에 대해서[1]

1 　누군가가 진지하게 마음에 담아 두는[2] 것, 그것을 그는 당연하게[3] 사랑하는 것이네. 그렇다면 사람들은 나쁜 일들에 관해 진지하게 마음에 담아 두겠는가? 결코 그렇지 않을 것이네. 아니면, 그들 자신들에게 아무 관계가 없는 것들에 관해 진지하게 마음에 담아 두겠는가? 그것들에 대

2 해서도 또한 결코 그럴 수 없네! 그러므로 그들에게는 좋은 것들 자체

3 에 관해서만 진지하게 마음에 담아 둔다는 것이 남을 것이며, 또 그들이 그것들에 관해 진지하게 자신들의 마음을 둔다면, 그들이 그것들을 또한 사랑한다는 것이 따라 나오는 것이네. 그렇기에 좋은 것들에 대한 지

---

1　에픽테토스는 먼저 친애는 지혜로운 자(철학자)만의 특권이라는 점(1~3절)과 거짓된 친애의 징표를 설명하고(4~14절), 그렇기에 안정적인 '친애'(헬라스어 '필리아'[philia]는 '우정' 및 가족에 대한 애정 어린 감정을 모두 포함한다)의 유일한 확실한 근거는 충분하게 훈련을 받은 도덕적 이해라고 주장한다. 그렇지 않으면, 사람들이 자신에게 유익하다고 생각하는 것을 추구하고, 실제로 유익한 것이 양쪽 모두에게 좋다는 것을 인식하지 못하기 때문에 가족 및 친구와의 갈등이 발생할 수 있다(18~21절, 34~37절). LS 67 P: A. A. Long[2002], pp. 198~199 참조.

2　원어로는 espoudaken('…에 관해 진지한', '진지하게 추구하는').

3　원어는 eikotōs.

식이 있는 사람은 누구든지, 그것들을 어떻게 사랑하는지도 알게 될 것이네. 그러나 어떤 사람이 나쁜 것들로부터 좋은 것들을 구별할 수 없고, 또 양자로부터 아무런 차이가 없는 것들[4]을 구별할 수 없다면, 어떻게 그가 여전히 사랑할 수 있는 능력을 가질 수 있겠는가? 그러므로 사랑할 수 있는 힘은 단지 지혜로운 자[5]에게만 속하는 것이어야 한다네.

'어째서 그런가요?' 누군가가 말한다. '나는 지혜롭지 않지만, 그럼에도 내 아이들을 늘 사랑합니다.'  **4**

신께 맹세코, 처음부터 어떻게 너는 자신이 지혜롭지 못함을 인정하는지에 나는 놀랐다네. 도대체 너에게 부족한 것이 무엇이냐? 너는 너의 감각을 사용하고 있지 않느냐? 너는 감각 인상들을 구별하고 있지 않느냐? 너는 너의 몸에 적절한 영양분과 의복과 거처를 공급하지 있지 않느냐? 그런데 왜 너는 지혜가 부족하다고 인정하는가? 제우스에 맹  **6**  **5**

---

4  즉 이것과 저것들로부터 좋지도 나쁜 것도 아닌 것들.

5  원어로는 phronimos(현자). 이 대목의 논증에 따르면 '스토아적 현자'는 spoudaios('진지하게 좋음을 추구하는 자')한 사람이며, 좋음을 추구하는 자이며, 사랑(to philein)할 수 있는 능력을 가진 자이다. 반면에 비-스토아적 사람들은 그렇지 못한 자이다. 논증은 이렇게 진행된다. (1)사람들은 진지하게 마음에 담아 두는 것을 자연적으로 사랑한다. (2)사람들은 나쁜 일들에 관해 진지하게 마음에 담아 두지 않으며, 그들 자신들에게 아무 관계가 없는 것들에 관해서도 진지하게 마음에 담아 두지 않는다. (1), (2)로부터, (3)그러므로 사람들은 좋은 것들 자체에 관해서만 진지하게 마음에 담아 둔다. 그렇다면 (1), (3)으로부터, (4)사람들이 그것들에 관해 진지하게 자신들의 마음을 둔다면, 그들이 그것들을 사랑한다는 것이 따라 나온다. (5)그렇기에 좋은 것들에 대한 지식이 있는 사람은 누구든지, 그것들을 어떻게 사랑하는지도 안다. (5)로부터, (6)나쁜 것들로부터 좋은 것들을 구별할 수 없는 사람은 사랑하는 것도 알지 못한다. (6)으로부터, 좋은 것과 나쁜 것을 구별할 수 없는 사람은 여전히 사랑할 수 있는 능력을 가질 수 없다. (7)그러므로 사랑할 수 있는 힘(능력)은 단지 '지혜로운 자'에게만 속한다.

세코, 그것은 그대가 종종 너의 인상들에 잘못 이끌리고, 그것들에 의해 혼란에 빠지며, 종종 그것들의 설득력이 너를 압도하도록 놔두기 때문이네. 그래서 어떤 때는 그것들을 좋게 생각하고, 다른 때는 이 동일한 인상들을 나쁘게 생각하고, 그런 다음엔 다른 때는 좋지도 않고 나쁘지도 않다고 생각한다네. 한마디로 말하자면, 그대는 고통, 두려움, 시기, 혼란, 변화에 드러나게 되는 것이네. 이렇기 때문에 너는 스스로 지혜가 부족함을 인정하게 되는 것이네. 그리고 네가 사랑하는 것에서 또한 너는 변화하고 있지 않은가? 물론 말할 것도 없이 부, 쾌락, 단적으로 말해서 네가 때론 좋다고 생각하고 때론 나쁘다고 생각하는 모든 외적인 것들에서 말이네. 그리고 다른 사람과의 관계에서도, 너는 같은 사람을 어떤 때는 좋다고 어떤 때는 나쁘다고 여기지 않는가. 또 너는 어떨 때는 그들에게 친구처럼 잘 대하기도 하고 어떨 때는 적처럼 못 대하기도 하지 않는가. 또 어떤 때는 칭찬하고 다른 때에는 비난하지 않는가?

'네, 꼭 제가 겪고 있는 감정이군요.'

그렇다면 어떤가? 너는 누군가를 기만했던 사람이 그의 친구가 될 수 있다고 생각하는가?

'전혀 그럴 수 없습니다.'

아니면, 친구를 선택할 때 마음을 쉽게 바꾸는 자가 그에게 진정한 선의를 나타낼 수 있는가?

'결코 그는 그럴 수 없습니다.'

지금은 누군가를 욕해 대다가도 나중에 가서는 그를 찬양하는 자는?

'결코 그는 그럴 수 없습니다.'

그럼 어떤가? '이보다 더 친애적인 것은 있을 수 없다'라고 즉각적으로 외칠 수 있을 정도로, 작은 개들이 서로에게 꼬리를 흔들며 아양을 떨고 함께 노는 것을, 너는 자주 보지 못했는가? 그러나 그 친애가 어떤 것인지를 알기 위해서는, 그들 사이에 작은 고깃덩이를 던져 보면 알게 될 것이네. 마찬가지로, 너와 네 아들 사이에 한 뼘만큼의 땅덩이를 던 10 져 보면, 그 아들이 얼마나 성마르게 네가 땅에 묻히기를 원하는지를, 또 얼마나 간절하게 너는 너의 아들의 죽음을 원하는지를 알게 될 것이네. 그런 다음 너는 다시 '내가 어떻게 아이를 키워 왔는데! 지금껏 내내 11 아이는 내가 묻힌 것을 보고 싶어 했습니다!'라고 말하게 될 것이네. 너희들 사이에 예쁜 소녀를 던져 보게. 노인과 젊은이 둘 다가 그녀와 사랑에 빠지게 될 것이네. 혹은 다시 한 조각의 명성 따위를 던진다고 생각해 보게. 그리고 너의 목숨을 걸어야 한다면, 너는 결국 아드메토스의 아버지의 말을 되풀이하게 될 것이네. '너는 햇빛을 보기를 원하지만, 이 아비는 그것을 원하지 않는다고 생각하느냐?'[6]

너희들은 이 사람이 자기 아이[7]가 너무 어렸을 때 아이를 사랑하지 12 아니했고, 그 아이가 열병이 걸렸을 때에는 괴로움도 있지 않았으며, 또 '아이 대신에 내가 열병이 걸렸더라면'이라고 자주 거듭해서 말하지 않은 줄로 생각하는가? 하지만 그다음에 그 결정적 사태가 그에게 닥쳐오며 점점 가까이 왔을 때, 바로 그가 무슨 말을 내뱉었는지를 똑바로 보라! 에테오클레스와 폴뤼네이케스는 같은 어머니와 아버지의 자손 13

---

6 에우리피데스, 『알케스티스』 691행. 에픽테토스의 기억에 의존하는 불완전한 문장이다. 원래 문장은 "너는 햇빛을 보고 좋아하면서(chaireis horōn), 이 아비는 좋아하지 않을 것이라 생각하느냐(chairein dokeis)?"이다. 아드메토스의 아버지는 긴 인생을 살고 싶어 하는 욕망의 한 전형적인 예이다. 아드메토스가 자신을 대신해서 기꺼이 죽으려고 하지 않는 것에 대해 그의 아버지를 비난하는 대목이다.

7 아드메토스를 가리킨다.

이 아니었더냐? 그들은 함께 키워지고, 함께 자라고, 함께 마시고, [같은 침대에서] 함께 자고, 또 서로를 자주 껴안아 주지[8] 않았던가? 따라서 누군가가 그들을 함께 보았다면, 그는 친애에 대한 역설적인 생각을 표현했다고 철학자들 향해 비웃었을 거라고 나는 생각하네. 그러나 왕권이 한 점의 고기같이 그들 사이에 던져지니, 그들이 말하는 것을 보라.

> **에테오클레스** 형은 성벽 앞 어느 곳에 자리 잡고 설 것인가요?
> **폴뤼네이케스** 왜 그걸 나한테 물어?
> **에테오클레스** 나는 마주서서 형을 죽이려고요.
> **폴뤼네이케스** 그것은 나의 바람이기도 하다.

또한 이러한 것이 그들이 지껄여 댔던 기도들이지![9]

왜냐하면 일반적으로——이 문제에 대해 환상을 가져서는 안 되는 것인데——무릇 모든 생명체는 그 자신의 이익보다 더 강하게 집착하는[10] 것은 아무것도 없다는 점이네.[11] 그래서 그에게 그 이익을 방해하는 것

---

8  '입을 맞추다'(kataphileō)로 옮길 수도 있다.

9  이 대화의 인용구의 출전에 대해서는 에우리피데스, 『포이니케 여인들』 621~622행 참조. 이 비극의 1365~1375행 사이에는 오이디푸스의 두 아들인 에테오클레스와 폴뤼네이케스가 서로를 죽일 수 있도록 해달라고 신들에게 기도하고 있는 모습이 나온다. 이 형제는 아버지 오이디푸스가 자신의 눈을 스스로 멀게 하고 망명을 떠나간 후, 테베에 대한 통치를 놓고 맞서 싸운다. 이 형제간의 결투를 배경으로 하는 것이 '테바이를 공격하는 일곱 장수'이다.

10  원어는 ōikeiōtai(애착을 갖는).

11  여기부터 제21절까지는 생명체의 '자기 이익에 대한 집착'에 대해 이야기하고, 제22절부터는 진정한 의미에서 이익이 있는 곳을 논의하고 있다.

처럼 보이는 것은 무엇이든지, 그것이 형제나 아버지나 자녀나 사랑하는 사람이나 사랑을 받는 사람이 되었든 간에, 그는 그를 계속 미워하고, 경계하고,[12] 저주할 것이네. 이는 본성상 자기 자신의 이익만큼 사랑하는 것은 없기 때문인 것이네.[13] 이것이 그에게는 아버지요, 형제요, 가족이요, 조국이요, 신인 것이네. 어쨌든 알렉산드로스가 그의 사랑을 받던 사람의 죽음 때문에 아스클레피오스 신전을 불태우라고 명령한 것같이,[14] 신들이 우리의 이익을 방해하고 있는 것으로 생각되면 우리는 그들을 향해 욕하고, 그들의 신상(神像)을 땅에 내동댕이치며, 그들의 신전을 불사르는 것이네. 이런 이유로 누군가가 자신의 이익을 경건, 명예로운 것, 자신의 조국, 부모, 친구와 동일한 저울접시에 놓는다면, 이것들 모두가 안전하게 보호될 것이네. 그러나 이와 반대로 그가 하나의 저울접시에 자신의 이익을 놓고, 또 자신의 친구, 조국, 친척, 정의 자체를 다른 편의 저울접시에 놓게 두면, 그 자신의 이익에 의해 내리눌리게 되기 때문에 후자 그 모두는 사라져 버리고 말 것이네. '나'(ego)와 '나의 것'(emon)을 놓을 수 있는 그쪽으로, 생명체는 필연적으로 기울어질

16

17

18

19

---

12 '비난하고', '무시하고', '내치고'로도 옮길 수 있다.

13 앞서 에테오클레스와 폴뤼네이케스의 다툼을 통해 이를 보여 주었다.

14 이때 파괴된 신전은 이란 서부 지역의 메디아에 있는 에크바타나 혹은 하그마타나이스 (Ecbatana/Hagmatana)로 불리는 고대 도시에 있던 아스클레피오스(의술의 신) 신전이었다고 한다. 헤파이스티온(Hephaistiōn)은 알렉산드로스 대왕의 절친한 친구로 기원전 324년 10월, 원정 중에 세상을 떠났다. 그는 '왕의 모든 친구들 중 단연코 가장 사랑을 받는 사람이었다. 알렉산드로스와 함께 자랐고, 그의 모든 비밀을 공유했다'고 한다. 이 둘 간의 관계는 '아킬레우스와 파트로클로스'와 비교되기도 한다. 알렉산드로스의 원정을 기록한 아리아노스(Lucius Flavius Arrianus)의 *Anabasis*, VII.14.5 참조. 이 아리아노스가 바로 에픽테토스의 『강의』를 기록한 사람이다

수밖에 없다네. 만일 그것들이 살(육신) 안에 있다면, 지배하는 힘[15]은 거기에 있어야 할 것이네. 그것들이 의지(프로하이레시스) 안에 있다면 지배하는 힘은 거기에 있어야 할 것이네. 그것들이 외적인 것들 안에 있다면 그것은 거기에 있어야 할 것이네. 따라서 '내'가 나의 의지가 있는 그곳에 있다면, 단지 그런 경우에서만 나는 내가 마땅히 그래야만 하는 친구일 것이고, 아들일 것이고 아버지가 될 것이네. 왜냐하면 그래야만 이것이, 나의 신실함, 부끄러운 감각[16], 인내, 절제, 협력을 보존하고, 그리고 다른 사람과의 좋은 관계를 유지하는 나의 이익이 될 것이기 때문이네. 그러나 내가 나 자신을 하나의 저울접시에 놓고, 또 명예로운 것을 다른 저울접시에 놓는다면, 에피쿠로스의 이론은 그가 '명예로운 것은 아무것도 아니며, 기껏해야 [대중의] 공통적인 의견[17]에서만 있는 것'[18]이라고 선언했을 때 완전한 힘을 얻게 되는 것이네.

---

**15** 원어는 kurieuon.

**16** 원어는 aidos(자기 존중).

**17** 즉 평판(to endoxon).

**18** 에피쿠로스의 정확한 인용이 아니다. 가장 가까운 것은 아테나이오스 12.547a이다. "명예로운 것(to kalon)이 쾌락을 가져오지 않는다면, 나는 그것을 향해 침을 뱉겠다."(H. Usener, *Epicurea* 512) LS 21 O~P도 참조. 키케로는 에피쿠로스를 이해하지 못하는 것은, 어려운 방식으로 언어를 사용하는 그의 방식에 잘못이 있다고 지적한다. "이제 에피쿠로스가 내 생각에는 분명하고 직접적으로 말하는 것을 회피하려고 하지 않습니다. 그의 탐구 주제는 자연학자의 그것처럼 어렵거나, 수학자의 그것처럼 전문적이지도 않습니다. 오히려 대중에게 널리 알려진 분명하고 직접적인 주제입니다. 당신의 주장은, 나 같은 사람들은 쾌락이 무엇인지가 아니라, 에피쿠로스가 의미하는 바를 파악하지 못한다는 것입니다. 이것은 '쾌락'이라는 말의 의미에 대한 이해가 부족한 사람이 우리가 아니라, 우리의 표준 용법과 관련이 없는 자신의 방식으로 언어를 사용하는 사람이 에피쿠로스라는 것을 보여 줍니다."(키케로, 『선과 악의 목적에 대하여』 2.15)

이런 무지를 통해서 아테네인들과 라케다이모니아인들이 서로 다투 22
고, 또 테베인들은 그 둘과 다투고, 또 페르시아 대왕이 헬라스와 다투
고, 마케도니아인들은 그 둘과 다투었고,[19] 그리고 우리의 시대에는 로
마인들이 게타이[20]와 다투었고, 먼 과거에는 일리온[21]에서 일어난 사건
의 기원이 동일한 원인으로 인해 발생했던 것이라네. 알렉산드로스(파 23
리스)는 메넬라오스의 손님이었으며, 그들이 서로에게 베푸는 친절을
본 사람은 누구든지 그들이 친구가 아니었다고 말하는 사람을 결코 믿
지 않았을 것이네. 그러나 그들 사이에 한 조각의 유혹물로 예쁜 여자가
던져졌고, 그래서 그녀로 인해 전쟁이 일어났던 것이라네.[22] 그러니 이 24
제 너희가 한마음으로 이루어진 것처럼 보이는 친구나 형제를 보거든
그들의 우정에 대하여 성급히 말하지 말라. 비록 그들이 우정을 맹세할
지라도, 설령 그들이 서로 떨어지는 것이 불가능하다고 선언한다고 할
지라도 말이네. 나쁜 사람의 지배하는 중심은 성실함이 아니니까. 그것 25
은 불안정하고, 그 판단에서 불확실하여, 다른 때에는 다른 인상에 의해

---

**19** 라케다이모니인들과 아테네인들의 싸움은 주로 펠로폰네소스 전쟁의 역사에서 나타
난다(투키디데스, 『역사』 제1권 1). 페르시아의 대왕과의 싸움은 헤로도토스의 『역사』
의 주제이다(제1권 1). 페르시아와 마케도니아의 큰 싸움은 아리아노스의 『알렉산드로
스 원정기』의 주제이다.

**20** 게타이(Getai)는 트라키아와 연관된 여러 종족으로 다뉴브 하류 지역(오늘날 북부 불
가리아와 남부 루마니아)에 거주했던 부족이었다. 로마인들은 트라이아누스(Traianus,
1세기경) 황제 시대에 게타이 또는 다키아와 전쟁을 하고 있었고, 아마 이 시대에 에픽
테토스는 살아 있었을 것이다. 강의가 이루어지던 시점도 추정해 볼 수 있다.

**21** 트로이아를 말한다.

**22** 에픽테토스는 헬라스와 로마제국의 일련의 역사적 전쟁을 언급하며, 그다음에는 메넬
라오스의 아내 헬레네가 알렉산드로스에 의해 유혹당하여 시작된 '전설적인' 트로이
전쟁을 말하고 있다.

26 쉽게 압도당하게 되고 마니까 말이네. 다른 모든 사람들처럼 이 사람들이 같은 부모를 가졌는지, 혹은 그들이 함께 자랐는지, 혹은 어린 시절에 학교 수행원이 같은지를 캐물으려고 하지 말고, 그 대신에 이 질문 하나만을 캐묻도록 하라. 즉 그들이 자신들의 이익을 자신의 바깥에 놓고 있는지, 아니면 그들 자신의 의지 안에 놓고 있는지를 묻도록 하라.

27 만일 그들이 그것을 외적인 것들에다 놓으면, 네가 그들을 신뢰할 수 있거나, 믿을 수 있거나, 용감하거나, 혹은 자유롭다고 말하지 못하는 것처럼, 그들을 친구라고 부르지 말도록 하라. 정말로 네가 양식(良識, nous)[23]을 가지고 있다고 한다면, 그들을 인간이라고 조차 부르지 말도

28 록 하라. 사람들을 서로 물어뜯게 하고, 서로 욕을 해대게 만들며, 들짐승들이 산을 차지한 것처럼 황폐한 곳이나 혹은 공공장소를 차지하고,[24] 법정에서 강도와 같이 행동하는 것은 인간으로서 생각하는 방식[25]이 아니요, 또한 사람을 방종하게 만들고, 간음하는 자와 유혹하는 자로 변하게 하고, 사람들이 서로[26]에 대해 범하는 모든 범죄를 행하도록 이끄는 것도 인간으로서 생각하는 방식이 아니니까 말이네. 이 모든 것은 단 하나의 판단에 의해 초래되는 것으로, 즉 의지의 영역 밖에 있는 것들에다 그들 자신과 그들 자신에게 달려 있는 모든 것들을 놓아두기 때

29 문인 것이네. 반면에 좋음은 의지에, 또 인상의 올바른 사용에 있는 것

---

23 '제대로 된 정신'.

24 '강도들이 산들을 차지한 것처럼, 버려진 장소와 아고라를 차지하며' 혹은 '산속에서 들짐승들이 사람들을 기다리고 있는 것과 같이, 황폐된 공간뿐만 아니라 공공장소(아고라)에서 사람들을 기다리며'(J. Schweighäuser).

25 원어로는 anthrōpikon dogma(인간적인 판단).

26 원어는 hautous kai ta heautōn.

이외에 다른 어떤 것에도 있지 않다는 것을, 이 사람들이 진정으로 믿고 있다는 말을 네가 듣는다면, 너는 그들이 아버지인지 혹은 아들인지, 그들이 형제인지, 그들이 나와 오랫동안 학교에 함께 다녔는지 그리고 그들이 동료인지를 묻는 것에 대해 더 이상 고민할 필요가 없는 것이네. 그러나 설령 네가 그들에 관해 단지 이것 정도만을 알고 있다고 해도, 자신만만하게 그들을 친구라고 말할 수 있고, 마찬가지로 그들이 신실하고 정의롭다고 선언할 수 있는 것이네. 사실상 믿음(성실성)이 있는 30 곳보다, 또 부끄러워하는 마음이 있는 곳보다, 또 고귀한 것에 대한 존중(dosis)[27]이 있는 곳보다, 또 이것들 이외에 다른 어느 곳에서 친애를 발견할 수 있겠는가?

'그렇지만 그가 그렇게 오랫동안 나를 돌봐 주면서도, 나를 사랑하지 31 않았단 말인가요?'

노예여, 그녀가 해면으로 신발을 닦을 때나 짐을 나르는 자신의 짐승을 문지를 때 하는 것처럼 너를 돌봤는지 어찌 알겠느냐? 그리고 네가 더 이상 보잘것없는 도구로도 사용되지 못하게 되었을 때, 그녀가 너를 깨진 접시처럼 버리지 않을 것임을 네가 어떻게 알겠는가?

'하지만 그녀는 내 아내이고, 우리는 오랫동안 함께 살아왔습니다.' 32

그런데 에리퓔레는 암피아라오스와 함께 그의 아이들을 낳고, 많은 아이들의 어머니가 되어 얼마나 오래 살았는가? 하지만 그들 사이에 그

---

27 혹은 '덕에 대한 존중'. 학자마다 이 단어의 의미를 다르게 해석해서, dosis kai lēpsis(주고 또 받음)로 이해하기도 하고(J. Upton, 제2권 제9장 12절 참조), 어떤 학자는 disdosis (분배)로 이해하기도 한다(제1권 제12장 6절, 제1권 제14장 9절).

33 목걸이가 다가왔네.[28] 목걸이가 무엇인가? 그런 종류의 일에 대해 갖게
되는 판단일세. 그것은 잔인한 요인이었네. 그것은 사랑의 유대를 끊는
힘이었네. 그것이 그 여자를 아내로 남아 있지 못하게 하고, 어머니가
어머니로 남아 있지 못하게 한 것이네.

34 그래서 너희 중에 진정으로 다른 사람의 친구가 되고자 하거나, 혹은
다른 사람의 친애(우정)를 얻고자 하는 사람은 이러한 판단들을 없애
고, 그것들을 멸시하고, 그의 마음에서 그것들을 추방해야 하는 것이네.

35 그리고 그가 그런 식으로 행할 때, 그는 우선 자기 책망, 내적 갈등, 불안
36 정한 마음과 자기 괴롭힘으로부터 자유롭게 될 것이네. 더 나아가 다른
사람들과의 관계에서, 그는 항상 자신과 같은 사람에게 솔직해지고, 열
린 마음을 지니게 될 것이며, 반면에 자기와 같지 않은 사람에게는 관대
하고, 온화하며, 참을성 있고, 친절하게 대할 것이고, 그리고 가장 중요
한 문제에 관해 무지하고 오류에 빠진 사람을 상대하고 있다고 생각해
서 그 사람을 용서할 것이네. 그리고 그는 플라톤의 말, 즉 '모든 정신은
의지에 반하여 진리를 빼앗긴다'[29]는 것을 충분히 이해하고 있기 때문
37 에, 그는 결코 누구에게도 가혹하지 굴지 않을 것이네. 그러나 네가 그
렇지 하지 않으면, 너희는 모든 면에서 친구들이 하는 것과 같이 행동할
것이네. 함께 술을 마시고, 한 지붕 아래에서 함께 살고, 함께 배를 타고

---

28 암피아라오스는 오이클레스(Oikēs)의 아들로 테베의 일곱 성문 중 호몰로이스 문을 공
격한 아르고스의 장수이다. 그는 테베를 공격하는 장수들이 모두 죽을 것임을 알고 있
지만, 폴뤼네이케스가 준 하르모니아의 황금 목걸이에 매수된 그의 아내 에리퓔레의
설득에 테베의 왕권을 차지하기 위한 폴뤼네이케스의 원정길에 가담한다. 그는 아들
알크마이온에게 나중에 어머니를 죽이고 테베를 공격하라고 재차 이른다.

29 플라톤, 『소피스테스』 228c와 제1권 제28장 4절 참조.

여행을 떠나고, 그리고 심지어 같은 부모를 가질 수도 있을 것이네. 물론 이런 일 따위는 뱀도 할 수 있는 것이네! 그렇지만 너희들이 이 짐승적이고 혐오스러운 판단들을 붙들고 있는 한, 그들은 결코 친구가 될 수 없으며, 너희도 친구가 될 수 없을 것이네.

제23장

# 말하는 능력에 대해서[1]

1 모든 사람은 더 명료한 글자로 쓰인 책을 더 큰 즐거움을 가지고 더 쉽게 읽을 것이네. 그러니 모든 사람은 우아함과 동시에 매력적인 언어로

---

[1] 수사학(또는 '표현 능력')은 논리학과 더불어 스토아학파가 '변증술'이라고 부르는 철학 분야의 일부를 구성한다. 아프로디시아스의 알렉산드로스는 '아리스토텔레스의 토피카 주석'에서 스토아학파가 변증술을 '말을 잘하는 학문'(epistēmēn tou eu legein)으로 정의하고, 말을 잘하는 것은 참인 것과 적합한 것을 말하는 것으로 구성되고, 이것을 철학자의 두드러진 특징으로 간주하며, 변증술을 철학에서 최고의 것으로 보고 있다고 보고한다(Alex. Aphr., in Top. 1,8~14). 이것은 좀 과장된 표현으로 보인다. 이 강의는 수사학이 가치가 있지만, 궁극적으로 완전한 덕을 구성하기 위해서는 그것도 윤리학 및 자연학과 결합되어야 한다는 스토아학파의 표준적인 견해를 논하고 있다(LS 31 B~D; 또한 26 A~E). 에픽테토스의 강의에서 흔히 볼 수 있듯이, 여기서 윤리적 덕은 의지 능력(7~22절)의 적절한 사용으로 제시되고 있다. 에픽테토스는 수사적 능력(hē phrastikē dunamis)을 대단히 중요한 것으로 간주하지는 않지만, 그 모든 가치를 부정하지도 않는다. 그는 언어적 세련됨과 군중에게 아첨하는 과시 연설술과 철학을 혼동하는 철학 선생들을 비난한다. 그 자신은 문체 연습을 위해 시간을 할애하지 않으며, 또 그 연습이 철학 연습과 전혀 같지 않다고 확신하고 있다. 그럼에도 그는 과시적 웅변술이 전혀 가치가 없으며, 철학자들(학생들)에게 읽고 쓰는 방법을 돌보지 말라고 말하지도 않는다. 스토아학파의 수사학에 대해서는 DL 제7권 42~43 참조. 변증술에 대해서는 DL 제7권 46~47 참조. 철학의 분류에 대해서는 DL 제7권 39~40 참조.

표현된 강의들을 더 쉽게 들을 수 있는 것도 사실이 아닌가?[2] 그러므로

표현 능력과 같은 것이 없다고 말하면 안 되는 것이네. 왜냐하면 이것은
불경하고 비겁한 사람으로서 말하는 것일 수 있기 때문일세. 마치 우리
가 우리의 시각, 청각, 실제로 말하는 것 자체의 힘의 유용성을 부정하
는 것처럼, 신심(信心)이 없는 것은 신이 부여한 은총을 가볍게 여기기
때문이네. 그렇다면 신께서 아무 목적 없이 너희에게 눈을 주신 것이고,

또 아무 목적 없이 신께서 멀리까지 미칠 수 있고, 시각 대상의 형상들
에 대한 인상을 모을 수 있는, 그렇게 강력하고 정교하게 고안된 혼[3]을
눈에 불어넣어 주신 것이란 말인가? 어떤 전령이 그처럼 빠르고 그처럼
세심할 수 있단 말인가? 더욱이 신께서 중간의 공기를 그렇게 활동적이

고 민감하게[4] 만드셔서, 시각이 마치 어떤 팽팽한 매개체를 통과하는
것처럼[5] 그것을 통과할 수 있도록 만드신 것도 아무 목적이 없다는 것

---

2  의문문으로 읽었다(J. Souilhé).

3  '정신의 실체'로서의 pneuma의 언급에 대해서는 제3권 제3장 22절 참조. 스토아학
   파 생리학의 관점에서 보자면, 시각의 '혼'(pneuma, '숨')은 정신 혹은 지배하는 중
   심 부분(hegemonikon)에서 뻗어 나온 것으로, 눈의 눈동자와 연결되어 있었다('시각
   의 힘을 갖고 있는 혼은 이성의 지배하는 중심 부분에서 눈의 눈동자까지 스며들고 있
   다.'[Plutarchos, *De placitis philosophorum* iv. 15]). "시각은 지배하는 중심 부분으로부터
   눈들로 뻗어 나간 혼(숨)이며, 청각은 지배하는 중심 부분에서 귀로 뻗어 나간 혼(숨)이
   다."(아에티오스, 4.21.3; *SVF* 2.836) 요컨대, 시각과 다른 감각들은 광선의 수동적 받아
   들임이 아니라, 외부 대상에 대한 이 혼의 능동적 작용에 의해 만들어지는 것이었다(A.
   Bonhöffer, *Epictet und die Stoa: Untersuchungen zur Stoischen Philosophie*, Stuttgart, 1890, p.
   123; LS 53 G~H 참조).

4  즉 단단하고, 팽팽하고, 탄력이 있어서 시각의 혼 작용에 민감하다는 것이고, 진흙이나
   접합체처럼 둔감하고 쉬 구부러지지 않는다는 것이다.

5  즉 시각은 그것을 통과할 수 있다.

인가? 그분이 그것 없이는 나머지 모든 것들을 쓸모없게 만들 수 있는 빛을 만드신 것이 아무 목적이 없다는 것인가?

5 　인간아, 은혜를 모르지 말고, 또한 이것들보다 더 나은 은혜들을 잊지 말도록 하라. 시각과 청각에 대해서, 물론 또, 제우스에 맹세코, 삶 자체와 삶을 지탱하는 모든 것,—건과들과 포도주, 올리브에 대해서도
6 신께 감사를 드려라. 하지만 언제나 그분이 이 모든 것보다 더 나은 어떤 것을 너희에게 주셨음을, 즉 그것들을 사용하고, 그것들을 음미하여,
7 그 각각의 가치에 대해 판단을 내리는 그 능력을 주셨음을 기억하라. 이 능력들 각각과 관련하여 그것들이 가지고 있는 가치를 밝히는 것은 무엇인가? 각각의 능력 자체일까? 너는 우리의 시력 능력이 그 자체에 관해 무언가를 말하는 것을 본 적이 있는가? 아니면, 우리의 청각 능력이?[6] 아니, 오히려 그것들은 종이나 노예로서 인상들을 사용하는 능력
8 을 대신해서 일을 수행하도록 임명된 것이네. 네가 각각의 가치가 무엇이냐 묻는다면, 누구에게 이것을 묻고 있는 것이냐? 누가 너에게 대답하겠는가? 그렇다면 어떻게 어떤 능력이 다른 모든 능력을 종으로 사용하고, 그것들 각각을 음미하고, 그것에 관해 판단하는 그 기능보다 더
9 우월할 수 있겠는가? 그 능력들 중 어떤 것이 그 자신이 무엇이며, 또 그 일의 가치가 무엇인지를 알고 있겠는가? 그것들 중 어떤 것이 그것을 사용해야 할 때와 사용하지 말아야 할 때를 알고 있겠는가? 어떤 능력이 우리의 눈을 뜨게 또 감게 하는가. 그리고 돌아서야만 할 그것들로부터 그 눈을 돌리게 하며 또 그 눈들을 다른 것들로 향하게 하는 것은 무

---

6　S사본에서 이어지는 mē ti purōn; mē ti krithōn; mē ti hippou; mē ti kunos('아니면, 밀을? 보리를? 말을? 개를?')를 쉔클에 따라 삭제하고 읽었다.

엇인가? 시각의 능력인가? 아니, 오히려 의지(프로하이레시스)의 능력[7] 인 것이네. 우리 귀를 열게 또 닫게 하는 것은 무엇인가? 우리를 궁금해 서 알고 싶어 하게 하고 또 질문하게 만드는 것은, 혹은 다시 사람들이 말한 것에 의해 움직이지 않게 하는 것은 무엇인가? 청각의 능력? 아니 네, '의지의 능력' 이외의 다른 능력이 아니네.

그리고 의지의 능력이, 그것을 둘러싼 다른 모든 능력들은 눈멀고 귀 머거리라는 것과, 그것들이 그 직무에 봉사하고 그 명령에 따라 수행하 도록 지시되었던 그런 행위들로 벗어난 그 어떤 일도 이해할 수 없다는 것을 보았을 때, 그것만이 분명하게[8] 볼 수 있고, 또 나머지 모든 능력을 자신의 시야 내에 포괄하며 그 각각의 가치를 파악하고 있음을 스스로 깨닫는다면, 그 자신 이외의 다른 어떤 것을 가장 뛰어난 것으로 감히 말할 수 있겠는가? 눈이 떠졌을 때, 보는 것 외에 또 무슨 일을 하는가? 그러나 우리가 누군가의 아내를 바라보아야만 하는지, 그리고 어떤 방 식으로 바라보아야 하는지에 대해, 무엇이 그것을 말해 주는가? 의지의 능력이네. 우리가 들은 것을 믿어야 할지 믿지 말아야 할지에 대해, 또 우리가 그것을 믿는다면 그것에 대해 화를 내야 할지 말아야 할지에 대 해, 무엇이 우리에게 그것을 말하는가? 의지의 능력이 아닌가? 그리고 표현 자체와 언어의 꾸밈 능력, 정말로 그런 종류의 고유한 능력이 있다 면, 강의가 어떤 주제를 다룰 때, 이발사가 우리의 머리를 다듬듯이 그

10

11

12

13

14

---

7  원어로는 hē prohairetikē이다. 다음 절(10절)에 나오는 prohairetikē dunamis와 prohaire sis는 일반적으로 voluntas(의지)로 번역될 수 있다. 의지가 있는 지성과 이성으로 불리 는 '정신의 모든 활동력'을 가리킨다.

8  즉 날카롭게.

15 단어들을 꾸미고 배열하는 것 외에 그것이 다른 무엇을 행하는가? 그러나 말하는 것이 나은지, 침묵하는 것이 더 나은지, 이런 식으로 말하는 것이 나은지 저런 식으로 말하는 것이 더 나은지, 그리고 이것이 적절한지 부적절한지, 각각의 언어를 사용할 때와 사용법에 대해,——그 모든 것을 우리에게 말해 줄 수 있는 의지 능력 외에 무엇이 말해 줄 것인가? 그렇다면 너는 이 능력이 앞으로 나아가 스스로 그것 자체에 반대해서 투표를 하길 바라는가?

16 누군가가 이렇게 반대를 말한다. '그러나 대신에 사정이 이와 같으면, 그리고 실제로 섬기는 것이 섬김을 받는 주인보다 우월할 수 있음이,——말이 기수보다, 개가 사냥꾼보다, 악기가 그 음악가보다, 신하가 왕보다 더 우월할 수 있음이 가능할 수 있겠지요?'⁹

17 나머지 모든 능력을 사용하는 것은 어떤 능력인가? 의지. 나머지 다른 모든 것을 책임지는 것은 무엇입니까? 의지. 때론 굶주림으로, 때론 올가미로, 때론 그를 절벽 너머로 던져서 사람 전체를 파괴하는 것은 무

18 엇인가? 의지. 그렇다면 인간 중에 이보다 더 강력한 어떤 것이 있을 수 있겠는가? 그리고 방해를 받는 것이 방해를 받지 않는 것보다 강력해야

19 한다는 것이 어떻게 가능할 수 있는가? 어떤 것들이 본성적으로 시력

---

9 W. A. 올드파더의 Loeb판에는 이러한 주석이 달려 있다. "이 구절은 원본에서 매우 모호하며 또 반대자의 질문을 더 그럴듯하게 만드는 16절 이전에 무언가가 누락되었거나 혹은 질문의 첫 번째 부분 이후에 무언가가 누락되었을 수 있어서, 나머지 부분은 에픽테토스의 답변에 속할 수 있다. 16~19절의 전체 단락이 별도의 맥락에서 파생되었고, 아리아노스 자신이나 고대의 독자 또는 편집자가 다소 잘못 끼워 맞춘 것이 전혀 불가능하지만은 않다. 왜냐하면 본질적으로 이전 단락을 반복하는 것 이상을 하고 있지 않기 때문이다."(W.A.Oldfather[1925~1928], p. 400) 수이에도 이중적인 삽입으로 보고 있다(J. Souilhé[1948~1965, vol.2], p. 105 참조).

능력을 방해할 수 있겠는가? 의지와 의지의 영역 밖에 있는 것들. 청각의 능력에 대해서도 마찬가지이고, 말하는 능력에 대해서도 마찬가지이네. 그러나 무엇이 그 본성적으로 의지 능력을 방해할 수 있을 것인가? 의지의 영역 밖에 있는 것은 아무것도 없지만, 의지가 굽어져 있었을 때만 의지 그 자체일 수 있네. 이런 이유로 의지만으로도 악덕이 되고, 의지만으로도 덕이 되는 것이네.

자, 그렇기에 그것은 능력이 매우 크고 다른 모든 것보다 위에 있기 **20** 때문에, 육신(살)이 다른 모든 것보다 우월하다고 우리 앞에 나서서 말하도록 해보자. 아니, 육신이 그 자신의 우월성을 선포한다고 해서 누구도 그 주장을 능히 참아 줄 수는 없을 것이네. 하지만 에피쿠로스여, 그 **21** 판단을 선포하는 것은 무엇이란 말인가?『목적에 관하여』,『자연학』,『기준에 관하여』[10]를 쓰게 했던 그것은 무엇인가? 당신이 철학자의 수염[11]을 기르게 된 동기는 무엇인가? 당신이 죽을 지경에 이르렀을 때, '우리는 복된 날이자 삶의 마지막 날을 지내고 있습니다'라고 적게 했던 것은 무엇인가?[12] 그것은 육신이었는가, 아니면 의지였는가? 그리고 **22**

---

**10** 에피쿠로스의 유명한 세 작품들이다. 이 세 작품은 각각 윤리학, 자연학, 논리학(인식론)에 관한 것으로 판단된다. 그중 「자연에 관하여」라는 단편이 남아 있긴 하지만, 이 작품들은 오늘날 전해지지 않는다. 「자연에 관하여」는 에픽테토스가 의미하는『자연학』에 해당하는 것일 수 있다. '기준'(kanōn)은 판단과 표준에 대한 기준을 말한다.

**11** 철학자의 수염에 관해서는 제1권 제2장 29절 참조. 철학자의 외양의 징표를 '낡아 빠진 외투와 긴 머리카락'으로 말하는 제4권 제8장 5절 참조.

**12** 에피쿠로스 임종 당시의 '유명한 편지'(LS 24 D) 인용문으로 알려져 있다. 에피쿠로스에 대한 스토아학파와 플라톤학파의 비판자들은 그 편지에 표현된 용기와 자비가 에피쿠로스 자신의 윤리적 원칙과 일치하지 않는다고 주장한다(Plutarchos, *Moralia* 1089F~1090A, 1099D~E) "사기 일편 싱을 시기기 위해시다면 그곻게 빌될 수 없있을

그 후, 적어도 당신이 제정신이라면 육신보다 우월한 어떤 것을 가지고 있다는 것을 인정할 수 있겠는가? 당신은 진리에 대해 그렇게 눈이 멀고 귀머거리가 될 수 있겠는가?

23    그럼 무언가? 우리가 다른 능력들을 경멸한다는 것인가? 당치도 않은 말이네! 우리는 의지의 능력 제외하고는 아무 소용이나 진보가 없다고 말하는가? 당치도 않은 말이네! 그것은 어리석음이요, 경건하지 않음이요, 신에 대한 은혜를 모르는 일일 것이네. 아니, 각각의 것들은 그
24    적절한 가치를 부여받고 있네. 소가 가진 만큼은 아니지만 당나귀도 그 쓸모가 있으며, 노예가 가진 만큼은 아니지만, 개조차도 그 쓸모가 있으며, 다른 시민들이 가진 만큼은 아니지만 노예도 마찬가지이며, 또한 공직에 앉아 있는 사람만큼은 아니지만 시민도 마찬가지이기 때문이네.
25    그렇지만 어떤 것이 다른 것보다 우월하다고 해서, 우리는 다른 것들이 제공할 수 있는 쓸모를 경멸해서는 안 되는 것이네. 말하는 능력도 의지
26    능력이 가진 만큼은 아니지만 그 쓸모를 또한 가지고 있는 것이네. 그러므로 내가 이런 식으로 말할 때, 내가 너희에게 눈이나 귀나 손이나 발

---

이 사람(에피쿠로스)도, 현자가 늘 행복하다고 말하는 판에 [⋯]"(키케로, 『투스쿨룸 대화』 5.75) "[⋯] 당신은 에피쿠로스의 이 멋진 편지 속에서 그의 실제 교리(원칙)와 모순되지 않고 또 양립할 수 있는 한 줄이라도 발견할 수 없을 것입니다. 그렇다면 그는 자기논박을 하는 겁니다. 즉 그가 쓴 말은 자신의 성격의 강직함에 의해 논박당하는 셈입니다."(키케로, 『선과 악의 목적에 대하여』 2.98~99) 에피쿠로스는 죽음에 이르러서 이도메네우스에게 다음과 같은 편지를 쓰고 있다. "복된 날이자 삶의 마지막 날을 보내며 나는 그대에게 이 글을 쓴다. 배뇨의 어려움과 이질(痢疾)을 계속 겪는 가운데 도를 넘는 고통이 줄어들지 않는다. 그러나 나는 우리가 함께했던 토론들을 기억하며 여기서 얻는 내 혼의 기쁨이 이 모든 고통과 맞서고 있다. 그대가 청소년 시절부터 나와 함께 철학 연구를 향해 가졌던 태도에 걸맞게 메트로도로스의 아이들을 보살펴 주게."(DL 제10권 22)

이나 의복과 신발을 소홀히 하라고 분부하는 것 같이, 내가 너희에게 말의 기술을 소홀히 하라고 분부하고 있는 것으로 남들이 생각하게 해서는 안 되는 것이네. 그러나 너희가 나에게 '모든 것 중에 가장 탁월한 것이 무엇이냐'고 묻는다면, 내가 무엇이라고 대답하겠는가? 말하는 능력? 나는 그렇게 말할 수는 없고, 오히려 그것이 올바른 의지가 될 때, 의지의 능력이라고 말해야만 하네. 왜냐하면 표현 능력과 크고 작은 다른 모든 능력을 사용하는 것은 의지이기 때문이네. 그것이 올바르게 방향을 잡으면 사람이 좋게 되는 것이고, 그것이 나쁘게 방향을 잡으면 나쁜 사람이 되는 것이네. 우리는 의지를 통해 행운이나 불행을 만나고, 서로를 책망하거나 서로 만족하게 되는 것이네. 한마디로 말해서, 소홀히 하면 불행을 낳고, 적절하게 돌보면 행복을 낳는 것은 바로 이것인 것이네.

그러나 말하는 능력을 없애 버리고, 참으로 그것이 아무것도 아니라고 말하는 것은, 그것을 우리에게 준 분에게 배은망덕할 뿐만 아니라 또한 겁쟁이인 것이기도 하네. 왜냐하면 그것을 하고자 원하는 누군가는, 실제로 그러한 종류의 능력이 있다면 우리가 그것을 경멸할 수 없을지도 모른다는 두려움이 있는 것처럼 나에게 보이기 때문이네. 미와 추함 사이에 아무런 차이가 없다고 주장하는 사람들의 경우에도 또한 그러한 것이니까. 뭐라고, 우리가 테르시테스와 아킬레우스의 모습에 의해서도 동일한 방식으로 영향을 받을 수 있을까? 아니면, 헬레네의 모습과 어떤 평범한 여성의 모습에 의해서도?[13] 아니네, 그것은 단순한 어리

27

28

29

30

31

32

33

---

13 테르시테스는 호메로스에 의해 흔히 버릇없고 무례한 추남으로 묘사되고 있으며(『일리아스』 제2편 216~219행), 반면에 아킬레우스는 가장 아름다운 젊은이의 모습으로

석음인데, 각 실재의 특정한 본성을 모르고 또 사람이 그 실재의 탁월함의 진가를 알게 되기에 이르게 되면, 곧장 넋을 잃게 되고[14] 또 그 힘 안에 놓이게 될 것을 두려워하는 사람들의 교양의 부족함을 나타내는 것이네. 아니, 중요한 것은 이런 것이네. 즉 각 사물을 고유한 능력의 소유에 맡기며, 그런 다음 그 능력의 가치를 생각하고, 또 모든 것 중에서 가장 뛰어난 것을 배우고, 또 모든 것에서 그것을 추구하는 것인데, 자신의 관심사 중에서 그것을 최우선 관심사로 삼고, 다른 모든 것을 그것과 비교해서 부차적인 것으로 여기면 되지. 그럼에도 가능한 한 다른 것들도 소홀함이 없도록 하는 것이네. 왜냐하면 우리의 눈도 돌보아야 할 것이긴 하지만, 가장 뛰어난 것으로는 아니며 가장 뛰어난 것을 위하여 우리가 그렇게 하는 것이기 때문이네.[15] 사실상 가장 뛰어난 것[16]은, 눈을 이성적으로 사용하여 다른 것 대신에 어떤 것을 선택하지 않는 한, 그 자연적인(본성적인) 완전함을 유지할 수 없기 때문이네.

그러면 실제로 어떤 일이 일어나는가? 사람들은 자신의 고향에 돌아올 때 아주 멋진 여인숙을 있는 곳을 지나가다가 그것이 자신을 만족시켜 주기 때문에 그곳에 머무르는 여행자처럼 행동한다네. 인간아, 너는 너의 목적을 잊어버렸고, 너는 이곳을 여행하는 것이 아니라 그곳을 지나치고 있었던 것이라네. '하지만 이것은 멋진 여인숙이에요.' 하지만

그려지고 있다. 헬레네의 트로이아 전쟁을 이끌어 낼 만큼 비범한 미모를 갖춘 것으로 유명하다.

**14** 즉 압도당하고.

**15** 에픽테토스는 올바른 앎에 도달하기 위한 '감각의 능력 자체'를 부정하고 있지는 않다.

**16** 즉 의지(프로하이레시스)의 능력.

그만큼 멋진 다른 여인숙이 거기에 얼마나 많고, 초원도 얼마나 많이 있 는가! 하지만 단지 지나쳐야 할 장소로만. 네 앞에 놓인 목적은 다른 것 으로, 고향으로 돌아가 너의 집안 사람들의 두려움을 없애고, 시민으로 서의 의무를 다하고, 결혼하고, 아이를 낳고, 법적인 공직을 맡는 것이 네. 너희가 이 세상에 온 것은 아주 멋진 곳을 고르러 온 것이 아니요, 네 가 태어난 곳과 네가 시민으로 등록된 그곳으로 돌아가서 살고자 함이 니라. 현재의 경우에도 또한 이와 거의 비슷한 일이 벌어지고 있다네. 이런 종류의 말과 가르침을 통해 우리는 완전의 경지를 향해 나아가서, 스스로의 의지를 정화하고, 인상을 사용하는 능력을 바로잡아야만 하 는 것이네. 더욱이 이러한 철학 원리들을 가르치기 위해서는 필연적으 로 그것들이 표현되는 방식에 의해서 다채롭고, 사람의 마음을 찌르는 말을 수반하지 않을 수 없기 때문이네. 그래서 사람들은 이 모든 것들에 의해 현혹되어, 이 지점에서 잠시 멈추는데, 한 사람은 표현법에 의해, 또 다른 사람은 추론에 의해, 어떤 사람은 전환 논증에 의해, 그리고 다 른 사람은 무언가 다른 이런 종류의 다른 길가의 여인숙에 마음을 사로 잡혀 마치 세이렌들 사이에 있는 것처럼 그곳에 머물러 썩어 버리는 것 이네.[17]

인간아, 너의 목적은 자연에 일치해서 너 자신에게 나타나는 인상을 사용할 수 있도록 준비하는 것이고, 네가 욕구하는 것을 얻는 데 실패하

---

17 세이렌의 예를 들어 도덕적 훈련을 받지 못한 사람들이 논리학과 수사학의 능력에 뛰 어나게 되면 빠지게 되는 위험성을 지적하고 있다. 세이렌은 노래의 아름다움으로 사 람들을 죽음으로 유인하는 매혹적인 여자로 나타나는 정령(호메로스, 『오뒷세이아』 제 12장 39~54행, 158~200행 참조)

지 않도록 하고, 네가 회피하고자 원하는 것으로 빠지지 않도록 하고, 결코 불운이거나 나쁜 운을 겪지 않도록 하고, 그러나 방해나 제약에서 자유롭고, 훼방받지 않고, 제우스가 통치하는 질서에 순응하고, 그것에 복종함으로써, 그것에서 만족을 발견함으로써, 또 누구의 잘못도 찾지 않고, 누구도 탓하지 않은 자로서 온 혼을 다 바쳐 이 시(詩)를 음송할 수 있어야 하는 것이네. '제우스 신이여, 운명의 신(hē Pepromenē)이시여, 당신이 나를 이끄소서.'[18]

---

18 제3권 제22장 95절과 『엥케이리디온』 53장 참조. 클레안테스의 시에서 따온 시이다 (*SVF*, I. 「단편」 527). 클레안테스는 아소스 출신으로 스토아학파의 창시자인 제논의 제 자였다. 『제우스 찬가』라는 단편시가 전해진다. 우리는 이 시를 통해 스토아학파의 '자 연학'에 대한 생각을 엿볼 수 있다. 시의 1행과 2행은 『강의』 제4권 제1장 131절에도 나 온다. 세네카는 클레안테스 시행에 뒤이어 'Ducunt volentem fata, nolentem trahunt'(운 명은 순순히 따르는 자를 이끌고, 순순히 따르지 않는 자를 끌고 간다)라고 읊고 있는데 (『도덕서한』 107.10~11), 세네카 자신이 덧붙인 것으로 추정할 수 있다. 클레안테스의 시를 옮겨 본다(B. Inwood, *Reading Seneca*, Clarendon Press, 2005, p. 158). 이 시는 기꺼 이 운명(fata)을 받아들이라는 논증으로 사용되고 있다.
  "고결한 하늘의 아버지, 주재자시여, 이끄소서.
  당신이 원하시는 어디라도, 나는 주저 없이 복종하겠나이다.
  나는 기꺼이 또 간절히 그러겠나이다. 내가 순순히 원하지 않는다 해도,
  번민하면서 따르겠나이다, 나의 나쁨에도
  좋은 사람으로 행할 수 있었던 것을 억지로라도 하게 될 것이나이다.
  운명은 순순히 따르는 자를 이끌고, 순순히 따르지 않는 자를 끌고 가나이다."
  "하지만 내가 원하지 않는다고 해도/ 나쁘게 되었기 때문에/ 그럼에도 다름없이 나 는 따르겠습니다(ouden hētton hepsomai)"란 4행의 시구 해석에 대해서는 S. Bobzien, *Determinism and Freedom in Stoic Philosophy*, Oxford, 1998, pp. 346~351 참조. 어떤 의미 일까? 알 수 없는 노릇이긴 하지만, "따르기를 원하든 원하지 않는 간에 그것이 운명 지 어져 있다는 것일까?". 보편적 숙명론인가? 그러면 에픽테토스가 이 말을 자주 인용한 의도는 무엇일까? 우리에게 달려 있는 것만이 우리의 의지에 따르니, 우리에게 달려 있 지 않은 것들은 인간의 의지를 넘어서는 것이니, 그대로 달갑게 받아들인 채로 순응하 라는 것인가?

그러면 이것을 너의 목적으로 받아들인 후, 약간의 문체의 작은 전환 <sub>43</sub>
이 너에게 기쁨을 일으키거나 혹은 어떤 가르침(철학 이론)이 너희에게
호소하는 바가 있기 때문에, 너희는 그 지점에서 멈추고 또 너희가 집에
서 가진 모든 일을 잊어버리고, '이것들이 얼마나 멋진 것인지!'라고 말
하면서 거기에 머물기를 선택하려고 하는 것인가? 왜, 누가 그것들이
멋진 것이 아니라고 말하겠는가? 그러나 그것들은 단지 통행의 장소,
길가의 여인숙으로서만 멋진 것이네. 실상 데모스테네스[19]와 버금가는 <sub>44</sub>
웅변가가 불행해지는 것을 막는 것은 무엇이겠는가? 그리고 크뤼시포
스와 같이 추론을 분석할 수 있는 사람이 비참해지고, 비탄과 질투를 겪
는 것을, 한마디로 말해서 비참함과 괴로움 속에 사는 것을 막는 것은
무엇이겠는가? 단연코 아무것도 없네. 그러면 너희는 이것들이 전혀 본 <sub>45</sub>
래적 가치가 없는 단순한 여인숙들에 불과했고, 너희의 목표는 완전히
다른 것이었음을 알 수 있을 것이네. 내가 어떤 사람들에게 이렇게 말할 <sub>46</sub>
때, 그들은 내가 말하는 것(수사학)과 일반 원리의 연구[20]를 폄하하고
있다고 생각할 것이네. 아니네, 나는 그것을 폄하하는 것이 아니라, 사
람들이 그것에 대해 지나치게 매달리고 또 그것에 모든 그들의 희망을
놓아두고 있다는 그 습관을 말하고 있을 뿐이네. 누군가가 그런 생각을 <sub>47</sub>
내세움으로써 그의 청중에게 불쾌감을 가져다준다면, 너희는 나를 그
런 불쾌감을 주는 사람들 중 한 명으로 규정할 수 있을 것이네. 그러나

---

**19** 기원전 4세기 아테네 출신의 웅변가.

**20** 즉 수사학과 논리학(일반 원리에 관한 것). 이것들은 탐구할 만한 가치를 가졌지만, 에
픽테토스에 따르면 적절한 시점에, 적절한 정신으로, 적절한 목적을 위해, 알맞게 탐구
되어야 한다는 것이다.

한 가지 것을 가장 뛰어나고 본질적인 것으로 내가 바라보면서도, 나는 단지 너희[21]를 기쁘게 하기 위해 다른 어떤 것이 그렇다고 말할 수는 없는 노릇이네.

21  즉 '나의 청강자들'.

# 제24장

# 에픽테토스가 가치 없다고
# 여겼던 사람들 중 한 사람에게[1]

누군가가 에픽테토스에게 말했다. '내가 당신의 말을 청강하고자 자주 　　1
찾아왔으나, 당신은 나에게 아무런 대답도 주지 않았습니다. 그러나 이 　　2
제, 가능하다면 나에게 무엇인가를 말해 주시기를 청하겠습니다.' 에픽
테토스가 말했네. 다른 모든 것에서 기술이 있는 것처럼 말하는 데에서
도, 그것을 소유한 사람은 능숙하게 말할 수 있게 하지만, 반면에 그것
을 소유하지 않은 사람은 능숙하게 말하지 못한다고 생각하지 않는가?
'나는 그렇다고 생각합니다.'

　그러면 말하는 것을 통해 자신에게 유익을 가져오며, 다른 사람에게 　　3
도 유익을 줄 수 있는 사람은 능숙하게 말하는 것이겠고, 반면에 자신과

---

1　에픽테토스는 그의 말과 모습으로 보여 주는 것처럼(4~5, 15~18, 28~29절), 질문자는
　좋은 인간이 된다는 것이 무엇을 의미하는지에 대한 이해가 부족하고(11~12절), 인간
　의 무지가 도덕적 불행의 원인이 되고 있으며(19~23절), 외적인 것들의 부족함을 지적
　하면서, 철학자의 말을 듣고 싶을 때에는 들을 수 있는 능력과 상대방의 자극을 북돋워
　줄 수 능력을 키우라고 조언하고 있다. 이 강의에서 에픽테토스는 이 주제에 대한 건전
　한 가르침을 듣고 반응하는 데 진지한 관심이 없는 누군가에게 매우 비판적인 방식으
　로 이야기하고 있다.

다른 사람들에게 해를 가져오는 사람은 이 말하는 기술에서 능숙하지 못한 것이겠나? 너는 어떤 사람은 해를 입는 반면, 다른 사람들은 이익을 얻는다는 것을 발견하게 될 것이네. 그리고 듣는 사람들 모두는 그들이 듣는 것으로부터 유익을 얻는가, 아니면 그들 중에서도 또한 어떤 사람들은 그것으로부터 유익을 얻지만, 다른 사람들은 해를 입는다는 것을 너는 발견할 수 있겠는가?

'유익을 얻는 사람도 해를 입는 사람도 있습니다.' 그 남자가 말했다.

그러면 이 경우에서도 듣기에 능숙한 모든 사람은 유익함을 얻지만, 능숙하지 못한 모든 사람들은 해를 입겠지?—그가 동의했다.—그러므로 말하기에도 어떤 능숙한 기술이 있는 것처럼, 듣기에도 능숙한 기술이 또한 있는 것이겠지?—'그런 것 같습니다.'—네가 원한다면, 이러한 점에서도 그 문제를 고려해 보도록 하자. 너는 그 기술의 규칙에 따라서 악기를 연주하는 것은 누구의 기술이라고 생각하느냐?—'음악가의 기술.'—좋네. 그리고 그 기술의 규칙에 따라서[2] 조각상을 만드는 것은 누구의 역할이라고 너는 생각하느냐?—'조각가의 것.'—그리고 능숙하게 조각상을 보고자 한다면, 어떤 기술도 요구되지 않는다고 너는 생각하는가?—'그것도 요구되는 기술입니다.'

그러면 마땅히 하는 대로 말하는 것이[3] 어떤 능숙한 사람에게 요구된다면, 유익하게 듣는 것 또한 그 능숙한 사람에게 요구되는 것임을 너는 보지 못하는가? 완전함과 유익에 대해서는, 네가 원한다면 그것을 잠시 동안 제쳐 놓기로 하자. 우리 둘 다는 그런 종류의 어떤 것과는 거리가

---

2  원어로는 hōs dei(마땅히 하는 대로).

3  즉 '그 기술에 따라서 말하는 것이'.

멀기 때문이네. 하지만 여기에 모든 사람이 동의할 수 있다고 내가 생각 10
하는 무언가가 있네. 즉 철학자들의 말을 듣기 위해 가는 사람은 적어도
듣기에 관한 상당한 연습이 필요하다는 점 말일세. 그렇지 않은가?

　그럼, 무슨 얘기를 너에게 할까? 지금 나에게 말해 보게. 너는 무엇에 11
관해 들을 수 있는가? 좋은 것과 나쁜 것에 관해? 무엇에 대한? 말[馬]
에 대한 것을 말하나?─'아니요.'─그럼 소는?─'아니요.'─그럼 12
뭔가? 인간에 대한?─'예.' 그렇다면 인간이 무엇인지, 인간의 자연 본
성이 무엇인지, 인간의 개념이 무엇인지를, 우리는 알고 있는가? 우리
는 또한 이 질문과 관련하여 충분히 열려 있는 우리의 귀를 가지고 있는
가? 아니, 너는 본성(자연)이 무엇인지에 대한 어떤 개념을 가지고 있는
가, 또 내가 그것에 대해 너에게 말하는 동안 충분한 정도로 나를 뒤따
를 수 있을 만한가? 차라리 내가 자네에 대해 증명을 사용할 수 있을 것 13
인가? 내가 어떻게 할 수 있을까? 너는 증명이 무엇인지, 어떻게 무언가
를 증명하는지, 어떤 수단에 의해 증명하는지를 정말로 이해하고 있는
가? 또는 실제로는 증명이 아닌데, 어떤 것들이 증명과 닮았는지를? 너 14
는 참이 무엇인지 혹은 거짓이 무엇인지를 아는가? 그리고 무엇으로부
터 무엇이 따라 나오고, 무엇이 무엇과 상충하거나 혹은 무엇에 반대되
며, 무엇과 일치하지 않는지를 너는 아는가? 하지만 네가 철학에 흥미
를 갖게 하려면 내가 어떻게 해야 할까? 네가 모순이 무엇인지조차 모 15
르고 있는데, 많은 사람들이 무엇이 좋고 나쁜지에, 또 유익하고 해로운
지에 관해 일치하지 않는 모순된 생각을 갖고 있다는 것을, 내가 어떻게
너에게 보여 줄 수 있을까? 그러면 내가 너와 토론에 참여함으로써 무
엇을 얻을 수 있는지를 보여 주게나. 내 안에 그것에 대한 욕망을 자극
해 보게나, 적당한 풀이 양 앞에 나타나면 먹고 싶어 하는 양의 욕망을 16

불러일으키지만, 양 앞에 돌이나 빵 덩어리가 주어진다면 그것이 전혀 움직이지 않는 것과 같이, 마찬가지로 우리 중 일부는 적당한 듣는 사람이 나타나고, 그 사람 자신이 그 욕망을 불러일으킬 때, 말하고자 하는 자연적인 욕구를 가지게 되는 것이네. 그러나 그가 돌이나 목초 더미처럼 단순히 우리 옆에 앉아 있기만 한다면, 어떻게 남에게 말하고 싶은 욕구를 자극할 수 있겠는가? 포도나무가 농부에게 '나를 돌보아 주십시오'라고 말할 수 있겠는가? 아니네, 포도나무는 그것을 돌보는 사람이 그것으로부터 이익을 얻을 것임을 그 겉모습을 통해서 보여 주게 되고, 그래서 그것을 돌보라고 호소하는 것이네. 그리고 그들의 매력적이고 발랄한 방식을 가진 어린아이들을 보면, 누가 그들의 놀이에 참여하고, 그들과 함께 땅을 기어 다니고, 어린애 같은 얘기에 참여하도록 이끌리지 않겠는가? 그러나 누가 당나귀와 놀거나 혹은 당나귀 울음소리를 내고 싶은 욕구를 느끼겠는가? 비록 그것이 아무리 적을지라도, 그것은 여전히 작은 당나귀에 불과하기 때문이네.

19      '그런데, 왜 당신은 나에게 아무 말도 하지 않으십니까?'

내가 너에게 할 말은 이것 하나뿐이네. 즉 자신이 누구인지, 무엇을 위해 태어났는지, 어떤 종류의 세상에서 자신이 있는지, 어떤 사람들과 자신의 삶을 공유하며, 어떤 것들이 좋은 것들이고 나쁜 것들인지, 고귀한 것과 부끄러운 것이 무엇이지 모르는 자로, 또 논증이나 증명을 따라가지 못하며, 무엇이 참인지 거짓인지도 알지 못하고, 그것들을 서로 구별할 수도 없는 그러한 사람이라는 것이네.[4] 그런 사람은 자연에 일치

---

4  여기부터 23절까지 '인간의 무지와 도덕적 불행의 원인'을 이야기하고 있다. 에픽테토스는 삶의 기본적 가치를 알지 못하는 사람을 '귀머거리와 눈먼 사람이 된 채로 돌아다

해서 욕망도, 혐오도, 충동(동기)도, 계획도, 동의도, [동의에 대한] 거부와 보류도 행사하지 못하지만, 허나 전적으로 귀머거리와 눈먼 사람이 된 채로, 실제로는 전혀 아무런 이도 못 되는데도 그 자신이 누구라도 된 듯이 생각하면서 세상을 돌아다닐 것이네. 이것이 새삼 어제 오늘의 일일까? 오히려 인간의 종족이 생긴 이래로, 우리의 모든 잘못과 불행이 이 무지로부터 비롯됐다는 것은 참이 아닌가? **20**

아가멤논과 아킬레우스가 서로 사이가 틀어진 이유는 무엇이었던가? 유익한 것과 유익하지 않은 것을 알지 못하기 때문이 아닌가? 그 둘 중 한 사람은 크뤼세이스를 그녀의 아버지에게 돌려보내는 편이 유익하다고 주장하고, 다른 한 사람은 그렇지 않다고 주장하지 않았는가? 한 사람은 그가 다른 사람의 상(賞)을 받아야만 한다고 주장하고, 다른 사람은 그가 받지 말아야 한다고 주장하지 않았는가? 이 때문에 자신들이 누구인지, 무엇을 위해 왔는지를 잊어 버리게 된 것이 아닌가? **21**

애야, 인간아, 너는 무엇 때문에 왔던가? 사랑하는 여인을 얻기 위한 것인가, 아니면 싸우는 것인가?—'싸우기 의해서.'—누구를 상대로? 트로이아인들인가, 아니면 헬라스인들인가?—'트로이아인들을 상대로.'—그렇다면 너는 헥토르로부터 등을 돌려서 너 자신의 왕을 상대로 칼을 뽑아야 하는 것인가? 그리고 가장 뛰어난 자여, 당신은 '그에게 백성들이 위임되어 있고, 그토록 큰 중책을 맡은'[5] 왕으로서의 임무로부터 등을 돌리고, 그 대신에 당신이 모든 면에서 마땅히 대우해 주고 **22**

**23**

니는 자'로 비유하고 있다.

5  호메로스, 『일리아스』 제2권 25행. 21~22절은 『일리아스』 제1권에서의 아가멤논과 아킬레우스 사이의 싸움을 언급하고 있다.

보호해 주어야만 하는 인물인, 당신의 동맹군들 중에서 가장 상무적인 자와 소녀를 두고 티격태격하고 있다는 말인가? 그리고 당신은 고귀한 전사들을 온갖 관심을 기울여서 대우하는 영리한 대제사장보다도 열등한 모습을 보이시겠는가? 유익한 것에 대한 무지가 어떤 결과를 초래했는지를 보고 있는가?[6]

24 '하지만 나도 부자입니다.' ─ 뭐라고, 아가멤논보다 더 부자라고?─'나도 잘 생겼습니다.'─뭐라고, 아킬레우스보다 더 잘 생겼다고? '하지만 나도 멋진 머리카락을 가졌습니다.'─아킬레우스도 금빛의 멋진 머리카락을 가지고 있지 않았는가? 그리고 그는 그것을 빗어 가장 우아하게 꾸미지 않았는가?─'하지만 나도 강합니다.'─그렇다

25 면 너는 헥토르나 아이아스가 들었던 만큼의 그런 크기의 돌을 들어 올릴 수 있느냐?─'하지만 나도 고귀한 태생입니다.' 설마 너는 어머니로 여신을 두고 있느냐, 아니면 제우스를 아버지로 두었느냐? 그런데 아킬레우스가 앉아서 소녀를 위해 울고 있을 때, 그것이 아킬레우스에게 무슨 유익이 있었느냐?─'하지만 저는 웅변가입니다.'─아킬레우

26 스는 그렇지 않았던가? 그가 말의 기술에서 모든 헬라스인들 중 가장

---

6 이 문장이 무엇을 뜻하는지는 좀 불분명하다. 어떤 학자들(H. Wolf)은 크뤼세이스를 의미하는 것으로 보기도 하고, 또는 검투사에 과도하게 관심이 있었던 일부 동시대 철학자들에 대한 비웃음을 암시하는 것으로 보기도 한다(H. Schenkl). 올드파더는 아가멤논과 아킬레우스를 그들이 마땅히 받아야 할 것보다 더 정중하게 대하는 아카이아인의 예언자이자 대제사장 칼카스(Kalchas)를 염두에 두고 있다(W. A. Oldfather[1925, 1988], pp. 418~419, 해당 각주). 칼카스는 '현재와 과거, 앞으로 닥칠 일 모두를 아는 사람'이었다(호메로스, 『일리아스』 제1권 68~70행). 에픽테토스는 늘 그렇듯 서사시에 등장하는 인물에 대해서 과도하게 존경을 보내지 않고, 자신의 시각에서 그들을 평가하고 있다.

능숙했던 오뒷세우스와 포이닉스를 어떻게 다루고 또 그들을 침묵하게 만들었는지를 너는 보지 못하는가?[7]

이것이 내가 너에게 할 말의 전부이며, 게다가 열의를 갖고 말하는 것도 아니네.

'왜 그렇습니까?'

네가 나를 자극하지 않았기 때문이지. 기수가 순종의 말에 대해 자극을 받는 것처럼, 내가 너에게서 나를 자극하는 무엇을 볼 수 있는가? 너의 비참한 몸? 네가 그것을 돌보는 그 방식이 부끄럽네.[8] 당신의 옷? 그것도 또한 사치스럽네.[9] 너의 태도, 너의 표정? 두 번 쳐다볼 만한 가치가 없는 것이네. 철학자의 말을 듣고 싶을 때, '당신은 나에게 할 말이 전혀 없습니까?'라고 그에게 묻지 말고, 오로지 그의 말을 들을 수 있는 너 자신(의 경험)을 보여 주라. 그러면 네가 어떻게 말하는 사람을 마음에 들게 하는지 알 수 있을 것이네.

27

28

29

---

7 이것은 호메로스의 『일리아스』 제9권에서 오뒷세우스와 포이닉스의 호소에 대한 답변으로 아킬레우스의 설득력 있고, 강력한 연설을 언급하는 대목이다.

8 과식이나 운동 부족.

9 혹은 '어설스럽다'.

# 제25장

# 논리학이 왜 필요한가?[1]

1 　강의에 참석하던 누군가가 에픽테토스에게, '논리학이 유용하다는 것
을 설득해 주세요'라고 물었을 때, 그는 대답했다. 내가 그것을 너에게

2 　논증해 주기를 바라는 것이냐?——'예.'——그렇다면 내가 논증적 논의
를 만들어 내야만 하는 것이냐? 그리고 질문자가 동의했을 때, 그는 이

3 　렇게 물었다. 그렇다면 내가 소피스트식 논의를 만들어 내는지를 너는
어떻게 알 수 있느냐?[2] 그 남자는 아무 대답도 하지 않았다. 에픽테토스
는 말했다. 그래서 논리학이 없으면, 그것이 필요한지 혹은 필요하지 않
은지조차 알 수 없기 때문에, 이 모든 것[3]이 필요하다는 것을, 어떻게 너

---

1　논리학의 필요성에 관해서는 제1권 제17장에서 논의되었다.

2　자기논박적 에픽테토스의 논증의 골자는 이런 것이다. '내가 아직 논리학을 알지 못한
다면, 내 논리학 선생이 나에게 소피스트적 논의이거나 속임수를 가르치고 있지 않은
지를 내가 확신할 수 있을까?' 이 자기논박적 에픽테토스의 『강의』의 '강의 주제들'에
적용해 보자. 만일 학생들이 논리학을 알지 못한다면, 에픽테토스가 가르치는 주장들
이 건전한지 건전하지 않은지를, 학생들이 어떻게 알 수 있을까? 따라서 학생들에게는
논리학 공부가 필요하다.

3　이 장의 제목인 ta logika를 가리킨다.

자신이 인정하는지를 네가 볼 수 있네.[4]

---

4　일종의 자기논박(peritropē)이다. "너는 철학을 공부하든가 공부하지 말아야만 한다. 네
　가 철학을 공부하지 말아야만 한다면, —— 네가 철학을 공부하지 말아야만 하는지를 결
　정하기 위해서 —— 너는 그것을 반드시 공부해야만 한다. 따라서 너는 철학을 공부해만
　하는 것이다."(아리스토텔레스, 『철학의 권유』; 알렉산드로스, *In Top* 149,9–17 참조).

# 제26장

# 오류의 고유한 특징은 무엇인가?[1]

1  모든 오류는 모순[2]을 포함하네. 오류를 저지른 사람은 오류를 범하는 것을 원하지 않고, 오히려 올바르게 행위하기를 원하기에, 그가 원하는

2  것을 행하고 있지 않다는 것은 분명하기 때문이네. 실로 도둑이 완수하기를 원하는 것은 무엇인가? 그 자신의 이익이 되는 것이네. 도둑질이 그의 이익에 반하는 것이라면, 그는 자신이 원하는 것을 행하지 않을 것이네.

3  그러나 모든 이성적인 혼은 본성적으로 모순을 싫어하네. 그래서 누군가가 자신이 모순에 개입되어 있다는 사실을 깨닫지 못하는 한, 그가 모순된 행동을 수행하는 것을 막을 수 있는 것은 아무것도 없는 것이네.

---

1  이 강의에서 말해진 내용에 대해서는 제2권 제12장 참조. 자기모순을 사람들에게 보여 주는 소크라테스의 능력이 철학적 방법의 모범으로 제시되고 있다. 제2권 제26장 6절은 제2권 제12장 5절('나는 다른 사람 없이도 행할 수 있다네. 나는 항시 대화 상대자를 증인으로 두는 것만으로도 충분하네. 나머지 사람들에 대해서는, 나는 그들의 표를 구하는 것이 아니라 나의 대화 상대자의 표만을 구하네')과 아주 비슷하다. 이에 대해서는 해당 주석을 참조.

2  명제들 간의 논리적(형식적) 모순보다는 도덕적 개념과 태도에 대한 혼란과 혼동을 가리키는 '정신적 모순', '심리적 갈등(상충)'을 말한다.

그러나 그것을 깨닫게 됐을 때, 가혹한 필연성이 그것이 거짓임을 지각하자마자 거짓인 것을 포기하도록 강요하는 것처럼, 그는 필연적으로 그 모순을 외면하고 회피할 수밖에 없는 노릇이네. 하지만 그 거짓이 명백하지 않은 상태로 남아 있는 한, 그가 참으로서 그것에 동의하긴 하지만 말이네.[3]

그러므로 각 사람에게 오류를 일으키는 모순을 보여 줄 수 있으며, 또 어떻게 자신이 원하는 것을 행하고 있지 않다는 것과 자신이 원하지 않는 것을 행하고 있다는 것을 명확하게 보여 줄 수 있는 사람, 즉 그 사람은 논의에서 능통한 사람이며, 동시에 상대방에게 권유와 논박을 할 수 있는 사람이네.[4] 누군가가 이것을 그 사람에게 보여 주면, 상대방은 자신의 생각을 철회할 테지만, 네가 그에게 보여 주기 전까지는 상대가 자신의 생각에 머물러 있어도 놀라지 말라. 그는 옳다는 인상에 사로잡

4

5

---

3  이 대목은 인간 본성의 '진리에 대한 사랑', 즉 에픽테토스의 '낙관적 이성주의'에 대한 확신을 표현하는 전형적인 예이다(제1권 제28장 1~5절, 제3권 제3장 2~3절 참조).

4  원어로는 '능통한 사람'(deinos), '권유하는 자'(훈계, protreptikos), '논박하는 자'(elenktikos)이다. protreptikos는 '독백이든 문답의 형식이 되었든, 윤리적 믿음에 대해 다시 생각하도록, 또 관점이나 행동의 근본적인 변화를 가져오도록 고안된 권유적이거나 훈계적 논의의 형식'을 가리킨다(A. A. Long[2002], p. 54). protreptikos 스타일은 에픽테토스의 『강의』에서 표명된 전형적 특징이다(제3권 제23장 34~37절 참조). 에픽테토스는 여기서 도덕에 대한 올바른 믿음을 갖도록 교육하는 두 개의 방법을 지적하고 있다. 하나는 '소크라테스적 엘렝코스'(논박)를 통해서, 즉 문답을 통해서 대화 상대자가 도덕 개념에 관해 근본적으로 혼동되어 있음을 보여 주게 됨으로써, 자신이 알고 있다고 믿고 있었던 것이 사실은 모르고 있었다는 것을 깨닫도록 이끌어 간다. 다른 하나는 대화 상대자가 애초에 참된 믿음으로 받아들였던 믿음과 모순되는 일련의 명제에 대해 동의하게끔 이끌어 가는 방법이다. 이 두 방법은 논박의 두 측면이라고 할 수 있다.

혀 그렇게 하고 있으니까.

6 이런 이유로 또한 소크라테스는 이 능력을 전적으로 신뢰하면서 늘 이렇게 말하곤 했던 것이네. '나는 내 말을 지지하기 위해 다른 증인을 내세우는 버릇이 없지만, 나는 늘 나와 문답하는 상대로 만족하고, 또 그 사람에게 한 표를 던지게 하고, 그 사람을 증인이라고 부르며, 모든

7 사람이 아니라 단 한 사람이라도 나는 만족하는 것이네.'⁵ 왜냐하면 소크라테스가 이성적 혼⁶이 무엇에 의해 움직이는지를 알고 있었기 때문이네.⁷ 즉 저울판과 마찬가지로, 우리가 원하든 원하지 않든 간에 [무거운 쪽으로] 그것이 기울어진다는 것을 알고 있었기 때문이네.⁸ 지배하는 중심에 모순을 보여 주게 되면, 그것은 그것을 단념할 것이네. 그러나 네가 그것을 보여 주지 못한다면, 네가 설득하지 못하는 그 사람보다 오히려 너 자신을 탓하도록 하라.

---

5 에픽테토스는 플라톤의 『고르기아스』 474a를 바꿔 쓰기하고 있다.

6 원어로는 logikē phuchē.

7 에픽테토스가 소크라테스의 논박술을 자신의 철학하는 방법의 모범으로 삼고 있음을 잘 보여주고 있다. 스토아주의자들은 자신들을 Sōkratikoi('소크라테스주의자들')라고 불렀다. 이 입장은 제논으로부터 시작해서 고전 세계가 끝나갈 무렵, 그 학파가 몰락할 때까지 지속되었다(G. Striker, "Plato's Socrates and the Stoics", ed. P.A. Vander Waerdt, *The Socratic Movement*, Cornell University Press, 1994, pp. 241~251).

8 "감각하지도 동의하지도 않는 사람들은 어떤 의미로는 혼을 빼앗깁니다. 마치 중량이 가해질 때 천칭의 저울판이 내려앉는 것이 필연적이듯, 혼은 명백한 것을 인정하는 것이 필연적이기 때문입니다."(키케로, 『아카데미아학파』 제2권 38 참조, 양호영 옮김, 아카넷, 정암학당, 2021.)

# '삶의 기술'과 '영혼의 치료'로서의
# 에픽테토스의 실천 철학

"철학자들은 단순히 배우는 것에 만족하지 말고, 거기다 훈련을 더해서, 그런 다음 실행하도록 권유한 것이네."(2.9.13)[1]

"사물(상황)에 의해 혼란스럽게 되는 일이 없다면, 너에게 부족한 것이 무엇이겠는가? 책들인가? 어떻게 또는 어떤 목적으로? '책을 읽는 것은 우리가 살기 위한 뭔가를 준비하는 것이 아닌가요?' 하지만 인생은 책 이외의 것으로 다른 것들로 가득 차 있네. 그것은 마치 운동선수가 경기장에 들어갔을 때, 밖에서는 더 이상 훈련을 할 수 없다고 해서, 한탄하는 것과 같은 것이다."(4.4.10~11)

### '신의 친구' 에픽테토스의 생애

평생을 '신의 친구'(philos athanatois)[2]로 신을 찬양하면서 살았던 에픽

---

1　『강의』의 제2권 제9장 13절을 가리킨다. 해제에서는 이와 동일한 방식으로 권, 장, 절을 표시하겠다.

2　Ioannes Chrysost, *Patrol. Gr.* LX.111; Macrobius, *Sat.* I.11.45; *Anth.Pal.* VII.676. H. Schenkl(1894, 1916), *testmonia* p. XXXV 참조. "이로스만큼 가난하고, 불구의 몸을 갖고, 노예로 태어난 에픽테토스는 신의 친구였네." 이로스(아르나이오스)는 이타카의 거렁

테토스의 인생관을 파악하기 위해서는, 우리는 먼저 그의 생애에 대해 간략히 살펴볼 필요가 있다. 에픽테토스만큼 자신의 '운명적 불행'을 즐기면서 살았던 철학자는 찾아보기 힘들다. 그는 자신의 운명적 불행을 '신'에 대한 사랑과 '신'에 대한 굳건한 믿음으로 견뎌 내면서 실천적 삶의 문제를 스토아적 입장에서 철학적으로 가르쳤던 철학자이다. 어쩌면 어린 시절에 그의 등덜미를 때렸을지도 모르는 세네카가 바로 앞서 활동했을 때, 그는 언제나 독립된 인간으로서 '자유'[3]에 대한 열정과 희망으로 현실의 고통을 잊어버리려고 노력했다. 이러한 철학적 기질을 결정해 버린 것은 아마도 그의 출생이었을 것이다. 포로로 붙잡혀서가 아니라, 노예 여성의 아들이었기 때문에 오랫동안 로마에서 노예 생활을 하며 살았다는 그 외적인 사실이 이미 그의 철학적 사고의 방향을 결정해 버린 것이다.

당시 대개의 철학자들의 경우가 그렇듯이, 에픽테토스의 생애에 관한 정확한 정보는 전해지지 않는다. 우리가 철학자로서, 스토아 철학 선생으로서 그에 대해 아는 것은 대부분 그의 저작을 통해서 '추론한' 것이다.[4] 그는 지금의 터키 서남쪽에 위치한 프뤼기아 지방의 히에라폴리

---

뱅이로 남의 심부름꾼 노릇을 했으며, 거지로 변장한 오뒷세우스를 만난다(『오뒷세이아』 제18권 5행 아래 참조).

3 '자유'(형용사, 동사 포함)라는 표현이 에픽테토스에게서 약 130번이 나오는데, 『신약성서』보다는 6배, 마르쿠스 아우렐리우스보다는 2배가량 더 나온다(W. A. Oldfather [1925], p. xvii).

4 에픽테토스의 저서 이외에 그의 생애에 대한 주요 출처는 세 가지이다. (1) A. Gellius, 『아티카의 밤』(Noctes Atticae), 2.18 및 15.11. (2) Simplicius, *Simplicii commentarius in Epicteti enchiridion*. (3) *Suidas*(10세기경에 다양한 경로를 통해 모아진 자료들을 집대성한 '백과사전').

스(Hierapolis; '성스런 도시')에서 기원후 50~60년경에 노예로 태어나[5] 130년경 혹은 135년경에 죽은 것으로 여겨진다. 『성경』에도 나오는 에페소스(에베소)에서 약 160km가량 떨어진 곳이다. 이 도시가 오늘날에도 풍부한 온천수로 주목받는 '파묵칼레'이다. 지리학자인 스트라본(B.C. 64? 63?~AD. 24)은 하나의 돌로 만들어진 것처럼 보이는 울타리를 얻기 위해서 작은 도랑으로 온천수를 흘려보내는 것으로 그 도시 주민들에게는 충분했다고 보고하고 있다.[6] 히에라폴리스에는 플루토니온(Ploutōneion, '플루토 신의 신전')이 있어서, '순화'(카타르시스) 의식을 수행하던 특권을 가지고 있다고 말해지는 퀴벨레[7]의 사제들이 있었다고 한다. 그들은 그곳의 지하동굴로 내려가 유독한 가스(이산화탄소 가스)가 있는 곳을 기어 다니거나 공기가 있는 것을 찾아다니며 숨을 참아 낸 다음, 다시 밖으로 올라옴으로써 신성한 기운이 몸에 주입된다고 생각했다고 한다.

'에픽테토스'란 이름 자체도 헬라스 형용사로 '곁다리로 얻은' 업둥이라는 의미를 갖고 있다. 이름 자체가 그의 출신 성분을 보여 주는 셈이다. 그는 노예로 태어나 노예로 팔려 갔든, 아니면 다른 이유가 되

---

5   에픽테토스 생애에 관련된 증언을 모아 놓은 H. Schenkl[1894, 1916], *testmonia* pp. XIV~XXIII 참조. p. XIX에 나오는 비문에는 'Epiktatos doulas apo matros etechthē'로 나오는데, 이는 '노예인 어머니에게서 태어났다'는 것을 명확히 밝혀 준다.

6   Strabōn, 『지리지』 13.14.

7   2.20.17 참조. 퀴벨레(Kubelē; '산신 어머니', '대지의 여신') 여신을 말한다. 시민의 삶과 밀접한 관련을 맺은 여신이다. 헬라스 지역마다 이 여신은 기능('신들의 어머니')이 비슷한 대지의 여신인 가이아, 레아, 수확의 여신인 데메테르, 수호자로서의 아테나 여신 등과 다양하게 융합되었다. 본질적으로 이 여신은 아나톨리아 지역에서 유입된 이질적인 신의 모습을 갖추고 있다.

었든 간에 그 이유는 알 수 없지만 로마로 옮겨 가게 된다. 네로(재위 54~69)와 도미티아누스 황제(재위 81~96)의 치하에서 정치적 영향력을 발휘하며 활동했으며, 그 자신도 노예였다가 해방되었던 에파프로디토스[8] 밑에서 생활을 하게 된다. 에파프로디토스는 네로 황제의 자살을 도왔으며, 그로 인해 도미티아누스 황제에 의해 95년경에 사형에 처해진 것으로 알려져 있다.[9] 비잔틴 시대인 10세기 끝 무렵에 편찬된 고대의 역사 백과사전 격인 『수다』(Souda) 혹은 『수이다스』(Suidas)는 에픽테토스에 대해 아주 간략히 "프뤼기아의 히에라폴리스에서 태어났고, 네로 황제의 경호원 중의 한 사람인 에파프로디토스의 노예였고, 류머티즘(혈액 응고[flux])으로 인하여 다리를 절었고, 에페이로스의 니코폴리스에 정착해 마르쿠스 아우렐리우스 치세에 이르기까지 살았다(diateinas mechri Markou Antōninou). 많은 것을 썼다(egrapse polla)"[10]라고만 그의 생애를 전하고 있을 뿐이다.

이 기록이 전해 주는 "많은 것을 썼다"는 말은 에픽테토스를 플라톤 또는 크세노폰과 혼동하고 있는 것처럼 보인다. 어쩌면 에픽테토스의 제자이자 『강의』의 기록자인 아리아노스와 혼동하는 것일 수도 있다. 과연 에픽테토스가 마르쿠스 아우렐리우스 치세까지 살 수 있었을까?[11]

---

8  '에파프로디토스'는 로마에서 가장 흔한 노예의 이름으로, 헬라스어로 '사랑스러운, 매력적인'(epaphroditos)이란 의미를 가지고 있다.

9  Lucius Cassius Dio, LXVII,14.4~5. 디오(155~235)는 로마 시민으로, 고대 로마 역사(Historia Romana)에 대한 80여 권에 이르는 책을 헬라스어로 쓴 역사가이다.

10  epsilon 2424; H. Schenkl[1894], p. XXI.

11  마르쿠스 아우렐리우스의 치세라면 161~180년을 말한다. 이것은 시기상에 맞지 않는다. 그렇게 오래 살았을 리가 없다. H. 쉔클은 하드리아누스 치하에 살았다는 것을 전제

의문의 여지가 충분하다. 실제로 특별히 오래 산 사람(makrobios)으로 기록된 다른 보고도 전해지지 않는다. 흔히 '명상록'으로 알려진 마르쿠스 아우렐리우스 황제의 『자기 자신에게 이르는 것들』(ta eis heauton, 제7권 19)에는 "시간은 얼마나 많은 에픽테토스를 삼켜 버렸는가"라고 에픽테토스를 찬양하는 구절이 나타나기도 한다.[12] 겔리우스는 이 구절을 토대로 에픽테토스가 그즈음에 죽었다고 추정하는 모양이다.[13] 이 주장도 크게 신뢰할 수 없다. 그러므로 대체로 역사 연대기 작가들은 에픽테토스의 저작을 편집하고 발행한 아리아노스의 연대기[14]에 맞춰, 스토아학파의 '이 위대한 설교자'의 죽음이 하드리아누스 통치 중반 즈음에 일어난 것으로 생각한다. 하드리아누스 황제(재위 117~138)와 친교를 맺고 있었다는 보고도 전해지는데, 『강의』에는 하드리아누스 황제와 연관 있는 로마의 평화(pax Romana)를 암시하는 구절이 발견된다. 거기에는 "이제 보라, 카이사르가 우리에게 '큰 화평'(eirēnēn megalēn)을 가져다준 것처럼 보인다"는 말이 나온다. 물론 에픽테토스는 카이사

---

로 에픽테토스의 생애를 50~138년으로 놓는다. 80세를 조금 넘겨 죽음을 맞이한 것이된다.

12 이 구절을 토대로 겔리우스는 이즈음에 에픽테토스가 죽은 것으로 말한다(Aulus Gellius, 『아티카의 밤』2.18). 그러나 이 추정은 정확한 것이 아니다.

13 "철학자 에픽테토스가 원로원의 칙령 때문에 로마에서 니코폴리스로 물러 나온 것도 바로 이즈음이었다."(Aulus Gellius, 『아티카의 밤』15.11) "에픽테토스 자신도 도미티아누스 폭정의 저주 속에서 로마로부터 니코폴리스로 이주했다."(Simplicii commentarius in Epicteti enchiridion 65.37; H314[P. Hadot판])

14 아리아노스(86? 89?~146? 160?)는 130년에 집정관의 지위에 올랐다. 이 직책을 맡기 훨씬 이전, 아리아노스가 에픽테토스를 만났을 때 이미, 에픽테토스는 자신을 '노인'이다고 내세우고 있었다.

르가 절대로 그렇게 할 수 없다고 말한다. "그 어떤 이런 것들로부터는 절대로 [화평을 가져다주지 못한다]. 그러나 철학자들의 가르침(logos)은 그러한 모든 것들로부터 우리에게 또한 화평을 가져다줄 것을 약속하네"라고 스토아 철학의 설교자답게 설파한다.[15]

고대 철학자들의 생애를 전해 주는 디오게네스 라에르티오스의 『유명한 철학자들의 생애와 사상』에서는 단 한 번, "에픽테토스는 에피쿠로스를 외설적인 말을 하는 자라고 부르며 아주 심하게 욕한다"(제10권 6)라는 구절로 에픽테토스가 언급되고 있다. 실제로 에픽테토스는 『강의』에서 에피쿠로스 철학을 지독하게 비난하고 있다(1.5, 1.20). 물론 에픽테토스가 비난하는 에피쿠로스의 철학에 대한 그의 철학적 평가가 공정했는지는 의문의 여지가 있다.

에픽테토스는 두 대목에서 자신이 노예였음을 자신의 증언으로 확인해 주고 있다.[16] 다리를 절었다는 사실은 『강의』에도 몇 번이고 반복적으로 언급되고 있는데(1.8.14, 1.12.24, 1.16.20), 특히 마지막 대목(1.16.20)에서 자신을 '다리를 저는 늙은이'로 묘사하고 있다는 점을 비추어 보면, 그의 절름발이 모습은 인생의 후반에 접어들어 나이를 먹은

---

15  "이제 보라, 카이사르가 우리에게 큰 화평을 가져다준 것처럼 보이네. 더 이상의 전쟁도 없고, 전투도, 큰 규모의 약탈질과 해적질도 없어져서, 어떤 계절이든 육로로 여행이 가능하고 해가 뜨는 곳으로부터 해가 지는 곳까지 항해할 수 있을 것이네. 하지만 카이사르가 또한 열병과 난파로부터, 화재와 지진, 번개로부터 우리에게 평화를 가져다줄 수 있을 것인가? 자, 그가 우리에게 애욕으로부터 화평을 가져다줄 수 있을 것인가? 그는 할 수 없네(ou dunatai). 슬픔으로부터? 할 수 없는 것이네. 시기심으로부터? 할 수 없는 것이네 그 어떤 이런 것들로부터는 절대로. 그러나 철학자들의 가르침은 그러한 모든 것들로부터 우리에게 또한 화평을 가져다줄 것을 약속하네."(3.13.9~11)

16  1.9.29와 1.19.21. 여전히 노예 신분이었을 때 그는 루푸스 밑에서 공부했다.

결과로 자연적으로 일어났던 것으로 여겨진다. 6세기경의 신플라톤주의자로 아리스토텔레스 주석가였던 심플리키우스[17]는 『강의』를 요약한 『엥케이리디온』 주석에서 에픽테토스 '자신이 젊은 시절부터 절름발이'(chlōlos ek neas hēlikias)였음을 증언하고 있다.[18] 실제로 에픽테토스는 '질병은 육체에 방해가 된다'라고 말한다. 하지만 그는 "의지(프로하이레시스) 자체가 그렇게 되기를 원하지 않는다면, 의지에 대해서 방해가 되지 않는다. 절름발이는 다리에 대해서 방해가 되는 것이지만, 의지에 대해서는 방해가 되지 못한다"라고 말한다.[19] 스토아의 윤리이론에 따르면, 질병(arrōstēma)이나 가난은 우리의 활동에 방해가 되는 것이지만, '나쁜' 것은 아니다. 나쁜 것은 오직 '나쁨' 자체뿐이다. 심플리키우스는 이 점을 들어, 에픽테토스는 말로뿐 아니라, 그의 삶 자체로

---

17 기번의 다음과 같은 찬양은 의심의 여지가 충분하다. 신플라톤주의자인 심플리키우스의 '자연학 주해'는 여전히 중요성을 가지고 있기 때문이다. 심플리키우스의 관심은 아리스토텔레스가 아니라, 플라톤의 철학이었다는 점을 염두에 두어야 한다. 그의 주석은 명목적으로는 스토아 철학이지만, 플라톤 철학의 간결한 요약의 전통에서 이루어진 것으로 보인다. '플라톤과 마찬가지로 에픽테토스 또한 …'이라는 표현도 등장한다 (17.40; H223). "심플리키우스의 저서는 현존하고 있다. 아리스토텔레스의 자연학과 형이상학에 대한 그의 주석은 시대의 유행과 함께 사라져 갔지만, 에픽테토스에 관한 도덕적 해석은 신과 인간 모두의 본성에 대한 정당한 확신에 의해 의지를 향하게 하고, 마음을 순화하고, 이해력을 확고히 하는 데에 적합한 가장 훌륭한 고전으로 여러 나라의 도서관에 보관되어 있다."(Edward Gibbon, *The Decline and Fall of the Roman Empire*, pt.V, ch.40)

18 *Simplicii commentarius in Epicteti enchiridion*, 44.50; H274.

19 『엥케이리디온』 제9장. 오리게네스와 달리, 10세기경에 만들어진 백과사전 격인 『수다』는 그 원인이 류머티즘(혈액 응고[flux]) 때문이었다고 보고하는데, 쉔클은 『수다』의 보고가 더 그럴듯하다고 그의 에픽테토스 판본에서 이야기하고 있다(H. Schenkl, *testimonia*, pp. XIX 아래)

우리에게 '철학'을 보여 주고 있다고 보고해 준다.

"절름발이 노인인 내가 신을 찬미하는 것 외에 달리 무엇을 할 수 있겠는가?"(1.16.20)

"플라톤이 잘생기고 힘이 셌다고 하면, 어떤 철학자가 철학자일 뿐만 아니라 부수적으로 잘생겼다는 이유로 해서 그것이 철학에 본질적인 (필요한) 것인 양, 여기 앉아 있는 나 역시 잘생기고 강해지기 위해 애써 힘들여 분투해야만 하는 걸까? 사람들이 어떤 점에서 철학자가 되고, 또 그들에게 다른 어떤 자질이 부수적으로 있을 수 있는지를 너는 이해하고 판별하고 싶지않느냐? 자, 내가 철학자였다면 너도 나처럼 절름발이가 되어야만 하는 것이냐?"(1.8.13~15)

우리의 가련한 주인공 에픽테토스는 가난한 노예로 태어나 평생을 절름발이로 지냈다. 그는 '견뎌라 또 참아라!'(anechou kai apechou; 「단편」 10 참조)라는 좌우명으로 실천적 삶을 살았다. 고대의 초기 기독교 신학자인 알렉산드로스 출신인 오리게네스의 보고는, 앞서 언급한 류머티즘 때문에 그가 다리를 절었다는 『수다』의 보고와 달리 주인의 잔인성으로 말미암아 장애가 생긴 것으로 묘사해서 이 사실을 더 극적인 사건으로 전해 주고 있다. 어느 날인가 주인이 자신의 다리를 비틀려고 했을 때, 에픽테토스는 미소를 지으면서 태연스럽게(hupomeidiōn anekplēktōs) "주인께서 내 다리를 부러뜨릴 것입니다"라고 말했다. 실제로 그 일이 일어나자 앞서와 똑같은 어조로 "주인께서 그렇게 할 것

이라고 내가 말하지 않았습니까?"라고 덧붙였다고 한다.[20] 그의 주인이
때리는 회초리를 다리가 부러질 때까지 '태연자약 견뎌 냈다'는 이 일
화는 아마도 후세에 지어 낸 이야기일 것이다. 그의 주인의 잔인성을 비
난하고 고통을 견디는 스토아적 삶의 방식을 강조하려는 데서 만들어
졌을 것이다.[21] 하지만 에픽테토스는 그의 주인을 잔인한 사람으로 묘
사하고 있지 않다.

『강의』에서도 서너 군데에서 언급되고 있는 에파프로디토스는 사실
상 『수다』에서 보고되는 바와 같이 네로 황제의 경호원(sōmatophulax;
corporis custodes)이었던 것은 아니고, 황제에 대한 청원을 수리하는 책
임자(libellis)로 네로의 비서였다고 한다.[22] 이런 사실을 미루어 보면 자
유인다운 모습을 지녔던 그의 주인으로부터 에픽테토스 자신도 상당한
영향을 받은 것으로 추정된다. 실상 에픽테토스에게 노예인 상태에서
철학을 공부하게 하고, 노예로부터 해방시킨 것도 에파프로디토스였

---

20  Origenes, 『켈수스 논박』(Contra Celsus) vii.53 참조. 이 이야기는 저작에서 켈수스에 의
해 말해진 것이다. 이 이야기가 전해지는 다른 출처에 대해서는 H. Schenkl, *testimonia*,
pp. XXXI~XXXIV 참조. 이집트의 매의 부리를 가진 신성인 '호로스의 아들'을 의미하
는 이름인 오리게네스(185~253)는 초기 교부 신학자로 '기독교 교회'의 토대를 닦은
것으로 알려져 있다(Eusebius, *Ekklēsiatikē Historia* 6.1).

21  로마 공화국 말기에 에피쿠로스주의자들은 안정을 찾지 못하는 교육받은 사람들 사이
에서 그 유명세로 명성을 떨쳤지만, 스토아주의는 더 체제 순응적이고, 진지하고, 근면
하고, 애국적이고, 보수적인 제국의 기질에 더 적합했다. 정치적·철학적 이상에 따라
카이사르(시저)를 살해했던 카시우스와 브루투스는 각각 에피쿠로스주의자, 스토아주
의자였다. 이후 로마 제국 시대에 들어서 에피쿠로스주의자들은 집단적인 정치적 관심
사를 잃어버렸다. 그러나 스토아주의자들은 그들 스스로 로마의 상층부의 세계관에 쉽
게 적응해 버리게 된다.

22  수에토니우스, Nero 49.3; Domitinus 14.4.

다(1.1.20, 1.19.19, 1.26.11). 그는 당시 잘 알려진 스토아 철학자였던 무소니우스 루푸스(Musonius Rufus, 30~101) 밑에서 철학 가르침을 받았다.[23] 고대의 백과전서 격인 『수다』에는 루푸스를 '논리학자이며 스토아 철학자'라고 보고하고 있다(Suda M 1305, Musonius).

> "루푸스도 나를 시험하기 위해 이렇게 말하곤 하셨지. '이러저러한 일이 네 주인의 손에 의해 너한테 일어날 것이다.' 그리고 내가 대답하여 말하기를 '그게 인생사(anthrōpina) 같습니다'라고 하니, 그가 '그러면, 내가 너에게서 같은 결과를 얻을 수 있을 때, 너의 주인에게 다시 도움을 간청하는 것이 무슨 소용이 있겠느냐?'라고 응답하셨다네."(1.9. 29~30)

두 번째 추방에서 돌아온 루푸스의 강의를 들은 것도 이 무렵으로 추정된다. 그 철학자는 젊은 노예에게 가장 생생한 인상을 남겼다. 그렇기에 몇 년 후, 에픽테토스는 니코폴리스에서의 강의에서 루푸스와의 기억을 회상하고, 그의 일화와 격언을 전하면서 그의 가르침의 방식을 보고한 것이다(1.1.26~27, 1.7.32, 1.9.29, 3.6.10, 3.15.14, 3.23.29). 루푸스가 자신의 제자들에게 교훈을 준 것은 실천적 지혜와 철학 원리의 적용이었다. 그의 가장 중요한 가르침은 철학이 무엇보다도 '삶의 방식'(ars vitae; ars vivendi)[24]이라는 것이었다. 루푸스의 철학적 물음은 실용적이

---

23 스토아 철학에 대한 반감으로 현실 정치가들의 미움을 받았던 스토아 철학 선생인 루푸스는 두 번씩이나 추방을 당해야 했다.

24 '삶의 방식'(ars vitae; ars vivendi)이란 표현을 가장 많이 사용했던 철학자는 회의주의자

면서도, 실천적인 것이었다. 그에 따르면, 의학적 이론들(logoi)이 신체의 건강을 진작시키는 데 유용하지 않다면 그것들은 쓸모없는 것인 것처럼, 철학적 이론들(logoi)도 혼의 탁월함(aretē)을 진작시키는 데 유용하지 않다면 그것들도 역시 쓸모없는 것이다.[25]

루푸스의 가르침 방식은 '여자도 철학을 공부할 필요가 있는가?', '결혼의 주된 목적은 무엇인가?', '결혼은 철학의 추구에 방해가 되는가?', '사람은 모든 상황에서 자신의 부모에게 복종해야만 하는가?', '딸도 아들과 같이 동일한 교육을 받아야만 하는가?', '추방은 악이라는 것' 등과 같이 묻고, '철학적 논증'을 통해서 적절한 답을 끄집어내는 훈련을 시키는 것이었다. 그렇게 되면 훈련받은 학생들은 그들의 '행위 윤리'에 관련해서 올바르게 행할 수 있는 '유용성'을 습득할 수 있게 되는 것이다.

이런 측면에서 볼 때, 루푸스의 철학 방식이나 그의 삶의 태도에 깊게 영향받은 에픽테토스의 교육 방향은 대체로 그와 일치하는 것처럼 보인다. 에픽테토스는 평생을 통해 그의 이러한 가르침을 결코 잊지 않았다. '철학 원리의 삶의 적용'이라는 태도는 고스란히 에픽테토스의 철학의 토대가 되었고, 『강의』에도 그대로 묻어나고 있다. 에픽테토스는 "철학하는 일은 이러한 판단 기준들을 고찰하고 확립하는, 바로 이

인 섹스토스 엠피리코스였다. 키케로의 책에도 자주 등장한다(『선과 악의 목적에 대하여』 3.4, 4.19, 5.18(ars vitae), 1.42, 1.72, 5.16(ars vivendi); 『투스쿨룸 대화』 2.12; 『아카데미아학파』 2.23). 세네카는 『도덕서한』 95.7~9 등에 나온다.

25 Musonius Rufus, 「단편」 3(42.19~22, Lutz). 루푸스의 헬라스어 텍스트에 대해서는 "Musonius Rufus, The Roman Socrates", ed. C. E. Lutz, *Yale Classical Studies*, vol.10, Yale University Press, 1947; O. Hense, *Musonii Rufi, Reliquiae*, Teubner, 1905.

것에 있는 것이네. 그러나 일단 그것들을 알고 나면, 그것들을 사용하는 것은 훌륭하고 좋은 사람의 일이 되는 것"이라고 말한다(2.11.24~25). 단적으로 말해서 그에게 철학은 '삶의 기술'이었다(1.15.2).

그럼에도 그들 간의 차이를 지적한다면, 앞서 말한 것처럼 루푸스가 '여성의 교육'과 같은 문제에 관심을 기울였지만, 에픽테토스는 그런 문제에 관심을 두지 않았다. 루프스가 혼과 육체의 훈련(askēsis)에 관심을 두는 데 반해서,[26] 에픽테토스는 육체가 우리에게 아무런 방해가 되지 않는 것이기에 이성의 세 가지 영역(topoi; 욕구, 충동, 승인)의 훈련에 관심을 집중하고 있다.[27] 무소니우스 루푸스의 실천 윤리학과 '공리적 논리학'에 관련된 저술은 지금도 전해져 오고 있다.[28]

루푸스 밑에서 철학을 공부하고, 이후에 곧 노예에서 해방되어 자유인의 신분을 획득하게 되면서, 에픽테토스는 루푸스의 후원 아래 로마에서 철학을 가르치기 시작했다. 그는 로마에서 스토아학파의 철학을 설교하기 시작한다. 그 당시에는 철학 설교자라는 직업이 결코 쉬운 일이 아니었다. 에픽테토스는 이것을 경험했고, 나중에 이 일에서의 어려움과 그 일에서 타격을 감수하는 방법을 말하기를 좋아했다. 로마에 돌

---

**26** Musonius Rufus, 「단편」6(54.2~7 Lutz). '인간은 어떤 형태의 혼과 몸의 결합이므로, 각 개인은 양 부분을 돌봐야 한다(epimeleisthai).'

**27** 3.12.16('신체의 훈련이 정신에도 기여한다는 점'). 디오게네스는 추위와 더위에 자신을 단련시키기 위해 겨울에도 벌거벗은 채로 조상(彫像)을 얼싸안았다고 한다. 이것을 혼을 강화하는 운동으로 생각했다(DL 제6권 23). 『엥케이리디온』47장 참조.

**28** 이에 대해서는 김재홍, 『왕보다 더 자유로운 삶』, 서광사, 2013, 249~251쪽 참조. '논리적 공리주의'란 말은 반스가 루푸스의 논리학을 평가하고 내린 결론이다(J. Barnes, *Logic and the Imperial Stoa*, Brill, 1997, p. 65).

아가서 철학하는 일에 종사하게 될 학생들에게 앞으로 겪게 될 고충을
미리 이야기해 주기도 한다.

"어떤가? 이 활동은 요즘 특히 로마에서 그다지 안전한 일이 아니네. 그
일에 종사하는 사람들은 분명히 거리의 한 구석에 가서 행하지 않고, 그
럴 기회가 주어지면 집정관급의 어떤 부자를 찾아가 그에게 묻는다네.
[…] 나도 예전에는 이 방식을 찬미하고 있었는데, 마침내 그런 일을 당
한 것이네."(2.12.17~25)

이즈음 철학자들이 자신의 통치 방식에 반대한다는 명분으로 도미
티아누스 황제에 의해 로마뿐 아니라 이탈리아 전체에서 철학자들의
추방령(89년 혹은 93년경, 95년경)이 발표되자,[29] 그는 아테네를 기점
으로 헬라스 북서부 지역인 악티움 만에 있는 아우구스투스 황제에 의
해 건설된 에페이로스 지방의 니코폴리스로 옮겨 가 그곳에 학교를 세
워 철학을 가르쳤다. 니코폴리스——이오니아 바다에 접해 있는 현재

---

29  Aulus Gellius, 『아티카의 밤』 15.11. 이즈음 로마의 사정은 이러했다. 로마 귀족들은 제
논과 크뤼시포스의 철학과 그들의 스토아적 철학 원리들에 매료된 듯하다. 『강의』에서
언급되는 트라세아 파에투스(56년에 집정관으로 선출), 헬비디우스 프리스쿠스(70년
에 집정관 됨), 파코니우스 아그리피누스(66년에 네로 황제에 맞서 음모에 가담), 세네
카 같은 철학자와 정치가들은 엄격한 금욕주의를 공언하며 삶의 규칙을 만들려고 했
다. 그래서 순수 정치가들은 네로 통치 초기에 이 교리를 제국의 위험의 원천으로 여겼
다. 특히 영향력 있는 위치가 있었던 세네카는 64년에 이 의혹에 대해 항의해야 했다
(『도덕서한』 73). 그러나 정치인들이 우세했고, 이후 철학자들에 대한 강력한 조치가
취해졌다. 네로 황제에 대한 살해 음모가 그 구실을 주었고, 이로 인해 젊은이들에게 상
당한 영향을 미쳤던 무소니우스 루푸스는 다시 추방되었다.

의 헬라스 항구(Préveza)의 북쪽 지역――는 아우구스투스 황제가 악티움 해전(B.C. 31)에서 안토니우스에게 승리한 것을 기념해서 세웠던 대단히 크고 화려한 도시였다. 부유한 도시로서, 극장(3.4.1), 아름다운 신전, 체육관, 경기장이 있었고 5년마다(pentaetēris) 열리는 악티아라 불리는 아폴론 제전에서 그 자체의 게임을 거행했다는 보고도 전해지고 있다.[30] 이러한 사실은 오늘날에도 남아 있는 유적을 통하여 확인할 수 있다. 이 도시는 서부 헬라스를 관할하기 위한 로마의 정치적·경제적 중심지였다.[31] 해안에 위치했기 때문에, 터키와 헬라스에서 이탈리아로 여행하는 많은 사람들이 빈번하게 들렀다 가는 교통의 요충지였다.

『강의』에는 로마로 돌아가던 사람들이 니코폴리스로 가서 에픽테토스를 만나는 한 장면이 나온다.

"하지만 그게 아니라, 당신은 '여행하는 김에, 배를 임대할 때까지 기다리는 동안, 에픽테토스를 만날 수도 있어. 도대체 그가 어떤 말을 하는지 한번 만나 보자'라며 찾아오는 것입니다. 그런 다음 이곳을 떠날 때는, '에픽테토스는 아무것도 아니었어, 그의 말은 엉망이었고, 상스러운 표현을 사용하더라'라고 말하게 되는 것입니다. 당신은 또 어떤 판단을

---

30  스트라본, 『지리지』, VII, 7.6. 로마의 종교적 전통으로 악티아(Actia, Aktia)는 아폴론 제전으로 니코폴리스에서 행해졌으며, 레슬링, 음악 경연, 경마, 해전과 같은 게임이 있었다. 이것은 악티움에서의 승리를 기념해서 아우구스투스 황제에 의해 과거에 이곳에 있었던 아폴론 제전을 복원한 것으로 보인다. 『강의』에는 "지진이 많은 니코폴리스에서 살면서"(2.6.20)라는 도시의 문제점을 지적하는 말과 "그래서 니코폴리스 시민들도 그런 식으로 '그래, 카이사르의 도움으로 우리는 자유롭습니다'라고 외치고들 있으니까요"라는 도시의 분위기를 전하는 말이 나온다(4.1.14).

31  "에페이로스의 행정장관(epitropos)"이라는 말이 나온다(3.3.4).

내리기 위해 왔는가?"(3.9.14)

에픽테토스가 학교를 이 도시에 개소한 것은 의심할 바 없이 그 도시
의 대도시적인 지위와 교통의 편리성 때문이었을 것이다. 그는 곧 많은
사람들에게 알려지고, 그 도시 시민들의 존경을 받았다. 이 지역과 다른
곳에서 사람들이 그를 찾아와 인생 문제를 상담하고, 도덕적 문제들에
대해 질문을 던지곤 했다. 『강의』를 통해서 살펴보면, 로마의 고급 관료
도 있었지만[32] 그 대부분은 이름이 알려지지 않았고, 대개는 무심코 듣
는 사람들이며, 나이가 많은 학생들도 더러 있었으며, 학생들은 시니어
(전문가)와 주니어로 나누어지고, 시니어 학생들이 주니어 학생들을 직
접 지도한 것으로 보인다. 그의 학생들은 그곳에 숙소를 만들었으며, 니
코폴리스라는 도시의 여러 이점이 그들의 부모를 안심시킬 수 있었을
것이다.[33] 그는 학생을 끌어모을 만큼 충분한 평판을 누렸으며 학생들
에게서 받은 조금의 강연료에 의존해서 살았다. 그의 제자들이 그에게
'철학자'라는 칭호를 붙여 줄 만큼, 그는 열심히 또 깊이 있는 교육을 추

---

32 에픽테토스의 학교에는 귀족이나 부자들 자제가 많았던 것 같다(1.25.26, 2.14.1,
2.23.38, 4.1.144["너희 부자들은"], 4.4.1). 이들의 공부의 목적은 당시의 관습에 따라 로
마에서 정치적인 '출세(관직) 사다리'(cursus honorum)를 원하는 데 있었던 것으로 보
인다.

33 향수에 젖어 학교를 떠나려는 학생을 가혹하게 야단치는 장면도 나온다. "'하지만 여
기에 있으면 제가 아플 때, 엄마가 내 머리를 받쳐 주지 않을 거예요.' ─그렇다면 자
네 어머니 집으로 돌아가라. 자네가 아플 때 자네의 머리를 잡아 줄 만한 그런 사람이니
까. ─'하지만 집에는 눕기에 좋은 작은 침대가 있습니다.' ─그 작은 네 침대로 돌아
가라. 하기는 네가 좋은 건강을 유지할 때조차도, 자네는 그런 침대에 누워 잘 만한 가
치가 있는 사람이야. 그러니 집에 있어도 할 수 있는 일을 여기에서도 하지 않는 일이
없도록 해라."(3.5.12~13)

구하였다. 스파르티아누스의 보고에 따르면, 그의 평판은 황제 하드리아누스의 초청을 받을 만큼 높았던 것 같다. 실제로 125년 한 차례 하드리아누스의 방문을 받기도 했다고 한다.[34]

아테네와 올림피아를 잠시 방문한 것 빼고는 죽음에 이를 때까지 에픽테토스는 내내 그곳에 머물렀다. 당시 니코폴리스에는 명확하지는 않지만, 기독교인의 공동체가 있었다고 하는데, 그 도시에 로마로 가는 중요한 항구가 있었기 때문에 기독교의 영향력이 미치고 있었음을 의심할 여지가 없다. 접촉이 있었다고 하면, 에픽테토스에게도 어느 정도 영향을 주었을 것이고, 역으로 기독교인들이 에픽테토스에게서 영향을 받았을 수도 있다. 실제로 사도 바울이 니코폴리스로 전도 여행을 왔었다고 하며, 『신약성서』에도 니코폴리스와 그곳에서 바울이 겨울을 나기로 한 결정에 대한 언급이 나와 있다(『디도서』, 3장 12절). 또 자신이 어린 시절을 보냈던 히에라폴리스에도 기독교인의 공동체가 있어서(『골로새서』, 4장 13절) 기독교를 접할 수 있었을 것이다. 그러나 에픽테토스의 철학과 당시 『신약성서』와의 관계가 어떠했는지, 에픽테토스가 『신약성서』를 직접 접했는지, 그리고 그의 생각이 얼마나 기독교적 사상과 연관되는지를 평가하기란 쉽지 않다.[35] 늘 모호하게 말하고 있긴 하지만, 에픽테토스가 두 대목에서만큼은 '기독교인'을 명확하게 언급

---

34 A. Spartianus, *Vita Hadriani*, 16.10.

35 A. A. Long[2002], p. 17, p. 110 참조. 『신약성서』와 에픽테토스의 구절을 비교하는 논의에 대해서는 A. Bonhöffer, *Epiktet und das Neue Testament*, Verlag von Alfred Töpelmann, 1911, pp. 41~44, p. 72, p. 273; J. Hershbell, "The Stoicism of Epictetus: Twentieth Century Perspectives", *ANRW* II.36.3, 1989, pp. 2150~2163, 특히 p. 2163; N. Huttunen, *Early Christians Adapting to the Roman Empire*, Brill, 2020, pp. 15~46 참조.

하고 있는 것처럼 보인다(2.9.19~21, 4.7.6 참조). 에픽테토스가 언급하는 '갈릴리 사람들'(4.7.6)은 황제 숭배를 거부하는 고집스럽도록 반항적인 사람들로 알려진 '기독교인들'을 가리키는 것으로 보인다.

> "너는 헬라스인데, 왜 유대인 역할을 하는가? […] 어떤 사람이 두 신조(信條) 사이에서 망설이는 것을 보면, 우리는 '그가 유대인이 아니라 단지 그 역할을 행하고 있을 뿐이야'라고 말하는 데 아주 익숙하다네. 그러나 그가 세례를 받고 종파를 선택했던 자의 마음가짐을 취한다면, 그때에는 그는 참으로 유대인이고 그 이름으로 불리는 것이네. 이와 같이 우리도 또한 '겉으로만 세례를 받고', 사실은 전혀 다른 어떤 사람임에도, 말뿐으로만 유대인 행세를 할 수 있는 것이네."(2.9.19~21)

에픽테토스에게 신은 지성이고, 앎이고, 올바른 이성이고, 좋음(선)이다. "신은 지성(nous)과 운명(heimarmenē)이고, 제우스와 하나이며 동일하다"(DL 제7권 135)는 생각은 초기 스토아로부터 내려왔던 뿌리 깊은 전통이다. 본성적으로 인간만이 신과 더불어 살아가면서 교섭할 수 있는 것은 '이성에 의해' 신과 결합할 수 있기 때문이다(1.9.4~6). 신은 세상의 사물에 대해서뿐만 아니라 특별히 우리 각자에 대해서 돌보는 섭리(pronoia) 자체이다. 에픽테토스에 따르면, 우리는 신으로부터 왔으며, 신의 조각이며(1.14.5, 1.17.27, 2.8.11), 우리는 죽은 후 신에게로 돌아간다. '신은 네 안에 있다.' 신과 인간은 떨어질 수 없는 일체라는 신에 대한 새로운 개념이 에픽테토스에게 등장한다.

이것들은 신과 인간의 관계가 어떠해야 하는지를 잘 보여 주고 있다. 즉 우주의 시민으로서의 인간, 신과 인간이 친족관계, 이성은 통해 신과의 공통적 유대를 맺는 인간의 형제애(1.13.3)를.

"누군가가 우리 모두가 원래 신으로부터 태어났으며, 신은 인간들과 신들의 아버지라는 이 판단에 대해 진정으로 확신할 수만 있다면, 자신에 대해 결코 비천하거나 비열하다는 생각을 품지 않을 것이라고 나는 생각하네."(1.3.1)

"신과 인간들 사이의 친족관계에 관해 철학자들이 말한 것들이 참이라고 한다면, […] '나는 우주의 시민이다'라고 말했던 소크라테스의 예를 따르는 것 외에 인간에게 다른 무엇이 남아 있겠는가? […] 이제 누군가가 우주의 통치를 주의 깊게 연구했으며, '모든 것들 중에서 가장 크고, 가장 권위가 있고, 가장 포괄적인 것은 인간들과 신으로 구성된 이 조직(사회)이라는 것을 이해하게 되었다고 해보자. 그는 신으로부터 [생성하는 모든 것의] 씨앗들이 나왔다는 것을, […] 알게 되었네. 왜냐하면 이성적인 존재들만이 이성을 통해 신과 결속됨으로써 본성적으로 신과 친교를 맺는 데 적합하기 때문이네.' 이것을 이해한 그 사람이 스스로를 우주의 시민이라고 부르지 말아야만 하는가? 왜 신의 아들이라고 부르지 못하는가? […] 우리를 만드신 분, 우리의 아버지, 우리의 수호자이신 신이 계시다면 두려움과 고통에서 우리를 구원하기에 충분하지 않겠는가?"(1.9.1~7)

"네가 문을 닫고 방 안을 어둡게 했을 때라도, 혼자라고 결코 말하지 않아야 한다는 것을 기억하라. 사실상 너희는 혼자가 아니다. 신이 너희 안에 있으며, 너희의 영(다이몬) 또한 네 안에 있으니까 말이네."(1.14.

13~14)

"하지만 너는 주도적 가치를 가진 존재이며, 신으로부터 분리된 조각이기도 하네. 또 네 안에 신의 부분을 가지고 있네. 그렇다면 왜 너는 너의 동족성을 깨닫지 못하는가? 네가 어디서 왔는지를 왜 알지 못하는가? 네가 먹을 때, 먹는 자가 누구이며, 네가 먹여 주는 자가 누구인지 기억하고 싶지 않느냐? 그리고 네가 성행위를 할 때, 누가 그렇게 하고 있느냐? 네가 사회적 사귐을 나눌 때, 네가 신체 훈련을 할 때, 네가 대화할 때, 네가 신을 먹여 주고, 네가 신을 훈련한다는 것을 알지 못하는가? 너는 신을 지니고 나르고 있으면서, 가련한 자여, 그것을 깨닫지 못하는구나."(2.8.11~12)

"하지만 내가 마음에 들어야만 하는 것, 마땅히 순종하게 하고, 복종해야만 하는 존재는 신이며, 그다음에는 나 자신인 것이다. 신은 나를 나 자신에게 맡기셨고, 나의 의지(프로하이레시스)를 오직 나에게만 따르도록 하시고, 그것을 올바르게 사용하기 위한 기준을 주셨다."(4.12.11~12)

그는 전통적인 스토아 이론에 속하는 내재론(immanentism)을 거부하지 않으며, 범신론과 스토아적 물질론도 받아들인다. 로고스(이성)에 복종하고, 좋음을 행하는 것은 신에 복종하는 것이며 신에게 봉사하는 일이다. 그것은 또한 신을 찬양하는 일이기도 하다. '자유'는 '신적 의지'에 순종하는 것과 일치한다. 그래서 '신을 따르고, 신적 통치를 받아들이는 방식으로 행위하고, 어떻게 하면 지 유로워질 수 있는가'를 지

신의 프로하이레시스(의지)에 따라 일어나게 하고, 아무런 방해도 받지 않는다면, 그는 자유로운 사람이다(1.12.7~16).

> "'훌륭하고 덕이 있는 사람'은 이 모든 물음[신의 있음과 신과 인간의 관계 문제]을 검토한 후에, 좋은 시민들이 폴리스의 법에 복종하는 것처럼 우주를 통치하는 자에게 자신의 생각(gnōmē)을 복종시키는 것이네."(1.12.7)

아닌 게 아니라, 에픽테토스의 가르침과 초기 기독교인들의 가르침 사이에는 어떤 유사점이 있어 보인다. 가령, 육체와 세상적인 재화로부터 혼을 '자유롭게' 하는 것의 중요성, 도덕적 순수성에 대한 강조, 신과 인간의 관계 등이 그렇다. 그리고 섭리적으로 우주를 다스리는 '단일한' 신에 대한 에픽테토스의 강조는 기독교의 가르침과도 유사하다. 그러나 중요한 차이점도 있다. 가령, 에픽테토스는 개인적으로는 대단히 충만한 영적인 종교적 생각을 품고 있었으나, 그의 '신'은 세상적인 것과 거의 동일하며, 그에게 신적 구원의 개념은 없다. 에픽테토스의 구원은 신의 일이 아니라, 도덕적 완전성을 추구하는 인간의 일이다. 따라서 그에게는 기독교적 의미의 '초자연적·초월적 신'이나 '은총'과 같은 존재가 자리 잡을 여지가 없어 보인다. 왜냐하면 그는 '신, 영혼, 구원'의 개념들이 이론적으로는 스토아의 '자연학'의 영역에 뿌리 박혀 있다는 사유의 차원에 머물러 있기 때문이다. 그럼에도 『강의』와 『신약성서』에서 나타나는 두드러진 언어적 유사성은 주로 당시에 지중해 지방에서 널리 사용됐던 '코이네'(koinē)로 쓰였다는 사실로부터 비롯된 것으

로 보인다.[36]

그는 단호히 가족과 결혼을 포기했다. 오두막에서 돌봐 주는 사람 없이 평생을 침상과 램프 이외에는 다른 어떤 가구도 없이 살았다.[37] 그가 죽었을 때, 그의 열렬한 추종자가 '현명하지 않게도' 그의 램프를 3000드라크마라는 거금을 들여 구입했다고 한다.[38] 로마에서처럼 니코폴리스에서도 그는 가난한 채로 결혼하지도 않고 오랜 기간 혼자 살았다. 심플리키우스에 따르면, 말년에 이르러 그렇지 않으면 죽을 수밖에 없었던 가난한 친구의 아이를 양자로 받아들이고, 그 아이를 돌보기 위해 독신 생활을 청산하고 유모로서 부인 혹은 여자 하인을 취해서 살았다고 한다.[39]

---

36 A. A. Long[2002], pp. 35~36; J. Hershbell, "The Stoicism of Epictetus: Twentieth Century Perspectives", p. 2163 참조. A. 본회퍼가 맨 처음으로 에픽테토스와 '초기 기독교 문헌' 사이에 어떤 관련성 있다는 사실은 그럼직하지 않다는 주장을 펼쳤다(A. Bonhöffer, *Epiktet und das Neue Testament*). 또한 그는 20세기 들어 에픽테토스를 '전통(Old) 스토아학파의 순수하고 정통에 입각한 일관된 이론'으로 제시하고 있는 철학자로 평가하는데(예를 들어 본회퍼의 pathē 평가는 이렇다. "pathē의 본질과 기원에 대한 에픽테토스의 견해는 초기의 진정한 스토아학파의 견해와 전적으로 상응한다."), 이후로는 그를 '스토아 철학자'라고 부르는 것을 의심하는 학자는 없다. A. A. 롱은 본회퍼의 작품들이 "에픽테토스와 스토아 전통의 관계를 면밀히 연구하는 데 꼭 필요한 것이지만, [⋯] 그 작품들이 그의 정통적 교리를 지나치게 강조하는 경향이 있다"(A. A. Long[2002], p. 36)라고 지적한다.

37 램프에 관련된 일화에 대해서는 1.18.15 및 1.29.31 참조. 가난에 관해서는 3.9.15 참조.

38 "스토아학파의 에픽테토스의 토기 램프를 3000드라크마를 지불하고 산 사람이 아직 살아 있다고 믿습니다. 나는 그가 그 램프의 빛으로 책을 읽기만 하면 즉각 에픽테토스의 지혜를 꿈을 통해 얻게 될 것이라고 생각했고, 그 자신도 그 놀라운 현자의 모습을 취했을 것이라고 생각합니다."(Loukianos[Lucian], *Adversus indoctum et libros multos ementem*, 13)

39 *Simplicii commentarius in Epicteti enchiridion*, 116.49~50; H406. 나는 심플리키우스의 이

로마 제국 스토아 시절에 세네카의 뒤를 이어 등장한 에픽테토스는, 그와는 전연 신분이 맞지 않는 황제였던 마르쿠스 아우렐리우스에 앞서 활약했다. 귀족 출신인 세네카, 노예 출신인 에픽테토스, 황제였던 마르쿠스, 이 세 철학자들이 후기 스토아 철학을 대표하고 있다. 출신 성분이 제각각이었음에도 사상적으로 서로 영향을 주고받으며, 철학하는 방향에서 같은 길을 걸었다는 것은 스토아 철학의 핵심이 어디에 있었는지를 잘 보여 준다고 하겠다. 에픽테토스를 뒤이어 회의주의자인 의사였던 섹스투스 엠피리쿠스, 스토아 철학에 대해 적대적이었던 의술 철학자인 갈레노스,[40] 아리스토텔레스 주석가였던 아프로디시아스

언급은 믿을 만한 것이 못 된다고 생각한다. 에픽테토스는 견유학파 철학의 관점에 따라, 신에 대한 봉사에 전념하면서 신의 첩자로서 또 메신저로서, 자신의 본성을 파괴함 없이 사적 관계에 얽매이지 않고 사는 모습을 우리에게 전해 준다. 그는 아내는 물론 그녀의 친척과 장인을 모셔야 하고, 자식들을 돌봐야 하고, 아이를 낳고, 목욕시키기 위해 냄비에 물을 끓여야 하고, 아내를 위하여 양털, 기름, 침상, 물컵 따위의 생활에 필요한 잡동사니들을 준비해야 하는 '결혼 생활의 귀찮음'을 언급하고 있다(3.22.70~72).

40 갈레노스(Galēnos, 130~210)는 『히포크라테스와 플라톤의 학설에 대하여』(de Placitis Hippocratis et Platonis)에서 스토아의 심리학에 대해 심하게 공격한다. 주된 공격 지점은, 스토아가 아리스토텔레스의 입장을 받아들여 '혼이 지도하는 중심 부분'(hēgemonikon)을 뇌가 아니라, 심장에 위치시키고 있다는 점이다(1~3권). 그는 뇌가 감각과 동기의 자리로서 기능한다고 주장한다. 혼(프시케)의 추론하는 기능은 뇌에 있지만, 다른 심리적인 기능은 신체의 여기저기에 있다는 것이다. 분노는 가슴에, 욕구는 위와 간에 있듯이. 4~5권에서 갈레노스는 플라톤의 심리적 기능에 대한 3부분으로 된 설명을 옹호하고(『티마이오스』 69~72), 부분들의 구성론적 관점을 받아들이면서 감정이 이성에 의해 알려지는 것으로 보는 스토아의 통합이론을 공격한다. 이것은 스토아의 '혼의 지도하는 중심 부분' 이론을 공격하는 셈이다. 또 그는 이 두 가지 점에서 스토아의 가장 체계적인 이론가인 크뤼시포스("심장은 이 모든 것이 만나는 부분의 위치이며, 혼의 지도하는 부분이다.")를 부정적이며 적대적인 상대로 내세우고 있다. 요컨대 크뤼시포스가 혼의 지도하는 부분의 위치를 심장에 두고 있다는 점, 인간 심

의 알렉산드로스 등이 활동하였다.


## 에픽테토스 『강의』의 저술 배경

에픽테토스의 저술로 우리에게는 『강의』와 『엥케이리디온』이 잘 알려져 있지만, 실제로 그는 소크라테스처럼 아무런 책을 쓰지 않았다. 이 작품들은 에픽테토스 밑에서 공부했던 뛰어난 학생에 의해 기록되었다. 2세기 초반에 니코폴리스에는 지적 호기심으로 가득 찬 한 무리의 젊은이들이 모여들었다. 그들은 에픽테토스의 학생들이었다. 선생의 말을 열심히 경청하던 학생들 가운데 가장 뛰어난 자가 있었는데, 그가 바로 루키누스 플라비우스 아리아누스(라틴명; Lucinus Flavius Arrianus Xenophon; 86? 89?~146? 160?), 즉 아리아노스(헬라스 이름)이다. 그는 우리에게 유일하게 남아 있는 특정한 이름으로, 훗날 정치가, 역사가와 문필가로 이름을 날린, 에픽테토스의 가르침에 대한 지식을 갖고 있었던 사람이었다. 그는 아직 젊은 시절에 니코폴리스에서 꽤 오랜 시간을 에픽테토스 밑에서 철학을 공부하면서 보냈다. 그는 에픽테토스의 가장 세심하고 열성적인 청취자 중 한 명이었다. 선생은 이미 늙었다. 그가 에픽테토스의 수업에서 받은 인상은 매우 심오하고 강렬했다. 아리아노스가 나중에 『강의』를 출판할 때 썼듯이, 에픽테토스의 강의를 듣는 사람은 그 사람이 경험하기를 원하는 바를 경험하지 않을 수 없다고

리학의 통합 혹은 일원적인 전체론적 모델을 상정하고 있다는 점이 그의 공격 목표가 되고 있다(C. Gill, "Galen and the Stoics: Mortal Enemies or Blood Brothers?", *Phronesis*, Vol.52, No.1, 2007, pp. 88~120 참조).

그는 말한다. "그 청강자는 에픽테토스가 그에게 느끼기를 원하는 바로 그것을 느끼도록 강요받을 수밖에 없다는 점을 잘 알고 있어야만 합니다." 이 말은 '비망록'(메모)을 대중에게 내놓으면서 아리아노스가 달리 알려진 바가 없는 인물인 루키우스 겔리우스[41]에게 보낸, 출판에 관한 전후 사정과 그 출판이 자신의 의도와 다르게 진행됐음을 알리는 일종의 '사과' 편지에 적혀 있는 말이다. 그 편지에는 독자들이 이 책을 읽으며, 무엇을 찾아내야 하는지에 대한 그 자신의 소망을 담고 있다. 어떤 이유인지는 알 수 없지만, 이 편지는 고대로부터『강의』사본에 관례적으로 맨 앞에 첨부되어 있었다.

『수다』에 따르면, 아리아노스는 흑해 서남쪽 연안의 니코메데이아의 부유한 집안에서 태어났다. 그는 훗날 중요한 역사가로 활동했고, '새로운 크세노폰'(neos Xenophōn)으로 알려졌으며, 에픽테토스 문하의 철학자였다고 한다. 아마도 18세 무렵인 105~113년경에 50대 후반이나 60대 초에 접어든 에픽테토스를 니코폴리스에서 만나 함께 공부한 것으로 여겨진다. 그는 하드리아누스, 마르쿠스 아우렐리우스, 안토니누스 황제 치세에 로마에 머물며 정치 활동에 참여하면서 뛰어난 학문적 능력으로 명성을 쌓았다고 한다. 아리아노스는 크세노폰의 혼란스런 문체를 헤로도토스나 투키디데스에 토대를 둔 혼합적이면서도 인위적이긴 하지만 아주 명쾌한 어법으로 바꿔서 글을 썼다고 하며, 많은 책을 기술했다고 한다.[42] 그가 코이네로 정리하고 기술한 에픽테토스의

---

41 수이에는 그를 에픽테토스의 제자로 추정하기도 한다(J. Souilhé, p. xi).

42 Arrianos, Nikomēdeus, philosophos Epiktēteios, ho epiklētheis neos Xenophōn. ēn de en Rōmē epi Adrianou kai Markou kai Antōnonou tōn basileōn, kai axiōmatōn metalabōn kai

저서는 그 자신의 본래 문체의 특징과는 다른 것이었다. 이 점은 그가 가능한 에픽테토스의 목소리를 독자 스스로 매우 가깝게 직접 듣는 느낌을 갖도록 하기 위해 핍진한 형식인 대화체로 저술한 것을 통해서도 미루어 짐작이 간다. 그렇게 해서 그는 자신의 선생의 가르침을 한 마디도 빼놓지 않고 기록하고자 하는 열망으로 에픽테토스의 충실한 어록을 만들었다.

아리아노스는 전문적인 철학가는 아니었으나, 다방면의 재능은 역사, 전쟁(Anabasis, 인도의 역사, 군사 전략), 지리, 사냥(Kynegetikos) 등 여러 분야에 걸쳐 다양한 책을 저술하게 했으며, 앞서 언급한 대로 기원전 4세기 아테네의 크세노폰과 비교될 정도로 이름이 알려졌다. 에픽테토스가 당대의 '소크라테스'라면, 아리아노스는 로마의 '크세노폰'이라 말할 수 있다. 아리아노스는 에픽테토스의 철학에 관한 비공식 강의와 대화를 전체 8권으로 기록하고 출판했으며, 그 중 현재 4권과 일부 단편이 남아 있다. 이것이 『강의』라는 저서이다. 아리아노스는 또한 이 책의 주요 주제에 연관된 내용을 골라 『엥케이리디온』(Encheiridion)으로 요약해서 작성했다.

실제로 아리아노스는 에픽테토스의 말을 '구성했다'(sunggraphō)라고 말하지, 자신이 '썼다'(graphō)라는 말을 사용하지 않았다. 이는 플라톤이나 크세노폰이 소크라테스의 말을 기록한 것을 염두에 두고 있었음을 보여 주는 것이다. 이 점에서 니코폴리스에서 그 철학자의 열렬하고 충실했던 경청자였던 그는 대단한 근면함을 보여 주었다. 그는 소극

---

mechris autou tou hupateusai, kath phēsin Helikōnios, dia tēn tēs paideia dexiotēta. egrapse de biblia pamplēthē(『수다』의 '아리아노스'에 관한 항목).

적으로 수업을 따르지 않고, 들은 모든 것을 주의 깊게 기록했고, 그 생각을 보존하는 데 만족하지 않고 표현까지도 재현하려고 노력함으로써, 자신의 선생의 생각뿐만 아니라 그의 '솔직함'을 장래에도 잊지 않고 찾기 위해 자신이 들은 모든 것을 그의 말로 적어 놓기를 노력했다. 아리아노스는 『강의』 서두에 붙어 있는 '편지'에서 이런 말로, "나는 그의 생각의 방식과 솔직한 말투(parrēsia)에 대해, 훗날의 나 자신을 위해 '비망록'(메모, hupomnēmata)으로서 조심스럽게 보존해 두기 위해서, 그가 말할 때 내가 들은 모든 것을 가능한 한 그 자신의 말로 적어 놓으려 노력했습니다"라고 루키우스 겔레우스에게 책의 출판에 관한 인사를 전하고 있다.

오늘날 우리가 읽을 수 있도록 대화체로 에픽테토스의 가르침을 기록하고, 에픽테토스를 '사실상의 저자'로 인정할 수 있도록 만든 아리아노스가 diatribai라는 작품을 전해 주고 있다는 점을 우리는 주목해야 한다. 아리아노스는 『강의』에 맨 앞에 실려 있는 편지에서 에픽테토스의 책을 '강의'(logoi)와 '비망록'(메모, hupomnēmata)으로 언급한다. diatribai('비공식적 강연')라는 책 제목은 심플리키우스('에픽테토스의 diatribai를 편찬한 아리아노스')와 포티우스(Photius, Codex. 58)가 보고한다. 포티우스는 저작의 편수를 8권으로 말한다. 아리아노스 당대의 겔리우스는 『대화』 혹은 『강의를 통해』(Dialexeis)로 표현하고, 라틴어는 Dissertationes로 말하고 있다. 또 그는 에픽테토스의 『강의』를 아리아노스가 정리한 것으로 보고한다. 겔리우스는 제5권을 언급하기도 한다.[43] 다른 제목으로는 Scholai(『강의들』)와 Homiliai(『강의들』)도 전해진다.[44] 겔리우스가 전해 주는 제목으로 해서 오늘날 흔히 그의 작품은 영어로는 Discourses('담화'), 프랑스어로는 Entretiens('담화')라고 불리고 있다. 한편, 마르쿠스 아우렐리우스는 "나는 루스티쿠스 자신이 베낀 에픽테토스의 그 기록들(Hupomnēmata)을 빌려 읽었다"고 말하고 있다.[45] 비잔틴 시대에 마케도니아 출신의 요하네스 스토바이오스(5세기 경)도 에픽테토스의 *Hupomnēmata*를 언급한다. 우리에게 알려진 이 책의 제목『아리아노스의 에픽테토스의 *Dissertationes* A·B·Γ·Δ』(*Epicteti Dissertationes ab Arriano Digestae*)은 쉔클이 붙였는데(1916), 이것은 제목 없이 전해진 옥스퍼드 대학 보들리안 도서관에 소장되어 있던 12세기 필사본(*Codex Bodleianus*)의 맨 끝에 쓰여 있던 표현을 사용한 것이다.

아리아노스가 남긴『엥케이리디온』에는 우리에게 전해지는 네 권의 책 중 어느 것과도 일치하지 않는 여러 구절이 포함되어 있다.『엥케이리디온』에서 말해진 내용이 현재 남아 있는『강의』에 나타나지 않는다면, 그것은 상실된 나머지 4권의 일부에 포함된 내용으로 간주될 수 있을 것이다. '엥케이리디온'이란 말의 문자적 의미는 '손안의 작은 것'(vade meecum, procheiros, manual)이다. 심플리키우스는 이 책 제목

---

43 A. Gellius,『아티카의 밤』1.2.6 및 17. 19; 19. 1.14~21.

44 스토바이오스(Iōannēs Stobaios), *Eclogae*(*Eklogon*) 4.33.28; Photius, Bibliotheca, 58.

45 『자기 자신에게 이르는 것들』제1권 7.8. 일종의 '비망록'(備忘錄, Note)으로 생각될 수 있다.『자기 자신에게 이르는 것들』제3권 14에도 *Hupomnēmatia*라는 말이 나오는데, 이 경우에는 이 말이 정확히 '누구'(마르쿠스 아우렐리우스 자신?)의 책을 지칭하는지 알 수 없다. 마르쿠스가 읽은 책은 아리아노스가 편집한 8권의 복사본으로 추정된다. 그가 에픽테토스에게서 인용한 구절의 일부는 현존하는 에픽테토스의 책에서 찾아지질 않는다(4.41, 4.49, 11.37, 11.38, 11.39 등). 아니면, 그것은 아리아노스의 노트가 아니라, 루스티쿠스 자신의 노트일 가능성도 있다. 그렇지 않다면, 아리아노스의『강의』를 루스티쿠스 자신이 개인적으로 복사한 것일 수도 있다. 어쨌건 에픽테토스가 다른 누구보다도 마르쿠스의 철학적 입신에 지대한 영향을 끼쳤다는 것은 틀림없는 사실이다.

에 관해 다음과 같이 이야기하고 있다.

"'엥케이리디온'이라고 불리는 이유는, 마땅히 살아야만 하는 대로 잘 살고자 하는 모든 사람이 이 책에서 완전해지고, 항상 손에 준비되어 (procheiron) 있어야만 하기 때문이다. [흔히 이 이름에 의해 불렸으며, 그것으로부터 은유를 취해 온 것으로 보이는] 군인에게 단검이 그런 것처럼, 이 책도 지속적이며 필연적으로 사용되는 것과 같이."(*Simplicii commentarius in Epicteti enchiridionn Ench* 1.25~30; P. Hadot, *The Inner Citadel*; *The Meditations of Marcus Aurelius*, trans. Michael Chase, Harvard Univ. Press, 1998. H193)

『강의』 안에서도 '손안에'(procheiros)라는 말이 여러 번 사용되고 있다. '인생에 필요한 원리들'을 언제든지 사용할 수 있도록 준비하고 있어야 한다는 점을 강조하는 경우에 이 말이 사용되고 있다(1.1.21).

"이러한 생각들을 항상 손안에(en chersi) 가까이 두고, 너 자신 속에서 거듭해서 반성하고 손 가까이에 둔다면, 자신을 위로해 줄 사람도 격려해 줄 사람도 결코 필요로 하지 않을 것이네. 왜냐하면 먹지 못하는 것이 수치스러운 것이 아니라, 오히려 두려워하지 않고 고통스러워하지 않기 위해 충분한 이성을 갖지 못하는 것이 수치스러운 일이기 때문이네."(3.24.115)

"이 생각들을 밤낮으로 손 가까이에(procheira) 두도록 하라. 그것들을 쓰고, 거듭 읽도록 하라. 스스로 자신에게 이것에 관해 말을 건네고, 다른 사람에게도 이것에 대해 '이 문제에 대해 나에게 도움을 줄 수 없겠습니까?'라고 말하고, 또 차례로 다른 사람에게 가야 하는 것이네."(3.24.103)

실제로『엥케이리디온』에는 이론적 논의보다 직접적 실천을 권유하는 도덕적 원리들이 더 많이 제시되고 있다. 또 거기에는 '너 …'란 2인칭, '기억하라!'(memnēsō), '너 자신에게 상기시켜라!'(hupomimnēske seauton)와 같은 명령형 형태로 가득 차 있으며, 또 우리에게 주어진 문제가 긴급한 것이며, 그 문제를 돌보는 데 결코 늦지 말고 빨리 시작하면 할수록 좋다는 식의 수사적 표현이 수두룩하게 나온다. 심플리키우스는『엥케이리디온』을 플라톤 철학을 공부하기 앞서 예비적인 도덕적 가르침이 필요한 초심자에게 읽혀야 한다고 제안하고 있다(3.5~25; H196). 그는 제53장의 마지막 주석을 끝내면서, 소크라테스의 "아뉘토스와 멜레토스가 나를 죽일 수는 있지만, 어떤 해도 내게 끼칠 수 없을 것이네"(『변명』30c~d)라는 마지막 말은『엥케이리디온』맨 처음 부분과 연결된다고 말한다. 즉 자신의 좋음과 나쁨을 외적인 것들이 아니라, 우리에게 달려 있는 것들에 놓고 있는 사람들은 결코 그 누구에게도 강요되거나, 방해를 받거나, 해를 입을 수 없다는 것을 다시 기억나게 한다는 것이다(138.8~15; H453) 이런 점에서『엥케이리디온』은 철학의 초심자에게 '소크라테스적인 삶'을 목표로 그동안 배운 철학의 이론을 철두철미하게 실천하는 방법을 보여 주는 '교본'인 셈이다. 살펴본 바와 같이, '엥케이리디온'이란 말의 의미와 책 내용을 고려해 보면, 이 책은 도덕 실천을 위한 '도덕 교본' 정도로 번역될 수 있다. 아리아노스가 '엥케이리디온'이란 이름을 붙인 것도 이 책의 실천적 활동을 위한 용도를 고려해서 그렇게 한 것으로 보인다.

마르쿠스 아우렐리우스는 그의 저작 『자기 자신에게 이르는 것들』에서 에픽테토스를 여러 번 언급하고 있으며,[46] 마르쿠스 아우렐리우스 당대의 의학자이며 철학자인 갈레노스는 파보리누스의 비판에 맞서 에픽테토스를 옹호하는 책을 썼다고 한다. 『엥케이리디온』에 관한 여러 사본이 존재하고, 또 신플라톤주의 철학자인 심플리키우스를 비롯한 여러 사람들이 『엥케이리디온』에 대한 상당한 양의 주석을 쓴 것으로 보면, 고대 세계에서도 많은 사람들에게 읽혔던 책이었음을 알 수 있다. 『엥케이리디온』은 『성경』이 채 보급되지 않았던 당시에 초기 기독교인들이 늘 '손에 지니고' 다니면서(vade mecum) 애독했다고 한다. 그 밖에도 의문의 여지가 있는 에픽테토스의 약간의 '단편들'이 전해진다.

초기 교부 철학자인 오리게네스의 보고에 따르면, 에픽테토스는 단지 문헌학자들에게서만 주로 읽혔던 플라톤보다 더 대중적인 인기를 누렸다고도 한다. '플라톤주의'가 스토아주의를 대체하던 3세기 초기에 저술 활동을 했던 오리게네스는 '플라톤은 평판을 받는 학자들의 손안에만 있었으나, 에픽테토스는 그의 말을 통해 삶의 지혜를 얻고자 하는 평범한 사람들에게 크게 찬양받았다'고 보고하고 있다.[47] 『강의』와 『엥케이리디온』은 당시에 민중들 사이에서 보편적으로 쓰였던 언어이

---

46 P. Hadot, *The Inner Citadel; The Meditations of Marcus Aurelius*, pp. 66~70('『자기 자신에게 이르는 것들』에서 에픽테토스의 인용') 참조. 아도는 에픽테토스가 확립한 주요한 '삶의 원리'(discipline of representations and judgment, discipline of impulsive action, discipline of desire)가 마르쿠스 아우렐리우스의 『자기 자신에게 이르는 것들』에도 고스란히 반영되어 있다고 해석한다.

47 오리게네스, 『켈수스 논박』 VI.2.

자, 성서 헬라스어인 코이네로 기록되어 있다. 코이네는 평범하고 정교하지 않은 말로, 그 언어가 갖는 투박함 때문에 고대의 다른 어떤 작가보다 에픽테토스에게서 '실제로 벌어지는 생동감을 간직하고 있는 대화'처럼 들리기도 한다. 『강의』에서 실제로 이루어지던 대화 장면을 떠올려 보면, 에픽테토스는 평이하고, 아주 빠른 속도로, 주저함이 없이, 어느 정도는 거만한 모습으로 학생들을 몰아붙이기도 하지만, 때론 스스로를 조롱하는 듯한 표현을 사용해서 말하기도 한다.

에픽테토스는 대화를 사용하여 스토아 윤리학의 핵심 원칙을 제시하고, 이를 생생하고 접근 가능한 언어로 전달하고자 했다. 그는 스토아학파 윤리학이 인간의 삶의 방식에 변화를 가져올 수 있고, 인간 행복에 도달하는 길을 보여 줄 수 있음을 목표로 삼고 있다. 이 저술 덕분에 에픽테토스는 고대에 가장 잘 알려진 스토아학파의 교사 중 한 명이 되었다. 그의 저술은 마르쿠스 아우렐리우스 황제의 '철학적 일기' 형식인 『자기 자신에게 이르는 것들』에 지대한 영향을 미쳤다.

앞서 이미 언급한 바 있듯이, 그 저작의 내용이 기독교적인 금욕주의와 도덕주의에 일치하는 면이 많다는 측면에서 기독교인들 사이에서 널리 읽혔다. 여러 번 언급했던 오리게네스의 스승인 초기 교부 알렉산드리아의 클레멘스(Titus Flavius Clemens, 150~215)에게도 영향을 주었다. 특히 『엥케이리디온』에 대한 기독교인들의 관심이 많았던 만큼 이름 모를 사람들의 기독교적 시각이 들어간 주석과 다소 개작된 형태로, 소크라테스가 '성 바울로'로 바뀐 수도사들을 위한 두 개의 사본

(*Paraphrasis Christiana*, St. Nilus판)이 전해지고 있다.[48] 중세에도 기독교 금욕주의자 사이에서 에픽테토스에 대한 관심은 끊임없이 지속되었다.

르네상스에 들어서 에픽테토스 작품에 대한 관심이 되살아나면서, 그는 많은 철학자들에 의해 읽혀졌고, 일반 대중을 위한 고전 문헌 중의 하나가 되었다. 『엥케이리디온』은 1497년경에 이탈리아 볼로냐에서 라틴어로 번역판이 나온 이후, 18세기까지 유럽에서는 영어, 불어, 독어로 번역되어 많은 사람들에게 회자되면서 꾸준히 돌려 읽혀졌다. 르네상스 시기에 키케로의 『의무론』, 세네카의 『도덕서한』(*Epistulae Morales*) 및 『대화』와 더불어 가장 많이 읽히던 책 중의 하나가 『엥케이리디온』이었다. 실제로 그의 철학은 후세의 철학자들에게 엄청난 영향을 끼쳤다. 그 이후 근대에 이르기까지 에픽테토스의 영향력은 사라지지 않았고, 데카르트, 파스칼 같은 근대 철학자들에게도 깊은 영향을 미쳤다.

에픽테토스와 마르쿠스 아우렐리우스의 저작은 후기 고대와 르네상스 시기로부터 현재에 이르기까지 철학자들은 물론, 많은 일반 독자의 관심의 대상이 되어, 여러 나라로 언어로 번역되어 꾸준하게 널리 읽히고 있다. 현대에 들어서도 세네카, 마르쿠스의 책과 더불어 에픽테토스의 책은 '인지 심리 치료'(cognitive psychotherapy) 분야의 발전에 큰 도움을 주었으며, 그의 저작은 '인생의 지침서'로 널리 읽히고, 그 교재 형태로도 사용되고 있다.

---

48  G. Boter, *The Encheiridion of Epictetus and its Three Christian Adaptations*, Brill, 1999. 수도원에서 사용된 『엥케이리디온』의 '기독교식으로의 패러프레이즈'에 대해서는 R. Sorabji, *Emotion and Peace of Mind: From Stoic Agitation to Christian Temptation*, Oxford, 2000, p. 390, n.39 참조.

## 『강의』는 어떤 성격의 책인가?

나는 그동안 에픽테토스의 『디아트리바이』(*diatribai*)를 『담화록』, 『대화』 등으로 옮겼는데, 이것은 정확한 번역이 아니다. 일본식 번역어인 '담화'의 사전적 의미는 '서로 이야기를 주고받음'이다. 이 책은 '단순히' 이야기를 주고받는 것이 아니라, 스토아 철학의 윤리이론과 그것에 수반하는 도덕 심리학적 이론을 토대로 삶의 방식과 도덕적 실천을 강의하는 철학책이다. 오히려 나는 더 정확한 의미에서 '스토아 철학 강의'로 옮기는 것이 맞다고 생각한다. '디아트리바이'란 말은 기본적으로 '시간을 보냄'이란 의미이지만, 이 말에는 '철학 학교'(LSJ.[49] 2.D)라는 의미도 있고, 또 에픽테토스의 이 책은 니코폴리스 철학 학교에서 벌어지는 에피소드를 중심으로, 도덕적 진보와 함양을 위한 주제를 강의하는 방식으로 전개되고 있다.

이 책의 형식은 '주로' 에픽테토스가 선생의 입장에서 자신 밑에서 공부하고자 찾아온, 상투적으로 그 자신이 '노예', '인간'——오늘날 식으로 표현하면 '내 친구'에 해당한다——이라고 부르는 학생들에게 가르침을 베푸는 강의이고, 니코폴리스 철학 학교의 강의실이 대화의 배경이 되고 있다. 따라서 강의 내용은 청강자들의 '도덕적 품성의 훈련과 함양'을 목표로 한다. 형식적으로나 내용상으로 이해해 볼 때, 또 이 책의 성격에 비추어 볼 때, 이 책은 '강의', '강연'(LSJ. 2.B)으로 제목을 붙이는 것이 적절하겠다. 그래서 나는 '디아트리바이'를 **'에픽테토스의 스토아 철학 강의'**라는 의미로 새기고, 간략히는 『강의』로 이름 붙였다.

---

**49** H. G. Liddell, R. Scott and H. S. Jones eds., *A Greek-English lexicon*, 9th revised ed., Clarendon Press, 1996.

요즘 식으로 풀어 말하자면, 에픽테토스의 『강의』는 '철학'을 강의하는 노회한 스토아 철학자가 젊은이들을 향해 인생의 방향과 지침을 제시해 주는 '철학의 권유'(pretrepticus, protreptikos)를 담고 있는 초급의 철학 교과서라고 말할 수 있다. 실제로 『강의』에는 에픽테토스가 강의실에서 행했던 스토아 윤리학의 상세하고, 전문적인 설명은 나오지 않는다. 오히려 초심자와 일반 청강생을 위한 스토아 윤리학에 대한 핵심 메시지만을 전하고 있을 뿐이다. 『강의』에 스토아 이론에 대한 체계적인 해설이 없다는 점은 여러 가지로 설명될 수 있을 듯하다. 에픽테토스의 강의가 '공식적인' 것과 '비공식적인' 것으로 나누어지고 있다는 점을 먼저 지적할 수 있겠다.[50] 공식적 강의는 『강의』가 암시하는 바처럼, 강의 주제가 더 체계적이었을 것이다. 비공식적 강의는 전문적 학생들을 위한 강의가 끝난 후, 보조 강의 형태로 이루어진 점도 고려해야 한다. 따라서 그 논의의 주제는 학생들이나 학교를 방문한 손님들이 제기한 질문들에 답하는 것이었기 때문에, 주어진 상황에 의존할 수밖에 없었을 것이다.

그가 자주 언급하는 스토아 철학자들(기원전 2세기경에 활동한 아르케데모스, 안티파트로스)의 면면을 보면 초기 정통 스토아(Old) 이론에 대해서는 조금 등한시한 것으로 보이기도 한다. 그럼에도 그들과 밀접한 사적 관계를 맺고 있던 파나이티오스(B.C. 185~B.C. 110? 109?)나 포세이도니오스(B.C. 135~B.C. 151)에 대한 언급은 나오지 않는다. 철학의 초심자와 청강생을 향한 강의라고 해서, 혹자는 고급철학

---

50  J. M. Cooper, "The Relevance of Moral Theory to Moral Improvement in Epictetus", eds. T. Scaltsas and A. S. Mason, *The Philosophy of Epictetus*, Oxford, 2007, pp. 10~11.

(advanced philosophy)을 다루는 내용은 없을 것이라고 생각함직도 하다. 하지만 반드시 그런 것만도 아니다. 거기에는 '주인 논변'(ho kurieōn logos, 2.18.17, 2.19)과 같은 고급 논리학의 훈련을 요청하는 논리적 문제들과 높은 정도의 스토아 철학에 대한 이해를 전제하는 철학적 문제들이 즐비하게 나오기 때문이다.

일반적으로 권유(protreptikos)의 문학 형식은 '독백이든 문답의 형식이 되었든, 윤리적 믿음에 대해 다시 생각하도록, 또 관점이나 행동의 근본적인 변화를 가져오도록 고안된 권유적이거나 혹은 훈계적 논의의 형식'을 가리킨다.[51] 권유 스타일은 에픽테토스의 『강의』에서 표명된 전형적 특징이다. 에픽테토스는 이 책에서 도덕에 대한 올바른 믿음을 갖도록 교육하는 두 개의 방법을 지적하고 있다. 하나는 '소크라테스적 엘렝코스(논박)'를 통해서, 즉 문답을 통해서 대화 상대자가 도덕 개념에 관해 근본적으로 혼동되어 있음을 보여 주게 됨으로써, 자신이 알고 있다고 믿고 있었던 것이 사실은 모르고 있었다는 것을 깨닫도록 이끌어 간다. 다른 하나의 방법은 대화 상대자가 애초에 참된 믿음으로 받아들였던 믿음과 모순되는 일련의 명제에 대해 동의하게끔 이끌어 가는 방법이다. 이 두 방법은 논박의 두 측면이라고 할 수 있다. 요컨대 에픽테토스의 '강의적 대화'(diatribē)의 목적은 소크라테스적 논박을 통한 철학의 연습(meletē)과 훈련(gumnasia)이다. 이를 통해 '교육자로서' 에픽테토스는 학생들에게 덕(아레테)을 열망하라고 권유하고 있다. 이런 의미에서 이 책은 소크라테스, 아리스토텔레스 이래로 죽 이어져 내려

51 A A Long[2002], p 54

온 전통적인 의미에서 '철학의 권유'(exhortation to philosophy)의 범주에 속한다고 할 수 있다.

재규어(A. Jagu)와 같은 학자는 에픽테토스의 윤리학을 '누구도 의지를 갖고 잘못을 범하지 않는다'는 소크라테스의 이성주의 전통을 이어받고 있다고 해석한다. 그는 에픽테토스를 소크라테스 철학의 '진정한 딸'(상속자)로 본다. 『강의』에서 자주 언급하고 있는 것처럼, 플라톤의 '대화편'이 『강의』에 미친 영향을 부인하지 못한다. 재규어에 따르면, 에픽테토스는 플라톤의 '대화편'을 실천적인 목적을 위해 사용하고 있다. 에픽테토스는 도덕 이론의 즉각적인 실천의 모범을 소크라테스에게 찾았으며, 그래서 그는 실천과 연관된 변증술(문답법)적 대화편을 주로 다뤘다. 따라서 『티마이오스』, 『정치가』, 『파르메니데스』, 『소피스테스』와 같은 이론적인 작품들은 경시했다는 것이다. 실제로 에픽테토스는 논리학의 미묘한 문제와 자연학에 대해서는 관심을 거의 기울이지 않았다.[52]

앞의 얘기로 되돌아가면, 아리아노스가 전한 에픽테토스의 『강의』속 어디에서도 우리는 스토아 이론 전체를 체계적으로 설명하는 곳을 발견할 수 없다고 지적했다. 『강의』가 일반적인 방향에서는 스토아적이지만, 에픽테토스의 강조점과 방법론이란 측면에서는 스토아적이기보다는, 오히려 소크라테스의 철학 방식에 더 가깝다. A. A. 롱의 평가처럼 교육적인 측면에서는 에픽테토스를 스토아 철학자가 아닌, 독립

---

52  A. Jagu, *Épictète et Platon*, *Essai sur les rélations du Stoïcisme et du Platonisme à propos de la Morale des Entretiens*, J. Vrin, Paris, 1946, p. 143, p. 153 참조.

적인 사상가와 교육자로서 평가할 수도 있다.[53] 거듭 언급되고 있지만, 그렇다고 에픽테토스를 철학적 이론의 무게를 갖지 않은 철학자로 평가하는 것도 조심해야 한다. 그도 스토아에 기반한 독자적인 독특한 철학적 이론을 지니고 있다는 점을 부인할 수 없다. 그는 주로 스토아 윤리이론을 변형하고, 그 이론을 통해 그의 강의를 청강한 학생들이 이익을 얻도록 도와주려는 목표를 가지고 있었다. 그래서 자신을 철학적 이론의 획기적 혁신자의 역할을 하는 사람으로 생각하지 않았던 것도 같다. 어느 대목에서도 스토아 철학자 포세이도니오스식으로 크뤼시포스에 대해 도전을 하고 있지도 않고, 안티오코스[54]의 방식으로 종합을 시도하고 있지도 않다.

에픽테토스의 학교에서의 '공식적인' 가르침은 크뤼시포스를 비롯한 스토아 철학 문헌을 설명하고 토론하는 일에 전념했던 것으로 보인다. "어느 날 어떤 로마인이 자신의 아들을 데리고 와서 그의 강의 중 하나를 듣고 있을 때, 에픽테토스가 말했네. 이것이 나의 가르침의 방식(tropos)이네."(2.14.1)[55] 또,『강의』에 자주 언급되는『고르기아스』,『변명』을 위시한 플라톤의 몇몇의 대화편, 호메로스 시가에 대한 강의와 주석도 있었던 것으로 보인다.『강의』의 한 대목 중 집을 비웠을 때 불이 나서 자신의 책이 사라졌다는 내용을 보면, 중요한 저작은 자신이 소

53 A. A. Long[2002], p. 92.

54 아스칼론의 안티오코스는 아카데미아학파의 필론의 제자로 스승의 '회의주의' 입장을 거부하고 스토아와 페리파토스학파의 입장을 받아들여서 절충주의의 씨를 뿌렸다. 강철웅, 「기원전 1세기 아카데미의 플라톤의 수용: 필론의 아카데미 혁신과 그것에 대한 안티오코스의 대응을 중심으로」,『서양고전학연구』제37집, 2009 참조.

33 2.21.10, 3.21.6 7, 3.23.10 11,16 참고.

장하고 있었던 것으로 보인다(4.10.26).

구체적으로 살펴보면, 정규 교과과정으로 채택된 논리학 수업은 학생들에게 논증을 제시하고 분석하는 것으로 이루어졌다(1.26.1, 1.26.13, 2.17.27). 논리학에 대한 에픽테토스의 태도는 모호하다. 그는 어떤 맥락에서는 논리학 공부의 필요성을 부정하다가도, 어떤 맥락에서는 논리학에 대해 긍정적 태도를 보이기도 한다.[56] 에픽테토스는 논리학의 유용성을 부정하지 않았으나, 그것이 '윤리학'(도덕의 진보)에 기여할 수 있는 한에서만, 논리학은 공부할 '가치'를 갖는다고 주장한다. 그는 젊은이들이 논리학과 그 자체를 위한 논리적 역설의 '즐거움'에 지나치게 빠져드는 것을 경계했으며, 철학적으로 교육받지 못한 사람과 비교해서 논리학을 공부한 것에 대해 떠벌리거나 자부심을 갖는 젊은이의 경향성에 대해 경고하기도 한다. 다시 말해 논리학만으로는 '인간의 삶의 도덕적 진보'에 아무런 도움을 줄 수 없다는 것이다(1.17 및 2.25 참조). 그러나 적절한 방식과 태도를 가지고 논리학을 공부한다면 논리학이 철학자로서의 교육과 지적인 활동의 본질적 요소일 수는 있다.[57] 또한 학생 스스로 작성하는 짧은 작문도 과제로 주어졌던 것 같다(2.1.30, 2.1.35, 2.16.20, 2.16.34). 이 점은 장차 철학자로서의 전문적

---

56 스토아 논리학은 일반적으로 올바르게 토론하고 논쟁하고, 주어진 논제에 대한 찬반을 위한 논증을 탐구하고, 모호한 진술들을 명확히 하고, 역설을 해소하도록 돕기 위해 개발된 것으로 보인다. 그럼에도 스토아학파에 따르면, 논리학의 '유용성'은 아리스토텔레스의 의미에서 단순히 도구적인 것으로 한정되지 않았다. 오히려 논리학('추론에 대한 연구')은 철학의 다른 부분(자연학, 윤리학)에 기여할 수 있는 협력자로 간주되었다(DL 제7권 45 참조).

57 에픽테토스가 논리학에 대해 취하는 입장에 관해서는 아래의 '철학 훈련의 세 영역: 논리학 훈련의 중요성'에서 논의될 것이다.

활동에 글쓰기가 예비적 학생들의 교육에 중요하다는 것을 강조하는 것으로 이해된다.[58]

특히 초기 스토아 철학에 관련된 문헌을 체계적으로 큰소리로 읽는 수업을 위주로 해서 강의가 진행되었다. 에픽테토스 자신이 아침에 일어나서 해야 할 일을 자조적으로 말하는 한 대목이 나온다.

"날이 밝아 오자마자, 강의 시간에 내가 읽어야만 할 책을 간략하게 떠올리고, 그런 다음 즉시 나 자신을 향해 이렇게 말한다네. '그런데 어떤 사람이 어떻게 읽느냐가 나와 어떤 관련이 있는 것이지? 우선 중요한 것은, 내가 잠을 좀 자야 한다는 것이야.'"(1.10.8)

이 대목을 보면, 에픽테토스는 학생들을 만나기 전에 어떤 텍스트를 읽거나 특별한 준비를 했던 것 같다. 그는 수업 시간에 학생에게 과제를 읽고 해석하게 했으며, 일부는 '암송'을 한 것으로 보이기도 하고, 그다음으로는 모든 것을 바로잡고 마무리 작업을 하기 위해 그 자신이 읽고 설명하는 것(epanagnōnai)이 뒤따랐던 것으로 보인다.[59] 이러한 규칙적인 강의 방식이 스토아학파뿐 아니라 헬레니즘 시기의 철학 학파에서 널리 행해지고 있었던 일반적인 방식으로 보인다. 스토아 철학자들 중에서도 크뤼시포스의 것이 가장 중요했다.

---

58 논리학 공부에 대한 에픽테토스의 긍정적 태도를 강조하는 논의에 대해서는 J. 반스의 논의를 참조(J. Barnes, *Logic and the Imperial Stoa*, Brill, 1997, pp. 33~38, pp. 55~57).

59 에픽테토스의 교실에서의 이루어지는 강의 맥락은 『엥케이리디온』 제49장에 자세하게 기술되어 있다. 학교에서의 훈련에 관해서는 1.26과 2.21.11 참고.

"우리가 크뤼시포스의 모든 입문들과 논고들을 안티파트로스와 아르케데모스의 것들과 함께 철저하게 읽어도 우리는 도덕적 진전을 이루는 곳으로 결코 가까이 다가설 수조차 없네!"(2.17.40; 2.29.9, 3.2.13~16 참조)

여기에 강의를 통해 이들의 책에 관한 자신의 주석과 설명을 더했다. 에픽테토스는 이 정도로 그치고 있지 않다. 에픽테토스는 스토아학파의 견해를 일반적으로 설명하고 옹호하는 것 외에도, 당시의 철학적 질문들에 대한 자신만의 해결책을 찾아내고 있다. 특히 혼의 세 활동을 구별하는 그의 견해, 즉 좋음을 추구하려는 욕구, 그 좋은 것을 위해 행위하려는 충동, 사물의 가치 판단에 대한 혼의 기능을 구별하는 아이디어는 스토아 철학자들 가운데 에픽테토스에게서만 찾아진다. 그의 철학적 창조성(아래에서 논의하는 '프로하이레시스', '철학의 세 영역의 구분' 참조)은 그의 스토아 윤리학에 강의에서도 잘 드러난다. 학교의 강의에 참여하는 학생들은 대개는 십 대의 소년이거나 젊은이들이었다. 그들은 에픽테토스의 지도 아래 스토아의 고전 문헌들을 읽으며, 그것들에 대한 그의 해석을 경청했던 것으로 보인다.

"'[크뤼시포스의] 『충동에 대하여』라는 논고를 들고, 내가 얼마나 이것을 철저하게 읽었는지 보세요.' 노예여, 그것은 내가 찾고 있는 것이 아니네. 오히려 내가 찾고 있는 것은, 네가 너의 행위를 하려는 충동과 행위를 거부하는 충동을 어떻게 발휘하는지, 또 너의 욕구와 혐오를 어떤 식으로 다루고 있는지, 또 너의 목적을 이루는 노력을 얼마나 기울이는지, 또 그것을 위해 어떻게 너 자신을 내맡기는지, 또 너는 어떻게 그것을 위해 준비하는지, 그리고 거기에서 자연과 조화하고 있는지, 아니면 조화하고 있지 못한지를 알고 싶은 것이네."(1.4.14)

에픽테토스 주된 관심은 스토아 문헌에 대한 이해나 해석이 아니라, 학생들이 완전한 성인으로서 스스로 도덕적으로 진보할 수 있도록 그들을 도와주는 것이었다. 이를 통해 학생들이 새로운 시각으로 인생 문제를 해결하는 통찰력을 갖도록 했으며, 또 학생들은 그에게서 인생을 살아가는 도덕 원리들을 권유받고, 도덕적으로 진보할 수 있도록 격려받기에 이른다. 실제로 그는 복잡한 이론보다 분명한 예를 들기를 좋아했고, 어느 것보다 그 실천적인 적용을 더 좋아했다. 또한 그는 끊임없이 자신의 학생들에게 철학의 근본은 '이론을 실천으로 옮기고, 자신의 삶의 방식을 바꾸는 것'임을 상기시키고 있다. 에픽테토스는 이론을 실천적으로 적용하는 훈련 방식을 이렇게 구상적으로 이야기한다.

"무엇보다 이런 종류의 일에 대해 스스로를 훈련해야만 한다. 날이 밝아 집을 나서자마자, 네가 보는 상대방이 누구든 음미하고, 질문을 받은 것처럼 대답하도록 하라. 너는 무엇을 보았는가? 잘생긴 남자 혹은 아름다운 여자? 판단의 기준을 적용하라. 그것이 의지의 영역 안에 놓여 있느냐, 아니면 그것 바깥에 놓여 있느냐? 바깥에. 그것을 던져 버려라. 무엇을 보았는가? 자식의 죽음을 슬퍼하는 사람? 판단 기준을 적용하라. 죽음은 의지의 영역 바깥에 있는 것이네. 그것에서 떨어져라. 집정관을 만났느냐? 판단 기준을 적용하라. 집정관이란 어떤 것인가? 의지의 영역 바깥에 있는 것이냐, 아니면 그것 안에 있는 것이냐? 바깥에 있는 것. 그것도 또한 던져 버리리. 그것은 시험을 견뎌 내지 못하네. 그것을 던져 버려라. 그것은 자네와 관계가 없는 것이네. 만일 우리가 이런 식으로 실행하고, 날이 밝아 올 때부터 밤까지 이 훈련을 실천했다면, 신들께 맹세코, 우리는 무언가를 성취했을 것이네. 그러나 실제로 우리는 곧장 다가오는 모든 인상에 대해 입을 쩍 벌린 채 순식간에 붙잡히는 것이 실상이며, 도대체 눈을 뜨고 있다고 하더라도 그것은 학교에 있는 얼마 안 되는 동안 잠시일 뿐이네. 그 후에는 밖으로 나갔다가 슬퍼하는 사람을 보면, 우리는 '완전히 끝난 사람이군', 집정관을 보면 '엄청나게 축복받은 사람', 추방당하는 사람이라면 '가엾은 사람', 거지라고 하면 '불쌍해, 먹을 게 없어'라고 소리치는 것이네. 그렇다면 이러한 나쁜 판단들은 우리가 발본색원해야만 하는 것들이며, 다음과 같은 일에 우리가 온 마음을 다해 집중해야만 하는 것이네. 즉 무엇 때문에 울고, 신음하는 것이냐? 판단이다. 불운이란 무엇이냐? 판단이다. 시민들의 싸움(내란), 분열, 흠잡기, 비난, 불경건, 어리석음이란 무엇인가? 이 모든 것은 판단일 뿐, 다른 그 이상의 어떤 것도 아니다. 더구나 **우리의 의지 영역 바깥에 있는 것들**에 대해 '좋은 것이야' 혹은 '나쁜 것이야'라고 말하게 되는 판단들이네. 이러한 판단들을 자신의 의지의 영역 안에 놓여 있는 것들로 옮기도록 하는 것이다. 그렇게 하면 그 사람 주위의 사물이 무엇이든지와 관계없이 자신의 견고한 마음(마음의 안정)을 얻을 것이라는 점을 나는 보증하네."(3.3.14~19)[60]

---

**60** 그 밖에도 인상을 훈련하는 모습을 언급하는 3.8.1 참조. 철학적 훈련과 신체의 훈련을 유비적으로 설명하는 3.20.1 참조. 신체를 훈련하지 않은(mē askountas) 사람이 신체의 고유한 기능을 수행할 수 없듯이, 혼을 훈련하지 않은(mē askountas) 사람은 혼의 고유한 기능을 수행할 수 없다(크세노폰, 『회상』 1.2.19 참조).

여기서 강조점은 현실적으로 우리가 '의지(프로하리아시스)의 영역 바깥에 있는 것들'에 의해 통제를 받고 있다는 사실에 있다. 그래서 에 픽테토스는 어떤 다른 종류의 의지가 아니라 자신에게 달려 있는 것들 에 대한 '의지'를 계발하려고 한다. 너의 의지의 지배 아래 있는 것은 무 엇인가? 죽음도, 집정관도 아닌, 오직 우리의 '성격' 뿐이라는 것이다. 좋은 성격은 우리의 의지를 올바르게 사용하고, 의지가 올바르게 판단 하는 데에서 성립한다. 올바른 인상을 받아들이는 반복적 훈련 끝에 좋 은 성격을 갖추게 된다. 이럴 경우에 우리는 타인에 대한 올바른 판단을 내리며, 타인과의 관계를 원활하게 가꾸어 갈 수 있다. 결국 우리의 의 지 바깥에 있는 것들을 우리의 의지 안으로 옮겨 놓는 훈련을 통해서 우 리는 흔들리지 않는 안정된 상태에 도달할 수 있다는 것이다.

『강의』에서 언급되다시피 강의실에서 이루어지는 대화는, 학교의 커 리큘럼에 속하는 스토아 철학 문헌에 대한 주석이나 '논리학의 연습'에 관련된 공식적 강의가 끝난 후 '비공식적인' 형태로 이루어진 것으로 보인다. 아리아노스의 의도는 에픽테토스와 사람들 사이에서 행해진 비공식적 논의를 되풀이하는 것이지, 학교에서 이루어진 공식적 가르 침을 전달하는 것은 아니었다. 이 책에서 이루어지는 '강의들' 대부분 이 '1인칭 형태'로 에픽테토스가 독백식으로 말하는 방식이며, 어떤 경 우에는 에픽테토스와 학생 혹은 방문객과 사이에서 이루어지는 '직접 적인 대화' 형식으로 구성되고 있다. 대부분 경우에 대화 상대자가 누 구인지가 명시적으로 드러나지 않는다. 어떤 경우에는 대화 상대자도 '상상에서' 만들어진 가공인물일 수 있다. 어쩌면 에픽테토스가 상상의 대화에서 스스로에게 질문을 던지고 스스로가 답변하는 것으로 생각될 수도 있다. 때로는 자신의 경험을 바탕으로 일화를 꾸며내는데, 이것은 가상의 훈련 분위기를 연출해 학생들의 이해를 돕기 위한 교육적 삽화 구실을 한다.

에픽테토스가 의지하는 권위 중에서 중요한 인물은 소크라테스, 제논, 견유학파의 디오게네스 등이다. 이들은 '철학하는 삶의 전형'(paradeigma)을 제시할 목적으로 내세워진다. 에픽테토스는 젊은이를 돌보는 데 있어 '지혜롭다는 것'(sophron)으로 충분하지 않다고 지적하면서, 그는 이 일을 하기 위한 어떤 적성과 소질(procheirotēta[61] kai epitēdeiotēta), 어떤 종류의 신체를 지니고 있어야 하며, 또 무엇보다도 그 직책을 맡으라는 신의 '소명'이 있어야 한다고 지적한다.

"소크라테스에게는 사람들을 논박하는 역할을, 디오게네스에게는 왕처럼 남을 질책하는 역할을, 제논에게는 사람을 교육하고 철학적 교설을 만드는 역할을 권유받은 것과 같은 것이네."(3.21.19)[62]

이들 중에서 소크라테스가 가장 주도적 역할을 수행한다. 에픽테토스가 소크라테스를 자신을 대변하는 철학자로서 전면에 내세우고, 가장 선호하는 까닭은 무엇인가? 무엇보다도 자신의 내면에서 진리를 추구했으며 또 영웅적으로 죽음을 맞이했다는 점이다. 소크라테스는 자기 인식, 즉 자신의 '무지에 대한 앎'을 도덕적 개선에 필요한 토대

---

**61** 이 말은 직역하면 '채비가 되어 있음'이지만, 여기서는 어떤 일을 하기 위한 그만한 '적응력'을 갖고 있음을 의미한다.

**62** 에픽테토스의 '논박적, 권유적, 철학적 교리' 교육의 성격에 대해서는 A. A. Long[2002], pp. 54~60 참조.

로 삼았다. 자기 자신에 대한 소크라테스적 탐구는 일상인으로부터 철학자로 나아가는 출발이며, 또 양자를 구별해 주는 표식이 되는 것이다. 소크라테스가 『변명』에서 '검토하지 않는 삶은 살 만한 가치가 없다'(38a)고 말하듯이(1.27.18, 3.12.15), 에픽테토스는 소크라테스의 '검토하는 삶'의 정신을 받아들여, '프로하이레시스를 통해 인상을 검토하지 않는 삶은 살 만한 가치가 없는 것'으로 생각한다.

"소크라테스가 음미되지 않은 삶(anexetaston bion)을 살아서는 안 된다고 말하곤 했던 것처럼, 우리는 음미되지 않은 어떤 인상(anexetaston phantasian)도 받아들여서는 안 되며, 그것에 대해 '잠시만 기다려, 네가 누구인지 또 어디에서 왔는지 나에게 보여라'라고 말해야만 한다.—야간 파수꾼들이 '당신의 식별 표지(sunthēma)들을 나에게 보여라'라고 말하는 것과 마찬가지로.—'받아들일 수 있는 모든 인상이 반드시 가져야만 하는 자연 본성으로부터의 그 표식(sumbolon)을 너는 가지고 있는가?'라고 그 인상에게 물어야 한다."(3.12.15).

에픽테토스는 '인상'을 늘 올바르게 사용하고 있다고 자신이 믿고 있는 소크라테스를 자신의 '철학함'의 모범으로 삼았다.[63] 에픽테토스는 『강의』를 통해서 소크라테스의 논박술을 도덕에 대한 올바른 믿음을

---

63 스토아주의자들은 자신들을 Sōkratikoi('소크라테스주의자들')라고 불렀다. 이 입장은 제논으로부터 시작해서 고전 세계가 끝나갈 무렵, 스토아학파가 몰락할 때까지 지속되었다(G. Striker, "Plato's Socrates and the Stoics", ed. P.A. Vander Waerdt, *The Socratic Movement*, Cornell University Press, 1994, pp. 241~251).

갖도록 교육하는 두 가지의 방법으로 보고 있다. 하나는 '소크라테스적 엘렝코스(논박)'를 통해서, 즉 문답을 통해서 대화 상대자가 도덕 개념에 관해 근본적으로 혼동되어 있음을 보여 주게 됨으로써, 자신이 알고 있다고 믿고 있었던 것이 사실은 모르고 있었다는 것을 깨닫도록 이끌어 가는 방법이다. 다른 하나는 대화 상대자가 애초에 참된 믿음으로 받아들였던 믿음과 모순되는 일련의 명제에 대해 동의하게끔 이끌어 가는 방법이다. 이 두 방법은 논박의 두 측면이라고 할 수 있다.

"그것(즉 논박을 통해 자신의 무지를 자각하게 하고, 자신의 믿음과 모순되는 것에 대한 동의)은 소크라테스가 이성적 혼(logikē phuchē)이 무엇에 의해 움직이는지를 알고 있었기 때문이네. 즉 저울판과 마찬가지로, 우리가 원하든 원하지 않든 간에 [무거운 쪽으로] 그것이 기울어진다는 것을 알고 있었기 때문이네. 지배하는 중심에 모순을 보여 주게 되면, 그것은 그것을 단념할 것이네. 그러나 네가 그것을 보여 주지 못한다면, 네가 설득하지 못하는 그 사람보다 오히려 너 자신을 탓하도록 하라."(2.26.7)

때로 에픽테토스는 제논과 견유학파 디오게네스의 다양한 일화를 통해 그들의 권위를 빌려 자신의 주장을 정당화하기도 한다(2.3.1, 3.2.11~12, 4.1.30~31, 4.1.114~116). 소크라테스를 우상으로 받아들였던 견유학파 사람들은 '온전히 본성적으로', 즉 본성에 맞게 사는 것이 인위적인 사회적 관습과 제도에 맞서 '부끄러움 없음'(anaideia)을 적극적으로 실천하는 것임을 확신하였다. 예를 들어 아고라에서 자위(cheirourgōn)에 탐닉한다든가(DL 제6권 46), 음식을 먹는다든가(58)

등과 같은 행위는 당시 사회적 관행에 따라 공동체 사람들의 혐오를 불러일으켜 비웃음을 살 만한 행동이었다. 디오게네스의 입장에서는 '음식을 먹는 것이 이상하지 않다면, 아고라에서 음식을 먹는 것이 왜 이상한 일이냐'라고 반문할 테지만 말이다. '아고라'(agora)는 요즘 식으로 옮기면 '공적 장소'로 공적인 행위가 이루어지는 곳을 의미한다. 아테네인들이 그를 '비난했다'는 것은 그의 삶의 방식과 특별한 그의 행동 방식을 반대했다는 것을 뜻한다. 그래서 플라톤도 디오게네스를 '미친 소크라테스'라거나 '개와 같은' 인간이라 불렀을 것이다(DL 제6권 26, 54, 69).[64] 아랍 쪽에서는 디오게네스를 '통속의 소크라테스'로 불렀다. 아랍의 문헌에 따르면, '삶의 방식'에 따라 견유학파라 이름 붙여진 이들은 "개들로 알려진 사람들인데, 디오게네스의 동아리이다. 그들이 이 이름으로 불린 것은 사회적 관습에 대한 경멸 때문이며, 자신들의 친척과 가족을 사랑하고 이방인들은 미워했기 때문이다. 이 자연적 특징은 단지 개에게서만 발견된다(142.1)".[65] 로마 쪽에서 '개는 부끄러움이 없는 동물이다. 견유학파의 사람들은 부끄러움 없음을 숭배'하는 것으로

---

64 디오게네스 라에르티오스의 저서 『유명한 철학자들의 생애와 사상』(DL)을 어떻게 읽을 것인가? 이 책에는 개별적 철학자들의 생애를 비롯해서 흥미로운 에피소드, 개별적 사건들이 널려 있다. 특히 견유학파의 디오게네스 일화는 매우 흥미롭다. 그러나 단순히 흥밋거리에 머물지 말고, 그러한 일화를 통해 무엇을 이야기하려는 것인지, 그것에 얼마나 날카로운 '철학적 논증'이 개입되어 있는지를 관찰하고, 나아가 '삶의 철학적 의미'를 캐내는 것이 디오게네스 라에르티오스를 읽는 목적이 되어야 한다고 나는 생각한다.

65 G, Dimitri, "Sayings by Diogenes Preserved in Arabic", *Greek Philosophers in the Arabic Tradition*, Routledge, 2000(*Le Cynisme ancien et ses prolongements*, *Actes du colloque international du CNRS*[Paris, 22-25 July 1991], ed. M-0. Goulet-Caze and R. Goulet, Paris, 1993, pp. 475~518, p. 489).

알려졌다.

디오게네스는 자신의 행동을 비난하는 사람들에 대해, 오히려 "배도 이렇게 문지르기만 해도, 시장하지 않게 되면 좋을 텐데"라고 답한다. 모름지기 인간사회는 공공장소에서 각자가 어떻게 처신해야 하는지에 관한 '공민적 방관[66](civil inattention 혹은 disattendability)의 원리'라고 부르는 암묵적 원칙에 의해 지배받는데, 그것은 '가까운 거리에서 접하고 있는 낯선 사람들이 서로를 강요하지 않은 채로 서로를 알고 있음을 보여 주는 것'이라 말할 수 있다.[67] 즉 공공장소에서 다른 사람들의 주장과 자신의 개인적인 한계에 대한 인식을 말한다. 이런 의미에서 디오게네스는 '공민적 방관의 원리'를 위배한 셈이다. '자위'란 행위를 함으

---

66 캐나다 출신의 사회학자인 어빙 고프만이 '프라이버시를 보호하기 위한 메커니즘'으로 만들어 낸 용어이다. 예를 들어 지하철이나 열차 안에서 밀착해서 출근하는 사람들이나 엘리베이터를 타고 있는 사람들 사이에서 이루어지는 최소한의 사회적 상호작용과 같이, 고프만은 사람들이 공공장소에서 다른 사람들과 그들의 행동에 대해 명시적으로 주의(관심)를 기울이지 않음으로써, 공공장소에서의 편안한 사회 질서를 유지하는 관행을 언급하기 위해 '공민적 방관'(civil inattention)이라는 용어를 만들어 내었다(E. Goffman, *Behavior in Public Places*[1963]; *Stigmas*[1963]; *Presentation of Self in Everyday Life*[1956/1959]; *Frame Analysis*[1974]). 에피쿠로스의 슬로건인 '눈에 띄지 않는 삶'(lathe biōsas)은 '시민적 부주의'란 개념의 변형으로 보일 수 있다. 그러나 이것은 대개 공적으로 행동하는 방법에 대한 '지침'이 아니라 정치적 세계로부터 '사적인 삶'의 세계로 물러나라는 충고로 해석된다(R. Geuss, *Public Goods*, Private Goods, Princeton University Press, 2001, p. 116, n.4).

67 시노페의 디오게네스의 공적인 관행에 어긋난 행동과 사적인 좋음에 대해 날카로운 철학적 분석을 가하고 있는 레이몬드 고이스의 *Public Goods*, *Private Goods*(Princeton University Press, 2001) 제2장 '부끄러움 없음과 공공의 세계'(Shamelessness and the Public World)를 참조. A. Gelfert, "Disattendability, Civil Inattention, and the Epistemology of Privacy", 『철학적 분석』, Vol. 31, 한국분석철학회, 2014, 151~181쪽 참조.

로써 공공을 향해 '주목'을 불러일으켜 피해를 끼쳤으니까. 디오게네스의 '이렇게 문지르기만 해도, 시장하지 않게 되면 좋을 텐데'라는 '바람'은 무엇을 의미하는가? 그의 행동 방식은 일종의 공적인 삶(공간)과 사적인 삶(공간/프라이버시)의 갈등을 보여 준다고 할 수 있다. 그의 공공장소에서의 이러한 관습의 거부는 그즈음이 그리스의 전통적인 폴리스 중심의 사회체제 붕괴가 가속화되는 시점임을 보여 준다. 디오게네스의 삶의 방식은 공동체의 삶의 방식보다 개인의 삶의 방식이 더 중시되는 헬레니즘 시기의 도래를 알리는 징조였던 셈이다.

스토아의 창시자인 제논과 아리스톤(B.C. 260경에 활동)도 한때 견유학파에 몸담았지만, 에픽테토스와 스토아주의자들은 일반적으로 견유학파의 극단적 입장을 추종하지 않았다. 에픽테토스가 부와 건강과 같은 '외적인 것들'(ta ektos)을 강력하게 거부하는 디오게네스의 '극단적인 윤리적 삶의 태도'를 받아들인 것[68]은 제논과 크뤼시포스의 정통적 입장보다 키오스 출신의 아리스톤의 입장에 더 가까이 다가가는 것처럼 보인다.[69] 에픽테토스는 종종 디오게네스를 소크라테스에 버금가

---

**68** 이러한 에픽테토스의 입장은 스토아주의에 대한 극단적인 밀고 나감이라고 할 수 있다. 견유학파의 이상적인 삶의 방식에 대해서는 3.22, 3.24 참조.

**69** 유명한 견유학파의 사람들의 생애와 일화를 논의한 다음, 디오게네스 라에르티오스는 끝 무렵에 이르러 '그 학파'에서 공통적으로 주장되는 '철학적 견해'를 정리하면서, "견유학파의 주장이 한 학파의 철학이지, 어떤 사람들이 말하듯이 단지 삶의 방식(enstasis biou)이 아니라고 판단하기 때문에"(DL 제6권 103)라고 말한다. 그러니까 뒤집어 생각해 보면 견유학파에 대해 '철학이 아니라 단지 삶의 방식'이라고 주장하는 견해들이 있었다는 것이다. 이를 근거로 존 쿠퍼는 고대 헬라스와 로마 제국에서 길게 지속되고 매력이 넘쳤던 견유학파의 '운동'을 철학사의 부분이 아니라, **사회적 역사의 측면**으로 간주하는 것이 더 낫겠다고 해석한다. 퀴니코스학파의 삶의 방식은 철학의 대중적인 파생물이지, 그 자체이 철학은 아니라는 것이다. 부단한 철학적 분석과 논증에 기반한 삶

는 이상적인 '현자'의 모범으로 제시한다. 그는 견유학파가 권장하는 금욕적인 생활 방식과 소유물의 포기, 지위 상실에 대한 '무관심'을 스토아학파도 따라야 할 본보기임을 강조하고 있다(3.22.24).

견유학파는 철학자의 임무를 군대에서의 정찰병(첩자, kataskopos)에 비교한다. 견유학파의 디오게네스가 카이로네이아 전투 이후에 '첩자'로 필립포스 왕에게 끌려가서, '누구냐'는 심문을 받았을 때 자신을 솔직하게 '첩자'라고 말했다고 한다. 디오게네스 라에르티오스도 '정찰병'에 대해 언급한다(DL 제6권 43).

"카이로네이아 전투 이후에 첩자(스파이)로서 필립포스에게 끌려간 디오게네스처럼, 첩자로 보내졌음을 알아야 한다. 왜냐하면 퀴니코스파의 교도란 진실로 사람들에게 어떤 것들이 친애적이고, 어떤 것이 적대적인지를 탐색하는 첩자이기 때문이다. 그는 두려움에 넋을 잃고 적이 아닌 사람을 적이라고 하거나, 어떤 다른 방식으로 그의 인상에 현혹되거나 혼란스러워하지 말고 스스로 정확히 관찰한 뒤 돌아가서 진실을 보고해야만 한다."(3.22.24~25)

그리고 에픽테토스는 디오게네스를 따라서 다음과 같이 철학자의

이라는 것이다(J.M.Cooper, *Pursuits of Wisdom: Six Ways of Life in Ancient Philosophy from Socrates to Plotinus*, Princeton University Press, 2012, p. 62, n.56). 아리스토텔레스는 『수사학』에서 "그 개(ho kuōn)는 선술집을 '아티카의 공동식사 장소'라고 불렀다"고 말한다(1411a24). 여기서 '견유학파 철학자', 즉 '그 개'는 디오게네스를 가리킨다. 라틴어 번역은 "Diogenes Cynicus autem [vocabat] cauponas 'Attica phiditi'"로 되어 있다(E. Navia, *The Socratic Presence: A Study of the Sources*, Garland Publishing, 1993, p. 94).

임무를 규정한다. 견유학파에 따르면, 철학자는 지상을 정탐하기 위해 세상에 보내진 일종의 정탐꾼이다, 그래서 철학자의 임무는 이 세상에 파견되어 인간에게 어떤 것들이 좋은 것이고 나쁜 것인지를 보고하는 것이다.

"자네보다 앞서 정찰병(첩자)으로 파견된 디오게네스는 완전히 다른 소식을 가져왔네. 그는 '죽음은 나쁜 것이 아니다. 거기에는 아무런 부끄러운 것이 없으니까'라고 말했고, 또 '나쁜 평판은 미친 사람들이 만드는 공허한 소음이다'라고 말했네. 게다가 이 정찰병이 우리에게 보고한 것은 노고와 쾌락, 가난에 관한 그런 것이었네! 그는 '벌거벗음이 그 어떤 자주색의 긴 겉옷보다 더 나으며, 가장 부드러운 침상보다 침상 없이 맨땅에서 자는 것이 낫다'라고 말했네. 그리고 그의 여러 주장에 대한 증거로서, 그는 그 자신의 용기, 평정, 자유, 거기에다가 자신의 빛나는 강인한 몸을 내놓았네. '가까이에 어떤 적도 없다'라고 그는 말하네. '평화는 도처에 가득 찼다.' 디오게네스여, 어떻게 그럴 수 있습니까? '나만 바라봐!' 그가 대답했네. '내가 맞았나, 내가 다쳤나, 내가 누구로부터 도망치기라도 했나?' 이것이 진정한 정찰병이라면 마땅히 그래야만 하는 것이네."(1.24.6~10).

에픽테토스에게서 교육가의 모범으로 등장하는 제논은 클레안테스, 크뤼시포스와 더불어 스토아의 저자(4.9.6)이거나 혹은 스토아 철학의 교리에 대한 출처(1.17.6~11)로 언급되며, 또 스토아 핵심 이론 중 하나를 위해 인용되기도 한다(1.20.14~15, 4.8.12). 제논과 그의 친구요, 애효가인 안티고노스 왕과의 만남은 언급하기도 한다(2.13.14~15, DL 제

7권 6~8). 때로는 그들의 이름을 소크라테스와 상호 교환 가능할 수 있도록 결합하고 있는데, 이는 의심할 여지 없이 주장하는 요점을 강화하려는 수사학적 힘을 이용하기 위한 것이다.[70]

## 고대 철학이란 무엇인가
### ─ 철학 학교는 병원이고, 철학은 질병의 치료이다

20세기 철학계의 슈퍼스타인 비트겐슈타인은 철학의 과제를 그 자체를 위한 '치료', 혹은 적어도 혼란스러운 사고를 위한 '치료'와 같은 어떤 것으로서 제시하고 있다. "철학에 평화를 주는 것은, 더 이상 그 자체로 질문을 가져오는 질문에 의해 고통받지 않도록 하는 것이다." 그는 우리가 목표로 하는 '명확성'(clarity)은 '완전한 명확성'이며, "이것은 단순히 철학적 문제가 완전히 사라져야만 하는 것을 의미한다"고 주장한다.[71] 비트겐슈타인은 철학적 문제를 명료화하고, 또 명확하게 함으로써 '철학의 질병'으로부터 우리가 해방될 수 있다고 믿었던 것 같다. 언어의 그릇된 사용으로 빚어진, 그간 철학사의 흐름 속에 생겨난 온갖 철학적 개념의 혼란을 제거하는 것이 성공한다면, 그래서 전통적인 철학적 문제들이 사라진다면, 철학은 더 이상 존재할 필요가 없을 것인가? 지금은 이 의문에 대해 논의할 계제가 나에게 주어져 있지 않다. 내가 이야기하려는 것은 이런 것이다. '치료로서의 철학'(philosophy as

---

70 소크라테스와 제논에 대해서는 3.24.38, 『엥케이리디온』 제12장; 소크라테스와 디오게네스에 대해서는 2.16.35, 3.24.40, 4.9.6 참조.

71 L. Wittgenstein, *Philosophical Investigation*, Oxford, 1953, §133 참조.

Therapy)이란 개념이 철학 역사에서 언제 등장해서, 철학에서 어떤 역할을 수행했을까?

헬레니즘 시기의 철학은 그 앞선 시대와 다른 철학적 특징을 가지고 있었다. 인간의 행복(eudaimonia, '잘 되어 나감', '삶의 완성')을 철학의 목적으로 삼고 있다는 점에서는 동일하지만, 이 시기에 들어와서 개인의 구원 문제가 철학적으로 더 중요하고 주도적인 문제로 등장하기 시작한다. 그래서 철학 학교에 들어오는 사람들은 끊임없이 철학을 통해 영혼의 치료(therapeia)를 추구하였다. 철학 학교는 '영혼의 병원'(iatreion tēs psuchēs)이었다.[72]

에피쿠로스는 "철학자의 논증을 통해 인간의 고통(감정; pathos)을 치료하지 못하는 것은 헛된 것이다. 신체의 질병을 없애 주지 못하는 의술의 기예가 소용이 없는 것과 마찬가지로, 철학이 영혼의 고통을 없애 주지 못한다면 그러한 철학 역시 소용이 없는 것"[73]이라고 말한다. 즉 에피쿠로스에게는 "철학은 논증과 추론에 의해 사람의 잘 되어가는 삶(ton eudaima bion)을 확보하는 활동이다".[74]

---

72  당시의 여러 철학 학파의 견해를 다방면으로 공부했던 의료 철학자로 잘 알려진 갈레노스는 '최고의 의사는 또한 철학자이어야만 한다'라는 논고를 남겼다. 스토아에 적대적이었던, 그는 『히포크라테스와 플라톤의 학설에 대해서』라는 책을 통해 스토아의 심리학과 반-스토아 논쟁에 대한 정보를 전해 주고 있다. M. Frede, "The method of the so-called Methodical school of medicine"; J. Barnes, "Medicine, experience and logic", eds. J. Barnes, J. Brunschwig, M. Burnyeat and M. Schofield, *Science and Speculation*; *Studies in Hellenistic theory and practice*, Cambridge, 1982.

73  *Fragmenta Epicurea*, Usener 221 (Leipzig, 1887; A Collection of Fragments and Report); C. Bailey, *Epicurus*, 1989, 「단편」 54, pp. 132~133. LS 25 C, 25 A 참조.

74  *Fragmenta Epicurea*, Usener 219 - 섹스토스 엠피리코스, *Adversus mathematicos* 11.169.

회의주의자 또한 스스로를 '영혼의 치료자'라고 불렀다. 의사들이 환자들을 서로 다른 방식으로 치료하듯이, 회의주의 철학자들은 학생을 상대로 그 사람의 질병에 맞게 가장 효과적이고 적절한 논증을 사용한다.[75] 회의주의자들은 반대되는 논변을 특징화하는 동일한 힘(isotheneia)을 가지는 논리적 설명에 의해, 먼저 판단중지(에포케)에 도달하게 되고, 다음으로 혼란으로부터 벗어남(아타락시아)에 이르게 된다고 주장한다. 마침내 혼을 치료하게 됨으로써 평온한 삶에 이를 수 있다는 것이다.

스토아 철학자 크뤼시포스는 "병든 몸에 관련 있는 의술이라 불리는 기예는 있지만, 병든 혼에 관련 있는 기예는 없다는 것은 참이 아니다. 또한 그 이론적 이해와 개별적 경우를 치료하는 방식에서 후자가 전자보다 못하다는 것도 참이 아니다"라고 말한다.[76] 회의주의자 키케로는 스토아의 입장을 더 간결하게 이렇게 대변하고 있다. "확신하건대, 혼을 위한 의료 기술(animi medicina)이 있다. 그것은 신체의 질병에서처럼 우리의 외부에서 그 도움을 찾을 필요가 없는 철학이다. 우리는 자신의 온갖 힘을 다해 스스로를 치료할 수 있도록 애써야만 할 것이다."(『투스쿨룸 대화』 3.6)

세네카 역시 철학이 일종의 '치료'라는 점에서 같은 생각을 나누고 있다. 세네카의 말을 들어 보자.

"철학자와 함께 공부하는 사람은 날마다 집에 돌아갈 때 어떤 좋은 것

---

75  섹스토스 엠피리코스, 『퓌론주의 개요』 3.280~281.

76  *SVF* III. 471.

(이득)을 가져가야만 하네. 더 좋은 건강을 지니거나(sanior,더 치료가 되어서) 혹은 더 건강해질 수 있는 상태(sanabilior;더 치료될 수 있는 상태)가 되어 집으로 돌아가야 하네(aut sanior domum redeat aut sanabilior). 그리고 실제로 그렇게 돌아갈 것이네. 철학을 배우려는 학생들뿐 아니라 뜻밖에 철학을 접한 사람들 모두가 거기서 이득을 얻는 것, 바로 그것이 철학의 힘(virtue)이네. 햇빛 속으로 나간 사람은, 설령 그 목적으로 나간 것이 아니라고 할지라도 햇볕에 그을리게 되는 것이네. 빈번하게 잠시라도 향료 가게에 들르는 사람은 그곳의 방향(芳香)을 지닌 채로 돌아가게 되네. 철학자 주위에 있었던 사람은 그들이 어떤 노력을 기울이지 않아도 그곳으로부터 반드시 무언가 이득을 얻기 마련이네."(『도덕서한』108.4)

세네카에게서 철학 학교는 영혼을 치료하기 위한 하나의 병원인 셈이다. 그래서 서로 다른 질병을 안고 학교에 들어 온 신참자들은 철학을 공부하고 학교를 나갈 때에는 치료(thrapeia) 중이거나, 전보다 더 나은 '건강한 상태'로 돌아가야만 한다. 바로 이것이 철학의 기능이자 덕(힘)이며, 우리 모두가 철학으로부터 얻을 수 있는 이득이 되는 것이다. 그을림의 비유에서 볼 수 있듯이, 햇볕 속으로 나가게 되면, 설령 그 목적은 아니었더라도 피부가 갈색이 되는 것처럼 철학을 연구하는 사람들 곁에 있는 것만으로 모종의 이득을 얻을 수 있다. 요컨대 철학의 훈련과 연습, 철학하는 이들과 더불어 어울린다는 것은 철학 교육에 참여한다는 것을 의미하며, 그 결과로 우리는 병든 영혼을 치료하는 '이득'을 얻을 수 있게 된다. 철학의 목적은 궁극적으로 덕을 함양하는 것이고, '도덕이 진보'를 위한 좋음을 진작시키는 데에 그 목적이 있다. 그래서 세네카는 혼의 치료를 위한 철학을 권고하며, 또한 병든 혼의 치료가 곧 철학의 기능과 역할이라는 점을 역설하고 있다.

세네카에게 철학은 삶을 이끌어 가는 혼을 위한 연습이었다. 그에게 건강을 돌보는 것('잘 지내십니까'[vales])은, 곧 '철학을 하는 것'(studia liberalia; studia philosophia)을 의미한다. 그는 철학의 역할과 '정신 건강의 돌봄'에 대하여 이렇게 말하고 있다.

"'당신이 잘 지낸다면 그것은 좋은 일이네. 나는 잘 지내고 있네.'(Si vales bene est, ego valeo) 우리가 해야 할 올바른 말은 이것이네. '철학을 하고 있다면, 그것은 좋은 일이네.' 그것이야말로 우리가 진정으로 잘할 수 있는 유일한 길이네. 그것이 없으면 정신은 병든 것이네."(『도덕서한』 15.1)

"그러므로 정신의 건강을 가장 먼저 돌보고, 다른 것은 단지 부차적으로 돌보시게나. 진정으로 건강하기로 결심했다면, 그것은 많은 비용이 들지 않을 것이네. 사랑하는 루킬리우스여, 교양 있는 사람이 근육을 단련하고, 어깨를 넓히고, 몸통을 강화하는 데 몰두하는 것은 어리석고 부적절한 것이네. 너는 식이요법과 근육을 늘리는 데 성공할 수 있을 테지만, 너는 결코 혈기 왕성한 황소의 힘과 무게에는 필적하지 못할 것이네. 게다가, 너의 정신은 더 무거운 몸뚱이에 짓눌려 결과적으로 덜 민첩하게 되는 것이네. 그러니 가능한 한 몸을 줄여서 정신에 더 여유로운 폭을 주게나."(『도덕서한』 15.2)

철학과 의술의 비유는 마르쿠스 아우렐리우스에게도 그대로 나타나고 있다. 그가 말하는 '근본원리'란 곧 철학이었다.

> "의사들이 늘(aei) 예기치 못한 수술을 대비하여 진료 도구와 칼을 간직
> 하고 있듯이, 그대도 마찬가지로 신의 일과 인간의 일을 이해하고 또 아
> 무리 사소한 일일지라도 신과 인간을 상호 결합하는 긴밀한 유대를 염
> 두에 두고 처리해 낼 수 있도록, (그 대비로서) 늘 근본원리들(dogmata)
> 을 갖추도록 하라."(『자기 자신에게 이르는 것들』 제3권 13)

질병은 '거짓된 믿음'을 만들어 내고, 철학은 인간의 질병을 치료한
다. 철학의 논증은 의사의 치료가 신체에 적용되는 것처럼 혼에 적용된
다. 의술의 기술이 고통받는 신체를 치료하듯이, 철학은 고통에 빠져 있
는 혼을 치료한다. 철학은 삶에 대한 혼의 기술인 셈이다. 철학의 목적
은 헬레니즘 시기의 세 주요 학파에 공통된다고 말할 수 있다. 물론 회
의주의자들은 철학이 '삶의 기술'(technē tou biou)[77]이라는 것을 거부하

---

[77] '삶의 기술'(ars vivendi, hē peri biou technē)이란 말은 회의주의자들이 주로 사용했던
것으로 보인다. 회의주의자 철학자 섹스토스 엠피리코스의 책 제25장의 제목은 '**삶의
기술**이 있는가?'(ei esti technē peri bion)이다. "앞서 말한 것으로부터 어떠한 삶의 기술
도 없다는 것은 분명하다. 그러한 기술이 있다면, 그것은 좋음과 나쁨, 아무런 차이가
없는 것들(adiaphora)에 대한 연구와 어떤 관련도 맺고 있지 않다. 그래서 이것들은 있
는 것이 아니기 때문에, 또한 **삶의 기술**(hē peri ton bion technē)도 있는 것이 아니다. 게
다가 독단주의자들은 하나의 **삶의 기술**(technē peri ton bion)을 규정하는 데에 동의하
지 않고, 오히려 어떤 이는 어떤 것을 가정하고, 다른 이는 다른 것을 가정하기 때문에,
그들은 우리가 좋음에 관해 말했던 것에서 설명했던 불일치(논쟁, diaphōnia)로, 그리고
'불일치(논쟁)로부터의 논증'에 떨어지는 것이다."(Sextos Empirikos,『퓌론주의 개요』
3.239, 240~249; Adv. Math. 11.168~215 참조). 여기서 '독단주의자'(hoi dogmatikoi)는
스토아 철학자들, 에피쿠로스주의자들, 소요학파(페리파토스) 철학자들을 말한다.

지만, '추론의 전략'을 가르침으로써 인간의 좋은 삶을 향한 동일한 효과(힘, isostheneia)를 가져오려고 노력했다. 어쨌든 헬레니즘 시기의 주요 학파들은 공통적으로 철학과 의술의 유비를 받아들이고 있다.[78]

에픽테토스도 철학을 '삶의 기술'이라고 말한다. 나무가 목수의 재료이고, 청동이 조각의 재료인 것처럼, '삶의 기술'인 철학은 각자 자신의 삶을 그 재료로 갖고 있다고 말한다. 여기서 중요한 점은 '삶의 기술의 주제'가 '각자의 삶'이라는 생각뿐만 아니라, 이것이 자신의 삶 바깥, 즉 외적인 것들에 있지 않다는 것이다.

> "철학은 인간에게 어떤 외적인 것들 중 하나를 획득한다고 약속하지 않는다네. 그렇지 않으면, 철학은 그 고유한 주제(hulē) 바깥에 있는 무언가를 보증하게 될 테니까 말이네. 나무가 목수의 재료(hulē)이고, 청동이 조각가의 재료인 것처럼, 삶의 기술(tēs peri bion technēs)도 각자 자신의 삶(ho bios autou hekastou)을 그 재료(hulē)로 가지고 있기 때문이네."(1.15.2)

여기서 언급된 '각자의 삶의 방식'은 '우리에게 달려 있는 것' 안에 있는 어떤 것으로 특징지어지는 것으로, 우리의 고유한 관심 대상이 되어야 한다. 각자의 고유한 관심 대상인, 바로 '우리 안에 있는 것'이 '삶의 기술의 재료'가 된다는 것이다. 따라서 나 자신 바깥에 있는 외적인 것, 즉 토지의 소유, 건강, 명예는 삶의 기술을 위한 재료가 아니며, 따라

---

78  M. Nussbaum, *The Therapy of Desire: Theory and Practice in Hellenistic Ethics*, Preceton, 1994, pp. 13~16 참조. 특히 p. 14, n3 참조.

서 철학의 관심 대상이 아니다. 언제나 철학의 관심은 '나의 지배하는 중심'인 '이성을 돌보는 것'이다(1.15.4).

소크라테스는 근본적으로 철학의 기조를 변화시킨 철학자였다. 그는 철학의 중심 문제를 자연(phusis)에 대한 탐구로부터 인간의 본성과 인간의 삶의 문제로 이동시켰다. 에픽테토스 역시 이러한 기본적 생각을 유지하고 있었다. 그는 자연학적 철학의 문제보다는 인간에게 최선의 삶이 무엇인지를 묻는 윤리적 문제에 자신의 관심을 집중했다. 또한 그는 '음미하지 않는 삶은 살 만한 가치가 없다'는 소크라테스의 정신에 따라 '철학하는 삶'을 살려고 했다. 그는 '철학합네'라며 제대로 삶의 핵심을 이해하지도 못하고, '말로만' 읊어 대는 배움의 태도를 경멸했다. 그래서 그는 그저 스토아 철학 이론을 해석하고 이해하는 것보다 그 이론에 대한 실천적 '훈련'이 더 중요한 것으로 보았다.

에픽테토스는 로마에서 고급 관리로 출세하고자 하는 열망에 가득 찬 병든 혼을 가진, 이성적으로는 어리석은 자들을 '노예'('이 친구야') 라고 부르면서 중뿔난 머리를 철학을 통해 깨끗이 해서, 출세보다 더 중요한 것인 '자연에 일치해서' 살아가며, 신의 섭리를 깨닫고, 도덕적으로 진보하는 인간이 되는 것을 삶의 목표로 가르치고자 했다. 그래서 그는 출세와 권력, 명예와 부에 매달려 살아가는 노예적 삶이 아닌 '왕보다 더 자유로운 삶'을 살라고 가르쳤다. 이 스토아 철학의 정신을 훌륭하게 설명하고 있는 『강의』를 읽고 철학으로 이끌린 대표적인 인물이 바로 황제 마르쿠스 아우렐리우스였다. 그는 에픽테토스의 머리 좋은 충실한 제자였다.

황제는 로마 제국의 전성기가 끝나 갈 무렵, 역사의 수레바퀴가 급격하게 돌아가는 어지러운 세상을 살았다. 황제로 즉위한 이래로 로마 각지에서는 끝없이 반란이 일어나고, 북쪽으로부터는 이민족들의 침탈이 지속적으로 일어났다. 그로 인해 그는 평생을 전쟁터에 매이다시피 살아야만 했다. 마르쿠스는 황제였지만, 어느 노예의 고독한 죽음처럼, 인생의 황혼기에는 내우외환에 시달리면서 기원후 180년경에 지금의 오스트리아 빈 근처에서 쓸쓸한 죽음을 맞이했다.

아마도 그는 '철학적 일기' 형식의 책인 『자기 자신에게 이르는 것들』(ta eis heauton; ad se ipsum)의 많은 부분을 전쟁터에서 지내면서 기록했을 것이다. 이 책은 자신의 내면을 깊이 통찰하는 명상(meditation)의 기록이다. 마르쿠스는 누구보다도 평온한 시간과 내면의 안식과 자유를 원했고, 철학을 통해 혼의 치료를 원했을지도 모른다. 전쟁의 와중에서 우연히 수중에 넣게 되어 읽었던 에픽테토스의 『강의』을 떠올리며 이 책을 썼을 것이다. 실제로 그는 자신의 저서에서 에픽테토스의 이름을 여러 번 언급하고 있으며, 그 이름과 더불어 노예의 말을 인용하고, 노예 에픽테토스를 소크라테스와 동일한 반열의 차원에까지 올려놓고 있다.[79]

로마의 황제가 노예의 말을 가슴에 새긴다는 것이 상상이 가는가? 노예인 에픽테토스가 그토록 갈망하던 자유를, 황제 역시 마찬가지로 한 '인간'으로서의 진정한 자유를 원했다는 것은 아이러니한 일이라고 할 수 있다. 황제로서의 외적인 자유는 진정한 의미의 자유가 아닐 수

---

79 이 인용에서 흥미로운 것은 직접 인용도 있으나(제7권 36, 제11권 33~36), 다른 다섯 곳은 현존하는 『강의』에서는 찾아볼 수 없으며(제4권 41, 49, 제11권 37~39), 이것들은 잃어버린 나머지 『강의』 네 권에서 인용된 것으로 보인다(「단편」 26~28b). 게다가 아우렐리우스는 에픽테토스의 이름을 거론하지 않고 인용하고 있으므로 잃어버린 부분으로부터의 인용이 또 있을지도 모르지만, 더 이상 이를 확인할 길은 없다.

있다. 진정한 자유는 명예와 권력과 같은 '외적인 것들'에서 얻어지는 것이 아니다. 그것은 인간의 깊은 내면적 자유일 것이다. 짐작하건대 마르쿠스는 노예인 에픽테토스를 진정한 대화 상대자로 상정하고, 내면에 물음을 던지고, 자신의 내면세계에 자리 잡고 있었던 '에픽테토스'로부터 그 답을 끄집어내고 있었는지도 모른다. 이를 통해 마르쿠스도 세파에 찌든 혼의 불안과 소용돌이를 치료했던 것이다.

『강의』는 플라톤의 대화 방식과 유사하게 일정한 주제를 정하지 않고, 방문객이 짊어지고 온 마음의 질병에 따뜻한 청진기를 들이대듯, 상황에 따라 전개되는 대화를 핍진하게 기록하고 있는 책이다. 의사가 환자를 병원으로 초대하듯이, 철학자는 자신의 혼을 제대로 돌보지 못하는 환자들을 철학 교실에 와서 청강하도록 초대한다. 그들은 자신의 혼이 돌보지 않아야 할 것을 돌보고, 좋음과 나쁨을 알지 못하는 학생들로 가련하고 불행한 환자들이다. 『강의』는 '혼의 질병'을 안고 자신을 방문한 대화 상대자와 허심탄회하게 마음을 열고 마주 앉는 것으로 시작한다.

세상의 노예들을 '영혼의 치료소'인 철학 학교로 인도하려 하는 데에 그의 '강의'의 목적이 있었다. 이들 중에는 로마의 고위 관료들도 다수 포함되어 있었다. 에픽테토스는 마치 의사나 된 양, 그들에게 조용히 다가와 '어디가 아픈가요'라고 친절하게 물으면서 세파에 지친 혼의 치료를 위한 상담사 역할을 해준다. 에픽테토스는 일종의 혼의 카운슬러, 혹은 마음의 치료사라고 할 수 있다. 그는 '한' 철학자이기보다는 소크라테스와 같은 위대한 '교사'가 되고자 했고, 실제로 그런 역할을 수행했다. 그래서 학생들로 하여금 소크라테스가 되라고 가르쳤다.

에픽테토스는 내면적인 삶이 외적으로 드러난 명예로운 지위보다 더 중요하다는 것이고, 소크라테스와 같이 '혼의 돌봄'(epimeleisthai tēs psucēs)을 인생의 목표로 삼고, '자신의 프로하이레시스(의지)를 돌보라'는 핵심적 충고를 가르친다. 현상에 집착하는 자들의 불행한 종말을 예견하고, 거기로부터 돌아서서 철학하는 자로서 살기 위해서는 철학 학교(diatribē)에 들어가 혼을 돌보는 방법을 배워야 한다는 것이다. 그래서 에픽테토스에게 찾아온 인간들은 자신의 학생이었고, 노예(andrapodon)였다. 실제로 그는 그들을 그렇게 부른다.

> "인간아, 너희 철학 학교는 치료를 하는 곳이네. 너는 즐거워서가 아니라 괴로워하며 돌아가야만 하는 것이네. 그건 너희가 왔을 때 건강하지 않았기 때문이지. 한 사람은 어깨가 탈구(脫臼)되었고, 또 한 사람은 종기가 났고, 다른 사람은 염증이 있으며, 또 다른 사람은 머리에 열이 있으므로 찾아오는 것이네."(3.23.30)[80]

에픽테토스는 철학자가 '말'(강의, logos)을 통해 학생들의 '질병'('허물들', kaka)을 속속들이 잡아내는 루푸스의 강의 방식을 빌려 강의실에서 벌어지는 생생한 예를 들고 있다. 철학자의 '말'과 '논증'이 혼의 치료적 효과를 만들어 내지 못한다면, 그것은 죽은(생명이 없는, nekros) 말이요, 그것을 말한 철학자 역시 생명이 없는 것에 지나지 않는다.

> "철학자는 자신의 강의를 듣도록 사람들을 초대하지 않나요? 아니네.

---

80 심리적 질병과 치료(therapeia)로서의 철학에 대해서는 3.21.20~21 참조.

오히려 마치 태양이 자기 쪽으로 그 자양분을 이끌어 들이는 것처럼, 그렇게 철학자들도 혜택을 보려는 사람들을 자기 쪽으로 끌어당기는 것이 아닌가? 어떤 의사가 누군가에게 자신에게 치료받으러 오라고 초대한 적이 있는가? 오늘날 로마에서는 의사들이 초대하는 것으로 내가 듣고 있긴 하지만, 오히려 내가 있었을 때에는, 초대받는 것은 의사들이었네! '내가 너희들을 초대한 것은 여기 와서 너희들의 상태가 좋지 않고, 너희들이 모든 일에 조심해야 할 것 이외의 것에 신경을 쓰고 있고, 무엇이 좋은 것인지 나쁜 것인지를 구별하지 못하고, 너희들이 비참하고 불행한 상태에 있다는 것을 듣게 하기 위해서이네.' 이것은 얼마나 멋진 초대인가! 그렇지만 **철학자의 이야기(논증, 강의, logos)에 이러한 효력이 없다면, 그 말도 생명이 없는 것(시체)이며, 그것을 말하는 사람도 또한 그런 것(시체)이네.** 루푸스는 '만일 너희에게 나를 찬양할 충분한 겨를이 있다면, 나도 아무런 의미가 없는 말을 하고 있는 셈이네'라고 말하기 일쑤였다네. 그래서 실제로 그는 우리 각자가 앉아 있을 때, 누군가가 자신을 비난하고 있다고 생각하는 그런 식으로 이야기하곤 했네. 그런 식으로 실제로 우리가 행하는 일에 관여했고, 그런 식으로 각자의 결점을 눈앞에 생생하게 드러낸 것이었네."(3.23.27~29)

그의 철학 교실은 영혼의 병원이며, 에픽테토스는 의사이고, 그의 '철학함'은 곧 혼의 치료였다. 철학을 공부함으로써 우리는 세상에 대해 두려워하지 않고, 평정심을 유지하고, 자유롭게 될 수 있다. 철학을 통해 자신의 '지도하는 중심부'(헤게모니콘)인 '자아'(프로하이레시스)를 회복하고, 돌봄으로써, 그리하여 마침내 우리는 소크라테스가 되고, 제논이 되고, 클레안테스가 될 수 있는 것이다

"그래서 지금이야말로 자신을 어른으로서, 진보하고 있는 자로서 살아갈 가치가 있는 자로 여기는 것이다. 그리고 너에게 최선이라고 생각되는 것은 모두 불가침의 법이라고 하자. [⋯] 모든 것에 대해 이성 이외의 어떤 것에도 주목하지 않고 그 자신을 이끌어 감으로써, 소크라테스는 [바로] 이러한 방식으로 완성의 경지에 이르렀던 것이다. 비록 네가 아직은 **소크라테스가 아니라고 할지라도, 소크라테스이길 바라는 사람으로 살아야 한다.**"(『엥케이리디온』제51장)

프랑스의 고전학자이며 철학자인 피에르 아도(P. Hadot)에 따르면, 고대 철학은, 특히 헬레니즘 시기의 철학(에피쿠로스학파, 스토아학파, 회의주의자들)은 학교를 중심으로 가르침이 이루어지기 때문에, 그곳에서의 가르침은 학생들에게 세계관의 변화, 새로운 지식의 습득 및 잘못된 믿음의 제거를 목표로 하는 상이한 생활 방식을 수용할 것을 학생들에게 요구한다는 것이다. 그는 이 헬레니즘 시기의 학파들은 모두 특정한 치료적 '영적 훈련'(exercises spirituels; exercitium spiritualis)[81]을 통해 그들의 추종자들을 위한 '좋은 삶'을 성취하려는 목표를 갖는다고 주장한다.[82] 아도는 '영적 훈련'을 '존재의 근본적 변화(un changement

---

81 아도가 사용한 '영적 훈련'(exercitiorum spiritualium)이란 말은 예수이트 교단을 창시한 이그나티우스 로욜라가 정의하고 사용한 말이라고 한다(J. Sellars, *The Art of Living: The Stoics on the Nature and Function of Philosophy*, Aldershot, 2003[2009], p. 111).

82 P. Hadot, *What is Ancient Philosophy*(*Qu'est-ce que la philosophie antique*)? trans. M. Chase, Harvard University Press, 2002, p. 6. '실존적 선택'이란 용어를 언급하는 대목에 대해서는 pp. 102~103, p. 129, 132, 176 등 참조. 아도의 견해에 관련해서는 다음의 저서도 참조: P. Hadot & A. Davidson, *Philosophy as a Way of Life: Spiritual Exercises from Socrates to Foucault*, Wiley-Blackwell, 1995.

radical de l'être)를 일으키도록 고안된 실천'과 같은 것으로 이해한다.[83] 그에 따르면, 고대 철학은 소크라테스 이래로 이론적으로 동의한 철학적 진리로부터, 또는 그것을 토대로 해서 살아가는 '실존적 개입'을 포함한다.

이와 달리 조너선 반스는 반대의 주장을 펼친다. 연습과 훈련이 하나의 형태만을 취하는 것이 아니라, 여러 형태를 취한다고 주장한다. 아도의 주장처럼 그런 연습의 목표를 가질 수 있을 것이지만, 대부분의 고전 문헌이 '존재의 변화'와 같은 그런 '고귀한 것'을 목표로 하지 않는다. "결국, 훈련이나 연습에 대한 생각은 비교적(秘敎的)이거나 종교적인 것이 아니다. 그것은 자전거를 타고 싶다면 페달을 밟아야 한다는 평범하고, 견고하며, 상식적인 부분이다. 또 논리학에 숙달하고 싶다면 그 장의 끝에 있는 연습문제를 풀면 되는 것이다."[84]

이 문제와 관련해서, M. 누스바움은 고대 철학에서 이성의 역할을 강조하지 않는다면 '삶의 방식'에 대한 고대에서의 철학함의 방식은 고대의 종교적 삶의 방식과 구별될 수 없다고 주장한다. 미셸 푸코나 아도 같은 이들은 스토아 철학을 '자아'(self) 형성과 그 형성을 위한 일련의 기술이라고 주장한다. 물론 아도는 푸코가 고대 철학을 '자아의 돌봄'에 대한 관심으로서 기술하는 것을 비판한다. 아도는 스토아 철학자

83  P. Hadot, *Qu'est-ce que la philosophie antique?*, p. 27; P. Hadot, *Philosophy as a Way of Life*, pp. 276~333.

84  J. Barnes, *Logic and the Imperial Stoa*, p. 17, n.101.

들이 관심을 갖는 자아는 플라톤주의들 못지않게, 푸코가 주장하는 '개별적인 자아'가 아니라 각 개별자 안에 존재하는 '자연', 즉 '보편적 이성'이라는 견해를 밝힌다.[85] 스토아 철학자들이 이성을 우주적·신적 이성으로 간주한다는 점은, 에픽테토스(1.14)를 통해서 확인된다. 그러나 에픽테토스의 프로하이레시스 개념에서 보듯이, 그것은 정확히 우리가 '자아'라 부르는 것에 상당한다. 에픽테토스에게는 보편적 지성으로서의 '이성'과 '나' 간의 긴장 관계가 늘 펼쳐지고 있다.

다시 누스바움의 얘기로 돌아가자. 그녀에 따르면 이러한 아도를 포함한 푸코식의 주장은 이성의 존엄성을 불분명하게 만드는 측면이 있다는 것이다. 대중 종교, 꿈 해석, 점성술로부터 철학을 구별하는 것은 합리적인 논증에 대한 철학의 개입이고, 스토아 철학을 다른 형식의 철학적 치료로부터 구별하는 것은 학생 자신의 능동적인 논증의 훈련에 대한 스토아 철학의 개입이다. 이 모든 습관과 일상의 일이 이성적이지 않다면 철학은 쓸모가 없게 된다고 그녀는 주장한다. 요컨대 스토아 철학의 핵심은 종교적 훈련이 아니라, 이성의 훈련에 있다는 것이다.[86]

한편 존 쿠퍼도 반스와 비슷한 주장을 펼친다. 아도의 입장에 대해 동의할 수 있지만, 피에르 아도가 '영적 훈련'이라고 부르는 것은 고대 철학의 공부를 필연적으로 포함하는 것은 아니라고 주장한다. 그는 삶의 선택과 변증법적 토론을 넘어서는 '정신적 훈련'이 고대 철학을 공

---

85 P. Hadot, *Philosophy as a Way of Life: Spiritual Exercises from Socrates to Foucault*, ch 7, Reflections on the idea of the cultivation of the self, p. 211; M. Foucault, *Le souci de soi*, Paris, 1984(『성의 역사 3: 자기 배려』); R. Sorabji, *Self: Ancient and Modern Insights about Individuality, Life, and Death*, University of Chicago Press, 2006, pp. 32~53 참조.

86 M. Nussbaum, *The Therapy of Desire*, pp. 353~354.

부하는 데 필요하다는 아도의 주장에 반대한다. 그는 특정 학파의 교리에 개인적으로 동화되는 경우에 요구되는 '실존적 선택'(existential option or choice)을 말하는 아도의 해석은 틀렸다고 주장한다.[87] 오히려 쿠퍼는 "고대 전통에서 철학자가 된다는 것은 자신의 삶을 살아가는 데 있어 추론을 위한 자신의 능력을 사용하는 데에 근본적으로 내맡기게 되는 것이며, 다시 말해 철학적 삶은 본질적으로 단순히 그 토대 위에서 이끌어가는 삶"이라는 것이다. 따라서 이것은 자신이 어느 학파에 속하느냐와는 아무런 관계가 없다.[88] 쿠퍼는 '도덕'(moral)의 부분은 따로 분리할 수 있는 것도 아니고, 자연철학('신'에 대한 이론), 논리학, 인식론, 언어철학, 그리고 무엇보다 형이상학을 빼놓고는 완전히 이해할 수 없다고 주장한다. 따라서 그는 '삶의 방식'(ars vitae; ars vivendi)으로서의 고대 철학의 전통을 탐구하는 경우에, 윤리학뿐만 아니라 여러 학파의 형이상학적 이론과 자연철학, 덜 중심적이긴 하지만 그들의 논리학, 인식론, 언어철학과도 관련해서 탐구해야만 한다고 주장한다.[89]

고대 철학을 왜 공부하는가? 영혼의 치료는 우리에게 기대한 바를 가져다줄 수 있을 것인가? 고대 철학은 우리의 '삶을 살아가는 방식', '세계관', '인생을 바라보는 태도'에 변화를 가져올 수 있을까? 철학을 공부함으로써 지금까지 살아온 기존의 삶의 방식을 포기하고, 그 철학의 원리에 따라 우리의 영혼의 변화를 이뤄 낼 수 있을까? 에픽테토스는 이론적 배움보다 '실천'에 적용할 수 있는 '훈련'을 중요성을 강조한

---

87  J.M.Cooper, *Pursuits of Wisdom*, p. 18

88  *Ibid.*, pp. 18~23, 특히 pp. 18~19.

89  *Ibid.*, p. 7

다. '책에서 배움과 실천적 경험의 대조'는 에픽테토스가 거듭해서 강조하는 자신의 주장, 즉 훈련의 필요성을 내세우는 근거이다. 이런 까닭에, "철학자들은 단순히 배우는(manthein) 것에 만족하지 말고, 거기다 훈련(askēsis, exercitatio[세네카])을 더해서, 그런 다음 실천(meletē, studium)을 해야 한다고 권유한 것이네(paraggellousin)."(2.9.13) 왜 실천적 훈련이 필요할까? 에픽테토스는 배움이 실천에 이르지 못하는 몇 가지 이유를 이렇게 제시한다.

"오랜 세월 동안 우리는 우리가 배운 것과 반대되는 행동을 하는 습관을 들여 왔고, 올바른 의견과 반대되는 의견을 실행하고 있기 때문이네. 그러므로 우리가 올바른 의견에 따라 행위하지 않는다면, 우리는 단지 다른 사람의 판단의 해석자에 불과하게 될 것이네."(2.9.14)

(1) '나는 책을 읽었다. 그러나 나는 책과 반대되는 행동을 해왔다.' (2) '나는 책을 읽었다. 그러나 나는 선생의 말을 듣지 않고 내 의견만을 사용했다.' (3) '나는 책을 읽었다. 나는 실천적 경험을 추구하지 않았다.' 요컨대, 우리가 '책을 읽되, 선생의 주석을 통한 도움을 받아 읽어야 하고, 그렇게 형성된 올바른 판단을 실천적 경험을 통해 사용할 수 있도록 훈련해야 한다'는 것이다. 그런 식으로 훈련을 하지 않으면, 우리는 '다른 사람의 판단'에 대한 해석자에 불과하게 되는 셈이다. 요즘 말로 하면 '책 혹은 이론의 체득화'라고 할 수 있다. 나에게 철학을 가르쳐 주신 허원(虛遠) 최명관 선생님은 학생들의 논문 발표가 끝나면, '늘' 같은 질문을 빠뜨리지 않고 던지셨다. "그래, 군(君)의 생각은 뭐인고?" 설명을 듣고 나선 다시 말씀하시길 "자네의 말과 중추신경이 맞닿아 있

는 것 같지 않아!".

삶의 기술로서 실천 철학의 중요성을 강조하는 에픽테토스는 구체적으로 훈련하는 방식을 열거하면서 이렇게 권고하고 있다.[90]

"(1) 나는 쾌락으로 기울어지는 경향을 갖고 있다. 이런 습관에 대해서, 나는 훈련(askēsis)을 위해 흔들리는 배의 반대 방향으로 정도 이상으로 나를 향하게 할 것이다. (2) 나는 힘든 일을 회피하는 경향을 갖고 있다. 이런 습관에 대하여, 나는 그런 종류의 모든 것으로부터의 회피를 억제하기 위해 나의 인상을 단련하고 훈련할 것이다(tripsō kai gumnasō). 훈련하는 사람은 어떤 사람인가? 욕구를 억누르는 훈련을 하는 사람(ho meletōn)이며, 의지의 영역 안에 있는 것들에 관련된 것에 대해서만 자신의 회피를 활용하도록 훈련하는 사람이고, 그리고 숙달하기가 어려운 일들에서 특히 열심히 훈련을 쌓는 사람이다. 따라서 각자는 각기 다른 일들에 관련해서 더욱 열심히 훈련해야만 할 것이다."(3.12.7~8)

적어도 나는 에픽테토스가 추구하는 '훈련과 치료로서의 실천 철학'은 학생들에게 단순히 고전에 대한 이해와 해석에 머물지 않고, 종국에는 학생들이 지닌 인생관의 변화까지도 성취하려는 목적을 갖고 있으며, 또한 그것을 필연적으로 요구하고 있다고 생각한다. 에픽테토스의 다음과 같은 말은 이 점을 극명하게 보여 준다.

---

[90] 에픽테토스가 사용하는 askēsis, meletē, epimeleia gumnazō(훈련, 실천, 돌봄, 연습) 등은 그 의미영역이 서로 겹치고 있다(J. Sellars, *The Art of Living*, pp. 107~108 참조).

"'[크뤼시포스의] 『충동에 관하여』라는 논고를 들고, 내가 얼마나 이것을 철저하게 읽었는지 보세요.' 노예여, 그것은 내가 찾고 있는 것이 아니네. 오히려 내가 찾고 있는 것은, 네가 너의 행위를 하려는 충동과 행위를 거부하는 충동을 어떻게 발휘하는지, 또 너의 욕구와 혐오를 어떤 식으로 다루고 있는지, 또 너의 목적을 이루는 노력을 얼마나 기울이는지, 또 그것을 위해 어떻게 너 자신을 내맡기는지, 또 너는 어떻게 그것을 위해 준비하는지, 그리고 거기에서 자연과 조화하고 있는지, 아니면 조화하고 있지 못한지를 알고 싶은 것이네."(1.4.14)

에픽테토스에 따르면, 철학적 이론들(theōrēmata)을 공부하는 편이 상대적으로 쉽다고 말한다. 오히려 어려운 것은 철학적 생각을 철학적 행동(erga)으로 옮기는 것이다. 따라서 훈련의 순서는 쉬운 것으로부터 더 어려운 것으로 넘어가야 한다. 이론은 실천을 위해서 존재하는 것이다. 여기서 에픽테토스는 자연학과 논리학 간의 전통적 배움 순서를 염두에 두고 있다. 기본적인 물음은 원칙적으로 교육적인 것을 우선할 것인가, 아니면 설명적인 것을 우선할 것인가 하는 것이다. 어떤 순서를 통해 학생들이 철학의 부분들을 흡수해야만 하는가? 철학자들이 논리학으로부터 교육을 시작하는 이유는 무엇인가? 그것은 논리학이 '곡물을 측정할 때처럼, 다른 모든 것을 분별하고, 고찰하고, 말하자면 측정하고, 무게를 달 수 있는 능력'을 우리에게 심어 주기 때문이다 (1.17.6~10). 다른 지식을 얻을 때 적용하는 판단의 기준을 배우지 못한다면 다른 것들에 대한 앎도 정확하게 배울 수 없다. 따라서 배움의 순서는 '이론'을 먼저 공부함으로써, 실제적 삶에서 부딪치는 많은 어려운 문제들을 풀어 낼 수 있는 능력을 구비할 수 있게 되는 것이다.

"그래서 철학자들은 먼저 우리를 비교적 쉬운 이론(theōria)으로 훈련시켜야 하며, 그다음에는 우리를 더 어려운 문제들로 이끌어 가는 것이네. 왜냐하면 이론[의 영역]에는 우리가 배운 것에 따르지 않도록 반대 방향으로 이끄는 것은 아무것도 없지만, 실제적 삶에 관련된 문제에는 (epi tōn biōtikōn) 우리를 다른 방향으로 이끄는 것이 많이 있기 때문이네."(1.26.3)

이론이 빠진 훈련만으로는 충분하지 못하다. '미리' 이론을 공부하는 것은 철학적 삶을 위한 필요조건이다. 다른 기술의 경우에서와 마찬가지로, 실천적 삶에서의 대처 능력은 훈련과 그 해당하는 이론들(logoi)에 대한 파악이 요구된다. 이와 반대로 이론으로 무장하는 것만으로는 또한 충분한 것이 못 된다. "책을 읽는 것은 우리가 살기 위한 뭔가를 준비하는 것이 아닌가요?"라는 학생의 물음에, 에픽테토스는 "하지만 인생은 책들 외에도 다른 많은 것들로 가득 차 있네. 그것은 마치 운동선수가 경기장에 들어설 때, 더 이상 밖에서 훈련할 수 없어서 눈물을 터트려야 하는 것과 같은 것이네"라고 답한다(4.4.10~11). 인생에서 책들만으로 배우는 것은 한정되어 있다. 앞서도 언급했지만, 에픽테토스가 '책의 배움과 실천적 경험'의 대조를 통해 보여 주는 바는, 이론적 공부와 실천적 경험 사이의 적절한 상호 결합이다. '책으로 배 키를 잡는 것'(ek bibliou kubernan)은 훌륭한 조타수가 아니다. 책은 조타수에게도 유용할 수 있다. 그러나 그것만으로 충분할 수 없으며, 조타수들도 실천

과 훈련(askēsis) 통해 보충받아야 한다.[91]

철학이란 무엇인가? 소크라테스 이래로, 철학은 좋은 인간(agathos anthropos)이 되고, 좋은 인간의 삶을 살아가는 최선을 방식을 보여 주는 것이었다. 소크라테스의 철학 정신을 본받고자 하는 에픽테토스는 삶을 이끌어 가는 최선의 길잡이(biou kubetnētēs)로서, 최선의 삶을 위한 동기를 부여하는 힘으로서 철학을 탐구했으며, 또한 학생들이 선생 자신의 이 목표를 성취하고자 하는 방향으로 철학을 공부하길 바랐다. 이런 점에서 나는 '실존적 자기 선택'을 요구하는 피에르 아도의 주장이 에픽테토스의 경우에 정확히 적용될 수 있다고 생각한다.

인류의 교사였던 소크라테스가 남긴 가장 중요한 말은 '악법은 법이 아니다'가 아니라, '검토하지 않는 삶은 살 만한 가치가 없다'는 것이었다. 우리가 소크라테스에게서 배우는 가장 중요한 지혜는 '혼의 돌봄'이다. 여기서 말하는 혼이란 곧 '자아'(self)를 말한다. 혼을 돌본다는 것은 자신의 내면을 보살피고, 늘 자신의 삶을 반성하라는 것과 같은 의미이다. 소크라테스가 설파한 '검토하는 삶'을 가슴 깊이 새기고 살았던 에픽테토스는 우리에게 '네 자유로운 영혼을 돌보고, 너 자신을 찾아, 너 자신이 되어 있을 줄 알라'라고 가르치고 있다.


## 우리에게 달려 있는 것과 우리에게 달려 있지 않은 것[92]

스토아 윤리학의 기본 원리는 '좋은 것', '나쁜 것', '아무런 관련(차이)

---

91 J. Barnes, *Logic and the Imperial Stoa*, p. 47 참조.

92 '우리에게 달려 있는 것'에 대한 논의는 김재홍, 『왕보다 더 자유로운 삶』, 310~317쪽에

이 없는 것' 간의 분명한 구별로부터 이루어진다. 좋은 것(선)은 도덕적 본질을 갖는 것들이고, 나쁜 것(악)은 그 반대의 것들이고, 아무런 관련이 없는 것들은 신체와 외적인 것에 관련되는 것들이다. 이 원리를 그대로 유지한 채, 에픽테토스는 이것들을 뒤섞어 더 효과적인 구분 방식을 만들어 낸다. 그래서 존재하는 것들은 (1) '우리에게 달려 있는 것'(to eph' hēmin)과 (2) '우리에게 달려 있지 않은 것'(to ouk eph' hēmin)으로 구별된다. 좋음과 나쁨은 우리에게 달려 있는 것들에서만 전적으로 발견되는데, 그것들은 우리의 '의지'(프로하이레시스)에 달려 있기 때문이다. 우리에게 달려 있지 않은 것들은 우리의 '의지'에 달려 있지 않은 것들이다. 에픽테토스는 우리에게 달려 있는 것들의 영역 안에서 '자연에 일치하는 것'을 추구하고, '자연에 어긋나는 것'을 회피하라고 반복적으로 권유하고 있다(『엥케이리디온』제2장, 제48장 3; 3.10.10~11, 3.11.15, 3.24.101~102 참조).

아리아노스가 정리한 에픽테토스의 『강의』(제1권 제1장)와 『엥케이리디온』(제1장)의 논의는, 앞의 구분을 다른 식으로 표현해서 '우리가 권위를 갖고 있는 것과 그렇지 않은 것', '우리가 지배(통제)하는 것과 그렇지 않은 것', '우리의 힘 아래에 놓인 것과 다른 힘에 의해 지배받는 것' 간의 구별로부터 시작한다. 이 개념의 구분이 에픽테토스에게 도덕 이론과 삶의 철학으로서 스토아 윤리학의 '핵심'을 구성한다.

"존재하는 것들 가운데 어떤 것은 우리에게 달려 있는 것들이고 다른

일민 부분을 밍딩 부분 수정, 보충 했더.

어떤 것은 우리에게 달려 있는 것들이 아니다. 우리에게 달려 있는 것들은 **판단**(hupolēpsis), **충동**(hormē), **욕구**(orexis), **회피**(혐오, ekklisis),[93] 한마디로 말해서 우리 자신이 행하는 그러한 모든 일이다. 반면에 우리에게 달려 있지 않은 것들은 육체, 재산, 평판, 관직과 같은, 한마디로 말해서 우리 자신이 행하지 않는 우리에게 달려 있지 않은 일이다. 게다가 우리에게 달려 있는 것들은 본성적으로(phusei) 자유롭고, 방해받지 않으며, 훼방을 받지 않지만, 우리에게 달려 있지 않은 것들은 무력하고, 노예적이고, 방해받으며, 내 것이 아닌 다른 것들에 속한다. 그러므로 다음을 명심하라. 만일 네가 본성적으로 노예적인 것들을 자유로운 것으로 생각하고, 또 다른 것에 속하는 것들을 너 자신의 것(idia)으로 생각한다면, 너는 장애에 부딪힐 것이고, 고통을 당할 것이고, 심란해지고, 신들과 인간들을 비난하게 될 것이다. 그러나 이와 반대로 네가 사실상 너의 것만을 너 자신의 것으로 생각하고, 또 다른 사람에게 속하는 것을 (실제로 그런 것처럼) 다른 사람에게 속하는 것으로 생각한다면, 그 누구도 어느 때고 너를 강요하지 않을 것이고, 그 누구도 너를 방해하지 않을 것이고, 너는 그 누구도 비난하지 않을 것이고, 그 누구도 힐난하지도 않을 것이고, 자의에 반해서(akōn) 결코 어떤 한 가지 일이라도 행하지 않을 것이고, 그 누구도 너에게 해를 끼치지 않을 것이고, 어떤 적도 없을 것임을 기억하라. 너는 해가 되는 어떤 것에도 고통을 당하지 않을 것이기 때문이다."(『엥케이리디온』 제1장 1~3)

---

[93] 믿음(판단)은 논리학, 충동은 윤리학, 욕구와 혐오는 자연학에 관계된다.

이러한 구분 속에는 아무런 관련이 없는 것들과 중간적인 것들 통해 타협할 가능성의 여지는 남아 있지 않다. 따라서 그 선택은 극단적이며, 단호하고, 궁극적이다. 두 구분에 속하는 것들은 동시에 서로를 따를 수 없다. 하나의 선택은 다른 것의 상실을 포함하며, 다른 것의 선택은 하나를 포기하는 것이다. 아이처럼 행동하다가, 철학자가 되고, 나중에 세리(稅吏)가 된다거나, 한때는 수사학자였다가, 다른 때는 황제의 행정관이 될 수 없는 것과 마찬가지로, 이것들은 함께 어울릴 수 없는 것이다.

"너는 좋은 사람이든 나쁜 사람이든, 한 인간(hena anthrōpon)이어야 한다. 너 자신의 지도적 중심 부분(hēgemonikon)이나 외적인 것들 중 하나를 완성하도록 전심전력을 기울여야 한다. 내적인 것에 힘쓰든지, 외적인 것에 힘쓰든지, 즉 너는 철학자이든지 일반인이든지, 어느 한쪽의 입장(stasis)을 취할 수밖에 없다."(3.15.13;『엥케이리디온』제29장 7)

"외적인 것을 얻는 것과 너의 지도적 중심 부분 모두에 마음을 쓸 수는 없다. 전자를 원하면 후자를 버려라. 그렇지 않으면 너는 양쪽으로 끌려가서 둘 다를 얻을 수 없을 것이다. 따라서 후자를 원한다면, 전자를 버려야 한다. 기름이 튀고, 용기는 없어지지만, 나는 부동의 마음(apathēs)을 얻을 것이다. 내가 없는 동안에 불이 나서 책을 잃어버리겠지만, 나는 인상을 자연 본성에 맞게 사용할 것이다."(4.10.25~26)

마음의 평화(부동하는 마음)와 영혼의 만족이냐, 고통과 장애, 불안과 마음의 심란함을 선택할 것이냐? 중간적인 상태란 전혀 존재하지 않는다. 어느 쪽을 선택하느냐는 결국 우리의 '의지'에 달려 있다. 우리에게 달려 있는 것은 '우리가 마음으로 하는 것', 즉 '우리가 어떤 것에 대해 생각하는 것', '어떤 것으로 향하거나 어떤 것으로부터 멀어지는 모든 충동', '우리가 욕구하는 것'과 '회피하는 것'이다. 이것들은 우리가 행하는 일이고, 우리의 선택의 힘(의지, 프로하이레시스)을 행사하는 것이다. 제우스조차도 이것을 무력화할 수 없는 일이다(1.1.23, 1.6.40, 1.17.27, 3.3.10). 우리의 신체, 재산, 평판, 정치적 지위는 우리의 통제하에 있지 않다. 이것들은 우리가 행하는 일이 아니다. 그러나 우리가 '우리에게 달려 있지 않은 것들'에 집착하고 관심을 갖게 된다면, 우리 자신은 이것들에 붙들려 이것들에 끌려다니게 된다. 이렇게 되면 우리는 자유롭지 못하고, 자주 훼방받고, 방해받는 자신을 발견하게 된다. 그렇게 되면, 이제 우리의 마음과 행동은 완전하게 자유롭지 못한 노예 상태에 빠지게 되는 것이다.

이러한 상태는 우리가 살아가는 동안에 흔히 겪는 일이다. 그렇다면, 우리가 어떤 방법을 통해 이러한 상태에서 벗어날 수 있을까? 어떤 훈련을 거쳐 우리에게 달려 있는 것과 그렇지 않은 것을 구별하고, 어떤 것에 대해 행위하려는 충동과 행위하지 않으려는 회피(거부, 반발), 좋음에 대한 욕구와 그렇지 않은 것에 대한 혐오를 판단하는 능력을 배울 수 있는 것인가? 그것은 제우스조차도 빼앗아 갈 수 없는 '의지'(프로하이레시스)가 우리에게 주어져 있다는 것을 깨닫는 것이다. 에픽테토스는 제우스와의 가상적인 대화를 통해 "나(제우스)는 나 자신의 어떤 몫(meros ti hēmeteron)"을 주었다고 말한다(1.1.12). 이 몫은 모든 것을 지배하는 것, 즉 '인상'을 올바르게 사용할 수 있는 능력이다. 이 능력만이 우리에게 달려 있는 것에 놓여 있다. 우리가 신체에 묶여 있는 한, 우리에게 달려 있지 않은 '외적인 것'에 의해 방해받지 않는 것이 어떻게 가능할 수 있겠는가? 에픽테토스의 주장에 따르면, 인상을 사용하는 능력에 주의를 기울이고, 그것을 유지하는 데 온 힘과 마음을 다한다면, 우리는 방해받지 않을 것이고 결코 훼방받지 않을 것이다(1.1.7~12). 그래서 에픽테토스의 기본적 전략은 여러 관점에서 우리 자신의 삶에 대해 통제할 수 있는 이 본질적인 자유를, 인간만이 가진 특권적 상황으로 강조하고 있는 것처럼 보인다.

"그렇다면 비이성적 동물들도 일어나는 것들을 이해하는가? 결코 그렇지 않네. 사용과 이해는 서로 다른 것이니까 말이네. 신은 인상을 사용하는 그런 동물을 필요로 했지만, 또 신은 인상들의 사용을 이해하는 우리를 필요로 한 것이네. 이런 이유로 그것들에게는 먹고, 마시고, 휴식하고, 짝짓기하고, 각각의 동물에게 적합한 이러한 다른 모든 기능을 수행하는 것으로 충분하네. 이와 달리 신이 사물을 이해하는 능력까지 부여했던 우리에게는 이러한 동물의 활동만으로 더 이상 충분하지 않고, 우리가 적절하고 체계적인 방식으로, 또 우리 각자의 자연 본성과 소질(구성)에 일치해서 행위하지 않는다면, 우리는 더 이상 우리의 고유한 목적을 성취하지 못할 것이네."(1.6.13~15)

'자유'는 에픽테토스에게서 가장 빈번하게 나타나는 말이다. 우리에게 달려 있는 것과 그렇지 않은 것의 구별은 자유(eleutheria) 개념을 형성하는 토대가 된다.[94] 에픽테토스의 철학에서 이 두 가지의 개념을 제대로 포착해 내는 것이 그의 철학 전반을 이해하는 데 도움을 준다. '우리에게 달려 있는 것'과 '자유'가 어떻게 관련을 맺고 있는가? 스토아 초기에 이 두 개념이 어떻게 연결되고 있는지를 찾아내기란 쉽지 않다. 에픽테토스에 이르러 비로소 자유와 '우리에게 달려 있는 것'이 독특한 방식으로 결합되어 나타난다. 그에게 이 두 가지 개념은 거의 동의어처럼 사용된다. 여기서 우리가 반드시 기억해 두어야만 할 중요한 사항이 있다. 에픽테토스는 '나에게 달려 있는 것', '프로하이레시스'와 같은 핵심 용어들을 '자유 의지와 결정론의 대립'이라는 형이상학적 문제에 관한 논의 맥락에서 사용하고 있지 않다는 점이다. 에픽테토스가 우리의 프로하이레시스에 관해, 또 그것이 '우리에게 달려 있는' 유일한 것들이라고 주장할 때, 그의 관심은 우리의 삶에서 어떻게 좌절과 실망을 회피할 수 있는지에 관한 실천적이고 구체적인 윤리적 문제들에 머물고 있다.

그는 단순히 인간이 자신이 원하는 것을 결정할 수 있다면, 그의 정신은 자유롭다고 말한다. 에픽테토스에게 노예화로부터, 그리고 타자의 명령으로부터의 자유는 '모든 파토스(감정)로부터, 모든 그릇된 욕구로부터 벗어나 있는 전적으로 독립된 사람임'을 나타낸다.[95] 에픽테토스 이전의 초기 스토아에서는 자유와 운명, 혹은 자유와 책임 간의 연결성이 없었다. 스토아적 현자에게는 자신의 안팎에서 자신에게 무엇을 행하라고 하는 것이 없다. 그저 전체적으로 이성적인 측면이 '그 자

---

94  to eph' hēmin은 플루타르코스의 『스토아의 자기 모순』 1056d에 나타난다.

95  S. Bobzien, *Determinism and Freedom in Stoic Philosophy*, Oxford, 1998, p. 339 참조.

신'을 자유롭게 하기 때문에 '자유로운' 것이다. 정치적으로 사회적으로 자유롭다는 것은 그 어떤 외부의 적들에 의해 노예화 상태에 놓여 있지 않으면 되는 것이다.[96] 그러나 에픽테토스가 그리는 '자유로운 사람'의 모델은 견유학파인 디오게네스였다.

"디오게네스는 자유인이었네. 어떻게 그렇게 되었을까? 실제로 그렇지 않은데, 그가 자유로운 부모에게서 태어나지 않았기 때문이 아니다. 오히려 그 자신이 자유롭기 때문이다. 그가 노예가 가질 수 있는 모든 조건을 내던져 버려서, 누군가가 가까이 다가가 그를 붙잡아 노예로 삼을 도리가 없게 되었기 때문이네. 그는 어떤 것을 소유하든 간에 쉽게 풀어지도록 해 놓았고, 모든 것이 그에게 단지 느슨하게 결부되어 있었을 뿐이네. 그가 소유한 모든 것을 네가 차지했다고 해도, 그는 그것 때문에 너를 쫓는 대신에 너에게 그것을 맡겼을 것이네. 그리고 네가 그의 다리를 붙잡았다면, 그는 그 다리도 놓아 주었을 것이네. [⋯] 그는 자신이 이러한 것들을 어디서, 누구에게서, 어떤 조건으로 받았는지를 알았기 때문이네. [⋯] '그럼 왜 그에게만 그렇게 하는 것이 허용되고 있느냐고 한 사람이 물었네. 그의 대답은 이렇네.' '나는 이 보잘것없는 몸뚱이를 내 것으로 여기지 않기 때문이다. 나에게는 법[97]이 전부이고, 다른 것은 아무것도 필요로 하지 않는다.' 이것이 그를 자유인으로 만든 것이네."(4.1.152~158)

---

96 스토아적 현자의 '감정'을 지닌 삶에 대해서는 J.M.Cooper, "The Emotional Life of the Wise", *The Southern Journal of Philosophy*, Vol.43, 2005, pp. 176~218 참조.

97 '보편적 법', '신의 법', '신 자신'을 막하다

이 점은 우리의 영혼도 마찬가지다. 스토아 철학에서 우리 자신의 영혼의 자유란 것은 사회적·정치적 실재에 대한 내면화라고 말할 수 있다. 그러나 에픽테토스에게 자유란 '우리에게 달려 있는 것들'에 대한 적절한 이해와 그것에 대한 올바른 사용에 달려 있는 것이지, 형이상학적 이론의 토대 위에서 성립되는 그런 '추상적 개념'이 아니다.

이미 크뤼시포스도 '우리에게 달려 있는 것들'에 관해 천착한 적이 있지만,[98] 에픽테토스는 주로 ta eph' hemin(우리에게 달려 있는 것들)의 특정한 '종류'가 어떤 것인가에 대한 관심을 갖고 있다. 에픽테토스에 앞서 전기 스토아 철학자인 크뤼시포스가 우리에게 달려 있는 것(to eph' hemin)을 도덕적 책임의 소재가 되는 자연학적인 것, 좀 더 정확히는 '심리적인 것'에서 찾았다고 한다면, 에픽테토스는 주로 우리에게 달려 있는 개별적인 것들에 관심을 두었다. 그는 모든 가능한 상황에서 우리에게 달려 있는 것들의 유형의 것들만을 우리에게 달려 있는 것으로 간주했다. 크뤼시포스는 외부의 인상에 대한 우리의 '욕구'가 '승인하거나 승인하지 않는 인과적' 관련성을 심리적 동기에서 파고들고 있다. 크뤼시포스에게서 우리에게 달려 있는 것은 도덕적 책임의 가능성을 보존하는 기능을 갖고 있었다. 하지만 에픽테토스는 인과적 요소에는 관심을 두지 않았으며, 어떤 특정한 사물이 누군가에 달려 있다는 것을 확인하기 위해서 그 문제가 외적으로 방해가 될 수 없는 것들에 속하

---

98  Cicero, De Fato, 40~44. 크뤼시포스의 '우리에게 달려 있는 것'에 대한 논의, 에픽테토스의 이 개념과 초기 스토아의 그것과의 관련성, 스토아의 자유 개념과 '우리에게 달려 있는 것'과의 연결성의 문제에 관한 논의는 S. Bobzien, *Determinism and Freedom in Stoic Philosophy*의 제7장 'Freedom and That Which Depends on Us: Epictetus and Early Stoics', pp. 330~357 참조.

는지 그렇지 않은지를 묻고 있을 뿐이다.

크뤼시포스는 '원인'을 완전하고 원리적인 원인(perfectae et princi-pales)과 보조적이고 비슷한 원인(causis adiuvantibus et proximis)으로 가른다. 모든 것이 운명(fato) 때문에 일어났다면, 모든 것은 선행하는 원인으로부터 일어나야 한다는 것이 따라 나온다. 이 경우에 그 원인은 '완전하고 원리적인 것이 아니라, 보조적이고 비슷한 원인'이다. 그런데 이 경우에 이 원인 자체가 우리에게 달려 있는 것이 아니라면, 욕구 또한 우리에게 달려 있는 것(in nostra potestate)이 아니라는 것은 따라 나오지 않는다. 그러나 이와 반대로 모든 것이 완전하고 원리적 원인으로부터 일어난다면, 그 원인들이 우리에게 달려 있는 것이 아니듯이, 욕구도 또한 우리에게 달려 있는 것이 아닐 수 있음이 따라 나올 수 있다고 크뤼시포스는 말한다.[99] 요컨대 크뤼시포스에게서 '우리에게 달려 있는 것'이 되기 위해서는, 일어나는 사태는 (1) 강요받지 않고, 그 행위의 원인이 우리에게서 비롯되어야 하고, (2) 외적 상황에 의해 방해받지 않아야만 한다.

만일 내가 걷는다고 해보자. 크뤼시포스는 걷는 것을 방해하는 것이 아무것도 없으므로 나의 걸음이 나에게 달려 있는 것이라고 주장한다. 다시 말해, 걸어야만 하겠다는 충동적 인상에 동의함으로써 그것이 일어났다는 것이다. 그러나 에픽테토스는 그런 것은 나에게 달려 있는 것이 아니라고 말한다. 왜냐하면 설령 아무런 것도 방해하지 않았을지라도 원칙적으로 걷기를 방해할 수 있는 어떤 것이 나에게 있을 수 있기

---

[99] Cicero, *De Fato*, 41.

때문이다. 다시 말해, '우리에게 달려 있다는 것'은 모든 가능한 상황 속에서 우리의 힘이 미치는 모든 유형의 것들만이 우리에게 달려 있다는 것이다. 그래서 에픽테토스는 우리 삶의 어떤 상황 속에서도 타자를 포함해서 외부적 요인에 의해 우리를 방해하지 않는 활동과 행위들을 찾으려 한다. 미래에 있을 수 있는 모든 가능한 실패와 좌절을 피하고, 혼란스럽지 않은 잘 추슬러진 감정 상태를 유지하는 것이 에픽테토스의 절실한 삶의 목표였던 셈이다. 이런 점에서 그의 윤리적 태도는 사려 깊고 신중하며 실천적인 것이라 말할 수 있다. 그의 행위는 언제나 도덕적으로 올바른 목적을 지향하고, 스토아 도덕철학이 궁극적 목적으로 삼는 '자연에 따라 사는 것'이었다. 이러한 실천을 통해서 진정한 자유와 행복을 얻으려고 하는 것이 그의 윤리학의 최선의 목표였다.

앞서 설명한 우리에게 달려 있는 것들과 그렇지 않은 것들의 구분 속에서 에픽테토스는 정확히 무엇을 구별하고자 하는 것인가? 흔히 '내면세계와 외부세계의 구분', '내면적 좋음과 외적 좋음의 구분'으로 이해되어 왔던 이 구절의 핵심 논점은 '결정된 것'과 '결정되지 않는 것' 간의 구분에 있다. 에픽테토스의 이 생각에 따르면, 존재하는 사태와 사건들 가운데 어떤 것들은 '이미 결정되었기 때문에 우리 자신의 행위 영역에 속할 수 없으며, 따라서 책임을 물을 수 없는 것'임에 반해, 어떤 것들은 '결정된 것이 아니라 우리 자신이 행하는 그런 것이며 따라서 책임을 물을 수 있는 것'이다. 에픽테토스의 이 구분은 도덕적 행위와 도덕과 전혀 무관한 것 간의 구분과 같은 것이다. 자연재해, 전쟁, 재산의 소유와 상실, 건강과 질병, 수명, 사회적 지위와 정치권력 등은 외부적 힘에 의해서 일어나는 사태와 사건들이며, 육체적 고통과 즐거움도 이 범주에 속한다. 이런 것들은 전통 스토아 윤리학에서 말하는 '우리와 아무런 관련(차이)이 없는 것들'(adiaphora)이다.[100] 그러나 에픽테토스는 우리의 행위의 결과이며, 우리의 삶에 영향을 미치는 이런 것들은 '우리에게 달려 있지 않은 것들'의 부류에 포함시켰다. 그래야 외부의 힘에 의해 방해받는 일도 없게 될 것이며, 우리의 자유를 빼앗기고, 고통과 걱정에 시달리지 않게 될 것이기 때문이다.

안티파트로스는 인간의 삶의 목적을 '자연에 일치하는 (인생에서) 주도적으로 이끌어 가는 것(proēgoumenon)들을 달성하기 위해 끊임없이 또 빗나가지 않고 자신의 힘으로(to kath' hauton) 모든 것을 행하는 것'이라고 규정했다.[101] 인생의 목적은 자신의 목적을 달성하기 위해 모든 것을 하는 것이다. 그러나 '이 목적'과 '목적의 현실적 성취'와는 구별되어야 한다. 전자만이 우리의 힘에 달려 있다. '우리 힘에 달려 있는 것'이 바로 에픽테토스가 말하는 '우리에게 달려 있는 것'과 동일한 표현이다. 그는 이 표현을 사용하여 '우리의 목적을 달성하기 위해 모든 것을 할 수 있는 영역'을 지시한다. 그는 '목적의 현실적 성취'를 '우리에게 달려 있지 않은 영역'으로 옮겨 놓는다.[102]

관절염으로 인해 내가 느끼는 고통은 내가 일으킨 것이 아니며, 따라서 나의 고유한 행위 영역에 속하지 않는다. 한잔의 포도주가 내 미각과 위장에 불러일으키는 즐거움 역시 내가 일으킨 것이 아니며 그런 의미

---

100  초기(Old) 혹은 정통 스토아에 따르면, '덕'은 유일한 좋은 것이며 행복을 구성하는 유일한 것이지만, 건강과 부와 같은 일반적인 대상들도 추구하기에 적합한 대상이 되는 어떤 종류의 가치를 지닌다. 스토아 철학자들은 이러한 항목들은 '아무런 관련이 없는 것들'(adiaphora)이지만, 그럼에도 허용되는 상황이라면 권장되는 것이라고 말한다.

101  스토바이오스, *Eclogae* 2.76.13~15; LS 58 K.

102  S. Bobzien, *Determinism and Freedom in Stoic Philosophy*, p. 334.

에서 '나에게 달려 있는 것'이 아니다. 이 모든 것들은 '내게 주어진' 것이며, 내게 주어진 것들은 외부에 의해 언제든지 빼앗길 수 있는 것이다. 그러나 내게 주어진 것들에 대해서 '내가 무엇을 그리고 어떻게 생각하고 믿는가, 내가 무엇을 그리고 어떻게 욕구하는가, 이 믿음과 욕구의 기반 위에서 내가 무엇을 그리고 어떻게 선택하는가, 그리고 나는 어떤 종류의 정서적 느낌을 가지는가' 하는 것은 나의 고유한 행위 영역에 속하며, 그런 의미에서 이런 것들은 나에게 달려 있는 '나의 것'이다. 그래서 에픽테토스는 "너에게 일어나는 각각의 것에 대해서, 너 자신을 향해 돌아서야 한다는 것을 기억하고, 그것에 대해서 사용할 수 있는 어떤 힘(dunamis)을 네가 가지고 있는지 탐구"[103]하라고 말한다. 따라서 외적 인상들을 사용할 수 있는 내면의 힘인 '의지'(프로하이레시스)를 돌보라는 것이 그의 철학적 명령이 되는 셈이다.

이렇듯 그가 말하는 '우리에게 달려 있는 것들'이란 전적으로 '인상들의 사용'(hē chrēsis tōn phantasiōn)과 관련 맺고 있는 것들이다. 그 사용이란 우리가 외적 인상에 동의함으로써 갖게 되는 우리의 승인, 판단, 충동과 같은 것을 의미한다. 오로지 '우리에게 달려 있는 것들'만이 나의 '자유'의 영역을 구성하며, 그런 만큼 내가 도덕적 책임을 져야 할 유일한 영역이다. 행복은 그리고 그와 함께 불행은 바깥에서 주어지는 것이 아니라 내가 '행하는' 사태이며, 따라서 한 사람의 행복과 불행을 검증할 수 있는 영역도 바로 이 영역인 셈이다. S. 밥지엔은 우리에게 달려 있는 것에 대한 에픽테토스의 개념은 이미 확립된 도덕 이론의 토대 위

---

103 『엥케이리디온』 제10장.

에서 주로 실천적 목적에 이바지하는 것으로 평가한다. 그것은 윤리이
론 내에서 그 역할을 수행한다. 그러면서 그녀는 결론적으로 이렇게 주
장한다. "그것(우리에게 달려 있는 것)은 사람들이 훌륭하고 방해받지
않는 삶을 계획하고 이끌어 나가는 데 도움이 되는 수단을 제공하기 위
해 의도된 것이다. 그것의 일차적 기능은 삶과 행동을 이끌어 가는 것
이다."[104]

에픽테토스에 따르면 진정한 자유는 제도적 신분에 의해 결정되는
것이 아니다. 모든 외부적 사건과 사태에 대해 내가 무엇을 그리고 어떻
게 생각하고, 욕구하고, 선택하는가에 따라 자유와 자유롭지 못함이 결
정된다. 에픽테토스에게서 자유란 욕구하고 무언가를 목표로 하는 덕
(德)이 있는 마음의 상태이다. 이 덕을 성취하기 위해서 '우리에게 달려
있는 것'이 정확히 어떤 것인지 알아야만 한다. 그러기 위해서는 '우리
에게 달려 있는 것'의 한계 안에 있는 것만을 바라야 하고 기대해야만
한다. 결국 우리에게 달려 있는 것을 알고, 우리에게 달려 있지 않은 것
을 욕구하지 않고, 어떤 다른 것도 추구하지 않는다면 우리는 자유를 소
유하고 있는 셈이 된다.

**프로하이레시스 혹은 도덕적 '선택의 힘'은 무엇인가?**
에픽테토스 철학을 이해하는 데 있어 충분한 이해와 설명이 필요한 중
요한 개념이 여럿이지만 그중 가장 중요하고, 그 나름의 독특한 개념
으로 사용하는 전문어가 인간의 '이성적 기능'을 가리키는 프로하이

---

[104] S. Bobzien, *Determinism and Freedom in Stoic Philosophy*, p. 338.

레시스(prohairesis)이다. 에픽테토스가 이 말을 도덕철학이 성립하는 기초 개념으로 사용한 첫 번째 스토아 철학자이다. 이 말은 라틴어로 propositum(의도), voluntas(의지)로 번역된다. 세네카의 voluntas(동사 velle)는 '자의식적인' 경우에 사용되는데, 이것에 대응되는 헬라스 말 은 boulēsis이다. 그러나 세네카가 무언가를 하려는 우리의 '의지'를 도덕적 결정이나 가치 평가에 초점을 맞추는 경우에, 가장 적합한 의미를 갖는 말은 에픽테토스가 사용한 '프로하이레시스'일 것이다.[105]

이 말의 철학적 의미를 정확히 파악하는 것은 에픽테토스의 윤리학을 이해하는 전부라 해도 지나친 말이 아니다. 일단 프로하이레시스는 한 인간의 '도덕적 성품을 비롯한 도덕적 행위와 관련 있는 모든 정신적 활동'을 포함하는 것으로 이해할 수 있다. 다시 말해, 이것은 일반적으로 '좋은 것과 좋지 않은 것'을 결정하는 선택의 조건을 지시한다. 번역하기 꽤 까다로운 이 말은 '의지'(will, volition), '선택의 힘'(J. M. Copper), '선택', '도덕적 목적'(W. A. Oldfather), '도덕적 인격'(personne morale, J. Souilhé) 등으로 옮겨진다. 나는 이 책에서 우리말로 '의지' 혹은 '선택의 힘'으로 옮겼다. 맥락에 따라, 아리스토텔레스 철학에 뿌리를 두고 있는 '선택' 개념을 염두에 두면서 그 말을 이해했다. 아리스토텔레스의 프로하이레시스란 개념은 목적(telos)을 실현하기 위한 직접적인 '수단에 대한 선택'을 의미했다.

---

105 인우드는 에픽테토스가 초기 스토아 입장에서 벗어나 세네카로부터 프로하이레시스란 말의 사용에 영향을 받았을 것이라고 추정한다. B. Inwood, *Reading Seneca: Stoic Philosophy at Rome*, Oxford, 2005, pp. 21~22, n.30 참조. 오래전에, 이러한 입장을 거부한 J. M. Rist, *Stoic Philosophy*, Cambridge, 1969, pp. 230~231 참조.

'프로하이레시스'는 초기 스토아 철학에서는 그리 중요하지 않은 용어였지만, 후기 스토아에 접어들어 에픽테토스에게서 중요한 역할을 수행했으며, 실제로 중심적인 윤리적인 개념이 되었다. 따라서 이 말을 초기의 사용과 비교하는 것은 도움이 되지 않는다. 에픽테토스에 앞서 프로하이레시스를 철학적 개념으로 확립시킨 사람은 아리스토텔레스이다. 아리스토텔레스에게 프로하이레시스(선택)의 대상은 '우리에게 달려 있는 것들에 대한 숙고와 욕구의 대상'이므로, 프로하이레시스란 "우리에게 달린 것의 숙고적 욕구(bouleutikē orexis)"이다(1113a9~11). 프로하이레시스는 일련의 과정을 거친다. 먼저 우리는 어떤 것을 행위를 통해 실현하고자 하는 일정한 목적을 상정한다. 그 목적에 대해 가지는 욕구(orexis)가 바람(boulēsis)이다. 행위자는 그 목적을 실현하기 위해 주어진 상황에서 그 목적에 이바지할 수 있는 '수단'을 찾으려 계속해서 따져 보게 되는데, 아리스토텔레스는 이 과정을 숙고(bouleusis)라고 부른다. 마침내 목적에 이바지할 수 있는 가장 좋은 수단을 찾아내게 되면, 그 행위를 하려는 욕구가 생겨나게 된다. 이때 프로하이레시스가 행위를 일으키는 원리로 작동하기 시작한다. 그런 의미에서 아리스토텔레스의 프로하이레시스는 '욕구 및 어떤 목적을 지향하는 이성'으로 이해될 수 있다. 이런 까닭에 프로하이레시스는 지성이나 사유, 또 품성의 '상태'(헥시스)를 요구한다. 또한 프로하이레시스의 대상(prohaireton)은 숙고의 대상(bouleuton)에만 한정된다.

"숙고의 대상과 합리적 선택(프로하이레시스)의 대상은, 합리적 선택의 대상이 이미 결정되어 있다고 하는 점을 제외하고는 같은 것이다. 왜냐하면 합리적 선택의 대상은 숙고로부터 옳다고 판단된 것이기 때문이다. 각자가 어떻게 행위할 것인가라는 탐구를 멈추는 것은, 우리 각자가 행위의 원리를 자기 자신에게로, 즉 그 자신에서의 지배적인 부분(to hēgoumenon)으로 되돌렸을 때이다. 사실상 이것이 합리적으로 선택하는 부분이니까."[106]

흥미로운 것은 아리스토텔레스가 숙고하는 부분(prohairoumenon)을 '지배적인 부분'과 동일시하고 있다는 점이다. 또한 바로 여기가 프로하이레시스가 이루어지는 부분이기도 하다. 일반적으로 인간의 앎과 의지, 감각의 통제 본부를 스토아 철학자들은 헤게모니콘이라고 불렀는데, 결국 그것은 아리스토텔레스가 말하는 '숙고하는 부분'을 말하는 셈이다. 어쨌거나 숙고는 원칙적으로 이럴 수도 있고, 저럴 수도 있는 것들에만 관계하며, 과거의 일이나, '우리에게 달려 있는 것'이 아닌 천체에서 일어난 현상에 대해서는 숙고하지 않는다. 또 숙고는 목적에 이바지할 수 있는 유용한 것에 대한 올바름을 지향한다. 여기에 실천적 지혜인 프로네시스(phronēsis)가 개입해서 올바른 파악을 가능케 한다.[107]

초기 스토아 철학자들에게는 프로하이레시스라는 말은 드물게 쓰였던 말이긴 하지만, 아리스토텔레스의 윤리학에서 차지하는 만큼의 '그만한' 의미로도 사용되지 못했다.[108] 이 말의 어원을 좇으면 '선택에 앞

---

106 『니코마코스 윤리학』 제3권 제3장 17절 1113a3~8.

107 『니코마코스 윤리학』 제6권 제2장 및 제9장 참조.

108 왜 스토아적 현자인가? 제논은 답한다. 그것은 '그가 스스로 선택한 것들과 손에 넣을 수 있는 것들을(tōn kata prohairesin ontōn autō kai prokeimenōn)' 성취할 수 있기 때문이다(SVF 1.216) 여기서는 아리스토텔레스 영향이 짙게 묻어난다. prokeimenōn 은 에픽테토스의 ta eph' hēmin(우리에게 달려 있는 것들)에 해당한다고 하겠다. A.

선 선택(hairesis pro haireseōs)'이라고 불명료하게 정의한 것이 발견되기도 한다.[109] 어쩌면 인간의 행위 영역에서 스토아적 결정론적 입장에 치우치다 보니, 스토아 철학에서는 저 말이 중요성을 갖지 못했던 것 같다. 아리스토텔레스의 경우에 숙고적 욕구(bouleutikē orexis)로서의 프로하이레시스가 이성적이고 책임 있는 행동을 가능하게 하는 욕구와 이성의 상호교차 작용을 해주는 역할을 담당하고 있었지만,[110] 반면에 초기 스토아는 그 역할을 이성적 '충동'과 '승인'이라는 개념에다 내맡겨 버렸다.[111]

하지만 에픽테토스는 오히려 초기의 스토아로부터 돌아서서 아리스토텔레스의 프로하이레시스 개념으로 어느 정도 되돌아가고 있다. 에픽테토스가 사용하는 프로하이레시스라는 말은 어떤 의미에서든 아리스토텔레스의 개념과 밀접한 연관을 갖는 것으로 해석하는 것이 더 적절해 보인다. 그러나 어느 정도의 의미 유사성을 가지고 있음에도 불구하고, 에픽테토스는 아리스토텔레스와는 다른 자기 나름의 독특한 개념으로 그 말을 사용하고 있다.

에픽테토스에 따라서, 프로하이레시스의 기능을 일반적으로 설명하여 보기로 하자. 프로하이레시스는 '우리에게 달려 있는 것'들을 '우

Bonhöffer, *Epictet und die Stoa: Untersuchungen zur Stoischen Philosophie*, Stuttgart, 1890, p. 260 참조.

109 스토바이오스, *Eclogae* 2.87.

110 『니코마코스 윤리학』제6권 제2장 1139b4~5에서는 "합리적 선택은 욕구적 지성(orektikos nous)이거나 사유적 욕구(dianoētikē orexis)"이며, 인간이 바로 이러한 원리(archē)라고 말한다.

111 B. Inwood, *Ethics and Human Action in Early Stoicism*, p. 241,

리에게 달려 있지 않은 것들'로부터 구별하고, 또 '좋은 것들'은 전적으로 '우리에게 달려 있는 것들'이지만, 그 밖의 다른 것들은 우리와 관련이 없는 것이라는 점을 확립하는 원리를 받아들이는 것과 실질적으로 동일하다고 말할 수 있다. '우리에게 달려 있는 것'은 '우리 자신의 프로하이레시스'와 동일한 것이며, 동시에 그것은 '우리가 본질적으로 무엇인가', 우리의 '도덕적 목적' 또는 '기본적인 선택 원리'가 되는 것이다. '프로하이레시스 영역 안에 있는 것들'(ta prohairetika)은 실제로 '우리에게 달려 있는 것들'과 상호 교환해서 사용될 수 있다. 따라서 프로하이레시스는 우리의 '도덕적 존재'의 구조를 결정해 준다.

"너는 살도 머리카락도 아니네. 오히려 의지(프로하이레시스)이다. 만일 네가 가진 의지가 아름다우면, 그때 너는 아름답게 될 것이네. […] 그렇지만 소크라테스가 모든 사람들 중에서 가장 아름답고, 또 가장 젊은 알키비아데스에게 무엇이라 말했는지를 보라. '너 자신을 아름답도록 애써라.' 그 말로 소크라테스는 무엇을 의미한 것이냐? '너의 머리카락을 가꾸고, 다리에 난 털을 뽑으라고 했는가?' 전혀 그렇지 않네. 오히려 그는 '너의 의지(프로하이레시스)를 아름답게 하고(kosmei), 그릇된 판단(dogmata)을 버리라'고 말하네."(3.1.40~43)

"그러면 그분이 너희에게 묻기를, '학교에서는 추방, 투옥, 결박, 죽음, 불명예를 어떻게 말했는가?' '이것들을 선악과는 아무런 관련이 없는 것들(adiaphora)이라고 하더군요.' '그러면 그것들을 지금은 어떻게 말하는가? 설마 변한 것은 아니겠지?'—'아니오.'—'그럼, 자네가 변했는가?'—'아닙니다.'—'그러면 아무런 관련이 없는 것들이 어떤 것인지 나에게 말해 보게. 또한 그것들로부터 따라 나오는 것들도'—'그것들은 의지(프로하이레시스)의 영역 밖에 있는 것들이며, 나에게는 아무런 관련이 없습니다.'—'더 말해 주게. 자네에게 '좋은 것들'이라고 생각했던 것들은 무엇이었는가?'—'의지의 올바른 활용과 인상의 올바른 사용입니다.'—'그리고 그 목적은 무엇인가?'—'당신[신]을 따르는 것입니다."(1.30.2~4).

프로하이레시스란 말로 에픽테토스가 의미하는 바는, 삶에 대한 일반적인 태도, 즉 우리가 '우리의 인상'을 사용하는 방식을 결정하는 좋음과 나쁨에 대한 도덕 가치의 부여라고 말할 수 있다. 덕과 악덕, 행복과 불행은 결국 우리의 프로하이레시스에 달려 있다. 그래서 에픽테토스는 우리에게 거듭해서 인간에게 가장 멋진 '프로하이레시스를 아름답게 가꾸라(kosmei)'고 권유하는 것이다. 우리가 가진 능력 중에서 프로하이레시스가 가장 '강력하고', '어떤 것에 의해서도 방해받지 않는 것'이다. 그것을 유일하게 방해하는 것은 '그 영역 밖에 있는 것은 아무것도 없지만, 그것이 왜곡되었을 때만 프로하이레시스 그 자체가 방해가 되었기 때문이다. 요컨대 프로하이레시스 자체만으로도 '선'이 되고 '악'이 될 수 있으므로, 그것은 도덕적 능력 자체인 셈이다.

"그 능력들 중 어떤 것이 그 자신이 무엇이며, 또 그 일의 가치가 무엇인지를 알고 있겠는가? 그것들 중 어떤 것이 그것을 사용해야 할 때와 사용하지 말아야 할 때를 알고 있겠는가? 어떤 능력이 우리의 눈을 뜨게 또 감게 하는가. 그리고 돌아서야만 할 그것들로부터 그 눈을 돌리게 하며 또 그 눈들을 다른 것들로 향하게 하는 것은 무엇인가? 시각의 능력인가? 아니, 오히려 의지(프로하이레시스)의 능력인 것이네. 우리 귀를 열게 또 닫게 하는 것은 무엇인가? 우리를 궁금해서 알고 싶어 하게 하고 또 질문하게 만드는 것은, 혹은 다시 사람들이 말한 것에 의해 움직이지 않게 하는 것은 무엇인가? 청각의 능력? 아니네, '의지의 능력' 이외의 다른 능력이 아니네. […] 그렇다면 인간 중에 이보다 더 강력한 어떤 것이 있을 수 있겠는가? 그리고 방해를 받는 것이 방해를 받지 않는 것보다 강력해야 한다는 것이 어떻게 가능할 수 있는가? 어떤 것들이 본성적으로 시력 능력을 방해할 수 있겠는가? 의지와 의지의 영역 밖에 있는 것들. 청각의 능력에 대해서도 마찬가지이고, 말하는 능력에 대해서도 마찬가지이네. 그러나 무엇이 그 본성적으로 의지 능력을 방해할 수 있을 것인가? 의지의 영역 밖에 있는 것은 아무것도 없지만, 의지가 굽어져 있었을 때만 의지 그 자체일 수 있네. 이런 이유로 의지만으로도 악덕이 되고, 의지만으로도 덕이 되는 것이네."(2.23.9~10, 18~19)

에픽테토스가 말하는 맥락을 통해서 그 말을 이해해 볼 때, 그가 염두에 두고 있었던 것은 이런 것이다. 예를 들어 보자. 우리는 외부세계로부터 '비싼 강남 아파트 한 채가 있다', '내 아들이 코로나로 죽었다'라는 인상(phantasia)들을 받아들인다. 우리 내면에는 우리가 받아들이는 인상들을 사용하는 '힘'이 있어서, 그것에 의해 우리는 '비싼 아파트는 바람직하다'라거나, '아들의 죽음은 나쁜 것이다'라는 명제적 판단을 내릴 수도 있다. 그러나 이러한 판단은 잘못된 것이다. 오히려 '그것은 내 의지에 달려 있는 것이 아니며, 비싼 아파트는 중요한 것이 아니다', '그것은 내 의지에 달려 있는 것이 아니며, 아들의 죽음은 나에게 해를 끼치지 않는다'라고 말해야만 한다. 그런 외적인 것들은 나에게 달려 있는 것이 아니기에, 나와 아무런 관련이 없는 것들이다. 우리가 삶에 대한 올바른 '원칙들'을 갖고 또 그것들을 준수했다면, 마땅히 판단해야만 하는 대로 판단해야만 했다. 우리가 이러한 습관을 획득하면, 우리는 도덕적 진보를 할 수 있을 것이다. 우리는 '올바른 인상'이 있는 것에 대해서만 동의할 수 있기 때문이다. 그렇게 되면 우리는 욕망과 후회에 의해 영향을 받지 않고, 또 외부세계의 쾌락과 고통에 의해 동요되지 않을 뿐만 아니라 자신의 생각의 독립성을 유지할 수 있을 것이며, 결코 자신의 '프로하이레시스'가 승인하지 않는 행동에 이끌리거나 강요당하는 것을 허용하지 않았을 것이다. 에픽테토스가 말하고 있는 하나의 구체적인 예를 더 들어 보자.

"그렇다면 많은 사람을 혼란스럽게 하고 두렵게 하는 것은 무엇인가? 참주와 그의 경호원? 어떻게 그런 말을 할 수 있는가? 결코 그렇지 않네. **본성적으로 자유로운 것**이 자신 이외의 다른 무언가에 의해 혼란스럽게 되거나 방해받게 되는 것은 불가능하네. 오히려 그 사람을 혼란스럽게 하는 것은 그 자신의 **판단**이네. 참주가 누군가에게 '너의 다리에 족쇄를 채워 주겠다'라고 말할 때, 자신의 다리에 **가치**를 부여하는 사람은, '아니요, 나에게 자비를 베풀어 주세요'라고 대답하지만, 반면에 자신의 **의지**(선택의 힘, 프로하이레시스)에 **가치**를 부여하는 사람은, '그편이 당신에게 더 이득이 될 것으로 보인다면 제발 족쇄를 채우십시오'라고 말할 것이네. '마음이 바뀐 건 없느냐?' 마음이 바뀐 건 없네. '내가 주인이라는 걸 보여 주마.' 그걸 어떻게 보여 주겠는가? 제우스가 나를 자유롭게 해주셨는데. 아니면, 당신은 진짜로 제우스가 자신의 아들을 노예로 만드는 것을 허용할 것이라고 생각하는가? 당신은 내 시체의 주

인이네. 그거나 잡으시게나."(1.19.7~9)

　앞서 에픽테토스에게서 프로하이레시스의 진정한 의미가 무엇인지를 밝히는 일이 매우 중요한 작업임을 지적했다. 그런데 에픽테토스 자신은 프로하이레시스를 맥락에 따라 다소 변형된 개념적 의미를 지닌 채로 사용하고 있다. 프로하이레시스를 '의지의 행위'로만 국한해서 이해해서는 안 된다. 그러면 에픽테토스의 윤리학은 '의지의 윤리학'으로 해석되어야 한다. 프로하이레시스는 이성의 행위일 뿐만 아니라, 동시에 인식적 판단이기도 하다. 에픽테토스는 프로하이레시스를 모든 유형의 '충동'뿐만 아니라 '동의'와 '욕구'에도 그대로 적용하고 있다. 이 점을 명백히 밝히는 길은 에픽테토스의 말에 직접 기대어 그 의미를 적나라하게 드러내는 수밖에 없다.

　에픽테토스가 사용하는 프로하이레시스는 기본적으로 인간과 동물을 구별해 주는 개념이다. 동물에게는 프로하이레시스가 없다. 인간인 한, 누구나 다 프로하이레시스를 가지고 있다. 또 인간에게 '프로하이레시스보다 더 권위를 가진 것은 없다'. 그 밖의 다른 모든 것은 이것에 복종해야만 한다. 왜냐하면 이것만이 인간을 주도적으로 이끌어 가는 것(proēgoumenōn)이기 때문에, 그것 자체는 노예적인 것도 복종적인 것도 아니다.

　먼저 프로하이레시스는 도덕적 선택 기능을 가진다. 인간은 본성적으로 방해와 강제로부터 안전할 수 있는 프로하이레시스를 가지고 있다(1.17.21, 2.15.1). 이것은 '순수한 선택 가능성'을 지닌다. 즉 좋음과 나쁨 사이의 선택이다. 좋지도 나쁘지도 않은 것들은 그 영역 밖에 속하는 것일 수밖에 없다. 그래서 에픽테토스는 prohairetika('프로하이레시스 영역 안에 있는 것들')와 aprohaireta('프로하이레시스 영역 바깥에 있는 것들')라는 용어를 사용한다. '프로하이레시스 안에 있는 것들'은 '우리에게 달려 있는 것들'로 좋음과 나쁨을 포괄하는 것이며, '프로하이레시스 영역 바깥에 있는 것들'은 '우리에게 달려 있지 않은 것들'로 그 나머지 모두를 포괄한다.

나아가 에픽테토스의 경우에 '프로하이레시스'는 선택, 도덕적 성격, 의지(volition, will), 의지의 자유, 결의 등으로 옮겨질 수 있는 말이다. 어떤 의미에서 에픽테토스에게서 프로하이레시스는 '나'의 정체성을 이루는 자아(自我)를 넘어, 인간의 '도덕적 결단', '결의' 이상의 '도덕적 선택'까지를 의미한다. 프로하이레시스란 말 속에 들어 있는 '선택'(hairesis)은 단순한 선택이 아니다. 자신이 '무엇이 되어야 하는지'를 선택하는 결의이고, 나를 나이게끔 해주는 '자기 정체성'이기도 하다. 또 프로하이레시스는 인간의 정신적 능력, 의식, 성격, 판단, 목적, 욕구 등의 견지에서 '인간이 어떠한가'(인격)를 말하는 것이다. 즉 프로하이레시스는 '자아'이고, 신체로부터 추상화된 것으로 '우리 각자가 무엇인가'를 보여 주는 것이다. 설령 육체가 감옥에 갇히고, 두 발이 사슬에 묶여 있어도, 내 프로하이레시스는 제우스조차 '어쩔 수 없는 것', '정복할 수 없는 것이다'. 그것은 어떤 것에도 복종하지 않으며, 그 자체에만 복종한다.

형이상학자는 아니지만, 에픽테토스에 따르면 '너와 나는 우리의 신체들이 아니며, 또한 우리는 우리 자신의 신체들을 소유하고 있지도 않다. 우리의 본질적 자아들인 우리가 우리의 프로하이레시스이다'. 그는 단적으로 '너는 프로하이레시스'라고 말한다(4.5.12). 바로 이런 영역에서 우리는 '자유'의 가능성을 가진다. 이 자유는 우리의 빼앗길 수 없는 본질을 이루는 것이지만, 위험에 빠질 수도 있다. 왜냐하면 우리는 우리 자신을 '언제든지' 우리의 신체와 모든 다른 외적인 것들, 즉 다른 사람, 물건, 정치적 권력 등과 동일시하기 때문이다.

결과적으로 이런 외적인 것들, 즉 인상을 그릇되게 추구하는 사람들은 자유를 제약받고 억압을 받게 마련이다. 또한 그것들이 만들어 놓은 잘못된 것들에 집착함으로써 노예 상태에 빠지게 된다. 진정한 자유를 누리고자 하는 사람들은 외적인 것들로부터 벗어나 모든 바람, 가치, 부착물들을 자신의 프로하이레시스 안에 옮겨 놓아야 한다. 프로하이레시스는 우주적 질서와 그들 자신의 본질과 능력을 이해한 사람들에게 참으로 문제가 되는 모든 것들의 장소가 된다. 그 완전함이 '인간의 좋음'(agathon tou anthropou)이고, 곧 그것이 에픽테토스의 가르침의 목표가 되는 것이다. 개인적 의지 바깥에 놓이는 것들, 즉 가족, 정치적 지위, 나라, 신체적 조건들, 물질적 풍요 등은 그 완전함에서 비-본질적인 것이지만, 자유와 행복은 그 완전함을 구성하는 것이다.

그래서 에픽테토스는 "너는 좋은 사람이든 나쁜 사람이든, '한' 인간이어야만 한다. 너는 너 자신의 지도적 중심 부분이나 외적인 것들 중 하나를 완성하도록 전심전력을 다 기울여야 한다. 너는 내적인 것에 힘쓰든지, 외적인 것에 힘쓰든지, 즉 철학자든지 일반인이든지, 어느 한쪽의 입장을 취할 수밖에 없다"(3.15.13)라고 말한다. 여기서 우리를 이끄는 혼의 지도적 부분인 '헤게모니콘'은 한 인간의 이성의 자리이고, 혼 전체이며, 중심이 되는 것이다.[112] 또 에픽테토스는 헤게모니콘을 프로

---

112  A.A.롱은 헤게모니콘은 '한 인간의 목적적이고 자기 의식적인 중심'이라고 말한다(A. A. Long [2002], p. 207).

하이레시스와 동일시한다.

"좋음의 본질은 인상의 사용에 있고, 나쁨의 본질도 그와 마찬가지이지만, 프로하이레시스 영역 밖에 있는 것들(ta aprohaireta)은 나쁨의 본성이나 좋음의 본성을 받아들이지 않는다."(2.1.4~5)

한 인간의 좋음과 나쁨을 결정하는 것은, 결국 외적인 것을 포함하는 '인상'을 주어진 자료로서 사용하는 우리의 프로하이레시스에 달려있다. 인간의 "좋음의 본질은 어떤 종류의 프로하이레시스"에 달려 있고, "나쁨의 본질도 어떤 종류의 프로하이레시스에" 달려 있다(1.29.1, 2.10.25). 그렇다면 에픽테토스에게 프로하이레시스는 스토아 철학에서 '충동'과 그 밖의 이것과 연결되는 이성의 기능들을 조절하는 '헤게모니콘'과 거의 동일한 것으로 생각될 수 있다. 프로하이레시스는 원칙적으로 외적인 것에 대한 판단들을 지속적으로 수정함으로써 만들어진다. 좋은 판단은 우리의 도덕적 성품을 좋게 만들고, 나쁜 판단은 나쁘게 만든다. 왜냐하면 모든 면에서 인간의 좋음과 나쁨은 판단에 의해 결정되는 것이기 때문이다. 만일 프로하이레시스(의지)가 좋음과 나쁨의 판단을 통해 주조될 수 있는 것이라면, 우리의 '자아'도 우리의 노력을 통해서 형성될 수 있다는 것이 된다. "너를 강제하는 것은 너의 판단(dogma), 즉 너의 프로하이레시스가 프로하이레시스를 강제한 것이네."(1.17.26) 요컨대 우리는 나쁜 것을 선택하고 외적인 것에 사로잡히게 됨으로써, 본성적으로 주어진 프로하이레시스의 자유를 포기하게 되는 것이다.

"'누군가가 나를 죽음의 공포에 빠뜨리는 일이 있다면, 그것이 나를 강제하는 것이군요'라고 누군가가 묻는다. 아니네. 너를 강제하는 것은 죽음의 공포에 빠뜨리는 것이 아니라, 죽는 것보다 이것 또는 저것을 행하는 것이 더 낫다고 생각하는 너의 생각이네. 그래서 이 경우에도 너를 강제하는 것은 너의 판단, 즉 너의 의지(프로하이레시스)가 의지(프로하이레시스)를 강제한 것이네."(1.17.25~26)

여기서 명백히 프로하이레시스와 판단(dogma)이 동일시되고 있다. 이러한 동일시는 이런 대목에서도 발견된다. "올바른 판단에서 나온 것은 옳고, 나쁜 판단에서 나온 것은 나쁘다. 그러나 각각의 행위의 근거가 된 생각을 알기 전까지는 남을 칭찬하거나 비난해서는 안 된다."(4.8.3) 프로하이레시스가 인간 이성의 판단 작용이며, 프로하이레시스는 사물의 가치에 관련된 기본적 '판단'이라는 것이다. 따라서 프로하이레시스는 필연적으로 욕구, 실천적 충동으로 옮겨질 수 있으며, 또 그것은 삶의 방식을 결정하는 선택이기도 하다. 그럼에도 그것이 항시 이성의 행위라는 범주에 놓여 있다는 것을 잊지 않아야 한다.

그럼 '프로하이레시스가 프로하이레시스를 강제'한다는 말은 무슨 말일까? 프로하이레시스는 능동적 의미와 수동적 의미를 다 포괄한다. 즉 결국 인간은 '절대적인 의지의 자율적 존재'이며, '자기 결정권을 갖는 자유로운 존재'라는 것이다. 인간은 신에게서 부여받은 특별한 선물인 자율적 능력을 가진 존재이다(1.1.12). '인상에 대해 어떤 식으로 동의하는가 하는 성향에 의존해서, 그 사람의 프로하이레스는 그 사람의 덕이 될 수도 있고 악덕이 될 수도 있다.'[113] 어떤 의미에서는 프로하이레시스도 판단의 결과로 초래된 산물로 '판단 그 자체'일 수도 있다는 말이겠다. 우리는 에픽테토스의 이런 입장을 경험-귀납적 윤리적 태도라고 말할 수 있는데, 인간의 도덕적 좋음과 나쁨이 인간 본성의 선의지(die guter Wille; 善意志)에 달려 있다고 보는 칸트의 형이상학적 윤리와는 대립되는 것이라 할 수 있다.

우리는 프로하이레시스 영역 밖에 있는 것들에 대해서는 대담함(tharsos)을 가져야 하지만, 프로하이레시스 영역 안에 있는 것들에 대해서는 신중함(eulabeia)을 기울여야 한다. 나쁨이 프로하이레시스를 나쁘게 사용하는 것이라면, 이런 것들에 대해서는 신중함을 가져야만 한다. 하지만 프로하이레시스 영역 밖에 있는 것들과 우리에게 달려 있지 않은 것들은 우리와 아무 관련이 없는 것(ouden pros hēmas)들이다. 이런 것들에 대해서는 우리는 대담함을 가져야만 한다(2.1.5~7). 그렇기에 '한' 인간이 어떤 사람인지를 결정하는 가장 중요한 것이 프로하이레시스이다.

외적인 것들은 고유한 좋음과 나쁨을 결정하는 데 아무런 도움을 주지 않는다. 좋음을 결정하는 것은 좋은 프로하이레시스이다. 이것이 신이 명령한 것이고, 그래서 신은 다른 어떤 사람으로부터가 아니라, '만일 좋은 무언가를 원한다면, 너 자신에게서(para seautou) 그것을 취하라'고 말한다. 에픽테토스는 흔히 'aretē'(덕) 대신에 '어떤 성향의 프로하이레시스'라는 말을 사용하기도 한다.

좋음의 본질은 어떤 성향의 의지(프로하이레스)이고, 나쁨도 마찬가

---

113 T. Brennan, "Stoic Moral Psychology", ed. B. Inwood, *The Cambridge Companion to the Stoics*, Cambridge University Press, 2003, pp. 292~293.

지로 어떤 성향의 의지이다. 그러면 외적인 것들이란 무엇인가? 우리
의 의지를 위한 재료들로, 그것들과 관계됨으로써 자신의 좋음과 나쁨
을 획득하게 되는 것이다. 어떻게 하면 좋음을 얻을 수 있는가? 재료들
을 과대평가하지 않음으로써. 재료에 관한 그 판단이 올바르면 의지를
좋게 만들고, 그 판단이 꼬이고 비뚤어지면 의지를 나쁘게 만드는 것이
다.(1.29.1~4)

결국 인간의 도덕적 좋음은 인간 자신의 프로하이레시스에 달려 있
다. 이를 통해 우리는 에픽테토스의 이 입장이 '혼의 돌봄'(epimeleia tēs
psuchēs)을 말했던 소크라테스에 그 뿌리를 두고 있음을 파악해 볼 수
있다. 또한 프로하이레시스는 인간으로 하여금 '자신을 통제하는 원리'
에 복종할 것인지, 외적인 인상에 매달릴지를 결정하는 자신의 의지이
기도 하다. 나아가 자신의 프로하이레시스는 내면적 삶을 가능하게 하
는 철학함을 위한 도덕적 결단까지도 요구한다. 따라서 프로하이레시
스의 영역을 벗어나고, 우리에게 달려 있지 않은 것들은 우리와 아무런
관련이 없다는 것을 깨달아야만 한다. 만일 인간이 프로하이레시스의
완전함을 가져오지 못하는 것들에 집착하게 되면 실망, 원망, 걱정, 불
행을 가져오게 된다. 그래서 에픽테토스는 이러한 것들로부터 벗어나
도록 애쓰고, 관습적인 야망이나 감정에 사로잡히지 않도록 자신의 학
생들에게 철학적으로 권유했던 것이다.

"'그렇다면 나는 너를 결박할 걸세.' 인간아, 너는 무슨 말을 하고 있는
가? 나를 결박한다고? 나의 발을 결박할 수는 있지만, 나의 의지(프로하
이레시스)만큼은 제우스 자신조차도 지배할 수 없는 것이다."(1.1.23)

"그럼에도 네가 나에게 인간의 좋음이 무엇인지를 묻는다면, 나는 그것이 어떤 종류의 프로하이레시스라고 말하는 것 외에 달리 답을 줄 수 없을 것이네."(1.8.16)

"개별적인 고유한 목적은 각자의 삶의 영위와 프로하이레시스에 관련되어 있는 것이네. 키타라 연주자는 키타라 연주자로, 목수는 목수로, 철학자는 철학자로, 연설가는 연설가로 행동하는 것이네."(3.23.5)

"네가 무엇을 하면 자연에 따르는(kata phusin) 너의 프로하이레시스를 유지할 수 있는지를 생각하도록 하라."(『엥케이리디온』제30장)

"누구도 프로하이레시스를 빼앗아 갈 수 없다. 또한 프로하이레시스를 지배할 군주도 없네."(3.22.105)

"질병은 육체에 방해가 되는 것이지만, 프로하이레시스 자체가 그렇게 되기를 원하지 않는다면 프로하이레시스에 대해서는 방해가 되지 않는다. 절름발이는 다리에 대해서 방해가 되는 것이지만, 프로하이레시스에 대해서는 방해가 되지 못한다."(『엥케이리디온』제9장)

"네가 누구인지 생각하라. 첫째로 인간이다. 즉 프로하이레시스보다 더 권위 있는 것은 아무것도 없는 것이다. 다른 것은 의지에 종속되지만, 의지 자체는 예속할 수도 종속될 수도 없는 것이다."(2.10.1)

"'그럼 어떤 점에 대해 주의해야 할까요?' 첫째로 그 원리들 없이는 잠자지 않고, 일어나지 않고, 마시거나 먹지 않고, 다른 사람과 대화하지 않기 위해, 네가 항시 손안에 가지고 있어야만 하는 일반 원리들(katholika), 즉 그 누구도 다른 사람의 의지(프로하이레시스)의 주인이 될 수 없다는 것, 또 우리의 좋음과 나쁨은 오로지 의지 안에만 있다는 것에 주의하는 것이네. 그러므로 어떤 것도 나에게 좋음을 이루게 할 수도, 나쁨으로 끌어들일 수도 없으며, 이것들에 대해서는 오로지 나 자신만이 자신을 지배할 힘을 가지고 있다."(4.12.7~8)

## 철학 훈련의 세 영역: 논리학 훈련의 중요성

철학을 삼분하는 전통은 아카데미아 학원에서 크세노크라테스에게서 이루어졌고, 뒤이어 아리스토텔레스는 인간 활동을 '안다·행한다·만든다'로 구분하고, 이에 맞추어 철학을 이론학, 실천학, 제작학으로 분류했다. 아리스토텔레스의 철학 분류 중 이론학에서 가장 중요한 학적 지위를 차지했던 '형이상학'은 어떤 이유에서인지 빠지게 된다. 왜 그렇게 되었을까? 일단 잠정적으로 확인할 수 있는 것은 헬레니즘 시기에 들어 정치적 변화와 더불어 인간의 관심이 '삶의 목적'과 '지향'에로의 전환된 시대적 변화를 반영하는 결과라는 점이다. 앞서 지적했다시피, 이 시대에 들어 앞선 시기에 비해 '개인의 구원' 문제가 철학적으로 더 중요하고 긴급한 과제로 대두하였다는 점을 지적하지 않을 수 없다.

스토아 철학자들과 에피쿠로스주의자들은 철학을 표준적으로는 변증술(dialektikē), 자연학(phusikē), 윤리학(ēthikē) 등 세 부분으로 구성되는 것으로 생각했다. 변증술은 논리학, 언어 철학(수사학), 인식론을 포함하고,[114] 자연학은 자연철학, 천문학적 대상, 물리적 현상들을 다루며, 윤리학은 도덕적 성격, 좋음과 나쁨, 그 성격이 가지고 있다고 생각되는 삶을 구성하고 결정하는 기능, 인생의 목적에 대한 철학적 연구였다. 기원전 1세기경에 키케로가 헬라스어 ēthikē에 대응하는 moralis('도덕적 덕에 대한 철학적 연구')란 말을 만들어 내었다.[115] 이 말의 의미에 따라 '도덕철학'이란 말로 윤리학을 대신하기도 했다. 물론 현대 철학에서는 도덕철학과 윤리학을 다른 것으로 본다.

디오게네스 라에르티오스에 따르면, 스토아 철학자 대부분은 제논으로부터 시작해서 철학을 세 부분으로 분류했다(DL 제7권 40~41). 즉 자연학적인 것, 윤리학적인 것, 논리학적인 것. 또한 그들은 여러 관점에서 유비를 통해 철학을 구분하고 있다. (1) 철학이 동물에 비교된다. 논리학은 뼈와 힘줄로, 윤리학은 살이 있는 부분으로, 자연학은 혼으로 비교된다. (2) 철학이 알에 비교된다. 논리학은 겉에 있는 것인 껍데기로, 윤리학은 '사이에 있는'(흰자) 것으로, '가장 속에 있는 것'(노른자)은 자연학으로 비교된다. (3) 철학이 기름진 농토에 비교된다. 논리학은 둘러싸는 울타리로, 윤리학은 수확물로, 자연학은 땅과 나무로 비교

---

114 클레안테스는 철학의 부분을 변증술, 수사학, 윤리학, 정치학, 자연학, 신학으로 나눴다. 그렇다면 변증술과 수사학이 구별되는 것으로 본 셈이다(DL 제7권 41). 이와는 달리 변증술과 수사학이 동일한 학적 목적을 갖는 것으로 간주되기도 한다. 아프로디시아스의 알렉산드로스에 따르면, 스토아학파는 변증술을 '말을 잘하는 학문'(epistēmēn tou eu legein)으로 정의하고, 말을 잘하는 것은 '참인 것과 적합한 것'을 말하는 것으로 구성되고, 이것을 철학자에게 두드러진 특징으로 간주했으며, 철학에서 최고의 것으로 보고 있다고 보고한다(Alex. Aphr., *in Top*. 1.8~14).

115 키케로, *De Fato*, I.1. 이곳에서 키케로는 maralis의 복수형인 mores란 말을 사용하고 있다.

된다.

철학의 구분에 관한 다양한 전승(paradosis)은 스토아 철학자 간에도 일치된 의견이 없었음을 잘 보여 준다. 어떤 부분이 다른 부분보다 더 우선하지 않고 그것들이 서로 혼합되어 있다고 보는 스토아 철학자는 이것들을 섞어서 가르치고, 어떤 사람들(제논, 크뤼시포스 등)은 논리학, 자연학, 윤리학 등으로 순서를 매기기도 한다.[116] 논리학을 우선시하는 크뤼시포스 자신도 이러한 유형의 '혼합된' 교육을 권장한 것으로 보인다. 그는 "논리학으로 시작하는 사람은 다른 부분을 그만둬서는 안 되며, 기회가 있을 때 다른 연구에도 참여해야만 한다"[117]고 말하고 있기 때문이다. 특히 강한 주장을 내세우는 키오스의 아리스톤은, 철학은 단지 윤리학일 뿐이며 자연학과 논리학은 불필요하다고 선언하기도 한다(DL 제7권 160).

여기서 알 수 있듯이, 스토아 철학자들에 의해 사용된 다양한 유비가 갖는 함의는 매우 다양하며, 종종 지적되는 것이지만 이 유비들에 지나친 의미를 두는 것은 그다지 실익이 없을 수도 있다. 단지 지나가는 비유에 불과한 것일 수도 있다. 이 유비에 대한 증거를 주의 깊게 살펴보면, 철학을 세 부분으로 대칭적으로 구분하려는 시도에는 여러 논쟁을

---

116 플루타르코스는 크뤼시포스가 '때때로' 자연학을 철학적 가르침의 목표로 놓았다고 비난한다(『스토아의 자기모순에 대하여』*De Stoicorum repugnantiis* IX 1035a 아래). 크뤼시포스가 자연학이 신에 관한 가르침을 전달하는 최고의 입문이고, 자연학이 윤리학에 앞서는 것으로 말하며, 좋음과 나쁨의 구별은 우주적 자연과 세계의 조직에 대한 연구의 기반 위에서만 가능하다고 주장하는 것처럼 말하고 있기 때문이라고 그는 지적하고 있다.

117 플루타르코스, 『스토아의 자기모순에 대하여』 IX 1035e2~4.

일으킬 여지가 있음을 찾아볼 수 있다. 어떤 비교에서 보면 논리학을 윤리학, 자연학과 '동등한 것'으로 간주하는 것은 사실상 어렵다. 그래서 어떤 사람은 논리학을 윤리학, 자연학과 같은 실체적 부분이라기보다는 방어를 위한 일종의 변증술적 도구로 간주한다. 이런 측면에서 아리스토텔레스가 논리학을 오르가논(도구)으로 보는 입장, 혹은 에피쿠로스의 '규준'(kanōn)[118]에 대한 태도가 일부 스토아 철학자에게 어느 정도 매력적일 수 있다.[119]

그러나 스토아적 생각에 따르면, 플라톤과 아리스토텔레스의 철학과 달리 철학의 세 부분 사이에는 더 이상 어떤 부분이 다른 부분보다 더 우월하다는 것은 있을 수 없는 것처럼 보인다. 이 세 부분 모두 동일한 '이성'(logos)과 신적 이성과 관계되고 있으니까. 이성은 자연의 세계에, 사회적 삶의 세계에, 인간의 언어와 사유의 세계에 동등하게 존재한다. 사회는 모든 인간의 공통적인 이성에 기반하고, 언어와 사유는 판단의 이성적 활동이기 때문이다. 따라서 이 세 부분은 각자가 서로를 함

---

118 규준은 "진리의 기준과 궁극적 원리를 다루고, 철학 체계의 모든 요소를 포괄한다".

119 스토아 논리학을 '도구'(아리스토텔레스 전통)가 아니라, 철학의 일부로 보는 문제를 논하는 K. Ierodiakonou, "Dialectic as a Subpart of Stoic Philosophy", eds. T. Bénatouïl and K. Ierodiakonou, *Dialectic after Plato and Aristotle*, Cambridge, 2019, pp. 114~133. 여기서 나는 '스토아 철학의 체계성과 철학의 세 부분의 통일성'에 관한 논의가 간단하게 해결될 성격의 문제가 아니라는 점만을 지적하고 넘어가겠다. 일단 이 문제에 대해 브래드 인우드가 제기한 문제의식을 공유하는 것으로 마무리하겠다. "[스토아 철학에서] 철학적 체계성에 대한 성급한 열정을 버리고, 그 긴 역사에 걸친 스토아 철학의 부분들 사이의 연관성에 대해 더 엄격하고 더 날카로운 질문을 던지고, 우리에게 [주어진] 증거를 비판적이고 맥락적으로 고찰해 본다면, 우리는 그 통일성을 이해하려는 시도에서 더 잘할 수 있을 것이다."(B. Inwood, "How unified is Stoicism anyway?", ed. B. Inwood, *Oxford Studies in Ancient Philosophy*, Supplementary, Vol., 2012, p. 242.

의할 수밖에 없다. 자연, 인간 공동체, 개별적 이성에 찾아지는 것은 하나의 동일한 '이성'이니까. 이런 관점에서 볼 때, 스토아 철학에서 논리학, 자연학, 윤리학은 서로 구별되는 것이 아니며, 어떤 것이 다른 것에 앞서는 것도 아니고, 이것들은 함께 혼합될 수밖에 없을 것이다.[120] 스토아가 '자연에 일치하는 삶'(to homologouumenon tēi phuse zēn)을 인간 삶의 목적으로 본다는 점에서, 자연학은 분명히 윤리학을 내포할 수밖에 없다. '자연', 즉 '보편적 이성'은 자기 일관성을 가져야 하고, 자연의 의지는 항시 동일해야 하니까. 이런 의미에서 자연에 대한 '가치-중립적인 연구'란 비-스토아적인 생각이라고 말할 수 있다.

그런데 스토아의 철학의 분류를 이어받고 있긴 하지만, 에픽테토스는 다른 방식으로 철학을 구분하고 있다. 그것은 필시 윤리적 동기에 뿌리를 둔 구분으로 생각된다. 어떤 의미에서는 그 과정에 대한 '윤곽'을 보여 주는 것으로 이해되기도 한다. 에픽테토스에 따르면, "덕이 있고 좋은 사람이 되고자 하는 사람"이 훈련받아야 하는 철학의 세 가지 '영역'(topos)이 있다는 것이다.[121] 이 영역들은 스토아주의자들이 생각한 우리의 혼의 세 가지 기능들에 대응한다. 즉 **욕구, 행동에 대한 충동, 판단**의 영역이 그것이다. 즉각 우리에게 궁금증을 갖게 하는 것은, 에픽테토스가 제시한 철학의 영역과 앞서 언급한 스토아의 철학에 대한 전통

---

120  P. Hadot, *The Inner Citadel; The Meditations of Marcus Aurelius*, pp. 77~79.

121  그 밖에도 1.17.20~26, 2.17.14~18, 3.9.18, 3.12.7~17, 4.4.13~18 참조. '장소'를 의미하는 '토포스'란 말은 '연설가나 변증론자가 자신이 처한 상황과 자신이 설정한 목표에 따라 적절한 말을 찾을 수 있도록 하거나, 여러 관점의 목록을 제공하거나, 다양한 형식의 논증에 대한 근거를 제공하는' 지침이었다(김재홍, 『아리스토텔레스의 토피카: 토포스에 관한 논구』, 서광사, 2021, 529~562쪽 참조).

적인 분류방식이 어떤 연관성을 맺고 있는가 하는 점이다. 이 점에 대해서는 차차 논의를 해나가면서 살펴보기로 하자. 에픽테토스에게 중요한 사항은, 철학자는 이 세 가지 혼의 활동 영역에서 자신을 '훈련'해야만 한다는 점이다. 요컨대, 세 가지 영역이란 '완전해지고자 하는 사람이 자신을 훈련해야만 하는' 철학의 영역인 셈이다.

"덕이 있고(kalon) 좋은 사람(agathon)이 되고자 하는 사람이 반드시 훈련받아야만(askēthēnai) 하는 탐구의 세 가지 영역(topoi)이 있네. **첫 번째**는 욕구와 회피(horexis kai ekkliseis)에 관한 것으로서, 이는 욕구하는 것을 얻는 데 실패하거나 회피하고자 원하는 것에 빠지지 않도록 하기 위한 것이네. **두 번째**는 우리의 행동하려는 충동(동기, hormē)과 행동하지 않으려는 충동(거부, aphormē)에 관한 것, 일반적으로 적합한 행동(to kathēkon)과 관련된 것으로, 이는 부주의하지 않고 질서 있는 방식과 좋은(합당한) 이유를 가지고 행동할 수 있도록 하는 것이다. **세 번째**는 오류의 회피(anexapatēsia)와 성급한 판단의 회피(aneikaiotēs)와 관련된 것, 일반적으로 승인(우리가 판단을 주는 것)과 관련된 영역이네."(3.2.1~2)

이 세 영역에서 올바르게 훈련받는다면, 우리가 이에 상응하는 좋은 결과를 얻게 될 것이라는 것이 에픽테토스의 주장이다.

(1) 첫 번째 영역은 욕망과 회피에 관한 영역에 대한 훈련으로, 자신의 욕구에서 좌절하지 않고, 자신이 회피하고자 했던 것과 직면하지 않도록 하는 것이다. 즉 이 영역은 무언가를 욕구하고 그것을 얻는 데 실패하지 않고 또 회피하고자 하는 것에 떨어지지 않아야 하는 pathos 부

분을 다룬다.

(2) 두 번째 영역은 행위하도록 이끌어 가는 충동과 행위하지 않도록 하는 회피(거부, 반발)에 관한 영역이다. 스토아적 전문 용어를 사용하자면, 이 영역은 일반적으로 우리의 본성에 '적합한 행위'(고유한 기능, 의무, kathēkon)에 관한 영역이라고 말할 수 있다. '적합한 행위'는 이성의 명령에 순종해서 우리의 신체, 부모, 시민, 다른 사람들의 '관계'에서 성취해야만 하는 행위들이다. 우리는 조상(彫像)과 같이 감정이 없을 수 없으며, 자연적이든 삶 속에서 획득된 것이 되었건 종교인으로, 아들로서, 형제로서, 아버지로서, 시민으로 관계를 유지하며 살아야만 하기 때문이다(3.2.4).[122] 따라서 이 영역은 인간이 합리적인 선택에 따라, 부주의하지 않고 질서 있는 방식으로 행위할 수 있도록 하는 훈련 영역이다. 이것은 우리의 '이성에 맞는 설명을 할 수 있거나 정당화를 가진' 적합한 행위들(kathēkonta)의 영역으로(DL 제7권 107; 스토바이오스, *Eclogae*, 2.85.14~15), 이 행위들은 '우리에게 달려 있는 것들'에 속한다.

(3) 세 번째 영역은 승인의 영역으로, 문제가 되는 것에 대한 오류와 불충분한 이유로부터 자신을 보존하는 것을 목적으로 한다. 즉 오류를 피하기 위한 적극적 행동이다. 그래서 참인 것을 승인하고, 거짓인 것과 불명확한 것으로부터 '승인을 유보하게' 하는 영역이다. 이 영역을 우리가 판단에 부여하는 '승인'에 관련된 것에 대한 훈련 영역이라고 말

---

**122** 제2권 제10장 참조. '적합한 행위들'의 발견을 위한 충고를 비근한 예를 들어 이야기하고 있는 『엥케이리디온』 제30장 참조. 다른 사람들에 대한 '의무감'은 초기 스토아와 달리, 에픽테토스에게서는 깊은 '인간성'과 '친애'에 결부되어 있다. A. A. Long[2002], pp. 232~244쪽('적합한 행동과 감정') 참조.

할 수 있다. 일반적으로 이 영역은 논리학에 대한 훈련의 영역으로 불린다.

이 구분은 이론적 의미를 갖는 것도, 인식의 한계를 정하려는 시도로 보이지 않는다. 오히려 그것은 자유와 도덕적 훌륭함을 성취하고자 바라는 사람들이 연속적으로 획득해야만 하는 그 실천적 적용을 상술하려는 목적을 갖고 있는 것으로 보인다. 이런 의미에서는 이 구분은 실천 도덕적인 교육적 의미를 가진다.

에픽테토스의 기준에 따라서, 또 중요성의 정도에 맞춰 이렇게 분류된 이 영역들은 '외견적으로' 스토아 철학의 전통적인 세 구분(논리학, 윤리학, 자연학)과는 잘 맞아떨어지지 않는 점을 지적해야 할 것 같다.[123] 어떤 학자들(피에르 아도)은 세 가지 훈련 영역을 세 가지 전통적인 부분과 동일하거나 최소한 매우 밀접하게 대응해야 한다고 생각하는 반면, 다른 학자들(조너선 반스)은 세 가지 훈련 영역이 세 가지 전통적인 철학의 부분과는 독립적이라고 해석한다. 아도는 승인(sugkatathesi)과 판단중지(epochē)를 다루는 영역은 '논리학'에, 충동과 거부를 다루는 영역은 '윤리학'에, 실천적 삶에서 욕구와 회피를 다루는 영역은 '자연학'에 대응한다고 해석한다. 그러면서 아도는 논리학, 자연학, 윤리학에 대한 '추상적 이론'을 구성해 내는 것과 '실천적으로' 우리가 잘 말하고 잘 쓰는 것(논리학), 우리가 실제로 잘 행동하고 있는

---

123 에픽테토스의 철학의 세 영역의 분류와 스토아의 전통적인 철학의 세 분류가 일치하는지, 그렇지 않은지에 대해서는 다음의 두 논의를 참조. 긍정적 입장에 대해서는 P. Hadot, *The Inner Citadel; The Meditations of Marcus Aurelius*, pp. 77~99(특히 pp. 92~94), 부정적 입장에 대해서는 J. Barnes, *Logic and the Imperial Stoa*, p. 34

것(윤리학), 우리가 우주적 전체와 참된 부분으로서 살아가고자 노력하는 것(자연학)은 다르다고 주장한다. 그래서 그는 논리학, 자연학, 윤리학은 '철학'에 관해서 논의하는 경우에는 구별되지만, 실제로 우리가 실제로 살아갈 때는 그렇지 않다고 주장한다.[124]

언뜻 보더라도(prima facie) 세 번째 영역이 논리학이 취급하는 부분과 직접적으로 연결되는 점은 분명해 보인다. 그러나 아도와 같이 두 개의 다른 영역 중 하나를 직접적으로 자연학인 철학의 부분과 연결시키는 것은 어려워 보인다. 그래서 다른 어떤 학자는 세 개의 훈련 영역을 철학의 전통적인 부분과 독립적으로 생각하는 것이 합리적이라고 간주한다.[125] 크리스토퍼 질(C. Gill)은 세 영역을 응용 혹은 실천 윤리학의 하부 부분에 속하는 것으로 보는 것이 더 나은 해석이라고 주장한다.[126] 브래드 인우드는 아도의 '멋진'(용감한, brave) 제안과 달리, 『강의』 제3권 제2장에서 도입된 세 '영역들'(topoi)의 구분은 에픽테토스가 말하는 것처럼, 훈련(askēsis) 기술들의 실천적인 구분이지, 철학의 구분이나 다른 구분들이 주장하는 철학적 로고스의 구분이 아니라고 비판한다.[127]

에픽테토스는 이 영역들 가운데 '가장 중요하고 긴급한 것'은 첫 번째 영역이라고 말한다.

---

124  P. Hadot, *The Inner Citadel; The Meditations of Marcus Aurelius*, p. 82.

125  P. Crivelli, "Epictetus and Logic", *The Philosophy of Epictetus*, p. 21.

126  C. Gill, "The School in the Roman imperial Period", *The Cambridge Companion to the Stoics*, p. 43.

127  B. Inwood, "How unified is Stoicism anyway?", p. 232.

"이것들 중에서 **가장 중요하고 가장 긴급한 것**은 감정(pathos)에 관련된 영역이다. 왜냐하면 감정이 생기는 것은 욕구하지만 그 목적을 달성하지 못하는 경우이거나 혹은 회피하지만 거기에 빠져 버리는 경우일 수밖에 없기 때문이다. 이것이 우리에게 불안, 혼란, 불운, 불행을 초래하고, 슬픔과 탄식과 시기를 일으켜 다른 사람에게 시기와 부러움을 안겨 주는 것이며, 그러한 감정 때문에 이성에 귀를 기울일 수 없게 되는 것이다."(3.2.3)

초기 스토아에서 행위와 관련해서 욕구는 '좋은' 것에 대한 충동이었다. 또 회피는 좋은 것에 반대되는, 즉 윤리적으로 나쁜 것에 대한 회피였다. 이를 이어받은 에픽테토스에게 결국 첫 번째 영역은 '어떻게 좋은 것을 욕구하고, 실패할 것을 욕구하지 않고, 회피해야만 하는 것에 빠지지 않을지'를 공부하는 훈련인 셈이다. "너에게 달려 있는 것들 중에서 자연에 어긋나는 것들(ta para phusin)만을 회피한다면, 너는 네가 회피한 것들에 결코 빠지지" 않는다는 것을 배우는 것이 에픽테토스에게는 본질적인 윤리적 영역이다. 바로 이 부분에서 배워야 할 것은 '우리에게 달려 있는 것과 우리에게 달려 있지 않은 것'을 올바르게 구분하고, 오직 우리에게 달려 있는 것만을 욕구하도록 자신의 '혼'을 돌보는 일이다. 이를 통하여 우리는 '이성을 결여한' 감정을 통제하고 억누를 수 있게 된다.

"왜냐하면 만일 네가 우리에게 달려 있지 않은 것들 가운데 어떤 것을 원한다면, 너는 반드시 불행해질 것이고, 우리에게 달려 있는 것들에 대해서는, 비록 그것들을 욕구하는 것이 좋을지라도, 아직 너의 손에 잡히지 않을 것이기 때문이다. 그래서 사물을 향하는 충동(hormē)과 충동에 대한 거부(aphormē)만을, 단지 **가뿐하게, 또 유보적으로, 거리낌 없는 방식**으로만 사용하도록 하라."(『엥케이리디온』제2장 2)

철학의 탐구에서 첫 번째 영역이 제일 중요한 이유는, 이 영역이 철학적 원리를 다루는 구체적인 실천적-도덕적 영역이기 때문이다. 이것은 그 행위의 목표로 설정한 것을 실패하게 하는 욕구와 회피하고자 하는 것에 빠지지 않게 하는 감정(pathē)의 영역이다.[128] 즉 '완전하게 이성적인 형태에서의 욕구와 회피'를 훈련하는 영역이다. 첫 번째 영역인 욕구(orexis)의 중요성을 강조한다는 측면에서, 그의 철학은 '실천적 도덕철학'이라 할 수 있다. 실제로 그의 학생으로 들어오는 사람들은 대부분 철학자가 되려고 오는 사람들이다. 이들은 이미 마음속으로 도덕적 삶과 철학을 통해 행복을 추구하려고 결단을 내리고 온 사람들이다. 그러나 그들은 아직 스토아 윤리학에 정통한 사람들이 아니다. 그러므로 '실천적 도덕철학'의 훈련이 시급하기 때문에, 세 번째 영역인 논리

---

**128** 모든 사람에게서 발견되는 내재적으로 결함을 가진 감정(pathē)인 '이성적인 충동'은 현자(sophos)의 고유한 덕이 있는 '좋은 감정'(eupatheiai)과 구별된다. '좋은 감정'은 '덕을 가진 감정에서 벗어난 냉정함, 평정'을 의미한다. 감정은 거짓되거나 불안정한 형태의 욕구(orexis)와 회피(ekklisis)에 기반을 둔 '혼의 격렬한 움직임(phora)'이지만, '현자'에게서만 일어나는 '좋은 감정'은 완전하게 이성적인 형태의 욕구와 회피로부터 흘러나오는 움직임이다. 스토아 철학에서 '현자들'이 갖는 '좋은 감정'에는 기쁨(chara), 신중함(eulabeia), 바람(boulēsis)이 있다. 여기서 기쁨은 쾌락(hedonē)과 반대되며 '이성적 들어 올림'(eulogos eparsis)이다. 현자들의 신중함은 두려움과 반대되며 '이성적 회피'(eulogos ekklisis)이다. 현자는 결코 두려움을 갖지 않고 신중하기 때문이다. 또 스토아 철학자들은 욕망(epithumia)과 반대되는 것은 바람이라 하고, 그것은 이성적 욕구(eulogos orexis)라 한다(DL 제7권 116).

학에 대한 훈련은 그 중요성에서 앞서는 두 영역을 위해서만 수행되어야 한다는 것이 에픽테토스의 생각이다.

에픽테토스는 당대의 철학자들이 철학의 부분인 '형식' 논리학(logika)에 매달리는 것에 불평을 터뜨리기도 한다.

> "오늘날 철학자들(hoi nun philosophoi)은 탐구의 첫 번째 영역(topos)과 두 번째 영역의 일을 소홀히 하고, 세 번째 영역에 전념하고 있다. 즉 전환 논증, 질문하는 방식을 통해 결론을 이끌어 내는 추론, 가언적 논증, 거짓말쟁이 역설의 변형들에 관련된 것들."(3.2.6.)

에픽테토스가 논리학을 맨 마지막으로 공부할 주제로 언급하는 까닭은 "세 번째 영역은 이미 진보하고 있는 사람들에게만" 속할 수 있기 때문이다. 다시 말해 논리학은 다른 두 영역에 속하는 것을 제대로 숙달한 후에야 비로소 공부해야만 하는 영역이다. 왜 그런가? 에픽테토스는 논리학의 공부가 도덕적 진보에 직접적으로 해가 된다는 점을 지적하기도 한다(3.2.3, 3.24.78, 『엥케이리디온』 제52장 2). 그는 '도덕적인 훈련이 없는 사람들'이 '말하는 능력'(수사술)에서 뛰어나게 되면, 그들이 빠지게 되는 위험성에 대해서 이렇게 지적하고 있다.

> "한 사람은 표현법에 의해, 또 다른 사람은 추론에 의해, 어떤 사람은 전환 논증에 의해, 그리고 다른 사람은 무언가 다른 이런 종류의 다른 길가의 여인숙에 마음을 사로잡혀 마치 세이렌들 사이에 있는 것처럼 그곳에 머물러 썩어 버리는 것이네."(2.23.41)

에픽테토스에게서 논리학의 기능은 첫 번째, 두 번째 영역에 속하는 것들에서 '안정성(확실성, asphaleia)을 주어, 우리가 꿈을 꾸거나, 취하거나, 우울증의 상태에서도, 검사받지 않은 인상이 우리가 알지 못한 채로 스며들지 못하게 하는 것'이라고 주장한다(3.2.5). 논리학을 통해 획득된 능력이란 '검사받지 않은 인상'(anexetastos phantasia)에 동의하지 않게 하고, 적절하게 검사된 것에 대해서만 승인하는 것을 말한다. 그렇다면 논리학이 다른 두 영역에 대한 훈련보다 선행해야 하는 것이 아닌가? 이 점이 에픽테토스의 흥미로운 주장으로, 주목해 볼 필요가 있는 아이디어이다. 실천 도덕은 시급한 우리 삶의 문제를 해결하는 것을 목표로 한다. 에픽테토스의 윤리적 훈련의 단계적 체계는 원칙적으로 이 목적을 위해 고안된 것으로 보인다. 우리가 늘 부딪치는 삶의 실천적 기술의 문제는 논리학이나 존재론으로부터 그 해결책을 연역해 낼 수 없는 노릇이다. '삶의 기술'은 우리의 경험으로부터 생성된 직관적 도덕감으로부터, 나쁜 습관을 버리고 올바른 습관을 들임으로써, 올바른 행동을 반복함으로써 만들어지는 것이기 때문이다. 이 점에서 덕(아레테)은 좋은 습관의 반복적 행동(습성화, ethismos)을 통해 형성된다는 아리스토텔레스 윤리적 입장을 따르는 것처럼 보인다(『니코마코스 윤리학』 1103a30~b2).

"각각의 것에 어울리는 각각의 행위가 각각의 것을 성장시켜 보존되는 것이네. 목수는 목공 기술에 일치하는 기능을 발휘함으로써, 문법가는 문법 기술에 일치하는 기능을 발휘함으로써. 그러나 문법가가 문법에 맞지 않게 쓰는 습관에 빠지면, 그의 기술은 필연적으로 파괴되고 소멸되는 것이네. 이와 마찬가지로 겸손한 품성도 겸손한 행동에 의해 보전

되지만, 겸손하지 못한 행동은 그것을 파괴할 것이네. 성실한 성품은 성실한 행위에 의해 보존되지만, 그 반대 성격의 행위는 그것을 파괴할 것이네. 다시, 반대되는 성품은 반대 종류의 행동에 의해 강화되는데, 즉 부끄러움 없음은 부끄러운 사람을, 성실하지 않음은 불성실한 사람을, 막말은 막말하는 사람을, 성마름은 화를 잘 내는 사람을, 균등하지 못한 받음은 탐욕스런 인간을 만들어 내는 것이네."(2.9.10~12; 2.18.1~7 참조).[129]

에픽테토스가 설명하듯이, 논리학의 일은 우리의 견해를 '안정적'이게 만드는 것이다. 그렇다면 논리학을 시작하기 전에, 우리는 안정적인 도덕적 가치가 있는 견해들을 이미 확보해야만 한다.

"세 번째 영역은 이미 진보된 사람들에게만 속하는 것으로, 그것은 방금 언급한 문제들[즉, 다른 두 영역에 의해 포섭되는 문제들]을 확실하게 해내는 일에 관여하고 있는데, 이는 수면 중이든 술 취한 상태이든 우울할 때이든 간에, 뭔가 검사(음미)받지 않은 인상이 알지 못한 채로 스며들지 않도록 하기 위함이다."(3.2.5)

그렇다면 도덕적 진보를 완결하지 못한 학생들에게는 '아직' 세 번째 영역을 배울 필요가 없을 것이다. 그래서 그는 다른 두 영역에 집중할 것을 그들에게 요구하는 것처럼 보인다. 이 점에 관련해서, 즉 논리적

---

**129** 아리스토텔레스, 『니코마코스 윤리학』 제2권 제1장, 제2장 참조. 『니코마코스 윤리학』 제4권 제1장 1121b21~24 및 제2권 제7장, 제8장 참조.

훈련이 '윤리적 내용'에 대한 언급이 없이 단지 논리 자체를 위한 공부에 머물 때, 논리적 훈련의 추구가 쓸모없는 것에 지나지 않는다는 것을 에픽테토스는 하나의 예를 들어 설명하고 있다. 상상으로 그려 낸 어떤 학생이 그에게 철학을 공부하는 주된 목적이 '거짓말쟁이 역설'을 이해하는 것이라고 말하자, 그는 "그게 자네가 진정 알고 싶은 것이라면, 왜 그런 약점을 갖고 네 목을 매지 않느냐, 이 가엾은 이여! 그것을 알면 자네에게 무슨 이득이 있는가?"(2.17.34)라고 묻는다.[130]

그럼에도 도덕적 가치 판단에 대한 우선적 공부를 강조하는 에픽테토스는 다른 대목에서 '덕이 있고(고귀하고) 좋은(kalos kai agathos) 사람이 되려고 하는 사람은 세 번째 영역에서 먼저 훈련받아야만 한다'는 점을 인정한다. 이 점에서는 그가 어떤 의미에서 논리학에 대한 선행 학습을 인정하는 셈이다. 실제로 그는 도덕철학에 대한 실천적 훈련에 앞서 논리학의 교육을 선행해야 한다고 주장한다(1.17.4~12). 첫 번째 영역을 다루기 위해서는, 오히려 '증명은 무엇인가'를 다루는 세 번째 영역인 형식 논리학을 비롯해서, 명사(名辭)의 의미에 대한 공부(1.17.12, 2.14), 능숙하게 논쟁을 벌일 수 있는 추론에 대한 공부(2.13.21), 논리적 난제와 역설에 대한 공부(2.17.27)로부터 시작해서 그 중심축인 도덕철학을 향해서 나아가야만 한다고 그는 주장한다.

에픽테토스는 논리학의 공부 필요성을 '낟알을 다는 저울'(zugos)에 비유해서 이렇게 말한다.

---

130 세네카도 '소피스트적 논변'의 훈련이 인생에 아무런 도움이 되지 않으며, 도덕적으로 훌륭해지도 않는다고 주장한다(『도덕서한』 45.5, 45.8, 48.1, 48.8, 111.1). 이 점에서 세네카가 에픽테토스보다 논리학에 대해 더 부정적이다.

"네가 나에게 와서 이렇게 말한다고 가정해 보세. '나는 선생님의 논증이 참인지 거짓인지 모르겠습니다'라고 말했고, 또 내가 어떤 모호한 용어를 사용하는 경우, 자네가 '구별을 해주세요'라고 묻는다면, 나는 더이상 너의 말을 참지 못하고, '하지만 더 긴급히 해야 할 필요한 일이 있네'라고 대답할 것이네. 그것이 철학자들이 논리학에서부터 시작하는 이유라고 나는 생각하네. 마치 그것은 곡물을 측정할 때 그 척도를 검토하는 것으로부터 시작하는 것과 꼭 같은 것이네. 우리가 먼저 측정 단위가 무엇이며, 저울이 무엇인지 결정해 두지 않는다면, 어떻게 무언가를 측정하거나 무게를 잴 수 있을 것인가? 이와 마찬가지로 논리학의 경우에도 우리가 다른 모든 것의 지식을 얻을 때 적용하는 판단의 기준을 배우지 못한다면, 또 정확하게 배우지 못한다면, 어떻게 우리가 다른 것들에 대한 어떤 앎을 정확하게 알고 이해할 수 있겠는가? 어떻게 그것이 가능할 수 있을까? '그렇지만요, 측정하는 그릇은 나무 조각에 불과하고 열매를 맺지 못합니다.' 하지만 그것은 곡물을 가늠할 수 있네."(1.17.5~9)

먼저 우리가 측정하는 기준 자체에 대해 정확하게 배우지 못한다면, 모든 것의 지식을 얻을 때 적용하는 판단 기준을 사용할 수 없다. 바로 논리학이 측정하는 기준이 되는 것이다. 다시 말해, 논리학적인 앎을 '제대로' 배우지 못한다면 윤리학과 자연학과 같은 '다른 것에 대한 앎'도 정확하게 배울 수 없다는 것이다.

물론 에픽테토스는 철학의 구분을 머릿속에서 명확하게 그려 내듯 그 훈련 영역의 구획설정에 대한 철저한 구상을 갖고 있었던 것처럼 보이지는 않는다. 다만 자신의 학생들에게 자신이 무엇을 공부하고 훈련해야 하는지에 대한 '주제 설정', 어떤 철학함의 목적을 가져야 하는지에 대한 '공부 목적', 어떤 방식과 절차로 철학을 공부할 것인가에 대한 '설계' 정도는 가져야 할 것을 요구한 것처럼 보인다. 아마도 에픽테토스의 학생들은 이 점을 충분히 숙지하고 있을 것으로 추정된다.

　지금까지의 논의를 통해 에픽테토스의 논리학에 대한 입장을 정리하여 보자. 논리학의 공부에 대한 그의 생각은 이중적이라고 말할 수 있다. 순서상 철학 교육에서 논리학이 첫 번째 지위를 점하는 이유는 철학 훈련의 세 가지 주제를 연습하기 위해서는, 가능한 한 빨리 외부로부터 오는 '인상'을 어떻게 비판할지, 그중에서 적합한 것에 대해 어떻게 승인할 수 있는 지를 배우는 것이 필수적이기 때문이다. 에픽테토스는 "이것이 철학자들이 논리학부터 시작하는 이유"라고 말한다(1.17.6). 반면에, 논리학이 교육과정의 순서상 맨 나중의 자리를 차지하기도 한다. 그 단계는 더 기술적인 추론 형식을 공부하는 과정을 일컫는다. 이것은 첫 번째와 두 번째 영역에서 공부한 '실천적 행위'의 원리에 대한 흔들리지 않는 확실성을 담보하기 위해 논리학을 공부하는 것을 말한다. 그러면서도 에픽테토스는 이 논리학에 대한 기술적인 탐구가 순전히 기술적인 것으로 그치고, 남에게 과시하기 위한 것으로 끝마칠 수도 있음을 경고하고 있다(3.2.6, 1.26.9, 2.19.5). 이 경우에 세 번째 훈련 영역인 논리학의 공부가 철학 교육에 해를 가져올 수도 있다.

　『강의』에서의 한쪽의 입장과 다르게, 『엥케이리디온』에서는 논리학을 '제일의 그리고 가장 필요한 영역'이라고 말한다. 『엥케이리디온』 제52장에서 철학의 세 영역에 대해 이렇게 말하고 있다.

　"철학에서 첫 번째의, 그리고 가장 필요한 영역(topos)은 철학 이론의 실천에 관한 것이다. 예를 들면, '거짓말을 하지 말아야 한다'는 것이다. 두 번째는 논증들에 관련된 것이다. 예를 들면, '왜 거짓말을 하지 말아야만 하는가?'이다. 세 번째는 이 두 가지를 확증하고 명확히 드러내는 것이다. 예를 들면, '이것이 왜 논증인가?' '논증이란 무엇인가', '논리적 결론이 무엇인가', '모순[131]이란 무엇인가', '참이란 무엇인가', '거짓이란 무엇인가' 하는 것이다.

그렇기에 세 번째 영역은 두 번째 영역을 위해서 필요하고, 두 번째 영역은 첫 번째 영역을 위해서 필요하지만, 가장 필요하고, 거기에 머물러야 할 것은 첫 번째 영역이다. 그러나 우리로 말한다면, 그 반대를 행하고 있다. 왜냐하면 우리는 세 번째 영역에 시간을 낭비하고, 또 우리의 열의는 모두 그것을 향해 있고, 첫 번째 영역을 완전히 등한시하고 있기 때문이다. 그래서 우리는 실제로 거짓말을 하면서도, 거짓말을 해서는 안 된다는 것에 대한 논증을 자기 것으로 하고 있는 셈이다."

여기서는 논리학이 윤리적 명제들의 증명과 그러한 증명들을 확증하고 명료화하는 수단을 제공하기 때문에 중요하다고 말한다. 『엥케이리디온』에서의 논리학의 역할은 도덕적 주장에 대한 연역적 정당화를 의미하는 것처럼 보인다. 고대 논리학에서 '증명'(proof)은 어떤 수단으로든 이미 발견된 것을 확증하는 방법으로 간주된다. 즉 증명은 연역 체계로 결과들을 연결함으로써 그 결과들을 확증하는 방법이다.[132]

조너선 반스는 『엥케이리디온』 제52장에서의 주제 영역의 분류와

---

131  즉 논리적 불일치.

132  P. Crivelli, "Epictetus and Logic", p. 23 참조.

『강의』에서 영역을 구분하는 것을 다른 것으로 보고 있지만,[133] 이미 앞에서 본 바처럼, 나는 양자의 연결성이 충분히 감지될 수 있다고 생각한다. 설령 양자 간의 차이가 있다고 해도 그 차이라는 것은 아주 사소한 것일 뿐만 아니라, 에픽테토스의 주제 분류의 의도가 아직 성숙하지 않은 학생들의 '가르침'의 방편이자, 또 그 순서에서의 중요성을 언급하고, 선행 학습으로서 어느 정도의 논리적 연습을 요구하고 있다는 점은 여전히 변함없는 사실이라 하겠다.

끝으로, '인간의 삶'에서 논리학의 중요성에 대해서 살펴보기로 하자. 논리학은 '덕이 있는 사람'(스토아적인 '지혜로운 자', 즉 '현자')이 변증술적 논의에 참여할 수 있게 하는 데에서 유용성을 가진다. 스토아적 '현자'는 논리학, 즉 묻고 답하는 변증술에도 능숙해야 한다. 그는 학문의 분야뿐 아니라, 일상생활에서 직면하는 여러 가지 문제들에 대해서도 능숙하게 문제를 풀 수 있는 능력을 습득해야 한다. 왜냐하면 스토아 현자도 질문과 답변을 통해서 비전문가들과 토론을 하지 않을 수 없기 때문이다. 이것은 현자가 공동체의 전체 삶과 연관해서 담당해야 할 의무이기도 하다. 에픽테토스는 이 점에 대해 이렇게 말한다.

"대부분의 사람들은 '변화하는' 논증들과 '가설적' 논증들의 연구, 게다가 질문을 통해서 전개된 논의의 연구가, 일반적으로 말하자면 이러한 모든 논증이 삶의 적합한 행위와 관련이 있음을 알아차리지 못하고 있다네. 사실상 모든 연구의 분야에서 우리는 '훌륭하고 덕이 있는 사람'

---

133 J. Barnes, *Logic and the Imperial Stoa*, p. 35, n.49.

이, 어떻게 그 문제에 있어서 적합한 길과 적합한 행동 방식(태도)을 발견할 수 있는지를 탐구하고 있으니까 말이네. 그래서 좋은 사람(현자)은 문답에 관여하는 일은 없을 것이라든가, 혹은 일단 참여한다면, 그는 문답을 하는 데에서도 부주의하거나 서투르게 행동하는 것을 회피하기 위해 애쓰지 않을 것이라는 것을 사람들에게 말하도록 하자. 혹은 이와 달리, 사람들이 이러한 주장들 중 그 어느 쪽도 인정하지는 않더라도 그들이 문답에 관련된 이들 영역에 대해 어떤 고찰을 해야 한다는 데 동의해야 한다고 말이네."(1.7.1~4)

이 논지를 요약하면 이렇다. (1) 덕을 가진 사람은 변증술적인 논쟁에 참여하지 않거나, (2) 혹은 일단 참여한다면 서투르게 수행하거나, (3) 혹은 논리학에 숙달해야만 한다. (4) 덕을 가진 사람이 변증술적 논쟁에 개입해서 안 되는 경우는 아니다(It is not the case that …). (5) 덕을 가진 사람이 변증술적 개입을 했으면 서투르게 수행하는 경우는 아니다(It is not the case that …). 그러므로, 덕을 가진 사람은 논리학에 숙달해야만 한다.

다시 말해, 복잡한 논증에 개입하려는 '좋은 사람(ho spoudaios)은 질문과 답변에서 부주의하거나 서투르게 행동하는 것을 회피하기 위해' 올바른 논증을 행하고, 논증을 검사할 수 있어야만 하며, 그릇되게 이끌리지 않아야만 한다는 것이다. 이것을 위해서, 에픽테토스는 학생들에게 형식적인 논리학 훈련과 정신적 훈련으로써 논리학으로 무장해야 한다고 주장하는 것이다.

"자신의 믿음(dogmata)을 탐구의 대상으로 삼기를 정말로 원한다면, 모든 사람의 웃음거리의 대상이 되는 살아 있는 것, 즉 세상 물정 모르는 학생이 되어야만 한다는 것을 알 수 있을 것입니다. 게다가 당신도 나만큼이나 잘 알고 있듯이, 이 일은 한 시간이나 한나절 동안에 일어날 수 있는 일이 아닙니다."(1.11.39~40)

요컨대 앞서 분석한 논증은 덕이 있는 사람(현자)은 변증술적 논쟁에 참여하고 성공적으로 수행해야 한다는 것이다. 이것은 스토아 철학자들이 당연히 받아들이는 가정이다.[134] 이러한 삶에서의 논리학의 역할은 앞서 살펴본 '논리학'의 기능과 달리 새로운 결과를 확립할 수 있도록 하는 것은 아니다. 인간의 구체적 삶에서의 역할을 수행하는 논리학은 그것을 숙달한 사람들이 어떤 유형의 사회적 상황에서 그것을 잘 수행할 수 있도록 하는 '훈련'인 셈이다.


### 에픽테토스의 윤리학을 이해하기 위한 중요 용어들

스토아 윤리학은 '충동', '좋은 것과 나쁜 것들', '감정', '덕', '목적', '일차적 가치와 행동들', '적합한 행위들', '권유와 만류'(protropōn kai aptotropōn) 등에 관한 논제로 나누어진다(DL 제7권 84). 스토아 윤리학에서 인간의 행위를 설명하는 가장 기본적인 용어들이자 기술적인

---

**134** 스토아 철학에서 현자('지혜로운 자')가 지닌 변증술의 기능과 역할에 대해서는 DL 제7권 47~48 참조. 변증술의 '기능'은 체계적으로 묻고 답하는 것이며, 변증술의 '일'은 현자에게 속하는 일이다. (1) 참과 거짓을 식별. (2) 올바른 진술과 그렇지 못한(모호한) 진술의 분간. (3) 인상에 대한 성급한 판단을 피하는 것.

개념들은 믿음(upolēpsis), 욕구(orexis), 혐오(ekklisis), 충동(hormē)과 충동에 대한 거부(aphormē) 등이다. 이 용어들은 인간의 행위를 이끄는 인간의 '심리적 경향'을 반영하는 말들이다. 이 개념들을 잘 이해하는 것이 스토아 윤리학을 파악하는 지름길이 된다. 욕구와 충동은 정통 스토아 혹은 초기 스토아에서도 구분되어 사용되지만, 후기 스토아에서 특히 에픽테토스의 경우에서는 초기 스토아에서보다 더 분명하게 구별되어 사용되고 있다. 초기 스토아에서의 '욕구'는 일종의 '충동'이다(키케로, 『의무론』 I 101 참조). 충동이 더 일반적 용어이고, 욕구는 논리적으로는 충동에 종속된다. 그러나 에픽테토스에게는 욕구와 충동은 서로 동등한 지위를 가진다. 욕망(epithumia)은 스토아 철학에서 쾌락, 고통, 두려움과 같은 비이성적 추구이다. 이 밖에도 에픽테토스의 철학을 이끄는 주요 개념들은 자유, 믿음(판단), 의지(prohairesis) 등이다.

- **인상**(phantasia)

감각이나 지각에 관련해서 에픽테토스가 자주 쓰는 기술적 언어가 phantasia이다. 이 책에서는 특별한 제약 조건이 없는 한 '인상'('표상')으로 옮겼다.

> "스토아학파에서는 인상과 감각에 대한 논의를 맨 앞에 놓는 것이 좋다고 생각하는데, 그것은 사물의 진리를 인식하는 기준이 일반적으로 인상이란 이유에서다. 그리고 다른 논의들보다 앞서는 승인에 관한 논의와 파악과 생각에 대한 논의도 인상 없이는 성립되지 않는다는 이유에서다. 왜냐하면 인상이 앞장서고, 그다음에 표현할 줄 아는 사고가 인상에 의해 겪은 것을 말(명제)로 꺼내 놓기 때문이다."(DL 제7권 49)

스토아학파에 따르면 인상은 혼의 '각인'이다. 클레안테스는 인장 반지에 의해 밀랍으로 만들어진 각인과 같은 돌출과 함몰의 의미에서 그것을 '각인'으로 이해했다. '내 책상 위에 노트북이 있다'고 내가 믿는 경우에, 나는 내 정신의 구성물이 아니라 '내 책상 위에 노트북이 있다'라는 명제에 동의하는 것이다. 일반적으로 인상에 대해 말할 때, 우리는 인상을 '명제적 내용'으로 언급한다. 즉, '나는 … 라는 것을 믿는다'고 말하는 경우에, 인상은 '나는 … 라는 것'이라는 문장으로 표현된다. 예를 들어, 내가 저 어린아이를 도와야 한다는 인상을 받았을 때 그 인상에 동반하는 명제는 '저 어린아이를 도와야 한다'라는 문장으로 표현된다.

에픽테토스는 이성에 의해 검사받지 않고 판단되지 않은 인상들을 '거친[울퉁불퉁한] 인상'(tracheiai phantasia)이라고 부른다(『엥케이리디온』제1장 5). '거칠다'는 인상들이 비이성적이고, 광적이고, 항상성이 결여되고, 일관적이지 못하다는 것을 설명하는 말이다(심플리키우스 주석 참조). 에픽테토스가 맥락에 따라 그 말의 의미의 폭을 넓게 사용하고 있어서 정말 번역하기 까다로운 말이다. 그저 단순한 '현상'(appearance)은 아니다. 일단은 '의식'에 제기되는 모든 감각 현상을 말한다. 그것은 가장 단순한 '감각'(aisthesis)으로부터 시작해서, 생각과 기억에 의해 파악되는 '표상'을 지시하기도 하고, 심지어는 정신에 제기된 또 '승인'에 의해 채택된 보다 '복잡한 표상'일 수도 있다. 따라서 판타시아는 정신적 행위의 전 영역을 포괄하고, 그 정확한 의미는 맥락에 따라 결정될 수밖에 없다. 이러한 인상은 인간의 정신(혹은 동물 일반)을 작동시키는 기본적 자료가 된다. 정신의 능력은 그의 '인상'을 다룰 뿐만 아니라, 다시 말해 그것들을 사용하는 것으로 그치는 것이 아니라, 인상에 참여해서 인간의 이성적 능력(logikē dunamis)에 의해 지적으로 파악(parakolouthein)하기도 한다. 이렇게 해서 인간의 정신의 활동은 '인상을 올바르게 사용하는(orthē chresis phantasion)' 기능으로 요약될 수 있다. 스토아 철학의 인식론에서 중요한 역할을 하는 파악적 인상(kataleptikē phantasia)이란 전문용어는, 드물지만 에픽테토스도 사용하는 말이다. 이것은 '참과 동의'를 우리에게 강요하는 것이다. 승인은 정신에 제기된 인상의 각인을 통해 이성에 의해서 이루어진다. 이런 과정을 통해 인간은 인상을 동의하거나 거부(ananeuein)할 수 있다.

- **욕구**(orexis), **충동**(hormē), **회피**(ekklisis), **동의**(승인, sunkatathesis)

"욕구가 약속하는 것은 욕구하는 것을 얻는 것이지만, 혐오가 약속하는 것은 네가 회피하고자 하는 것에 빠지지 않도록 하는 것이다. 또 욕구하는 것을 얻지 못하는 사람은 불운하지만, 회피하고자 하는 것에 빠지는 사람도 불행하다. 그러므로 만일 너에게 달려 있는 것들 중에서 자연에 어긋나는 것들만을 회피한다면, 네가 회피한 것들에 결코 빠지지 않을 것이다. 그러나 질병이나 죽음이나 가난을 회피하려 한다면, 너는 불행해질 것이다. 그러므로 우리에게 달려 있지 않은 모든 것들로부터 회피하는 마음을 제거하고, 오히려 그것을 우리에게 달려 있는 것들 가운데 자연에 어긋나는 것들 쪽으로 돌리도록 하라. 그런데 당분간 욕구를 완전하게 억제하도록 하라. 왜냐하면 만일 네가 우리에게 달려 있지 않은 것들 가운데 어떤 것을 원한다면, 너는 반드시 불행해질 것이고, 우리에게 달려 있는 것들에 대해서는, 비록 그것들을 욕구하는 것이 좋을지라도, 아직 너의 손에 잡히지 않을 것이기 때문이다. 그래서 사물을 향하는 충동(hormē)과 충동에 대한 거부(aphormē)만을, 단지 **가뿐하게, 또**

**유보적으로, 거리낌 없는 방식**으로만[135] 사용하도록 하라."(『엥케이리디온』 제2장)

이 대목에서 사용된 중요한 용어의 의미를 살펴보기로 하자. 여기서 '가뿐하게, 또 유보적으로, 거리낌 없는 방식으로'에 해당하는 헬라스 어는 각각 kouphōs, meth' hupexaireseōs, aneimenōs(『엥케이리디온』 제 48장 3 참조)이다. 이 말들을 직역하면, '경쾌하고, 유보적으로, 막힘이 없이'이다. 그중 meth' hupexaireseōs('유보를 갖고')란 말의 사용은 매우 드물어서, 이 말의 의미를 온전하게 캐내는 것은 어렵다. 그 말의 어원 도 그리 도움이 되지 않는다.

일단 meth' hupexaireseōs란 말은 '충동과 충동의 거부에 대한 유보 내 지는 제한' 조건으로, 즉 상황의 변화에 따라 행위하고자 하는 '충동'이 종속되는 것을 의미하는 것으로 이해할 수 있다. 예를 들면 목욕탕에 가 기를 원한다고 해보자. 얼마든지 우리는 공중 목욕탕에서 일어날 일들 을 그려 볼 수 있다. 물을 튀기는 사람들, 몸을 부딪치는 사람들, 헐뜯는 사람들, 훔치는 사람들을. 그러나 애초부터 나의 '의지'(proharesis)가 그런 일로 해서 혼란에 빠지지 않을 것이라는 '유보 조건'을 가지고 목

---

135 hupexairesis를 논하고 있는 B. Inwood, *Ethics and Human Action in Early Stoicism*, p. 112, pp. 119~126; T. Brennan, "Reservation in Stoic Ethics", *Archiv für Geschichte der Philosophie* vol.82, Iss.2, Walter de Gruyter 2000, pp. 149~177; R. Sorabji, *Emotion and Peace of Mind*, pp. 219~220 참조. 아래에서 논의하고 있듯이, 이 말의 사용은 후기 스토 아 철학자들(세네카, 에픽테토스)에서 두드러진다. B. 인우드는 이 말의 기본적 개념 은 초기부터 있었던 것으로 본다. 이 말은 아리우스 디디무스(Arius Didymus)의 『스토 아 윤리학 개요』에서 한 번 발견된다(스토바이오스, *Eclogae*, 2.115.7=*SVF* 3.564).

욕탕에 갔다고 해보자. 막상 방해하는 그러한 일이 일어났다고 해도 우리는 평온한 마음을 가지고 집에 돌아올 수 있을 것이다.[136]

게다가 '유보를 갖고'란 말은, '내가 건강해야 하는 것이 적절하다'라는 명제에 '동의'하는 대신에 '무언가가 방해가 되지 않는 한, 건강해야 하는 것이 적절하다' 또는 '제우스의 계획(뜻)에 거슬리지 않는 한, 그렇다'는 명제에 동의하는 것을 말하는 것으로 이해된다. 다시 말해, '충동을 갖는 것은 어떤 종류의 명제를 믿는 것이고, 유보적인 충동을 갖는 것은 어떤 종류의 조건부 명제를 믿는 것'이다. T. 브레넌에 따르면, 스토아학파는 충동과 같은 심리학적 항목에 대한 명제에 기반하는 이론을 가지고 있을 뿐만 아니라, 조건문과 같은 것들에 대한 명제 논리도 가지고 있다. 그렇다면 스토아학파는 '조건부 충동 이론'을 가지고 있는 셈이다.[137] 이 점에 대해 에픽테토스는 크뤼시포스의 말을 빌려서 이렇게 말하고 있다.

"그래서 크뤼시포스가 이렇게 잘 말한 것이네.[138] '그 결과(따라 나오는 것)들이 나에게 불분명하게 남아 있는 한, 나는 항상 자연 본성에 일치하는 그런 것들을 획득하는 데 가장 적합한 것을 고수했네. 신께서 친히 나를 만드실 때 자연에 일치하는 것들을 선택할 수 있는 자유를 주셨기

---

136 『엥케이리디온』 제4장.

137 T. Brennan, "Reservation in Stoic Ethics", p. 154. 브레넌은 '원하는 것의 유보와 기대하는 것의 유보'를 구별하고 있다.

138 *SVF* 3.46, 「단편」 191 참조. 폰 아르님(Von Arnim)은 인용문 맨 끝 몇 마디만 크뤼시포스의 직접적인 인용으로 본다.

때문이지. 그러나 실제로 내가 이 순간에 병에 걸리는 것이 운명 지어졌다는 것을 알았다면, 나는 그것에 대한 **충동**마저도 가졌을 것이네. 발 또한 이해력(마음)을 가졌다면, 진흙투성이가 되고 싶은 **충동**을 가졌을 것이기 때문이네."(2.6.9~10; 4.1.89~90 참조)

어떤 결과가 따라 나오는지에 대한 불확실성이 앞에 놓여 있고, 자신의 건강을 추구하기 위해 행동하는 경우에, '암묵적인 유보를 갖고' 행동하게 되면 제우스의 '의지'와 충돌하는 것을 피할 수 있다는 것이다. 즉 방해하는 어떤 일도 일어나지 않는다면, 다시 말해 그렇게 되는 것이 정말로 운명 지어져 있다면 말이다.[139]

그런데 세네카는 hupexairesis의 문자적 번역어로 라틴어 exceptio/exceptiones란 말을 사용한다.

"그러나 **유보 없이**는 아무런 계획도 하지 않고, 아무 일도 시작하지 않는 그 유보가 여기서도 그를 또한 보호하네."(『베풂에 대하여』*De Beneficiis* 4.34.4)

"나는 약속했으니까 추위도 저녁을 먹으러 가겠네. 하지만 눈이 오면 가지 않겠네. 여전히 소화가 안 되더라도 결혼식에 가겠다고 약속했으니까, 나는 가야만 하네. 하지만 열이 나는 경우에는 가지 않겠네. 내가 약속했으니까 보석(保釋)을 해주겠네. 하지만 무제한 보석을 원하면 안

---

**139**   B. Inwood, *Ethics and Human Action in Early Stoicism*, p. 120.

해줄 것이네. 암묵적인 **유보**가 있네. 내가 할 수 있다면, 내가 해야 한다면, 사안들이 그런 식으로 남아 있다면."(『베풂에 대하여』 4.39.4)[140]

세네카의 경우에 '유보'는 'if' 조건문의 전건으로 '만일 아무것도 방해하지 않는다면', '만일 내가 할 수 있다면' 등이다. 세네카는 이 '유보' 조건을 지닌 채로 행동하면, 행위자는 결코 후회로 가득 찬 좌절에 빠지지 않는 상태나 혹은 자신의 마음을 바꾸기를 요구하지 않는 상태를 가져온다고 말한다. 그래서 "현자에게는 그의 욕구, 충동, 목적(epibolē)과 반대되는 어떤 일도 일어나지 않는다. 왜냐하면 그는 유보를 갖고 이러한 모든 일들을 행하며, 그에게 떨어지는 어떤 역경도 예기치 않게 오지 않을 것이기 때문이다(아레이오스 디뒤모스)".[141]

마르쿠스 아우렐리우스도 이 말을 언급하고 있다.

"에픽테토스는 말했네. '우리는 동의에 관한 기술을 발견해야 하며, 우리의 충동의 영역에서 **충동이 유보를 갖도록**, 공동체를 위해서, 가치에

---

140 그 밖에도 세네카가 '유보를 갖는'(exceptio) 태도를 언급하는 『마음의 평정에 대하여』 13.2~3 참조: "'무슨 일이 발생하지 않는 한, 나는 항해를 할 것입니다.' '무언가가 방해가 되지 않는 한, 나는 집정관으로 선출될 것입니다.' '무언가가 앞서 방해하지 않는 한, 내 사업은 아주 잘 될 것입니다.' 이런 이유로 우리는 현자에게는 그의 기대와 달리 어떤 일도 일어나지 않는다고 말하는 것이네. 다시 말해, 우리는 현자가 인간의 불행에서가 아니라 그들의 잘못에서 벗어났다고 말하는 것이네. 그에게는 일이 그가 원하는 대로가 아니라, 기대하는 대로 이루어지는 것이네. 무엇보다도 그는 자신의 계획에 반대되는 것이 있을 것이라고 기대했던 것이네. 그렇다면 또한 네가 자신에게 좋은 결과를 약속하지 않을 때, 너의 포기된 욕망의 고통은 필연적으로 좀 더 가볍게 마음에 떨어지는 것이네."

141 스토바이오스, *Eclogae* 2.115, 5~9.

비례하도록 주의해야만 하네. 그리고 우리는 욕구를 전적으로 포기해야만 하며, 우리에게 달려 있지 않은 어떤 것들도 사용하는 것을 회피해야만 하네.'"(『자기 자신에게 이르는 것들』 제11권 37)

앞서 인용한 『엥케이리디온』 제2장에서 언급된 기술적인 말들은 행위에 대한 심리학적 설명을 위한 중요한 개념들이다. 인간의 행위는 욕구, 혐오, 충동, 동의로 설명된다. 충동(동기)은 행동을 위한 필요조건이다. 충동은 어떤 행동을 향한 하나의 '혼 혹은 정신'의 운동이다.

"모든 사람들에게 [생각과 행위에] 하나의 원리(출발, 아르케)가 있으며, 즉 그 원리는 사물을 승인하는 것은 어떤 것이 그 경우라고 느끼기 때문이며, 부인하는 것은 어떤 것이 그 경우가 아니라고 느끼기 때문이며, 또 제우스에 맹세코, 판단을 중지하는(epischein) 것은 불확실하다고 느끼기 때문이지만, 마찬가지로 또한 어떤 것으로 향한 충동(동기)을 가지는 것은 그것이 나에게 유익하다고 판단하면서 다른 것을 욕구한다든지, 어떤 것이 적합한 것(kathēkon)이라고 판단하면서 다른 것으로 향해지는 충동을 느끼는 것은 불가능하다는 것인데, 이 모든 것이 사실상 참이라면, 왜 우리는 여전히 사람들에게 화를 내곤 하는 것인가?"(1.18.1~2)

"누군가가 너에게 나쁜 짓을 하거나 나쁘게 말할 때는, 당사자는 그것이 적절한 일(kathēkon)이라고 생각하고, 행동하거나 말하고 있는 것임을 기억하라. 그렇다면 그 사람은 너에게 좋다고 생각하는 것이 아니라, 오히려 그 사람 자신에게 좋다고 생각하는 것에 따를 수밖에 없는 것이

다."(『엥케이리디온』제42장)

위의 두 인용문에 따르면, 모든 행동은 어떤 것이 '적합한 것'이라는 생각에 의해 동기 지어진다는 것이다. 또 에픽테토스에게서 kathēkon 은 '유익하다'는 술어로 대체될 수 있다는 점을 지적하고 있다. 이를테면 승인, 부인, 판단 중지, 충동, 거부하는 경우에 어떤 것이 그 경우는 느낌(to pathein) 때문에 그렇게 하는 것이고, 어떤 것이 그 경우가 아니라는 느낌 때문에 그렇게 하지 않는다는 것이다. '회피하는 의지'인 '혐오'는 '얻으려는 의지'인 욕구(orexis)에 반대된다. 스토아의 orexis는 아리스토텔레스의 경우와 달리 오직 인간에게서만 찾아지는 어떤 종류의 '충동'이다(세네카, 『의무론』 1.101 참조). 충동의 반대는 aphrormē(행위하지 않는 충동/반발)이다.

'승인'은 인간의 모든 논리적 활동과 관련되어 있다. 승인은 이성적 혼(logikē psuchē)의 다른 기능에 포함된다. 이 이성적 혼은 욕구와 충동에 의해 작동되기 시작한다. 욕구는 충동의 하부 종에 속한다. 욕구는 좋음으로 향하는 충동이다. 충동은 행위를 일으키는 욕구이다. '욕구/혐오→충동→승인'은 단계적으로 인간 행위와 연관된 혼의 작용단계를 말한다. 욕구는 행위에 개입함이 없이 좋은 것과 이익이 되는 것으로서의 대상을 지향하는 정신작용이다. 반면에 충동은 행위로 향하는 첫 번째 단계이다. 욕구는 목적을 선택하고, 충동은 그 목적의 실현을 지향한다. 그 영역은 '적합한 행위들'(kathēkonta)이다. 반면에 혐오(회피)는 도덕적으로 나쁜 것과 관련을 맺는다. 그래서 에픽테토스는 반복적으로 '욕구와 회피'를 '우리에게 달려 있는 것'에 제한함으로써 개선할 수

있으며, '충동과 거부'를 이성에 따라서 사용해야 한다고 말한다.[142]

> "너의 고유한 일이 놓여 있는 곳에서 진보를 찾으라. [⋯] 첫째는 욕구
> 와 회피 속에 있는 것이어서, 네가 욕구하는 것을 얻는 데 실패하지 않
> 고, 또 네가 회피하고자 원하는 것에 떨어지지 않도록 하는 것이네. 둘
> 째는 행위하거나 행위하지 않으려는 충동(동기)에 있는 것이어서, 네
> 가 거기에서 어떤 잘못도 저지르지 않도록 하기 위함이네. 셋째는 동의
> 와 판단의 유보에 있는 것이어서, 네가 기만당하지 않도록 하기 위함이
> 네."(1.4.11)[143]

에픽테토스의 윤리학은 욕구와 혐오에 관련 맺고 있으며, 그의 윤리
학의 주된 관심사는 '어떻게 어떤 것을 욕구하지 않고, 그것을 얻는 데
실패하느냐'를 배우는 것으로, 혹은 '어떤 것을 회피하고, 어떻게 그것
에 맞서도록 노력해야만 하는가'를 배우는 것으로 특징지을 수 있다.
따라서 욕구의 본질적 부분은 그것을 누가 사용하든 간에 그 목적을 달
성해야만 한다. 만일 욕구가 좋음을 목표로 한다면, 그것은 좌절을 겪지
않는다. 왜냐하면 좋음은 혼의 본래의 상태이자 전적으로 자신의 내부
안에 있는 능력인 '덕'이기 때문이다. 또한 '나에게 달려 있는 것'만을
얻고자 하고, 회피하고자 한다면 결코 실패하거나 실망하지 않게 된다.

---

142  J. Klein, "Desire and Impulse in Epictetus and the Older Stoics", *Archiv für Geschichte der Philosophie*, vol.103, Iss.2, 2021, pp. 221~251 참조.

143  이와 유사한 언급을 하는 1.18.1~3, 1.19.1~3, 2.8.29, 2.14.22, 3.2.1~3, 3.12.13, 4.4.16, 4.4.18 참조.

덕은 건강이나 부와 같은 외적인 것이 아니다. 이것들은 교육받지 못한 사람들이 '좋음'이라고 생각하는 것에 지나지 않기 때문이다.

　지금까지의 설명을 바탕으로 스토아의 행동 심리학 이론을 정리하면 이렇다.[144] 인간의 행동은 인상, 승인, 충동의 연속(sequence)으로 이루어진다. 충동은 '의도', '의지 행위', '결단'으로, 외부의 어떤 방해가 없다면 변함없이 행동을 일으킨다. 즉 충동은 행동을 일으키는 필요충분조건이다. 외부에서 일어나는 인상은 이 시퀀스를 일으키는 것으로, 전 과정을 위한 필요조건이지 충분조건은 아니다. 인상은 '충동'을 자극해서 '충동'을 불러일으킨다. 즉 어떤 행동도 정신에 의해 자발적으로 일어나지는 않는다. 스토아에 따르면, 행동은 '충동적 인상'의 명제적 내용(lekton)에 대한 '승인'에서 비롯된 '충동'에 의해 유발되는 것으로 이해된다. 인상을 동반하는 '명제'는 표상된 대상을 언어적 형식으로 표현된다.

　예를 들어, 어떤 대학 교수가 장관 자리를 수락하는 것은 '내가 이 직위를 받는 것이 좋다'라는 '명제'에 대한 그의 승인에 달려 있다. 그러한 승인은 분명히 무엇이 좋음이고 무엇이 그렇지 않은지에 대한 어떤 개념을 전제로 한다. 이것을 토대로 그 사람은 명제에 대한 동의를 표명하거나 보류할 것이다. '좋음'에 대한 그의 개념이 올바르지 않다면, 그 명제에 대한 그의 동의는 부적절한 행위에 대한 충동을 만들어 낼 것이다. 그렇다면 일관성을 지니는 덕을 가진 행동을 보장하는 유일한 방법은

---

**144**  B. Inwood, *Ethics and Human Action in Early Stoicism*, pp. 42~101, 제3장 참조.

'좋음'에 대한 정확한 개념을 소유하는 것이다. 그래서 에픽테토스는 이곳저곳에서 이렇게 말한다.

> "그러면 우리는 '좋은 것'을 어느 쪽에 두어야만 하는가? 우리는 그것을 어떤 종류의 실재에 적용해야 하는가? 우리에게 달려 있는 것에."(1.22. 11)

- **자유**(eleutheria)

에픽테토스에게 자유란 사회적·정치적 의미를 갖는 자유(liberty)와는 무관한 개념이다. 그에게 '자유'(freedom)란 지혜로운 자가 목표로 하는 삶의 태도로서 높은 가치를 가지는 덕이라 할 수 있다. 그에게 자유는 전적으로 심리적이고 개인적 태도를 가리키는 말이다. 그것은 외적인 상황과 감정적 반응에 의해 방해받거나 제약됨으로부터의 자유를 말한다. 따라서 우리가 추구하는 행복이란 우리가 원하는 바를 행하거나 경험하는 데 '방해받지 않음'에서 이루어진다. 에픽테토스는 늘 '자유와 노예'를 자신의 논의 주제로 삼는다. 그가 말하는 '자유'란 원리상 인간이면 누구나가 누릴 수 있는 '정신적 자유'를 의미한다. '노예'란 자기 자신이 자신에게 부여해서 만들어진 '정신적 부자유'이다. '정신적 자유와 자신이 자초한 노예'의 대조야말로 그의 일생을 통한 철학적 화두이다. 자유와 노예는 자신이 속하는 사회적 지위와 무관하게 사람에게 속하는 정신의 지위이고 태도에 대한 비유이다. 그래서 그는 자유인 신분을 가진 자신의 학생을 '노예'라고 부르기도 하는데, 이는 '지혜로운 자'만이 자유롭다는 스토아적 역설을 반영하는 표현이기도 하다.

- **판단(믿음, dogmata)**

에픽테토스적 자유에 대한 토대가 우리를 그의 두 번째 핵심 개념인 판단으로 이끌어 간다. 에픽테토스는 감정을 포함한 모든 정신적 상태는 인상에 대한 판단에 의해 제약받는 것으로 간주한다. 무언가를 욕구하고 혐오하는 경우에, 인간은 추구할 만한 좋은 것이나 경험하기에 나쁜 것에 관련된 판단을 형성한다. 인간의 감정도 이러한 판단의 결과이거나 이에 부수하는 것이다. 이러한 생각에 따르면 우리가 통제하지 못하고, 반성할 수 없는 순수하게 반응적인 감정이나 반응은 있을 수 없다. 우리가 세계를 어떻게 경험하는가 또 우리 자신을 어떻게 경험하는가 하는 것은 우리가 형성한 판단, 즉 세계의 구조, 인간 삶의 필연적 제약 조건, 좋음과 나쁨에 관한 우리의 판단에 철저하게 달려 있다. 특히 심리적으로 '우리에게 달려 있는' 것에 의존한다. 우리 자신의 평가의 매개를 통하지 않고는 세계를 경험할 수 없다. 따라서 에픽테토스는 지속적으로 사람을 혼란시키는 것은 죽음이나 질병과 같은 것이 아니라, 이들 사태에 대한 '판단', 혹은 그것을 기술하는 방식과 그것을 받아들이는 태도 때문이라는 것이다. 평가적 판단이 사태에 개입됨으로써 사람들은 본질적으로 중립적이고 아무런 관련이 없는 상황들을 나쁘거나 좋게 만든다. 따라서 죽음과 같은 사태는 우리와 아무런 관계가 없는 중립적인 것에 불과하나, 사람들은 이것에 인간적 판단의 덧씌움으로 말미암아 그것이 나쁘다고 생각한다는 것이다. 그래서 에픽테토스는 '인간에게 달려 있지 않은 것'으로부터 벗어날 것을 재촉한다. 또 그는 완전한 자율이나, 자기 통제 내지는 지배에 대한 인간적 정신의 본유적 능력을 외적 제약이나 억압으로부터 필연적으로 벗어날 수 없는 신체의 종속에 대비시키고자 한다.

- **정념으로부터 벗어남**(apatheia)

'정념이 없음'이 아니다. '겪음(pathos)으로부터 벗어남'을 의미한다. 스토아의 현자도 감정(pathos)을 갖는다. 아파테이아는 외부의 그 어떤 것으로부터 혼의 비이성적인 것들인 쾌락, 고통, 두려움, 욕구와 같은 감정을 겪지 않는 마음의 상태로서, 스토아 윤리학이 목표로 하는 '현자'가 지니는 하나의 덕이다. 에픽테토스에게 있어서 ataraxia(마음의 평화, '격정[tarachē]과 불안으로부터 벗어남', '흔들리지 않는 상태'), aphobia(두려움 없음), eleutheria(자유), apatheia(정념으로부터 벗어남), to euroun(순조롭게 흘러감) 등은 모두 행복(euroia; eudaimonia)을 특징짓는 징표들이다(1.4.3 참조).[145] "그러니 사소한 일부터 시작하라. 올리브기름이 엎질러지고, 포도주를 도둑맞았다. 다음과 같이 생각하라. '이것은 정념으로부터 벗어남(apatheia)을 사기 위해 치러야 할 그만한 값이고, 이것은 마음의 평정(ataraxia)을 사기 위해서 치러야 할 그만한 값이다.'"(『엥케이리디온』제12장 2).


- **마음의 평화, 안정**(ataraxia)

심란하지 않은 마음의 상태인 평정심(tranquillitas), 즉 안심입명(安心立命), 무애안정(無碍安定)을 말한다. 이것은 헬레니즘 시기의 주요 학파들의 심리적인 목표가 되는 것이다. 에피쿠로스주의나 회의주의에서 신체나 혼에서의 혼란(tarachē)은 불행의 원인이다. 회의주의자들에게는 마음의 평화(평정심)는 판단중지(epochē)의 결과이다. 영혼에서의

---

145 G. Striker, "*Ataraxia*: Happiness as tranquillity", *Essays on Hellenistic Epistemology and Ethics*, Cambridge, 1996, pp. 183~195.

혼란으로부터의 자유가 행복을 만들어 내고, 행복(eudaimonia)은 인간 삶의 최고 목표이다.

- **적합한 행위들(의무, kathēkonta; 라틴어 officia)**

의무 혹은 적합한 행위들은 에픽테토스와 초기 스토아에서 '충동의 대상'으로 말해진다. 이 적합한 행동은 사회의 여러 관계에서의 다른 올바른 행위들 속에 포함된다. 스토아 철학에 따르면 자연적 기원을 갖는 자연적 충동으로부터 유래하는 '도덕적으로 올바른 (혹은 완전한) 행위들(katorthomata)'은 초기 스토아에서는 일종의 적합한 것(kathēkon)으로 '이성에 맞는 설명과 정당화'를 가진 것이다(DL 제7권 107). 도덕적으로 올바른 행위들은 '완전한 것'이다. 충동이 적합한 행위들에 관련되는 한, 어떤 충동들은 '좋은 것'이다. 왜냐하면 초기 스토아에서 좋음에 대한 충동인 욕구는 '적합한 것에 대한 일종의 이성적 충동'이기 때문이다. 따라서 스토아 철학에서 모든 카테콘이 완전한 것(katorthoma)은 아니지만, 모든 카토르토마는 카테콘, 즉 '적합한' 것이다. 덕을 가진 스토아적 지혜를 가진 자들만이 '도덕적으로 완전한 행위'를 할 수 있을 뿐이다.

- **자연 혹은 본성(phusis)**

자연이란 말은 일반적 의미에서의 자연(Nature)과 인간 본성(human nature)을 동시에 지시할 수 있다. 스토아 철학에서 '자연에 따라서'라는 말은 '이성에 따라서'라는 말과 같다. 그렇다고 해서 즉각적으로 자연이 곧 '올바른 이성'이라는 것이 따라 나오는 것은 아니다. 자연이 올바른 이성을 필연적 속성으로 가진다는 의미이다. 자연은 올바른 이성이 세계의 사태와 구조에 의해 나타나는 최고의 섭리적 힘을 의미한다. 스토아의 '좋음'(to agathos)은 "이성적 존재로서 이성적인 존재가 본성(자연)에 따라 완성된 모습인 것"을 말한다(DL 제7권 94). 이것이 곧 덕(aretē)인 것이다. 이성에 따라서 사는 좋음은 자연에 따라서 사는 것으로부터 따라 나온다. 또한 자연에 따라서 혹은 일치해서 사는 것은 '덕에 따라 사는 것'이기도 하다. 자연에 따르는 것들은 '한 유기체의 기본적 본성을 진작하거나 보존하는 것들'을 의미한다. 이 방향에 반하는 것들이 '자연에 어긋나는 것들'이다.

일반적으로 자연은 이성, 신과 같은 의미를 가진다. 그렇다고 해서 자연이 초자연적인 어떤 것은 아니다. 일반적으로 '자연'이란 말은 우주적 혹은 신적인 의미에서의 자연이 아니라, 인간이 본성적으로 가지고 있는 자신과 자신의 종을 보존하려는 자연적 욕구를 포함하는 보통의 의미로 사용된다. 그러나 스토아 철학과 에픽테토스가 말하는 '자연스럽게', '자연에 따라서'라는 말 속에 포함된 '자연'은 인간의 본성에 내재하는 자연적 속성으로서의 '자연'이 아니다. 그것은 '신적 자연', '우주적 자연'을 의미한다. 스토아 이론에 따르면, 자연적 질병들과 이차적인 인간의 행위의 잘못은 '개인의 본성에 반해서 이루어지는 것들'이다. 인간적 관점에서 보면 가난과 질병은 인간에게 부자연스러운 일이다. 이것들은 '자연에 어긋나는 것'으로 보이지만, 그럼에도 그것들은 '우주적 자연'과 일치한다. 왜냐하면 우리의 자연적 본성은 전체(우주적) 자연의 부분이기 때문이다. 스토아의 이론에 따르면, 인생의 목적은 '자연에 따라 사는 것'이고, 이것만이 인간의 '덕' 있는 행위의 기준이 된다. 스토아 철학에서 '자연에 따르지 않는다는 것', 즉 자연에 어긋난다(para phusin)는 것은 단지 자연이 개별적인 것에서 일어나는 것에 적용되는 상태에 대해서만 말해지고, 전체적–우주적 관점에서 보면 자연에 따라 일어나는 모든 사태는 옳다. 이쯤에 이르면, 우리는 '자연에 따르는 것'에 관한 두 의미, 즉 전체적(우주적) 자연과 부분적 자연의 의미를 올바르게 깨닫게 된다.

# 참고문헌

## 헬라스어 원전, 번역, 주석

Billerbeck, M., *Epiktet: Vom Kynismus*(Hrsg., übers., komm.), E. J. Brill, 1978.

Boter, G., *The Encheiridion of Epictetus and its Three Christian Adaptations: Transmission and Critical Editions*, Brill, Leiden, 1999.

Simplicius, *On Epictetus handbook* 1-26, tr. by C. Britten & T. Brennan, Cornell Univ. Press, 2002.

_____, *On Epictetus Handbook* 27-53, tr. by C. Britten & T. Brennan, Cornell Univ. Press, 2002.

Carter, E., *The Moral Discourses of Epictetus*, London, Everyman's Library, 1759/1926.

Dobbin, R., *Discourses and Selected Writings*, Oxford: Penguin Classics 2008.

*Epicteti Dissertationes ab Arriano Digestae*(Greek text), H. Schenkl(ed.), Leipzig: Teubner, 2nd ed., 1916.

*Epictetus: Discourses Book* 1, translated and with an introduction and commentary by R. Dobbin, Oxford: Clarendon Press, 1998.

*Epictetus: The Discourses as reported by Arrian, the Manual, and Fragments*, translated by W.A. Oldfather, 2 vols., Loeb Classical Library, London and Cambridge, MA.: Harvard University Press, 1925 – 1928.

*Epictetus: The Enchiridion*, translated by T.W. Higginson, with an introduction by Albert Salomon, New York: Bobbs-Merrill, 1948.

Gill, C., & Hard, R., *The Discourses of Epictetus*, Everyman, 1995.

Grourinat, J.-B., *Premières leçondsur le Manuel d'Épictète*, Paris, 1998.

Hadot, I., *Simplicius, Commentaire sur le Manuel d'Épictète*, Brill, Leiden, 1996.

Hadot, P., *Arrien: Manuel d'Épictète*, Paris, 2000.

Hard, R., *Epictetus: Discourses, Fragments, Handbook*, with an introduction and notes by C. Gill, Oxford, 2014.

Hicks, R. D., *Diogenes Laertius, Lives of Eminent Philosophers*, 2 vols., London and Cambridge, Mass. 1925.

Long, G., *The Discourses of Epictetus, with the Encheridion and Fragments*, London. George Bell and Sons, 1890.

Matheson, P. E., *Discourses*, V.1,2,3,4, Dover Philosophical Classics, 1916.

Schenkl, H., *Epicteti Dissertationes ab arriani Digestae*, Stuttgart, reprint 1965(*Epicteti dissertationes ab Arriano digestae*, Lipsiae, in aedibus B. G. Teubneri, 1916[https://archive.org/details/ldpd_10922736_000/page/4/mode/2up]). 11세기 말 혹은 12세기 초에 편찬된 S사본(*Codex Bodleianus Graecorum Miscellaneorum* 251)에 토대를 둔 하인리히 쉔클의 이 판이 현재에도 에픽테토스의 표준본으로 가장 널리 사용되고 있다. S사본이 모든 사본들의 원형이 되는 판본이라고 말할 수 있다.

Schweighäuser, J., *Epicteteae Philosophiae Monumenta*, 5 vols., Lat. vers., Leipzig. 1799-1800.

Souilhé, J., *Épictète: Entretiens: texte établi et trad.*, 4 vols., Paris, 1948-1965, rev. edns. 1969-1990(Budé series).

Steinmann, K., *Epiktet: Handbüchlein der Moral*, Griechisch/Deutsch, Philipp Reclam jun, Stuttgart, 1992.

Upton, J., *Epicteti Quae Supersunt Dissertationes ab Arriano Collectae*, 2 vols., Latin Edition, London, 1739-1741(Paperback, 2010).

White, N. P., *The Handbook of Epictetus*, Indianapolis: Hackett, 1983.

Wolf, H., *Arriani Commentariorum de Epicteti Disputationibus Libri IV*, Basel, 1560-1563.

## 스토아 철학자 일반의 원문 출전 모음집

Apelt, O., *Diogenes Laertius: Leben und Meinungen berühmter Philosophen*, übersetz und erläutert von O.A., Hamburg(hg. von K.Reich und H.G.Zekl) 1998.

*Diogène Laërce: Vies et Doctrines des Philosophes ILLustres*, Traduction française sous la direction de Marie-Odile Goulet-Cazé, La Pochothèque, 1999.

Dorandi, T., *Diogenes Laertius: Live of Eminent Philosophers*, Cambridge University Press, 2013.

Hülser, K.-H., *Die Fragmente zur Dialktik der Stoiker*, 4 Vols, Stuttgart, 1987-1988.

Long, H. S., *Diogenis Larertii Vitae Philosophorum recognovit brevique adnotatione critica instruxit H.S.L.*, Oxford, 1964.

Long, A. A. & Sedley, D. N., *The Hellenistic Philosophers*, V. 1, 2, Cambridge, 1987(LS로 표기).

Marcovich, M.,(ed.), *Diogenis Laerthii Vitae Philosophorum*, Vols.3, Stvtgardiae et Lipsiae, 1999.

von Arnim, J., *Stoicorum Veterum Fragmenta*, 3 Vols(Leipzig, 1903-1905); V. 4, indexes by Adler, M.(Leipzig 1924)(SVF)

디오게네스 라에르티오스, 『유명한 철학자들의 생애와 사상』(DL), 이정호, 김인곤, 김주일, 김재홍 옮김, 나남, 2021.

## 헬라스어 원전 웹 사이트

http://www.perseus.tufts.edu/cgi-bin/ptext?doc=Perseus%3Atext%3A1999.01.0235

## 이차문헌

강철웅, 「기원전 1세기 아카데미의 플라톤의 수용: 필론의 아카데미 혁신과 그것에 대한 안티오코스의 대응을 중심으로」, 『서양고전학연구』 제37집, 서양고전학회, 2009.

김인곤 외 옮김, 『소크라테스 이전 철학자들의 단편 선집』, 아카넷, 2005.

김재홍, 「상식의 철학자 에픽테토스와 스토아 윤리학」, 『서양고전학연구』 제17집, 서양고전학회, 2001.

_____, 「필연과 결정론: 아리스토텔레스와 디오도로스의 논증의 분석」, 『철학』 제33집, 한국철학회, 1990.

_____, 『왕보다 더 자유로운 삶: 에픽테토스의 『엥케이리디온』, 『대화록』 연구』, 서광사, 2013.

_____, 「생명: 메멘토 모리, 죽음의 미학」, 『아주 오래된 질문들: 고전철학의 새로운 발

　견』, 한국철학사상연구회·정암학당, 동녘, 2017.

_____, 『에픽테토스『담화록』』, 서울대학교 철학사상연구소, 2006.

디오게네스 라에르티오스, 『유명한 철학자들의 생애와 사상』, 김인곤 외 옮김, 나남, 2021.

박우석, 「스토아학파의 언어 철학」, 『서양고전학연구』 제13집, 서양고전학회, 1999.

아리스토텔레스, 『아리스토텔레스의 토피카: 토포스에 관한 논구』, 김재홍 옮김·해설, 서
　광사, 2021.

이상인, 「스토아의 자유 정초」, 『범한철학』 36권 1호, 범한철학회, 2005.

이창대, 「스토아 윤리학에서 적합한 행위와 옳은 행위」, 『철학』, 제74집, 한국철학회, 2003.

이창우, 「관조와 복된 삶」, 『서양고전학연구』 제26집, 서양고전학회, 2006.

_____, 「세네카의 자연 탐구」, 『서양고전학연구』 제13집, 서양고전학회, 1999.

_____, 「스토아 윤리학의 아리스토텔레스적 해석: 두 가지 길」, 『철학연구』 46권, 철학
　연구회, 1999.

_____, 「스토아 윤리학의 인식론적 기초」, 『철학』 제62집, 한국철학회, 2000.

_____, 「스토아 철학에 있어서 자기지각과 자기애」, 『철학사상』 제17호, 서울대학교 철
　학사상연구소, 2003.

_____, 「우리에게 달려 있는 것: 에픽테토스의 메시지와 소크라테스」, 『서양고전학연
　구』 제31집, 서양고전학회, 2008.

_____, 「행복, 욕구, 그리고 자아: 헬레니즘 철학의 이해」, 『철학연구』 제62집, 철학연구
　회, 2003.

_____, 「헬레니즘: 정치적 공동체에서 탈정치적 공동체에로」, 『서양고전학연구』 제
　16집, 서양고전학회, 2001.

_____, 「에픽테토스와 철학의 개념」, 『서양고대사연구』, 제45집, 2016.

이태수, 「회의주의적 태도의 일관성: 자기논박 논변에 대한 퓌론회의주의의 내용」, 『서양
　고전학연구』 제31집, 서양고전학회, 2008.

장경춘, 「헬레니즘 시대의 퓌론주의 논의: 에포케를 중심으로」, 『서양고전학연구』 제28집,
　서양고전학회, 2007.

장바티스트 구리나, 『스토아주의』, 김유석 옮김, 글항아리, 2016.

전헌상, 「아리스토텔레스와 에픽테토스 윤리학에서의 프로하이레시스: "우리에게 달려 있
　는 것"과의 연관성을 중심으로」, 『서양고전학연구』 제43집, 서양고전학회 2011.

크세노폰, 『소크라테스 회상』, 김주일 옮김, 아카넷, 2021.

테오프라스토스, 『성격의 유형들』, 김재홍 옮김, 쌤앤파커스, 2019.

한경자, 「초기 스토아 자연학에서 '우주적 프네우마(pneuma)' 연구」, 서울대학교대학원 박
사학위논문, 2016.


Annas, J., *The Morality of Happiness*, Oxford, 1993.

Annas, J. and Barnes, J., *Sextus Empiricus; Outlines of Scepticism*, Cambridge, 2000.

_____ , *The Modes of Scepticism*, Cambridge, 1985.

Bailey, C., *The Greek Atomists and Epicurus*, N.Y., 1964.

Barnes, J., Brunschwig, J. and Burnyeat, M. eds., *Science and Speculation: Studies in Hellenistic theory and practice*, Cambridge, 1982.

Barnes, J., Mansfeld, J. and Schofield, M. eds., *The Cambridge History of Hellenistic Philosophy*, Cambridge, 1999.

Barnes, J., *Logic and the Imperial Stoa*, Brill, 1997.

_____ , "Roman Aristotle", eds. Barnes, J. and Griffin, M., *Philosophia Togata II: Plato and Aristotle at Rome*, Oxford, 1997.

Bartsch, S., "'Wait a Moment, Phantasia': Ekphrastic Interference in Seneca and Epictetus", *Classical Philology*, vol.102, 2007.

Bénatouil, T., *Les Stoïciens III: Musonius, Épictète et Marc Aurèle*, Les Belles Lettres, 2009.

Benson, M., *Stoic Logic*, Berkeley, 1953.

Bobzien, S., *Determinism and Freedom in Stoic Philosophy*, Oxford, 1998.

_____ , *Determinism, Freedom, and Moral Responsibility*, Essays in Ancient Philosophy, Oxford, 2021.

Bonhöffer, A., *Die Ethik des stoikers Epictet*, Stuttgart, 1894; *The Ethics of the Stoic Epictetus*, trans. Stephens, W. O., Peter Lang, 1996.

_____ , *Epictet und die Stoa: Untersuchungen zur Stoischen Philosophie*, Stuttgart, 1890(repr. 1968).

_____ , *Epiktet und das Neue Testament*, Giessen, 1911(repr. 1964).

Boter, G. J., "Epictetus 3.23.33 and the Three Modes of Philosophical Instruction", *Philologus*, vol.153, 2009.

_____ , "Evaluating Others and Evaluating Oneself in Epictetus' Diatribes", eds. Rosen, R.

and Sluiter, I., *Valuing Others in Antiquity*, Brill, 2010.

Braicovich, R. S., "Critical Assent, Intellectualism and Repetition in Epictetus", *Apeiron*, vol.45, 2012.

_____, "Freedom and Determinism in Epictetus' *Discourses*", *Classical Quarterly*, vol.60, 2010.

Brennan, T., "Reservation in Stoic Ethics", *Archiv für Geschichte der Philosophie*, vol.82(2), Walter de Gruyter, 2000.

_____, "Stoic Moral Psychology", ed. Inwood, B., *The Cambridge Companion to the Stoics*, Cambridge, 2003.

_____, "The Old Stoic Theory of the Emotions", *The Emotions in Hellenistic Philosophy*, eds. Sihvola, J. and Engberg-Pedersen, T., Dordrecht, 1998.

_____, *The Stoic Life; Emotions, Duties, and Fate*, Oxford, 2005.

Brunschwig, J., *Papers in Hellenistic Philosophy*, trans. Lloyd, J., Cambridge, 1994.

Brunschwig, J. & Nussbaum, M. eds., *Passions & Perceptions*, Cambridge, 1993.

Brunt, P. A., "From Epictetus to Arrian", *Athenaeum*, vol.55, 1977.

_____, "Stoicism and the Principate", *Papers of the British School at Rome*, vol.43, 1975.

Burnyeat, M. F., "Enthymeme: Aristotle on the Logic of Persuasion", eds. Furley, D. J., & Nehamas, A., *Aristotle's Rhetoric: Philosophical Essays*, Princeton, 1994.

Chang-Uh Lee, *Oikeiosis, Stoische Ethik in naturphilosophischer Perspektive*, München, 2002.

Cooper, J. M., *Knowledge, Nature, and the Good*, Princeton University Press, 2004.

_____, *Pursuits of Wisdom: Six Ways of Life in Ancient Philosophy from Socrates to Plotinus*, Princeton University Press, 2012.

_____, "Socrates and Philosophy as a Way of Life", ed. Scott, D., *Maieusis: Essays in Ancient Philosophy in Honour of Myles Burnyeat*, Oxford University Press, 2007.

_____, "The Emotional Life of the Wise", *The Southern Journal of Philosophy*, vol.43, 2005.

_____, "The Relevance of Moral Theory to Moral Improvement", *The Philosophy of Epictetus*, eds. Scaltsas, T., and Mason, A. S., Oxford, 2007.

Davidson, W. L., *The Stoic Creed*, Edinburgh, 1907.

de Lacy, P., "The Logical Structure of the Ethics of Epictetus", *Classical Philology*, vol.38, 1943.

Dobbin, R. F., "Προαίρεσις in Epictetus", *Ancient Philosophy*, vol.11(1), 1991.

Everson, S. ed., *Epistemology*, Cambridge, 1990.

_____, *Ethics*, Cambridge, 1998.

Foucault, M., *The Hermeneutics of the Subject: Lectures at the Collège de France, 1981~1982*, Picador, 2005.

Frede, D., "The Sea-Battle Reconsidered: A Defence of the Traditional Interpretation", *Oxford Studies in Ancient Philosophy*, 3, 1985.

Frede, D. and Reis, B eds., *Body and soul in ancient philosophy*, Walter de Gruyter, 2009.

Frede, M., *A Free Will: Origins of the Notion in Ancient Thought*, University of California Press, 2011.

Frede, M., "On the Stoic Conception of the Good", ed. Ierodiakonou, K., *Topics in Stoic Philosophy*, Clarendon Press, 1999.

Geuss, R., *Public Goods, Private Goods*, Princeton University Press, 2001.

Gill, C., "Cynicism and Stoicism", ed. Crisp, R., *Oxford Handbook of the History of Ethics*, Oxford, 2013.

_____, "Galen and the Stoics: Mortal Enemies or Blood Brothers?", *Phronesis*, Vol.52(1), 2007.

_____, *Naturalistic Psychology in Galen and Stoicism*, Oxford, 2010.

_____, "Personhood and Personality: The Four-Personae Theory in Cicero, De Officiis 1", *Oxford Studies in Ancient Philosophy* 6, 1988.

_____, "Stoicism and Epicureanism", ed. P. Goldie, *Oxford Handbook of Philosophy of Emotion*, Oxford, 2009.

_____, "Stoic Writers of the Imperial Era", eds. Rowe, C. J., and Schofield, M., *The Cambridge History of Greek and Roman Political Thought*, Cambridge, 2000.

_____, *The Structured Self in Hellenistic and Roman Thought*, Oxford, 2006.

Giovanni, R., *The Schools of the Imperial Age: A History of Ancient Philosophy IV*, trans. Caton, J. R., State University of New York, 1990.

Gordon, D. R., and David B. Suits eds. *Epictetus: His Continuing Influence and Contemporary Relevance*, Rochester, RIT Press, 2014.

Gordon, D. R. and Suits, D. B. eds., *Epictetus: His Continuing Influence and Contemporary Relevance*, RIT Press, 2014.

Graver, M., "Epictetus", *The Stanford Encyclopedia of Philosophy*, https://plato.stanford.edu/entries/epictetus/(First published Tue Dec 23, 2008; substantive revision Tue Jun 15, 2021).

Graver, M., "Not even Zeus: A discussion of A. A. Long, Epictetus: A Stoic and Socratic Guide to Life", *Oxford Studies in Ancient Philosophy* 24, 2003.

Graver. M. R., *Stoicism and Emotion*, The University of Chicago Press, 2007.

Griffin, M. T., *NERO; The End of a Dynasty*, Routledge, 1984(2001).

_____, "Philosophy, Cato, and Roman Suicide I & II", *Greece and Rome* 33, 1986.

_____, *Seneca: A Philosopher in Politics*, Oxford, 1976(repr. 1992).


Hadot, P., *Exercises spirituels et philosophie antique*, 2nd ed., Etudes Augustinennes, 1987; *Philosophy as a Way of Life: Spiritual Exercises from Socrates to Foucault*, trans. Michael Chase and ed. A. I. Davidson, Blackwell, 1995.

_____, *La citadelle intérieure: Introduction aux Pensées de Marc Auréle*, Fayard, 1992; *The Inner Citadel; The Meditations of Marcus Aurelius*, trans. Michael Chase, Harvard Univ. Press, 1998.

_____, "Une clé des "Pensées" de Marc Aurèle: les trois "Topoi" philosophiques selon Epictète", *Les etudes philosophiques*, vol.0(1), 1978.

_____, *What is Ancient Philosophy?*, trans. M. Chase, Harvard University Press, 2002; *Qu'est-ce que la philosophie antique?*, Gallimard, 1995.

Hankinson, R. J., *Cause and Explanation in Ancient Greek Thought*, Oxford, 1998.

Hankinson, R. J. ed., *Method, Medicine and Metaphysics*, Academic Press, 1988.

Hankinson, R. J., *The Sceptics*, Routledge, 1995.

Hershbell, J. P., "Epictetus: A Freedman on Slavery", *Ancient Society*, Vol.26, 1995.

_____, "Epictetus and Chrysippus", *Illinois Classical Studies*, Vol.18, 1993.

_____, "The Stoicism of Epictetus: Twentieth Century Perspectives", *Aufstieg und Niedergang der römischen Welt(ANRW)*, Walter de Gruyter, 1989.

Hijmans, B. L., *Askēsis: Notes on Epictetus' Educational System*, Assen, 1959.

Huttunen, N., *Early Christians Adapting to the Roman Empire*, Brill, 2020.

Huttunen, N., "Epictetus' Views on Christians: A Closed Case Revisited", eds. Anders, K. P. and George, H. van Kooten, *Religio-Philosophical Discourses in the Mediterranean World*, brill, 2017.

Ierodiakonou, K. ed., *Topics in Stoic Philosophy*, Oxford, 1999.

Inwood, B., "Epiktetos", *Der Neue Pauly: Enzyklopädie der Antike* 3, 1997.

Inwood, B., "Epictetus", eds. Hubert Cancik and Helmuth Schneider, *Brill's New Pauly*, vol.4, Brill, 2004.

Inwood, B., *Ethics and Human Action in Early Stoicism*, Oxford, 1985.

Inwood, B., "How unified is Stoicism anyway?", ed B. Inwood, *Oxford Studies in Ancient Philosophy*, Supplementary Vol., 2012.

Inwood, B., *Reading Seneca, Stoic Philosophy at Rome*, Oxford, 2005.

Inwood, B. ed., *The Cambridge Companion to the Stoics*, Cambridge, 2003.

Inwood, B. and Freed, D. eds., *Language and Learning, Philosophy of Language in the Hellenistic Age*, Cambridge, 2005.

Inwood, B., and Gerson, L. P. Trans., *Hellenistic Philosophy; Introductory Readings*, 2nd ed., Hackett, 1997.

Inwood, B. and J. Miller, J. eds., *Hellenistic and Early Modern Philosophy*, Cambridge, 2003.

Irvine, W. B., *A Guide to the Good Life: The Ancient Art of Stoic Joy*, Oxford University Press, 2009.

Irwin, T., *Classical Thought*, Oxford University Press, 1989.

Irwin, T. ed., *Classical Philosophy V.5: Aristotle's Ethics*, Garland Publishing, 1995.

Irwin, T. ed., *Classical Philosophy V.8: Hellenistic Philosophy*, Garland Publishing, 1995.

Jackson-McCabe, M., "The Stoic Theory of Implanted Preconceptions", *Phronesis*, 49, No.4, 2004.

Jagu, A., *Épictète et Platon, Essai sur les rélations du Stoïcisme et du Platonisme à propos de la Morale des Entretiens*, J. Vrin, 1946.

Janáček, K., *Studien zu Sextus Empiricus, Diogenes Laertius und zur pyrrhonischen Skepsis*, eds. von Janda, Jan and Karfík, Felip, Walter de Gruyter, 2008.

Johnson, Brian. E., "Ethical Roles in Epictetus", *Epoché* 16/2, 2012.

_____, "Socrates, Heracles and the Deflation of Roles in Epictetus", *Ancient Philosophy* 32, 2012.

_____, *The Role Ethics of Epictetus: Stoicism in Ordinary Life*, Lexington Books, 2014.

Ju, Anna Eunyoung, "Posidonius as historian of philosophy: an interpretation of Plutarch, de Animae Procreatione in Timaeo 22, 1023b~c", ed. M. Schofield, *Aristotle, Plato and Pythagoreanism in the First Century BC: New Directions for Philosophy*, 2013.

_____, "The Stoic Ontology of Geometrical Limits", *Phronesis* Vol.54, 2009.

Ju, Eunyoung, "Posidonius on Immortal and Self-Moving Soul", *The Journal of Greco-Roman Studies*, Seoul, Korea, Vol.32, 2008.

_____, "Stoic Biology on the Nature of Plants and Foetuses", *The Journal of Greco-Roman Studies*, Vol.30, 2007.

Kamtekar, R., "Aidōs in Epictetus", *Classical Philology*, vol.93, 1998.

_____, "Comments on John Cooper's *The Emotional Lif of the Wise*", *The Southern Journal of Philosophy* 43, supplement, 2005.

Klein, J., Desire and Impulse in Epictetus and the Older Stoics, *Archiv für Geschichte der Philosophie*, vol.103(2), 2021.

_____, "Making Sense of Stoic Indifferents", *Oxford Studies in Ancient Philosophy* 49, 2015.

Knuutilla, S., *Emotions in Ancient and Medieval Philosophy*, Oxford, 2004.

Liddell, H. G., Scott, R. and Jones, H. S. eds., *A Greek-English lexicon*, 9th revised edition., Clarendon, 1996.

Long., A. A., *Epictetus: A Stoic and Socratic Guide to Life*, Oxford, 2002.

_____, "Epictetus as Socratic Mentor", *Proceedings of the Cambridge Philological Society*, 46, 2000.

_____, *Hellenistic Philosophy; Stoics, Epicureans, Sceptics*, 2nd ed., Univ. of California Press, 1986.

_____, *Problems in Stoicism*, Athlone Press, 1971(1996).

_____, *Stoic studies*, California, 1996.

_____, "The Socratic Imprint on Epictetus' Philosophy", eds. Strange, S. K. and Zupko, J., *Stoicism: Traditions and Transformations*, Cambridge, 2004.

Long, A. A. and Sedley, D. N., *The Hellenistic Philosophers*, V.1 · 2, Cambridge, 1987.

Magrin, S., "Nature and Utopia in Epictetus' Theory of Oikeiōsis", *Phronesis*, 63, 2018.

Mates, B., *Stoic Logic*, Univ. of California Press, 1953(1961).

Mayor, J. B., "Epicteti Dissertationes ab Arriano digestae, ad fidem codicis Bodleiani" ed. Schenkl, H., *The Classical Review*, Vol.9(1), 1895.

Millar, F., "Epictetus and the Imperial Court", *Journal of Roman Studies*, 55, 1965.

Morford, M., *The Roman Philosophers; From the time of Cato the Censor to the death of Marcus Aurelius*, Routledge, 2002.

Navia, L. E., *The Socratic Presence: A Study of the Sources*, Garland Publishing, 1993.

Nightingale, A. and Sedley, D. eds., *Ancient Models of Mind: Studies in Divine and Human Rationality*, Cambridge, 2010.

Nussbaum, M. C., *The Therapy of Desire; Theory and Practice in Hellenistic Ethics*, Princeton, 1994.

Nussbaum, M. C. and Sihvola, J. eds., *The Sleep of Reason, Erotic Experience and Sexual Ethics in Ancient Greece and Roma*, The Univ. of Chicago Press, 2002.

Polenz, M., *Die Stoa; Geschichte einer geistigen Bewegung*, Göttingen, 1948(1964).

Prantl, C., *Geschichte der logik im Abendlande*, Leipzig, 1855.

Rist, J. M. ed., *The Stoics*, Berkeley, 1978.

Rist, J. M., *Epicurus: An Introduction*, Cambridge, 1971.

_____, *Stoic Philosophy*, Cambridge, 1969.

Salles, R., "Epictetus on Moral Responsibility for Precipitate Action, in Akrasia", *Greek Philosophy: From Socrates to Plotinus*, eds. Bobonich, C. and Destrée, P., Brill, 2007.

_____, "Oikeiosis in Epictetus", ed. Vigo, A. G., *Oikeiosis and the Natural Basis of Morality*, Olms, 2012.

_____, *The Stoics on Determinism and Compatibilism*, Ashgate, 2005.

Sambursky, S., *Physics of the Stoics*, Princeton, 1959(1987).

Sandbach, F. H., *The Stoics*, London, 1979(1989).

Scaltsas, T., and Mason, A. S. eds., *The Philosophy of Epictetus*, Oxford, 2010.

Schofield, M., Burnyeat, M. F. and Barnes, J. eds, *Doubt and Dogmatism*, Oxford, 1980.

Schofield, M., *Aristotle, Plato and Pythagoreanism in the first century BC, New Directions for Philosophy*, Cambridge, 2013.

_____, "Epictetus: Socratic, Cynic, Stoic", *The Philosophical Quarterly*, vol 54(216), 2004.

_____, *The Stoic Idea of the City*, Chicago, 1999.

_____, *The Stoic Ideas of the City*, Cambridge, 1991.

Schofield, M. and Striker, G. eds., *The Norms of Nature: Studies in Hellenistic Ethics*, Cambridge,

1986.

Scott, P. ed., *Maieusis, Essays on Ancient Philosophy in Honour of Myles Burnyeat*, Oxford, 2007.

Seddon, K., *Epictetus' Handbook and the Tablet of Cebes: Guides to Stoic Living*, Routledge, 2005.

Sedley, D. ed., *The Cambridge Companion Greek and Roman Philosophy*, Cambridge, 2003.

Sellars, J., *Ancient Philosophies: Stoicism*, Acumen, 2006(2010).

_____, *The Art of Living: The Stoics on the Nature and Function of Philosophy*, Aldershot, 2003(2009).

_____, *The Routledge Handbook of the Stoic Tradition*, Routledge, 2016.

Sharpe, M., "How It's Not the Chrysippus You Read: On Cooper, Hadot, Epictetus, and Stoicism as a Way of Life", *Philosophy Today*, vol.58(3), 2014.

Sharpe, M., "Pierre Hadot: Stoicism as a Way of Life", eds. Lampe, K. and Sholtz, J., *French and Italian Stoicisms: From Sartre to Agamben*, Bloomsbury Academic, 2020.

Sharples, R. W., "Stoics", *Epicureans and Sceptics; An Introduction to Hellenistic Philosophy*, Routledge, 1996.

Sherman, N., *Stoic Warriors; The Ancient Philosophy behind the Military Mind*, Oxford, 2005.

Sorabji, R., *Emotion and Peace of Mind: From Stoic Agitation to Christian Temptation*, Oxford, 2000.

_____, *Self; Ancient and Modern Insights about Individuality, Life, and Death*, University of Chicago Press, 2006.

Stadter, P. A., *Arrian of Nicomedia*, University of North Carolina Press, 1980.

Stanton, G. R., "The Cosmopolitan Ideas of Epictetus and Marcus Aurelius", *Phronesis*, vol. 13(2), 1968.

Starr, C., "Epictetus and the Tyrant", *Classical Philology*, vol.44(1), 1949.

Stephens, W. O., "Epictetus on Beastly Vices and Animal Virtues", eds. Gordon, D. R. and Suits, D. B., *Epictetus: His Continuing Influence and Contemporary Relevance*, 2014.

_____, "Epictetus on how the Stoic Sage Loves", *Oxford Studies in Ancient Philosophy* 14, 1996.

_____, *Stoic Ethics, Epictetus and Happiness as Freedom*, Continuum, 2007.

Stevens, J., "Preliminary Impulse in Stoic Moral Psychology", *Ancient Philosophy*, 20, 2000.

Striker, G., *Essays on Hellenistic Epistemology and Ethics*, Cambridge, 1996.

_____, "Plato's Socrates and the Stoics", ed. Vander Waerdt, P. A., *The Socratic Movement*, Cornell University Press, 1994.

_____, "The Role of oikeiosis in stoic Ethics", *Oxford Studies in Ancient Philosophy*, 1, 1983.

Tarrant, H., *Scepticism or Platonism?*, Cambridge, 1985.

Tremblay, M., "Akrasia in Epictetus: A Comparison with Aristotle", *Apeiron*, vol.53(4), 2020.

Tsekourakis, D., *Studies in the Terminology of the Early Stoic Ethics*, Coronet Books Inc., 1974.

Usener, H., *Epicurea*, 1887.

Vigo, A. G. ed., *Oikeiosis and the Natural Bases of Morality; From Classical Stoicism to Modern Philosophy*, Georg Olms Verlag, 2012.

Weaver, P. R. C., "Epaphroditus, Josephus, and Epictetus", *The Classical Quarterly*, Vol.44, 1994.

White, N. P., "The Basis of Stoic Ethics", *Harvard Studies in Classical Philology*, vol.83, 1979.

White, S., "Stoic selection: Objects, actions, and agents", eds. A. Nightingale and D. Sedley, *Ancient Models of Mind*, Cambridge University Press, 2010.

Wirth, T., "Arrians Erinnerungen an Epiktet", *Museum Helveticum*, vol.24(3), 1967.

Xenakis, J., *Epictetus: Philosopher-Therapist*, Martinus Nijhoff, 1969.

Zeller, E., *Stoics, Epicureans and Sceptics*, Trans. O. J. Reichel, Russell & Russell, 1962.

# 찾아보기

## 주제어

려 있는 것을 깨닫지 못함으로 초래
된 결과 2.17.17~26

곤경의 대처: 덕을 계발하기 위한 재료를
주는 곤경에 처했을 때의 자세 1.24,
1.25, 1.29.33~49, 2.6

## 【ㄴ·ㄷ】

논리학(변증법, logikē, dialektikē): 그 자
체로 목적이 아니라 윤리적 계발
을 지향하는 필요로서 1.8.4~10,
2.17.1~13, 34, 2.19, 2.21.17~21, 2.23.41
; 윤리적 계발을 위한 본질적 토대
로서 1.7, 1.17.4~12, 1.26

대담함, 신중한 태도에 대한 적합한 토
대: 2.1

덕(탁월함, aretē): 인생의 게임을 잘 놀
이하는 것으로 이루어진 1.25.7~11,
2.5.18~23
; 논리학의 탐구에 의존하는 1.7
; 덕으로의 진보(prokopē) 1.4.3~4
; 덕으로의 진보의 목적 1.4
; 윤리적 계발의 목적 1.4
; 훈련에 의존하는 2.17

## 【ㅁ·ㅂ】

마음의 평화(평정; ataraxia) 2.1.8~22

불안(agōnia): 인생에서 문제가 되는 것
에 대한 잘못된 믿음에 기초한 2.13

## 【ㅅ】

사회적 역할: 덕이 있게 행위하는 것과
양립 가능한 1.2, 2.10.7~21

선개념(prolēpsis), 선개념의 그릇된 적용
에서 비롯된 잘못 1.22.1~9, 2.11.2~12,
2.17.1~14

섭리(pronoia): 섭리와 자연적 우주
1.6.1~9, 2.14.25~27
; 섭리와 구별되는 인간의 이성적
본성 1.6.10~22, 2.8.11~29
; 섭리와 남성 – 여성의 구별 1.16.
9~14
; 섭리와 신들 1.12.1~7
; 섭리와 인간 – 동물의 구별 1.16.1~8,
2.8.1~11

섭리, 신성, 이것에 대한 적합한 형식의
찬양 1.16.15~21

소크라테스적 문답법: 비철학자와의 소
통의 모델로서 2.12, 2.26

수사학(표현의 능력 rhetorikē): 수사학을
연구해야 하지만 윤리적 계발을 지
향해야 하는 2.23

수호자 정신(=인간의 이성, daimōn) 1.14.
11~17

신: 신들이 받아들이는 방식의 행위
1.13.1~2
; 신을 따른 것과 인간의 자유 1.11.
8~12, 32~35

2.8, 2.9.1~12, 2.10.1~6

; 자연의 구경꾼으로 1.6.19~25

인상(phantasia): 동기(충동)와 행위의 토대 1.28

; 올바른 사용 1.1.7~13, 1.6.13, 18, 1.20.7~12, 2.8.4~9

; 인상의 검토 2.18.23~27

## 【ㅈ】

자기애(philautia), 타자에 대한 사랑과 양립할 수 있는 1.19.11~15, 2.22.18~21

자살, 어떤 상황에서 합리적인 선택권 1.24.20, 1.25.18~25, 2.15.4~12

자신의 잘못에 대한 인정과 불인정, 자발적인 행동과 비자발적인 행동에 대해 2.21.1~7

자유(eleutheria): 우리에게 달려 있는 것과 회피할 수 없는 것을 받아들이는 이성적 선택으로 이루어진 1.12.8~35

; 잘못과 감정의 제거에 의존하는 2.1.23~28

점(占, manteia): 정말 문제인 것을 우리에게 알려 주지 않는 2.7

좋음(agathos)의 본질: 결과가 무엇이든 잘 행위함으로 이루어지는 1.25.7~31

; 선택된 행위의 영역 안에 포섭되는 것으로서 정의된 1.22.11~17, 1.25.1~6, 1.28.21~27, 1.29, 1.30, 2.1.4~13, 2.2, 2.13.9~10, 2.16.1~10, 2.22.18~21, 28~30

; 인상의 올바른 사용으로 이루어지는 2.8.4~9

## 【ㅊ】

충동(동기, hormē)

; 우리에게 이롭다고 판단함으로써 행위하도록 결정된 인간의 동기 1.11.27~37, 1.28, 2.22.15~21

철학(philosophia): 인간 활동의 가치 있는 형식으로서 1.10.7~13

; 경쟁하는 의견에 적절하게 응답하게 하는 2.11.13~24

; '자연에 따라' 살도록 도와주는 1.15

; 철학은 단지 텍스트를 해석하는 것이 아니다 1.4.14~17, 1.17.13~18

; 철학은 윤리적 계발을 진작하도록 지향되어야 한다 1.4, 1.8.11~14, 2.1.29~40, 2.9.13~22, 2.13.20~27, 2.14.7~22, 2.16.34~36, 2.17, 2.19, 2.21.9~22

철학에 기반한 실천 윤리학, 철학의 세 가지 영역에 대하여 1.4.11~12, 2.17.15~16, 31~33

# 지은이·옮긴이 소개

## 지은이

**에픽테토스**(Epiktētos, 50?~135)는 스토아 윤리학에 강한 영향력을 미쳤던 철학 선생으로, 독자적인 철학자였다. 그는 지금의 아나톨리아 지방의 히에라폴리스에서 노예로 태어났다. 그는 해방노예 출신이었던 로마 네로 황제의 비서실장 격인 에파프로디토스 소유의 노예였다. 주인의 허락하에 그는 스토아 철학자 무소니우스 루푸스 밑에서 철학을 공부했다. 93년 혹은 95년경, 도미티아누스 황제의 철학자 추방령에 따라 아드리아해 연안의 니코폴리스에 정착해 학교를 열어 학생들을 가르쳤다. 이 생활은 죽음에 이르기까지 지속되었다. 그는 결혼하지 않았으나, 만년에 어린 아이를 입양했다. 에픽테토스의 학교는 하드리아누스 황제를 포함해서 많은 학생들과 방문객을 받아들일 정도로 아주 매력적이고 유명했다고 한다.

**아리아노스**(Arrianos; 라틴명 Lucius Flavius Arrianus, 86? 89?~146? 160?)는 흑해 서남쪽 연안의 니코메데이아의 부유한 집안에서 태어났다. 그는 훗날 정치가로 활동하며 중요한 역사가가 되었으며, 아마도 18세 무렵인 105~113년 어간에 50세 후반이나 60대 초에 접어든 에픽테토스를 니코폴리스에 만나 함께 공부한 것으로 여겨진다. 그는 전문적인 철학가는 아니었으나, 다방면의 재능은 역사, 전쟁(Anabasis, '인도의 역사', '군사 전략'), 지리지, 사냥 등 여러 분야에 걸쳐 다양한 책을 저술하게 했으며, 이로 인해 기원전 4세기 아테네의 크세노폰에 비교될 정도로 유명세를 탈 수 있었다(에픽테토스가 당대의 소크라테스라면, 아리아노스는 로마의 크세노폰이라 말할 수 있다).

아리아노스는 에픽테토스의 윤리학에 관한 비공식 강의이자 대화를 8권으로 기록하고 출판했으며, 그중 현재 4권과 일부 '단편'이 남아 있다. 이 것이 『강의』라는 책이다. 아리아노스는 이 책의 주요 주제에 연관된 내용을 골라 요약하여 일종의 '핸드북'(매뉴얼, 편람)을 만들었는데, 이것이 『엥케이리디온』(*Enchiridion*)이다.

**옮긴이**

### 김재홍

숭실대학교 철학과 졸업. 같은 대학교 대학원에서 서양고전철학 전공, 1994년 「아리스토텔레스의 학문방법론에서의 변증술의 역할에 관한 연구」로 철학박사 학위 취득. 캐나다 토론토대학교 '고중세철학 합동 프로그램'에서 철학 연구(Post-Doc). 가톨릭대학교 인간학연구소 전문연구원, 서울대학교 철학사상연구소 선임연구원 역임. 가톨릭관동대학교 연구교수를 거쳐 전남대 사회통합지원센터 부센터장을 지냈으며, 현재 정암학당 연구원으로 있다.

저서 『그리스 사유의 기원』, 『에픽테토스 '담화록'』, 『왕보다 더 자유로운 삶』, 『아리스토텔레스 정치학』. 공저 『서양고대철학 2』, 『박홍규 형이상학의 세계』, 『아주 오래된 질문들—고전철학의 새로운 발견』 등. 역서 아리스토텔레스의 『토피카』, 『정치학』, 『소피스트적 논박에 대하여』, 『니코마코스 윤리학』, 『관상학』, 테오프라스토스의 『성격의 유형들』, 장 피에르 베르낭의 『그리스 사유의 기원』. 공역 『소크라테스 이전 철학자들의 단편 선집』, 브루노 스넬의 『정신의 발견』, 디오게네스 라에르티오스의 『유명한 철학자들의 생애와 사상』 등.